# 郭贵春文集

· 第一卷 ·

## 一般科学哲学研究

郭贵春 著

科学出版社
北京

## 内容简介

本书采取历史考察和逻辑分析相统一的研究思路，以20世纪科学哲学的整体发展和范式更迭为背景，意在全面揭示一般科学哲学的核心论题及其发展趋势。

本书的内容主要包括科学本质、科学认识、科学方法、科学解释、科学争论、科学话语等一系列相关主题。在具体问题的阐释上，以小见大，准确把握了科学哲学的发展趋向和特征；而在研究视角的选择上，则力图揭示科学与哲学的互动模式，详尽论述了科学研究实践的反思路径。

本书可供科技哲学及相关专业的学者、师生阅读，也可供自然科学理论工作者和哲学爱好者参考。

---

**图书在版编目（CIP）数据**

郭贵春文集. 第一卷，一般科学哲学研究 / 郭贵春著. —北京：科学出版社，2017.3

ISBN 978-7-03-052243-6

Ⅰ. ①郭⋯ Ⅱ. ①郭⋯ Ⅲ. ①郭贵春-文集②科学哲学-文集 Ⅳ. ①B-53②N02-53

中国版本图书馆CIP数据核字（2017）第051358号

责任编辑：邹　聪　刘巧巧 / 责任校对：赵桂芬
责任印制：张　伟 / 封面设计：有道文化

科学出版社 出版
北京东黄城根北街16号
邮政编码：100717
http://www.sciencep.com

**北京东华虎彩印刷有限公司** 印刷
科学出版社发行　各地新华书店经销
＊

2017年3月第　一　版　开本：720×1000 B5
2017年3月第一次印刷　印张：40 1/2
字数：765 000
**定价：248.00元**
（如有印装质量问题，我社负责调换）

# 序 言

1978年，当思想解放的春风伴随着中国改革开放的步伐吹遍神州大地之时，我作为"文化大革命"后的第一届硕士研究生，开始了自己且行且探索的学术生涯。

对我而言，走向科学哲学这一博大精深而又需具有广厚知识背景的领域，并不是最初预设的选择，而是一个从不自觉到自觉、从自然到必然的不断流淌的过程。我个人的学术价值取向、存在价值取向乃至生活价值取向，都是在这个过程中扭结在一起，并得到实现、完善和升华。我感恩上苍赋予我这一丰富而又充满意义的过程。

我是作为马克思主义哲学专业的研究生开始自己的学术研究的，当时，关于"实践是检验真理的唯一标准"的讨论及十一届三中全会精神的传播，涤荡着过去思想理论界所存在的各种教条和框框，也使我对马克思主义认识论的研究充满了激情与反思。一方面，由于在大学期间，经常去听物理系的课，同时深受恩格斯《反杜林论》中自然辩证法思想的深刻影响，我对当时自然辩证法研究领域的文献格外关注，许多前沿的、启迪人们思维走向世界的科学观念令我震撼不已；另一方面，由于我在上大学之前在电信学校读过载波通信专业，并且一直在电信部门工作，所以对信息、传输、结构、系统、功能、反馈、网络、测量、计算等一系列的结构系统概念有着自身内在的理解。这两方面自然的结合和统一，促使我试图用结构系统性的分析方法去解读和阐释人类的认识过程，以使马克思主义的认识论说明有更强烈的科学意义，而不仅仅是思辨的解释。于是，我将自己的毕业论文题目拟订为"试论人类认识的结构系统性"。带着这个想法，我特意拜访了当时著名的马克思主义认识论研究专家——中国社会科学院哲学研究所辩证唯物主义研究室副主任夏甄陶先生。夏先生对我的构想及论文题目予以充分的肯定，并鼓励我沿着这个方向做更多创新性的探索。对我而言，这无疑是巨大的激励。而后，我按照这个既定的题目，克服了许多意想不到的学术之外的困难，最终完成了这篇毕业论文。

毕业留校工作之后，我将毕业论文的核心内容凝缩成一篇题为"用系统原则研究人类认识结构的必要性"的文章，投送给了《山西大学学报》。没想到，评审专家给予了否定性的评价。但是，退稿通知竟激发了我强烈的自信，遂将其重新投送给了中国哲学界最权威的理论刊物《哲学研究》。同样令人意外的是，不到三个星期，时任《哲学研究》编辑部副主任的章士嵘先生亲笔写信给我，告知我的文章已被选用并将尽快发表，不要再投给其他刊物。在系办公室拆看这封信时，我激动不已，并将这一消息告知了在场的几位同事。更匪夷所思的是，当《山西大学学报》的那位评审专家获知这一消息后，马上通报给了《山西大学学报》的主编，并在不通知我的情况下，抢先发表了我的这篇文章。这个结果令我非常不快且又尴尬不已，立即写信给章士嵘先生禀告缘由并表示道歉。章先生不仅没有责怪我，还写信给我讲这种事情并不鲜见，同时鼓励我以后有文章继续给《哲学研究》投稿。令人欣慰的是，这篇文章很快就被《新华文摘》于1983年第2期转载了，从而扩大了它的影响力。这是我有生以来发表的第一篇学术研究的文章，标志着我从马克思主义认识论的研究走向自然辩证法研究。

自1981年之后，一直到1986年，我作为山西大学哲学系自然辩证法教研室的教师，每年为本科生讲授"自然辩证法"课程。在这期间，我在不同的刊物上发表了多篇文章和译文，特别是《哲学译丛》1983年第1期发表的《精神分析哲学与科学哲学》，《哲学研究》1984年第1期发表的《一个杰出的科学研究纲领——试论牛顿的科学方法结构》，《百科知识》1985年第5期发表的《伊姆雷·拉卡托斯及其科学哲学》，以及《山西大学学报》1986年第4期发表的《略论亚里士多德的物理学思想》等文章和译文，表明我已不自觉地在从广义的自然辩证法研究转向狭义的科学哲学研究。与此同时，我和张丽萍、唐云江共同翻译了赫伯特·巴特菲尔德的名著《近代科学的起源》，并请金吾伦先生统校，该书于1988年由华夏出版社出版。我还和两位同学翻译并由我统校了迈克尔·霍斯金的一本小册子《科学家的头脑》，该书于1990年也由华夏出版社出版。这一时期对大量外文文献的阅读与翻译，为我转向科学哲学的研究奠定了必要的理论基础和语言基础。

在这期间，有两项我亲身参加过的学术活动，对自己逐渐自觉地走向科学哲学的研究意义重大。其一是1982年8月23日至9月7日在北京体育学院外宾招待所举办的由美国学者主讲的科学哲学讲习班。这个讲习班专门请了美国明尼苏达大学的伊尔曼（J. Earman）教授和华莱士（N. Wallace）教授，来为中国学者系统介绍当代科学哲学及科学社会学的历史发展、研究现状、核心内容、突出问题、主要方法及可能发展的趋势等。这是中国改革开放之后，第一次举办这种类型的讲习班，因此它具有划时代的意义。参加这次讲习班的成员有40多人，其中有不少1977届的刚毕业的本科生和1981届的研究生，足见当时我国对青年学者培养的重视。在我不完全的记忆中，当时参加的学者有邱仁宗、范岱年、查汝强、罗慧生、金吾伦、章士嵘、董光璧、罗嘉昌、徐友渔、殷正坤、胡新和、倪梁康、张丽萍、唐云江，以及全程当翻译的王路等。这个讲习班是由中国社会科学院哲学研究所自然辩证法研究室主办的，要求各成员于8月23日报到。24日，中国社会科学院副秘书长赵富山与哲学研究所所长邢贲思到会做了报告，并讲了具体安排。从25日正式开始的整个演讲中，特别是在伊尔曼教授介绍的当代科学哲学研究中，涉猎了大量有关科学哲学的背景知识和系统的形式化的逻辑演算。为了让绝大部分听众能够理解和跟得上伊尔曼教授的讲解，主办者特意在晚上安排了中国社会科学院哲学研究所的欧阳英同老师为大家辅导数理逻辑；请中国人民大学的黄天顺教授讲授数理逻辑与现代科学的关系，并对伊尔曼教授第三讲中的难点进行了详解；请中国社会科学哲学研究所的罗慧生先生介绍现代科学哲学的基本问题；还请中国社会科学院哲学研究所当时刚从美国回来的徐崇文先生介绍美国实用主义的本质意义；等等。这些活动都对讲习班的顺利进行发挥了重要作用。9月6日晚上，邱仁宗先生组织大家召开了一个关于科学哲学发展情况的讨论会。9月7日下午，在欢送华莱士教授的聚会结束之时，邱仁宗先生又代表主办方对讲习班的圆满成功做了总结性发言。对我而言，参加这次讲习班的最大收获在于，我第一次直接地感受到形式化的分析哲学研究方法在科学哲学研究中的重要作用，以及它在对科学理论的产生、发展及其演化的研究过程中深刻地揭示和升华科学理性的本质，将是科学哲学研究的真正主题。总之，这次讲习班的举办无论是对于我个人之后研究方向的选择，还是对于整个中国科学哲学研究的进一步发展，都具有里程碑的意义。

其二是1983年9月5日至9月9日在北京香山别墅召开的全国科学哲学研讨会，即香山会议。这次会议几乎集聚了当时国内所有科学哲学界的知名学者和精英，就我的印象讲，会议重点评介了库恩、拉卡托斯及费耶阿本德等科学哲学家的思想，着重讨论了科学发现的问题等，最后大会总结时还通过了一个会议纪要。这次会议，无论是全会还是小组分会，气氛都非常活跃，甚至在任何一个话题上都有着不同的意见和面对面的激烈争论。所有与会的成员，那种抛去羁绊后对学术思想自由的追求，急切渴望了解国际科学哲学研究现状和发展趋势的心情，尊重学术真理探索的状况，是那个时代的经典表现。这种表现一直到今天，我都没有再见过。应当说，这次会议为整个20世纪80年代中国科学哲学的繁荣和发展起到了巨大的推动作用。更为重要的是，它还为科学哲学将来成为一个建制性的学科奠定了基础。这是因为，此前，人们阅读外文文献时，都把 scientific philosophy 和 philosophy of science 翻译成"科学的哲学"，但实际上，前者表达的是对哲学的修辞，而后者表达的则是一个特定学科的专有名词。为了避免这种混淆，会议在邱仁宗、范岱年、舒炜光、陈昌曙等的倡导下一致约定，前者依旧翻译成"科学的哲学"，而后者去掉"的"字，翻译成"科学哲学"，以表明它是中国科学哲学学术共同体的专有名称。这一约定为1987年国务院学位委员会修改我国学科目录时将"自然辩证法"的称谓从哲学8个二级学科中去除，而代之以"科学技术哲学"，做出了杰出的贡献。这是中国科学哲学学术共同体的一个胜利，它使"科学哲学"由"自然辩证法"这个"大口袋"中的一个研究领域，最终走向了建制性的专有学科。这次会议使我对当时国内科学哲学发展的研究队伍、研究状况及其研究意义有了整体上的认知，同时，更强化了自己研究科学哲学的自觉性和自主性。

在这一段时期，我每年只有一个学期有课，且一周只有两节，时间充裕，因此我阅读了大量有关科学哲学史和自然科学史方面，特别是物理学史、数学史、生物学史和天体演化史等方面的书籍；较闲暇的时候，我就做数理逻辑的演算题，以增强对形式化分析的理解和把握。没想到的是，这些发自兴趣所做的功课，在我不久之后的海外留学生涯中发挥了基础性的作用。很难言喻的是，这一时期我个人的生活和对于科学哲学研究的追求是命运式地扭结在一起的，是完全不可分割的。为了自励，我曾把休谟的一段话抄写下来，压在了自己写字台的玻璃板底下。休谟是这样讲的：

> 完善的哲人能战胜命运……但我的心灵还需充分经过哲学的证实，才能抵抗命运的打击。灵魂的提高与伟大只能在学问和沉思中才能获得。

20世纪80年代初，在大学校园中，出国留学潮汹涌澎湃地冲刷着每一位学子的心灵，那种激奋与震撼是现在的青年人无法体验的。我当然也不能例外，而且在"文化大革命"前读中学的时候，出国留学就曾是我的梦想。当我迟钝地意识到梦想有可能变成现实的时候，我于1986年年初报名参加了由政府组织的"访问学者测试"（visiting scholar test，VST）。VST的满分是160分，分两层分数线。首先，84分为"培训线"，即达到84分者，可以到国家指定的外语学院培训半年，然后即可出国；其次，110分为"出国线"，即达到110分者，不必经过培训即可直接出国。没想到的是，我居然超常地考了113分，因此分数一公布便获得了联系出国留学的权利。我分别向美国和英国的各类大学投寄了10份留学申请并附上了所要求的各种个人背景材料，很快我便收到了牛津大学、剑桥大学、普林斯顿大学及华盛顿州立大学的正式邀请。在经过认真比较和思量之后，我最终选择了剑桥大学的科学史和科学哲学系。由此，我而后的命运便与剑桥、剑桥大学及科学史和科学哲学系具有了某种深邃而又魂牵梦绕的联系。

当我天天骑着自行车在具有 800 年历史的剑桥大学各个学院、系所、图书馆和博物馆之间穿行的时候；当我漫步在剑河畔，望着河中或是为了健身，或是为了来年在泰晤士河上与牛津大学进行划艇比赛而训练的健儿们的时候；当我坐在宽广的草坪上，一边读小说一边观看旁边围坐成一圈，每人一口笑饮同一瓶啤酒的男女大学生们的时候；当我参加一个又一个不同学生社团的各种活动的时候；当我在"三一学院"的正式晚宴上听院长用谁都听不懂的拉丁文祝词，并享受与来自不同学科学生们神聊的时候，在飘浮着些许白云的湛蓝天空下的这座古城，让我第一次明白了什么叫大学或大学的灵魂，也让我体验到了当年徐志摩在剑桥大学时说，在这里的学习生活"寂寞但不无聊"的境意。我最欣赏徐志摩的这一段话：剑桥是静寂的，静寂得有些寒意，但它永不会叫人无聊。静寂使人孤独，但孤独正可以使他与剑桥历史的巨灵对话。

同时，当我每每想到剑桥大学是与牛顿、培根、达尔文、拜伦、麦克斯韦、罗素、维特根斯坦这些人类文化和知识建构过程中的巨匠们联系在一起的时候，当我天天踏着当时就已有 70 多位诺贝尔奖获得者曾经或仍在天天踏着的校园的时候，当我参加某些热点研讨会由于人多缺少座位而看见诺贝尔奖获得者与普通学生一起席地而坐并进行学术争论的时候，当我看到研究生们端着咖啡和甜点去参加导师们的讲座的时候，当我聆听霍金教授坐在轮椅上发出微弱的声音而由他的助手重新讲解黑洞理论奥妙的时候，当我经常参加各国元首或政要们滔滔不绝的政治演讲的时候，我深深地体验到了什么叫神圣的学术殿堂，在这里，科学精神和人文精神的融合、科学理性与人文理性的交织构成了创造人类智慧的过程。

所有这些感受最终在我心中凝聚成一股新的探究科学哲学的冲动，

并且还要落实在一个具体的方向上,但这需要时间。迈克尔·霍斯金教授是当时科学史和科学哲学系的系主任,是接受我到剑桥大学留学的邀请函的签发人,也是我的导师。因此,他对我极其关心和照顾。他对我的第一个要求就是,在更好地融入剑桥大学的文化和提高英语语言能力之前,必须和英国学生住在一个公寓里,这使我获益匪浅。半年后,他笑着对我说,你现在可以和任何人住在一起了。我们一直保持着良好的关系,当我将他在 BBC 五次演讲集撰而成的小册子《科学家的头脑》在国内翻译出版的两年前,他就在丘吉尔学院他的办公室里为我写了中文版的序言。他写道:"由于我的朋友——山西大学的郭贵春先生——的帮忙,这本书现在有机会呈现给世界上最广泛的读者——中华人民共和国的朋友们。或许,近几年来,在国际舞台上最令人快慰的发展是中国与西方国家之间的不断增长着的友谊和交流。我希望这本小册子能以它朴实的方式促进这种友谊,并使我们大家均受益于这种友谊。"不过,他对我最大的影响则是在我刚到剑桥大学不久,给我介绍剑桥大学的学术研究概况时,极其认真地告诉我这里的学者绝大多数是科学实在论者。这一点给我留下了强烈的印象,使我开始将自己的研究视角不自觉地对准了科学实在论。事实上,在我和霍斯金教授谈话不久,于 1986 年 12 月 28 日剑桥大学的中国留学生学会举办的迎新年聚会上,我碰到了同一个系的曹天予老师,和他聊天时也证实了霍斯金教授的看法是合理的。1987 年 1 月 12 日,我去约见了剑桥大学哲学系的巴特菲尔德博士,他是年轻但卓有成绩的物理哲学家。在和他的交谈中,他表达了自己鲜明的量子哲学的实在论立场。而后,我听了他大约一个学期的讲课,他的科学实在论的立场一以贯之。在这里,我还特别想提到的是,1987 年 2 月 3 日,在科学史和科学哲学系的麦斯威尔博物馆举行了纪念霍斯金教授卸任系主任暨祝贺迈克尔·莱德海德教授接任系主任的鸡尾酒会。在酒会上,所有的人除了静听霍斯金和莱德海德教授的致辞外,都站在大厅里端着鸡尾酒相互交谈。而我忽然发现,有一位头发斑白并戴着一副金丝眼镜、体型微胖的老者,靠着一个通往另一展厅的门柱,坐在椅子上。他是整个大厅里唯一坐着的人,除了偶尔个别人与他打招呼外,并无人与他说话。我觉得很奇怪，就问身边的英国同学这人是谁。当他们平静地告诉我这人是李约瑟研究所的李约瑟博士时，我浑身上下产生了一种震撼感，因为他在我心中始终是神圣殿堂上的一位尊者，于是我端着酒杯冲了过去，与他兴奋地交谈起来，一直到酒会结束。虽然李约瑟博士的语调很低，但吐字非常清晰，他对我能过去与他交谈也感到极为快慰。我们谈了很多相互感兴趣的话题，当知道我是山西人时，他告诉我他曾经去过太原，到过晋祠和汾酒厂，古老的汾酒酿造技术给他留下了极其深刻的印象。本来他想去五台山，但到了半路，由于下雨塌方道路被阻只得返回，因此感到非常遗憾。当听到我想将科学实在论问题作为自己的研究方向时，他谦虚地说他自己虽然不懂科学哲学，但实在论的问题却存在于任何学科之中。比如，他自己研究的中国科学技术史，就存在着科学技术史实的实在性、历史文献的实在性，以及二者之间关系的实在性等问题。他总结说，这是任何一门学科中永远存在的有趣且有意义的难题。与李约瑟博士的第一次见面，给我留下了终生难忘的镌刻般的记忆，而我在那样的情景下独自与他的交谈对他来说也一样印象深刻，这奠定了而后我可以经常到李约瑟研究所拜望他和鲁桂珍女士，并与他们建立了良好关系的基础。当然，这次谈话也强化了我研究科学实在论的信念，并启迪我在多年以后还写了一篇名为"科学史学的若干元理论问题"的文章。

在剑桥大学的留学生活是有序的和理性的，也是生动的和充满趣味的。科学史和科学哲学系几乎每周都有来自世界各地、英国各地、剑桥大学各个学科及本系学者们主讲和参与的不同层次的学术讲座；而且，我也精选其他学科，尤其是应用数学系、生物化学系及卡文迪什实验室举办的我所感兴趣的讲座去听。这些学术活动不仅拓展了自己的视野，同时也使我结识了许多能和自己谈得来的从世界各国到剑桥大学来进行学术休假的学者。比如，韩国著名的科学史和科学哲学家宋相庸先生，就与我相交甚笃。1988年后他到德国去游学，以至后来回国任教，都一直与我保持联系。他还多次邀请我到韩国去，但由于各种原因都未成行。在这种环境里，那些在国内听起来遥不可及的世界级的学术大师们，在剑桥大学学者们的眼里却是再平常不过的了。比如，有一次下午茶时间，在我和系里一位研究科学史的教授很尊敬地谈到拉卡托斯的时候，他用英国式的幽默不屑地说："拉卡托斯？哈，我找他从来不预约。直接到他的宿舍，用拳头哪哪地敲他的门。"为了把握好自己对科学实在论研究的尺度，我从不同角度接触了他们，令我印象最深刻的有这么几次。1987年4月28日，原定卡尔·波普尔要到剑桥大学来做一场讲座，但由于他身体欠佳临时取消了。他要讲的题目是"Scientific Blunder"（科学的谬误），我们在系办公室也拿到了他的演讲提纲，他虽然没来，但大家对提纲所展示的内容却提出了各种各样的质疑和批评。玛丽·海西教授是著名的令人尊敬的科学哲学家，我在读她著作的同时，也常到她的办公室向她求教关于科学实在论的问题，她也从不拒绝。尤其是当我有一次向她问及科学实在论与隐喻之间的关系时，她突然眼睛愈发明亮，兴奋不已地反复讲起她的观点，并说这么一个重要的问题已经许久没有人向她发问了。过了没几天，我在系办公室我的信箱里，发现了一大摞海西教授送给我的她已经发表过的有关科学实在论的文章。在这些文章中，只要涉及隐喻问题的地方我都用铅笔做了标注。这些资料对我当时理解科学实在论有很大的帮助，且受益至今。在英国留学期间，最令我难忘的一次讲座是在伦敦大学学院的古斯塔夫塔克讲堂听托马斯·库恩的演讲。这是库恩到英国来做的三场系列讲座，第一讲的题目是"Regaining the Past"（重返过去），第二讲的题目是"Portraying the Past"（再现过去），第三讲的题目是"Embodying the Past"（体现过去）。我和同系的几位青年教师及研究生于1987年11月24日搭伴去伦敦听了他的第二讲。库恩身材高瘦，秃顶，戴着大眼镜，显得精力充沛、认真、严肃并且潇洒，在台上来回地走动，一副大哲学家的样子，但他在演讲的过程中，不停地用手整理他的领带。他讲得很有力，列举了大量例子，但基本上是从头到尾照着稿子念，只不过声音顿挫，很有节奏感。他讲的核心内容是科学的发展或科学理论的变化（包括科学语言的意义、结构及解释等的变化）与语言学及分析方法的变化是一致的。当别人提问时，特别是提到他前后著作中某些观点的变化时，他脑门上也微微地浸出了汗水，并不停地用手去摸他那光光的脑门。他有时也不能及时地回答被提的问题，于是语调就显得不那么流利了。在回剑桥大学的路上，当我们谈及库恩的演讲时，一位年轻教师轻轻地做了一个我永远也不会忘记的评价，他的话翻译成中文就没味了，原话是这么说的："Since 1962, his research is nothing"。还有一位研究生说他的演讲"不严肃"。系里一位很著名的教授听说我们去听了库恩的演讲，问我们道："你们不觉得浪费时间吗？"我当然理解他们为什么会有如此反应，但库恩在我心中一直是20世纪最杰出的科学哲学家之一。他的演讲给我留下了极为深刻的印象，而且他的某些观点一直到今天我仍然深信不疑。1988年5月21日，曹天予老师即将离英赴美到波士顿大学去任教，于是他请我到三一学院只有研究员们才有权利享用的贵宾席去吃晚饭。席间，他感慨万分，交谈中还知道了我读硕士时的一位同班同学乃是他北京大学哲学系的同班同学。另外，他将一份他的博士论文的书稿交给了我，希望我能将它在国内翻译出版。同时，他交给了我一封转呈许良英先生的亲笔信，并说许先生会为该书的中译本寻找出版社，我不必为出版犯愁。对此，我欣然允诺。因为我们同在一个系，他博士论文的内容和价值我是清楚的，而且，我还从系主任莱德海德教授和剑桥大学哲学系的巴特菲尔德博士那里听到过对他的好评。但没想到的是，我回国后专程去拜望因翻译《爱因斯坦文集》而声名显赫的许良英先生转呈信件并商谈此事时，他表示暂时无法联系到出版社。不过，许先生和许夫人倒是非常热情地款待了我和我的妻子，而且与我交谈的兴致极高并坚持留我们在他们家里吃午饭——阳春面，到我们必须离开时仍然意犹未尽。这事我写信告诉了人在美国的曹天予老师，他之后回信给我说，既然出版有困难，就暂时作罢，可将书稿交给他妹妹。于是，我将书稿寄给了在清华大学的曹南燕老师。这本书虽然到20年后的2008年才得以在国内出版，但我却先睹为快，并从中获益良多。

当我的留学生活进入1988年之后，我感觉自己对科学实在论的问题有了较为系统的理解和把握。恩格斯讲过："历史从哪里开始，思想进程也应当从哪里开始。而思想进程的进一步发展不过是历史过程在抽象的、理论上前后一贯的形式上的反映；这种反映是经过修正的，然而是按照现实的历史过程本身的规律修正的，这时，每一个要素可以在它完全成熟而具有典范形式的发展点上加以考察。"恩格斯这一关于历史逻辑发展的思想，对于我考察科学实在论宏阔的历史演变过程具有具体的指导意义。我深切地感到，随着当代自然科学越来越远离经验的发展，科学理论的构造、解释和评价便在科学哲学研究中愈来愈具有突出的地位。科学实在论作为当代科学哲学发展中的一支极有前途的哲学运动，已经成为科学理性发展征途中自然而又必然地要加以面对的一种思潮。正是在这个意义上，客观地介绍当代科学实在论的历史和现状，系统地评述科学实在论在科学发展中的理性地位，具体地分析它与其他科学哲学流派之间的相互批评与相互借鉴的趋势，内在地揭示科学实在论作为一种方法论原则在科学研究中的意义，阐述它所具有的科学认识论的本质特征，深刻地指出传统科学实在论所存在的偏狭、缺陷和不足，便是我自己想努力去完成的工作。更为重要的在于，这也恰是当时国内科学哲学研究与国外科学哲学研究进行对接所必须填补的领域，对于推动国内科学哲学研究的进步有着重要的意义。因此，我便从1988年开始，陆续在《哲学研究》《自然辩证法研究》《自然辩证法通讯》等刊物上，发表了一系列关于数学实在论、物理实在论、测量实在论、经验实在论，以及知识实在论、理性实在论、批判实在论、语义实在论、自然主义实在论等与科学实在论相关的论文，并在1991年将这些论文集结成书，以"当代科学实在论"为著作名称在科学出版社出版。

在剑桥大学留学期间，我注意到徐志摩当年描写剑桥大学的诗篇是每一位中国留学生的必读之物。那轻灵飘逸的神韵，沁透着每一颗思念祖国和亲人的心田。1988年，我最终决定回国，在踏上驶往伦敦的火车缓缓开出剑桥之时，我双眼饱含着热泪，那时才真正体验到了徐志摩《再别康桥》那美丽的诗句背后所隐含着的震撼人心的力量。徐志摩在《再别康桥》的最后一节中写道："悄悄的我走了，正如我悄悄的来；我挥一挥衣袖，不带走一片云彩。"我当时想：是啊，我带不走一片云彩；但是，我带走了科学理性的浸染和熏陶，我带走了对剑桥大学的无限眷恋和思念。我潜意识中有一种强烈的预感，那就是我一定还会回来的！

从1989年到1992年，我专心于读书、教书和写书。除了研究科学实在论之外，我也同时意识到，人类科学知识的发展是一个复杂的动力学过程。对这一过程所涉及的不同要素及其不同层次的研究，对于把握科学理性的进步是十分必要的。正是在这个意义上，我试图从科学知识发展所必然相关的因素结构、语言结构、理论结构、评价结构及方法论结构等诸方面，做一些具体的探索，旨在从整体上给出某些科学知识发展的动力学特征。因此，我写了一系列这方面的相关文章，并集结成《科学知识动力学》一书，于1992年在华中师范大学出版社出版。

在这期间，我还申请到了一项国家社会科学基金资助的研究课题，并于1991年被破格晋升为全校最年轻的教授，且将这个纪录保持了很长一段时间。不过，我渐渐地感觉到，国内科学哲学研究的整体状况在发生着悄然的变化。一方面，不少学者毅然离开了科学哲学这一过于理性的学科，奔向了他们各自喜爱的领域；另一方面，很多学者转向了与科学哲学相关的交叉学科或边缘学科。总之，20世纪80年代，科学哲学研究的那种激情和热烈似乎在逐渐远去，而显得有些孤傲和冷清。但这是一个必然的过程，是科学哲学作为一门学科在走向成熟中不能不经历的浴火般的淬炼。对我个人而言，我不仅觉得在科学实在论的研究上需要寻找新的动力和视角，而且渴望呼吸新鲜的空气来排泄胸中的烦闷。于是，我又不断地记起徐志摩在《康桥再会吧》这首长诗中的最后一句："我今去了，记好明春新杨梅上市时节，盼望我含笑归来，再见吧，我爱的康桥。"当我无法再忍受对剑桥大学的思念时，我毅然向中英友好奖学金提出了自己的申请。中英友好奖学金的管理机构对我的背景情况很满意，但根据规则我必须到指定培训机构参加英语培训并通过雅思考试，我执行了该机构的要求。雅思考试满分为9分，我在1992年年初的考试中得了7分。但不知出于什么原因，那一年所有的参考者均在原始考分的基础上降低0.5分，于是我最终被公布的成绩是6.5分，但这仍然属于高分，我获得了在英国挑选任何学校的权利。最终，我获得了该奖学金的资助到剑桥大学学习和工作一年零一个月。同时，该奖学金的管理机构还根据规则,指定剑桥大学达尔文学院的院长劳埃德教授为我的导师。劳埃德教授是古典研究系研究古代科学技术史和古代科学哲学的著名学者,同时兼任李约瑟研究所董事会的成员,后来还被英国女王授予了爵士勋位。事实上,早在1987年我就认识了他和他的夫人。那时,他们夫妇受邀要到中国来进行学术访问,请我到他们家吃饭并询问一些中国的生活细节,以及需要做一些什么样的准备等。我当时为他们做了详细的介绍,直到他们觉得满意为止。所以,当再次在剑桥大学见到他时,我感觉很亲切;而他也对我没有太多的要求,因为他知道我的研究方向与他完全不同,未来我的研究工作主要还需在科学史和科学哲学系进行研究活动。尽管如此,我还是参加了几次他组织的学术讨论,并隔一段时间就去向他汇报一下我自己的研究进展,以便能听到他的建议。在我的记忆中,他与我最认真的一次交谈,就是当我用到了"solidarity"一词时,他严肃地告诉我任何时候都要慎用这个词。他虽然没有告诉我原因,但我认为可能是这个词易于被赋予某种意识形态的缘故。他要求我帮他做的唯一一件工作就是让我对某一英文版《墨经》中的一段有关光学知识的内容以及《吕氏春秋》中"本生"一节中他要研究用的内容对照原文进行重译,并为他详细讲解;结果,我确实发现了一些不确切的内容,并将其重译,当面为他做了反复的说明。他听了我的解释之后,高兴地对我说这正是他需要的东西。若干年后,当他偕夫人再次来北京时,我曾请他们夫妇到山西大学来访问,并在科学技术哲学研究中心做了精彩的学术报告。

在1992年最宜人的季节,我离别4年之后又回到了剑桥大学。当我第一天骑着自行车随意穿行在剑桥大学的各个部门办理入校手续的时候,我原先设想的重归带来的兴奋与激动荡然无存。觉得一切依旧是那么熟悉,那么自然,那么优雅;我心静如水,悠然自得。我一走进科学史和科学哲学系的大门,就碰到了曾经给了我很多指教的查丁教授和帕皮诺博士,他们轻轻地对我点点头,好像我从未离去过一样。在系图书馆办借阅手续时,那位资深的女管理员微笑着向我说,你还是用你原来的号码吧,这样好记。当我向系主任莱德海德教授报到时,谈到剑桥大学好像什么都没变,他说了一句极其平淡却又极富哲理的评语:"Never change. It is Cambridge !"

当我一头扎进图书馆大量阅读并参加与自己研究有关的各个学科的学术讲座时,我渐渐意识到关于科学实在论研究的话语在发生着深刻的变化。这个时候,20世纪哲学运动所经历的"语言学转向""解释学转向"及"修辞学转向"对科学实在论产生的影响,历史地交织在一起,潜在地构成了科学实在论当今走向的特定背景基础。当这一背景基础和实在论与反实在论争论的现实目的及要求叠加在一起时,便决定了可能走向的某些具体特征。比如:①语义分析方法的全面展开和系统运用;②通过自然主义的语义分析途径而走向现代物理主义;③确立实在论的经验建构论;④科学心理意向性的实在论重建;⑤传统科学主义的价值取向不断地"弱化"和"开放";⑥科学认识论的社会化;等等。这些具体的特征表明,科学实在论和反实在论在研究方法论上的统一性,不断弱化了它们在本体论性上的传统对立,出现了二者之间相互渗透与融合的趋势。这意味着,伴随着逻辑经验主义"统治"的衰退而逐渐全面展开的科学实在论的"复兴时期"已历史地结束;一个将从结构、功能和意义上,对整个科学实在论的进步产生重大影响的"发展时期",已经自然而又必然地开始了。这就是可称之为"后现代科学实在论"的发展时期。由此开始,在整个后现代科学哲学演变的背景下,我集中精力于后现代科学实在论的特征研究,发表了一系列论文,并于1995年集结成《后现代科学实在论》一书在知识出版社出版。

当我把研究的关注点放到后现代科学实在论的特征上时,就会不自觉地用"后现代性"的视角去审视和分析自己所面对的英国学术界和英国社会的现状。这其中有几件事让我记忆犹新。1992年年底至1993年年初,莱德海德教授连续做了几场关于量子哲学的学术讲座,不仅听众云集,而且其中不少是物理学家和数学家。我注意到,虽然他一直秉持科学实在论的立场,但他对量子力学形式体系的语义分析方法却是中性的,潜在地蕴含了后现代性的方法论特征,予人以深刻的印象,受到了大多数人的好评。1992年10月29日,科学史和科学哲学系请法国著名的社会哲学家布鲁诺·拉图尔来做了一场有趣的讲座，题目是"关于物质与死亡的问题"（A Question of Matter and Death）。他明知剑桥大学是科学主义的大本营，却在一开始就直言不讳地讲："我要对这里的科学史和科学哲学家们进行直接的批评。"他从法国的人文理性和人本主义的交叉视角，评价了科学的地位和功用，贬低了科学主义的立场，带有强烈的后现代色彩。结果，必然地受到了在场的科学哲学家和科学史学家们嘲讽般的批评。但这件事情让我直观了欧洲大陆哲学与英美哲学之间鲜明的区别，即便是在同一的后现代立场上也有着本质特征的不同。1993年3月4日，牛津大学的牛顿－史密斯教授应邀到剑桥大学科学史和科学哲学系做了一次演讲，题目是"科学、理性和判断"。他的演讲妙趣横生，有鲜明的后现代性特征，但有些观点讲得极不恰当。比如，用"鸡的性别"（chicken sexes）的辨别去作为科学理性判断的案例进行经验分析，结果遭到了剑桥大学哲学家们从科学、社会学及心理学等各方面的批评。演讲结束后，我和他进行了交流。他告诉我他1988年就去过武汉，并送给我一张他的名片，请我寄一份所有中国大学哲学系的名单给他；同时，他主动允诺要送给我一些他自认有价值的文稿，以便我能更好地研究他的思想。他自嘲地说，因为他今天在这里讲砸了。不过，这里的人如果到牛津大学去演讲，也会遇到同样的尴尬境况。之后，我们分别兑现了各自的承诺，我对他的思想也确实有了更真实的理解。1993年5月10日，我偶发兴致参加了当时在剑桥大学圣·约翰学院做访问学者的韩国反对党领袖——金大中在圣·约翰学院做的有关政党问题的一个学术讲座。虽然我对他讲的内容并无兴趣，但他用后现代解构主义的分析方法去研究政党问题的视角却给我留下了深刻的记忆。我对于20世纪80年代在剑桥大学留学时李约瑟博士和鲁桂珍女士给予我的帮助是无法忘怀的，但不幸的是，在我离开剑桥大学的这几年中，1989年两人续一生之恋最终成婚，不想鲁桂珍女士却在1991年离世，而李约瑟博士也因身体原因不再到研究所工作，而由何炳郁先生任李约瑟研究所所长。1992年10月9日，我去拜望何炳郁先生，他和我谈了很多事，其中一件是他想建立一个"鲁桂珍基金会"，以资助中国学者到李约瑟研究所来做研究。但没想到鲁桂珍女士的遗产比他们原来想象的要少得多。在如何解决李约瑟研究所的资金短缺和将"中国科学技术史"丛书不断出版下去的问题上，他有很多设想并做出了巨大的努力，而对于英国社会的变化和如何看待科学史学研究，又有着明显的非传统的价值观念和价值取向。对于这一点，我当时非常地敏感，我觉得，这是历史赋予他的责任。我与何炳郁先生成了忘年交，1997年我还曾邀请他访问了山西，并陪同他游览了著名的历史名胜——晋祠。

在剑桥大学，还有两件事情是从我记忆中抹不掉的。其一是1993年3月22日，当我到系里查看我的信箱时，碰到了也去取信件的玛丽·海西教授。当时她已退休数年，但还保持着与世界各地学者们的联系，所以每隔一段时间，她就会去查看一下她的信箱。可是当我向她热情地问候时，她却面露羞怯之态，轻轻地说了一声"你回来了？"像生怕见人似的，夹着她的东西赶快离开了。旁边的女秘书看到我有所不解便对我说："You do not mind. She is a British lady!"几个月后，一个盛夏的傍晚，当我一个人在剑河边散步的时候，我又迎面碰到了在遛狗的海西教授。这一次，她面露笑容，让我陪着她边走边聊了一会儿。但是，当我又一次试图与她讨论科学哲学问题时，她说了一句"Philosophy of science has gone from my head"，便牵着她的狗匆匆离我而去。我望着她那瘦高而又衣衫简朴的背影，想到她也是20世纪科学哲学史上可以留下名字的人，一个一生为了学术研究而终生未婚的杰出女性，不胜唏嘘。事实上，在剑河边的长椅上，人们看到某位在特定研究领域影响过世界的著名学者，像普通的老人一样静静地坐在那里，这是一件极其自然的事情。其二是1992年12月25日，正好是圣诞节，国内派去的"中国艺术家慰问演出团"到剑桥大学为中国学生学者演出。其中，张也、蔡明、郭达等十几位表演者都是大家所熟知的表演艺术家。演出结束后，他们与所有的中国学生学者共进自助晚餐，并为每一位有要求的人签名，场面很热烈。但是我注意到，这些在台上极富激情的演员，在台下却完全是另外一个人：有的不善言辞、有的不喜多语，有的面露羞涩。回忆这场演出，最让我无语的是，其中一出小品表现的是一位出生在农村的中国青年带了一位外国的洋媳妇回家过年而产生的各种喜剧情节。但是，这个小品面对台下那些多年在英国留学和生活的中国学生学者来讲，不但没有一丝笑点，而且看得很别扭，完全没有达到创作的效果。当时，这件事情从生活中让我体验到，后现代性理论所强调的"情境"或"语境"的结构系统性是多么重要。

进入 1993 年之后，我萌生了在英国工作几年再回国的想法。正好有一个机会，我获得了利兹大学提供的一个为期两年的工作许可（work permit），这并不是一件容易的事情，因此，还令在剑桥大学的许多朋友们羡慕。但进入秋天后，由于多种因素，我还是选择了放弃这个机会，按照中英友好奖学金的约定，毅然踏上了回国的旅程。当火车缓缓地向前移动时，我望着车窗外远去的剑桥大学，又默念起了徐志摩《再别康桥》中的诗句。但这次我却没有了上次离别剑桥大学时的伤感，心静得如一泓秋水，凝视着碧蓝的天空中淡淡的白云，心中默默地说道："再见吧，剑桥！我还会再来的！"回国后，学校就希望我立刻出任哲学系主任，但我自认自己不适合做行政工作，便谢绝了。不过，转年到了 1994 年春天，出于对学校领导的尊重和感激，答应暂时做一段时间校长助理。但是，一旦走上了行政工作的岗位，便身不由己了。我于 1995 年年初出任副校长；1999 年年初出任校党委书记；2000 年又由校党委书记兼任校长；2003 年年初辞去校党委书记，以校长的职务一直工作到 2012 年满 60 周岁，方才辞去校长职务，按照山西省委的安排转任省人大代表的工作。在这 20 多年繁忙的行政工作过程中，我仍然始终不渝地进行着对科学哲学的研究。因为，这不仅仅是我个人的兴趣和爱好，也是一种历史的责任和担当。由于山西大学科学技术哲学学科整个团队的共同努力，1998 年该学科成了博士学位授权点；在而后的几年中，又陆续成了该学科的"国家重点学科"和"教育部人文社会科学重点研究基地"；最后，引领整个山西大学哲学学科成了哲学一级学科的博士学位授权单位。更有意义的是，于 2009 年我们将由中国自然辩证法研究会委托主办、山西大学实际承办的《科学技术与辩证法》杂志，更名为《科学技术哲学研究》，从而使其成为到目前为止国内唯一以规范的科学技术哲学学科建制名称命名的学术期刊。这个过程不仅反映了山西大学科学技术哲学学科的自身发展，而且从一个侧面折射了整个中国科学技术哲学学科的进步和不断成熟的过程。

　　当我倾心于后现代科学实在论的研究时，我不断地意识到，后现代科学实在论仅仅是整个科学哲学研究领域中的一个组成部分，二者之间具有密不可分的关联。那么，后现代科学哲学的整体状况又是如何呢？我开始考虑，后现代科学哲学是否具有现存性？科学哲学的后现代趋向存在哪些最基本的特征？科学哲学的这种后现代趋向的前景如何？尽管这些问题都是可争辩的，但只要我们将科学哲学的发展纳入整个20世纪人类文化进步的狂飙之中，就会发现在各种文化思潮的冲撞中科学哲学运动不可避免地带有后现代性，并且由于这种后现代性的渗入而凝现的后现代趋向特征，也深嵌着时代的烙印。同时，科学哲学也以它独特的运动性质展示出了哲学理性的意义，并探索着朝向21世纪的出路。总之，我们赋予科学哲学运动以后现代性发展的趋向，正是为了更准确地理解和把握它的历史地位、发展取向和本质，从而更精准地揭示后现代科学实在论研究的意义。于是，我便在这方面撰写了一系列的文章，并于1998年集结为《后现代科学哲学》一书在湖南教育出版社出版。

　　在而后的几年中，每年都有新的博士生和硕士生加入我指导的学生行列。在与他们的交流中，我更清晰地感到了科学实在论在科学哲学研究中的重要性。更重要的是，当我对当代科学实在论的发展趋向做进一步的深入研究时，发现20世纪80～90年代集中展现的20世纪哲学发展中的第三次转向——"修辞学转向"，酿就了科学哲学领域中的"科学修辞学转向"。这一转向的目的是要把科学修辞学作为一种确定的科学研究方法，充分地揭示科学论述的修辞学特征，从而在科学论述的境遇、选择、分析、操作、发明和演讲中，给出战略性的心理定向和更广阔的语言创造的可能空间。这一转向作为一种运动的兴起，促使科学实在论者们更进一步地去除存在于理性与非理性、语言的形式结构与意向结构、逻辑的证明力与论述的说服力、静态的规范标准与动态的交流评价之间的僵化界限，进一步消解单纯本体论立场的独断性，强调心理重建与语言重建的统一。这深刻地表明，科学实在论在已经相当进步的基础上，正不断充实和完善自己，特别是在研究的视域上，正在更自觉地由外在走向内在，由宏观走向微观，由狭隘走向广阔，显示了科学实在论自身所具有的创造性的生命力。更重要的是，它显示了科学实在论在反本质主义、基础主义和表征主义的基础上，进一步推动了英美哲学和欧洲大陆哲学、科学主义和人文主义相互渗透、相互融合的后现代科学哲学的发展趋势。这一点激发了我与有志于科学哲学研究事业的青年们，交流我自己对科学实在论及整个科学哲学后现代发展趋向的愿望。于是，我在自己过去研究的基础上编写了《科学实在论教程》一书，作为教育部"面向 21 世纪课程教材"的一种，于 2001 年在高等教育出版社出版。

1999 年暑假期间，我应美国丹佛大学哲学系主任赛博格教授的邀请，赴美国进行学术交流访问。当我向该系的学者们介绍我自己关于科学实在论问题的研究并与他们讨论时，我发现他们从反实在论的视角所提出的问题颇具挑战性，就像科罗拉多大峡谷一样给我留下了深刻的印象和宽阔的思考空间。2002 年暑假期间，我应李约瑟研究所所长古克礼教授的邀请，又一次回到剑桥大学。一方面，我代表山西大学科技哲学研究中心与该所签订了长期的交流合作协议，以使我的博士生们都有机会到剑桥大学去完成他们的博士论文；另一方面，又与剑桥大学科学史和科学哲学系的学者们进行学术交流，以了解他们的最新研究状况。令我难忘的是，在我邀请查丁教授共进午餐并讨论科学实在论研究的问题时，我发现他对科学实在论的合理性阐释有着一种与过去我对他的了解所不同的新概念。2004 年暑假期间，我应德国凯泽斯劳滕大学哲学系主任沃夫冈教授的邀请，赴德国进行学术交流访问。沃夫冈教授早年在海德堡大学学习理论物理，后来投到伽达默尔门下读哲学博士，是伽达默尔的忠实弟子。他几乎每个周末都开车带我去参观不同的地方，如马克思故居、海德堡大学等。只要在一起，我们都会情不自禁地讨论哲学问题，正是在这些不经意的言谈中，我深深地从感性上窥见了德国哲学或欧洲大陆哲学与英美哲学传统的区别，感受到了评价科学实在论与反实在论争论的另一种标准和话语系统。对此，我还专门写了一篇对沃夫冈教授的访谈——《欧洲大陆和英美哲学传统之间的区别、关联与融合》，发表在《哲学动态》2005年第1期上。这些经历使我更清晰地意识到，进入21世纪以来，国内外科学哲学界在科学实在论的认识和观念上发生了很大的变化，特别是反实在论自20世纪60年代通过历史相对主义的途径而重新流行，并在70年代开始了"新实用主义的转向"之后，以强劲势头冲击着科学实在论的基本观念和思想，尤其是劳丹、范·弗拉森、法因等学者，以及社会建构论、解构论等对科学实在论提出了各种责难，最终以"实在论死了"为口号发起总攻。另外，科学实在论赖以辩护其基本立场和观念的理论基础（如"逼真论"和"操作论证"）也面临着各种困境，不再能够成为科学实在论存在的充分理由。在这种情况下，科学实在论是否走到了其理论的死胡同，有没有能力来面对这一切复杂的挑战？如果我们对科学实在论还抱有信念的话，如何来为它的存在进行新的辩护？事实上，科学实在论从未停止它前进的脚步。就当下来讲，科学哲学的各个领域，包括科学实在论，都在寻找一种跨学科的结合，这就在于：第一，各个学科的本体界限在有原则地放宽；第二，各个学科的认识论疆域在有限度地扩张；第三，各个学科的方法论形式在有效地相互渗透。同时，科学哲学研究的本体论性在从给定的学科性质中弱化，认识论性在从给定的学科性质中摆脱狭义的束缚，而方法论性则从给定的学科性质中解构出来。实际上，"语言学转向"的深层影响正在促使人们将语言学、解释学和修辞学的转向统一起来，将语形、语义及语用分析方法结合起来，推动着方法论的大融合与大渗透。而且，所有这些方法论的分析都在可推论、可构造、可分析的层面上摆脱了具体形态的束缚，从而使科学实在论研究的方法论更加普遍化了。也正是这种普遍化，才能使它们更有机地与具体的实践操作结合起来。毫不掩饰科学实在论面临的困境，积极寻求辩护科学实在论的新策略，这应当是大多数科学实在论者抱有的基本态度。所以，艾尔卡在20世纪末不无骄傲地大声呼吁"我声称实在论'仍然活着并且活得很好'"，表达了科学实在论者们的基本立场。事实上，长期的论战已使科学实在论者们清醒地意识到，反科学实在论的论证已经越来越复杂，越来越精确，同时偏见也越来越少；而实在论自身的论证也越来越精致，越来越开放，同时也在不断地分化。只有走出形而上学的"贫困"，开拓方法论和认识论领域的新局面，科学实在论才能进步。概略地讲，科学实在论者们所使用的比较突出，并且也被反实在论者们所认同的方法主要有以下几种：①语境分析的方法；②修辞分析的方法；③隐喻分析的方法；④心理意向分析的方法；⑤复杂性分析的方法。这些方法的使用是统一的和一致的，它们共同构成了为当今科学实在论辩护的极其重要的方法论策略。就是在这样的认识基础上，我做了一系列的研究，并将其集撰为《科学实在论的方法论辩护》一书，于2004年在科学出版社出版。我对科学实在论坚持不懈的研究获得了国内同行的认可。《后现代科学哲学》一书于2003年获得了教育部第三届"中国高校人文社会科学研究优秀成果"二等奖；《科学实在论的方法论辩护》一书于2006年获得了教育部第四届"中国高校人文社会科学研究优秀成果"一等奖。这是中国人文社会科学研究成果的最高奖项。

正当我在科学哲学的研究中努力攀登之时，世纪之交的历史更替来临了。在经历了波澜壮阔的20世纪的发展之后，科学哲学将会以什么样的姿态掀开21世纪的崭新篇章呢？特别是在方法论的研究上，将会以什么样的突破来展示科学哲学研究最有前途的发展趋向呢？这是每一个科学哲学家自然而又必然要面对的难题，对我个人而言，也是自觉或不自觉地要思考的问题。1997年年初，教育部组织了一个中国大学校长访日考察团，我有幸成为团员之一。我们的行程完全由日本外务省中国课负责安排，并且接待标准较高。在日期间，我们与日本各界进行了几场座谈。在每次座谈中，我都参照中国悠久的历史文化和西方发达国家的经验，对日本社会的进步提出了建设性的意见，这给日方留下了较深的印象。在我们即将回国时，日本外务省的中国课课长代表日方到机场去为我们送行。到机场后，这位课长对我说，日本学术振兴会有专项的基金资助中国学者到日本来做学术交流和访问，你的背景情况完全符合他们的要求，如果你愿意来的话，他们一定会邀请你来的。一方面，我欣然接受并表示感谢；另一方面，也只不过觉得他是客气而已。没想到的是，我回国后不到半个月，就接到了日本学术振兴会寄来的邀请函，邀请我对日本进行正式学术交流访问，一切费用由该振兴会资助，时间长度由我自己选择，并安排与山西大学有交流合作关系的东京国际大学承担具体的接待事宜。由于5～6月到香港和台湾参加学术会议，所以我选择了在1997年当年暑假期间进行为期3周的访问计划并得到了对方的赞同。7月10日，当我踏上从北京飞往东京的飞机时，我开始思考科学哲学研究的方法论问题。在飞机上，我突然想起了1992年10月在剑桥大学时，曾经参加过一个叫"On Context Principle"的讲座，演讲者用语境的原则分析隐变量理论的合理性给我留下了深刻的印象。我突然产生了一种直觉，觉得我这次日本之行，研究的对象就应该是"语境"。在日本的三周时间里，除了和日本学者见面外，我把自己埋进了图书馆。当翻阅了相当多的资料后，我从科学实在论的视角感到了"语境"作为一种方法论的研究平台所具有的震撼力。尤其是语境所具有的本体论性和结构系统的整体性功能，避免了传统实在论在逻辑论证上的无限后退，使我萌发了对它研究的极大信心。于是，我用最后的几天时间，写了一篇《论语境》的文章，并立即从东京快递给了《哲学研究》编辑部；而《哲学研究》编辑部也出乎我意料地马上在1997年第4期上予以发表。这是国内科学哲学界第一篇专门研究语境的文章。值得我回忆的是，在日期间，庆应大学的迟田允茂教授及其夫人于7月18日在他家附近的麦当劳请我喝咖啡，并聊了一个半小时。他时年已80岁，曾留学牛津大学，做过奎因的学生，是日本全国哲学学会主席。他送了自己的五部著作给我，并在扉页上留字"郭贵春大兄惠存。——迟田允茂"，同时，我也回赠了自己的几本书。他们夫妻都非常热情，而且是我四次访问日本中见过的英文讲得最标准的学者。我第四次访问日本是在2008年暑假期间，应东京大学文学院长、哲学教授Ichinose Massaki的邀请，到东京大学做一场学术报告，题目是"当代科学哲学的现状及其发展趋势"。由于这个题目太大，我讲的核心内容其实是语境论的分析方法与当代科学哲学的进步。有意思的是，因为我不懂日语，只能用英文讲，便在如何理解"context"这个词上与日本学者在讨论时产生了分歧。后来，有一位日本教授请我将"context"一词的汉语译文写在黑板上；当我把"语境"一词写出来时，他们便完全理解了我的意思，进行了很好的交流，并认为收获良多，还拉我与他们共进晚餐。他们都是 AA 制，却不让我出钱，我的费用由他们分摊。这件事情让我感觉到，尽管日本学者也大多具有英美国家名牌大学的留学背景，但和中国学者交流时汉字却较之英语具有无以言喻的作用。

从 1997 年开始，一潜心进入语境的方法论研究，我就充满自信地认为这是科学哲学研究领域中最有前途的方向之一。因为，当我们面对 21 世纪，回眸 20 世纪科学哲学的历程时就会发现，在哲学运动的语言学转向、解释学转向及修辞学转向的过程中，科学哲学的进步有着两个极其鲜明的特征：其一，它所提出、求解和涉及的一系列理论难题，均在一定意义上与语境问题本质地相关，即试图从不同的语境视角去重构或重解这些难题；其二，通过"再语境化"的途径，以朝向后现代性发展的趋势，抛弃一切单纯形式的、经验的、范式的或框架的依托，而转向将所有科学之历史的、社会的、语言的和心理的层面统一到一个不可还原的、整体的语境基点上去。由这两个特征所形成的后现代科学哲学，已经不以人的意志为转移地跨入了 21 世纪哲学运动的大门。当然，我们必须注意到的是，科学哲学的这一趋向绝不是偶然的。它是哲学运动"三大转向"相互演化、更迭、渗透与综合的必然的逻辑结果。始终作为科学哲学运动之灵魂的科学批判精神，并没有将自己禁锢在狭隘的形式理性的教条之中，它在自身的运动中消解了把哲学研究仅仅引向经验基底上的句法层面，过分突出形式理性与科学主义的观念；弱化了将语言经验与解释经验、语言分析与解释实践相互融合的社会化的非理性主义的倾向；意识到了语言分析的本质在科学哲学广义自然化趋向中所具有的"战略研究"的地位、作用及其不足。正是在这个基础上，科学哲学的研究从"语用语境"的基点出发，修正"三大转向"所具有的缺陷，从而在语形、语义和语用的语境结合上去探究科学哲学未来发展的新趋向，就是自然而又必然的了。所以，把语境作为语形、语义和语用结合的基础，从语境的基底上去透视、扩张和建构整个科学哲学的大厦，是回答了以什么样的形式、什么样的方法及什么样的基点或核心去决定科学哲学未来走向的一个重大的理论问题。当然，这一回答与语境本身所具有的内在本质是分不开的。这就在于：①语境是一种具有本体论性的实在，构成了整个哲学理论分析十分"经济"的基础；②语境是在一切人类行为和思维活动中最具普遍性的存在，而且所有语境都是平等的；③语境作为科学哲学的研究基底具有方法论的横断性，同时在某种意义上它的超验性与它的横断性是一致的；④语境绝非一个单纯的、孤立的实体，而是一个具有复杂内在结构性的系统整体，它从时间和空间的统一性上整合了一切主体与对象、理论与经验、显在与潜在的要素。总之，语境通过其自身这种结构的系统规定性，展示了它一切历史的和具体的动态功能。当然，我也清晰地明白，语境绝不是万能的。语境论的研究仅仅是科学哲学迈向21世纪的趋向之一，但它已经并将以更崭新的姿态展示它迷人的光彩，则是我坚信不疑的。在这样的认识基础上，我做了一些相关的研究，并集结成《语境与后现代科学哲学的发展》一书，于2002年在科学出版社出版。从这一时期开始，"科学实在论"和"科学语境论"就成为我而后科学哲学研究的两个最基本，也是最重要的基点；而且正是这二者的有机统一和结合，自然而然地构成了我自己科学哲学研究的鲜明特征。2012年，北京师范大学出版社推出了一套"当代中国哲学家文库"，其中将我过去发表过的一些有代表性的文章，以"走向语境论的世界观：当代科学哲学研究范式的反思与重构"为书名结集出版，显示了学术界对我自己科学哲学研究特征的某种认同。

进入21世纪之后，无论是国际还是国内的学术界，都受到了一股强烈的文化主义浪潮的冲击。这种从文化的结构及其进步的层面和视角，去解析政治、经济、历史、社会、科学和技术等学科的发展，无疑具有其存在的合理性和必然性。这正像莱奥塔德说的那样，"文化是倾听被说出来的东西，文化是给那些没有发言权但在寻求它的人以发言权"。但是，将这种文化分析的方法渗透到任一具体的科学研究领域并将其扩大化，就易于消解具体科学研究自身的本质内核，进而使其内在的研究边缘化，进而产生"泛文化主义"的倾向。这种现象在科学哲学研究领域同样存在。事实上，文化和理性是统一的，但不是同一的；不能用文化的背景性和传统性去消解理性的内在性和本质性。同样，人文理性和科学理性也是统一的，但不是同一的；不能用人文理性的标准和价值取向去消解科学理性的标准和价值取向。而科学哲学研究的本质，恰恰正是坚守自身的科学理性的逻辑标准和科学理论的形式体系所给定的价值取向。否则，科学哲学作为一门学科赖以存在的基础就消失了。为此，我和山西大学科学哲学的整个团队申请了诸多国家级和省级的科学研究项目，发表了大量的专业论文，出版了一系列的著作，努力推动国内科学哲学研究的事业朝着合理的、符合其自身发展规律的方向进步。特别是我们主编的《走向21世纪的科学哲学》（山西科学技术出版社2000年出版）、《科学哲学的新进展》（科学出版社2008年出版）、《当代科学哲学问题研究》（科学出版社2009年出版）、《科学哲学的新趋势》（科学出版社2010年出版）等，体现了我们整个团队科学哲学研究的价值取向。更具代表性的是，我们成功地完成了教育部哲学社会科学研究重大课题攻关项目——"当代科学哲学的发展趋势"，并在2009年按照教育部的要求将研究成果以"当代科学哲学的发展趋势"为书名在经济科学出版社出版。该书获得了2013年第六届"教育部人文社会科学研究优秀成果"二等奖。

我之所以看重对当代科学哲学发展趋势的研究，是因为要揭示在世纪之交的历史环境中，当人们不断地反思20世纪科学哲学的历史进程时，一方面，人们重新剖析与解读过去的各种流派和观点，以适应现实的要求；另一方面，试图通过这种重新剖析与解读，找出今后科学哲学发展的新途径，尤其是科学哲学研究的方法论走向。有的科学哲学家在反思20世纪的逻辑哲学、数学哲学及科学哲学的发展，即"广义科学哲学"的发展中，认为存在着五个"首要难题"（leading problems）：第一，什么是逻辑的本质和逻辑真理的本质。第二，什么是数学的本质，即什么是数学命题的本质、数学猜想的本质和数学证明的本质。第三，什么是形式体系的本质，以及什么是形式体系与希尔伯特称之为"理解活动"（the activity of understanding）的东西之间的关系。第四，什么是语言的本质，即什么是意义、指称和真理的本质。第五，什么是理解的本质，即什么是感觉、心理状态及心理过程的本质。这五个"首要难题"概括了整个20世纪经典科学哲学探索所要求解的对象，以及21世纪自然要面对的难题，有着十分重要的意义。而且，从广义科学哲学的视角看，在20世纪的科学哲学发展中，逻辑哲学、数学哲学、语言哲学和科学哲学是统一在一起的。因此，逻辑的方法、数学的方法和语言学的方法，都是整个科学哲学研究方法中不可或缺的一部分，它们在求解科学哲学的难题中是一致的。这种统一和一致恰恰是科学理性的统一和一致。科学哲学家们在20世纪对这些难题的认识、理解和探索，是一个从自然到必然的过程；它们之间的相互融合与渗透是一个由不自觉到自觉的过程。而在21世纪，则是一个"自主"的过程，一个统一的动态发展过程。那么，在这个"自主"的过程中，科学哲学发展的真正主要目标是什么呢？其最大的"首要难题"又是什么呢？我自己研究的结论是：第一，重铸科学哲学发展的新的逻辑起点。这个起点应超越逻辑经验主义、历史主义、后历史主义的范式。可以肯定地说，一个没有明确逻辑起点的学科肯定是不完备的。第二，构建科学实在论与反实在论各个流派之间相互对话、交流、渗透与融合的新平台。在这个平台上，彼此之间可以和谐地相互交流与共同促进，从而使其成为科学哲学生长的舞台。第三，探索各种科学方法论相互借鉴、相互补充、相互交叉的新基础。在这个基础上，获得科学哲学方法论的有效统一，从而锻造出富有生命力的创新理论与发展方向。第四，坚持科学理性的本质，面对前所未有的消解科学理性的围剿，持续地弘扬科学理性的精神。这一点，应当是当代科学哲学发展的一个极其关键的因素。而且，只有在这个基础上，才能去谈科学理性与非理性的统一，去谈科学哲学与科学社会学、科学人类学、科学史学、科学认知学及科学文化哲学等流派或学科之间的关联。否则的话，一个被消解了科学理性的科学哲学，还有什么资格去谈论与其他流派或学科之间的关联呢？总之，这四个从宏观上提出的"首要难题"表明，当代科学哲学的发展的特征就在于：一方面，科学哲学研究的进步越来越多元化；另一方面，这些多元化的立场、观点和方法又在一个新的整体性的层面上展开。因此，多元化和整体性是当代科学哲学发展中一个问题的两个方面。它将在这两个方面的交错和叠加中寻找自己全新的出路。这就是当代科学哲学拥有强大生命力的根源。也正是在这个意义上，拥有20世纪不平凡发展的科学哲学事业，在21世纪走向语境论的研究趋向就是一种逻辑的必然，并且成为科学哲学研究领域最令人激奋的取向之一。

  2006年暑假期间，我应澳大利亚悉尼科技大学的邀请赴澳进行学术交流访问，并顺访了悉尼大学、昆士兰大学、堪培拉大学和墨尔本大学。停经新加坡时，我还顺访了新加坡国立大学。2007年暑假期间，我应加拿大曼尼托巴大学的邀请赴加进行学术交流访问，并顺访了英属哥伦比亚大学、多伦多大学和渥太华大学。就科学哲学的研究而言，这些大学的研究风格均属英美流派，具有共同的价值取向和研究路径。由于工作的需要，从2001年到2011年这10年中，我随教育部的代表团或山西大学自己组团访问过俄罗斯、亚美尼亚、美国，以及东欧、西欧、北欧、非洲和南美洲等地区的许多国家，有些国家去了还不止一次。这些活动对于拓展我的国际视野，促进我自己的学术研究，以及增强行政管理的能力，都有着积极的作用。但令我最难忘的一件事是，在曼尼托巴大学我认识了该校财务处一位处长：她和她丈夫都是华人，她的家乡在中国台湾，她丈夫的家乡在新加坡，我们在一起都讲汉语，她尤其与我妻子谈得来，因此聚会多次。有一次，我和她讲全世界的大学校长都认为，办好一所大学最困难的事情就是争取最优秀的教师、最优秀的学生和最充足的办学经费时，她稍稍沉默了一下，然后认真地对我说，就表面上讲这是对的，但就西方发达国家来说，大学校长们最头疼的却不是这些工作，而是如何处理与工会的关系。就北美洲来讲，每个大学都有三个工会，即教授工会（委员会）、职工工会和劳工工会，每个工会都有自己的利益诉求，大学校长们必须面对每一个工会的诉求，而且要保持它们之间的平衡。这些关系如果处理不好，校长就有可能被要求辞职。因为归根到底，校长是被选举出来的。这使我对办大学有了一种新的认识。而后，我遇到过一些世界一流大学的校长们，每当我向他们提及这个问题时,他们大多避而不答。不过,我将这个问题变成中国的话语讲,那就是办好一所高水平的大学必须有良好的大学文化建设。另外,有一次我随中国大学校长赴美培训班到美国,参观了在硅谷的雅虎、思科等公司的总部,又在明尼苏达州参观了汤森路透集团的总部,而且每次都与各公司的高管进行深入的座谈。这使我从感性和理性的结合上产生了一个强烈的印象,那就是作为引领当代社会进步的信息技术,其发展的最重要的基础就是对语言的处理,而语形、语义和语用的分析方法,尤其是在特定语境下的语义分析方法,乃是整个语言处理系统的核心。这促使我对语义分析方法与当代科学哲学发展问题进行了新的思考和研究。

其实,回顾科学哲学的历史演变和发展过程,我们能够看到语义分析方法在其中所扮演的重要角色。语义分析的方法论的重要性,主要建立在这样几个方面的原因之上:①科学理论的公理化表征形式为现代语义逻辑分析提供了充分的舞台,对形式演算赋予了合适的语义结论,从而能够审视抽象的理论模型和理论框架。②理论模型的意向特性,要求在语境论这一整体平台上结合形式体系给出的内在特性,充分运用语义分析方法来揭示理论的建构、解释和说明过程,从而体现出理论的意义整体性。③在同一物理事实采用不同科学理论模型时,要在不同的指称框架下给出对理论实体的意义说明和对同一物理实体的揭示,也要采用语义分析方法。④给出对科学理论与实验之间的语义关联的合理解释,进而表现出理论模型的自洽性,这需要语义结构间的一致性关联,以及"语义上升"和"语义下降"之间的不断调整和变换。⑤对科学理论形成过程中从测量对象、测量仪器、经验现象到测量表征的整个结构系统进行物理对象指称和物理意义关联间的揭示,也要求采用语义分析方法。所有这些都要求有一种系统的、完整的语义分析方法,才能够将科学理论的形式化体系和其中科学家的心理意向同时揭示出来,进而对科学理论的意义进行充分的解释和说明。其中,同时需要形式化的规范语义分析和自然主义的语义分析。因此,我在研究中特别关注了这样几个方面:第一,语义分析的方法论意义;第二,语义分析的语境论基础;第三,语义分析的演化趋势及其语境意向;第四,语义分析方法在科学语境解释中的应用；第五，语境论的语义分析与科学家的方法论辩护。在这些认识的基础上，我将一系列的研究成果集结成《语义分析方法与当代科学哲学的发展》一书，于2014年在科学出版社出版，并试图在科学实在论与科学语境论相结合的基础上，将科学哲学的研究再向前推进一步。

在这些年对科学哲学的研究中，我也日益明晰地看到，随着语境观念在当代思维领域中的普遍渗透，语境论世界观逐渐显现在自然科学和社会科学各个学科的发展中。无论是以语境实在论为特征的本体论立场，以语境范式为核心的认识论路径，还是以语境分析为手段的方法论视角，语境所具有的元理论特征，使人们已经不能把语境论仅仅局限于"使科学哲学融合起来"。事实上，作为一种普遍的思维特征，它在世界观的意义上，已成为构造世界的新的"根隐喻"。这就在于：第一，语境本身具有根隐喻思维的特征。从词源上看，语境来自拉丁文动词"texere"，具有交织、关联和构成的意思。其内涵经历了从"词和语句的关联"到"确定文本意义的环境"的演变。特别是在马林诺夫斯基开创性的工作之后，语境观念从"言语语境"扩展到了"非言语语境"，包括"情景语境""文化语境"和"社会语境"。自此，语境的观念就发生了根本性的变化，从"关于人们在语境中的所言、所做和所思"，转变为"以语境为框架，对这些所言、所做和所思进行解释"。这样一来，语境就跟语词和文本的意义所反映的外部世界的特征，从而也就跟世界的本质，尤其是知识和真理问题关联了起来。第二，语境的根隐喻地位是人类思维演进的必然结果。正如斯蒂芬·佩珀（Stephen Pepper）指出的，所有伟大的科学与哲学思想无不源于"形式论""机械论""机体论"和"语境论"这四大"根隐喻"，并在此基础上类推地构想和认识世界。形式论世界观的特征在于，通过命名或描述事件来阐明语词或句子跟事件之间的关系，所以，它揭示了语词世界和实在世界之间一一对应的映射关系，形成了符合实在论的真理观。机械论世界观强调了主观世界和客观世界的对立，不过它预设了世界的组织特性，认为世界的有序存在要先于事件和关系，可以为了秩序和力量重新安排实在；像形式论一样，它对实在的看法具有符合论的特征，是一种指称实在论的真理观。机体论则强调世界的整体特性，认为世界是一个变化的、进化的有机系统，因此，对世界会有各种正确的或错误的不同解读，即不同的表述方式。与语言意义相关的是不同表述之间的关系，而非世界中的实体。由此，它形成了融贯实在论的真理观。与上述三种构造和解释世界的根隐喻不同，语境论更注重动态活动中真实发生的事件和过程，即在特定时间框架中不断变化的历史事实，而且可变的事件本身赋有主体的目的和意图，主体参与到事件和语境的构造当中；同时，语境也反过来影响主体的行为，这是一种相互促动、关联的实在图景。语境论将实体、事件、现象等具有实在特性的存在视为是在相互关联中表述的，不同的语境会形成不同的本体论立场，从而语词及其所指的对象就会具有不同的意义。由此，语境具有的本体论性特质，使它成为判定意义的本质基元，具有更强的基础性、科学性和不可还原性。

可见，作为根隐喻的语境，可以成为人类概念系统中深层次的核心概念，对人类日常的思维方式和话语表达起到重要的作用。把它作为核心概念对其他概念进行比拟阐述，不仅是可以普遍接受的概念或模式，而且会使人们自觉或不自觉地按照这种概念或模式进行思维或行动。正是在这一意义上，将语境作为根隐喻构建为科学哲学理论未来发展的基点和生长点，成为一个颇具战略意义的选择。正是在如此认识的基础上，从这一个视角我做了一系列的研究，最终形成了《隐喻、修辞与科学解释》一书，并于2007年在科学出版社出版。可以这样讲，对这一主题的研究是对我个人整体科学哲学研究思想和内容的重要补充。特别需要指出的是，对于科学解释问题的研究，始终是科学哲学研究领域的核心内容。山西大学科学技术哲学研究中心，从它初建以来举办过很多大型或小型的各类国际国内的学术研讨会，但每次会议本质上都离不开对这一问题的研讨。尤其是2012年9月17～19日，我们在太原举办了题为"科学解释与科学方法论"的大型国际研讨会，来自亚洲、大洋洲、拉丁美洲、欧洲和北美洲的几十位专家参加了会议，研讨甚为深入，取得了良好的国际交流的效果。会后，我和美国佛罗里达大学的刘闯教授，共同编辑了这次会议的论文集 *Scientific Explanation and Methodology of*

*Science*，由新加坡的世界科技出版公司（World Scientific Publishing）于2014年出版，在国际学术界产生了较大的影响。

在从事科学哲学基础理论研究的同时，编写一些有意义的教材，也是必要的，有时甚至是必需的。教育部普通高等教育"十一五"国家级规划教材办公室组织全国有关单位编写"新世纪高等学校教材"，以我为首席专家的山西大学科学技术哲学团队应北京师范大学出版社之约，编写"哲学基础理论课系列教材"中的《科学技术哲学概论》。这部教材既要体现哲学性，又要能抓住科学技术发展的学理规范与学术基点；它既是一项学术性的探索活动，也要体现我们对科学技术哲学的本质理解，因此具有很强的挑战性。最终，不负众望，我们非常有特色地完成了这部教材的编写，并于2006年在北京师范大学出版社出版。2011年，教育部马克思主义理论研究和建设工程领导办公室点名要求以我为首席专家，由我自主在全国范围挑选课题组成员，编写"硕士研究生思想政治理论课教学大纲"中的《自然辩证法概论》。这是一项重要的政治任务，于是我邀请陈凡、吴彤、张明国、肖显静和殷杰等几位专家，一起参加了这一教学大纲的撰写和修改工作。该教学大纲顺利完成，并通过专家组审查，于2012年在高等教育出版社出版。同时，我们几人又再度精诚合作，接着编写了该教学大纲下发后的第一部《自然辩证法概论》教科书，于2013年年初在高等教育出版社出版。总之，这些工作对于推动我国研究生教育教学活动的进步具有十分重要的意义。

我从1993年年底开始指导硕士生，从1999年起开始指导博士生。我还曾被聘为中国社会科学院哲学研究所科学技术哲学研究室的兼职博士生导师，协助金吾伦老师指导过博士生，并做过该研究室博士生毕业论文答辩委员会的成员。我颇感欣慰的是，在我科学哲学研究的生涯中，有许多美好的时光是与我的学生们一起度过的。每当我看到他们在辛勤探究理论真知的过程中，时而激奋、时而彷徨，时而快乐、时而沮丧，时而轻松、时而紧张的时候，我深知这是渴求凤凰涅槃般过程中心理上的必然跌宕，只有这样他们才能走向成功，走向成熟，才能告别过去，走向未来。因此，每当我在他们论文的初稿上修正每一个标点，改写每一个语词，换过每一句表述，提出每一点意见时，都凝神贯注，觉得手中的笔重若千斤，并把自己科学理性的思维调度到最佳的状态。因为我知道，这既是作为一名教师的天职，也是作为一名长者的责任——我必须对得起他们的努力和汗水，对得起他们的理想和目标。特别是当他们的博士论文答辩获得通过后，流着激动的泪水表达对导师的谢意时，我的心便像激流中漂荡着的一叶轻舟，在波涛中翻滚着，眼眶中也会蒙上一层淡淡的薄雾，我心底感到无比的幸福。我的学生遍布全国各地，他们许多人都已成了学术界的佼佼者。尤其是殷杰的博士论文获得了全国"百篇优秀博士论文奖"，程瑞的博士论文获得了全国"百篇优秀博士论文提名奖"，这是足以令人骄傲的事情。许多学生由于机缘之故，虽未获得过这些奖项，但他们的论文水准也足以傲视群雄。我后期的许多研究成果都是和我的学生们在教学相长的过程中共同完成的；汗水凝结在一起，成果也自然融于一体。现在，每当深夜静谧的时候，我常常一个人坐在家里窗前的沙发上，望着外面闪烁的灯光和无尽的穹空，默想着我所指导过的每一位学生的成长、成就和成功，便会在心底欣慰地告诉自己——要为他们感到自豪！

自1978年以来，至今已38年。经过这漫长学术历程的跋涉，我迄今发表各类学术论文270多篇，出版专著和编著图书29部，译著5部，也可算是略有积累。2015年仲夏，偶与殷杰教授谈天，他作为山西大学科学技术哲学研究中心主任及学科带头人，从学科建设的角度建议我整理出版一套个人的文集，以作为山西大学科学技术哲学学科发展的一个见证和部分研究成果的展示，也可以此激励后辈。同时，他慨然允诺由他来做具体的编撰工作，但需要由我亲自写一篇"序"，以为引子。经过慎重的思量，我觉得这个建议很有意义。首先，我个人的学术研究生涯正好与中国改革开放的过程历史地重叠在一起，正是改革开放的辉煌和它所创造的环境造就了我个人的研究事业；而我个人微末的学术研究成果也恰是改革开放洪流中一朵小小的浪花。这些成果编撰成集更能体现它的历史性、系统性和理论性，有利于读者阅读、研究和批判，更好地发现它的价值和揭示它的局限性。其次，这部文集从一个侧面，体现了山西大学科学技术哲学学科成长的历史，它凝练了整个团队团结与奋进、创新与成就的精神与气质，突显了它朝着具有中国特色、中国气派和中国风格的哲学社会科学研究事业而努力奋进的取向，表明了它是国内科学哲学研究领域中日益希望自己创造具有学派特征的一支不可忽视的研究力量。最后，这部文集也在一个点上折射了整个国内科学哲学研究领域过去几十年的历程，彰显了它从封闭走向开放、从国内走向世界、从译介走向批判、从吸收走向创新，从而逐渐建立自己独具特色的学科体系的内涵和本质。尽管这些努力目前仍然处于探索和初创的时期，但它所具有的理论价值、学术价值和取向价值，却已为整个科学哲学学科体系的建设绽放了朝霞般的光芒。我一直坚信，中国的科学哲学研究事业有着无比光明的前途和未来。

最后，我向所有阅读这部文集的读者和朋友送上耳熟能详的李白名句：

长风破浪会有时，
直挂云帆济沧海。

郭贵春
2016 年元月于太原

# 目录

序言 / i
用系统原则研究人类认识结构的必要性 / 1
论科学发展因素的系统性 / 10
科学美及其在理论评价中的功能 / 21
科学理性与中西文化比较 / 33
二十世纪西方经验主义思潮的演变 / 40
社会科学探索的"诺亚方舟"
　　——定性和定量研究方法的本质特征 / 53
科学发展的悖论及其意义 / 65
科学知识发展的动力学特征 / 72
数学方法的意义 / 82
科学符号的意义 / 95
历史语义分析方法在科学史研究中的重要作用 / 105
逻辑方法的意义 / 116
科学争论及其意义 / 124
实验哲学的认识论意义 / 136
社会是人同自然界本质统一的系统存在 / 147
解释学的方法论意义 / 154

当代科学认识论的发展
　　——一个开放的动力学系统 / 163
科学认识运动的空间形式及其特性 / 178
科学史学的若干元理论问题 / 189
科学心理认识论的意义 / 202
科学解释模型的认识论趋向及其演变 / 215
当代科学认识论中的相对主义思潮 / 229
"解释转向"的意义 / 241
"科学修辞学转向"及其意义 / 255
证实、证伪与对称破缺 / 270
论真理观的后现代走向 / 274
论心理意向的后现代重建 / 288
科学理性与科学民主的统一 / 302
社会科学研究中的案例分析方法 / 305
科学修辞学的本质特征 / 316
科学中心转移现象的社会文化语境分析 / 330
论科学技术中的文化多样性 / 341
论科学与语言的关系 / 352
论科学解释语境与语境分析法 / 369
科学社会语境的系统结构 / 383
科学修辞学的认识论意义 / 393
从科学逻辑到科学语用学
　　——论科学解释模型的范式转变 / 404
数学：我们能够对你说些什么？/ 415
科学修辞学的方法论意义 / 428
科学修辞学与"解释学转向"/ 445

我们如何谈论技术的本质 / 457
对概率论起源的思考 / 474
科学解释的语境：意向模型 / 487
"语境"研究纲领与科学哲学的发展 / 498
开普勒类比模型运用的语境化分析 / 507
科学解释的语境论基础 / 521
科学争论的语境论解释 / 534
科学研究中的意义建构问题 / 555
科学修辞学的语境论转向及其特征 / 578
非经典逻辑的本质及其意义 / 592

# 用系统原则研究人类认识结构的必要性

人类的认识总是在不断地发展着。那么,这发展表现在什么地方呢?一方面表现为人类认识所包含的真理性在不断地扩大,不断地向绝对真理接近;另一方面表现为人类认识结构的变化和发展。前者是后者的功能表现,是以后者为基础的。过去我们对认识论的研究,往往只强调了前者,而忽视了后者,这不能不失之于片面。

什么是人类认识的结构呢?简单地说,这就是指认识过程本身各个要素之间相互联结的方式。人类认识作为一个整体,粗略地讲具有这样几个要素:认识对象、实践活动、信息传递、理论思维等。也正是这几个要素之间相互联结和统一构成了认识的整体系统。人类认识结构并不是僵死的和一成不变的,而是一个变化和发展的过程,是一个动态系统。因为,任何一个时代的人类认识都是一种历史的产物,都是人类认识发展序列中一个必然的阶段,都赋有各自不同的结构形态。

---

\* 本文发表于《山西大学学报》1982年第4期,作者郭贵春。

古希腊时代的人类认识结构，只具有朴素的和简单的联系，但却有朦胧的整体性质，所以，它是以直观的感觉与对世界进行整体的、模糊的天才猜测相统一为其特征的。在经历了中世纪的漫长黑夜之后，伴随着近代自然科学的诞生而发展起来的人类认识结构，则仅仅注重经验的、单纯的因果联系，而缺乏全面的、整体的联系。因此，它是以对客观世界进行分门别类的、具体的科学研究与对事物进行孤立的、片面的观察相统一为其特征的。伴随着现代自然科学的一系列发展，特别是系统论、控制论、信息论等横断学科的发展和推广，人类认识结构具有了复杂的、精确而又多样的整体联系，认识结构系统化了，它在真正科学的意义上彻底清除了"古代人的天才的自然哲学的直觉"和形而上学的认识方式。因此，现代人类认识结构是以科学的精密发展、各种科学知识的高度综合与对事物进行完整的、系统的考察相统一为其特征的。

从人类认识结构的历史发展可以看出，有什么样的认识结构，便有什么样的认识功能，人类的认识便达到什么水平。因此，要把握一个时代的人类认识发展的动力、性质和规律，以便自觉地指导人们的认识活动，就必须研究这个时代的人类认识结构。

有不少人说，我们现在所处的时代是"系统时代"，这是有道理的。人类认识结构的系统化，正是这个时代在各个领域、各个方面所具有的系统性在人类认识结构中的必然反映。这种反映可以从认识系统的几个基本要素的变化看出来。

## 一、人类认识的对象世界的图景的系统化

整个宇宙，从基本粒子到星系际，从原始生物到人类社会，都是人类认识的对象世界。每一个时代的人们，都根据自己的认识描绘出一幅对象世界的图景来。这个图景深刻地反映出了人类认识结构的实质。

现代人类认识的对象世界的图景不同于古希腊和随近代自然科学发展起来的人类认识的对象世界的图景。这就在于，首先，现代科学知识深刻地揭示了各种对象客观体的属性和组成的同一性。例如，宇宙中的

天体，不论是巨大、炽热、发光的太阳，或是寒冷、不发光的行星、卫星，以及状貌奇特的彗星，都是不断运动着的物质。组成这些天体的化学元素（包括无机和有机分子）都是我们地球上所具有的，有着共同的组成成分，具有同样的化学和物理学的性质。其次，现代科学知识表明了物理、化学、生命、社会等不同的现象领域，都是一定的结构系统，具有普遍的结构相似性。天体起源、地球演化、生命起源、人类起源及它们的发展，都具有辩证规律的同一性。最后，现代科学知识深刻地揭示和阐明了各种物质形态及其运动形式之间的相互转化。例如，物质的固态、液态、气态、等离子、超固态、反物质态、辐射场态等之间的转化，有机物和无机物之间的转化，低等生物和高等生物之间的转化，自然现象和社会现象之间的转化等，一切低级运动形式和高级运动形式都相互渗透，一切宇宙存在物都在运动的流中直接地或间接地联系在一起。总之，微观、宏观和宇观世界形成了统一的科学图景。

而且，在对象世界的图景中，过去认为是最基本的部分，现在看来也是一个由各个部分构成的有机整体，是一个完备的结构系统的。世界一切事物、现象和过程几乎都是自成系统，又互成系统的。呈现在人类面前的对象世界，已不再是单个物集合的"实物世界"，而是纵横交织、立体网状结构的"系统世界"。比如，随着"规范场理论"的发展，爱因斯坦的"统一场论"被重新提出来，人们正试图用电、弱、强、引四个力的大统一来描述整个物质世界的系统性，而不仅仅简单地把世界看成是一个庞大的物质客体的堆积。又如，随着横断学科的发展，人们把截然不同的自然、社会和思维系统联系起来说明对象世界的统一性，把它们看作是对象世界系统中相互联结的要素，而不是把它们看作彼此毫无同一性的、各自独立的系统。

对象世界的图景的变化，必然给人类认识提出更科学的解释对象世界的多样性与统一性的新课题。所以，仅仅用五种运动形态的观点来解释对象世界已经不够了。用系统方法来对对象世界加以新的说明，不仅研究各种运动形式之间的因果联系和转化，而且研究它们的起源、结构和功能的同一性，才能科学地阐明对象世界的新图景。这是人类认识发展的必然要求。普朗克说："科学是内在的整体，它被分割为单独的部门不是取决于事物的本质，而是取决于人类认识的局限性。实际上存在着由物理到化学、通过生物学和人类学到社会科学的连续的链条，这是任何一处都不能被打断的链条，难道这仅仅是臆想吗？"对象世界图景的系统化，恰是对世界本质的更深入的揭示。

## 二、实践活动的系统化

实践活动是人类认识系统中最关键的要素，实践活动的变化，直接影响着整个人类认识结构的性质。实践的系统化从下面几个方面直接表现出来。

### 1. 实践手段的自控化

实践手段是表达和实现人类意志的物质客体，它如何接受人的控制和表达人的意志，是实践发展水平的重要标志。它从人类肢体的直接控制（如用锹挖土、摇橹行船等）发展到机械的间接控制（如大型挖掘机、轮船等）而又发展到电子自动控制（如自动采煤机、宇宙飞行器等），发生了本质的变化，使实践手段成为一个整体的自控系统。这不仅大大地改变了人的生存环境，而且使人类实践活动扩大到更广阔的领域。

### 2. 实践过程更大规模的社会化

为了适应人类认识和改造世界的实践活动在深度和广度上高速发展的要求，迫使各个不同的专业领域、不同的部门、不同的地区、甚至不同的国家在实践（促使人类文明发展的实践）的一切方面相互交流、相互协调、相互合作、更快更高水平地创造新的成果，使实践的社会化程度在更大规模的基础上系统地表现出来。这就在于各种实践和各个具体的实践过程逐渐地失去了自身相对独立发展的可能，它们的相互依赖性成为普遍的和必需的。像著名的阿波罗登月计划的实施，调动了亿万科技人员（还不包括管理人员和青年工人），牵涉到12 000个科研机构和生产机构，花了几百亿美元。它极好地说明了实践发展的更大规模的整体化和系统化趋势。

3. 实践形式的综合化

人类实践活动的各种生产的、科研的、社会的形式，是相互联系、相互制约、对立统一的。由于实践活动的发展，各种形式之间的相互渗透、相互交织、相互结合的综合化趋势就越来越明显。社会生活中日益渗入了科学的和生产的内容；生产结构中含有科学实验，科学实验中又含有生产；生产精神产品的知识工厂与生产物质产品的工农业企业融为一体，像美国的兰德公司便是如此。又如，技术经济学、数学语言学、人口控制论、工程心理学、工程美学等，都是综合实践形式在历史发展中新的起点。

由于实践手段的自控化，实践过程更大规模的社会化、实践形式的综合化的发展，以及它们之间的相互联结和统一，人类实践活动逐渐地抛弃了它单纯的性质，形成愈来愈复杂的系统。

## 三、信息传输的系统化

在人类认识过程中所发生的一切信息的输出、接收、传递、储存、译制和合成，都是人类认识系统中各个要素之间内在联结的一个不可缺少的部分，同样决定着人类认识结构的形式，影响着人类认识的深度、广度和速度。我们完全有必要依据现代实验科学与信息科学的发展，把信息传输作为一个不可忽视的要素纳入人类的认识系统之中。

随着像高能加速器和射电望远镜等一系列探测微观和宏观世界信息的实验设备和手段的功能的强化和精密化，随着载波、微波、卫星、情报和计算中心、出版和科学教育的发展，以及信息和控制理论在认识领域的实际运用，整个社会建立起从信息的获取到信息处理之间一系列各种形式的信息通道。这些信息通道又相互联结、相互贯通，构成了极其复杂的纵横交错的信息网络，成为人类认识的神经系统。

信息传输系统化的认识论意义就在于，使人们在认识过程中可能最迅速地取得最必要的、最新的、第一手的情报资料、观察资料和指令，可能进行历史的和现实的、经验的和理论的、部分的和整体的、先进的和落后的、成功的和失败的、个别的和社会的、国内的和国际的等一切方面的信息的比较研究，作出迅速的决策和预测，进行自我反馈调节，从而选择最优化的方法、手段或程序。因此，便尽可能地减少了人们认识过程中的反复，减少了不必要的中间环节，增强了认识系统中各个要素之间的内在联结，尽可能地避免一切不必要的错误的发生。

在"四人帮"横行时期，我国科技情报缺乏，信息传输迟误，反馈调节停滞，不能及时地获取科学的、先进的、正确的信息，不能进行快速而又合理的比较研究，闭目塞听、夜郎自大，因此科学技术发展缓慢，合理的生产结构和社会管理结构遭到了极大的破坏，办了许多把落后科研项目当先进项目、滞销产品当畅销产品、劳民伤财的工程当有利国计民生的工程的不利于发展的事。这些都给了我们深刻的教训，不重视认识过程中信息传输的作用，必将受到认识规律的惩罚。

## 四、理论思维方式的系统化

人类认识结构的一切变化和发展，都在理论思维方式中体现出来，并通过理论思维方式所特有的能动性反过来影响人类认识结构内在的矛盾联结。正像古希腊时代的思维方式是朴素辩证的，随着近代自然科学的诞生而发展起来的理论思维方式是形而上学的一样，现代理论思维方式的特点则是系统化的思维。苏联哲学家茹科夫认为："控制论和系统论是相对论和量子力学之后，又一次改变了世界的科学图景和当代科学家的思维方法。"理论思维方式越来越具有明显的精确性和系统性。人们从对现象的单一中心观点和单纯系统观点，转向对现象完整理论反映的元系统观点，即在理论思维中把对象的实在形式及其内部相互作用的全部丰富性和多样性再现出来，揭示对象的完整的结构系统性。

具体地说，系统的理论思维方式具有如下几个特点①。

（1）从对对象的个别实体和单纯系统的研究，转向着重对各种系统和要素的统一体和总和体的研究。比如，生态学就不仅仅是对地理或生物的单纯系统的研究，而是对地理、气候、生物、人类、社会发展等一切方面的整体的、综合的研究，把其中每一项都作为生态大系统中的一个特定的要素来考察。

（2）着重研究对象的各种类型的联系、关系和相互作用的结构，而不是单纯地研究因果联系。比如，系统工程学就不是简单地研究工程系统中各个要素的因果联系，而是研究工程系统中各种材料、设备、人力、运输、资金、组织管理等各个要素之间的结构联系、功能联系、反馈调节等。

（3）从主要是对对象的相对静止的研究，转向对对象进行动态的、具体历史的发展研究。例如，由我国卓越的科学家李四光创立的地质力学，就不是静态地去研究地壳的构造，而是动态地用力学的原则研究地壳构造体系与地壳运动的规律，把地壳怎样运动、又为什么会运动作为研究和探讨的主题。

（4）进行全面系统的综合，达到高度的理论上的具体性。

从以上几点可以看出，系统的理论思维方式不局限于对现象仅仅作出实体的、简单因果性的解释，而在于弄清对象的全部复杂的结构特性及其系统的变化和发展。它冲破了传统的思维方式的界限，它的革命意义就在于，人们不再企图把复杂的系统分解为简单的系统，用简单的系统仅仅近似地去说明复杂的系统。相反，则对复杂的系统如实地进行考察，力求找到适合于这种复杂系统的方法，从而更科学地去认识和改造世界。这无疑是对马克思主义唯物辩证法的丰富和发展。

总而言之，对象世界的图景、实践活动、信息传输、理论思维等这些人类认识结构中最基本的要素的系统化，使认识系统中的各个要素之间、各个要素与整体之间的联系达到了高度科学的统一。例如，在认识

---

① 库兹明.马克思理论和方法论中的系统性原则.王炳文，贾泽林译.北京：生活·读书·新知三联书店，1980.

过程中出现了人脑和电脑的统一、主观思维系统同客观存在的知识系统的统一、直接实践与间接实践的统一、定性观察与定量观察的统一，等等，认识结构的整体功能发生了变化，产生了全新的性质。这是人类认识结构的革命，是认识系统的质的飞跃，是人类物质文明和精神文明的新阶段。正像恩格斯曾断言的，使人类的认识达到了"科学的、系统的和全面的发展"。

人类认识结构的系统化，要求运用适合于这一新性质的新的方法论原则去进行分析和研究，科学地阐明人类认识的新发展。因此，我们把现代科学方法中的系统原则引进认识论的研究，便具有十分现实和迫切的意义。因为只有从系统观点出发，着重从整体与部分之间、部分与部分之间的相互关系、相互作用、相互制约的联结中，综合地考察人类认识结构，揭示认识系统所特有的基础、联系和特性，确定认识系统的结构和功能，才能科学地阐明认识系统中各种质的规定性，以及由此表现出来的十分丰富、复杂和多样性的内容，从而科学地阐明人类认识过程的"自己运动"，即自己产生、自己调节、自己控制、自己发展的规律。

不言而喻，我们必须运用系统原则来对认识结构进行分析和研究，否则，就会犯一些本来是可以避免却未能避免的错误。

（1）不用系统原则分析和研究认识结构，就会抓不住认识的整体性，就不能在具体的认识过程中，从认识的整体出发，协调整体和各个认识要素的关系，使各个要素的功能和目标服从系统整体的功能和目标，以制定最佳化的认识方案，就容易犯片面性的错误。

例如，不顾我国社会整体性质的发展和变化，片面强调阶级斗争的作用；不顾认识发展的规律，片面强调实践的作用；不顾国民经济发展的比例关系，片面拉长基建战线；不顾农村经济和生产力的发展水平，片面强调"穷过渡"；等等。其根源均属在认识上以偏概全，以部分代替整体、割裂整体与部分之间的系统原则的错误之列。

（2）不用系统原则分析和研究认识结构，就不能正确地把握认识的综合性，就不能在具体的认识过程中，从对象的成分、结构、功能、相互联结方式、历史发展等各个方面进行综合的系统考察，就容易导致简单化的倾向。

例如，在"文化大革命"期间，在对我国商业管理的认识中，不分析我国商业的各种成分及其结构和功能，不研究我国商业的内在规律及其历史发展，不进行系统的综合研究，把复杂的问题简单化。由此，人为地割断了各不同商业成分之间、部门之间、地区之间合理的经济联系，造成流通领域中以行政命令为主要手段的管理体制。购销统得太死，渠道太少，机构重叠，并由此形成了经营上的官商作风等，这都是背离系统原则所造成的恶果。

（3）不用系统原则分析和研究认识结构，就不能科学地理解认识发展的高度动态性，不能使自己的认识随着整个人类认识发展的趋向、速度和方式的变化而变化，必然落后于时代的要求，就容易在认识过程中产生静止的和僵化的观点。

例如，有些人虽然面对着认识的发展，但总喜欢按"老皇历"去观察现象和事物，拒绝接受新鲜事物，抵制新的、正确的理论的传播。特别是大喊"两个凡是"，对粉碎"四人帮"后进行经济体制的改革、实行新的农村经济政策抱怀疑态度等，其中一个重要的认识根源就在于不能系统地对待认识的发展，看不到认识发展的高度动态性。

综上所述，随着人类认识结构的系统化，必须运用系统的方法论原则来进行分析和研究，必须全面地把握认识系统中的各种要素及其各种联结和特性，夸大或提高、贬低或偏废任何一个方面，都必然违背认识发展的系统原则，都必然违背马克思主义的认识论。当然，"我们绝不会完全地做到这点，但全面性的要求可以使我们防止错误和防止僵化"[①]。

---

① 列宁. 列宁选集. 第四卷. 中共中央马克思恩格斯列宁斯大林著作编译局译. 北京：人民出版社，1972：453.

## 论科学发展因素的系统性 *

影响和制约科学发展的因素是非常丰富而又复杂的。随着科学的发展，各种因素整体化、系统化的趋势越来越明显，在更深、更广、更高效、更迅速的基础上推动着科学的进步。因此，运用系统观点研究和探讨科学发展因素的整体性、内在结构和功能，从而揭示科学发展的系统原因，便是一项非常重要的任务。

科学是一种复杂的社会现象。由于科学本身的性质，决定了它不可能是一个孤立的闭合系统，而是与整个人类一切物质的、精神的现象和过程相联系的开放系统，它的发展链条与整个社会历史的发展链条是扭在一起的。所以，要把握科学发展的因素，就不能囿于某些单纯的原因及其简单的联系，而应当把它们看作是整个社会历史（包括科学自身的历史）结构中的一切方面的复合因素所构成的整体系统。马克思认为，Process（过程）这个词表达的是把全部现实条件考虑在内的发展。我们

---

\* 本文发表于《山西大学学报》1983年第4期，作者郭贵春。

主张科学发展因素是一个系统的观点，正是把科学的发展过程建立在更全面、更坚实的整体基础上，使它成为全部现实因素所构成的系统所制约的必然过程，从而使这个过程得到真正合理的说明。系统论的创始者贝塔朗菲转述巴克莱的话说："系统研究可以提供一种更适当地处理社会文化系统的复杂性质和动力性质的基础构架。"①

科学发展的因素之所以是一个整体系统，这就在于各种因素本质上不是杂乱无序的，它们之间存在着内在的有序性。这正像太阳发出辐射能量的原因是由于太阳内部一直在发生氢聚变反应、金刚石之所以坚硬是由于金刚石结晶点阵的单个原子之间存在着共价键的缘故一样，影响和制约科学发展的因素相互联结、相互作用、相互渗透，它们之间辩证的矛盾联结方式，使它们错综复杂地交织在一起，形成了立体网状的结构系统。

对于这个结构系统，可以用图1作大概的描述。

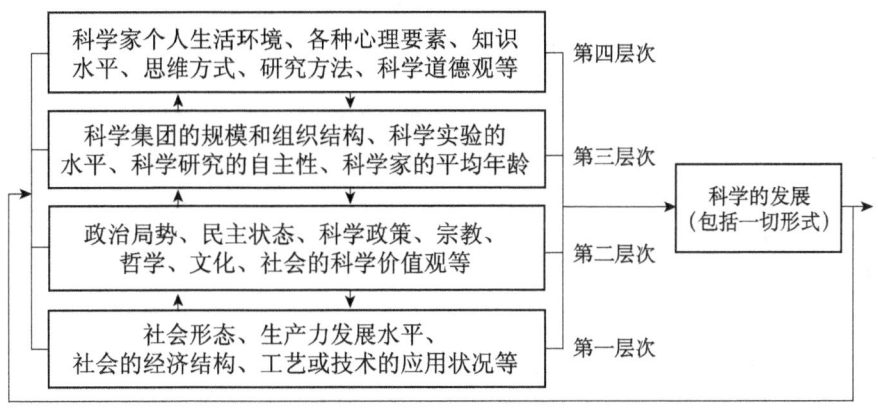

图1　科学发展的因素系统

我们可从以下三个方面对图1所蕴含的内容进行具体的分析。

## 一、科学发展的因素系统具有整体性

从横向方面看，科学发展的因素系统不是各种因素孤立的、毫无联

---

① 贝塔朗菲.一般系统论导论（上）.自然科学哲学问题丛刊，1979,（2）：3

系的堆砌，而是各种因素以复杂的反馈机制合成的、具有积分性质的有机整体。恩格斯指出："……许多力量融合为一个总的力量，用马克思的话来说，就造成'新的力量'，这种力量和它的一个个力量的总和有本质的差别。"①影响科学发展的每一个因素都有它自身的特殊规定性，对于科学的发展起着各自不同的作用。然而，"整体大于部分之和"。当多种多样的因素在客观上组成一个系统时，整体的性质并不等于各个因素特性的简单叠加或机械凑合，它们构成了一个完全新的质——系统质。系统质是总和的或整体的质，它是"作为集成化和把许多因素联合为一个统一的整体的结果而产生的新质，给我们以比各部分的总和更多的东西"②。当然，各种因素形成的结构系统及其系统质并不能直接地观察到，只能借助于科学分析才能揭示它，但它并非人们的臆测，而是各种因素普遍联系和相互作用所表现出的一种必然的结构形态。这正像查默斯说的："在任何一种情形下，关系客观地存在于结构各部分之间，不管任何个人是否意识到这种关系。"③

在影响科学发展的进程中，各个因素的特性从属于整体结构的系统质。各个因素的变化、发展及其功能的发挥，服从整个系统质的要求和愿望，表现为实现系统质的目的、手段和途径。因而，各个因素的作用并不能独立地发生，恰恰相反，各种具有特殊规定性、起不同作用的因素，只有在它们相互作用的普遍联系中，才能作为影响和制约科学发展的力量表现出来；只有在它们辩证的矛盾联结中，单个因素的变动才会引起整个结构功能的变动，从而影响和改变整个因素结构的系统质。所以，每一个因素一旦脱离了系统，便失去了自身存在的意义。我们必须把每一个因素都放在这个结构系统中，以其内在的逻辑次序和辩证的反馈观点去作系统的考察，才能作出正确的解释，在科学发展的复杂原因面前给各个因素以合理的地位，从而真正地认识和把握科学发展的因素。

---

① 马克思，恩格斯. 马克思恩格斯选集. 第三卷. 中共中央马克思恩格斯列宁斯大林著作编译局译. 北京：人民出版社，1995：166.
② 库兹明. 马克思理论和方法论中的系统性原则. 王炳文，贾泽林译. 北京：生活·读书·新知三联书店，1980：79.
③ 查默斯. 科学研究是什么? 米尔顿·凯恩斯. 英国开放大学出版社，1978：第九章第三节.

我们用比较的方法分析一下不同的国家在同一个时期、同一个科学领域盛行不同的理论这样一种状况，将有助于理解这一论点。

如果说17～18世纪法国盛行着笛卡儿的涡旋理论，而英国人则信奉着牛顿学派的超距力学的思想。法国文学家伏尔泰生动地描绘这两种理论的对峙状态时说："你在巴黎看见由充满着稀薄物质的涡旋构成的宇宙，而这些东西在伦敦则荡然无存，我们什么也看不到，在你周围只有引起海潮的月亮的引力。"[①]

科学的发展为什么会出现这种状况呢？如果从表面上看，最突出的因素是这两个国家的科学家及其科学集团在选择各自信奉的科学理论时所表现出的"自主性"。假如我们仅仅从自主性这个因素去分析问题，那么就必然是片面的、不科学的，也不可能正确地理解为什么这个因素会起作用以及它是怎样起作用的。我们必须系统地研究这两个国家影响和制约科学发展的各种因素及其内在的结构联系，把握它们的系统性，才能给予合理的说明。

涡旋理论与超距力学理论的对峙状况至少是由如下因素决定的：①在这个时期，英法两国的经济、政治的整体局势有所不同。英国主要是工业革命，而法国则是许许多多事件所最后导致的政治大革命。②英国科学家主要是些实验家，他们努力发展实验的和实用的科学。而法国科学家则在"启蒙"哲学的传播和以科学名义对国家和教会进行批判的感染下，主要是理论家。③这两个国家的科学集团在科学方法论上侧重不同。这种区别早在培根和笛卡儿的方法论中就表现了出来，培根强调科学方法的归纳性质，笛卡儿则强调科学方法的演绎性质。④科学集团的组织结构不同。巴黎科学院大都是由国王发给薪俸的专业科学家组成的，并作为一个集团共同研究皇家大臣交给他们解决的问题。英国皇家学会则是一个自给自足的业余科学家集团，有较大的科学研究的自主性。⑤从这个时期开始，两国科学家的社会出身逐渐地起了变化。英国科学家由过去大都和贸易公司与地主阶级有联系的人，如波义耳、布

---

① 宋德生.略谈赫兹及电磁波和光波的同一性.自然杂志，1982，5(5)：378.

隆克尔勋爵等,而转变为主要像普利斯特列和道尔顿、戴维等纺织工人的儿子和艺徒。而法国科学家则仍然主要是来自和国家官僚阶级有联系的人。

以上的比较是很不全面的,但这已足够使我们看出,英法两国在科学理论上的对峙决非某些孤立因素作用的结果。英法两国由这一系列因素构成了具有不同性质和结构功能的整体系统,正是在各种因素的普遍的结构联系中,英法科学家选择科学理论的自主性因素,才产生和表现出一种确定方向的历史必然性。在这里,理论选择的自主性这个突出的、明显的因素正是作为系统结构的一个要素,为实现英法两国在这个历史时期科学的系统目标而存在、发展和起作用的。总之,理论选择的自主性因素是经过因素系统的选择作用过滤的,也就是说科学发展因素的系统质是英法两国科学定向的基础。

当我们把科学发展的因素看作一个系统并加以研究时,就不是仅仅注意到各种因素之间简单的因果联系,而且要探讨因素之间的各种联系、关系和相互作用的机制。比如,需要研究各种因素之间的起源联系、结构联系、功能联系、反馈调节作用等,从而不局限于对科学发展因素仅仅作出因果性解释,而是要展现各种因素相互作用的全部多样性和复杂性及其发展变化的系统规律。当然,这并不是本文所能胜任的,需要进行更全面和深入的研究。

## 二、科学发展的因素系统具有层次性

从纵向方面看,科学发展的因素系统具有内在联结的层次性。各个层次的辩证统一是解释科学史上丰富而又生动的事件和现象的根据。因素系统的内在层次性是由如下原因决定的。其一,诸多因素虽然统一于同一个系统中,但是各具不同的规定性,有着本质的差别;其二,这些因素在影响和制约科学发展的过程中,从形式上表现出直接性和间接性、显明性和隐蔽性、个体性和社会性的不同;其三,这些因素在对科学发展的作用上,表现出功能的差异,它们以不同的角度、不同的效果、不同的方式影响和制约科学活动的进行。如此，这些丰富多样的因素，按照各自不同的特点组成了系统内部不同的层次类型，表现出内在的纵向结构来。笔者把它们归结为图1中由下而上的四个层次。

因素系统中的各个结构层次并不是简单并列的。它们之间不仅存在单向的因果决定性，而且还具有反向的作用和整体性的反馈作用，各个层次联结成为一个复杂的网络。所以，各个层次之间的对立仅具有相对的意义。在影响和制约科学发展的现实过程中，各个层次之间并没有绝对的界限，它们相互交叉、相互过渡、相互渗透，有机地融合在一起。任何层次的单一功能都不能解释科学发展的复杂课题，各个层次的因素是互补的，只有从它们的综合化、系统化出发，从各个层次多维地描述科学发展的因素，才能提供科学发展的真实图景。任何忽视和割裂各个层次之间辩证联结的科学发展模式或者机械决定论的科学发展观，都必然遇到不可克服的矛盾。

各个不同因素层次之间有机的结构联系，在科学发展史上是显而易见的。

首先，虽然科学革命与社会革命并不是平行发展的，但是，科学革命往往伴随社会革命而发生的情况，都从科学发展的社会本质上集中地体现了这一点。恩格斯曾经说过：自然科学是"在普遍的革命中发展的，而且它本身就是彻底革命的"[①]。在社会革命的过程中，科学发展因素的各个层次都在普遍的各种激化了的矛盾中显著地突出出来，被革命的洪流冲压在一起，摧垮了旧的阻碍科学发展的因素系统的束缚，重构了科学发展的新的基础和条件，即新的因素系统，从而推动了科学革命的发生。这种情况的本质就在于，各个不同层次的因素在革命过程中改变了自身系统的内在联结方式，提高了各个层次之间的有序程度。在意大利，伴随着文艺复兴运动而开始了哥白尼天文学革命；在英国，科学革命起伏发生于1649年的清教徒革命到1688年光荣革命之间，这期间有英国皇家学会的成立（1660年）和划时代的牛顿巨著《自然哲学的数学原理》

---

① 恩格斯.自然辩证法.于光远等译.北京：人民出版社，1984：7.

（1687年）的出版；在法国，1789～1795年的政治大革命，出现了由拉瓦锡等发现氧而开始的化学革命……这些都是非常突出的。

其次，不同的科学家在相互毫无联系的情况下同时发现某一重大科学理论的情况，从科学发现的结构上表明了各个因素层次的统一。这是因为不同的科学家生活在同一个科学时代，处于基本相同的各个因素层次的有机结构之中，基于同样的系统目标，面对着同样的科学课题，因而出现了"同时发现"的情况。这是各个因素层次辩证同一所具有的历史必然性的显现。例如，英国的达尔文和华莱士同时发现生物进化的理论；德佛里斯、贝特森、约翰逊同时发现孟德尔在34年前就已发现的生物遗传规律；迈尔、焦耳、柯尔丁和赫尔姆霍茨于1842～1847年先后发表关于能量守恒原理；等等。这些都是很充分的例证。

最后，科学学派和科学集团的形成与发展，从科学活动的组织结构上体现了各个因素层次的系统性。科学学派和科学集团是科学发展的一个特殊的重要因素：一方面，它是科学本身发展的一种特殊结构；另一方面，它又是各种社会因素的集合产物，它融二者于一身。在这里，多层次因素的结构联结转化为科学活动的组织形式，并反过来又通过不同学派和集团之间的争论，把因素系统的各个层次更有机地统一和表现出来。比如，古希腊持续了几百年之久的亚历山大里亚的缪斯学院；中世纪西西里的腓特烈二世成立的那不勒斯大学；17～19世纪欧洲各国普遍成立的各种科学社团和团体；20世纪上半叶的哥本哈根学派和哥丁根学派；等等。它们均是各自时代、各自国家的各个不同的因素层次辩证统一的产物。早在1831年弗农·哈考特在提出名为"英国科学促进会"的目的时说："为科学研究工作提供更强大的推动力和有计划的指导，使国民更加重视科学的目标，并排除一切阻碍科学进步的绊脚石，同时使国内国外科学家的交流日益增进。"①这一目的明显地表现出科学学派和科学集团的实质及其在科学发展因素系统中的地位。

我们不仅仅要看到各个因素层次之间结构联结的统一性，还必须明

---

① 梅森.自然科学史.上海外国自然科学哲学著作编译组译.上海：上海人民出版社，1977：418.

确这种结构联结是不断发展变化的。这是因为各个层次在系统中的地位及其发展是不平衡的，对于促进科学的进步具有交错突出的性质。各个层次不平衡的发展说明了为什么科学发展的链条与社会历史的链条是扭在一起的，以及为什么科学的发展又具有自身的相对独立性。各个层次的不平衡发展，在不同的条件下，造成了科学赖以生长的性质不同、特点不同、优劣不同的土壤，使科学发现、科学解释、科学理论的创立、新理论对旧理论的代替等，一切方面的发展都从形式和内容上呈现出它的无比丰富性和多样性。所以，无论各种科学发现显示得多么神妙，科学解释得多么不同，理论创立的形态各具特色，新旧理论的更替曲直各异，都可以在这些绚丽多彩的科学画面后面找到规律性的根据，这就是各个因素层次之间的辩证联结及其不平衡性发展。

### 三、科学发展的因素系统具有内在矛盾性

从动态的角度看，科学发展的因素系统充满了内在的矛盾运动，促使自身的有序程度不断提高，造成了推动科学向前发展的动力。恩格斯提出："历史是这样创造的。最终的结果总是从许多单个的意志的相互冲突中产生出来的……各个人的意志……虽然都达不到自己的愿望，而是融合为一个总的平均数，一个总的合力。"[1]这一论述包含着我们所要阐述的非常深刻的和基本的系统观点。在具体的因素系统中，诸多因素对于科学发展的影响和制约不仅仅在于它们作用的性质不同、程度不同，而且作用的方向也不同。有的因素起推动作用，表现为正方向的作用力，有的因素起阻碍的作用，表现为负方向的作用力；有的因素则看起来似乎是无足轻重的，表现为中性的作用力。各种因素的不同性质、不同程度、不同方向的作用力，呈现出一种杂乱无章的无序状态。但是，正是在这种混乱无序的动态的流中，科学发展的因素系统形成了自身稳定的有序结构。正像薛定谔所认为的生命本质那样，在于它是一种活的有序

---

[1] 马克思，恩格斯. 马克思恩格斯选集. 第四卷. 中共中央马克思恩格斯列宁斯大林著作编译局译. 北京：人民出版社，1972：478-479.

结构，这种结构通过自身系统内自发的无序过程保持住自身系统的有序状态。各种因素相互矛盾、相互对立的无序状态，恰是系统内辩证统一的有序的结构得以存在的前提、原因和表现形式。这种有序和无序的统一，是因素系统存在和发展过程中的两个方面的矛盾统一，正如吸引和排斥、质和量一样是须臾不可分离的。这深刻地表明，因素系统的结构功能取决于诸多因素的作用力的矢量之和，这种矢量总和的方向才是真正推动科学发展的方向。

因素系统是具体的，而不是抽象的；是不断发展变化的，而不是一成不变的。因素系统的结构功能是具体的历史条件下各种因素的整体性的质和属性的体现，对于具体的历史条件来说，都有其存在的必然性和发展的相对稳定性。然而，由于因素系统自身复杂的和多变的内在矛盾运动，在一切肯定性的因素系统中就包含着否定性的因素，造成了因素系统性质的变异，使它超越到自身之外，引起新的具有更高有序程度的系统的产生。正是在这种稳定的相对性和变动的绝对性、存在的阶段性与发展的连续性的矛盾统一中，因素系统由低有序程度向高有序程度不断地发展。但是这种发展不是直线式的，而是波浪式的辩证否定的发展。正如马克思说的：“一切发展，不管其内容如何都可以看作一系列不同的发展阶段，它们以一个否定另一个的方式彼此联系着。”①

因素系统的内在矛盾运动及其有序程度波浪式的不断提高，决定了科学的发展具有相当大的起伏性。当因素系统的结构功能产生强大的正方向的推动力时，科学便产生突飞猛进的革命，当它的结构功能产生较弱的力时，科学便出现平稳的、缓慢的进步；而当它的结构功能产生负方向上的阻滞力时，科学的发展便处于暂时的停顿状态。由于因素系统的有序程度在历史进程中是越来越高的，决定了科学的发展在总体上是以快慢不一、起伏不平的速度向着人类文明的目标搏进。从近代科学诞生以来，特别是现代科学发展时期，一方面由于系统本身有序程度的提高增强了自身的功能；另一方面由于科学发展的巨大成果反过来以越来

---

① 马克思，恩格斯. 马克思恩格斯全集. 第四卷. 中共中央马克思恩格斯列宁斯大林著作编译局译. 北京：人民出版社，1972：329.

越快的周期转化和渗入因素系统的矛盾结构中,影响和改变了各个因素的特性,系统性越来越强,从而加剧了因素系统的结构功能对于科学发展的推动力,造成了科学飞跃发展的加速度。这种辩证反馈所造成的科学效果,促使人们越来越自觉地去认识、把握和利用科学发展因素的系统规律。

我们列举众所周知的 19 世纪初叶生物科学发展中,拉马克、圣提雷尔、居维叶三个人之间的争论,可以清楚地看出充满了矛盾运动的因素系统的有序结构来。

在当时的生物科学理论中,拉马克相信进化是渐进的和持续的,是生物对改变了的环境条件的主动自我适应起着作用的。圣提雷尔也承认生物是进化的,但他却认为生物的进化和变异主要并不是由对环境变化的反应,而是由生物结构决定的,是突变的。居维叶则否认进化论,仍然主张灾变论。巴黎历史博物馆的这三个同事及其拥护者之间进行了广泛的争论。

从当时影响和制约生物科学发展的下列因素来看:①法国的政治背景及其历史发展的状况;②在整个社会中占统治地位的宗教和哲学观念;③生物科学理论的不成熟性及其内在矛盾;④他们各自理论的社会基础和社会价值;⑤他们在法国科学集团中所占的不同地位;⑥他们不同的年龄、身体状况和个人的心理素质等。这一系列的因素所构成的整体系统,对他们每一个人的理论说来,都有其产生和存在的历史必然性。就是说,因素系统中各种因素之间复杂的矛盾运动及其表现的无序状态,直接反映在理论上的多样性及其相互之间的对立和斗争。但是,各种因素对于生物科学发展的作用力的矢量之和,即系统质所要求的科学目的及其发展的方向则最有利于居维叶的理论的兴盛,因此在 1830 年达到顶点的争论中,居维叶的理论占了上风,他"以胜利者结束,并成功地在法国把生物进化的思想消灭了达数十年之久"[①]。而后,随着法国社会历史和科学的发展,以及德国和英国发展的影响,推动生物科学发展的因素系统内各个因素都不断地发生变化,各个因素的作用力的矢量之和改变

---

① 梅森. 自然科学史. 上海外国自然科学哲学著作编译组译. 上海:上海人民出版社,1977:359.

了系统的结构联系和系统质,提高了系统结构的有序程度,重新决定和制约了生物科学发展的方向,才否定了居维叶的灾变论,而代之更科学、更完善的达尔文进化论。

总之,因素系统内各种不同因素之间的内在矛盾运动是推动科学发展的真正动力。离开了对因素系统内在矛盾的分析和研究,就无法说明和解释科学发展的"自己运动",即科学的产生、反馈调节、自我控制和不断地发展的规律。

我们从系统观点出发,把科学发展的因素看作一个系统整体,并对它的内在结构作了一些粗浅的分析,这除了具有科学发展的客观必然性之外,还具有十分重要的方法论意义。

(1)只有把科学发展的因素看作一个系统,才能在科学史的纷乱繁杂的现象面前,从整体性出发,抓住整体的联系,看到影响和制约科学发展的一切方面、一切联系和中介,防止人为地夸大或抬高、贬低或偏废任何一个因素,从而避免研究中的片面性。

(2)只有把科学发展的因素看作一个系统,才能在研究中从综合性出发,具体地考察科学发展的组成因素、这些因素之间多样的结构联系、系统的功能以及因素系统的历史发展等,从而避免一切表面化和简单化的倾向。

(3)只有把科学发展的因素看作一个系统,才能真正把握科学发展的动源,正确地解决科学发展的动力问题,从而合理地理解科学发展的动态性,避免割裂科学发展的间断性和连续性、稳定性和革命性、否定性和继承性之间辩证联结的错误和僵化的观点。

系统方法是科学认识发展的骄子,它正方兴未艾,像血管和神经一样渗透于整个人类实践和认识的一切领域。它在科学学、科学哲学和科学史研究中的运用,必将为我们开辟一条新的道路,开出更动人的花朵。本文只是作了一些粗浅的探索,不妥之处望批评指正。

# 科学美及其在理论评价中的功能[*]

科学理论的评价绝不是一个简单的或模式化的过程，它是一个多因素、多层次的复杂的动态系统。在这个特定的结构系统中，科学美无疑是一个不可或缺的要素。因此，探讨科学美的基本特征及其在理论评价中的功能，对于我们深入研究和把握理论评价的整体性质及其在科学发展过程中的地位具有十分重要的意义。一丝管见，敬请批评。

科学美是科学研究这一特殊的人类活动所创造的。正像马克思说的"人也按照美的规律来塑造物体"那样，科学家们正是按照美的规律来构造科学理论的。正是在这种创造性的研究活动中，科学家们一方面创造了自己的产品——科学理论，另一方面创造了只有那些献身于科学事业的人们才能够欣赏的美——科学美。这两个方面相互依存、相互渗透，是一个辩证统一的整体。从本质上来说，失去了美的科学理论，不可能是有效的或有价值的科学理论；而脱离了科学性的理论的美，不可能是

---

[*] 本文发表于《山西大学学报》1985年第2期，作者郭贵春。

真实的或具体的科学美。科学理论应当以其自身特具的魅力展现出美的异彩，科学美则应当以科学理论为其赖以存在和具体化的载体，蕴含于科学理论之中。无论人们是否意识到这一点，理论的美和美的理论的这种内在同一都客观地存在着。

而且，按照美的规律所创造的科学理论，不仅提供了自身的审美价值，同时也使科学家们加深了对于科学美的规律的认识，进一步激发了他们对于科学美的执著的追求。而对于科学美的追求，则不仅是科学理论本身发展的必然要求，也是科学家个人的研究活动得以顽强进行的动力之一。所以，科学审美观念必然以其特有的方式和力量渗透于一个科学家的科学情感、科学目的、知识构架、思维方式等各种背景情况及其创造性研究活动的整体系统之中。因而，科学美的规律也就不可避免地要成为科学理论得以解释和评价的一个内在的根据，并化作科学理论的优美形式和壮丽内容的有机统一而生动地表现出来。

首先，从形式上看，科学美具有如下特征。

1. 语言的精确性

波尔曾指出，语言是在人们之间铺开的一张大网，而我们的思想和知识都不可避免地被编织在网上。一个理论就是一张语言之网，它应当具有那种概念准确、句法规范、表现力强（特别是数学语言的运用）的精确的科学语言。缺乏这种语言美的理论很难被人们所理解和接受，而具有这种语言美的理论则使科学家们能够作出真实可信的反映，从而进行必要的合理性评价。再者，一个理论在某种意义上说，也恰如库恩讲的是一种"语言博弈"。倘若一种理论失去了科学语言的精确性的审美的价值，那么它就势必在"博弈"中败北并被新的理论所取代，或者被认为是非科学的。因此，对于任何具体科学来说，"只有那些符合这一具有学科特征的词汇说明，才能被人们承认为科学"[①]。

---

① 库恩.合理性与理论选择.哲学译丛，1983，(3)：8.

## 2. 表述的简单性

科学一经诞生，理论表述的简单性就成为科学家们心中的"美神"，从毕达哥拉斯、哥白尼、伽利略、牛顿直到爱因斯坦，在某种意义上说，整部科学史正是科学家们不断追求理论表述的简单性的历史。所以，简单性历来是科学家们反对或是接受、抛弃或是发展一种理论所进行选择的一个审美标准。波普尔在概括科学史的基础上指出，"可以把科学描述为一门有系统的超简单化的艺术，一门识别我们应该省略什么才有利的艺术"[1]。马赫也认为思维经济是"科学的永恒趋势"。但我认为爱因斯坦对理论的简单性的美给出了更根本性的解释："逻辑上简单的东西，当然不一定就是物理上真实的东西。但是，物理上真实的东西一定是逻辑上简单的东西，也就是说，它在基础上具有统一性。"[2] 换句话说，理论表述的简单性恰恰意味着它所表征的客观物质世界的统一性和普遍性。

## 3. 内容的和谐性

任何科学研究对象本身都具有其自然的完美和谐性，这种和谐将通过科学家理论思维中的逻辑变换上升为理论内容本身的和谐性。所以，一个理论的各个部分之间的和谐性是一个理论本身的系统性的前提，是一个理论称其为"理论"的基础，因此它历来是科学理论的审美评价标准。哥白尼之所以否定托勒密体系，一个重要的原因就在于他认为该体系不符合和谐性的审美标准。他生动地指出："根据他们的理论无法推断出宇宙的形状及其各部分永恒的对称性。他们就像这样一种艺术家：要画一张像，从不同的模特儿临摹了手、脚、头和其他部分，然而不成比例地凑合在一起，尽管每个部分都画得极好，结果各部分不协调，画出来的不是一个人，而是一个怪物。"[3] 反之，波尔的"互补原理"之所以被

---

[1] 鲍波尔. 理论是捕捉世界之网. 哲学译丛, 1984, (2): 42.
[2] 爱因斯坦. 爱因斯坦文集. 第一卷. 许良英等编译. 北京: 商务印书馆, 1976: 380.
[3] 哥白尼. 天体运行论. 李启斌译. 北京: 科学出版社, 1973: 4.

人们所接受，一个重要的原因不就正是在于它使微观世界的理论描述变得更加对称与和谐了吗？

4. 整体的逻辑性

任何科学理论都是逻辑的展开和运用，都是在逻辑的演进过程中使自身得到阐发和说明的。丧失了严密的逻辑性就丧失了科学理论的生命，而一个理论的系统的逻辑力量则是令人折服的美的力量。所以，严密的逻辑性表现并强化科学理论的整体性，坚定人们对于理论的信仰，也就必然成为理论评价的审美标准。正是由于欧几里得几何所具有的严密的逻辑性，才使它成为科学史上令人倾慕的范本，也正是由于它所具有的逻辑美的力量，影响并奠定了欧洲科学研究的某种传统。

其次，从内容上看，科学美的性质在于以下几方面。

1. 科学理论的美在于它所表现的客观真理性

科学理论的美的本质就在于它是对客观规律的揭示，所以科学美高于自然美，自然界只有在真理的形态中才能使科学家们感觉到如居里夫人所说的那种"壮观的美"。古雪加认为，科学的美就在于找到隐含的真理。冯·魏扎特也指出，美是真理的一种形式。美的鉴赏是对实在的一种鉴赏，即对实在的一种特殊的知觉能力。科学家们所理解的科学理论的美，绝不是仅仅给感观以刺激和映象的表观美和质地美，更不是那种短暂的倏忽即逝的梦幻般的美，而是如彭加勒所说的"那种深奥的美"，这种美使得科学的理性"变得可靠、有力"。真理是美的，但并非一切美都是真理，只有那些真正揭示了客观规律从而把自然美上升为科学美的理论才是真理。所以，科学家们以其明睿的理智去追求的真理也正是他们进行理论评价的最基本的、首要的审美标准。

2. 科学理论的美在于它可适用的普遍性

任何科学理论都是克服了具体物质过程的时空局限的抽象的理性产

论的审美价值中占据突出的地位，数学美已成为并越来越成为科学美的"王后"。

为什么数学美越来越成为科学理论的形式和内容高度统一的完美性标志呢？这就在于：第一，数学像神经和血管一样渗透于一切科学领域之中，使得各门学科都只有在数学美的基础上才能表现具有自身特色的科学美。这深刻地表明，数学离开了各门具体学科，它的美就不能在现实的世界中被证实并失去其存在的意义；而任何具体科学离开了数学，它就丧失了自身的美得以确立的"中枢神经"，就不能够完美地建立起来。所以，数学美与各门具体科学的美是有机统一的，数学美的普遍性的本质特征已成为一切科学理论美的核心。第二，数学作为一门研究客观物质世界的数量关系和空间形式的学科，以其最抽象的形式体现了"非常现实的材料"，最精确、最简明地表达了客观世界的本质联系，从形式和内容、现象和本质的统一性上描述了客观对象的规律性，从而成为表达任何科学理论的最有效的、最优美的方式之一。正是在这个意义上，如爱因斯坦所说的："说实在的，用数学可以证明一切。"而且，"在不了解事物的实质时，用数学方法掌握事物的可能性本身是惊人的"[①]。第三，数学可以把科学理论的一切分散的、孤立的和个别的美学特征以其内在的逻辑力量高度地联结为完美的系统整体，只有依靠数学的这种系统化功能的充分运用，才能使得科学理论真正地体现出科学美是多样性的统一与多层次的统一，从而使科学理论的完美性表现得更加鲜明和强烈。第四，数学美就其本质来说，是最纯洁和最无瑕的，它容不得任何矫揉造作、主观臆测和随心所欲，所以各门学科的数学化，使得那些在科学理论中与美混杂在一起的虚假的和多余的瑕疵，以及那些思辨残余的糟粕都易于被清除，使科学理论变得更加贞美。对于我们理解数学美已日益成为科学理论审美评价中最重要的标准这一问题，狄拉克曾明确指出，爱因斯坦推举这种思想，即凡是在数学上是美的在描述基本物理学方面就很可能是有价值的。这实在是比以前任何思想都要更加根本的

---

① 费里德里希·赫尔内克.原子时代的先驱者：世界著名物理学家传记.北京：科学技术文献出版社，1981：175.

物，而且越是抽象，就越具有普遍性的意义。因此，在运用一个理论去解释世界时，它的解释域的大小是确定无疑的审美标准之一。这就是说，一个理论的普遍性的美，一方面取决于它所包容的信息量的大小，即它具有一种不容漠视的美，可以从一个理论容易地推出大量的推论。也就是说，从这个理论出发，所能解释的个别事件越多，所说明的本质越深刻，它就越完美。另一方面取决于这个理论解决难题的能力。因为美不等于知识……美不在于知识本身，而在于知识的获得和说明，在于原来只是加以推测的地方发现统一。所以，贝托尔特·布雷希特把美定义为"困难的克服"是不无道理的。因而对反例、对突然发现的反常现象的解决能力，对特定的辅助假设的论证是一个科学理论的极其显著的审美价值。

### 3. 科学理论的美在于它深邃的预见性

许多世界著名的科学家们历来认为，"高度预测力"是科学理论完美性的重要标志。因为具有高度预见性的理论，能够预测所研究对象的运动、变化和发展的新特点和新趋势，能够预言在特定领域中可能存在和出现的新现象，能够启迪科学家的思想并为他们打开通向更壮丽、更广阔的世界的大门，从而引导他们的研究方向，赋予他们进一步进行探索的动力，激起他们对于科学美的强烈追求。所以，这种预见性的美的本质意义就在于：这种美既是认识客观世界的一种能力，又是探索宇宙的一种途径和方式。一个理论只有存在这种预见力，才能保持它"青春的活力"和相应的审美价值。

总之，科学美是形式与内容的高度统一。美的形式只有在它表现科学的内容时才充分显示其积极的、能动的作用，美的内容只有通过美的形式才使自身具体化和鲜明化。所以，科学美应当是多样性的统一和多层次的统一，应当具有整体的完美性。仅具单纯的、片面的科学美的特征的理论，当然不会具有完美的审美价值，也势必在理论评价中易于淘汰。必须指出的是，随着科学的发展，任何科学美的统一性和完美性越来越集中地体现于理论的数学性，也就是说，数学美越来越在科学理思想。描述基本物理理论的数学方程必须有美，这首先应归功于爱因斯坦而不是别人。

一句话，科学美是科学理论的本质特征，是对理论进行系统性合理评价的必不可少的要素和标准之一。

任何科学理论所蕴含着的瑰丽诱人的美，都是在科学理论的审美评价过程中才明显地或隐蔽地、直接地或曲折地表现出来的，从而由静态美转化为动态美，发挥其特有的反馈调节功能，推动科学理论的不断深化和发展。对此，我们可以做如下分析。

### 1. 科学理论的审美评价过程是一个再创造的过程

由于作为科学审美对象的理论结构与科学家的心理结构存在着特定的对应关系，所以在对科学理论的审美过程中，科学家必然要调动自己头脑中早已存储的各种背景知识和审美经验，通过情感与思维的复杂系统与对象理论发生信息交流，从而引起心理上的共鸣并据此作出某种审美评价。

这个过程深刻地表明，首先，科学家深厚的科学造诣是体验对象理论的审美价值并对其作出合理评价的前提和基础。所以，能否作出正确的审美评价，需要评价者具有与对象理论相同的科学水准。只有这样，评价者才能看到对象理论真实的审美价值并给予令人信服的评价；否则，就会视而不见其中之美或以疵为美，即使评之也必谬以千里。爱因斯坦的相对论刚刚问世时，只有少数物理学家能够看到其中之美及其划时代的伟人意义。除了菲利普·列德这样的"死敌"之外，像伦琴、威里·威恩、麦克斯·亚伯拉罕这样的杰出科学家也都对相对论抱有怀疑态度，伦琴甚至认为："我仍感莫名其妙的是，为了解释自然现象需要应用这样高度抽象的理论和概念。"[1]这是一个很明显的例子，它使我们认识到对一个理论进行审美评价所需要的各种背景知识和经验丝毫不亚于对发现这一理论的要求。

---

[1] 弗里德里希·赫尔内克. 原子时代的先驱者：世界著名物理学家传记. 北京：科学技术文献出版社，1981：171.

其次，对一个理论所进行的审美评价过程并不是消极的或被动的，而是在调动长期积累的背景知识和审美经验的基础上，以特定理论为对象，使评价者产生联想、启动灵感并引申理论思维的积极的和能动的意识活动过程。这个过程产生了两方面的功能，一方面使评价者能够更精确地把握对象理论的内在本质，从不同的角度加深对于科学美的规律的认识，使对象理论更鲜明、更具体、更赋有典型的意义；另一方面使评价者能够接收对象理论正反方向的信息反馈，从而调节自己原有的知识构架，修正过去的理论模型，以至再创造出一个新的更符合科学美的规律的假说来。这两个方面是在科学审美的联想过程中，通过自由驰骋的想象力，突破具体的时间和空间的局限而同时产生并相辅相成的矛盾统一。所以，科学理论的审美评价过程对于科学理论的继承和发展、创造和发现具有重要的调节功能，这种特殊的审美调节机制是科学发展的内在动力之一。哥白尼就是在对古代海西塔斯的"地动说"与托勒密的"地心说"进行比较的审美评价中得到了启迪和引导，从而调节了自己原有的理论模型和知识构架，提出了划时代的"日心说"，拉开了近代自然科学发展的序幕。

**2. 科学理论的审美评价过程即是对理论进行选择的过程**

在理论的评价过程中，是否定并抛弃一个理论，还是肯定或发展一个理论，或者部分地肯定和部分地否定一个理论，在作出这种抉择的时候，科学家们的直接动机往往是出于对这一理论的审美价值的考虑。关于这一点，可以从哥白尼对托勒密体系的评价到人们对爱因斯坦广义相对论和统一场理论评价的漫长科学史中举出颇多的例证来。狄拉克在谈到爱因斯坦的相对论时曾指出，信仰这个理论的真正理由就在于这个理论本质上的美。这种美必定统治着物理学的整个未来发展。即使将来出现了与实验不一致的地方，它也是破坏不了的。这里与实验不一致的地方必须只看成是我们目前理论中的不足之处。真实的基础来自这个理论伟大的美。狄拉克的这一思想在某种意义上具有典型的代表性，深刻地表明了科学审美在理论评价中所具有的极重要的筛选功能。科学审美评价之所以具有这种筛选功能，是因为按照科学美的规律所创造的理论必定被审美系统中的诸多因素规定为美的，因此根据审美价值所作出的选择也必定具有相应的合理性和有效性。古雪加讲得很形象，他认为，科学的特殊的美感是一种独特的筛子，只有那些依赖自己的和谐而成为真理的东西才能通过它。科学审美的这种筛选功能对于科学理论的评价具有不可忽视的意义。这就在于，在常规科学发展时期，它主要起着引导人们坚持、发展和完善规范理论的作用，使人们充满了对规范理论的美的渴望与追求，即使在出现反例的情况下，也出于对这种特定的美的信仰而仅仅对理论做局部的修正或提出某种辅助假设，而对那些不一致的理论则持不屑一顾的态度，从而强化了规范理论的韧性并使其获得某种保护。在科学革命时期，当规范理论的基础发生了根本性的动摇，或者不同性质的诸理论之间发生激烈争论的时候，它将为在被废弃的旧理论框架的基础上建构一个全新的理论，或者为一个已出世的新理论在竞争中壮大和发展起催化剂的作用，从而加速了理论变革的过程。当辐射实验和迈克耳孙-莫雷实验这两朵物理学领域的"令人不安的乌云"出现时，对于牛顿的经典理论框架，有的人固守、有的人怀疑、有的人彷徨、有的人则激流勇进，在这一激荡人心的历史时期，科学审美评价就全面地、突出地表现了它的选择功能，并为爱因斯坦相对论的诞生发挥了重要的作用，并使其最终被广泛接受。

### 3. 科学理论的审美评价过程是审美价值与功利价值统一的评判过程

从本质上说，任何按照美的规律所构造的科学理论都是科学实践的结晶和社会需要的产物。因此，任何科学理论都与社会功利存在着形式多样、曲折复杂的联系，都渗透着社会功利的因素。一个理论的功利价值必然强化它的审美价值，缺乏功利价值的理论的审美价值归根到底是虚无的；而缺乏审美价值的理论则不可能具有高度的功利价值，不会有充分的实际科学效用。因而在审美评价的过程中，对理论的审美价值的直接考虑不可能绝对地脱离对理论的功利价值的考虑而孤立存在，审美考虑总是在自觉或不自觉地与功利考虑的相互联系、相互制约、相互促进的统一中发挥其选择功能的。牛顿理论之所以具有高度的审美价值，就是与它解决了当时的科学难题，实现了科学史上的第一次大综合，以及适应并推动了社会生产的需求和进步密切联系着的，假如没有这种联系，谁又承认它所特有的完美性呢？

当然，科学家创造一个理论往往并非出于功利的考虑，如彭加勒所指出的，科学家研究自然，并非因为它有用处，理性美可以充分达到其自身，科学家之所以投身于长期而艰巨的劳动，也许为此缘故甚于为人类未来的福利。狄拉克也认为，物理学家的研究只不过是对美妙数学的追求。可能后来确实有某种用途，那算有了好运气。但是，评价一个理论却绝不可能不考虑它的功利价值。在理论评价的过程中则恰如科恩说的那样："我们把主观态度同客观需要结合起来，例如，把美的喜悦同需要的合理性结合起来。我们把美丽同实用结合起来。"① 所以，从功利价值与审美价值的统一性上去评价科学理论才是全面的、合理的态度。

任何科学理论的审美价值都是显而易见的，但它们的功利价值却需要在特定的时间和空间的各种条件具备之后才能显现出来，因此审美价值与功利价值的统一具有非常复杂的性质。尽管如此，但由于一个理论的审美价值与功利价值总是首先通过实验验证来加以客观判定的，所以，实验验证一方面体现了理论的功利价值，另一方面强化了理论的审美价值，成为二者辩证统一的中介或枢纽。科学家们正是通过对一个理论的实验验证来使得审美价值与功利价值在理论评价的过程中达到统一的。因此，在理论的审美评价过程中，对理论进行实验验证是审美价值与功利价值辩证统一的必然要求，从而使得实验验证成为科学理论审美评价过程中的一个重要环节和组成部分，并由此有力地推动了实验验证的进一步完善和发展。这一点，恰是科学审美评价中的一个独具的特征。

据以上分析，科学美在理论评价过程中的反馈调节功能是非常重要的和明显的。然而，对于科学美的功能我们应当具体地、历史地加以分析，而不能抽象地对待。

---

① 瓦托夫斯基.科学思想的概念基础:科学哲学导论.范岱年译.北京:求实出版社,1982:586.

首先，从纵向来看，任何科学审美观念都是具体的、历史的产物，都是受特定的科学认识论所制约的，它绝不可能超脱某种具体的、历史的科学认识论的制约而孤立存在。虽然在古代、近代和现代科学发展的各不同历史阶段以及这些阶段中的各不同历史时期，在科学理论的审美评价中存在着某些共同的美，但这些共同的美是寓于特殊的、具体的审美观念之中的。因此，在不同的科学发展阶段和不同的科学发展时期具有不同的科学审美标准，这些标准就在理论评价的过程中以不同的程度、不同的方式和不同的完美形态表现出不同的功能来。我们绝不能设想毕达哥拉斯、哥白尼、牛顿和爱因斯坦具有同一的科学审美观念，也不能设想亚里士多德、培根和马赫的审美标准在各自时代的理论评价中发挥了相同的反调功能。瓦托夫斯基说得对："合理性标准的历史发展必须看作是历史的，并且是总的选择中的一种选择。这种选择的种种原因是严肃的、历史的，也是认识论的重要研究对象。"[1]不管怎样，人类的科学审美能力是不断地由低级向高级、由简单化向系统化发展的，而这恰是科学进步的一个重要表现。

其次，从横向来看，任何科学审美标准都是同特定的理论框架联系在一起的。在理论评价过程中，任何科学家的审美评价标准都是他所信仰和遵循的那一理论所具有的特定审美价值的反映和表现。所以，信仰不同的理论，从不同的理论框架出发，就产生不同的科学审美标准，在理论评价过程中就发挥不同的功能。换句话说，正是科学家们的背景差异产生了审美差异，导致了对不同理论的选择以及不同理论之间的争论，从而推动了科学理论的深入研究和探索。因而，撇开评价者具体的理论框架的背景去谈论抽象的科学审美评价是不妥当的。爱因斯坦和哥本哈根学派之间所进行的长期争论，就在于他们各自立足于不同的理论框架，从而在理论的审美评价中表现出了各自不同的审美标准。

最后，从系统的角度看，在科学理论的评价过程中，审美评价仅仅是评价系统的网络结构中的一个要素，审美评价只有在与其他评价要素

---

[1] 瓦托夫斯基.科学思想的概念基础：科学哲学导论.范岱年译.北京：求实出版社，1982.

相互联结、相辅相成的有机统一中才能充分有效地发挥其反馈调节的功能。脱离开与其他评价要素的有机统一来孤立地看待科学理论的审美评价标准是片面的，甚至会歪曲科学美及其在理论评价中的地位和功能。但是，这乃是一个非常深广而又复杂的问题，非本文力所能及，需要另加探讨。

总而言之，科学审美评价的本质问题即理论选择的标准问题。库恩和亨普尔都认为"对理论选择标准的评价，需要事先说明那一选择所要达到的目标"[①]。我认为这是有道理的。因为任一选择所要达到的目标都直接受制于各自不同的科学认识论和各自不同的理论框架，所以，只有从选择目标与选择标准的统一性上去分析和研究科学审美评价及其功能，才有益于我们揭示科学美在理论评价中的实质并给出合理性的说明。

---

① 库恩.合理性与理论选择.哲学译丛.1984,(3): 6.

# 科学理性与中西文化比较[*]

当我们站在人类科学理性发展的峰巅来回顾和环视中国近代发展的历史过程时，会看到伴随着中国社会的激烈动荡而展开的中西文化比较的发展中，直接或间接、明显或潜在地存在着一条贯彻始终的线索——理性和非理性之间的"论争"。

向往和追求、坚持和弘扬科学理性，是一个民族进步的象征；蔑视和放弃、贬低和排斥科学理性，则是一个民族衰败的标志。科学理性是光辉的，就在于它反对一切窒息民主和自由的暴权；科学理性是进步的，就在于它是在否定宗教和封建传统文化的僵固框架中生长起来的；科学理性是神圣的，就在于它是那样的现实和具体，以至于对它的任何亵渎都必然导致罪恶或灾难。

中国的先进分子们点燃了五四运动的火炬，试图通过中西文化比较的途径来启蒙民众和索求科学的理性，以建造一个以科学理性为精神的

---

[*] 本文发表于《理论探索》1989年第2期，作者郭贵春。

新社会。他们不屈不挠,谱写了可歌可泣的悲壮历史。"文化大革命"期间,历史车轮也曾在非理性思维的流驭下疯狂地奔驰过。人们痛定思痛,又努力地期望通过中西文化的比较,在新的层次上擎起科学理性的旗帜,汲取人类先进的科学、技术、管理,以及各种促使中国理性发展的因素。十年反思,绝不是五四精神的简单重复;新的文化比较,也不是旧观念的再现;科学理性的内涵也发生了它内在的变化。然而,通过中西文化的比较来探索和把握科学理性,使"中华民族"这个多灾多难的民族能够合理地、科学地生存和发展,则是中国民众,特别是先进分子们恒久的夙愿。

科学理性作为人类文明发展的产物,作为社会进步的准则,作为战胜邪恶的力量,是没有国界并与民族的狭隘性相悖的。但是,这种普遍的理性绝不能抽象地、孤立地存在,它总是历史地、具体地与一个国家、一个民族的政治、经济、文化和意识形态结合在一起,化作一个国家和民族的特定的法律、政策、体制和人们普遍的价值标准而生动地展示出来。因此,这种普遍的理性绝不能外在地依附于一个民族或国家,它必须作为这一民族或国家整体结构中一个不可或缺的要素,从而内在地融合于民族精神之中。在这个特定民族的土壤中,以其特殊的形态或方式生根、开花和结果。所以,那种不对中国和中华民族之情作具体历史的分析,仅仅从良好的愿望出发,试图将西方国家或民族理性发展的形态和方式机械地套用在自己身上的态度,无疑是一种形而上学的教条。这样做,不是科学地对待理性,而仅仅是把理性当作了一种新的、时髦的"偶像"。对这种不塑金身的偶像的崇拜也同样是可悲的。特别是,某些有权势的物利主义者们竟把科学的和技术的产品——豪华的建筑、奇异的玩偶、高级的家用电器等,看作了对人类科学理性的接受,就更是对科学和理性的亵渎了。事实上,我们所缺少的恰恰是将科学理性作为我们的"国魂"和"民族之神"的思想。

不言而喻,科学理性作为伴随人类开发自然和社会的文明发展的方法论准则,有其特定的精髓及其存在和发展的整体性、连续性和稳定性,有其超时代的内核。然而,这些特征绝不是僵死的,而是在特定的个体性、阶段性和变化性中相对地、时代地体现出来的。从卢梭的《社会契约论》、美国的《独立宣言》，再到当前各发达资本主义国家的改革浪潮，都在不同的程度和意义上表征了理性发展的不同特征和理性要求的不同内涵，而绝不能机械地、简单地将它们等同起来。倘若看不到这一点，试图把某种理性发展的形式作为永世不变的样板搬到中国的土地上来，那无异于削足适履，去奢望一个不可实现的"乌托邦"。所以，理性要发展和发展着的理性才能是科学的，否认理性的发展和变化性就是否认理性的科学性；而丧失了科学性，理性就丧失了自身存在的价值。

我们还必须明确地看到，科学理性作为真理的显示和实现，绝不仅仅是理论的、逻辑的证明结果，它同时还是广阔的社会实践的证实结果。科学理性是证明与证实的统一。正是这种统一，构成了它所特具的解释性、预测性和指导性。因此，一方面，坚持科学理性就是坚持正确理论的逻辑性、系统性和确定性，反对对于理论的机会主义的和实用主义的解释。另一方面，坚持科学理性就是坚持社会实践对于理性的检验性、证实性和可修正性，反对片面的实践观和机械决定论。一切"本本主义"和"运动主义"均是对理性的背弃。中国乃至整个世界的社会主义建设的历史经验告诉人们，无论是在社会各个方面处于高亢发展的奋进时期，还是处于暂时的困难和萧条时期，只有坚持科学理性的原则才能使人们始终保持清醒的头脑，在历史的发展面前不失时机、当机立断，同时又审时度势不为困难和曲折所惊慌。"反右"的过激、"大跃进"的狂热和"文化大革命"的疯乱，都从"批判的武器"和"武器的批判"之结合上，警告了人们放弃了"证明"与"证实"的统一将会出现对理性的蹂躏，而社会发展的持续稳定性正是这种统一的科学效应。

因此，我们可以得出这样的结论：

首先，遵循社会历史发展的客观规律是科学理性的内在要求。探索、确定和阐述在具体的历史条件下社会历史发展的客观规律是科学理性之使然，因为在这些规律中渗透和包含着理性的信仰——对真理的追求。换句话说，科学理性的目的之一就是要创造出符合客观规律、蕴含真理性的可行的正确理论，所以，这种理论的发展就是对真理的接近和理的进步。否认客观规律就是怀疑真理，就是否定理性，就是拒斥社会历史进步的观念。

所以，在一个给定的社会历史背景下，为比较各种竞争的社会理论而确定一系列方法论的原则是科学理性具体化的必然要求。只有将这些原则作为理论评价的标准，才能使合理的理论得以生动地实现，使科学理性的真谛得以阐发，从而把理论的力量化作亿万人改造社会历史的现实力量。可见，科学理性对于正确地反映了社会历史发展规律的社会理论及其方法论原则具有内在的规定作用，这些理论或原则应当服从于、服务于科学理性的目的，成为实现科学理性的手段和途径。任何失去了理性的理论和方法论原则都不可能成为真正的科学理性的象征和载体。

其次，表征一个时代特征的合理的理论结构与客观的社会存在结构的统一奠定了科学理性的实在内容。当代社会科学理论的研究表明，从分析理论体系的结构和功能的角度来理解和解释社会理论，是社会科学发展的必然结果和要求。因为人们在探索社会历史领域的过程中，强烈地意识到了揭示社会理论结构与社会存在结构之间的内在的同晶现象，是社会科学研究的重要任务。这两种结构应当愈来愈有机地融合与统一起来。虽然理论所揭示的规律性是抽象的，但具体的社会存在是相互关联的；反之，虽然某一社会实体是一个确定的存在物，但从理论上则可确定为一个个体、一个整体或一个系统。理论结构与存在结构的这种一致性为科学理性的揭示奠定了现实的基础。

正是在这个意义上，社会理论家们强调理论解释的结构类型。正是通过所研究对象的结构类型来揭示和解释与社会存在一致的合理理论的。也正是因为通过这种结构的分析来因果地说明社会存在的现象，社会理论才提供了对这一现象的解释、说明和预测，提供了对社会存在结构的精确洞察。理论结构与存在结构之间在对社会历史解释方面的互补性，使科学理性获得了实在的内容，而不是空洞的观念。

总之，真正的马克思主义者批判教条的形式理性主义，但并不绝对地排斥逻辑分析的方法；反对实用主义的功利主义，但并不否认实践的多样性。我们应当多层次、多形式、多角度地把握和认识科学理性，从而把它看作是一个系统，而不是一个简单的、孤立的要素。从这样一种科学理性的高度上去看待中西文化比较的热潮时，我们就必须冷静地作出如下具体的分析。

第一，中西文化的比较应当是逻辑的而非经验的。任何一种广义的文化现象，从理论上讲，都具有无限的多样性，而且各种现象之间都存在着历史的和现实的、可观察的和不可观察的、必然的和偶然的、典型的和非典型的关联，只有通过这些现象的关联去挖掘它们内在的逻辑关联时，才能把握特定文化现象的本质。所以，不同文化现象之间的比较，首先必须是这种具有必然的逻辑的分析和比较，仅仅停留在对经验现象的简单枚举的水平上去进行现象的对比，只能是低层次的、缺乏科学理性的对比，而不可避免地易使人误入迷途。更重要的是，这种经验的比较往往使人们忽视了我们进行比较的真正目的，而去追求可见的现象上的一致性。当人们根据深圳的"高速度"的经验现象便断言这就是西方文明在中国的再现时，他们忽视了在这种现象背后所隐含着的逻辑上的不可比性，因此，不可避免地要推出某些激进的或错误的结论来。只有作出了深刻的逻辑上的比较，才能作出有意义的经验上的比较，否则，便必然导致理性的丧失。

第二，中西文化的比较应当是结构上的而非形式上的。揭示一种特定文化现象的特征，最根本的是要揭示它的结构功能，从功能上来展示它的内在机制，以求得它在特定社会历史条件下的最佳状态。所以，中西文化的比较，不在于形式特征的描述性，而在于内在机制的结构性，这种比较不应是单纯形式上的结论性论断，而是复杂的方法论意义上的反思；这种比较应该指出中国传统义化的出路不是简单地对西方文化的引进和概念上的改良，而在于自身结构上的根本性的变革。只有这种结构上的比较，才能真正地发现不同民族文化之间的本质上的差异性，从而找到两种不同文化结构之间相互融合、相互渗透、相互补充的结合点，才能使理论上的争论和探究转化为实在的社会现实。中国近代史上关于中西文化之间的"体用之争"，之所以轰轰烈烈，然则不了了之，其弊端便在于舍弃"结构"而寻求"形式"。

第三，中西文化的比较应当是系统的而非片面的。任何一种文化现象都是具有特定系统目标的整体系统。这一系统不是各种文化要素的简单的机械凑合，而是一个有机的整体。虽然每一文化要素都有它特殊的规定性，对于整个文化系统的发展起着各自不同的影响和作用。但是，各个要素的质从属于整体的系统目标，各个要素的变化、发展及其功能的发挥，在社会文化的发展中，服从于系统目标的要求和愿望，表现为实现系统目标的手段和途径。因此，各种不同的文化要素的作用并不能孤立地发生，恰恰相反，各种具有特殊规定性、起不同作用的因素只有在它们的相互作用的普遍联系中，才能作为影响和制约文化发展的力量产生、发展和表现出来。只有在它们之间内在的联结中、单个文化要素的变动才能引起对整个文化系统的影响。所以，每个文化要素都必须放在这个整体系统中，以其内在的逻辑次序和关系去考察，才能作出合理的解释，才能在文化发展的广阔背景中，赋予各个文化要素以合理的地位。因此，那种脱离中西文化的整体系统的内在目标，而仅仅从某些文化要素方面去进行直接的对应比较，并片面地得出某些普遍的结论来，这无疑是不合理的。例如，就管理比管理、就生产比生产、就教育比教育的做法，便是如此。

第四，中西文化的比较应当是动态的而非静态的。任何一种文化传统都不是静止的和一成不变的，而是在动态的运动中显示其存在的。所以，研究一种文化现象，其一，必须研究它的过程性，从它产生和发展的进程中去揭示它的历史渊源；其二，必须考察它的层次性，确定它在整个文化史中的特定地位以及与其他层次的相关程度；其三，必须考究它的内在矛盾性，说明它为什么和如何以某种方式存在和发展的动因和动力。因此，中西文化的比较不能脱离过程性、层次性和矛盾性进行比较，不能将具有不同过程、不同层次和不同矛盾的文化现象毫无分析地混为一谈。

总而言之，站在科学理性的高度进行中西文化的比较，是一场具有战略意义的思想运动。这种比较不仅仅是为了认清中国文化现象中的落后的方面，而且是为了更自觉地弘扬适合于在中国的土地上生长的文化传统；不仅仅是为了输入和汲取西方文化中的精髓，而且是为了更好地输出和传播中国文化中被西方人所赞美的内容；不仅仅是为了信仰，而且是为了批判。一句话，我们不是为了比较而比较，而是为了通过比较而崇尚科学理性，从而能够使中华民族在竞争日益剧烈的世界之林中，靠着科学理性的光芒走出一条适合于自身发展的、有前途的道路来。

# 二十世纪西方经验主义思潮的演变<sup>\*</sup>

当我们站在哲学理性的峰巅来回顾20世纪西方科学哲学发展的历程时，会发现在浩繁的著作、众多的流派、陈杂的观点和激烈的相互论争中，有一条蜿蜒曲折，但却清晰可辨的途径——经验主义思潮的演变。所以，合理地理解和把握经验主义演变的过程及其在每一阶段上的本质特征，是认识西方科学哲学及人类理性探索的一个重要方面。对此，本文将作出一个粗浅的概述。

## 一、休谟问题构成了一切经验主义的不衰主题

众所周知，现代经验主义的基本原则在本质上是对大卫·休谟的《知识论》中基本信条的精炼和修正。尽管许多经验主义的具体思想并非完全起源于休谟，但休谟已经对经验问题给出了"最清晰、最一致和最

---

\* 本文发表于《自然辩证法通讯》1989年第4期，作者郭贵春。

无折中的说明"①。因此，首先回顾一下休谟对经验问题的处理，正是溯经验主义之源，究经验主义之宗。

从休谟的理论中我们可以看出，他将思维划分为三个层次：复杂思想（理论）——由简单思想构成；简单思想（陈述）——对印象的模写；印象（直观）——对外界物的感觉。在这些不同的层次之间和各个层次之内，通过因果关系的相互联结构成了整个思维过程。因而，①所有思想之间的相互联结的推论都是分析的（如逻辑、数学、几何等），都是建立在逻辑的无矛盾的原则基础上的。②所有关于事实的推论（如物理、化学、一般知识等）都是后验的，都超越于现实的观察和对过去观察的记忆。③任何思想和推论都存在于对经验的概括之中、因果关系的基础之上，即任何非论证性的（非演绎的）推论都是对观察的经验概括，观察和记忆一起成为经验的或后验的知识的唯一源泉。但是，当休谟将这些原则进行具体的运用时，却认为因果原则（推理的基本原则）仅仅是一种思维习惯，它是不可能被理性地证实的。从而，休谟在处理经验知识与证实之间、知识的真理性和客观性之间的关系时，从理论上否认了经验科学的方法（归纳方法）的有效性。人们所知道的仅仅是印象和特殊的思想，"是否存在外部世界的问题"成为一个毫无意义的问题。在这里，休谟作为一个彻底的经验主义者，却从彻底的理性主义的原则上（思维方式上）否认了经验知识的真理性和可靠性。休谟对于经验问题的这种极端的处理，貌似荒谬，实则深刻，它的远久的历史影响就恰恰在于由此导出了一个标准、一种证实、一对矛盾。

（1）一个标准：任何非经验的都是无意义的，超经验的都是形而上学的——最明显、最素朴的意义理论。

（2）一种证实：一个因果陈述的认识内容是对观察陈述的认识内容的简单概括，而观察陈述则被看作是为一个因果陈述的认识内容提供了证据。对于因果陈述的证实来说，不要求任何从被观察到的现象到自然的必然性之间的推论②——简单的证实理论。

---

① Morick H. Challenges to Empiricism. Indianapolis：Hackett Pub Co. Inc. 1980：1.

② Boyd R N. Observation, explanation power, and simplicity//Achinstein P, Hannaway O. Observation, Experiment, and Hypothesis in Modern Physical Science. Cambridge：The MIT Press, 1985：56-57.

（3）一对矛盾：理性是不能超越经验的，经验是有限的和具体的，因此，理性思维的方式是不能理性地证实的，而经验的具体性和有限性也不能证实理性思维的结果（真理）的普遍性和无限性——理性和经验的矛盾。

总之，休谟所导出的问题构成了而后一切经验主义者们试图深化和解决的不衰主题。同时，对这些问题的不同解决和发展，形成了经验主义的不同观点、流派和演变阶段。

## 二、新经验主义的出现及其对传统经验主义的修正

伴随着世纪之交的科学革命，特别是数学和物理学的革命，哲学世界观也发生了巨大的变革。在这种情况下，自休谟以来的传统经验主义，在对科学理论的解释方面，遇到了不可解决的困难。但是，由于各种深刻的背景原因，经验主义所涉及的是人类理性发展的最敏感、最复杂而又最重要的问题，它并没有休止，而是以"新"经验主义的形式，通过对传统经验主义的修正，普遍地流行起来。对此，罗素不无愤然地指出："经验主义确实被广泛地接受了，但这并不是由于它的功绩，而是因为经验主义是一种时髦。"[①]

"新经验主义"的范畴是相当宽泛的，它囊括了各种从不同立场、以不同方式对传统经验主义进行修正的观点和流派，代表了20世纪上半叶的一种主要的西方哲学思潮。所以，有人认为："当代经验主义之伞，不仅可以覆盖物理学和社会科学中的工具主义和操作主义，以及哲学中'非自由化的'（unliberalized）逻辑经验主义，而且可以覆盖路德维希·维特根斯坦和日常语言分析的牛津学派的语言哲学。"[②] 但从科学哲学的角度来看，则主要是工具主义、操作主义和逻辑经验主义这三大经验主义流派。

以迪昂为先驱的工具主义对传统的经验主义作了两点最重要的修正。其一，在经验主义的理论中引入了"一致性理论"，从而将立足点从传统

---

① Morick H. Challanges to Empiricism. Indianapolis: Hackett Pub Co. Inc., 1980：title page.
② Morick H. Challanges to Empiricism. Indianapolis: Hackett Pub Co. Inc., 1980：1.

经验主义的经验基础转向了对这个基础的理论解释。在他们看来，对于科学理论来说，最有意义的不是直接观察到的东西的精确性质，而是对被观察到的东西（即理论事实）给出解释性的表述，因为正是这些理论事实的集合构成了科学知识的基础。"理论事实"不同于由实践事实所表示的"原始资料"，所以，强调理论表述与理论事实的一致性，是强调科学理论是一个可解释的形式系统，它在本质上是一种计算设计或工具。因而，在他们的理论中，理论术语是无意义的，因为它不涉及可观察物。理论陈述所具有的唯一意义，就是从观察语言经过演绎的链条而展开的逻辑的形式意义。这种观察语言仅仅是作为参照的，所以完全是被解释的，即工具主义的整个理论是建立在可参照的观察语言之上的。其二，在经验主义的理论中引入了"相关性理论"，从而认为理论事实不是孤立的，它们结合在一起并形成了对经验进行完全数学化表述的规律"网络"，例如，开普勒的行星运动定律作为一个理论事实而成为牛顿理论的规律网络中的一个环节。这就是说，假设系统必须受到作为整体的经验的检验，那么，无论是理论事实还是与这些事实相关的联系，都不能孤立于网络的其他部分而独立地被决定。对此，奎因曾有一句名言："我们关于外部世界的陈述不是独立地而是作为一个整体面对着感觉经验的法庭。"[①]一言以蔽之，工具主义是彻底的现象主义在经验领域内"后退"的产物。

以布里奇曼为代表的操作主义与工具主义的区别不是本体论方面的，而是语义分析方面的。他们要求每一个有意义的理论术语都必须被操作地定义，即根据证明了这些术语的应用的可观察实体，必须对操作或实验的结果给出说明。这些术语不涉及不可观察物，而是涉及可观察术语所组成的复杂的"词组速记"。不能如此解释、翻译的任何理论术语都是无意义的，因而必须从科学理论中排除出去。另外，操作主义的理论陈述虽然与现象主义的（physical-object）陈述类似，但现象主义要求将这种陈述转换成感觉资料陈述，而操作主义则将理论陈述转换成关于可观察实体的陈述，因此，操作主义把理论术语看作是有意义的。可见，在操作

---

① Morick H. Challanges to Empiricism. Indianapolis: Hackett Pub Co. Inc., 1980：5.

主义看来，科学命题是某种论断，并且这种论断是"如果……则……"的命题，即"如果进行特定的操作，那么就将观察到具有确定性质的特定现象。它的假设特征表明，它不是最终的或完美的，而是中介的和作为手段的"。正是在这个意义上，布里奇曼作出了他的颇有影响的操作主义的说明："总之，一系列操作比任何概念都更有意义；概念是相应的一系列操作的同义词。"① 所以，把操作过程与观察术语直接联系起来，而不诉诸直观的印象和简单的经验概括，正是操作主义对传统经验主义的根本修正之点。

以维也纳学派为主体的逻辑经验主义，以不同的形式在经验主义中引入了"一致性"和"相关性"理论，形成了不同于休谟式传统经验主义的独具特征的经验哲学。最根本的在于，逻辑经验主义者汲取了现代逻辑学的成果，将其应用于科学理论的理性重建之中。他们排除了传统经验主义对理论概念的"自然定义"，否弃了通过朴素的因果性"自然处理"以形成思想之间的联系，从而阐述理论概念的方式；他们立足于科学逻辑的整体性立场上，把理论命题的逻辑综合归诸于严格的演绎系统，通过逻辑的功能去形成和强化科学概念和理论的意义。所以在他们看来，休谟式传统经验主义是不完全的、哲学自然主义的经验主义，而他们则要在科学理性的重建中，构造逻辑的经验主义。因此，逻辑经验主义一反传统经验主义直接涉及"事件"的自然性，而强调涉及关于"事件陈述"的逻辑性，即观察陈述构成了整个科学理论的理性重建的逻辑起点。同时，他们认为，在满足了有意义的证实标准的基础上，所有理论术语都是认识上有意义的；而一个句子是有意义的，当且仅当所有非逻辑术语都是认识上有意义的。在这里，句法概念起着重要的作用。正是在这个基点上，逻辑经验主义者把语义分析方法看作是基本的科学方法，并宣称要在科学语言的逻辑统一的前提下，对科学理论进行经验主义的理性重建，从而在漫长的传统经验主义的"统治"下掀起一场"哲学革命"。

尽管工具主义、操作主义和逻辑经验主义在对传统经验主义的具体修正和改造方面不尽相同，但是为了避免休谟问题所导致的矛盾，拓出一条经验主义发展的新途径，它们在整体上具有某些共同的特征。这就

---

① Runes D D. Dictionary of philosophy. Little Field, 1968: 247.

在于以下几方面：

（1）为了避免有限的经验与无限的客观世界之间、具体的观察事实与抽象理性的普遍性之间的矛盾，将不可观察物作为形而上学的东西予以限制或彻底地从科学研究的领域中排除出去，并且用观察陈述取代直观的印象而作为整个理论的基础和源泉。从直观的经验主义走向了语义的经验主义。

（2）从传统经验主义对经验基础的强调，转向对经验基础的理论解释的强调，即从对经验事实的精确性的要求，转向对事实陈述的理性分析的要求。从朴素的、外在的经验主义走向了烦琐的、内在的经验主义。

（3）传统的经验主义是自然的、归纳的，是以单纯的因果联系为整个理论的网络和构架的；而新经验主义则是理性的、演绎的，是以复杂而精确的现代科学逻辑作为经验基础上理性重建之手段的。从自然的经验主义走向了逻辑的经验主义。

（4）传统的经验主义注重的是个别的陈述和假设，因此强调个体陈述或假设的独立性"对应证实"；而新经验主义则注重理论的整体系统，因此强调所有陈述之间的相关的总体分析，强调对理论的内在结构的构造，从孤立的经验主义走向了系统的经验主义。

总之，新经验主义对传统经验主义的修正在本体论上"退却"了，在认识论上"复杂"了，而在方法论上"深化"了，在人类理性知识的探索方面，朝着"相对独立性"的方向又迈出了一步。这一步既具有科学理性发展的不可磨灭的功绩，又同时埋藏着深刻的危机。

## 三、新经验主义基础的动摇及历史经验主义的兴起

新经验主义，特别是逻辑经验主义的形成，对 20 世纪的科学哲学产生了巨大的影响。这种影响，从罗姆·哈利的不无愤慨的语言中可见一斑："科学哲学的进步，在二十世纪突然中止了。这是因为在学术界出现了腐败的和极其不道德的教条的统治——逻辑实证主义。正是实证主义者，把科学知识的内容、源泉和检验限于感觉的瞬时判决。正是逻辑主义者，把哲学家的任务仅仅限于揭示已完成的科学论述的逻辑形式。这一观

点的不道德的性质令人难言。"①之所以产生这种现象的本质仍然在于,"当代的经验主义是没有感觉资料的休谟式的经验主义"②。当这种经验主义的统治不能再被忍受,并且它们自身也不能再继续下去的时候,它受到了来自各个方面的批判。这些批判是全面的和猛烈的;但是,最致命的并不在于对新经验主义理论内在的、逻辑的方面的批判,而是在于挖掉了经验主义理论的最根本的基石——观察的客观性或者经验的可靠性。

自从休谟以来的经验主义的认识论都基于这一思想的指导,即观察提供了经验知识的最大程度上确定的和概念上不可修正的基础,提供了所有科学方法进行推论的基本前提;丧失了这个基础和前提,就丧失了任何可能的知识和理性的思维。这一攸关重大的基础和前提,从20世纪50年代初开始,遇到了以汉森、图尔敏、波普尔、费耶阿本德、库恩和拉卡托斯等为代表的科学史和科学哲学家们的批判。这些批判主要集中在以下几个方面。

第一,任何真正的观察过程都不是纯粹的,它们都不可避免地受到了现存理论的污染。所以,作为这种观察过程的经验的心理结果,不能证实作为这种现存理论的经验的预先假设。

第二,因此,任何观察陈述的可信度都不是来源于直接的观察过程,而是从它们的背景假设中逻辑地导出的。这样一来,观察陈述与理论陈述之间产生了一种毫无基础的、事实上不涉及观察对象的循环论证。

第三,观察术语的意义也不是通过真正经验地可证实的标准而获得的,而同样是从背景理论框架中语义地分析的;观察术语与理论术语的区别也仅是语义的,而不是经验的。而且,观察术语必然地随着理论的变化而不断地改变自身的意义,从而导致观察术语丧失了其意义的稳定性和确定性。

第四,经验主义的描述图景表明,一切经验知识都是建立在一系列孤立的观察假设之上的,因此,所有的经验知识都是缺乏连贯的、不系统的。新经验主义企图以纯粹的逻辑方法来统一所有的经验知识并将其

---

① Harré R. Varieties of Realism: A Retionale for the Natural Science. Oxford: Blackwell Publishing Ltd., 1986: 21.
② Morick H. Challenges to Empiricism. Indianapolis: Hackett Pub Co. Inc., 1980: 21.

形式化的努力仅仅是一种难以实现的理想。

对新经验主义的这种从科学史和科学方法论的角度所进行的批判，对经验主义来说，这是历史上第一次巨大的震撼，从基础上动摇了整个经验主义的理论框架。然而，经验主义绝不会就这样轻易地丧失自己在人类理性探索中的地位，为了摆脱这些困境，它们选择了"历史经验主义"的道路。

历史经验主义的出现表明了科学史和科学哲学家们试图从人类理性进步的总体性上去发掘科学发展的合理性和可靠性，从而避免经验主义在涉及具体的科学观察、研究过程和理论解释中的弊病，来重挽经验主义的前途。因此，他们强调：①人工环境与自然环境、文化环境与社会环境、精神产品与物质产品是统一的，它们构成了科学生成和发展的不可分割的"环境体"。②科学团体和各种组织形态的存在保证了科学事业的实际进行，表明了科学的历史实践的客观存在，因此，它们构成了科学研究和发展的"组织结构"。③科学家们"是在实在的地点，运用实在的设备和实在的实验材料去探索实在的问题"，所以，科学研究本身是赋有实在性的，它构成了历史实在和历史经验的"具体事实和证据"。④在任何科学学科中，都存在着已被承认和接受的知识，它们是进一步探索所依赖的、据以指导的一组真理，因此，它们构成了既有的、确定的"真理背景"，成为科学研究的具体的"思想类型"或"范式"。而且，这些方面并不是静止不动的，都是"在同一方向上或多或少地运动着的"①。历史经验主义者们为了充分地阐述和表达他们的观点和思想，采取了新的表现形式——构造科学发展的模式，如"革命的结构""研究纲领""无政府状态""蓝图""框架"等。这种新的理论表现形式标示了历史经验主义用宏观认识取代微观认识，用社会历史的多层次的经验实体取代直观的"观察－实验"的经验实体，从理论的内在结构走向外在结构，从静态的研究走向动态的研究的转变。总之，他们试图从社会历史的实在性上去揭示经验知识增长的规律性，从科学方法论的变革上去强化经验知识的可靠性和真理性。

---

① Nersessian N J. The Process of Science. Dordrecht: Martinus Nijhoff Publishers, 1987: 72-75.

历史经验主义对传统经验主义，特别是逻辑经验主义的背离，主要体现在如下几个方面。

（1）对于描述历史经验实体的发展模式，必须在动态的变化中予以评价，而不是作为已完成的产品在人为的证实关系中来评价。由此，从方法论上以"历史的重建"取代了"理性的重建"的评价标准。

（2）任何科学理论都是由统一的科学语言所构造的，不存在观察语言与理论语言的教条的"标准划分"。因此，对于这种理论来说，既不存在任何中性的理论题材，也不存在理论陈述向观察陈述的"后退"，即不存在任何"还原"的可能性。

（3）不断的科学革命，不断地改变着关于经验世界的理论图景。所以，一方面，理论的变化包含着基本范畴的变化；另一方面，"每一个理论都将具有它自己的经验"（费耶阿本德），或者说，"在革命之后，科学家们面对着一个不同的世界"（库恩）。从而，坚持科学理论和经验图景的"不可通约性"或"不可比性"。

（4）把所有的科学环境、科学组织、历史事实和现存理论都看作是总体的历史经验范畴，导致了"弱"的历史实在论的立场，从而在历史经验主义的范围内，引入了新经验主义所力图排斥的形而上学的或非理性的因素。

历史经验主义的出现，在20世纪的哲学变革中，为人们带来了一股新颖的、令人振奋的感觉，使人们在长期新经验主义（特别是逻辑实证主义）的教条桎梏被打破之后，获得了一种解脱。因此，历史经验主义强烈地、深远地影响了西方科学哲学发展的进程，又在哲学史上写下了一章经验主义的业绩。

## 四、历史经验主义的矛盾及实在论的经验论探索

本质地讲，历史经验主义仍然是西方经验主义在20世纪发展中的一个变种，是经验主义在经历了一系列曲折和痛苦之后作出的新选择。但是，在这个选择的必然性、必要性和一定的合理性背后，隐藏着它生长的片面性、局限性和软弱性。因而，在它30余年的发展历程中，不断地

得到了来自内部和外部的各个方面的批评和攻击，陷入种种矛盾，处于欲退不行、欲进无路的徘徊状态。

历史经验主义的矛盾，核心地讲，主要表现于它们从方法论上的绝对性而导致的相对主义的结局上。这就在于以下几个方面：

首先，极端地强调了"观察渗透理论"的观点，从而否认了观察经验的相对独立性和客观性，抽掉了历史经验主义自身的根基。因为，倘若观察经验不能反映现象，不具有与现象的任何客观一致性，经验与实在之间的内在联系就是永远不可解释的，历史经验主义的理论也就毫无意义了。这是本体论上的矛盾。

其次，极端地强调了各种选择理论的（包括概念、逻辑和背景框架上的）不可比性，从而抛弃了理论评价和评价理论的内在意义和标准；而失去了合理的内在意义和标准，也就失去了科学理论的合理选择，科学理论的进步和发展就成了一句空话。这是方法论上的矛盾。

最后，极端地强调了科学理论纵向发展的不可通约性，从而否认了科学知识的历史的累积性，抹杀了科学真理的过程性和发展性，抛弃了科学知识和科学真理的普遍性，从而陷入了不可自拔的相对主义，同时使科学事业变成了无理性的活动。这是认识论上的矛盾。

这样一来，在他们丧失了自己的经验主义的原则的同时，也丧失了"弱"的实在论立场，而成为反实在论者了（尽管他们不同于彻底的反实在论者）。正是在这个意义上，人们认为历史经验主义并没有守住"弱"的实在论立场，而仅仅是试图为一缕苍白的实在论的影子而辩护。

历史经验主义的缺陷和令人失望，又使经验主义的前途变得有点儿暗淡。为了摆脱矛盾，觅寻新路，许多经验主义者显得慌不择路。正是在这种情况下，出现了被人们称为"当代激进的经验主义"的新实用主义和新自然主义。[①] 这种新实用主义的观点就在于，他们否认对现行信仰的理论框架进行彻底的革命，否认在这个框架之外的沉思和探索。在他们看来，在这个框架内，现行理论作为一个整体，可以从认识论和语

---

[①] Sklar L. Modestly radical empiricism// Achinstein P, Hannaway O. Observation, Experiment, and Hypothesis in Modern Physical Science. Cambridge:The MIT Press, 1985: 4.

义分析方面进行自我考察和批评。因此，通过一种有效的"否弃和革新的方案"指导，就可进行自我调整，也就是说，科学理论的发展仅仅存在局部的修正过程，而不需要任何可选择理论的预先假设。而新自然主义则认为，"人类的知识是一种自然的现象"，对于认识世界的方法来说，人们不具有任何"具有特权的途径"，人类的知识也永远保持着尝试性和不确定性。所以，不应当去奢求在现行的科学知识之外的东西，我们所能假设的仅仅是"不断地研究将不断地带来令人吃惊的结果"。因此，认识论家们的任务，只能是考察人类知识的最有效的案例，并以此作为我们重新评价关于这种方式到目前为止的可理解的基础。一句话，人类知识的发展是一种无为的、经验的、自然而然的过程。[1]可以看出，新实用主义和新自然主义都是从不同的极端上歪曲了经验与科学知识和理论的关系，歪曲了经验在人类认识过程中的合理地位，从而导致了保守的和消极的经验主义的表现形式。不言而喻的是，这些极端的经验主义绝不可能成为经验主义发展的主流和真正摆脱矛盾的途径。

当前，一个十分引人注目的、为摆脱历史经验主义的矛盾而努力探索的科学哲学流派，是以达德利·夏皮尔为代表的科学实在论的经验论。在夏皮尔看来，对于那些努力理解"探索知识"和"获取知识"的人来讲，20世纪科学发展的主要教训有两点。其一，"科学研究的结果不能通过一般感觉、日常经验的联想或纯粹的推论来期待"。他将其称为"对自然期待的否定原则"。其二，"我们信仰的每一个方面，在任何可能的地方都应当被阐述，并引入与具有牢固基础的信仰的关系中去。以这种方式，检验那些方面就将是可能的"。他将其称为"内在化原则"。[2]与这两个教训或原则相关，人们认识到了科学结构发生了根本的变化，并且这种结构的变化不仅仅局限于实在信念的改变，而是已经扩展到了广阔的方法论的领域。与此相伴随，科学解释观也从"完美主义"的理论转到

---

[1]  Brown H I. Naturalizing observation// Achinstein P, Hannaway O. Observation, Experiment, and Hypothesis in Modern Physical Science. Cambridge:The MIT Press, 1985: 179.

[2]  Shapere D. Method in the philosophy of science and epistemology// Nersessian N J. (ed.) The Process of Science: Contemporary Philosophical Approaches to Understanding Scientific Practice. Dordrecht: Martinus Nijhoff Publishers, 1987: 4.

了"构成主义"的理论，导致了整个科学研究的目的、手段及描述语言等一系列的转变，即科学信仰的转变。夏皮尔正是在概观了整个科学发展的广阔背景的基础上，在科学信仰的总体把握中，论述了他关于科学观察的观点，突出地表明了他的实在论的经验论。

在夏皮尔看来，观察概念以三种途径构成了科学信仰结构中的必不可少的要素：①在与任何其他可称为"知识源泉"的东西的竞争中，必须把观察的地位作为检验信仰和获取知识的最初途径来加以确立。换句话说，观察是知识的源泉，是探索科学的途径和检验信仰的手段。②由于什么可被看作是可观察对象的解释越来越依赖于真正科学信仰的内容，这种信仰本身已经成为主导的方面。但是，相应地，在感觉和观察之间的原始关系不断地松散的同时，作为观察的证据作用也越来越被强调了，而不是被削弱了。③观察在其中起着证据作用的论证方式（证实和证伪、证明和否证）已由关于世界的信仰的内容所形成，即观察论证的方式与科学的信仰是密切相关并受其约束的。

夏皮尔之所以对观察给出了这样一种解释，关键在于他对观察中所具有的"given"的解释。他指出，一方面，由于科学理论在确定观察对象和对观察经验的解释中所具有的地位的强化；另一方面，由于对传统经验主义和逻辑经验主义哲学的批评，许多哲学家放弃了在经验中存在"given"的观念。但是，对这一观念的放弃可悲地导致了历史经验主义的相对主义的盛行。因为，倘若在经验中不存在"given"，或者认为可观察的对象纯粹是由理论所决定和形成的，那么我们的世界观便仅仅成为我们自己（任意的）一系列预先假设的表现，而不受任何外在于这些假设的客体的约束。因此，历史经验主义正是绝对地否认了观察中的"given"而产生的一种极端的经验主义。

在夏皮尔看来，科学观察具有一个极重要的方面，即它相当于"a given"的存在。在这里，"given"不是在传统经验主义和逻辑经验主义的"神话"中所被想象的那种东西，而是作为纯感觉的结果而被发现的，即它纯化了任何原先的信仰。所以，"given"的本质在于：①通过有效的背景思想，它已经作为有意义的观察要素被划分出来了；②根据这些背景思想，它已经被合理地描述了；③由于背景思想的应用，它已经成为可理解的了。可见，"given"所具有的特征和价值就在于它独立于（不决定于）这些背景思想。因此，这一独立的特征和价值在科学解释的过程中，成为检验与其相关的科学理论所预测的被解释对象的特征和价值的客观基础。夏皮尔之所以对"given"给出如此解释的目的就在于：倘若我们将对科学推理的分析与这种"given"结合起来时，"我们就得到了一副科学如何根据观察结果而理性地发展的结果"①。

毫无疑问，夏皮尔一方面强调了一种具有相对独立性的"given"，由它构成了检验理论的观察经验的客观基础；另一方面又坚持了科学理论所具有的背景作用。从而，既反对了传统经验主义和逻辑经验主义的"绝对性"，又反对了历史经验主义的"相对性"，为观察经验给出了一副独特的实在论的经验论解释，试图由此探索一条合理的出路，推动西方经验论的发展。

从西方经验主义由"传统经验主义—新经验主义—历史经验主义—实在论的经验论"的发展链条中可以看出，西方经验主义为了摆脱休谟问题的困境而采取的从具体经验到抽象分析、从理论陈述到历史范畴、从微观认识到宏观认识的"节节后退"的策略并非真正的出路。对此，有的哲学家不无感叹地说："二十世纪应当是一个哲学变革的世纪……。然而，哲学的革命似乎是极其难以完成的。"②

---

① Shapere D. Method in the philosophy of science and epistemology// Nersessian N J. (ed.) The Process of Science: Contemporary Philosophical Approaches to Understanding Scientific Practice. Dordrecht: Martinus Nijhoff Publishers, 1987:12.
② Grene M. Historical realism and contextual objectivity: A developing perspective in the philosophy of science// Nersessian N J. (ed.) The Process of Science: Contemporary Philosophical Approaches to Understanding Scientific Practice. Dordrecht: Martinus Nijhoff Publishers, 1987: 69.

# 社会科学探索的"诺亚方舟"

## ——定性和定量研究方法的本质特征*

在社会科学研究中,各种方法的运用和展开均有其不同的特征和功能,因此显示出了方法论的丰富性。然而,所有社会科学的研究方法均可区分为定性或定量两种,或者包含着定性或定量两个方面。无论是定性还是定量的研究方法,都以社会实在为对象,以求解社会难题为目的,以对社会现象的描述和解释为形式,以对社会发展规律的理性重建为途径,来揭示社会运动的本质。因此,立足于马克思主义的唯物辩证法,内在地分析它们各自的特征、差异和统一,批判一切经验主义和理性主义对它们的影响,对于我们从整体上系统地把握社会科学的研究具有重要的方法论意义。

---

\* 本文发表于《晋阳学刊》1990年第1期,作者郭贵春。

## 一、定量研究是具有逻辑结构的模型方法

在社会科学领域中,定量研究是以特殊的形式化语言为主导方式,以自然科学的推理和证明模式为基础,以实证性求解难题为趋向的研究方法。这意味着定量研究方法为社会科学的研究提供了一种以自然科学的逻辑和程序为范式的认识论标准,并且这一标准对任何具体的研究过程来讲,都被认为是先验的、有效的和预设的真。换句话说,先验的预设条件与经验的数学描述的统一构成了定量研究方法的实质。

所以,定量研究被看作是一种具有确定逻辑结构的方法。这些逻辑结构的不断展开就是定量研究方法的实现,这些逻辑结构的功能发挥就决定了研究的特定结果。这种定量研究过程的逻辑结构,可以简略地如图1所示。

图1　定量研究过程逻辑结构图

不言而喻,这种逻辑结构是对定量研究的一种理想化的表述,事实上是把它看作了一种理性的、线性的过程。然而,倘若我们不是机械地对待它的话,那么正是这一结构潜在地存在于具体的、丰富的和生动的定量研究的过程中,展现了它的本质特征。

首先,定量研究的一个重要方面,就是对可观察对象的精确描述。但是,在对社会实在的这种描述中,数学方法的表现方式是必要的,但不是充分的,因为它作为一种纯形式化的方法并不具有社会本体论和认识论的基础。因此,它需要根据一个从预设的理论框架中推论出的基本假设为基础来进行这种描述。因为,以特定理论框架为背景的基本假设,

为数学方法的展开提供了研究社会实在的焦点。也就是说，基本假设为定量研究方法预设了特定的难题、研究对象、研究域及研究程序，从而奠立了定量研究过程的逻辑结构的前提和始点，确立了定量研究方法的本体论和认识论的依托和趋向。

其次，建立各种概念之间的因果关系，是定量研究方法的核心内容，因为它必须给出客观事实或社会实在之所以好的原因。正是在这个意义上，我们可以说定量研究的目的，就在于提出在具有充分资料的基础上由特定逻辑所假设的因果命题。所以，这些概念作为基本假设的构成要素，它们之间的因果关系的本质就是要寻找"内在的有效性"，即建立各种复杂的社会变量之间的因果关联。因此，定量研究的过程就是要表明：①各种社会现象或社会实在不是孤立地存在和出现的，它们具有社会运动所特具的统计特征。②这些因果关系必须是逻辑的合理的，而不是任意断言的，即各个社会变量之间的逻辑关系是必然的。③为整个变量的集合构建一个相对稳定的秩序、一个逻辑系统或一个数学模型。

再次，社会测量的有效性和可靠性问题是定量研究的一个重要问题。在社会科学研究中，概念是以抽象的理性形态存在的，因此，需要对它们的指称给予实在的参照定义，以使它们的变化和协变可被测量。所以，社会测量的操作过程融理性与经验于一体，使测量的有效性和可靠性建立在概念与关于对象的经验指示之间的统一之上。具体地讲，测量的有效性是表现在我们如何能够确信测量真实地反映和证实了被逻辑地推论出的概念，而测量的可靠性则主要表现在测量的一致性上。这种一致性包括两个方面：第一，内在的一致性，它是指被测量对象之间的内在相关性，即它们是一个系统的整体还是相互脱节的孤立要素；第二，外在的一致性，它是指被测量对象在时间上的跨度，即在不同时间内特定对象被重复测量的一致性。总之，社会测量的过程是一个广泛的收集资料，实施社会实验，对社会信息进行分析和检验的过程，它在定量研究方法中被赋予了丰富的内涵。

最后，定量研究过程的关键环节，在于它必须建立特殊研究结果的普遍化，从而使特殊的研究结果超越时间和空间的局限，覆盖更广泛的社会实在和解释域。从定量研究方法的视角看，这种普遍化不是一种抽象的断言或某种信念的延伸，而是一种逻辑的归纳外推，是从内在的有效性合理地导出了外在的有效性。事实上，任一具体的研究过程都是总体社会研究系统中的一个特定的要素分析过程，这些不同的要素在归纳逻辑的网络中相得益彰、各得其所，确定了它们自身的功能和地位。正是在系统的要素分析的意义上，以归纳逻辑为主导，特殊的定量研究的结果产生了普遍化、形式化、标准化和结构化的特征。

然而，我们必须指出的是，定量研究方法正像它具有不可忽视的优点一样，也具有不可避免的弱点。这些弱点一旦受到了实证主义的影响和强化，就必然会导致极端的和片面的经验主义的立场。这主要在于实证主义所具有的如下特征：①方法论的一元论或方法论的自然主义的原则。其主张社会现象或社会实在的特殊性不是在社会科学研究中引入自然科学方法的障碍，因而坚持自然科学的方法和程序是完全适合于社会科学研究的信念。②现象主义和经验主义的原则。其主张只有可观察的现象才能有效地保证被上升和抽象为知识，因此，必须把一切经验的不可观察的现象从知识中排除出去，从而绝对地排除了在社会科学研究和知识领域中引入形而上学的任何可能性。③归纳主义的原则。其认为科学知识是通过被证实了的事实累积而成的，由这些事实所构筑的理论大厦归属于特殊的知识领域，因此，理论表征和显示了经验研究的累积的发现。所以，科学概念被看作是经验的建构的事实的概括，而发现则是经验的、归纳的构造的规则。④理性主义的原则。其认为科学理论为经验研究提供了特定的背景框架，而假设则是从这个背景框架中逻辑地推演出来的，因此，它必须受到经验的检验。所以，科学探究的目的就在于从一般的理论说明中演绎出或抽象出特殊的命题，以解释附属于特殊领域的普遍规律的合理性。可见，实证主义的原则表明，实证主义的方法是在经验主义基础上的循环论证，它在社会科学研究领域中的渗透，必然会导致对定量研究方法的经验主义的约束并引入歧途。因此，在运用定量研究方法时，克服实证主义倾向的影响是至关重要的。

## 二、定性研究是以约定为基础的分析方法

在社会科学探索中，定性研究是以特定的哲学立场和哲学方法论为背景，以对基本概念的语义约定为前提，以进行直接的现场观察和调查研究为方式，以分析性求解难题为趋向的研究方法。定性研究最本质的表现就在于它存在着关于评价社会事件、人类行为、道德标准、价值观念等的明确的约定。因此，在定性研究的过程中，这些约定的展开与构成它们的哲学世界观和方法论之间存在着内在的、一致性的关联，从而使定性研究方法成为约定的目的性与具体分析的过程性之间的统一。

在这个意义上，具有不同世界观和方法论倾向的不同的社会科学学派，都从各自不同的约定出发，对定性研究方法设定了不同的趋向，构造了定性研究的不同范式。因此，他们从现象的、心理的、语言的、结构的不同视角去理解、把握和解释社会实在，决定了定性研究方法在形式上的多样性。所以，对于定性研究方法的掌握，不存在确定的逻辑结构和推理程序以及由此导出的特殊结果；恰恰相反，则是要通过对于不同形式的具体定性研究的分析过程和解释过程及其结果，去反观它们的初始背景和约定，从而找出它们所具有的共同的本质特征来。这些特征主要表现在以下几个方面：

（1）由于定性研究是对社会现象的本质进行深入的分析和解释，所以对于研究对象的详尽描述就成为十分重要的前提，以便为社会实在的不同方面和层次提供清晰的线索。然而这种描述不可能是纯粹的或中性的，它们必然要表现出研究者的哲学倾向或意图。因此，研究者必然要超越对社会实在的表层描述，而提出深层的分析和解释，从而把社会描述作为实现他的内在哲学目的性的一种手段或方式。这样一来，社会经验（即对社会实在的描述）就构成了整个定性研究方法的一个不可或缺的部分，使得社会实在的经验描述和哲学背景均在定性研究过程中获得了一致和统一，形成了一个不可分割的整体。

（2）面对不同形态的、复杂的社会实体，定性研究需要一种相关性或整体性的观点来系统地把握和解释各种实体在社会系统中的特定地位

和作用。所以，整体地、系统地研究社会实体在社会系统中的功能是定性方法的重要特征。在这样一个构架中，社会历史的文化背景、社会的结构形态、实践的方式、价值的评价标准等都是相关的，并且决定了每一种社会因素和社会实体都只能在这种系统的相互关联中来确定它们的适当位置和存在意义。同时，也正是在定性研究的这种系统的构架中，具有潜在的纵向要素，即一种发展的观点。这种观点决定了定性研究不是静态地而是动态地来对待和分析社会实在，把它看作是一个过程，而不是一种僵死的象征。定性研究方法强调社会实在是一个变化过程的本质意义就在于：突出了社会实在的本质而不是现象，注重了社会实在的整体性而不是个体性，表明了社会实在的连续性和层次性而不是间断性和孤立性，从而强化了定性研究方法的理性的约定而不是经验的描述。

（3）相对于定量研究而言，定性研究是一种具有灵活性和开放性，即不存在严格形式结构的方法论体系，因此，它不可能逻辑地预设研究的步骤、解难题的方式和结果，以致限制和约束研究的自由度。这种开放性的研究战略增强了定性研究对没有预设或无法预测的难题进行解决的机会和可能性，也就是说，它增强了发现和创新的机会和可能性。所以，科学的定性研究易于使研究者扩大探索的范围和视野，摆脱狭隘约定框架的束缚，在看起来似乎不相关的、无序的状态中去发现新的规律或规则。这使得定性研究方法内在地具有一种打破传统的教条模式，消除社会科学研究的保守性，进行研究传统改革的潜在意义。但是，产生这种功能的一个重要前提在于，这一定性研究得以展开的哲学背景本身必须是辩证的原则，而不是形而上学的教条。

（4）定性研究将资料收集、实践检验和理论的阐述看作是相互交织、系统协调地进行的，因此，它们都是同一过程的不同方面。定性研究反对以固定的经验参照来指称概念，否定通过操作定义来对社会实在进行测量，因为在定性研究过程中，对特定理论的提出和解释是研究的结果而不是研究之前的预设。在定性研究的过程与特定理论的提出之间的中介环节恰是"分析归纳"。这种分析归纳的主要步骤表现在：①确定难题；②在相当范围内收集资料；③对难题进行试解；④选定案例对试解进行实践检验；⑤倘若检验结果与试解不符，那么或者重新试解，或者排除反例重新设定检验；⑥在试解被相应案例实践证实后，构建规律性的关系，提出普遍的理论结论。可见，在这种分析归纳的意义上，定性研究方法就是一个决定什么资料应该被收集以及试解如何被实践检验的系统过程。正是在这个过程中，基本概念和范畴的约定性与社会实在的客观性获得了统一。

（5）在某种意义上讲，案例分析就是定性研究的同义词。因此，从特定案例分析的结果中抽象出普遍结论，就成为定性分析的目的。为了实现这一目的，在定性研究中往往采取如下措施：第一，对特定难题的解决诉诸多种案例的比较研究，以便归纳出一个覆盖面较大的普遍性规律来。第二，由尽可能多的研究者组成"组""队"或"集团"的形式对同一案例或几个案例进行实践检验，即增大研究主体的范围或程度，以保证案例研究的可靠性。第三，探索具有典型性的案例，以便增强案例研究的集中性和代表性，从而提高理论的说服力和解释力。第四，对特定案例从不同的角度或不同的层次性上进行多维或多级研究，然后对不同的性质和特征进行综合性的比较分析，从而以资料和证据的多样性来强化案例研究的普遍的抽象性。倘若我们不是从绝对的逻辑性上来贬斥归纳分析的功能的话，那么这些措施在强化研究结果的真理性方面无疑是有意义的。

我们必须明确地看到，由于以特定哲学背景为基础的约定是对社会实在进行定性研究的必要条件，从而在这个意义上使得定性研究过程的展开成为一种对特定哲学信仰的证明过程。所以，当代的各种哲学社会科学思潮，特别是现象主义、符号相互作用论、实证论、结构主义、自然主义、心理主义、证伪主义和历史主义等，对社会科学领域中的定性研究方法产生了各个方面的影响，使定性研究方法渗入了强烈的哲学和意识形态的内容。因此，我们必须立足于马克思主义的辩证哲学的立场，合理地批判各种非马克思主义的哲学思潮在社会科学研究领域的影响，使定性研究成为我们阐述和实现马克思主义哲学理论的方法。

### 三、二者的统一是社会科学研究的必由之路

定性和定量研究方法在基础、形式、结构和功能方面的区别和差异是显而易见的。从本质上讲，它们是以方法论的形式展示了两种不同的思维定势、两种不同的研究纲领和两种不同的认识论框架；从技术上讲，则是由于研究对象的复杂性和多样性，采取了不同的解题方式，因为不同的难题往往需要用不同的方法去求解。在某些具体的问题上，二者是不可相互取代的。因此，难题的性质决定了求解它的不同方式。总之，本质上的区别限定了它们在技术上进行方法论选择的差异，而技术上的差异又强化了它们在本质确定上的区别。

一般地讲，当研究的目的以及特定难题的解决需要定量的资料，所探索的信息是量化的和精确的，探索的范围又是十分具体的，而且求解难题的答案是逻辑地可能出现时，较适合于定量研究方法的展开。而当研究目的的实现需要一种复杂的社会关系或相互作用的系统模式，以构造某一特定现象或事件流的定性的社会图景，从而在复杂的、动态的社会过程中推论出潜在的发展趋向、价值形态或信仰模式时，则更适合于定性研究方法的适用。所以，以技术上讲，它们各具千秋，在方法论的意义上是等价的。

但是，我们必须看到：第一，认识论的趋向与方法论的选择是一致的。在解决一个特定的社会问题时，对定性或定量方法选择上的区别，根源在于这种一致性的区别，反之，定性或定量方法的运用也产生了不同的认识论意义。所以，在具体的条件下，定性或定量方法都不是"中性的技术设计"，都不可避免地与特定的社会本体论和认识论密切相关。第二，我们也不能抹杀定性和定量研究方法自身相对的自主性。这种自主性恰恰是它们各具特色，并且在同一认识论的框架中具有同样的可选择性的实质。在这里，失去了方法论意义上的自主性，认识论意义上的一致性也就成为空洞的了。第三，从社会科学研究的创造性意义上讲，定量研究主要表现为对特定理论的检验，而定性研究则主要表现为具体理论的发生，前者主要强调证明，后者主要强调发现。因此，它们的区

别突出地表现在社会科学研究中的逻辑支点不同,而不是逻辑结果的对立。当然,这些区别都是在相对的意义上讲的,任何试图将它们绝对化的做法都是非辩证的。另外,具体地讲,定性和定量研究方法之间的某些区别可以如表1所示。

表1 定性和定量研究的区别

| 项 目 | 定量研究 | 定性研究 |
| --- | --- | --- |
| (1)如何评价定性研究的作用 | 准备性的 | 探索途径之必然的 |
| (2)研究主体与难题之间的关系 | 疏散的 | 密切的 |
| (3)研究主体与研究结果之间的关系 | 外在的 | 内在的 |
| (4)理论与研究过程之间的关系 | 证实的 | 发生的 |
| (5)资料的性质 | 坚实、可靠的 | 丰富、深刻的 |
| (6)研究攻略 | 收敛的 | 开放的 |
| (7)发现的范围 | 限定的 | 广阔的 |
| (8)社会实在的图景 | 静态的 | 动态的 |

定性与定量研究方法之间的区别和差异并不是绝对的不相容的。事实上,在定性研究方法中包含着定量研究的成分,在定量研究方法中渗透着定性分析的因素,纯粹的"定性"或"定量"的方法在现代社会科学的研究中是不存在的。甚至在精确形式化的数学模型中也存在着定性的算符和约定,而在高度抽象化的哲学体系内也具有定量的术语和描述。它们之间的区别和差异并没有导致机械的对立和排斥,而恰恰是辩证统一的前提和原因。相对地讲,在现代社会科学的研究中,一个必须而且亟待解决的问题,就在于建立定性研究的"软"发现与定量研究的"硬"发现之间的互补。换句话说,"软"发现的硬化和"硬"发现的软化是现代社会科学研究中的一对辩证矛盾。正因如此,从社会科学发展的理性进步的视角来看,定性和定量研究方法殊路同归、相辅相成,都是为了理论的再现社会实在及其发展的过程,从而在理性重构中展示社会运动的本质。

具体地讲，定性与定量方法的统一在社会科学研究中有如下特点：

第一，定性与定量方法的统一，从质和量的结合上，扩大了社会研究资料的范围，深化了资料的本质，突出了资料的相关性，强化了资料的可靠性。从而，使资料由现象化、单一化向复合化、系统化发展，使资料自身形成一个多层次的结构系统。这样一来，将为社会科学研究的理性重构确定一个更稳固的实在基础。

第二，定性与定量方法的统一，改变了单一研究的结构，促进双方各自方法论功能的更充分的发挥。定性研究可以成为定量研究过程中对难题进行阐述的先导，成为定量研究对理论假设进行检验的动源，促进定量研究的逻辑结构的系统化。而定量研究则可为更深入的定性研究提供分析和比较的基础，促进在研究过程中对典型案例的明智选择，提高定性研究结果的保真度。因而，它们可以在研究过程中的任何方面或阶段相互结合，可由各种有效方式结合起来适应研究的需要，使得难题确定、方案设计、计划实施、程序修正、反例分析、结果分析、价值评价等研究的步骤和方面均获得更丰富的形式和功能。

第三，定性与定量方法的统一，可以推进社会科学研究在宏观与微观层次之间的结合，为社会科学研究提供一个更丰富、更真实、更准确、更鲜明的对象图景。也就是说，它们可以突破各自在方法论上的局限性，使研究对象内在的和外在的、本质的和现象的、高层次的和低层次的、直接的和潜在的，总之，一切可观察的和不可观察的特征之间建立一致性和同一性，使社会研究的对象图景更完美。同时，也使这一图景获得动态和静态的统一，把社会实在的稳定性和变动性、常规性和革命性结合起来，使社会科学的研究具有更强烈的时代感和历史感。

第四，定性与定量方法的统一，可以使社会科学研究的模式和体系减弱经验的成分，增强理性的特征。因为，定性研究可以促进各种社会变量之间的相互关系的整体解释，使定量的统计特征具有更深刻的本质意义。反之，定量研究的统计解释则使定性的因果关联的解释更具体和生动，可以充分展现所阐述的理论系统的逻辑和理由。所以，从特定逻辑模式出发的定量研究和从某种理论范畴出发的定性研究之间的互补，使复杂的、经验的社会变量获得了逻辑的和理性的升华；同时，既可以排除纯"逻辑理性"的片面性，又可以避免纯"抽象理性"的思辨性，从而使社会科学研究的理性思维具有真正辩证的性质。

第五，定性与定量方法的统一，使各种不同的社会科学研究的语言形式获得了统一。从语言哲学的视角看，定性与定量研究方法的区别，是两种不同的语言系统之间的区别；前者主要是自然语言，后者主要是人工语言（形式化语言）。因此，在形式上，这两种语言具有不同的指称和语义，它们作为方法论的展开过程，就是两种不同的语义分析过程。所以，定性与定量方法的统一是在语义分析的一致性的基础上造成了两种不同的语言框架之间的相互转换。这样一来，便使得强调本质性断言的定性范畴与注重经验描述的定量概念获得了指称上的一致，使表现浅层语义的定量"能指"与反映深层语义的定性"能指"达到了结构上的统一；通过语义参照在层次上的相关性，架起了定性和定量范畴及概念之间的中介桥梁；从而使具有不同方法论形式的社会科学研究过程，不仅仅实现了外在的、结论上的关联，而且从语义的一致性上实现了内在的、本质的统一。这是二者辩证统一的一个最重要的，但却往往被人们所忽视了的方面。

## 四、结束语

到目前为止，在社会科学的研究领域中，只有马克思主义的社会科学理论才最佳地处理了定性与定量研究方法的区别和统一。对此，《资本论》便是一个最杰出的、辩证的理论范式。坚持这一点，对于保证社会科学研究的合理方向是极其重要的。

同时，我们也必须澄清和批判这样一些错误的观点：其一，认为定性和定量研究的认识论定势是不可比的，因此这两种方法的结合是不可能的主张是不正确的，这是将认识论的立场与方法论的选择绝对对立起来了。这是库恩"革命论"的相对立主义的翻版。其二，认为定性和定量研究方法的结合是机械的，它只能成为社会科学理论之间相互矛盾和争论的根源的看法是片面的,这是将定性与定量方法的自主性绝对化了。这是实证主义的科学主义在社会科学研究领域的再现。其三,那种认为定性和定量研究方法在社会科学研究中孰重要孰不重要的看法是一种非系统的、孤立的观点。这是社会心理主义的自我中心论的反映。事实上,在社会科学的具体研究中,定性与定量方法不可偏废,它们仅仅存在着运用程度上的差异,而不存在孰重要孰不重要的区别。它们各自的地位、功能和意义,都只有在与对方的辩证统一的相互作用中,才能够真正地获得实现。

现在,我们可以恰当地得出这一结论:定性与定量研究方法的辩证统一是社会科学探索的"诺亚方舟"。

## 参 考 文 献

Bryman A. Quantity and Quality in Social Research.London, Boston: Unwin Hyman, 1988.

Bunge M. Scientific Research.Dictionary Geotechnical Engineering/wörterbuch Geotechnik, 1967, 129(3315):545.

# 科学发展的悖论及其意义[*]

科学的发展以其巨大的成就向人类宣告了科学理性的进步和胜利。然而，当人们冷静地面对这一令自己也惊叹不已的过程时，却意识到了在科学理性的要求与科学自身的发展之间存在着内在矛盾性。这种矛盾性导致了一系列使人困惑又使人激奋，使人彷徨又使人进取的悖论和冲突。在这种悖论和冲突面前，有人高唱"科学主义"的赞歌，有人低吟"悲观主义"的丧曲。因此，如何理解和解释科学的悖论、冲突及其意义，是一个十分现实的重要问题。

在科学理性的内在要求与科学自身的发展之间有许多不可忽视的矛盾，这些矛盾导致了一系列十分有意义的悖论。

---

[*] 本文发表于《自然信息》1990年第4期，作者郭贵春。

## 一、难题悖论

科学发展的过程就是不断地发现和求解难题的过程。然而，难题求解得越快，解题的难度越大，科学就会面临更多、更复杂的难题；同时，科学的解题能力越强，它就越排斥其他难题的介入，而越是排斥难题，也就不得不面对新的难题。

在一个特定的科学发展时期，一个具体的科学难题的预设就在于，它是所有可能获得的明确答案中的一个内在的论点（或者陈述）。这就是说，如果每一个对难题 $Q$ 的可能的明确答案均需要陈述 $P$，那么 $Q$ 就预设了 $P$，即，$Q \supset P$ 所以：

$$Q \supset P \mathit{iff} (\forall a)[q@Q(q \to p)]$$

在这里，$q@Q$ 表征 $q$ 对难题 $Q$ 给出了一个明确的答案。可见，任何一个确定的科学知识群（或科学知识的状态）$S$ 总是与一组难题 $Q(S)$ 密切相关的。$Q(S)$ 表征了 $S$ 的内在的难题域和它的本质。如果难题的所有预设都来自 $S$，即它是与 $S$ 密切相关的，那么难题 $Q$ 就属于一个确定的 $S$，即 $Q \in Q(S)$，所以：

$$Q \in Q(S) \mathit{iff} (\forall P)[(Q \supset P) \supset P \in S]$$

因此，当 $S$ 不断地增长时，与其相关的 $Q(S)$ 就越发复杂和难解。比如，分子生物学的发展面对着从遗传密码的解答到基因工程的建立，就是一个很好的说明。

同时，对于每一个知识群 $S$ 来说，它所处理的难题是它所能回答的难题；而另外一个重要的问题在于，$S$ 所面对的难题很可能是它所"不允许"处理的难题，即当存在着某些 $S$ 所不能支持的 $Q$ 的预设时，$S$ 不允许它进入难题域，即

$$Q \notin Q(S) \mathit{iff} (\exists P)[(Q \supset P) \& (P \notin S)]$$

这就是说，当一个陈述 $P$ 对于以下任何一种状况相关时，$S$ 不能容纳这一 $Q(S)$：①$P$ 不与 $S$ 相关；②$P$ 对 $S$ 具有不可决定的关联，如19世纪的天文学与关于月球背后存在高山的断言；③$P$ 在 $S$ 内是无法表述的，譬如，波粒二象性在经典力学中无法表述一样。所以，$S$ 越是不断地增长的，$Q(S)$

的边界条件就越清晰,对它的限定就越具体,从而也就越排斥暂时不相关难题的介入;而另一方面,$S$只有不断地在深度和广度上扩张它的难题域,才能使自身获得增长和发展。①

## 二、精确性悖论

科学的发展总是追求其理论原理的最大限度的普遍性、精确性和适当性,追求其规律陈述的严格性、明确性、无歧义性和排他性。所以,它从本质上远离"模糊的安全性"。但是,科学在它求解难题的过程中,越是追求这样一个目标,就越存在着发展中的"不安全性"。换句话说,它越是要远离"模糊的安全性",就越易于导致"精确的不安全性",所以,对于这种由增大精确性而导致的安全衰减,我们可以用图1表示。

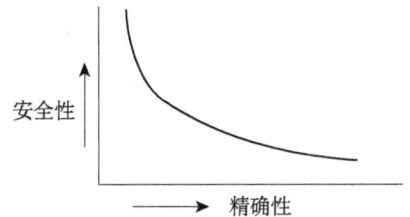

图1 精确性增大导致的安全衰退

这表明,科学自身的精确性要求越严格,它的可错性、不安全性就越强,这成为科学进步中的一对不可分割的"丑俊双胞胎"。比如,分子遗传学较之于普通生物学、核动力研究较之于机械动力研究的发展,就具有这种特征。

## 三、信息量悖论

科学的预测是科学具有其生命力的一个重要因素,是其具有解难题能力的一个重要方面。但是,科学预测在科学发展中却不断表明了一个

---

① Rescher N. The Limits of Science. Berkeley: University of California Press, 1984: 22.

"令人烦恼"的普遍原则，即在其他条件一致的情况下，一项预测给出的信息量愈大，它的安全性就愈小；反之，它所给出的信息量愈小，它的安全性就愈大。因此，科学愈是要实现它自身的价值和目的，它的"冒险性"就愈大。这种由增大信息量而导致的安全衰减也可以用图2表示。

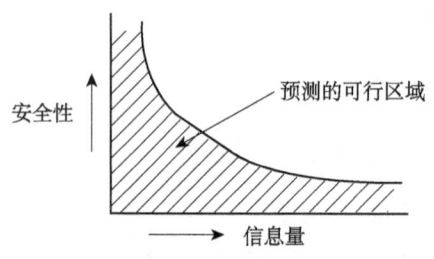

图2　信息量增大导致的安全衰退

这一原则的具体表现就在于：①预测的一般趋势比特殊的发展要容易和安全；②预测近期未来比远期未来更容易和安全；③预测集合现象比特定结果更容易和安全；④预测所具有的限定条件和约束越宽泛就越安全；⑤预测的陈述越模糊不清就越安全；⑥对可能性前景的预测比对实在的现实具体发展的预测更安全。这一点，在所有的科学解释和科学的战略规划中都具有明显而生动的例子。

## 四、极限悖论

在科学的发展中，在每一具体的历史时期，总是存在着科学自身所不可超越的极限，它给出了科学发展的可能尺度和范围；然而，科学自身的潜在创造力的不断地实现，又不断地把极限的尺度和范围向前推移。从而，在科学的发展中。科学不断地"受限"，又不断地"突破"，永远存在着一个极限，而又永远不会达到这一终点。

具体地讲，倘若我们考虑到在科学的无限发展过程中所产生的无限的发展阶段的系列，那么这一系列就具有一个类似于用数学（维尔斯特拉斯收敛）所表征的简单形式，即根据数 $r_1, \cdots, r_u$ 的序列收敛于极限 $L$。那么无论数 $\Sigma$ 多么小，我们都可使它接近 $L$ 这一点，并且这一系列中的

每一个数都是这一 $L$ 中的一个 $\Sigma$，即

$$(\Sigma)(\exists_m{}^*)(n)(n > n^* \to |r_n - L| \leq \Sigma)$$

在这个模型中，对于任何一个发展阶段来说，阶段发展序列的收敛仅仅处于这种状态，即对任意 $\Sigma > 0$，恒存在自然数 $n^*$，使 $n > n^*$ 时，$r_n - L \leq \Sigma$。这也就是说，当 $n$ 趋向无穷时，$r_n$ 以 $L$ 为极限。这深刻地表明，在任何一个具体的发展阶段，它的一切具体的边界条件都预设或规定了科学发展的不可超越的极限状态。因此，科学的发展不断地达到一个个 $\Sigma$，同时，又不断地超越一个个 $\Sigma$，但永远也达不到 $L$ 这一点。

随着科学的发展而产生的一系列悖论（特别是极限悖论），事实上同时蕴含着许多不可避免的不同层次和不同性质的冲突。比如，"信息爆炸"与人们准确地、系统地收集，处理和掌握信息能力之间的冲突；科学知识的不断分化和深化与对其进行高度综合和统一之间的冲突；对科学发展速度越来越快的要求与科学发展所必需的一切资源、能源、材料等短缺之间的冲突；科学发展所导致的一切后果（对人类、社会和生态的所有影响）与普遍的人类道德和科学道德的价值观念之间的冲突等。这些冲突均以不同的形式和不同的程度内在地影响和约束着科学的发展。如何对这一系列悖论和冲突给出合理的解释，关系到对科学的发展及其本质特征的内在把握。一般地讲，我们认为至少可以从以下几个方面来看待这一系列悖论和冲突的意义。

第一，这一系列悖论和冲突对于传统的"科学完美主义"的观点来说，是科学发展中自然而又必然地出现的一种"对称破缺"。它使得那种在科学长期以指数增长的基础上建立起来的对科学的崇拜和完美认识得以"破灭"；使那种历史地建构起来的完美主义的价值标准得以"坍塌"；使那种仅仅从科学在形式上的完备和在效用上的功能来判定科学永恒进步的乐观主义遇到了巨大的困惑。从而，那种认为"每一门科学都作为哲学而开始，作为艺术而终结"的科学美学观不得不失去它迷人的色彩。[①] 这种对"对称破缺"深刻地表明：①这种对称破缺的过程是一个不

---

① Neville M. The Nature of Science. Madison：Fairleigh Dickinson University Press，1989：64.

可逆的过程,是科学自身发展的"时间之矢"所必然呈现的过程;②这种对称破缺的过程是一种不可逆的选择过程,是在内在和外在条件的统一制约下,科学所必然采取的一种方式。在这里,科学发展的自主选择是这种对称破缺的根源;③这种对称破缺的过程包含了科学长期以来以指数增长而飞速发展的各种历史因素,因此,它表现为科学自身历史发展的必然结果;④这种对称破缺所沿着的方向便是科学发展的方向,无论人们自觉还是不自觉,愿意还是不愿意,都必须从这个方向上去进一步追踪和把握科学发展的规律和特征。①

然而,在这种"对称破缺"面前消沉的仅是"完美主义"的科学观,代之而起的必然是一个与具有新的对称美的价值观念相适应的科学观。人们将从新的立场和视角来欣赏科学发展的美。这正像人们沉思断臂的维纳斯一样,在这里所感到的美绝不亚于一个完璧的维纳斯。

第二,这一系列悖论和冲突促使人们在科学发展的进程中,去进行更深刻的科学理性的沉思。这种沉思使得那些在科学的"神圣不可侵犯"的大旗下得以栖身的愚昧、教条和满足的虚荣得以暴露无遗;也使得那些在悲观主义情绪下滋生的反科学主义的偏激、泄愤和非理性的倾向失去市场。所以,这些悖论和冲突使人们冷静和觉醒,使人们正视在科学的发展中所出现的难题、困境、自限,以及由于其自身的盲目应用而带来的社会和自然的"惩罚",从而打碎桎梏,觅寻新路,焕发新的创造力,推动科学的新发展。事实上,科学理性的本质就是对这一系列悖论和冲突的超越,并且在这种超越中不断地完善和实现自身。

科学理性的沉思使人们意识到,对这一系列悖论和冲突的解决和超越的途径,是科学逻辑、科学认识和科学实践的有机统一。在这里,对任何一个方面的夸大或贬斥都将破坏科学自身发展的有序结构。相反,这三者之间的有机统一,将从悖论和冲突的迷雾中为科学的发展带来新的无限生机。

第三,这一系列悖论和冲突所导致的科学发展的对称破缺和科学理

---

① 王开恩.试论作为系统发展的判据的对称破缺.自然辩证法通讯,1990,(2):10-19.

性的沉思必然使科学的发展导向一种新的有序结构的建立。这种新的有序结构的建立，不仅在时间上是不可逆的，而且在内容上也是不可逆的。因为，科学的发展与科学知识的累积，不仅仅表现在纵向上的指数增长，也表现在横向上的截面拓宽；不仅仅表现在独立学科的分化上，也表现在交叉学科的结合上；不仅仅表现在新难题的"开发"上，也表现在旧难题的"回采"上；不仅仅表现在新内容的增加上，也表现在旧结构的重组上。所以，科学的进步与知识的增长，绝不是一维的单向发展，而是一个立体的网状结构的变化。在这里，科学的发展所呈现的一系列悖论和冲突并不构成对科学的发展必将延缓或停滞的否定性证明，而仅仅是对科学发展状态的逻辑探索和潜在危机的考察。

但是，我们也必须清醒地看到，科学的发展在整体上是一个螺旋上升的过程，因此，在它的变化结构中，既具有无序向有序的进化，也具有有序向无序的回复；既具有熵增加的时期，也具有熵减少的时期。所以，最大限度地减少那些对科学发展的非平衡干扰，尽可能地使科学发展的耗散结构按其自身的规律正常运行，是我国科学发展战略研究中的一个重要议题。

# 科学知识发展的动力学特征[*]

科学知识作为一个动态的整体系统，存在着某些不可或缺的动力学特征。这些特征生动地表明了，科学知识的发展具有它所特定的历史性、相关性和必然性。研究和把握科学知识发展的动力学特征具有战略性的方法论意义，从而使我们能够真正地理解恩格斯关于"自然科学越来越变成历史的科学"的合理论断。[①]就我们所着眼的视角看，科学知识发展的动力学特征至少表现在如下几个方面。

## 一、从历时与共时发展的一致性上来讲，科学知识是历史动力学与社会动力学的统一

科学知识发展的任一特定时代都不是孤立地存在着的，它总是历史

---

[*] 本文发表于《社会科学》1990年第4期，作者郭贵春。
① 马克思，恩格斯. 马克思恩格斯全集. 第十六卷. 中共中央马克思恩格斯列宁斯大林著作编译局译. 北京：人民出版社，1964：244.

和现实或者历时性与共时性的统一。从历时性的历史动力学角度来分析，每一科学知识发展的特定历史时代或历史阶段，作为科学理性的成果或知识的集合，都是可计算的或可测量的。在这个意义上，不同时代或不同阶段的知识总体之间具有可定量、可测量和可比较的相互关联。从共时性的社会动力学角度来分析，一个特定的知识发展时代或阶段则是具有不同性质和独立特征的知识实体，它包含着前此与后继时代所不能容纳的、无法存在或延伸的信息内容。因此，它的动力学意义由具体历史的科学事件、过程和环境辩证地给出。

然而，历时性的历史动力学与共时性的社会动力学是不可分割地一致的。由于科学知识的本质就在于提供求解难题的方法，而科学方法总是蕴含于特定的知识系统之中，所以，"杰出的未被解决的难题需要新的方法来解决，而强有力的新方法又引出了需要解决的新难题"[①]。正是这一永恒的辩证矛盾，构成了科学知识发展的动力学机制。

历史动力学与社会动力学的统一，内在地决定了在特定时代或阶段上科学知识所具有的潜在的创造力。所以，科学知识的潜在创造力从属于具体历史的动力学系统，它只能在这个系统中产生、展开和获得结果。在宏观的意义上，这种创造力的动力学因素在于：①科学知识的解释和覆盖域——它决定了创造力的可能范围；②科学知识的现实社会背景——它确立了创造力所需要的社会环境条件的集合；③科学知识与应用的一致性——它制约着创造力所能发挥的特定价值趋向；④科学知识与技术结构的统一度——它从实践的功能上限定着创造力实现的相应技术手段和途径；⑤科学知识作为一种语言学系统的符号化、形式化程度——它影响着所有科学知识的综合和统一以及能否用计算机来模拟和求解难题，从而增强人的头脑的功能的发挥。这是一个往往易于被人们所忽视，而科学知识的发展又迫使人们自然而又必然地重新思考的动力学因素。总之，这些因素相互关联、有机统一，系统地决定了科学知识潜在创造力所能呈现的大小、方向及其价值意义。

---

① Bell E T. Men of Mathematics. New York:Touchstone，1986.

历史动力学与社会动力学的统一告诉我们：一方面，在任何一个特定的时代，科学知识的发展都必然受到理论极限、实践极限及道德极限的约束。但是，绝不能把这种"极限"绝对化，以致否认科学知识自身的相对独立性及其内在的发展动力，从消极的意义上否定科学知识发展的动力学特征。另一方面，"不能简单地要求关于自然界物理范围的定量的无限性或者关于其结构复杂性的定性的无限性假设提供无休止的科学进步的前景"[①]。因为，这种简单的要求会导致一种"终极科学"或"极限科学"的理想化的错误观点，即在他们看来

$$S_\infty = \lim_{t \to \infty} S_t$$

这种观点明显地在绝对逻辑的基础上预设了一种直观的科学图景，寄希望于一种僵化的、"恶"的无限性，从而否认了科学知识发展的辩证性。

因此，我们从历时的历史动力学与共时的社会动力学的结合上去把握科学知识的发展，是为了反观历史、理解现实并预测未来，从而在进步和约束、无限和有限、相对和绝对的统一上给出科学知识发展的辩证图景。所以，我们既要反对那种过分乐观的"科学主义"，又要反对那种极端悲观的"反科学主义"和"非理性主义"，坚持马克思主义的辩证的科学史观。

## 二、从语言的内在结构来讲，科学知识是"域语言"与"操作语言"的统一

任何科学知识都是通过特定的科学语言系统获得其自身存在的物质外壳，从而展现它描述、解释和把握客观世界规律性的本质。所以，科学语言的内在结构及其辩证的矛盾运动，从形式上制约着科学知识的进步和深化，构成了科学知识发展的一个重要的动力学因素。而且，随着科学知识越来越远离经验的发展，科学语言的内在结构及其辩证的矛盾

---

① Rescher N. The Limits of Science. Berkeley: University of California Press, 1984: 57.

运动，将越来越显示出它在科学知识发展中的重要地位和动力学意义。

任何一种特定的科学语言都存在着结构上的两重性，即从定性的意义上讲，它通过深层的语义结构内在地规定了相应知识系统所涉及的范围，构成了描述该知识系统的"域语言"（area language）；而从定量的意义上讲，它通过表层的句法直接地规定了相应知识系统在其特定研究领域内的操作规则，构成了表征该知识系统的"操作语言"（operating language）。域语言与操作语言的统一，从语义结构与句法结构的结合上，构成了科学知识动态发展的动因之一。

域语言作为确定的研究领域，它必然要受到所要求解和阐述的科学难题的约束和制约。因此，操作语言作为在域语言所决定的框架中进行研究的可允许的操作形式，也必然受到这种约束和制约。这样一来，一个确定的知识系统 $S$ 的图景就具有如下形式：

$$S_t = \sum (OdA)$$

在这里，$O$ 表示操作语言，它作用于域语言 $A$；$d$ 表示由该知识系统所允许进行描述的确定的操作关系；$t$ 表示这一系统的特定发展阶段或时期。$\sum$ 是整个研究域和这一系统中各操作要素的集合算符。不难看出，时间标示 $t$ 表明了这一知识系统是动态的而不是静态的，它并不保证 $S_t$ 将具有相同的结构和内容；也就是说，这一知识系统将随着与科学语言相关的难题域和操作关系的变化而内在地发生变化。

因此，对于 $S_t$ 来说，存在着域语言 $A$ 与操作语言 $O$ 之间的内在的对应性和一致性。域语言的深层语义结构，是通过确定的语言形式规则，转换成特殊的语言陈述而呈现为适当的形式结构；反之，操作语言的句法结构，恰恰是根据相关的语义结构的内在约束而通过逻辑操作表征了深层的意义本质。这种有机的统一展现了特定科学知识求解难题的具体对象、领域和方法。比如，大爆炸理论作为一个特定的知识系统，它的域语言 $A$ 就描述了原始大爆炸的状态，表明了宇宙的动力学性质，指出了它的研究域并将黑洞作为它的求解难题。在 $A$ 这一内在的规定中，操作语言 $O$ 被用于构造相应的理论模型，通过可构性计算语言进行天文观测，并提供被观察和预测现象的操作性精确解释。

在常规情况下，知识系统保持它持续的稳定态。然而，当域语言成为模糊的、不精确的，从而丧失了与它所对应的研究领域的关联，或者在它的约束下，操作语言丧失了它所具有的精确的逻辑规定性时；当对象域自身已经发生变化，以致"$OdA$"已不适合于对该域的研究时；就必然要求整个语言集合发生相应的结构变换，抛弃旧的术语和旧的语义与句法的陈规旧套，而从域语言与操作语言的结合上引入新的术语和新的语义与句法的规定性，从而改变知识系统的性质和功能，使其在动态的变换中继续保持域语言与操作语言及其与相应难题之间的一致性或协调性。在物理学的发展中，伴随着物理学革命而使经典力学向相对论力学的转变，就是这种科学语言及其内在规定性发生变换的典范。这深刻地表明，任何一个有意义的科学知识系统，都由于它自身的语言结构的辩证运动而形成了一个动态的、开放的"语言耗散结构"，并通过这一结构的有效的合理的"涨落"而显示出科学知识发展的动力学特征。

### 三、从创造性的思维方式上来讲，科学知识是收敛性推理与发散性推理的统一

收敛推理作为一种求解难题的思维方式，它涉及了对特定难题的术语和条件（符号及其逻辑规则）的操作，以求得难题的解决。这是因为它奠立在这样一个假设之上，即求解的方法是在特定难题的界限内被规定的，或者说是根据由难题所设定的条件而导出的。正是在这个意义上，我们可将收敛推理区分为以下两种状态。

其一，初始收敛（primary convergence）。在这种状态下，难题已被有效地确定，从而在难题的内在关联中探求解决方式，根据难题所包含的信息来进行推理。换句话说，由于难题所相关的科学语言已设定了难题域的界限。所以，收敛的过程就是对难题进行特定规则的语言操作，以发现在这个框架内已预设地规定了的对正确答案的合理表述。正是在依赖于这种范式预设的意义上，我们将这种收敛称为初始的。比如，一

个物理学家在通常的情况下,并不去探索未在他的难题域中规定了操作符号或术语之意义的解难题方式,即他是在一个精确地规定了语义的理论框架内探索难题的求解。

其二,间接收敛(secondary convergence)。间接收敛并不直接依赖于由难题和语言所设定的模式,而依赖于发现或揭示由难题语言所隐含着的信息。因此,它直接依赖于对事件的观察和对信息的收集。对此,它具有两种形式:第一,有目的收敛推理。比如,哈维关于心室和血液循环理论的发现就属于这种形式。他的重大发现不是由于背景约束所具有的初始规定性,而恰恰是对传统盖伦理论的初始规定性的超越。第二,无意识的收敛推理。比如,弗莱明对青霉素的发现就是这种推理形式。因为,他不寻常的观察和偶然的机遇的结合,使他无意识地发现了一种"革命性"的药品,同时也造成了对初期背景约束的超越。

但是,初始的和间接的收敛推理具有共同的特征,即对于这种收敛的科学推理来说,无论是要求解决的难题所给定的思维困惑,还是在发现了特定事件后所给定的思维困惑,都内在地规定了特定的难题和求解它的方式,都需要理解和分析困惑,探索新的意义,以便发现解题的确定途径。所以,收敛推理同样蕴含着某种程度的创造性,因为"收敛"并不意味着绝对的"保守",在这二者之间有着性质的不同。

一般地讲,收敛思维根据难题的限制和符号操作,在原则上趋向于规则的逻辑推理。而发散思维则是一种打破常规的创造性推理。就科学难题的发散意义来讲,在难题的内容及其语言结构的基础上产生的非逻辑的自由联想,刺激或启迪了对难题的独辟蹊径的求解。所以,在这种类型的推理中,"发散"和"联想"具有等价的意义。发散推理也具有以下两种状态。

其一,朴素的推理联想。这种推理往往与试错性检验或实验过程相关。比如,对于牛痘疫苗的发现和检验过程,就是这样一种朴素的联想推理过程。

其二,严谨的联想推理。在这种推理中,两种或多种在内容和目的性上不相关的理性模型相互渗透、相互融合,形成了一种新的解题途径。

因为在这个过程中，各种不同的模型由于联想机制的联网功能而重组为一个有机的、可行的开拓性结构，从而获得了新的创造性发现。比如，爱因斯坦对狭义相对论的发现就属于这种推理形式。

我们需要注意的是，发散性推理并非绝对地背弃逻辑规则，它所包含着的联想性的"游戏规则"是对常规逻辑规定性的升华、补充和扩展。这种联想性的"游戏规则"通过对逻辑格的大跨度跳跃，而在新的更高层次上实现了不同解题模型或不同对象模型之间的逻辑统一。表面层次上的无规则性和自由性，蕴含着更深层次上的逻辑性和严密性。正是这种内在本质，决定了发散性思维通过不相关的难题术语、算符及其语言结构和解题方式之间的丰富多样的辩证综合获得了新的信息。

不言而喻，收敛推理和发散推理（主要是间接收敛和严谨的联想推理形式）在本质上并非相互排斥的，相反，它们是互补的和统一的。往往在收敛中潜藏着发散，在发散中蕴含着收敛；收敛以潜在的发散为启迪，发散以潜在的收敛为基础，二者并行不悖，互为因果。所以，在任何创造性的思维过程中，纯粹的发散或纯粹的收敛都是不存在的；二者的区别和统一，只是表明了创造性思维的丰富性、系统性和一致性。收敛性推理与发散性推理的这种辩证联结，构成了科学知识动态发展的本质原因，从创造性的思维方式上强化了科学知识发展的动力学特征，使科学研究主体的主观能动性与这种动力学特征在科学理性的进步过程中获得了内在的同一。

## 四、从知识的系统性上来讲，科学知识是"效用"系统与"熵"系统的统一

在任何一个确定的科学发展时代或阶段，科学知识作为一个动态发展的整体系统，都存在着两个相互关联、相互作用的状态函数：效用（utility）和熵（entropy）。它们各自内部及其之间的矛盾运动，在广阔的社会背景上构成了科学知识发展动力学的核心内容。

一个知识系统的建立是为了研究和求解特定的难题域，该系统的操

作语言直接从属于域语言的有用性，因此，这就必然涉及系统的效用问题。效用是对一个系统的功能的测量，它是由一个可描述的难题域中的系统目标以及结合或汲取其他外系统要素的能力所决定的。而且这种效用是通过该系统的语言所包含和传递的信息所表现的，所以，域语言和操作语言都包含着与该系统功能相关的信息。然而，由于科学语言的可操作的句法规则与实际定性指称的研究域之间的一致性是相对的、可变的，它们之间存在的不是单纯的线性关系，而是一种复杂的统计关系，因此系统的效用或功能可表述为

$$Ut = [P(OdA) = I(OdA)]t$$

这表明，在一个特定的时期或阶段，一个系统的效用$U$是与系统的几率测量$P$和它的信息内容$I$之间的同一性相等价的。[①]正由于语言传递了信息，所以几率的测量决定了这些陈述的有效性，即它们的信息与研究域相关；这些陈述与研究域的相关程度越高，它们的几率越大，对于系统的测量效用就越大。这从本质上说明了，一个知识系统的效用最终决定于它的实在语义信息的大小，即它的内容的客观性的程度。也就是说，脱离了特定研究域的知识系统是无意义的并因之是无效用的。只有它与特定研究域相关时，才能实现它的目的、意义和功能。

但是，在一个知识系统中，由于研究域、相应语言及其所携带的信息内容和信息量是不断发生变化的，所以，绝对和理想的最高限度的效用值是不可能达到的。因此，一个知识系统的最低和最高效用界限（0和1）是可确定的，它表明任何知识系统$S$在特定时期的相对状态，即$0<S<1$。在最高和最低效用界限之间不断涨落，就是一个知识系统具体而又生动的生存态。

另外，由于"熵"概念以热力学第二定律扩展到更广阔的领域，它不仅仅涉及物理系统，而且涉及抽象的实体系统，从而成为人们研究一般系统问题的约定的普遍方法。正是在这个意义上，熵既是对一个特定知识系统衰变的测量，又是其衰变的条件。换句话说，在这里，熵转化

---

① Rich D Z. The Dynamics of Knowledge: A Contemporary View. New York: Greenwood Press, 1988: 59.

为一种"由系统信息所关联的特定领域的能力丧失所决定的内在条件"[①]。

所以,熵作为一种测量,它指明了特定知识系统已偏离了它的最高效用值,它所描述的难题域以及操作能力多么远。在这个意义上,对熵的一般定义可表述为

$$HS_t = -\left[\sum_1^n o,\ a \supset I(Ao,\ Oa)\right]$$

即在时间 $t$ 系统 $S$ 的熵是在此时间内对 $A$ 和 $O$ 中所包含的要素 $o$ 和 $a$ 的否定。由于这个等式从属于由操作语言所影响的不完备的域陈述,所以受影响的域陈述的数量就表明了熵的条件范围及系统的总体活力范围。

可见,相对于效用来讲,对于熵的决定依赖于系统的信息内容,因为信息内容的衰减是系统要素缺乏有效性的直接结果。同时,发生这种衰变的一个更重要方式,就是引入了竞争的、具有更强效用的可选择系统,于是人们抛弃熵系统而根据新的竞争系统工作。这说明,对于所有相对独立的知识系统来说,由于自身系统要素的有效性的不断衰减以及竞争系统的引入,最终必然导致熵值的不断增大,从而丧失了自身存在的状态条件,而被新的系统取而代之。由于当代科学发展的加速度变化,对任何一门具体的知识系统来说,熵系统的周期越来越短。所以,对于熵条件的研究及把握就越来越具有重要的、社会的、科学的和认识论的意义。在这里,熵构成了知识系统更迭速度的标志和条件,成为知识系统动态发展的代名词。

以上分析表明,效用和熵是测量同一知识系统的两个不同的方面,而任一知识系统又都存在着效用与熵之间的静与动的辩证统一。

由于各种不同的竞争系统处于各自效用相熵的发展的不同阶段,形成了多层次知识系统的存在及其相互作用,构成了知识系统动力学发展的内在原因。因此,各个特定的知识系统在效用条件和熵条件之间不断发生涨落,使得整个系统在动力非平衡态下,一方面不断地保持功能的发挥;另一方面又加剧着能力的衰减并改变着熵源,从而促使科学知识系统在动力的非平衡态中,通过具体知识系统的不断发展和更迭,保持

---

① Rich D Z. The Dynamics of Knowledge: A Contemporary View. New York: Greenwood Press, 1988: 61.

了总体的动态平衡。正是这种动态平衡，揭示了科学知识发展所具有的潜在的创造力，确立了特定社会的总体知识发展的系统特征，显示了科学知识系统在相应社会背景条件下动力学发展的辩证矛盾运动，证明了马克思主义科学史观的正确性。

# 数学方法的意义[*]

数学方法作为一种横断的科学研究方法，以它自身的完美性，已成为一切科学进步所必乘的"诺亚方舟"，并被人们尊崇为科学方法论王国中最迷人的"王后"。因此，分析数学方法的表现形态、语义实质及其功能特征，从而揭示数学方法的真正意义，便是一项有价值的工作了。本着这一宗旨，本文试图做一些探索。

## 一、数学方法的表现形态

在我们追溯科学理性发展的历程时，明显地看到，当人们撇开具体的算符与公式而涉及数学方法的本质问题时，就必然会遇到这样一个不可回避的数学哲学问题：数学是被发现的还是被发明的？换句话说，数学真理是独立于我们的头脑而存在还是它仅仅是人类理性思维的构造

---

[*] 本文发表于《社会科学研究》1990年第2期，作者郭贵春。

物？这一古老而又常新的问题激励着数学家和哲学家们从不同的层次、不同的视角、不同的功用及不同的背景，去探索和阐述数学方法的本质和特征，从而展示了数学方法在其表现形态上的丰富性和多样性。

其一，作为永恒真理之模式的数学方法。古希腊的先哲们，如柏拉图和毕达哥拉斯，认为数学独立于人类而存在，数学知识具有超经验世界的属性。因此，对数学的探索就是对真理的发现。从而，数学方法构成了探究永恒真理的模式，它的价值就在于它构造了真理性之绝对意义。这种数学方法论的先验传统一直延续到以"预设主义"为核心的逻辑经验主义的观念中。

其二，作为美学创造的数学方法。许多数学家和科学家，如彭加勒、狄拉克等，都把数学探索及其作为方法在科学中的运用看作是一种"美的创造"。数学方法所要求的语言的精确性、表述的简单性、形式的对称性、内容的和谐性、逻辑的整体性所显示的美妙和魅力，是对宇宙运动规律性的真正表述。而作为实在论者的冯·魏扎特进一步认为，这种美是真理的一种形式。美的鉴赏是对实在的一种鉴赏，即对实在的一种特殊的知觉能力。

其三，作为逻辑演算的数学方法。在从哥德尔"不完全性"定理的提出作为一个历史的转折点之前，罗素、怀特海等许多数学家们，将数学本质地看作是一种具有内在一致性的、完备的、排除了一切"奇异环"（strange loops）的逻辑体系，以致希尔伯特试图在"有限的"推理模式的基础上构造一个证明数学逻辑的一致性和完备性的"纲领"，从而表明数学方法作为一种真正的逻辑演算的纯洁、完美和永真。

其四，作为科学语言的数学方法，当伽利略第一次真正地将数学作为一种语言来表述他的物理定律开始，数学便作为一种普遍的科学语言而存在了。兰赛罗特·霍哥本（Lancelot Hoybne）认为，数学作为一种语言的本质就在于，它是一种"尺度和秩序的语法"，构成了科学理性的世界的规则。而且在历史上，它有助于科学从"迷信"中解放出来。因此，在这个意义上，数学语言作为一种科学研究的方法"是与它的社会目的不可分割的"。

其五，作为艺术标范（pattern）的数学方法。以哈戴（G. H. Hardy）为代表，将作为美学创造的数学方法论观点推向了整个艺术领域，认为数学方法就像绘画和作诗一样，是构造美丽的标范、是艺术的典型。对于数学方法来说，"美是首要的检验标准"。因此，"一种数学思想是有意义的，仅当它是能够以自然的和令人启迪的方式与其他相当复杂的数学思想联结起来"。

其六，作为理智激情（intellectual passion）的数学方法。以波兰尼（M. Polanyi）为代表的某些学者认为，数学方法的展开是一种"理智的激情"；对数学真理和数学美的确证，表明了理智结构及其价值对于这种激情的依赖性。然而，这种激情的本质却表明，数学方法既不是"任意的行为"，也不是"被动的经验"，而是具有"普遍有效性的可靠行为"。因此，在通过数学方法来建立理论与"隐实在"（hidden reality）之间的关系的意义上，它无可置疑地是客观的。

其七，作为社会实践的数学方法。以霍德金（L. Hodgkin）为代表的具有唯物主义倾向的数学家，特别强调数学活动和数学真理的社会基础（包括政治、经济、文化、生产等），认为数学中所存在的内在的理论变化和竞争应有其社会的决定因素。所以，数学方法的社会实践是首要的，它的社会本质构成了数学知识的社会本质的基础。在数学实践和数学知识的进行与获得中，社会关系起了不可缺少的制约作用。因此，数学知识是以一种方法论的形态在广阔的社会实践中才"作为一种社会真理而被接受的真理"[1]。

我们必须看到，数学方法在历史的发展中所具有的以上若干表现形态，仍然是孤立的、零散的和不系统的，都存在着特定视角的极端性或片面性，尽管它们各自存在着合理的和令人启迪的内容。事实上，它们都是在不同领域中对数学方法所做的某种哲学趋向上的解释。在这个意义上讲，这些数学方法的表现形态"起着一种阐述它们的概念框架、演绎结构和哲学基础的作用"[2]。数学方法作为一种真正现代意义上的横断科

---

[1] Stuart B. Conceptions of Inquiry. London：Routledge. 1981：3-42.
[2] Shea W R. Nature of Mathematized. London：Kluwer Academic Publishers，1983：294.

学方法的出现，作为一种系统的、完整的、像血管和神经一样渗透于一切自然科学和社会科学领域中的方法论形态，是在第二次世界大战之后，特别是20世纪70年代以来，才获得了充分的实现。这时，数学方法的表现形态才在所有研究领域中散发出它的光彩。

首先，数学的高度分化和高度综合的发展趋势，使数学知识的自身结构发生了巨大变化，为数学方法的系统化奠定了坚实的理论基础。数学知识的自身结构变化有这样几种形式：①单纯生长：数学分支的发展，不发生结构（等级）层次的变化；②出芽生殖：一个或数个较低层次的分支分离出来；③消亡：某一研究课题的中止；④复兴：某一题目的重新研究；⑤分叉：分裂为一个层次的几个分支；⑥融合：把若干方向统一为一个方向；⑦改变等级：提高或降低某个分支的普遍性程度；⑧越界：从数学中分离出去（如乐理、光学、航海学、水力学等），或从其他学科转入数学（如控制论等）[①]。数学知识自身结构的变化，一方面说明数学通过不断创立新的理论，从而调整自身内在一致性、相关性和整体性的需要，另一方面表明了通过数学方法的扩展和深化而与其他科学知识之间相互适应、相互融合、相互渗透的需要。数学自身结构的这种变化和需要，在第二次世界大战后有了前所未有的巨大进步，特别是代数拓扑学、代数几何学、代数数论、群论、泛函分析、概率论、计算数学等的变化和出现，使得数学方法在基础科学、技术科学和人文科学中开拓了广阔的新领，为数学方法由简单到复杂、由零散到系统、由孤立到横断构建了完备的理论源泉、证明和阐述。

其次，伴随着电子计算机的出现扩展了人脑的功能，并且在一定程度上物化并放大了人类的智力，在这个基础上，信息论、控制论和系统论的产生和发展为数学方法的全面应用确立了技术手段。在任何一个复杂系统中，均存在着信息的产生、获取、交换、传输、存储、处理、显示、识别和利用等一系列问题，对这一系列问题的综合处理，是通信、自动控制和系统工程的统一，是语言学、逻辑学和数学的结合，是数量

---

① 巴拉己舍央A.F.论数学知识结构的进化.科学与哲学，1985,（6）：121-122.

化、形式化和语义分析的一致。因此，信息论、控制论和系统论作为综合性的横断科学，具体地应用于一切生物系统、工程系统、生态系统、经济管理系统、社会管理系统中，从而为数学方法的描述、推理、解题、分析、综合、构造模型的手段开辟了无比广阔的领域和前景，为数学方法在人类所有活动中的渗透打开了技术上的通道。

最后，由哥德尔"不完全性"定理的提出而导致的所谓"后现代主义时代"的"数学怀疑论"①，以及由此而发生的各种不同数学哲学流派之间的论争，为当代数学方法论的产生作了哲学上的理性准备。这些主要的数学哲学流派是：①由弗雷格和罗素开始的逻辑主义，认为"数学是乔装着的逻辑"。②以维也纳学派为核心的逻辑实证主义，试图借助"语言规则"来判定数学真理或逻辑真理的确定性。③以希尔伯特为代表的形式主义及其继承者，企图从结构上来分析数学本质的"新唯名论"，他要给出数学的理想的（但无意义的）范围。④以哥德尔为代表的"柏拉图主义"，这是数学哲学中某种"理念实在论"的再现。⑤以奎因为首的整体主义，认为数学不仅应被看作是其自身，而且是"整个科学集团中的一部分"。⑥模型论的主张，欲从结构上来探索数学的"可能性或不可能性"问题，从而构筑一幅数学对象的图景。⑦布劳威尔的直觉主义，认为数学陈述是在直觉上有意义的，但反对实在论的真理假设，其本质乃是一种数学语言的操作主义的扩展。⑧以普特南为典范的拟经验实在论，主张数学是"先验性与经验性"相统一的知识系统。② 这些数学哲学流派，各有所长，也各有瑕疵；他们的论争并不表明数学自身研究的"危机"，而在于：一方面，这是对数学自身发展的历史所作出的深刻"反思"和方法论意义上的"重建"；另一方面，这是不同哲学价值取向的，"迷茫"在数学基础研究中的表现。尽管如此，这些争论刺激了数学自身结构的发展，启迪了数学方法论的完善，为数学方法在科学革命、

---

① Kadvany J. Reflection on the legacy of Kurt Gödel: Mathematics, skepticism, postmodernism. The Philosophica Forum, 1989(3): 178.
② Putnam H. Philosophy of mathematics// Nersessian N J, Kyburg H E.(ed.) Current Research in Philosophy of Science: Proceedings of the P.S.A. Critical Research Problems Conference. Baltimore: Philosophy of Science Association, 1979: 380-394.

技术革命、管理革命和思维革命中发挥它的功能作了哲学上和方法论上的准备。因此,它所具有的历史的进步意义是客观的。

## 二、数学方法的语义分析

数学方法在任何一个具体问题或具体领域中的展开和功能的发挥,都是其特定的形式因素(语法信息)、内容因素(语义信息)和价值因素(语用信息)的整体性作用。然而,人们往往注重和强调了数学方法的形式因素和价值因素,忽视或否认了对数学方法在特定问题和领域中的具体的语义分析。而丧失了对数学方法的语义分析,便易于导致形式主义或工具主义的倾向,便不能真正地理解和把握数学方法的本质和真谛。事实上,从数学的发展史上看,无论是 17 世纪在引入无穷小量方法问题上的争论,还是 20 世纪关于数学基础问题的论争,其本质均是关于数学方法的不同语义分析框架之间的竞争和冲突。在对数学方法的浅层句法结构的形式分析与深层语义结构的语义分析之间的这种"剪不断,理还乱"的关系,始终是推动数学理论进步和方法论扩张的内在动力之一。在我们看来,对于数学方法的语义分析,应当注意这样几个问题。

第一,对数学方法进行语义分析的本质,就是要揭示数学概念和命题与客观实在之间的内在联结。布尔扎诺说得对:"只有当数学的基础与导出的命题,初始的和被定义概念之间的客观联系已被揭示,数学才能被构筑在安全的基础上。"[1] 而揭示这种"客观联系"的本质恰恰是语义分析的任务。

布尔扎诺区分了两种数学定义:其一,转达术语约定或说明语言表达意义的解释;其二,通过确定某种思想或命题是简单的或复合的,以及在后一种情况下,它包含了哪些部分,它们是如何相关的,来定义或确定某些概念的内容。然而,无论是哪一种定义,只要它与"意义"和"内容"相关,就必然与语义分析密切相关,否则,就是纯粹的操作定义。而操作定义从根本上讲,仅仅是试图摆脱客观语义分析而诉诸经验

---

[1] Shea W R. Nature of Mathematized. London:Kluwer Academic Publishers,1983:296.

分析的一种不成功的表现。

所以，通过数学的公理化方法而陈述的所有真命题，最终都不能独立于客观的语义分析而存在。虽然，从逻辑上讲，尽管人们的思维无法通过有限的归纳步骤以经验的事实真理回溯到普遍的公理，但是这一归纳通道的"断裂"并不能否认这些公理所具有的本体论的客观语义解释。因为任何一种语言（无论它多么复杂和抽象）都"无法抑制语义的显现"。在这里，形式逻辑的规则不是否定数学概念和命题的客观语义本质的理由；而恰恰相反，数学概念和命题的语义内容正是形式逻辑规则的内在的、隐性的、本质的规定性。失去了这种规定性，数学也就失去了它作为一种科学研究方法的意义。

第二，在任何一个抽象算符背后所隐含着的深刻的语义内容，都具有它们自身的存在结构，这决定了数学方法在其广泛应用中的多层次性。从理论的层次上来说，数学方法提供了最抽象的表征形式或结构。它所具有的精确性、简单性、均匀性、齐次性、规则性、因果性、普遍性等，为科学理论的公理化或形式表征提供了完美的手段、方式和标准，从而为解释世界提供了最系统的说明规则。

从经验的层次上讲，数学方法是描述经验观察对象的最理想的工具。特别是它排除了特定研究对象的偶然的、个别的因素，而从一种理想的纯粹状态中去更深刻地把握对象本质的功能，使它具有了任何其他方法都不可比拟的意义。所以，人们通过数学方程式建立了数学概念与被研究对象或过程之间的确定的意义关系，而这种关系又通过语义分析而获得了精确的解释。比如，式子 $\dfrac{d^2x}{dt^2}$（二阶导数）在力学中表示加速度，在电振动理论中表示电流速度的变化等，便是数学方法在描述经验对象时具有深刻的语义内容的例子。

从实在的参照层次上讲，数学方法是解释客观实体之间本质联系的方式。对于"显性"实体（可观察实体）的解释，它在经验描述基础上给出了理性的分析。然而，更重要的在于，它对"隐性"实体（不可观察实体）的解释，却是在逻辑的或规律的基础上给出的理性的假设或预测。这种假设或预测往往以其不可抗拒的逻辑力量迫使人们接受，并通过尔后的经验证实变为确定的理论。比如，隐变量理论的提出、广义相对论的建立、"夸克"模型的构造等，从一开始，便都是对"隐性"实体或"隐性"结构的解释。

由此我们可以看出：一方面，数学方法总是和具有特定语义内容的理论陈述、解释和构造相关的；另一方面，数学方法也常常与本体论的"形而上断言"具有割不断的关系，因此，数学方法总是具有这样的层次性，如表1所示。

**表1 数学方法的层次性**

| 层次 | 对象 | 实质 |
| --- | --- | --- |
| 理论水平 | 公理化系统 | 理性的形式表征 |
| 经验水平 | 观察实验 | 现象的经验描述 |
| 参照水平 | 实体〈显性实体 / 隐性实体〉 | 实在的本质联系 |

第三，数学方法所具有的携带一切量化的语义信息的能力，使它成为统一所有科学知识的中介或桥梁。在这里，数学方法的高度抽象化和形式化，恰是以其携带最具体、最特殊的语义信息为补充的，二者相辅相成，并存不悖。所以，当数学方法以其纯粹的数学形式静止地存在着的时候，它在方法论的意义上是"中性的"，而当它以某种特定的研究方式与具体的科学问题领域动态地联结起来时，它便由于携带了特定的语义信息而成为该对象领域中的一个不可分割的要素了。正是数学方法所具有的这种"双重"特性，才使它能够渗入所有科学知识中去。

由此可以看出，数学方法在进行具体的描述、定义、分类、构造原则或公理、推论、证明、结果分析和解难题时，一方面，为不同的研究领域和不同的知识结构提供了它们各自概念和术语在语义上的相关性和一致性，从而通过对共同的数学方法的语义分析，使它们在意义上成为可比的和可通约的；另一方面，在具有不同性质的领域和知识结构之间架起了形式上和语义上由此达彼的逻辑桥梁，从形式和语义的结合上焊接了它们在逻辑上的"断裂"，从而使它们成为整个人类知识系统中的相关要素。因为，从本质上讲，人类知识的统一恰恰是形式和语义结合上的统一，所以数学方法的功能及其应用不仅仅提供了这种统一的外在的、形式上的关联，同时也提供了这种统一的内在的、本质上的同一，成为所有人类知识完满联姻的"红娘"。

第四，客观的语义分析是数学方法证明特定真理性陈述的必要条件。数学证明总是与特定理论陈述的真质或真理性密切相关的，因为它以特定的逻辑规定性，给出了理论陈述的真理性条件。而且，这种真理性条件在整个人类知识领域中，是一种最简单、最严格、最无歧义的标准。因此，也最容易排除任何臆测、曲解以及不必要的形而上的抽象断言。所以，数学证明所给出的真理性具有最强的可接受性。

但是，倘若把数学仅仅作为一种纯粹的、形式化的证明方法，尽管它的"有效性"是不言而喻的，但这种"有效性"并不等于它的"真理性"，因为对于它的真理性来说并非充分必要的。在这里，数学方法对命题的证明奠基于抽象的数学的"概念运动"。因此，我们必须区分两种数学证明：其一，客观的证明或论证（objective proofs or demonstrations），即从数学的客观实在基础上来论证命题的真理性；其二，主观的证明或确证（subjective proofs or confirmations），目的在于给出逻辑形式上的断言。"客观的论证"涉及了基本命题，使人们能够发现真理的客观基础；而"主观的确证"之所以是"有意义的"，仅在于命题对于主观理由来说是不明显的案例中，而对于每个人都当作自明的真而接受的命题来说，则是"无意义"的。①

由此可以看出，对于数学证明的真理性命题，除了它在逻辑上的真之外，还必须具备另外两个必要的条件：①在与具体科学问题和领域的结合与应用中，接受经验的检验；②在特定的展开过程中进行客观的语义分析。从本质上讲，二者是一个问题的两个方面，前者是后者在经验上的体现。丧失这两个条件，就会削弱命题的可接受性，就会导致数学的证明在逻辑上的"无限后退"，就会出现数学"基础危机"的可能，从而由这种基础危机反馈到数学逻辑的真理性的怀疑。正是在这个根本性

---

① Shea W R. Nature of Mathematized. London: Kluwer Academic Publishers, 1983: 294.

的意义上，客观的语义分析是数学方法成功的必备条件和必由之路。

## 三、数学方法的功能意义

对于数学方法的功能意义的理解，始终与对数学本质的理解结合在一起。比如，拉格朗日和拉普拉斯认为数学在其特殊的语言系统中的有效推论，必须完全独立于几何图像以及其他非形式化的、拟经验的意义或解释；它的规则不依赖于任何人类的想象，是完全机械地进行的，从而导致了"数学机械论"。而蒙日（G.Monge）则相反，他认为数学不是一种"自容的"（a self-contained）形式设计，而是一种与空间中所有可能的结构转换相关的"拟经验"的科学。所以，数学分析仅仅是对"运动的几何图案"的描述，提供了研究和论证的适当方法，是一种关于直觉和拟经验内容的论证的速记系统。正因为蒙日从客观世界的几何结构的转换对数学作了实在论的语义分析，所以他从本质上注意到了数学形式的空间定位与数学方法论功能的展开之间的内在关联。

无论是机械论的还是拟经验论的数学观，都对当代数学方法论的不同流派有着深远的影响。特别是后者，对于以普特南为首的数学实在论的方法论思想的建立有着重要的意义。这两种不同的数学方法论之间的明显区别如表2所示。

表2　机械论数学观和实在论数学观比较

| 项目 | 机械论 | 实在论 |
| --- | --- | --- |
| 数学本质 | 纯形式语言 | 拟经验的科学 |
| 研究对象 | 推理的形式 | 对世界的探索 |
| 方法范围 | 形式规则的指导 | 一切可想象的论述 |
| 功能意义 | 逻辑的完美性 | 对知识的功能扩展 |

虽然，数学实在论的价值观并不是我们所能完全接受的，但它们强调从方法论的意义上讲，对数学语言的修正并不在于形式化，而在于促进它所描述的经验实在领域中关于语义的和实用的能力。归根到底，数学实在论强调了数学方法的进步在于它的深层语义的深入和在各门科学领域中应用功能的扩展，则是合理的。

所以，在客观的基础上，对于数学方法的功能意义的揭示，是把握数学方法之本质的最根本的途径。对此，我们特别应注意以下几个方面。

（1）任何科学研究赖以进行的前提和基础都是对研究对象进行基本的测量，而数学方法恰恰是在这一测量过程中，将经验的定性观察与理性的定量计算内在统一起来的媒介，从而使得特定数值系统中的逻辑关系表征了或对应于被测量现象之间的客观联系，在科学理论与客观实在之间建起了由此达彼的过渡环节。

因为，在一个给定的基本测量中，存在着结构上类似的经验的和数值的关系系统。它可表示为

$$E=\langle D, R_1, R_2, \cdots \rangle$$
$$N=\langle D', R_1', R_2', \cdots \rangle$$

式中，$D$表明了经验系统的"域"是具体地由数值测量所指定的可观察物组成的，$R_1$，$R_2$，…是在这一领域中基本成员之间的定性关系。$D'$是数值系统的集合，它可指定$D$的成员。$R_1'$，$R_2'$，…则是这些值之间的数量关系，它将表征经验的关系$R_1$，$R_2$，…。所以，"测量的过程是一个根据背景规则确定$D$与$D'$之间的函数值的系统方法"①，是数学方法的描述、定位、推理和解释的具体展开和系统的应用。正是在这个意义上，我们可以看出，一方面，根据数学方法所构造的公理化的理论体系绝非空洞抽象的形式系统，它是客观的经验内容与精确数学逻辑的和谐统一。另一方面，运用数学方法的最终目的是为了给出关于客观实在的理论解释，从而揭示外部世界与数学系统之间在结构上的内在同一性。在这里，数学方法的展开融测量过程、理论解释及客观的语义分析于一体。也正是由于数学方法的这一功能意义使数学从本质上具有了"拟经验"的特征。

（2）数学方法作为逻辑分析和逻辑综合的整体系统，具有科学发现和理论证明的双重作用和功能。作为一种分析逻辑，它对于任何特定的事物及其运动的描述是精确的、具体的和全方位的。它可以在一个极简

---

① Adams E W. Measurement theory// Nersessian N J, Kyburg H E.(ed.) Current Research in Philosophy of Science: Proceedings of the P.S.A. Critical Research Problems Conference. Baltimore: Philosophy of Science Association, 1979：208.

单而又优美的公式中，将物体运动的过程和状态，即动态和静态、时间和空间、质和量统一起来，并以其和谐的关系赋予各个因素以确定的数值和各得其所的逻辑位置，或对不可观察的现象或参量给予合理的推论。

作为一个综合的逻辑，它通过具有必然性的逻辑链条，将零散的、不相关的数据、事实、经验定律与普遍的公理和原则统一起来，使特定领域的知识由经验上升到理论，由直觉上升到逻辑，由分散要素结合成系统整体。

数学方法作为分析和综合逻辑的功用，在解析几何之对于伽利略、微积分之对于牛顿、非欧几何之对于爱因斯坦的理论创造中，具有明显的意义。我们可以说，在数学方法的应用中，分析就是发现，综合就是创造，演绎就是证明，求解难题就是实践，它贯穿于整个科学研究的全过程，并将测量、假设、预测、检验、证实全面地统一起来、联结起来，使科学认识的过程更丰富和具体化了。在这个意义上，布尔巴基说得对，数学方法是所有科学理论之有机体在整个发育中的营养液，是方便和多产的研究工具。

（3）由于数学模型方法的运用是所有自然科学、技术科学和社会科学发展的整体化的趋势和要求，它构成了数学方法之功能意义的最普遍的方面。数学方法作为研究数量关系和空间形式的方法，在原则上适用于一切可能存在的数量和结构。因此，任一研究对象的数学模型的建立，将从信息、结构与功能的统一性上确立该集合的存在方式，表征该集合元素之间的规律性的联系，从而更有效地、更本质地、更系统地把握这一研究对象的一般特征。

建立数学模型的最主要的优点就在于：第一，根据精确的空间和时间定位，可以使研究对象在超自然时空的情况下，遵照研究目的的要求，重演该对象产生、发展和终结的全过程；第二，它舍弃了原型在自然状态下的某些现象的、偶然的和不规则的因素，从逻辑抽象与逻辑具体的结合上，更本质地反映和再现了原型的性质、关联和特征；第三，数学模型不仅使得人们对原型的认识和把握更直接、具体和容易，而且可以提供原型在自然态下隐而不露的新信息，并可为其输入新的变量，使其沿着所规定的方向进一步演化，从而导致无法预测的新生态的出现。

数学模型在所有对象领域中的普遍应用深刻地表明，数学方法促进了人类一切知识由经验水平向理论水平的上升、由质向量的表现，以及由单纯数量序列向综合立体结构推移的发展趋势，使得以数学化为核心的整体化成为当代人类科学知识与科学理论发展的一个重要标志。

（4）必须强调指出的是，数学方法的功能意义并非仅仅正向地表现在"科学的数学化"方面，而且表现在反向的"数学科学化"方面。换句话说，数学理论通过特定方法论形式的展开、运用和具体化向其他科学领域渗透，反之，其他科学知识则通过携带了特定具体信息的数学方法反馈并综合于数学理论，从而推动了数学自身的进步，促进了整个人类知识的整体化发展。对此，我们可以表示为图1。

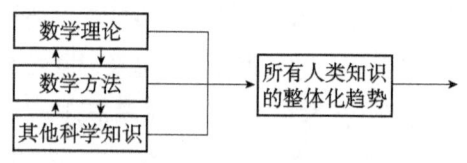

**图1　数学方法的功能意义**

为复变函数的几何理论奠定了基础的杰出数学家黎曼，就是通过复变函数可以由曲面上的平面流来物理地表示，并且由对这种物理模型的思考而发展了他的理论。正是在这个意义上，人们认为数学论证的物理模型是不可忽视的辅助仪器，而且是黎曼方法的真正源泉、本质和力量。特别是由于数学方法的反馈作用，诸如计算物理学、生物数学、计算化学、经济数学、数学语言学等交叉学科的出现，更系统地丰富了数学自身的内容和结构。这充分地表明，"科学的数学化"和"数学的科学化"的发展将全面地展示数学方法所具有的巨大的功能意义。

# 科学符号的意义[*]

随着现代科学越来越远离经验的发展，科学理论作为一种特殊的符号网络（语言系统）充分地显示了它所具有的内在功能和迷人的美。对科学符号的运算及结果的诠释成为理论构造及其阐述的一个重要内容，它深刻地表明了科学认识的方式或者科学研究主体把握客观世界的能动性的深化和强化。为了从本质上把握科学发展的这一趋向，我们分析和揭示科学符号的内在意义，就是自然而又必然的了。

## 一、科学符号的自主性

科学符号的自主性是与科学理论进步的日趋抽象性一致的。这种抽象化的程度越高，从符号到实在之间的层次性和结构性便越多样和复杂。然而，科学符号相对于实在的层次"上升"和"远离"，并不等于失去了

---

[*] 本文发表于《山西大学学报》1990年第2期，作者郭贵春。

二者之间的关联。恰好相反，这种"上升"和"远离"仅仅表明了关联形式和关联结构的发展和变化，显示了这种关联越来越摆脱了原始的、直观的、简单的一致，而导向了深刻的、抽象的、复杂的统一。这是科学知识在深度和广度、经验和理性的结合上更趋向完美的表现。同时，科学符号的这种"上升"和"远离"越强，它所覆盖的经验域面就越大，包含的实在内容就越多。物理学从亚里士多德的冲力论、伽利略的动力论、牛顿的经典力学到相对论和量子力学的发展，就是一个有力的证明。所以，科学符号的自主性是相对的和有条件的，是科学理性在现代科学理论的形式和结构中的具体化和实现。

科学符号的自主性，首先在于它自身的"主体性"，即表现于它所特具的形式结构或系统模型，而不是作为它的对象的集合。因为它作为对象的集合，表现在更深层次的意义上。比如，算术作为一种符号系统的自主性表现在它作为自然数的结构性，而不是构成自然数的特定集合（无限集）的存在性。欧氏几何的自主性，表现于它的公理化系统的结构性而不是具体的欧氏空间的存在。

可见，这一"主体性"概念的意义，是指符号系统的句法规则相对地独立于对符号系统的深层语义分析而言的。我赞同普特南的讲法，即"基本的句法概念就是结构同一性的概念"①。这就是说，符号系统的主体性首先在于它的结构上的同一性，即由句法本身的形式规则决定了的相对独立性。由于应当把深层的语义分析看作是对真理的揭示，那么，科学符号的形式表述的结构同一性就比语义分析"更基本"。这主要表现在两个方面：其一，语义概念仅仅是潜在地预设了结构同一性的概念，而不具有直接的规定性，它们不是同一个层次的内容。其二，结构的同性概念并非根据语义概念所涉及的内容可定义的，它有其自身的符素内容。

事实上，承认了符号系统自身的主体性，正是为语义分析奠定了可分析的层面结构，奠定了深层语义所对应和赖以表征的形式系统。反之，否定了符号系统的主体性，就是否定了深层语义与句法形态之间的辩证

---

① Putnam H. Mind, Language and Reality. Cambridge：Cambridge University Press，1975.

关联，就易于导致机械的、庸俗的语义决定论。在这里，没有符号形式的自主，就没有实在内容的表征。

而且，科学符号的主体性同时表现为符号系统的自容性（self-contained）。这种自容性表明，我们可以在不依赖超语言符号的关联的情况下，判定把一个符号陈述归为可接受的或不可接受的、正常的或不正常的，即在不给定符号的语义"输入"的情况下来判定它存在的合理性。因此，符号语言的转换规则就具有了"形式立法"的功能。

科学符号的自主性还在于符号系统自身的句法规则与逻辑规则的同一性。从原则上讲，任何逻辑系统的形成规则都确定了所有可能的符号链，并可对与其相应的抽象符号语言进行句法的阐述。但是，这却说明：①任何一种具体的符号语言系统的句法规则虽与一般的形式逻辑（指现代数理逻辑）的形成规则具有形式和结构上的类似，但并不是等价的。因为，逻辑形成规则的演算与符号系统句法规则的转换具有各自不同的特征。②任何一种符号语言系统都从它自身特定的目的和应用范围确定了该系统中特定的句法规则，这些句法规则规定了该系统中特定的逻辑规则。③所以，在一个符号系统中，它的句法规则与逻辑规则是同一的；前者是后者存在的基础，后者是前者的功能表现，二者之间的辩证同一性决定了符号系统内在的推理和演算机制及其性质。

科学符号的自主性还鲜明地呈现为符号系统与数学方法的统一性。科学符号语言的建立为特定科学领域的定量化和形式化开辟了广阔的前景。因为，通过运用数学方法而使理论定量化，通过建立数学模型而使量化的符号由分散孤立的要素上升为有机的整体系统，由单纯的对应表征而形成复杂的逻辑结构，从而使理论的形式化成为现实。正是在这个意义上，乔姆斯基把符号语言模型看作是数学上的某种算法过程，即它由一套给定的初始符号元素，根据一定的算法规则，生成了这些符号元素的序列。从这一基点出发，科学符号的自主性在于：一方面，根据数学方法从一个确定的符号系统出发，分析它的符号结构、组成要素及相互关系，即找出一组句法规则来描述它，从而可以构建符号的分析模型。另一方面，根据数学方法从一组确定的句法规则出发，研究这一形式句法所生成的某一符号集合的性质,可以构建符号的综合模型,或生成模型。正是科学符号与数学方法的这种统一,为符号系统的形式构建和解释,从不同的方面提供了方法论的基础。正是在这个基础上,科学符号的无限的结构变换性(自组织能力),即对于无限的自然世界的结构的描述性或表征性,恰恰是在具体的、给定的有限符号元素中展示出来的,是以符号元素的有限性为其结构变换的无限性之存在前提的。

不难看出,我们强调科学符号的自主性,主要是为了强调它作为一种特殊的语言实体的内在科学性和客观性,从而为科学理论的构造、解释和运用提供方法论上的依据。在这里,任何导致形式主义和工具主义的倾向都是错误的。对此,我们应当记住马克思的名言:"无论是思想或语言都不能独立组成特殊的王国,它们只是现实生活的表现。"①

## 二、科学符号的语义分析

像任何语言符号一样,科学符号也同样是所指与能指的统一。这种统一不是外在的、直观的和经验的,而是内在的、具体的和本质的,因此,对于科学符号的意义的揭示,就不能依赖于感性的直接对应,而必须诉诸理性的语义分析。正是多层次的、具有因果关联结构的语义分析过程,在科学符号的能指(句法的形式系统)与所指(可观察测量的物理量和客观实在)之间建立了由此达彼的桥梁,形成了二者在科学解释中相互转化的中介,所以,从语义学的角度对科学符号进行具体的语义分析,是展示科学符号之意义的必由途径。正是在这个意义上,斯大林指出:"语义学是语言学的重要部分之一,词和语句的涵义在研究语言上有着重大的意义。因此,应当保证语义学在语言学中的地位。"②

一般地讲,由于科学符号的能指具有自身的自主性以及所指具有自

---

① 马克思,恩格斯.马克思恩格斯全集.中共中央马克思恩格斯列宁斯大林著作编译局译.第二卷.北京:人民出版社,2005:525.
② 斯大林.马克思主义和语言学问题//斯大林.斯大林文选.中共中央马克思恩格斯列宁斯大林著作编译局译.北京:人民出版社,1955:31.

身的实在性的特征，其二者均具有自身的形式和内容两个方面。这样一来，符号的意义就表现在如下四个层次的统一上（表1）。

表1　符号的意义

| 层次 | 意义 | 例子 |
| --- | --- | --- |
| 能指的形式 | 句法规则 | 洛仑兹变换 |
| 能指的内容 | 符素或非功能性内容 | $x, t, \sqrt{1-\dfrac{V^2}{C^2}}, =, +$ |
| 所指的形式 | 组织形态 | 分子，云室中的电子轨迹 |
| 所指的内容 | 实在客体 | $H_2O$，电子 |

由此可以看出，任何一种科学符号只要具有特定的所指，就必然具有相应的意义。而且，它的解释域或分析域的大小是由它所指的集合内在地规定了的。这种规定就是一种语义的规定。所以，对于科学符号的解释或语义分析，就是揭示其所指与能指之间显性的（可观察的）或隐性的（不可观察的）本质联系的过程。同时，对于科学符号的能指的意义解释或分析，不可能超越它所指的集合所确定的语义域。倘若超越了这一语义域，便是对这一符号系统自身的超越；这样一来，不是导致语义分析的歧义性或混乱性，就是导致整个符号系统（理论系统）的革命性的更替或转换。

科学符号的意义是由多层次的要素系统地给定的，"意义"的理论是一个系统的理论。所以，传统的那种关于语言符号之意义的单纯"外延决定论"或者"内涵决定论"都是不适当的。从系统的观点看，符号的意义既不仅仅是由外延所确定的，也不仅仅是由内涵所确定的，相反，而是意义决定了外延和内涵，外延和内涵的不同根本地在于意义的不同。任何一个符号，当它处于具体的应用时，便确定了它自身的外延和内涵。特别是在运用特定的符号系统去解决具体的科学难题时，它的潜在的、原则上普遍的意义便转化为现实的、具体的意义，并通过相应的外延与内涵的形式获得了表现。比如，$(x)(Px \supset Qx)$ 这一符号命题在解释电子的实在性（$Px$）与它在云室中所显现的轨迹（$Qx$）之间的因果关联时，这一命题的意义便决定了 $x$、$P$ 和 $Q$ 所具有的特定的外延与内涵。因此，符号的意义是一个"矢量",是能指的形式和能指的内容、所指的形式和所指的内容所构成的"一组语义分析的规则"。在这里,我们所要强调的是:其一,这一"矢量"的各个要素是符号意义的具体功能的显现;其二,语义分析规则的本质就在于体现了意义的系统性;其三,这一系统具有动态的立体网状结构,而不是静态的平面坐标。

符号的系统性告诉我们,任何科学符号都具有特定的科学功能(如物理的、化学的功能等),以及它的意义在具体时空中实现的问题。事实上,这是一个问题的两个方面,即功能性与实在性的统一问题。所以,从起源上或本体论的意义上讲,符号是对特定时空及其相互关联的表征。因此,在语义分析中,对科学符号做时空定位,正像法国著名的数学-语言学家勒内·托姆指出的那样,"乃是首先需要我们考虑的因素之一",是科学语义分析的根本目标。例如,在物理学中对"e"(电子符号)的语义分析,就是要说明电子在原子内的结构功能及其在特定时空点上出现的几率。这深刻地说明,在科学理论中,科学符号的语义总是与表示空间位置的形式化表征联系在一起的。因此,对符号的"语义空间",即"属性空间"或"语义场"的深层分析,不仅仅有助于对符号的句法的阐述,而且有利于语义的澄清和确定。语义空间的逻辑地位可以直观地表述为图1。

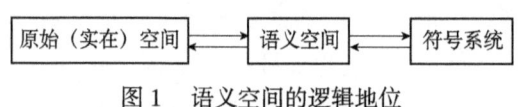

图1 语义空间的逻辑地位

可见,语义分析的过程,或者理解语义空间的途径,就是分析每个语义空间将自身"分析"为一层层低空间的具体过程,从而在原始(实在)空间与符号语言之间构设一个相互转化的中介环节。从本质上讲,通过语义分析而对科学符号进行空间定位的方式,是摆脱和批判一切工具主义和形式主义因在逻辑上节节后退而最终消除语义的困境的真正出路,是在科学解释上坚持科学唯物主义的合理途径。

对科学符号进行语义分析的深刻的哲学意义就在于:一方面,当科学理性的发展摆脱了自然原始形态的"独裁统治"之后,科学理性的空间也就成了现代数学的公开框架。于是，数学的空间平移群作用于语义空间，借助于科学符号语言就能描述（时间和空间上）离得很远的一个客观过程，从而将人从"此时此地"的王国束缚中解放出来，使人类在科学的抽象形态上精确地、系统地、本质地把握原始微观自然态的运动及其特征成为可能。另一方面，依据符号系统的句法规则，科学理性从整体上重建空间概念，以及依据语义分析的规则，对这些符号给予合理的空间定位，是一个辩证统一的过程。这个统一过程从科学方法论的层次上展现和证明了哲学辩证方法的合理性和普遍性。

### 三、科学符号与信息

按照皮尔士的经典分类，在人类的认识活动中，所有作为信息载体的记号可分为以下三种类型：①图像（icon）：即用图形表示的记号，它们在不同程度上与原事物相似。②标引（index）：即与其所代表的对象具有某种特定的因果关联或者是其赖以存在的事物，如"烟"就是"火"的标引。③符号（symbol）：可任指一种形式，它与所指事物是在特定的时空界限内根据有效的社会约定而被规定的，如一个语词或一个算符等。随着认识过程越来越朝向宇观和微观世界的发展，特别是越来越朝向不可观察的可能世界的发展，科学认识的结构不断呈现出由绝对向相对、由外在向内在、由直观向抽象、由本体论向方法论的转变趋势。

在这一过程中，科学符号作为一种特殊的信息载体便具有了更加突出的地位和功能。

从本质上讲，信息是物质的一种存在形式，它以物质的属性或运动状态为内容，并借助特定的载体获得传输和存储。这就决定了科学符号作为一种特殊的携带信息的载体所具有的深刻意义及其客观性。然而，由于人们将直接观察信息源物质所获得的信息称为"直接信息"，而科学符号是通过对客体对象所进行的经验描述和陈述所获得的信息，因此，是一种"间接信息"。科学符号作为这样一种间接的、抽象的信息载体，它内在地、不可分割地与观察者（即符号信息的接受者）密切相关，从而使符号信息产生了全新的性质（不同于直接信息或自然信息的性质），并形成了相应的层次结构：语法信息、语义信息和语用信息。

语法信息回答的是：对象事物的运动状态是什么？——一种描述。

语义信息回答的是：这种运动状态的意义是什么？——一种分析。

语用信息回答的是：具有如此意义的运动状态对观察者（接受者）具有什么样的价值或者什么样的效果？——一种功用。

从本体论的意义上讲，语法信息是基本的，具有客观的本性。语义信息则既具有客观性的一面，即对象事物运动状态自身的实际意义是客观的，又具有主观性的一面，即具有不同背景知识或科学范式的观察者（接受者）可给出不同的语义解释。而语用信息则对具有不同价值观的观察者（接受者）具有不同的价值和功用。因此，这就决定了符号信息要素所具有的多样性、多变性和结构的复杂性、系统性。

任何有意义的科学符号，都携带着有特定的语义或意义的信息。但是，由于"信息是因果关系的一种伪装起来的形态"①，所以，符号之所以携带信息，是与对符号进行因果指称关系的语义分析密切相关的。换句话说，任何一个符号系统都需要具有自身的系统目标，而任一特定的系统目标都必然与它的意义相关，或者说与它作为一个特定信息集合的载体相关。因为它的系统目标，就是要给出一组有意义的信息。正是在这个意义上，倘若一个符号系统连自身的目标都不能够确定，它就不可能构成一个可接受的、合理的科学理论体系。

我们首先需要注意的是，符号系统的句法规则是一种产生符号序列的"信息处理装置"，由它生成的所有句子的集合，构成了特定的信息系统。所以，符素通过句法规则的信息处理，使符号语句成了携带各种不同信息的载体，而整个符号系统成了一个多层次的、纵横交错的信息网络。当通过对符号形式的深层语义分析而给这个网络系统输入各种不同的语义信息后，它便由静态变为动态，成为接受、存储、处理、传输、发送各种不同信息的"语义耗散结构"，一个生动的、丰富的语义信息

---

① 勒内·托姆. 空变论: 思想和应用. 周仲良译. 上海: 上海译文出版社, 1988: 372.

结构。所以，句法结构是它的静态的组织结构，语义分析是它的动态的组织结构，二者的统一构成了对特定信息域的处理功能。对此，可以如图2所示。

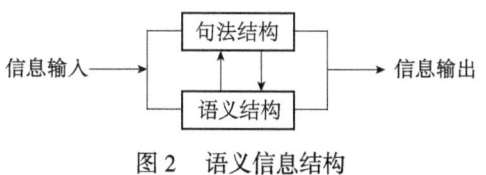

图2　语义信息结构

不过，一个科学符号系统所具有的信息量与它所具有的意义并不是完全等价的。"意义"并不决定于"信息量"的大小，而等量的信息也并非具有同样的意义。从性质上讲，信息量的测定主要是个具体的科学问题，而信息的意义分析则主要是个哲学问题。这是两个既具有区别，而又具有不可分割的内在关联的方面，都对科学符号的解释和分析具有重要的启迪意义。

而且，符号的语义信息不仅与特定科学范式内的约定相关，并且与特定上下文的逻辑关联或语境相关。但在任何一种情况下，给出符号的语义信息都最终取决于对它的空间定位，这种空间定位表现在它的内在的逻辑定位与外在的实体定位之间的统一。探索和发现这种统一，就是确定和揭示符号的信息源的过程。另外，探索和发现这种统一，同时是确定和揭示符号所携带的信息的内容及其性质的过程。在这里，确定符号语义信息的客观性及其意义是同一的。

另外，符号信息的价值是相对的，它对于不同的使用者和接受者来说，其效用是相对的。因此，符号所携带的有效信息是一种相对信息。从量的方面讲，这种相对性表现为功用的大小；从质的方面讲，它表现为意义上的区别。比如，隐变量理论和量子力学的形式体系所给出的语义信息对于爱因斯坦、玻尔、范·纽曼、玻姆等人就具有各自不同的价值和意义。这也从一个侧面告诉我们，在科学史上，许多重大的理论争论均导源于对特定符号系统的语义信息的歧义诠释。所以，对科学符号信息的价值给出科学的解释和分析，从而避免将有效信息的相对性绝对化，将是科学研究中一项非常重要的工作。

符号信息的相对性还表明，在一个具体的、给定的科学认识过程中，符号、信息和接受者形成了一个有机的三位一体的整合结构。在这个结构中，离开了符号就丧失了信息的载体，就失去了信息与其接受者之间的中介环节和通道，离开了接受者，符号及其所携信息的存在就是无价值的；而离开了信息，就摆脱了它对于特定符号系统的"约束"作用，符号系统作为一个信息集合体就丧失了意义。因此，这种整体性要求我们不能将符号信息简单地归结为所指内容，从而将"附属"于信息概念的科学目的性和对特定符号的语义分析过程抛开，而导致素朴实在论的机械决定论。所以，任何一个要素的丧失，都将使科学认识过程中断，都将破坏理论解释和评价的整体性。只有在这个系统中，它们才能找到各得其所的逻辑地位和功能。正是在这个意义上，这种整体性是科学符号作为一个信息系统在其组织程度和有序程度方面的一个量度标志。

总而言之，对于科学符号的意义的研究，是一个重要而又深远的课题。正像伟大的物理学家赫兹生动而又形象地指出的那样，当我们在以数学的公理化方法而展开的科学符号系统面前，"我们无法避开一种感觉，即这些数学公式自有其独立的存在，自有其智慧；它们比我们还要聪明，甚至比发明它们的人还要聪明，我们从它们得到的，实比原来装进去的多"①。

---

① 丹齐克 T. 数：科学的语言. 苏仲湘译. 北京：商务印书馆，1984：64.

# 历史语义分析方法在科学史研究中的重要作用<sup>*</sup>

科学史作为整个人类文明和科学理性进步的历史，并不是单纯的发明和发现的记录，它同时伴随着科学概念和历史范畴的不断引入和更迭，伴随着科学语言的不断进化和完善。因此，如何以准确的、合理的、科学的语言来描述、说明、解释和评价科学活动及其理论的产生和发展、完善和革命、价值和意义，便成为科学史研究的一个核心内容。正是在这个意义上，历史语义分析方法的确立便成为科学史研究的元理论之一，成为科学史之所以为一门相对独立学科的必要条件之一。特别是伴随着科学越来越远离经验的发展，伴随着科学史研究对象的日益抽象化、多样化和复杂化，历史语义分析方法已愈来愈显示出了它在科学史研究中的重要性。

我们必须指出的是，在19世纪马克思主义哲学的创立过程中，语言学的发展还处于"历史比较语言学"的阶段，因此，语义学和语义哲学

---

\* 本文发表于《科学技术与辩证法》1990年第4期，作者邢润川、郭贵春。

还没有作为相对独立的、明确的研究分支在语言学和哲学中出现。所以，在马克思主义的经典论著中并没有关于语义哲学的专门论述。然而，语义分析方法作为一种普遍的哲学解释方法，却在马克思主义的哲学理论中获得了十分具体的和卓有成效的运用。

事实上，唯物主义者费尔巴哈就意识到了，人在思维中把形容词和名词、特性和本质、哲学语言的浅层意思和深层意思区别开来，是一种进行哲学解释的语义分析方法。正是在唯心主义的基础上利用这种语义分析的方法，黑格尔才将"超自然的存在变成物理的存在，把主观的存在变成客观的存在，把逻辑的或抽象的存在亦变成非逻辑的、真实的存在"①。而马克思主义对黑格尔辩证法的唯心主义实质的批判和颠倒，一个重要的"批判的武器"就是从语义分析上对辩证法进行唯物主义的重解。所以，在列宁看来，伴随着辩证唯物主义的产生，语义分析方法就已经成为马克思和恩格斯"揭发、理解、拯救、解脱、清洗"黑格尔主义的"抽象性和晦涩性"的"批判的武器"，并作为一种有力的哲学解释方法内在地融于辩证唯物主义的阐述中了。在这些阐述中，辩证唯物主义的语义分析原则就在于：①语义分析方法的本质就是揭示概念实体的客观性；②语义分析方法的基础是实践真理观；③语义分析方法是语言的表层逻辑形式与深层语义规定性之间的统一；④语义分析方法是历史，逻辑和认识论的统一。

因而，我们以马克思主义的语义分析原则为指导，充分认识确立历史语义分析方法的必要性，具体地、系统地研究历史语义分析方法的内容和实质，批判和清除现代西方科学史学潮流在科学史学研究中的某些错误影响，将对于马克思主义科学史的发展具有重要的方法论意义。

## 一、运用历史语义分析方法的必要性

在马克思主义看来，"自然科学越来越变成历史的科学"②。而且，自

---

① 列宁.哲学笔记.中共中央马克思恩格斯列宁斯大林著作编译局译.北京：人民出版社，1974：74.
② 马克思，恩格斯.马克思恩格斯全集.第16卷.中共中央马克思恩格斯列宁斯大林著作编译局译.北京：人民出版社，1964：244.

然科学发展的"现实的历史是意识所追随的基础、根据和存在"①。所以，整个自然科学史作为确定的"历史实在"构成了对其进行哲学解释的语义分析的对象。在这个问题上，我们把辩证唯物主义的语义分析原则与现代语义学的合理成果结合起来，合理地、科学地、辩证地从语义分析的方法论角度去说明、解释、阐述和评价科学进步的历史，将对科学史的深入研究及其理性重建是必要的。

历史语义分析的方法论本质就在于它将对于科学史的描述语言、科学史理论的解释及其逻辑结构、科学史理论的历史转换及其比较规则、历史结论的客观性和真理性等，一句话，对于科学史的发展规律及其特征，从语义分析的视角给出特定的、多样的规定性，从而从语义分析的历史的相关性和一致性上逻辑地再现科学史发展的具体性和丰富性。所以，脱离了科学史的"历史实在"，历史语义分析将是空洞的；而缺乏历史的语义分析，科学史的理性重建将是虚无的。二者之间的这种内存的一致性，充分显示了在科学史研究中运用历史语义分析方法的必要性。

具体地讲，这种具体性体现在以下几方面。

第一，历史的语义分析是保证科学概念和历史范畴精确性的前提。在某种意义上讲，任何科学的发展史，都是特定的基本科学概念（如时间、空间、运动等）及其相应的历史范畴（如理论、阶段、范式、革命等）的发展史；对科学发展的历史解释，就是对这些基本概念和范畴的物理意义、表征关联及语义内涵的演化、变革、深入、扩张的历史的诠释过程。因此，保证这些概念和范畴在诠释中的精确性，是科学史研究的重要基础。

某些科学概念和历史范畴在科学史的发展中所具有的意义的多义性，往往使得不同的解释者从各自不同的背景信仰和背景知识出发，在各自不同的时空条件下，根据自己的目的性去解释这些概念和范畴，从而突破了特定语义限定的约束，造成了概念和范畴的歧义性。事实上，科学史上许多重大的争论（如关于"以太"的争论、波动说与粒子说的争论、

---

① 列宁.哲学笔记.中共中央马克思恩格斯列宁斯大林著作编译局译.北京：人民出版社，1974：292.

爱因斯坦和玻尔的争论等）都涉及了对基本概念诠释的歧义性问题；现代科学史领域中不同流派之间的分歧（如历史主义与逻辑经验主义的分歧）也涉及了对基本的科学史范畴解释的歧义性问题。

这深刻地表明，一方面，导源于不同的语义分析而产生的基本概念和范畴诠释中的歧义性，也必须在科学史的理论解释中，或者说在科学史的理性重建中，给予语义上的分析、澄清和阐述；另一方面，必须对基本的科学概念和历史范畴给出明确的、清晰的、合理的语义规定，从而保证它们的精确性。在这个意义上讲，一个概念或范畴的精确意义就是"一组语义分析的规则"①。可见，科学史解释中的语义难题，也必须用历史语义分析的方法来解决，否则，我们将无法把握、研究和说明这些概念和范畴作为科学理性之网上的纽结的历史地位、功能和意义。比如，对"力"这一概念的解释，在亚里士多德的冲力论、牛顿的经典力学、爱因斯坦的相对论和量子力学中，就具有其不同的地位、功能和意义。

第二，历史的语义分析是确立历史诠释的逻辑一致性的必要条件。在复杂和浩繁的历史事实、理论、事件，以及不同时间、空间和社会条件中，进行清晰的、有条不紊的分析和解释，从而推论出有说服力的、极具历史感的结论来，这不仅仅需要科学史理论具有表达上的概念准确、句法规范等形式逻辑结构上的一致性，更重要的是，它需要在对历史结论的推理中具有语义逻辑结构的一致性，从而保证科学史发展的规律和特征所具有的科学性及真理性。

倘若丧失了这种历史诠释在语义分析上的逻辑一致，那么整个科学史理论的构建，就将会在事实与概念、范畴与规律、部分与整体、前提与结论之间出现语义上的断裂或跳跃，导致科学史理论整体框架内各个子系统和要素之间的分离性和"意义"的不协调性，使人们感到它们之间存在的是一种断言式的抽象过渡，而不是具体、生动的历史的必然联结。库恩所主张的科学"范式"之间的"格式塔转换"，其弊病之一便是抹杀了科学"范式"之间在历史语义分析上的逻辑一致性。

---

① Putnam H. Mind, Language, and Reality. Cambridge: Cambridge University Press, 1975: 271.

任何科学史理论都是特定语义逻辑的展开和运用，都是在逻辑的演进中使自身得到阐发和说明的。丧失了严密的语义结构的逻辑一致性就丧失了科学史理论的生命，而一个史学理论的系统的逻辑力量则是令人折服的内在力量。所以，严密的语义分析的逻辑性表现并强化科学史理论的整体性，强化它在竞争理论中的可接受性，因而，它也就必然成为评价科学史理论的真理性的一个重要标准。正是在历史的语义分析方法是要通过语义逻辑的一致性来保证它所具有的真理性条件这一点上讲，它证明了真理的概念是语义分析的核心。比如，在化学史中，能对燃素论、氧燃烧理论和原子论给出逻辑一致的理论解释，是保证化学理论发展的真理性条件。

第三，历史的语义分析是对相继理论与不同科学发展阶段之间内在联结进行解释的中介桥梁。任何科学史理论的描述语言，都应是共时描述与历史描述的统一，无论强调任何一个方面都是片面的。因为，任何一种历史的理论实体均不是人们的一种简单的理性约定，它是与人们对历史实存的认识的发展过程密切相关的。在对历史实在的共时描述中，潜在地包含着对历史实在的历时描述。共时描述是历时描述的阶段表现，历时描述是共时描述的历史集合，它们之间的区别是相对的、有条件的，而不是绝对的、无条件的。

正是在这种内在的语义逻辑的一致性基础上，历史的语义分析使得相继科学理论之间的更替、不同科学发展阶段之间的演变成为可理解的和相关的，从而在连续性和间断性、继承性和革命性、暂时性和持久性之间构成了相互过渡和转化的中介及桥梁，在科学史理论中描述和揭示了历史发展的整体图景。换句话说，一个科学史理论正是通过运用适当的历史语义的相互联结和转换规则，而表征和解释了相继理论与不同发展阶段之间的辩证关系。所以，历史实在恰恰是在一个整体的、综合的历史语义图景中获得了历史的再现。逻辑经验主义片面强调历时的、连续的历史描述，而历史主义片面强调共时的、非连续的历史描述，都歪曲了历史语义的整体性，从而不可避免地导致了科学史理论解释的绝对主义和相对主义的错误。

所以，在新旧理论（如经典力与量子力学）之间、前后历史阶段（如近代和现代科学发展阶段）之间的历史诠释中，都包含着语义分析上的分离性和相容相，都存在着对科学语言（如经典力学语言和量予力学语言）在语义上的重解和重构。在这里，语义上的合理选择也同样构成了历史评价的一个不可或缺的标准，从而在科学史的总体发展中，推动了历史语义图景的深化。历史语义分析作为一个科学史理论评价的合理性标准，正像瓦托夫斯基说得那样："合理性标准的历史发展必须看作是历史的，并且是总的选择中的一种选择。这种选择的种种原因是严肃的、历史的。"①

第四，历史的语义分析是各种科学史研究方法之间相互渗透和融合的潜在杠杆。当人们根据不同的背景信仰和知识，从不同的视角和侧面，去进行科学史的深入研究时，便产生了方法论上的丰富性和多样性。比如，归纳与演绎、统计与解释、结构与系统、直觉与证明、定性与定量、抽象与具体方法等，它们都在方法论的不同趋向和不同层次的结合上，显示了科学史研究方法的总体性和系统性。

然而，科学史研究在方法论上的总体性和系统性不是抽象的，而是具体地体现在各种方法之间的相互渗透与结合中。而这种相互渗透与结合是通过历史语义分析的潜在杠杆而获得实现的。这就在于：①由于任何方法及其功能都是通过科学史理论的描述语言而形式地外在化的，所以，任何科学史研究方法都始终潜在地贯穿着语义分析的方法。这些方法的逻辑的展开过程，都与历史语义的具体分析过程相关联。而且，本质地讲，不同研究方法之间的区别，就是各具特征的语义分析系统之间的区别。②语义分析使得各种科学史研究方法在其展开过程中，保证了对科学史基本范畴的解释在语义上的同一性和一致性，使它们对应和表征着共同的历史实在，从而无论是以任何一种或多种方法去研究科学史，都保证了科学史理论在总体意义上的客观性和无矛盾性，从而避免了主观主义的历史观。③语义分析构成了各种研究方法在总体理论中相互结

---

① 瓦托夫斯基.科学思想的概念基础——科学哲学导论.北京：求实出版社，1982.

合和转换的语义通道,在不存在形式化的逻辑关联的地方架起了由此达彼的语义桥梁,从科学史理论语言的深层结构的本质上填补了逻辑形式上断裂的沟壑,从而使得各种不同的研究方法均在总体史学理论中获得了它们各得其所的形式、地位和功能,形成了有机的方法论系统。总之,语义分析成为科学史理论构造或重建的方法论系统中的"横断方法",它在语义上的纵横联网功能,是科学史理论的血管和神经。比如,一部宏大的科学通史之所以能构成一个完整的理论系统,其原因之一就在于它内在地运用了这种方法,而无论人们是否意识到这一点。正是在这个意义上,普特南说得对:"语义分析的本质并不是一个语言分析的问题,而是一个科学理论的构造问题。"①

## 二、确立历史语义分析理论的几个问题

从马克思主义的语义分析原则以及应用历史语义分析方法的必要性可以看出,历史的语义分析作为科学史理论研究的一种横断方法,虽然具有自身的相对独立性,但它绝不是抽象地、纯粹地存在着的。也就是说,在哲学的基本立场上,从来不存在中性的语义分析方法,它始终具有强烈的哲学背景。因为,历史语义分析方法的运用和实现,都必然地需要特定认识论的保证形式,都不可避免地要渗透着某种哲学的立场和观点,都自然地与相应哲学的方法论融合在一起。而且,也正是由于语义分析方法总是在特定哲学的背景上去实现自己的价值和意义,从而使它的功能获得了特定认识论趋向上的强化。

从这个意义上讲,以辩证唯物主义的语义分析原则为指导,确立马克思主义的历史语义分析理论,对于科学史学的研究就具有非常重要的意义了。这就在于:一方面,它是对辩证唯物主义语义分析原则作为一种方法论的丰富、扩展和具体化,使辩证唯物主义的基本原则与科学史学研究在方法论的意义上获得内在的一致和统一;另一方面,它可成为

---

① Putnam H. Mind, Language, and Reality. Cambridge: Cambridge University Press, 1975: 141.

辩证地汲取现代西方科学史学流派中的合理的方法论因素，有效地批判其唯心主义、形式主义和经验主义等反马克思主义哲学立场的合理途径与方式。从而，使我们站在人类科学理性与科学知识发展的高度，以马克思主义的原则为标准，来审视和评价科学史学研究的发展趋向和特征，使我们的科学史学研究在这样一个深入而又宏阔的背景下获得更充分的发展。

在我们看来，确立以马克思主义基本原则为指导的历史语义分析理论，需要注意研究以下几个问题。

其一，应当把历史语义分析理论的确立看作是科学史研究的一项具有战略意义的目标，并从这个基点出发，清算各种非马克思主义的语义学观点的缺陷、褊狭和错误，以及它们在在科学史学研究中的影响。从总体上看，这就在于排除传统的以"性质分析"为核心的语义理论，避免把概念或范畴的意义仅仅看作是由指定的各种特性的合取而给定的那种机械性和简单性；批判认为一个陈述语句的意义就在于它的可证实性方法的逻辑实证主义的语义观点，把语义分析从逻辑形式主义中拯救出来；批评奎因的"整体主义"的意义观以及他对于语义分析方法的悲观主义态度，而不仅仅局限在经验主义的基础上来把握"意义"的意义；反对塔尔斯基关于真理性论断不能与实在相对应的纯语言学的形式化观点，坚持理论陈述与"超"语言事实相对应的唯物主义立场。从而，批判在科学史研究领域中以逻辑经验主义和波普尔为代表的历史语义分析的"预设主义"，以库恩为代表的历史语义分析的"相对主义"，以费耶阿本德为代表的历史语义分析的"多元主义"或"无政府主义"，以苏丹为代表的历史语义分析的否定真理的"进步主义"等，使历史语义分析理论成为科学史学研究领域中具有辩证唯物主义指导趋向的元理论。

其二，必须确立系统的科学史学研究的指称理论。由于指称论是一切语义分析学的核心理论，所以确立辩证唯物主义的历史语义分析的指称理论是一项非常重要的基础工作。以马克思主义的语义分析的观点看来，指称的本质就是概念和范畴与客观历史实在之间的辩证联结。这就在于：一方面，由于历史实在本身的动态发展，试图寻找科学概念和历史范畴与客观历史实在对象之间的始终不变的逻辑和语义关联是机械的和教条的；另一方面，试图仅仅通过科学史理论自身的"语族"繁衍或扩张去把握和覆盖指称的历史语义内涵，将歪曲科学概念和历史范畴与历史实在之间的一致性。事实上，特定指称所表征的概念与历史实在的本质联系，在不同的理论、不同的陈述以及不同的语境中，是具体地、生动地而不是抽象地存在着的。因此，指称既不是"概念与历史实在"之间的抽象关系，也不是"概念与逻辑规则"之间的句法关系，更不是"概念与使用"之间的操作关系，而是"概念与历史实在"之间的具体关系。

我们必须注意到，概念与历史实在之间的这种具体的指称关联，并不是直接地、机械地对应着的。因为，科学史理论陈述的表层的句法结构与其语义的深层结构之间的相互关联是一个动态的转换过程，即"语义上升"和"语义下降"之间的辩证运动过程。这一过程不仅包含着表层句法结构与深层语义结构之间的转换，而且包含着"显性"深层结构（经验的、可观察的）与"隐性"深层结构（内在的、不可观察的）之间的转换。因此，指称概念在本质上蕴含着这一复杂的多层次的立体网状结构的语义系统。历史语义分析的指称理论的目的，就是要把握这一本质的语义结构，从而使科学史学的研究能够在准确的、系统的、辩证的"语义域"中进行合理的理性重构。在马克思的《资本论》中，对于"价值"的指称意义的系统分析，就是我们学习的楷模。

其三，注意把握历史语义分析理论的宗旨，就是要从语义的整体性上，对科学史的波澜壮阔的发展给出一幅辩证的"意义"图景，从而揭示科学史进程的逻辑性和规律性。它要求一个合理的科学史理论，必须具有"参照的统一性"，使所有历史概念和范畴具有共同的"参照集"；必须具有"语义的类似性"（homogeneous），保证所有历史概念和范畴具有同一"语族"的理论属性；必须具有相对的"语义的封闭性"，以使特定科学史理论的总体特征发生于决定它所产生和存在的这一理论的界定之内；必须具有"概念的相关性"，从而给出所有概念在特定科学史理论中所具有的逻辑规定性，使得逻辑的形式推演与语义的本质联系获得协调和一致。① 历史语义分析的这种整体性要求表明：①任何科学史理论都是一个具有特定系统目标的语义整体。虽然每一个语义要素（概念或范畴）都有它特殊的规定性，对于整个语义系统起着各自不同的功能和作用，但是各个要素的质服从于整体的语义目标（揭示历史实在运动和发展的本质规律），表现为实现整体语义系统目标的手段和途径。比如，在化学史中，对于每一事件的描述都是为了表现化学历史的辩证运动。②任何一个给定的理论陈述，都只有在这个语义整体中才能确定它的真值，才能给出它所有的真理性条件和意义。换句话说，一个科学史理论的陈述是真的，仅当它在这个历史语义整体中是真的，并由此描述和表征了特定历史实在之间的本质联系。比如，"数学革命"这一陈述，只有在非欧几何取代欧氏几何的过程中，才具有特定的意义。③任何一个有关科学史的论点或主张，都只有在这个语义系统内的相互关联中，才能作为特定历史推理的结论产生、展开和表现出来。所以，每个论点或主张都必须放在这个语义系统中，以其内在的逻辑关联和推论去考察，才能作出合理的解释，并确定它在整个科学史理性重建中的逻辑地位。比如，科学的"内史"和"外史"必须统一起来的观点，只有在辩证的史学图景中才能真正地表现出来。总之，脱离开科学史理论的整体语义系统及其目标的规定性，去孤立地分析和比较各种不同的历史概念、历史陈述和历史观点，都是片面的，都背离了辩证唯物主义的语义分析原则。

其四，充分认识和确立历史语义分析理论的意义，就是为科学史的理性重构提供一个有效的方法论框架，从而为科学史理论的选择和评价提供一个合理的方法论标准。任何一个系统的科学史理论，都潜在地是一组科学史研究的方法论；而任何一组科学史研究的方法论，都必然表现为一个具体而又丰富的科学史理论。历史的语义分析就是要从理论与方法论的同一性上，去揭示它作为一种选择和评价标准的方法论特征。这些特征主要表现在：①对科学史理论的选择和评价标准应当是理性与非理性因素的统一。由于科学的发展和进步是理性与非理性因素共同作

---

① Bunge M. Method, Model and Matter. Berlin: Springer, 1973: 243-246.

用和制约的结果,所以,科学史理论的一个非常重要的方法论支点,就是要从语义上探索理性与非理性因素内在地相互渗透、相互补充、相互融合的结合点。丧失了这一结合点的语义分析,就容易现象地割裂二者之间的辩证关系,导致片面的理性主义或非理性主义的史学观。②对科学史理论的选择和评价标准应当是表层的句法逻辑与深层的语义结构的统一。由于一个适当的科学史理论的真理性条件,是由表层句法逻辑的严密性和深层语义结构的实在性之间的合取而给定的,所以,一个科学史理论的合理性,不仅仅在于它的句法描述的逻辑性,而且还在于它的内在语义关联的结构性;不仅仅在于它的形式上的逻辑推论,而且还在于它的本质上的语义揭示。因此,只有这二者统一,才能避免只追求形式系统完备性的"逻辑主义"和只诉诸抽象断言的"本质主义"。③对科学史理论的选择和评价标准应当是动态与静态的统一。由于科学史是在动态的运动中显示其存在的相对稳定性的,所以,科学史理论必须研究它的过程性,从它产生和发展的进程中去揭示它的历史语义渊源;必须考察它的层次性,确定某一理论或某一历史时期在整个科学史中的特定地位以及与其他理论或阶段之间在语义上的相关程度;必须揭示它的内在矛盾性,说明它为什么和如何以某种方式或规律存在和发展的语义特征。只有这样,才能合理地批判历史语义分析中的"绝对主义"和"相对主义"的错误。

# 逻辑方法的意义[*]

在现代科学的认识过程中,除了传统的归纳逻辑方法之外,逻辑方法至少还应包括如下形态。

(1)基本逻辑。①标准逻辑:命题逻辑和谓词逻辑;②非标准逻辑:模态逻辑、多值逻辑、弗晰逻辑、直觉逻辑、相干逻辑。

(2)元逻辑。逻辑语形学、逻辑语义学、逻辑语用学。

(3)数学逻辑。集合论、证明论、递归论、模型论。

(4)应用逻辑。认知逻辑、实践(操作)逻辑、物理学应用逻辑(时态、空间、信息、控制、量子逻辑)等。

现代逻辑方法无论是在广度上还是深度上,都拓展了传统逻辑的范围、形态和功能。它运用现代逻辑的概念工具、形式化手段和推理方法,在科学理论的构造和解释评价、科学实验和测量的规划设计、科学研究的具体实践(操作)过程中,获得了充分的运用和实现,以一条逻辑的

---

[*] 本文发表于《东岳论丛》1990年第5期,作者郭贵春。

主动脉存在和渗透于整个科学认识的全过程。

## 一、逻辑方法的具体结构总是与特定的理论背景密切相关的

从本质上讲，一方面，逻辑方法是以其最抽象的形态，以一种纯粹的形式规则或结构而存在的；另一方面，它又具有最广阔、最普遍、最深刻的逻辑语义空间，可以在任何理论的、拟经验的和经验的层次中对它进行具体的空间定位，从而赋予它特定的语义结构。所以，逻辑方法的运用过程就是它的形式结构与语义结构的统一过程，就是对它的逻辑语义空间进行具体的语义定位的过程，即通过语义分析的手段，最终达到逻辑的形式结构与实在的客观结构之间的一致。正是在这个意义上，逻辑方法通过语义分析的手段，使理论与操作、理论与经验、理论与实在之间的潜在的抽象关联转换为具体的现实关联。

然而，逻辑方法的运用一旦涉及语义分析，就不可避免地决定了逻辑方法绝不可能是"中性的不偏不倚"的工具，而成为服务于实现特定科学认识目的的手段。因为，逻辑方法自身的存在虽然是抽象的，但逻辑方法的应用却是具体的，与求解特定的理论难题相关。所以，它总是与特定的理论背景结合在一起，在语义分析的过程中，使逻辑方法的展开受到特定背景理论框架和背景信仰的"污染"和"支配"，受到特定操作设计的"约束"。

这也就是说，背景理论的整体"意义"决定了特定逻辑方法的效用和功能。抽象的逻辑方法的存在是"无意义的"，它只能在某种理论的"引导"和"约束"下应用和展开时，才具有它自身特定的"意义"。所以，在不同的具体应用中，同一逻辑方法具有不同的"意义"。所以，没有"意义"的逻辑方法是空洞的，而不诉诸逻辑方法的理论的"意义"又是不能实现的。正因为这样，在对同一难题的求解中，不同的操作者赋予逻辑空间的语义内容不同，赋予逻辑变元的理论实体不同，赋予逻辑方法的操作程序和操行对象不同，因此，得出的研究结果也可能是不同的。比如，在决定论和非决定论的背景理论指导下，对于逻辑方法的

不同应用,导致了爱因斯坦与玻尔对量子理论的不同诠释。所以,科学哲学家汉森指出:"当我说一种有意义的理论 T 决定了一种语言 L 的逻辑时,我是意味着:①对于 L 来说,基本的逻辑概念(如逻辑真理、逻辑结论)是在 T 中可重现的;②这些概念运用的所有问题只是在 T 的基础上才是可回答的。"①

因此,逻辑方法在具体的科学研究过程中,它自身的结构已超越了它那种"自主的"纯粹状态,在理论背景的约束下,决定了它可能携带的信息量的大小、性质和范围,决定了它的特定的价值趋向,从而成为完成和实现特定理论价值趋向的工具、手段或途径。

## 二、逻辑方法的展开是对真理性条件的逻辑预设

逻辑方法的本质特征之一,就在于它预设了一种理论陈述的规则或具体测量结果的真理性条件。逻辑方法的实际应用,就在于它揭示了这种真理性条件的合理性和适当性。事实上,逻辑方法的这种预设性是在真理性条件和真理性之间,从形式的或实际的操作意义上构造了一条由此达彼的桥梁,从而使得逻辑真理由"预设"变为"现实"。

所以,逻辑的展开并不等于真理,而是一种真理性条件,它与真理的关系是一种方法与其结果之间的关系。它通过赋予理论、假设和实验结果以这种条件,从而使它们具有了成为真理的可能。所以,逻辑方法所给出的这种条件性仅仅是一种实现真理的可能性,而不等于真理。这种可能性最终还必须受到科学实践的"审判",才能由可能变为现实。因此,这种条件的可能性与真理的必然性之间并不是等同的;倘若将这二者等同起来,将导致逻辑主义的"绝对主义"或"预设主义"的错误。

但是,我们反对绝对化的"预设主义",并不是要否认科学认识过程中的逻辑预设。正像鲍亨斯基说的那样,逻辑方法构成了科学的必不可少的框架,科学总是必须预设逻辑。在这里,预设是逻辑方法的一种本

---

① Hanson W H. Two kinds of deviance. History and Philosophy of Logic,1989,(1):19.

性，是它得以展开的基础。所以，在科学的认识过程中，预设是"无法消除的"。在理论的层次上，逻辑方法赋予理论以形式化的条件，在拟经验的层次上，逻辑方法赋予设计计划以可操作性的条件；在经验层次上，逻辑方法赋予实验结果以实际的规范性测量条件。所以，逻辑方法的这种预设，在理论结构中是完美的，在拟经验结构中是和谐的，在经验结构中是生动的。这种预设的逻辑结构是不可以任意地加以"违背"或"破坏"的，因为对它的"违背"或"破坏"就是对特定真理性条件的"违背"或"破坏"，将导致混乱、无序和产生谬误。因此，这种预设表现了逻辑方法在给定真理性条件时所具有的一种"刚性"结构。但是，这种预设是相对的、有条件的，即这种预设是与求解特定科学难题相关的，并不具有任何绝对的意义。当它与特定难题的求解的内在要求或规律性相悖时，就会被修正、转换或者被新的、可行的逻辑预设而取代。

另外，从本质上讲，逻辑方法的演算、推理或实际操作过程，是一种真理性条件的构设过程，不过，这种条件性往往不是直接地给出的，而是间接地、通过一系列逻辑规则和条件的相关链条而沟通了前提与结果之间的内在联结。所以，逻辑方法在给出真理性条件时，具有它内在的过程性。逻辑方法的力量或魅力，恰恰在于它能够在感觉的意义上不相关的算符、要素、事件、特征和状态之间，构筑起某种可能的由此达彼的中介联结，并为这种关联性的实现创造条件。

## 三、逻辑方法的运用就是要揭示特定研究对象之间内在的因果关系

现代逻辑方法不同于其他科学研究方法的特征之一，就在于它可从不同的视角、不同的形式和不同的层次上，去描述、表征和探究要素与要素之间、要素与系统之间、预设与结果之间、目的性与行为之间、偶然性与必然性之间、可能性与实在性之间的相互联结，并通过这种联结的因果链条展示了研究对象、研究过程和客观实在之间的本质规律性。不过，特别需要引起我们注意的是，现代逻辑方法在科学认识过程中的

具体应用，存在以下几个十分鲜明的特点。

1. 由双值因果关系向多值因果关系的转变

随着现代科学的发展，特别是量子力学和生物遗传学中关于突变理论的研究的加深，为人们打开了从"决定世界"走向"可能世界"的大门，几率性和偶然性的问题成为科学研究必须求解的一个重要难题。在这里，仅仅通过二值逻辑的真假判断来推演客观对象和事物之间的因果关系便束缚了科学理性的进步。事实上，在几率性和偶然性中所蕴含着的某种可能性并不是对逻辑的因果关系的否定，而仅仅是在更深的层次上改变了因果关系的表现形态。所以，在这个特定的意义上，逻辑方法所探究的既不是 0，也不是 1 的因果必然性，而是在 0 与 1 之间的一切可能性，或者说，是在 0 与 1 之间的一个任意有穷多个值的因果关联的集合 $\{0, \cdots, 1\}$。

2. 由显性因果关系向隐性因果关系的转变

随着现代科学越来越远离经验的发展，人们所面临的是一个由可观察的物质层次与不可观察的物质层次相统一的复杂的世界图景。在这个图景中，那些显性的可观察的因果关系需要根据隐性的不可观察的因果关系来加以解释，那些显性的可观察的效应或特征需要根据隐性的不可观察的实在原因来加以说明。因此，如何在理论所描述的世界图景、可观察的测量效应或特征以及不可观察的隐性实在之间，建立一条合理的、逻辑的因果链条，便成为现代逻辑方法的一个重要课题。也就是说，通过现代逻辑的一切手段和形式，从理论的、拟经验的和经验的层次结合上，重建对世界图景的因果构造、因果解释和因果评价，便成为现代逻辑方法的一项自然而又必然的任务了。

3. 由定性的因果关系向定量的因果关系的转变

由于当代科学研究的对象已不是那种简单的、机械的、孤立的现象，而成为复杂的、有机的、整体的系统，所以，它所必须涉及的要素和变量是巨大的，仅仅依靠定性的逻辑推论来给出它们之间的线性的因果关系是不适当的，也是不可能的。所以，建立定量的数学模型，从信息、结构与功能的统一性上来确立特定系统集合的存在方式，描述和表征各个要素和变量之间的规律性的联结，再现客观对象产生、发展和完结的全过程，从而给出其内在的非线性的因果关系，便成为现代逻辑方法摆脱定性推论而走向定量分析的必由之路。这一点已成为逻辑方法由传统方式转向现代方式的重要标志之一。

## 四、逻辑方法的运用在科学研究过程中具有方法论的联网功能

逻辑方法作为科学研究的一种方法，它与其他科学研究方法（如观察方法、实验方法、模型方法、理想化方法、类比方法、假说方法、统计方法、系统方法等）是相互关联、互为补充和融为一体的。而且，在具体求解难题的过程中，是以逻辑方法的协调和联网功能为核心，而使所有可行的研究方法构成了一个完整的方法论体系。所以，一个具体的科学研究过程，就是一个特定的方法论整体的展开、运行和完成的过程。

正是在这个意义上，鲍亨斯基指出，把思维方法众所周知地划分为演绎方法和归纳方法，基本上并不在于使用了不同的逻辑规律，而在于同样的逻辑规律的不同用法。方法论恰好就是关于应用逻辑规律于各种不同领域的理论。因此，逻辑方法在科学研究中的运用，就是要通过它的协调和联网功能，使同样的逻辑规律在不同的研究方法中的不同用法，能够内在地结合和统一起来，从而达到逻辑方法的科学化和科学方法的逻辑化。正是如此，我们可以说科学方法论是研究过程中的应用逻辑。

所以，逻辑方法与其他科学方法的统一，从微观上讲，构设了求解科学难题的具体环节的研究程序；从宏观上讲，构设了整个科学认识过程的逻辑链条，使各个不同层次、不同阶段的研究过程连为一体。从这个视角看，逻辑方法的联网功能具体地表现为以下几个方面。

（1）以逻辑方法为框架，使所有的具体科学研究方法都作为整个方

法论系统中的一个确定要素而存在,并服从于科学研究的整体系统目标的要求。在这个系统中,各个方法要素都具有其特殊的逻辑规定性,对于科学研究的展开发挥着它们各自的功能,成为实现特定科学研究目标的手段和途径。因为,只有在系统的逻辑框架内,各种方法要素才能在逻辑的关联中作为一种方法产生和表现出来,才能以其内在的逻辑规则和逻辑次序各得其所,确立它们合理的方法论地位。一旦失去这种逻辑的规定性,各种方法就失去了它们赖以存在的依据,科学研究就将成为一个无序的混乱状态,而不是一个科学认识的有序过程。

(2)逻辑方法的运用过程,就是要使各种方法在相互融合、相互渗透、相互佐证的基础上,接收、检索、传递、储存、译制、合成和输出科学信息的信息处理过程。从本质上讲,科学认识过程就是创造和发现科学知识或加工和处理科学信息的过程,每一种具体的研究方法都是这一过程中的不同形态的信息处理器,而逻辑方法则是在特定的时空结构中规定了信息处理的操作程序。逻辑方法作为一种形式工具,它携带信息;作为一种拟经验设计,它加工信息;作为一种经验操作,它处理信息。在这里,没有逻辑方法的联网功能,信息就无法传递,信息的处理就是混乱的,而输出的信息就可能是失真的。所以,正确的科学信息的获得与逻辑方法的最佳应用具有直接的关系。

(3)逻辑方法的合理使用,是将科学发现的过程与科学证明和证实的过程辩证统一起来的逻辑中介。从整体上讲,在科学创造的过程中,逻辑方法对其他科学方法起着引导、开路和进行尝试的功能,它对其他科学方法的规定性或约束,服从于科学创造的目的性要求;它从理性和操作的结合上,使所有科学方法成为科学认识由未知到可知,由可能到现实的工具。而在科学证明和证实的过程中,逻辑方法对于整个科学方法论系统所产生的最终结果具有一个"审判者"的席位,它从理性和操作实践的结合上,使所有科学方法成为科学认识由理论结论到实际验证,由科学假设到具体真理的工具。所以,在整个科学认识过程中,对于特定的科学理论来说,既是"先验的"又是"后验的",它集二者于一身。比如,逻辑方法的联网功能对于爱因斯坦创造的广义相对论来说,就是

"先验的"；而对于爱丁顿证实光波在引力场附近会发生弯曲的事实来说，就是"后验的"。在这里，没有前者，后者便无以发生，而没有后者，前者就无以确证。在这个意义上讲，逻辑方法的联网功能显示了它在整个科学认识过程中的一致性、相关性和对称性。

# 科学争论及其意义[*]

无论人们在形式上赋予"争论"多么不同的表述，但从本质上讲，"争论是科学知识集合生产的一个整体的组成部分；关于概念、方法、解释和应用的分歧，是科学的真正生命线和科学发展中的最重要的创造因素之一"[①]。所以，争论是科学作为一种社会历史活动过程的自然的产物，它在各种不同的科学概念、方法、解释和应用之间，创造了一种内在的必要张力，从而保持了科学进步的动力学机制。

正是在这个意义上，任何一次具体的科学争论并不是证据和假说之间的抽象关系，而是作为一个具有广阔的、多层次复杂要素的科学事件而存在的，即一次科学争论就是一个具有丰富内涵的科学的历史实在。如何对待这个实在，是一个重要的科学、科学史学、科学哲学和科学社会学的综合问题。

---

[*] 本文发表于《自然辩证法通讯》1991年第3期，作者郭贵春。
[①] Engelhardt H T, Caplan A L. Scientific Controversies: Case Studies in the Resolution and Closure of Disputes in Science and Technology. Cambridge：Cambridge University Press，1987：93.

可见，科学争论首先是一个历史的实在问题，而不是一个单纯的逻辑问题。尤其是当我们研究和判定一场科学争论的开端、演进过程及其结局时，必须参照大量历史的或现实的记录，而不仅仅是纯粹的逻辑推论。立足于这一视角，一部丰富的科学史就是对以一系列科学争论为环节而交搭和联结起来的历史实在的描述。

一

我们这样认识问题，并不是要把科学争论简单化，而是为了更好地揭示科学争论的内在因素及其动态的结构。

科学争论的产生具有个人的和偶然的因素，历史的和必然的因素正是通过这些因素而展开和实现的。这些个人的和偶然的因素与社会的或集团的、明显的或潜在的、内在的或外在的、理性的或经验的因素的统一，使科学争论以"无形结构"的形态，表现为一种科学活动赖以进行的开放的结构。这种结构形成了科学争论本身所特有的组成性质和活动方式。

为了避免长期以来人们关于科学划界之争，我们将科学争论所涉及的一般因素概括为如下两类。

第一类——科学认识论因素。它包括：①经验描述和理论假设。如观察报告、数据分析、统计结果、构造理论体系、假定普遍定律、进行理论解释、提出理论批评、对批评的反应等。②方法论原则。如归纳和演绎、分析和综合、实验程序的可操作性设定、实验精度的要求、数学模型的可靠性、理论结构的相关性、科学发现和证明的一般逻辑等。③背景信仰。它是背景理论的信仰与背景哲学的信仰的统一。

第二类——非科学认识论因素。它包括：①个人素质。如各种心理素质、受教育程度、争论中的精神状况等。②制度压力。如可能失去研究基金、转换科研机构、丢失升迁机会等。③政治影响。如依附于某种政治背景、权力干涉等。④科学家之间的关系。如不同的学派、不同的科学共同体、个人之间的友谊或仇视等。⑤偶然事件或机会。如参加或召开学术会议、学术带头人的学术地位、身体的健康状况、受教育的学校或机构（这一点从诺贝尔奖获得者的精英群体来看，是一个重要的因素）等。

这些因素构成了一个复杂的整体系统。它们决定着争论的产生、性质、进展及其结局。

在这些因素中，一方面，认识论因素随着科学的发展不断地改变着自身的形式和内容，从而深化了争论的内核；另一方面，它们对于论战的趋向具有内在的规定作用，这就在于：①预设功能，即对竞争理论框架的逻辑预设；②定向功能，即对科学认识论的价值定向；③选择和评价功能，即对合理性假设的接受或反驳。

非认识论因素的作用则是不确定的。它们作用的性质和大小，随着不同的社会历史环境和科学环境的变化而发生变化。它们对于科学争论的形成和展开是必要的，但不是充分的；这不排除在一定的情况下，它们对于争论也会发生决定性的作用。

总之，这两种因素在争论的人员构成、核心争端、涉及领域、持续时间、生成条件和结局方式等方面，都相互渗透、相互补充，有机地统一在一起。不应当把非认识论因素看作是对认识论因素的"入侵"，它们同样是科学争论的"自然的要素"。

## 二

以这种"无形结构"所表现出来的争论结构，具有这样一些特征。

第一，公开性。争论的各方均以发表文章和著作，参加学术会议、公开演讲等媒介和方式，以个人之间、小组之间、集团之间、学派之间、乃至国家之间的不同层次的形态，集中地和鲜明地为自己的理论和观点提供合理性解释，尖锐地批评和揭示竞争对手的一切可能的辩护及其困难，从而突出争论的内核，并为这一难题的最终解决寻找一组可接受的方法。这种公开性是科学理性和学术自由精神的统一和体现。

第二，集团性。一般地讲，无论是在哪一种层次形态上的争论，其背后都有形或无形、明显或潜在地存在着不同的科学家集团。这些集团构成了争论得以持续深入进行的后备军或参谋部。换句话说，科学争论是科学共同体自身发展的内在要求，它是以争论这一特殊形式来探究、寻找、评价和确定自身发展的趋势和方向，因此，它必然以集团性的结构形态来实现知识发展的动力学目标。这正像库恩指出的那样："科学知识本质上是集团产物，如不考虑创造这种知识的集团特殊性，那就无法理解科学知识的特有效能，也无法理解它的发展方式。"①

第三，开放性。科学争论是以正式或非正式的手段进行科学信息交流的开放性方式。它集中、迅速地反映和表征了科学研究的前沿状态，从而成为科学信息得以传播、推广和应用的"大功率"的信息源和重要媒介，并以这种较强的方式使特定的科学知识产生它的社会效应，在相应学科和社会领域中发挥它的功能。从这个意义上讲，特定的科学争论往往是推动整个学科及其所有相关知识进化发展的动力。

第四，自主性。科学争论的开放性是以自主性为其存在的基础和前提的。这种自主性的本质就在于，争论的争端、公式、进展与结局均需服从整个科学共同体的系统目标，实现这一目标是科学争论产生和存在的内在原因，也是在科学发展中寻找其自身恰当逻辑地位的依据。在特定的科学发展时期，科学共同体以其特有的价值标准和评价方式，制约着争论展开的性质和过程。随着当代科学的发展，争论的这种自主性表现得越来越自觉。比如，在20世纪70年代发生的关于重组DNA研究是否会引起"生物危害"的论战中，科学共同体前期对重组DNA研究的"自觉约束"及其后期的"反法律控制行为"的事实，就是这种自主性的典型表现。② 当然，这种自主性是相对的，它是以所有其他外在因素的影响和约束为补充的。

## 三

具有不同特征的科学争论，是与其所涉及的具体争端密切相关的；

---

① 库恩.必要的张力.范岱年，纪树立等译.福州：福建人民出版社，1981：xii.
② 朱静生.重组DNA研究：一场关于潜在的"生物危害"之争.自然辩证法通讯，1990，(2)：32-40.

而由于争端所具有的不同层次性，又决定了科学争论的形态存在着不同的类型。

其一，关于事实的争论：这是关于特定观察陈述的真实性或可靠性的论战，它将决定这一（组）陈述能否作为科学事实而存在。比如，关于美国天文学家洛厄尔于1894年重提"火星运河"的争论，就属于这一类型。

这种争论易于导致某种重要的决定性或判决性实验，从而证实或反驳、提出或终结某一科学事实及其相关理论。例如，对"以太"的争论所引起的迈克耳孙－莫雷实验，就是一个非常漂亮的例子。

其二，关于理论的争论：科学模型、假设或理论存在的多元性，是这种争论的根源。它构成了科学活动的正常形态、科学发展的理智动力和科学知识进步的矛盾机制。例如，在关于光的研究中，粒子说与波动说的长期争论所具有的特征。

一方面，这种争论会导致新的更高层次的理论出现。例如，德布洛意提出物质波思想，实现了微观粒子波粒二象性的统一，最终结束了粒子说与波动说的论争。另一方面，这种论战会刺激相应测量实验的深入发展，以提出可检验性评价标准。例如，关于大陆漂移论的持久争论，最后由于对熔岩漂动的磁极性方向、磁异常的连续条带的宽度以及磁极连续倒转发生的深度这三个方面的测量，得到了相同速率的精确一致性，从而给出了合理的评价标准，预示了全新的地壳运动模式。

其三，关于原则的争论：这种争论不在于对可选择理论自身的合理性争论，而在于对该理论的本体论、认识论或方法论原则的争论，即关于理论解释或理论评价的原则的争论。由于它涉及了关于整个科学研究方法的普遍原则，所以，它本质上是一种"元科学"的争论。例如，牛顿及其批评者关于力的概念的争论、爱因斯坦和玻尔关于量子理论的完备性争论、20世纪50年代关于"大爆炸"宇宙学的争论等，都从力、时间、空间或能量守恒等问题上，引出了关于宇宙结构及其本质的原则性的争论，就是很明显的例证。

这种争论由于涉及了世界观的原则问题，所以，关于观察、实验、理论的自治性、逻辑的证明等科学自身的本质问题，都存在着极其不同的方法论说明。在这里,方法论与背景信仰相互渗透、融为一体,强化了争论的复杂性、持久性和尖锐性。

其四,"混合"争论:以某种方式包含着科学以及伦理和政治性原则的争论,即包含着科学与非科学双重因素的争论被称为"混合"争论。关于原子能技术的研究及其应用的各种争论,就是这样一种"混合"争论。

这种争论是由于特定科学(技术)对于人类影响引起了包含伦理和政治问题的争端。它不仅关系到人类生存方式、生活结构、价值观念和社会环境,而且关系到人类解决实际问题的方式。然而,随着科学和文化的发展,这种争论成为人类文明进化程度的标志之一。

其五,关于优先权的争论:这种争论是关于科学发现或发明的权利的争论。比如,牛顿与莱布尼茨关于发现微积分的争论,胡克与欧登堡关于发明钟表游丝的争论等,就属于这种争论。

一项科学发现或发明,只有当它被科学共同体以及相关的权威机构确认为某一科学家的研究成果时,他的科学劳动才能以知识产品的形式实现它的价值,他才能得到属于他的名誉和地位。因此,这种争论是科学活动的继续,是为维护科学活动的合理进行而采取的极端方式。

著名的科学社会学家约翰·齐曼指出:"'科学的意见一致'这个看法,在具体的意义上说,是不确切的,应该被认为是一种理想或目标,而不是已经达到的现实。"[①]这深刻地表明,无论科学争论处于哪一种具体的形态,它都是争论各方一系列内在冲突的集中表现。这些冲突使一切科学认识论的和非认识论的因素在争论中得以渗透和发挥功能。

从整体的和普遍的意义上看,这些冲突主要表现在以下几个方面。

### 1. 逻辑系统的冲突

任何一个特定的理论都是一个确定的科学逻辑的系统。所以,任何科学理论都是逻辑的展开和运用,都是在逻辑的演进过程中得到阐发和说明的。而且,理论正是通过它的逻辑结构而统摄所有科学事实的,因而,所

---

① 约翰·齐曼.元科学导论.长沙:湖南人民出版社,1988:102.

有的科学事实及其相互之间的联系，都只有作为逻辑结果而纳入这样的逻辑结构中，才有它确定的意义。科学争论正是表现了不同的科学逻辑结构之间的冲突。在关于天体运动的探索中，牛顿学派的"引力"理论与笛卡儿学派的"涡旋"理论的争论，就是两种鲜明不同的科学逻辑系统的冲突。它们在理论的逻辑起点、推演、结论和对事实的解释中，表现出两个截然不同的逻辑结构的"对峙"，从而成为两种不同的宇宙模型。

2. 语言框架的冲突

任何一个理论及其解释系统，都是具有特定语义分析的语言框架。在这个语言框架中：①具有指称的统一性，以保证所有概念（公式）对于特定的对象集来说，具有共同的指称；②具有语义的类似性，以使所有概念和术语都具有"同一语族"的理论属性；③具有语义的封闭性，以使它的理论界域是确定的，而不被任意地侵犯；④具有概念的相关性，使所有基本概念的分布是合理的和统一的。正是通过这种语言框架的语义确定性和一致性，保证了特定理论及其解释是"这一个"而不是"那一个"。[①] 在这个意义上，科学争论是以对抗性的交流方式所表现出来的不同语言框架之间的冲突。对此，库恩表述得很清楚："不同理论的拥护者各自说着不同的语言，即表达不同认识规定的语言，以适应于不同的世界。因此，他们把握彼此观点的能力不可避免地要受到转译过程和确定参照物的不完善性的限制。"[②] 在化学史上，"燃素论"与"氧化论"的争论就是两种不同语言框架之间的冲突。它们在"火"这一理论实体的空间定位、逻辑定位、属性特征以及意义关联方面，均具有本质的区别，从而表明了这两种科学语言之间的"不可通约性"。

3. 背景信仰的冲突

对任何科学问题的理解和阐述，都直接或间接地蕴含着特定的背景

---

[①] Bunge M. Physics and reality//Machinnon E A. The Problem of Scientific Realism. New York: Appleton-Century-Crofts, 1972: 243-245.

[②] 库恩. 必要的张力. 范岱年, 纪树立等译. 福州: 福建人民出版社, 1981: xiv.

信仰，即理论的信仰（科学方法论）与哲学的信仰（科学世界观）的统一。这种信仰作为一种关于世界的合理性或者可理解性的信念，给定了人们的科学认识论趋向和科学评价的标准，从而制约着人们沿着某一特定的视角，去提出科学假设，判定它的解题能力，预测它的发展方向，进行普遍性解释，作出合理性批评等。因而，背景信仰成为科学争论的灵魂和本质，表明了争论是以争端的形式所展现的不同背景信仰间的冲突。在隐变量理论问题上，玻姆和范·纽曼关于量子力学形式体系对于隐变量理论的"不可能性证明"之间的争论，尔后人们关于贝尔不等式实验结果的争论，其本质就是两种完全不同的背景信仰之间的冲突。具体地讲，就是决定论与非决定论、实在论与工具论或经验论之间的冲突。

4. 价值趋向的冲突

随着"科学－技术－社会"的自然的一体化发展，科学的价值趋向也越来越由单纯的科学理性走向了"科学－技术－社会"的综合理性。因此，伦理的和政治的因素作为一种科学家的社会责任，也愈来愈成为决定科学的价值趋向的不可或缺的组成部分。"一个科学家不能是一个'纯粹的'数学家、'纯粹的'生物学家或'纯粹的'社会学家，因为他不能对他的工作后果究竟对人类有用还是有害漠不关心。……不然，他不是在犯罪，就是一种玩世不恭。"① 越来越多的当代科学争论，就是以社会伦理或政治因素为背景而展开的不同价值趋向之间的冲突。像重组DNA研究的争论，关于环境科学的争论，以及涉及心脏移植、遗传紊乱检查、人类卵细胞的试管培育、出生前的性别选择、无性繁殖和安乐死的方式等问题的争论，就属于这种冲突。

## 四

科学争论作为具有其特定内在结构的科学历史实在，也一定自然而

---

① 戈德史密斯 M，马凯 A L. 科学的科学：技术时代的社会. 北京：科学出版社，1985：27.

又必然地发挥着它的功能，推动着科学自身及其相应社会结构的完善和进步。随着科学和社会历史的发展，科学争论在形式和内容的统一上也不断地改变并呈现出新的方式。因而，科学争论促进了科学事业的发展，而这种发展则强化了科学争论的功能。

首先，争论推动了科学理性的进步。科学的发展、知识的增长就是科学理性的进步，所以，科学理性并不是孤立地存在着的，它总是与某种确立的理论结合在一起，在科学争论中，化作一种特定的构设结构、解释模式或理论评价的标准而生动地展现出来。在这个意义上，争论对于科学理性发展的推动作用就表现在：①科学争论的过程是科学创造力的激发过程，从而强化了人们发现新事实、提出新假说、完善新理论的可能性。②科学争论的过程是科学方法论具体化的过程。在一个给定的证据背景下，为比较和选择各种竞争理论而确定一系列方法论的原则，是科学理性具体化的要求。所以，争论的过程是以科学冲突的激化方式突出了科学理性的载体和象征。③科学争论的过程是科学目的的实现过程。在科学目的中渗透和包含着理性的信仰——对科学真理的追求。科学争论以生动的形式实现了理论向具体真理的接近和方法论向完美理性的发展，使其成为实现科学理性的手段和途径。在地质学的发展中，"渐变论"的倡导者赖尔在与居维叶所倡导的"突变论"的论争中，提出地质学是研究自然界中有机物和无机物所发生的连续变化的科学理论，首创了"将今论古"的现实主义方法，坚持地质现象的客观规律性并更准确地估算了地球的年龄等，代表了当时科学理性的时代精神，被恩格斯称为"第一次把理性带进地质学中"[①]。

其次，争论促进了科学作为一种社会建制的自主性。随着近代科学的发展，科学作为一种具有结构确定性和独立性的社会建制，已成为科学进步和完善的一个重要指标，而科学争论则恰恰是促进这种社会建制的自主性的内在动力之一。这主要表现在：①强化了科学学派的形成、巩固及其发展。科学学派是一个具有特定的科学专业化方向，以优秀的

---

① 恩格斯.自然辩证法.中共中央马克思恩格斯列宁斯大林著作编译局译.北京：人民出版社，1984：13.

科学家为核心，并由某种科学研究的传统维系的一个具有自我调节能力的科学组织系统。在科学争论中，它往往作为一个确定的论争单元而受到了来自各个方面的压力，从而在整体上形成一个"压力集团"（pressure group），刺激了它作为一个有机组织的全面进化。②强化了学术自由的自觉性。随着科学专业化的迅速增长，科学家对于自身研究价值的认识、对于科学活动的自主性要求以及对于科学成果的实现感也得到了增强，因此，自由地进行研究、发表科学成果和展开相互批评的学术自由的自觉性便日趋强化。在这样的背景下，科学争论便以冲突的方式表现和捍卫了学术自由。③强化了科学共同体的一致性和统一性。科学共同体的所有规定性都是由其内在因素的结构性所给出的，所以，科学共同体的完善化是科学作为一种社会建制现实化的真正标志。科学争论是共同体内部各种不同层次的结构要素之间相互冲突的体现，是促使各个结构要素平衡分布和发展动态的内在矛盾机制，而争论方式的进化，则是科学共同体有序结构不断合理化的表征。19世纪原子论与唯能论的争论，就对当时的化学、物理学、物理化学等学科的分化与综合，对于不同学派的创立和完善，对于科学组织和科学管理以及科学活动与现实社会的协调互动等，均起到了积极的促进作用。

最后，争论影响了"科学－技术－社会"的一体化发展。随着科学的技术化，技术的科学化以及科学和技术的社会化的深入，"科学－技术－社会"的一体化的发展也成为一个自然的过程。在这个过程中，科学争论构成了这种"一体化"的有效催化剂。这就表现在：①对决策的科学化影响。在现代社会的管理中，决策的问题是一个核心的问题。一个在专业结构、年龄结构、知识结构、智能结构以及素质结构方面具有高度智力要素的领导集团，在对任何一项政策的决策之前，都必然要求对其进行合理性和可行性等科学论证，从而使决策科学化。在这个过程中，任何与其相关的科学争论都必然直接或间接、正向或反向地涉及科学论证标准的合理性的确定，从而影响了科学化的决策过程。②对价值及其选择的多元化影响。科学技术在现代社会生活方式中的日益渗透和融合，不断地改变着人们的道德行为及其对价值观念的选择。正因为如此，科学的价值观念与某些传统的价值观念之间的冲突，便显得日趋复杂和尖锐。在这样的背景下，某些科学争论（尤其是"混合"争论）就为各种不同的道德行为和价值观念的选择提供了一个公开的、合理的辩护机会，从而以科学的方式影响了价值及其选择的多元化状态。③对科学应用的社会化影响。对科学技术进行社会化的广泛应用，是"科学－技术－社会"一体化发展的必然。但是，科学技术向应用的社会转化，建立在特定的解释目的、选择规则、应用范围、转化方式、转化后果等一系列具体的边界条件之上，并由这些条件给定了在特定时空中进行转化的实践趋向和价值趋向。所以，与其相关的科学争论就明显地或潜在地涉及了对这些转化条件的决定原则，影响了相关科学技术向应用转化的可能性或可行性的探究和决策。① 关于重组 DNA 研究的论战就是一个典型的案例。它对于美国国会、联邦政府和国家科学院的相关立法、决策和拨款，对于美国社会关于"生物危害"的广泛科学与伦理价值观念的冲突，对于基因工程的深入研究和广泛应用，都产生了重要的影响，并给整个科学社会留下了持久的、令人深思的问题。

## 五

必须注意的是，在一种科学理论的成长中，并非任何不同的意见便可算作"争论"。一个科学家、一种观点、一个理论受到挑战能否算作争论，取决于共同体的反应和裁决。只有当共同体看到了争论的成就和意义时，才可算作真正的争论，否则，争论就不具有开始的意义。当魏格纳于 1915 年系统地提出他的"大陆漂移论"时，它几乎完全是被否定的。只是到了 10 年后，当他的理论具有了足够的证据来使共同体内的地质学家们来考虑这一理论时，它才成为值得探索的竞争理论，才形成了它与"大陆固定论"的争论。

另外，科学争论所具有的复杂性，也决定了争论结局的多样性。至

---

① Kuppers G. The Dynamics, Science and Technology. London: Kluwer Academic Publishers, 1978: 110-117.

少存在着如下几种结局：①合理论证性结局。这种结局的出现，仅当在争论中达到了一个普遍被接受的立场或观点，而与其对立的立场或观点被作为谬误而否弃，如日心说与地心说的争论结局。② 一致性结局。这种结局的出现，仅当争论的双方通过互补和融合，形成了一个共同可接受的并且各得其所的新理论，如粒子说与波动说争论的结局。③程序性结局（procedural closure）。这种结局的出现，仅当争论由于某种权威的外在干涉或控制而形式地、暂时地停止了争端，而真正的、内在的争论仍然潜在地存在着。这种结局不存在什么正确的结论或合理的论证，它可以奠基于不相关的、不适当的、乃至错误的基础上。李森科事件的出现就是如此。④自然死亡性结局。这种结局的发生，仅当争论的某方学术带头人由于死亡而自然地导致了争论的逐渐终结。拉马克的"进化论"与居维叶的"激变论"之间的争论，就是由于他们的相继死亡而终结的。

对于科学争论的探索和研究，将涉及"争论的争论"。当然，这一般是从科学史学、科学哲学或科学社会学的视角展开的。人们试图对科学史上争论的性质、结构、功能及其意义给出不同的分析、解释和评价的模式。因此，这种"争论的争论"是对科学争论进行历史的逻辑重构而发生的冲突，并由此推动了对科学发展规律性的探索。

这种"争论的争论"虽然不是科学争论本身，但它从科学认识论的更高层次上激发、启迪或促进了科学研究的进步，有着不可忽视的科学理性的历史功能，从而成为科学进步的"助产士"。实在论与反实在论、历史主义与逻辑经验主义、理性主义与自然主义的争论，就是具有历史功绩的"争论的争论"。这也深刻地表明，为了真正地揭示和阐发科学争论的丰富意义，反对一切先验的、预设主义的和绝对自然主义的态度，而坚持辩证唯物主义的历史观点是十分重要的。

# 实验哲学的认识论意义 *

当我们从科学与哲学的结合上来概观科学哲学的进步时，就会清晰地看到，实验哲学的问题已构成了科学实在论研究的一个核心的重要问题。特别是随着科学事业在微观和宇观方面的进军，庞大、复杂而又精密的科学实验过程，越来越成为整个人类科学知识的前提、手段和基础。由此，对实验自身的内在性质、结构、地位及其方法论功能进行深入的分析，从而揭示实验哲学的真正意义，就成为科学实在论者们研究的一项重要任务了。

## 一、实验问题的本质及其要素

从物理学的角度讲，任何一个具体的实验过程总是要给出特定的物理量值，比如，测量一种气体的温度、一个光源的发光度或一个粒子的

---

\* 本文发表于《山西大学学报（哲学社会科学版）》1991年第2期，作者郭贵春。

动量等。因此，任何实验过程都是确定和求解一个特定的"实验问题"，即 $q=(A, \triangle)$ 的具体过程。在这里，$A$ 为一个可观察的量，$\triangle$ 为客观实在的某类特定亚集。这表明，任何一个实验问题的真髓，都在于以某种确定的方式去发现和解决可观察量与特定实体之间内在的本质关系问题。

然而，根据不同的背景理论，同一实验问题可给出不同的数学形式表征和不同的逻辑分析，即每一个理论都将一个特定的数学结构赋予了问题集 $q$。但是，伴随着实验手段和过程的日益精确和复杂，由经典力学向量子力学的发展和变化，所导致的仅仅是对实验问题的描述和解释的区别，而不可能改变或消除实验问题的本质。相反，一方面实验问题的本质日益远离经验，不断深化；另一方面则愈加突出和鲜明，对它的确定和求解越来越迫切并具有了更深刻的科学认识论的意义。

使实验问题在一个具体的实验过程中获得实施和求解，并不是一个简单的问题。从观察的基础上，仅仅根据某一理论和实验仪器之间的"匹配"和相互证明，从而推论某一科学理论的"稳定性"是不充分的。因为这种理想的"共生现象"对于所有科学家或科学集团来说，都是对实验问题的简单化。在科学实在论者看来，从原则上讲，任一实验问题都包含着如下不同层次的要素。

（1）在任一特定的研究领域中，都存在着一个或多个实验难题。当这些难题涉及某一理论时，该理论便成为可争论的了。

（2）在现行的实验背景知识群中，至少存在三种类型：① 非系统化的或在描述实验中作用不大的背景知识；② 还不具有特定实验结果的普遍的、高层次的理论；③ 将具体研究过程中的所有因素多维地统一起来的"主题假设"（topical hypotheses），它构成了特定实验问题在测量中付诸实施的操作纲领。

（3）具体实验材料：通过设计而准备的对象目标；以某种方式用于干涉目标的仪器；确定干涉效应的探测器。

（4）具有关于材料的理论和经验知识，从而有助于设计、计算、使用仪器和排除故障。

（5）数据显示仪。

（6）数据：由数据显示仪所给出的物理的实在记录。

（7）数据处理：①数据评价。运用一个对于理论来说是中性的常规步骤来估算可能出现的错误，并对各种仪器、目标及由主题假设所做出的推论进行系统评价。②数据归纳。通过统计方法将无法理解或不易理解的信息转化为可处理的量。③数据分析。由计算机对事件记录进行系统分析，排除偶然性数据，设想改进，提出进一步进行处理的新例证。

（8）对整个实验过程和处理结果进行实在论的实验解释。

以上各项要素并不是孤立地存在的，它们是一个有机的系统整体，每个要素都只有在实验问题的特定系统中才能得到恰当的逻辑地位和有效的功能。但是，具体实验的目的性不同，因此，它们之间的内在结构也随之发生相应的变换，并产生如下不同的实验类型。

其一，定性实验：判定某对象实体是否存在，其结构如何，各要素之间具有何种内在联结等，如否定以太存在的迈克耳孙-莫雷实验。

其二，定量实验：目的在于测出特定对象目标的数值，求出其与各相关要素间的精确的经验公式，如求出电子荷质比的汤姆逊实验。

其三，模型实验：根据已有资料构造一个关于对象的结构类型，从而在实验中从各个角度对其加以验证，如沃森-克里克关于DNA双螺旋结构的实验。

其四，析因实验：探索某一现象的原因或其构成要素的实验，如证明食物腐坏的主要原因在于微生物作用的巴斯德实验。

其五，模拟实验：在实验中创造特定条件以模拟具体的自然环境或自然的演化过程，如模拟原始地球大气层闪电的米勒实验。

正是由于实验问题具有复杂的系统要素以及各种结构的实验类型，使实验问题的具体确定和实施过程产生了某种必然的"可塑性"，从而使实验问题的求解具有了不同特征、不同性质、不同意义的丰富形式。但是，具体实验问题的求解在形式上的"多变性"或结构上的"可塑性"，并不等于实验主体的主观上的"随意性"。因为，任何一个具体的测量过程，都是依据相应的测量逻辑而进行的。测量逻辑给出了测量实验的基本原理和可能进行测量的必要条件；违反了测量逻辑，测量是无法正常进行的。而且，任一具体实验问题的特定求解过程，总是在一个成熟的"范式"理论的约束范围内进行的；因此，这一测量结果的有效性就具有它相应的"数据域"，即在可允许的错误限度内，它与理论符合或一致的程度。而合理地突破了这一"数据域"，就导致了实验问题的转换和相应理论的更迭，从而决定了实验问题在深度和广度上的扩展，以及相应理论的"革命"和在经验解释上的"覆盖率"的变化。

## 二、实验现象的结构特征

由具体的实验问题所确定的实验现象具有什么样的结构特征，以及实验现象以怎样的机制与理论和实在相关，这成为实验现象的构成分析的核心问题，是科学实在论所不能回避的。

在现代科学研究中，特别是在量子物理学的研究中，某些实在论者清醒地看到：一方面，理论本身不能孤立地成为现象显现的证明者，正像乐谱不能独立地成为表现音乐的证明一样，它有着诸多相关的因素；另一方面，实体也不能像在宏观领域内那样显性地成为现象的证实者，因为实体自身与其存在状态和实验现象之间有着不可忽视的区别。因而，"现象"一词有着十分复杂的结构内涵。狭义地讲，现象不仅仅包含对象客体，而且包含着观察设施及其干扰作用，它们之间具有某种不可分割的统一性。在这里，现象不是一个"孤立的实体"，而是一个"系统的实体"；它不是独立于观察者的"抽象实在"，而是由具体实验问题所确定了的特定的"经验实在"。广义地讲，即从科学研究的宏观意义上来讲，现象也不仅仅是经验操作的实验过程的孤立产物，在这里，"现象依赖于社会的、实践的、技术的、理论模式或理论框架的实现"[①]。因此，"现象"绝不仅仅指称单一的、纯自然的呈象，而是多维的、综合的概念，它包含着一个系统的、多层要素的立体结构。对现象的这种从一元到多元，

---

① Heelan P A. Experiment and theory: Constitutional and reality. The Journal of Philosophy, 1988: 516.

由简单到复杂的认识，是科学实在论者把握实验现象本质的必要的前提和基础。

实验现象的描述既是定性的又是定量的，是二者的统一。如果用 $O$ 来表示特定的实验对象，用 $M$ 表示一组完备的仪器，用狄拉克符号 $|X>x$ 表示现象 $O$ 的经验呈象（empirical profiles），那么，只要 $O$ 是一个稳定的、可复验的对象，它就具有自身内在的结构。对这个结构的分析，是具体求解实验问题的一个重要的环节。

指称一个特定物理现象的经验呈象，研究者可以通过测量数值的集合来取代 $|X>x$ 中的符号 $x$，即由仪器 $M$ 的测量而提供的量值 $q_1, q_2, \cdots$，来取代 $x$，于是 $|X>x$ 就成了 $|q_1, q_2, \cdots, >x$。在这里，各个量值一方面表征了特定物理现象 $O$ 的不同的可观察特性，另一方面这些量值的集合指示了该物理现象 $O$ 的经验呈象，从而表明了二者之间的内在关联及其本质区别，显示了实验现象（物理现象经验呈象）在其微观意义上的内在层次结构性。

由于量值 $q_1, q_2, \cdots$，是从测量仪器的读数而获得的，所以，在现象 $O$ 和从测量信号中所读出的数值之间具有如下必须理解的意义：首先，从经验的意义上讲，测量事件是由信号显示了通过设备 $M$ 所"打扮"过的某一物理现象 $O$ 的经验呈象，即测量数值是对物理现象 $O$ 的存在状态特征的定量描述。其次，从操作的意义上讲，精确的测量数值并不必然保证对特定物理现象描述的可靠性，因为这包含着其他诸如仪器的稳定性和准确性、实验程序的标准化、实验技巧的纯熟性等因素。比如，人们对"室温核聚变"现象的怀疑或否定就是一个典型的例子。再次，从理论的意义上讲，同样的测量数值的集合 $|q_1, q_2, \cdots, >x$，对于具有不同理论背景或理论框架的研究者来说，它可以构成不同的经验呈象或生成不同的物理图景；而且，即便是同一经验呈象或物理图景也可给出完全不同的理论解释。最后，从科学的社会性的意义上讲，已经发现的整个实验现象并不依赖于已有的唯一的一组测量数值。因为，具有不同实验传统的科学家集团可能会系统地产生相反的测量，这涉及了广阔的科学的社会联系。由此可见，研究者的经验的、操作的、理论的以及科学社会的整个

背景框架，均从不同的层次性上制约着特定实验现象的产生和存在、性质和特征、功能和意义。

另外，还需注意到的是，尽管测量数值常常被看作是数据，但严格地讲，数据并不仅仅是这些数值，而应是整体的经验呈象$|X>x$。由于存在着通过一组组测量值而个体化了的数值集合所表征的状态矢量，所以真正的数据是矢量$|q_1, q_2, \cdots, >x$。在这里，清醒的实在论者们区分了三个概念：①测量数值——直观的表示；②实验的状态矢量$|X>x$——数值的经验集合；③与前两者相关的数学模型——数值的系统化的理论概括。事实上，只有这三者的统一，才能构成对特定实验现象的完整的系统描述，才能给出一个真正生动的、立体的"现象实体"。

正是在这个意义上，一个不被描述的实验现象不可能成为科学研究、分析和解释的对象，不可能具有普遍的科学意义。只有当这个现象被从直观的、经验的和理论的结合上作了精确的定量描述之后，而成为一个逻辑的理论系统中的具体的"数学实体"或"理论实体"时，它才能成为具体的、作为研究对象的实验现象。一个实验现象从孤立的、零散的、个别的存在实体或观察实体向数学实体或理论实体的上升，既是对实验现象的经验性质的超越，又是对实验现象的客观实在本质特征的把握。

### 三、实验操作的性质和地位

任何一个具体的实验问题都蕴含着一个特定的实验操作程序，都是通过这一实验操作过程的展开和完成而获得实现的。因此，实验操作在整个实验问题的求解中，具有"必经之路"的关键地位。当然，这绝不是布里奇曼意义上的操作主义的原则，而是在科学实在论的立场上对实验程序的分析。科学实在论所要做的，恰恰是要突破操作主义的经验主义框架的束缚，通过对实验问题所具有的特定操作程序的内在分析，来揭示一切科学理论、可观察现象和测量对象之间的客观的本质联系。

从测量过程的方法论意义上来讲，实验操作本质上就是一系列合理而有效的方法或步骤。这些方法或步骤作为基本的实验程序，既决定了观察测量与实验仪器所产生的信息和数值具有不可分割的关联，同时也决定了它们之间的性质差别。从最一般的意义上讲，这些方法和步骤如下：

①设定实验仪器的外部条件，以形成一个确定的实验系统，从而满足实验目的的要求。②对仪器进行控制和校准。③确定测量对象的初始状态，使其在可期望的条件下进行运动和变化。④预测这一系统的可观察特性，使整个操作过程更加有序。⑤实施干扰：在这个过程中，实验者在观察下操纵观察对象并获得观察结果。⑥用不同的实验进行独立证实。⑦排除可能的错误发生源，并对结果作出可选择的解释。⑧根据相应的背景理论，记录和完成详尽的实验报告。

从这些方法和步骤的要素中可以看出，操作结构绝不是纯粹的实验行为，它潜在地或直接地、明显地或隐含地渗透着背景理论的因素，并且是在这些因素的作用下形成的。因此，从本质上讲，操作结构是科学理性和非理性因素相互结合的产物。

正是在这个意义上，任何在实验操作的基础上所逻辑地归纳出的经验定律或结果，都只有在它们具有操作意义的情况下，才能由经验来检验。进一步说，任何一个理论定律或基本的科学概念，倘若没有一组可描述的相应的实验操作结构与其相关，就不可能在具体的实验过程中获得证实；就可能导致形而上学的抽象断言，而不是一个定量的科学陈述。

而且，任何一个经验定律或理论假设的操作意义，并不是纯粹自主的、经验的、独立于背景理论的实验行为，而是与背景理论密切相关的。在背景理论还无法合理地确定、解释和描述的经验领域内，操作意义也是无法确定或指称的。在这里，操作意义不等于单纯的实验行为，而是在于完整的系统操作结构与相应经验定律或理论假设的一致性。因此，通过背景理论而约束了相应定律或假设的操作意义，或者通过对具有特定操作意义的定律或假设的经验检验来证实一个理论，这是一个在逻辑上互逆的，而又统一的不可分割的同一过程的两个方面。所以，随着背景理论的变化而改变着相应经验领域内的操作意义；而随着操作意义的变化，相应经验基础上的背景理论也不得不发生"革命"或"修正"。

然而，在理论假设与特定操作结构之间的一致性并不是一蹴而就的，或者说，理论假设的操作意义并不在于它和操作结构之间的简单对应性。事实上，在理论假设与操作结构之间存在着一个不可忽略的中间环节——"作业假说"(working hypotheses)，它成为操作意义的一个重要的组成部分。从本质上讲，作业假说是为了使理论假说从理论的层面向经验层面"下降"而具体地操作化了的步骤。所以，作业假说是在相应的操作结构的基础上从理论假设中推演出来的，它的目的就在于：倘若该理论假设是正确的，那么它就应当能够通过具体的实验操作（直接的测量或观察过程）来证实它的逻辑结论；从而，将理论假设的精确形式化了的逻辑结构转换为可在相应的操作结构中获得实现的具体的实验计划或测量计划；这就类似于将一部文学名著改编为一个可付之拍摄的分镜头剧本一样。通过这个作业假说的"拟经验"的环节，理论假设由理性降为经验、由抽象变为具体；反之，特定的操作结构通过作业假说这一可行的通道而与理论假设有意义地、具体地关联起来。

同时，非常重要的一点是，操作意义的变化蕴含着相应现象结构、经验呈象的特征以及整个实验图景的变化，包容着对特定测量对象实体在深度上和广度上进行认识的发展和进步。所以，归根到底，操作意义的变化并不是静止的和孤立的，而是系统地和动态地在特定经验的操作水平和操作结构上，反映了理论与实在之间相互关联的程度和性质。所以，在一个特定经验领域内的操作意义，构成了理解和把握特定实验问题的一个必要的因素。

## 四、实验解释的方法论功能

在整个实验哲学的构架中，实验问题、实验现象和实验操作的确定、描述、分析和求解，均与实验解释的阐发密切相关。换句话讲，实验哲学所具有的方法论功能正是通过实验解释的特定过程而获得显现的。

实验解释之所以具有如此重要的战略地位，关键在于以下几方面：

第一，站在实在论的立场上，对实验经验中的"所予"(a given)或

"瞬间所予"（immediately given）给出合理的解释，是实验解释之所以具有方法论功能和实验问题之所以可被求解的真髓。从本质上讲，当观察者在观察特定实验现象时，"瞬间所予"并不是现象给出的，而是观察者的背景理论或理性信仰与观察对象或客观实在之间发生共振的结果或产物，是对象客体通过现象的显现过程而内在地赋予观察经验中的客观内容。因此，"所予"作为一种潜在的、内含的客观内容与作为一种显性的、表露的外在现象是不同的；"所予"是通过现象而传递的，而不是由现象所决定的。因此，当观察者摆脱现象或者现象消失之后，它所传递的客观的"所予"内容却深深地嵌入了实验经验描述的框架之中，从而使得观察实验经验具有了科学认识的基础、前提、手段和检验尺度的功能。

另外，从原则上讲，实验现象的可靠性和经验描述的逼真性与"所予"的存在性并不必然地相关，"所予"的存在性只与现象和它所对应的客观实体的因果性相关。因为，只要特定现象是特定客观实体的因果效应，那么无论现象的呈象是否可靠或观察者的经验描述是否逼真，它都通过因果效应的关联而内在地"传递"了"所予"的客观信息。而特定物理现象的呈象与经验的描述具有多大程度上的逼真性，则取决于实验操作的完备性、背景理论框架所容纳的经验域面的广度和深度，以及它们与客观实在对象之间所发生的"谐振峰值"的大小。

实验经验所具有的这种仪器和操作条件的限制、背景理论的"污染"以及理性信仰的约束，说明了实验经验在科学认识过程和整体结构中的相对性、中介性、不确定性以及本体论上的非本源性特征；而实验经验所内在地蕴含着的"所予"的客观性则又表明了实验经验所具有的绝对性、稳定性、基础性，以及在本体论上的实在性的性质。正是由于实验经验本身所存在的这种相对和绝对、不确定和稳定、中介和基础、非本源性与实在性之间的统一，使它具有了非常复杂的内在结构，并成为一切科学家、科学哲学家和哲学家们永恒探索的主题，从而不断推动了人类科学知识和科学理性的进步。正是在这个意义上，科学实在论者费耶阿本德合理地指出："现象学的适当性的关系并不是观察者的经验的部分。"①因为,"现象不能决定解释"②。决定实验解释的是经验中所蕴含着的通过现象所嵌入的实在的"所予"内容。

第二,"测量结构"和"语义结构"的统一是实验解释的方法论的展开和显现。在具体的实验过程中所发现的经验定律,其合理性决定于它的测量结构和语义结构之间的一致性。因为,前者从它产生的可能性方面,给出了它的真理性条件;后者从它产生的必然性方面,即它作为对实在的可能世界的测量,给出了它的真理性本质。前者提供了一个可观察对象的实在的空间图景,而后者则提供了一个可分析对象的语义的空间定位,从而使可观察的测量结构与可分析的语义结构之间获得了统一。

所以,在一个给定的测量结构中,经验定律的真理性就具体化为对各种变量值的集合的测量;而在一个给定的语义结构内,它的真理性则具体化为对各种变量值的集合的深层语义分析,即关于其陈述的"能指"的句法结构与其"所指"的语义结构的内在联系。倘若一个定律在句法规则(演算规则)上是不恰当的,并且无法给出指称的因果语义分析,或者说,它不可能在实验中进行有效的测量,那么它就必然不存在相应的实在结构上的对应,从而从测量结构的证实与语义结构的证明的结合上给出了反驳。可见,对于实验结果的解释,即它到底给出了一个什么样的"物理图景",是由对与这一结果相应的测量结构和语义结构的结合而给定的。这种结合体现了在实验解释中经验与理性的统一。

第三,实验解释的方法论功能集中体现在它是发现方法、证实方法、证明方法以及语义分析方法之间相互联结的纽带。任何典型的科学实验都是数值系统、操作系统和对象系统的统一。在这里,数值系统主要是经验属性与理性属性的统一,对象系统主要是经验属性与实在的客观属性的统一,而操作系统是将二者联结起来、结合起来的手段和过程。正由于这样一种结构特性,实验系统不可能是一个孤立的、单纯的系统,

---

① Feyerabend P K. Realism, Rationalism and Scientific Method. vol. I. Cambridge: Cambridge University Press, 1981: 26.
② Feyerabend P K. Realism, Rationalism and Scientific Method. vol. I. Cambridge: Cambridge University Press, 1981: 2.

它是一个整体的、具有层次结构的科学研究之网上的一个纽结。因此，从方法论上讲，对实验的解释构成了所有科学方法得以相互关联的结合点。

正是在这个意义上，科学实在论的实验解释的方法论意义在于以下几个方面。

（1）实验系统是科学发现的必备条件：它使科学研究具备了相应的物质设施，提供了精确的经验定律，建立了理论假设得以构造的事实，从而使科学发现的方法得以落实。

（2）实验系统是逻辑证明的经验基础：它为公理化的符号系统进行数学的定量概括、描述和推广，提供了经验的"适应域"或"覆盖域"，使证明的逻辑的形式结构具有相应的经验结构，从而使证明方法获得了它自身的实在意义。

（3）实验系统是证实的客观依据：它为任何定律、假设和理论提供了严格的检验程序，使它们获得了客观的依据和精确的验证，从而使证实方法为它们的实际应用提供了真理性的客观条件。

（4）实验系统是语义分析的一个重要的结构环节：它为理论解释从句法结构与语义结构的统一上，内在地揭示理论实体的深层的因果性语义链条，提供了一个可指称的中介环节，并为理论实体的"空间定位"提供了可分析的操作和测量结构，从而在语义空间与实在空间的结合上使语义分析方法获得了实现。

# 社会是人同自然界本质统一的系统存在*

在科学理性与哲学理性发展的时代高度上，马克思和恩格斯辩证地指出，人类社会是人同自然界的完成了的本质的统一，是一个自然的历史过程，因此，它表现为一个具有丰富内在结构的、客观的系统存在。这一点，在马克思主义的社会历史观中，构成了整体的系统观念、系统考察及系统分析的前提和基础。

首先，马克思主义之所以认为社会是人同自然界本质统一的系统存在，其本体论基础就在于，作为社会历史发展主体的"人直接的是自然存在物。作为自然存在物，而且是有生命的自然存在物"①。因为，人作为具有血肉之躯的主体，是自然界的一种物质和能量的延伸，是自然系统发展中自然而又必须地出现的一个新质阶段。所以，人首先是自然存在物，具有自然属性，这就在于以下几个方面。

---

\* 本文发表于《山西大学师范学院学报（综合版）》1991年第2期，作者郭贵春。
① 马克思.1844年经济学–哲学手稿（中文版）.北京：人民出版社，2002：120.

（1）人的自然属性的系统性表现在，人不是栖息在自然界之外，更不是凌驾于自然界之上的存在，而是属于整个自然系统中的一个具有特殊规定性的层次结构要素；只有在这个系统中，它才能找到自身恰当的时间、空间和生存发展的地位。一方面，自然界的长期发展产生了人的肉体组织和器官，形成了具有生命力和自然力的自然机体。这是人获得主体地位的物质基础。所以，马克思指出："任何人类历史的第一个前提无疑是有生命的个人的存在。"① 另一方面，自然界为人提供了生存的环境系统，使人能够在这个系统中进行充分的物质和能量交换，使其成为自身生命和力量的源泉。

（2）人的自然属性的一个重要的系统特征表现在，人作为自然系统的组成要素，是有形的、感性的客观存在物，具有宏观实在性，因此，它永远不能完全摆脱外部自然和自身自然的制约。在这个意义上，人作为自在的存在在自然系统中是"受动的、受限制的和受制约的存在物"②。

（3）人的自然属性的系统本质在于，人具有能动的自然需要，是自然系统中的一个能动的要素。人必须与自然环境系统进行不断的物质和能量的循环，使自身处于一个动态的"耗散结构"之中，才能维持其存在的必要条件。而人的生活资料只是在极其有限的范围内直接取自自在的自然物，而大量的要靠对自然物的改造和能动的索取。正是这种需要推动和促进了人对自然界的活动，成为人的活动的动力。恰如马克思说的："第一个历史活动就是生产满足这些需要的资料，即生产物质生活本身。"③ 正是这种改造自然环境的现实可能性和内在动力，使人成为"能动的自然存在物"，并在遵循自然规律的基础上"统治"了自然界。④

其次，马克思主义之所以认为社会是人同自然本质统一的系统存在，

---

① 马克思，恩格斯. 马克思恩格斯选集. 第一卷. 中共中央马克思恩格斯列宁斯大林著作编译局译. 北京：人民出版社，1972：24.
② 马克思. 1844年经济学–哲学手稿（中文版）. 北京：人民出版社，2002：120.
③ 马克思，恩格斯. 马克思恩格斯选集. 第一卷. 中共中央马克思恩格斯列宁斯大林著作编译局译. 北京：人民出版社，1972：32.
④ 马克思，恩格斯. 马克思恩格斯全集. 第42卷. 中共中央马克思恩格斯列宁斯大林著作编译局译. 北京：人民出版社，1979：167.

其对象性的基础就在于，在整个自然系统中，人作为一个能动的自然存在物，必然存在着它所能动地活动于其中并有目的地进行改造的"对象世界"。正像人是一个动态的系统整体一样，人的对象世界也是一个动态的系统整体，并且随着主体的进化、主体能力的增长而不断地扩张其系统领域和系统结构。正像马克思深刻地表明的那样："对象如何对他说来成为他的对象，这取决于对象的性质以及与之相应的本质力量的性质"，"我的对象只能是我的一种本质力量的确证"[①]。因此，人的对象世界也是一个系统的历史概念。正是在人与其对象世界的对立统一中，社会才作为人与自然本质统一的系统存在而活生生地获得了实现。具体地讲，在人与自然的历史统一过程中，人的对象世界系统具有如下若干结构类型。

其一，自在的自然。它包括微观世界的原子、原子核、基本粒子、层子、夸克……宏观世界的一切物体、事物和现象，宇观世界的恒星、太阳系、银河系、星系团、总星系……所有人类可观察和不可观察范围内的物质对象，均构成了自在的自然的结构内容。

其二，人化的自然。在人的能动的活动影响下，自在自然的基础物质要素之间的结构发生了变化，因而产生了新质的自然系统均属于人化的自然。人化的自然作为人的"感性世界绝不是某种开天辟地以来就已存在的。始终如一的东西，而是工业和社会状况的产物，是历史的产物，是世世代代活动的结果。[②] 人化自然的本质就在于："人的对象化的本质力量以感性的、异己的、有用的对象的形式，以异化的形式呈现在我们面前，被打上了人的烙印，失去了它自然自在的纯粹性。"

其三，人造的自然。人造自然是人类通过各种实践所创造的对象自然，是人类有目的地活动的产物。人工自然的本质在于，它是一种新的自然系统，具有新的结构、功能和特殊的运动规律；它所具有的新的自然性质，是自在的自然永远不可能自然自在地演化出来的；它将随着人

---

[①] 马克思，恩格斯. 马克思恩格斯全集. 第42卷. 中共中央马克思恩格斯列宁斯大林著作编译局译. 北京：人民出版社，1979：125.

[②] 马克思，恩格斯. 马克思恩格斯全集. 第三卷. 中共中央马克思恩格斯列宁斯大林著作编译局译. 北京：人民出版社，1960：48.

类的存在而存在，随着人类的灭亡而消失。

其四，人类的自然。人类自然就是指主体以外的他人及活动，或者说就是人和人的活动。人作为自然界进化的最高产物，是自然界的一部分，因此，"人的第一个对象——人——就是自然性、感性"①。"人是作为自然的、肉体的、感性的、对象性的存在物……"②人类自然的系统本质就在于，它是人的现实活动的主客体的结构统一，是这种两重性的系统一致。

其五，社会的自然。社会自然就是作为自然历史进程的社会客体，是"人们交互作用的产物"，是以共同的物质生产活动为基础而相互联系着的人的总体。它是"物"（人）的客观实在性、"物"的关系的客观实在性、"物"的"交互作用"的客观实在性的系统集合。它的本质就在于，它虽包含人化自然、人工自然和人类自然的要素，但又具有完全不同的系统质，具有它特殊的系统规定性、结构性和规律性。

再次，马克思主义之所以认为社会是人同自然本质统一的系统存在，其相关性的基础就在于，人同时又是社会存在物，具有整体的社会性。这就是说，人不仅仅是"自然存在物"，而且是"类的存在物"。社会的性质是"整个人类活动的一般性质；正像社会本身生产作为人的人一样，人也生产社会"。所以，"只有在社会中，自然界才是人自己的人的存在的基础。只有在社会中，人的自然存在对他说来才是他的人的存在，而自然对他说来才是人"③。总之，只有在整体的社会关系中，人的价值才能完全系统地获得真正的实现。人的社会性主要表现为以下几个方面。

第一，相关性。人的社会性及其本质是在劳动的基础上产生的。在劳动中，人与人之间发生确定的相互联系，从而赋予人以其区别于其自然属性的种种社会属性。在这个意义上，他是通过与他人的相互关系而成为人的。人作为能创造、思维、审美而有别于其他动物的特定存在，

---

① 马克思，恩格斯.马克思恩格斯全集.第42卷.中共中央马克思恩格斯列宁斯大林著作编译局译.北京：人民出版社，1979：127.

② 马克思，恩格斯.马克思恩格斯全集.第42卷.中共中央马克思恩格斯列宁斯大林著作编译局译.北京：人民出版社，1979：96.

③ 马克思，恩格斯.马克思恩格斯全集.第42卷.中共中央马克思恩格斯列宁斯大林著作编译局译.北京：人民出版社，1979：121-122.

在自己的全部人的生活表现中,都是社会及其历史发展的产物。所以,马克思把人定义为"一切社会关系的总和"。

第二,能动性。这种能动性就表现在,人在改变外部世界的同时,也改变着自己的本性。所以,人的能动性就在于人是自己的本质的创造者。因为,正是在人的创造性的方式中,人的自我活动和自我肯定获得了实现。正是在这个意义上,马克思主义既把人理解为社会历史的产物,同时又理解为社会历史的主体,是二者的辩证统一。

第三,整体性。人是一种具有多层次和多方面属性的系统整体,孤立地抽取其中任何个别属性都不能反映出人的本质和人的结构深度。所以,必须对人的社会性作出系统的整体理解,把人理解为自身中综合了其可能性、关系的全部多样性和丰富性的特定具体历史的整体,只有这样,才能合理地确定人在社会中的逻辑地位和历史地位。人的社会整体性表明,全面发展的理想的人格正是以人的社会本质作为依据的。

第四,开放性。由于人、人的对象世界以及人类社会本身的不断发展,人的社会本质也从来没有被最终地建立和完成,它处在不断形成的过程之中。这种开放性是人的社会系统性的动态表现,它是使人的社会性所包含的全部可能性和丰富性获得实现的根本条件,是人类及其社会由低级不断走向高级的不可或缺的系统特征。

最后,马克思主义之所以认为社会是人同自然本质统一的系统存在,其根本的手段和途径就在于人类实践活动的系统性,实践是人与自然辩证统一的桥梁和中介,在生产、科学和社会的实践过程中,人的自然化和自然的人化、人的社会化和社会的人化、科学技术的社会化和社会的科学技术化、历史的进步和进步的历史,才获得了真正的统一。随着当代科学技术的发展,人类的实践活动发生了巨大的变革,越来越系统化了,从而强化了社会作为人同自然本质统一的系统存在性。这就在于以下几个方面。

1. 实践目的的系统化

由于控制论和系统论在相对论和量子力学之后,又一次改变了世界的科学图景和当代的思维方法，人类实践活动的目的性愈来愈具有明显的精确性和系统性，人们从实践的单一中心观点和单纯系统观点，转向了对实践活动的完整理论反映的元系统观点，即在理论思维中把实践过程、方式及其内在结构的全部丰富性和多样性再现出来，从而揭示了实践活动的结构系统性，使人类的实践活动更能充分地体现和完成人的目的性。

2. 实践手段的自控化

实践手段是表达和实现人类意志的物质客体，它如何接受人的控制和表达人的意志，是实践发展水平的重要标志。它从人类肢体的直接控制发展到机械的间接控制，而又发展到电子自动控制，发生了本质的变化，使实践手段成为一个整体的自控系统。这不仅仅大大改变了人的生存环境，而且使人类实践活动扩大到更广阔的系统领域。

3. 实践信息传输的系统化

在人类实践中所发生的一切信息的输出、接收、传递、存储、译制和合成，是实践结构中各个要素之间内在联结的一个不可缺少的部分或环节，同样决定着人类实践的深度、广度和速度。实践信息传输的系统化，尤其是电子计算机、卫星通信、信息工程的利用和发展，使人们的实践在信息处理、信息比较、信息的反馈调节等方面，促进了实践过程中能够更好地选择最优化的方法、手段和程序，从而提高了实践的可行性和系统性。

4. 实践过程更大规模的社会化

为了适应人类认识和改造世界的实践活动在深度和广度上高速发展的要求，迫使各个不同的专业领域、不同的部门、不同的地区、甚至不同的国家，在促进人类文明发展的一切方面相互交流、相互协调、相互合作，更快、更高水平地创造新的成果，使实践的社会化程度正在更大规模的基础上系统地表现出来。从而，各种实践和各个具体实践的过程，逐渐地失去了自身相对独立发展的可能性，它们的相互依赖性已成为普遍的和必需的，故步自封、闭关锁国的状态已被历史地抛弃了。

5. 实践形式的综合化

人类实践活动的各种生产的、科学的、技术的、社会的形式，是相互联系、相互制约、对立统一的。由于实践活动的发展，各种形式之间的相互渗透、相互交织、相互结合的综合化趋向就越来越突出和明显。在社会生活中日益渗入了科学的和生产的内容；生产结构中含有科学实验，科学实验中又含有生产；生产精神产品的知识部门与生产物质产品的工农业企业融为一体等。这些形式之间的相互联结和统一使实践活动逐渐失去了单纯的性质，形成了愈来愈复杂的大系统。

总而言之，在理解社会是人同自然的本质统一的系统存在这一问题上，让我们铭记马克思的这一名言："社会是人同自然界的完成了的本质的统一，是自然界的真正复活，是人的实现了的自然主义和自然界的实现了的人道主义。"[①]

---

[①] 马克思，恩格斯.马克思恩格斯全集.第42卷.中共中央马克思恩格斯列宁斯大林著作编译局译.北京：人民出版社，1979：122.

# 解释学的方法论意义

解释学作为整个人文社会科学领域的一种横断的研究方法,既有悠久的传统和历史,又有崭新的时代精神和特征。它一方面像血管和神经一样,贯通了各门社会科学发展的系统肌体;另一方面又像一座理性思维的桥梁,成为当代人文主义和科学主义这两股思潮之间相互渗透和融合的媒介。因此,探索解释学作为一种方法论的意义,阐释它的方法论特征和功能,揭示它得以实现的真理性条件,就成为所有哲学家与科学哲学家们不容忽视的一项重要工作。

## 一、解释学方法的本质特征

解释学作为一种方法论体系,它"趋向于提出一种在很大程度上由

---

\* 本文发表于《天津师范大学学报》1991年第5期,作者郭贵春。

来自语言的特征所确定的现实形象"①。这种现实形象是语言的所指与超越所指的统一，是本文与作者的意向的统一。所以，理解和解释的过程就是认识主体重建本文及其内在意向的世界观的过程，就是再构一个系统的解释图景或意义图景的过程。正是这一点，决定了解释学方法所具有的某些本质的特征。

1. 本文的自主性是解释学方法得以展开的一个重要前提

任何一个特定的本文，都是在具体历史的、社会的、环境的和情境的"时间网"中通过语言形式完成的，它有着不依赖于后继认识主体而存在的客观性和自主性。但是，这种客观性和自主性仅仅是相对地存在着的，离开了主体的特定认识过程，本文的这种客观性和自主性就是毫无意义的了。所以，本文所提供的语义图景、作者的内在意向与认识主体的价值趋向性是有机统一的。这种统一当然不是无差异的同一，而是有条件的一致。因而，在解释学方法的展开过程中，理解并不必然地表现为神秘的"占卜"过程，而是一个特定的主客观之间的转化过程。在这里，把本文的自主性与认识主体的价值趋向性对立起来的态度是不适当的。在这个意义上，在认识主体的解读过程中，"理解的要素和情境中的存在辩证地对应着"②。从而使带有主体价值趋向性的意义意向可以获得某种可能的映射，以达到具体的"意欲语境"。在给定的条件下，这种意欲语境是特定认识主体的确定地可选择的本文语境。只有经过这样一个主体意向的语境转化，才能真正地实现"解释学的目的就是比作者自己更好地理解作者"的方法论要求。也只有这样，才能以本文的自主性为具体认识的起点，通过理解的过程，从只具有语言符号结构的含义侧度转向具有本质意义的语义学侧度。

2. 语境的实在性是通过解释学方法获取和提升意义的必要条件

语境具有主客体相统一的、多层次的综合实在性，所以，"语言有一

---

① 保罗·利科.哲学主要趋向.北京：商务印书馆，1988：380.
② 保罗·利科.解释学与人文科学.石家庄：河北人民出版社，1987：145.

种语境就像它有时间和主体一样"①。特定的语言形式只有在它与具体的认识主体相关时,它所携带的信息才能够被接收、处理、转译和输出,解释学的方法论功能才能由潜在变为现实。这一点构成了"全部解释学问题的核心"。这就是说,语言形式是在特定的语境中,作为具体给定价值趋向的结构体系超越了自身,从而作为一种实在的语言事件而实现自身的。而这一语言事件所蕴含的、可理解的本质图景,则构成了解释学方法所要揭示的根本意义。也就是说,语言作为一种意指或者一种意义的意向,在语境中达到了它的意向性、意识主体和意识对象的统一,并借助有意义的语言事件的形态获得了自我形式的超越和提升。这种关联具有一种可简示的直观结构,如图1所示。

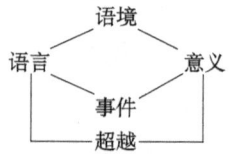

图1 语境、语言、意义、事件的关联图

这一结构充分地显示了通过解释学方法获取和提升"意义的辩证法",表明了理解的真正本质不是特定时空中的可转换和可流逝的语境和事件,而是"持久的意义"。当然,在特定时空中构成的语境和语言事件,只能被有意义地超越,而绝不能被无意义地抛弃。

3. "话语"是解释学方法所面对的直接的本文对象

解释学作为一种系统的方法论理论虽然与语言问题的研究密切相关,但是,解释学绝不等同于语言学。语言学主要诉诸句法的形式分析途径,而解释学则主要诉诸作为整体认识对象的本文的理解。本文不仅仅是一个语言的形式结构系统,而且是一个深层的语义结构系统和表征了某种特定价值趋向的意义系统。所以,解释学方法的本质在于超越语言符号的形式而给出关于对象的批判性的内在把握,而不在于停留在语言符号的能指形态而仅仅给出关于对象的直观性的表征。从本质上讲,解释学

---

① 保罗·利科.解释学与人文科学.石家庄:河北人民出版社,1987:136.

方法所面对的直接的本文对象，并不是某种"语言"，而是具体化为语言事实的特定"话语"。在这里，话语与语言有着鲜明的相对区别：第一，语言系统作为特定的整体存在是超时限的，而话语则是具体地、有条件地、暂时地实现的。第二，在抽象的意义上语言是无主体的，而话语则必须依赖于特定主体的存在性和本身的自参性。第三，语言符号可以只涉及自身系统中的其他能指符号，而话语则必须具有它特殊的描述、表达和指称的外在的对象域。所以，语言的功能是在话语中实现的。第四，语言只为信息交流提供符号条件和语形的形成规则，而在话语中则接收、处理、变换和传递信息。总之，话语所具有的这四种特征的集合，才构成了特定的语言事件，才能构成"语言-意义"结构中的中介环节。正是在这个意义上，由于只有"话语所涉及的领域是整个世界"，解释学方法所面对的本文对象才直接地表现为"话语"而不是"语言"。因而，解释过程中出现的所有可能的世界意义，均是由特定时空或语境中的话语世界（语言事件）中所内在地生成的。

## 二、解释学方法的基本功能

在某些解释学家看来，随着现代科学技术的发展，"信息化程度的增长并不必然意味着社会理性的加强"①。信息化程度的增长仅仅是社会理性加强的一个必要条件，但不是充分条件，二者在逻辑上并不是等价的。因此，解释学方法的真正价值就在于通过实践理性的环节，通过自身方法论功能的充分展开，去创造实现社会理性的条件。可见，在具体的解释学方法的功能意义上，去达到和实现人类认识的必需条件性，才能真正地推动社会理性的进步，而这恰恰是解释学方法论的最终目的。

对于解释学方法论的基本功能，我们可从以下几个方面来加以分析。

其一，意义的排除和选择。解释学方法的一个重要功能，就是要通过对本文中特定上下文的关联和语境而给出具体的、可接受的意义。因此，这就必须基于特定的语言事实，在语词的多重意义中进行恰当的排

---

① 伽达默尔.科学时代的理性.北京：国际文化出版公司，1988.

除和选择。排除不相关意义，选择合理性意义，从而为意义的创造性延伸提供必要的基础。所以，"有利于意义的选择，就是任何解释学的最一般的先决条件"①。

其二，从意义向指谓过渡。本文所要给出的并不是它自身在形式上的建构，而是由这个建构所内含的整个意义图景所指向的某个可能的世界。在这个层面上，解释学方法就是要通过理解本文，而从它的意义向它的指谓过渡，从本文自身向它所描述和表征的对象域过渡。这一过渡充分地体现了解释学方法所具有的转换和处理信息的内在机制。

其三，由具体向普遍的广泛扩张。解释是将认识主体的思维和认识的对象，通过语言的符号现实化和具体化的过程。在这个过程中，即使是"思辨也必须变成解释"，否则，"不能掌握存在的状况"②。这样一来，解释便通过思维方式的具体化而使自身达到了方法论的扩张，从而使其成为应用于涉及所有社会历史领域的人文社会科学研究的普遍方法。在这个基点上，解释学方法将使"社会科学的认识论和人类实在的本体论重新结合起来"③，使它具有广阔的应用基础、应用领域和应用前景。

其四，主体视界的升华。解释的过程不是静态的、机械的直观过程，而是主体的视界获得升华的过程。尽管在这个过程中，不同主体具有相异的"解释弧"，但是这个"弧"所具有的张力，却在解释过程的起点和终点之间架起了一座由此达彼的桥梁，使主体的视界在本文的启迪、语言事实的激发与背景价值趋向的统一作用中，达到一个新的境域。

其五，解释的批判性。解释学并非唯一地与理解相关，它同样与解释相关，把理解与解释对立起来是不适当的。在解释的意义上，解释学是系统的、开放的和可分析的。所以，解释学的目的之一是要成为一种"批判的批判"或者"超越－批判"的方法论，即通过实践理性的动力学系统的内在分析，来面对意识形态的批判。这是解释学作为一种哲学方法论的外在化的内在要求，是从狭义的解释学转向广义的解释学的要求。

---

① 保罗·利科.解释学与人文科学.石家庄：河北人民出版社，1987：111.
② 保罗·利科.解释学与人文科学.石家庄：河北人民出版社，1987：19.
③ 保罗·利科.解释学与人文科学.石家庄：河北人民出版社，1987：38.

换句话说，解释学通过对自身理解的对象性、结构性、参照性和创造性等条件的解释性批判，而必然要超越自身而引向批判的批判，从而在对意识形态的批判中来反观和反证自身存在的意义。某些解释学派对于西方资本主义意识形态的扭曲性和虚伪性的合理性批判，就是此种方法论功能的体现。

必须注意的是，当我们在分析解释学的方法论功能时，必然要涉及在解释的过程中，对本文细节的理解和对整体的理解之间的循环关系，这已被称为"解释学循环"的难题。这一难题的核心就在于，对一个确定的本文来说，局部的意义决定于它在整体中的地位，而整体的意义则决定于它使局部"境况化"的方式，二者之间存在着一种互动、互逆、互证、互佐的关联。因而，解释学方法的功能发挥，一方面"约束"于本文的整体性，另一方面"污染"于理解的"前结构"，它们给定了理解本文所可参照的对象域和潜在的价值趋向性。

解释学方法论的展开过程是一个相对的、有条件的过程，它不存在唯一的、最终的和绝对的性质。所以，解释学方法论的开放性、创造性和批判性的功能，并不与"解释循环"具有根本的对立性，相反，前者是在后者中显现和完成的，而后者构成了前者实现的具体的"理解—解释"条件。换句话说，合理的解释循环正是解释学方法论得以存在的特定形式。只有把握住这种关联，我们才能在不同解释所表现的指称的同一与差异、本文的可通约与不可通约、意义的相关与不相关之间的矛盾中，找到合理的解释途径，既不导向绝对的历史传统的约定论，也不导向任意的文化相对主义，把握好解释学方法论功能的多层次性、多趋向性和多效用性之间的辩证法，即解释学循环中所存在的"递降辩证法"（descending dialectic）。

## 三、解释学方法与解释学的真理性

解释学方法的本质就是重建或创造意义，"理解—解释"的过程就是再创造的过程。从真理性的意义上讲，也就是对主体自身的对象化的重解。因为，本文作为认识主体的对象化的产品，在具体的认识过程中，获得了新的对象化的产品特征；同时，也正是通过这种对象化，主体才能从本质上理解自身的意向及其真理性价值。通过主体的对象化的实现，在解释过程中达到了历史与现实的统一、传统与文化环境的统一以及直观与深层分析的统一，从而使"理解—解释"的螺旋真正成为获取解释学真理的过程。

这种解释学的对象化，并不是单纯的逻辑理性的对象化，而是所有主体认识的不同层面集合的整体对象化。所以，对本文理解所获得的意义，是具有系统的、多层次的、复杂结构的整体对象性，对这种意义的简单的、纯逻辑的推论是不适当的。这正是解释学方法有别于科学逻辑方法的重要之点。因而，解释学的意义的可参照物是一个丰富的对象整体，而不是单纯的本文。

解释学的对象化告诉我们，"每一个解释学的理解都起始于并终止于'事物本身'"[①]。而解释学的"事物本身"正是在对象化的过程中被创造的意义图景，它表明了主体的解读过程是解释学的方法论与解释学的真理性的统一。

通过解释学的对象化过程及其方法论条件的保证，形成了解释学真理的几个基本特点。

第一，历史的开放性。解释学的真理性不应是教条的、机械的和简单对应的，而应是历史地开放的。对于"事物本身"理解和解释的历史的开放性，并不与意义理解和解释的相对主义等价。因为，相对主义的本质并不是"开放"，而恰恰是在实用主义基础上的封闭和狭隘；开放性的本质绝不是相对主义，而恰恰是在坚持历史传统基础上对意义理解所保持的一贯性和连续性。混淆这二者之间的区别，只能是非辩证的解释观。

第二，内在的一致性。在解释学的对象化过程中，本文与主体的相互关联的整体性越有序，"事物本身"就越真、越善、越美，意义图景就越清晰，阐释真理的可能性就越强。所以，在解释学中，"高的真理不是

---

① 伽达默尔.解释的社会科学.哲学译丛，1990,(4)：4.

一种固定的条件",而是在这一整体中"最高的统一性和多样性"。这种解释学真理的理想化,是一种内在的哲学理性的要求。

第三,方法的丰富性。在解释学真理的探索过程中,"普遍法则是需要运用的,而法则的运用又是没有法则的"[①]。这体现了方法论的原则性与丰富性的统一。这就在于,解释学真理的获得不仅仅需要理性的分析,而且需要理性的直观,不仅需要历史的积淀,而且需要创造性的批判。只有在这样的基础上,才能保证真理的合理性、可靠性和稳定性。

第四,发展的无限性。在解释学的发展中,真理存在的表现方式是相互依赖、相互贯穿、相互补充的。因为每一种存在方式都是在突破自身的真理性意义而向其他存在方式的推进。所以,真理对认识主体来说是"处于突破之中的真理"。而且,这种突破的结果往往使人选择那种"理性地无限的、开放的和向上的运动",使真理性认识在认识运动中永远不会成为僵死的和不变的东西。所以,对于"事物本身"的意义重构,既有再现的一面,又有超越的一面。这深刻地表明,"时间中的真理总是未完成的",而且,"即使在最美妙的结晶状态中也不是最终不可改变的"[②]。解释学真理发展的无限性,恰是哲学理性本质之使然。

## 四、结束语

最后,我们必须指出的是,解释学作为一种西方社会科学研究的方法论体系,有着它不可避免的局限性和内在缺陷。首先,语言研究的方法不是万能的,它不能离开其他方法而孤立地发挥作用。它只有在与其他研究方法的相互渗透和互补中,才能获得恰当的方法论地位。对于这一点,作为当代解释学的主要代表之一的伽达默尔也有着清醒的认识,他指出:"语词的有限可能性和意识相关就像和无限方向的相关一样",因为,"在陈述里,实际上说出的东西的意义视野,被方法上的拘泥所遮

---

[①] 伽达默尔.科学时代的理性.北京:国际文化出版公司,1988:43.
[②] 施太格缪勒.当代哲学主流.北京:商务印书馆,1986:257.

掩"①。其次，解释学方法对其自身结果的最后裁决，并未诉诸真正客观的、物质实践的合理法庭，而是诉诸某种"公共权力的执行"标准，从而导致了某种社会约定论的错误倾向。最后，现代解释学是从德国现象学的发展中演化出来的，它所要"破坏的不是现象学，而仅是它的一种解释"②。解释学的基础是现象学，而现象学的构造又不能离开解释学的方法。因此，二者既有某种性质上的区别，但又有方法论上的一致性和承继性。尤其是现象学中的唯理主义的传统，在解释学中仍具有很强的趋向性。因此，我们必须立足于马克思主义的辩证唯物主义的方法论立场上，对解释学的方法论意义进行科学的比较研究，对其予以批判的汲取和借鉴，而不能毫无分析地照搬或抄袭。

---

① G.昆.语言在现象学分析中的作用.哲学译丛.1988,(3)：61.
② 保罗·利科.解释学与人文科学.石家庄：河北人民出版社，1987：101.

# 当代科学认识论的发展

## ——一个开放的动力学系统*

　　站在马克思主义的立场上，从西方文化的整体背景去审视20世纪科学认识论发展的历程时，就会发现尽管它流派繁多、起伏迭易，但没有超脱这一整体文化的背景框架，而恰恰是在这一框架中，循着它自身的特定发展趋向，一方面不断地修正和弱化其科学主义的狭隘和偏见，另一方面逐渐地吸收和融合人文主义的某些方法和价值论，从而形成了一个开放的动力学系统，并在这一系统中获得了它自身的实现。

　　艾耶尔在总结20世纪西方哲学的发展时，极其清醒而又明晰地洞察到了如下两个重要的特征：其一，"二十世纪的哲学——无论哪个派别——的一个显著的特征是，它的自身意识不断增长，哲学家们比以往更认真地对待他们的行动目的以及实现这个目标的适当方式"。其二，"哲学是从其他地方获取其题材的，不管这些题材是从艺术的或科学领

---

\* 本文发表于《河北学刊》1992年第2期，作者郭贵春。

域,还是从前科学或半科学的信仰,或是从日常生活的语言中获得。哲学的立场是批判的、说明的。迄今得到的发现之一是:哲学缺乏自身的资本"①。当代科学认识论作为整个西方哲学运动中的一个支流,在这两点上也毫不例外。科学认识论为了达到和实现自身进步的目的,为了减少自身缺乏充裕资本的缺陷,也被迫地从科学主义之外的人文主义领域中去获取自身发展的题材。因为,逻辑经验主义、批判理性主义和历史经验主义认识论的更迭,历史地说明了仅仅在科学主义的框架内"抱残守缺"除了阻碍进步之外,并无益处。所以,某些故步自封、闭域锁界的科学主义的僵化教条,便日益作为一种被意识到的锁链而自觉或不自觉地被松解了。在这样的背景环境中,当代科学认识论在吸收和融合了人文主义的某些方法和价值论的基础上,主要试图通过语义认识论、实践理性认识论和自然主义认识论这三个相关的具体方向,作为新的"突破口",以选择一条科学认识论发展的适当而又有前途的道路。当然,科学认识论的这一探索是在整个西方文化潮流的奔腾中所夹杂着的一股水系,它既是自主的,又是迫不得已的;既是自觉的,又是自然的,具有科学认识论发展的不可逆性。必须指出的是,由于科学认识论自身的多样性和复杂性,本文主要是从科学实在论的认识论趋向去作必要的考察和概括的。

## 一、语言解释与语义认识论

伴随着当代科学语言(如物理学的形式化系统)越来越远离经验的发展以及技术语言(如计算机的语言系统)日趋朝向实践的应用,语义哲学的研究已日益成为科学认识论深入发展的前沿问题。在某种意义上讲,没有语义哲学的深入探讨,科学认识论的现代化便只是一句空洞的口号。历史地看,在科学主义的研究中,虽然任何试图仅仅通过语义哲学的详尽形式分析来摆脱科学认识论困境并解决一切难题的企图,都作

---

① 艾耶尔.二十世纪哲学.上海:上海译文出版社,1987:19-20.

为一种"幻想"而破灭了，但是，语义分析的方法作为一种有效的研究方法，却仍具有普遍的认识论意义。

与此同时，在人文主义的研究中，语言解释或本文解释的问题也已成为"当代思想的十字路口"①。通过对日常语言的形式结构及其价值内涵的理解和解释，解释学的传统渗入了当代结构主义、符号学、心理分析学、结构人类学、社会学以及理论批评等具体的学科之中，使语言解释作为一种普遍的认识论要求存在于整个文化背景之中，并对所有的人类认识产生了一种潜在的"污染"作用。特别是20世纪70年代以来，这种语言解释已成为"关于理解和解释从历史的和非分析"的认识论形式与"英美科学哲学"的认识论形式之间"相互联结的桥梁"。②

正是在这个意义上，解释学的语言解释方法和认识论要求与科学认识论的语义分析方法在同一文化背景中的共存是一致的，它们相辅相成，并行不悖，对科学认识论具有内在的影响和启迪。这主要表现在以下几个方面。

（1）语言解释的认识论目的可促使语义分析的认识论原则更加系统化。在科学认识论中，语义分析方法在哲学背景上从来不是中性的，它始终与认识论的价值趋向本质地联结在一起。因为，语义分析方法的运用，总是与科学认识的主体（人）密切相关，人作为能动的认识主体，是"有意识的或能思考的信宿"③。同时，语义分析方法也必须在其所用语言具有表征意义的理论系统中才得以展开，它不仅要涉及句法逻辑的严密性和精确性，而且还要涉及语义逻辑的趋向性和实在性，并在这个基础上得以实现。因此，"语义规则的特征依赖于所采用的意义理论，反之，它也必须由它所从事的目的来证明"④，而且，"即使逻辑是中立的，语义分析也可与本体论结合起来"⑤。这深刻地表明，科学哲学家们也意识到了语义分析方法的运行与认识论价值定向是内在地不可分割的。尽管如此，他们的这种意识仍是简单的和不系统的。

---

① Flistad G. Contemporary Philosophy. Boston：Martinus Nijhoff Publishers，1986：453.
② Flistad G. Contemporaly Philosophy. Boston：Martinus Nijhoff Publishers，1986：487.
③ 勒内-托姆. 突变论：思想和应用. 周仲良译. 上海：上海译文出版社，1989：213.
④ Martinich A P. The Philosophy of Language. New York：Oxford University Press，1985：40.
⑤ Bunge M. Scientific Materialism. Dordrecht：Reidel，1981：175.

恰恰是在这一点上，人文主义的解释学对语言解释的理解有着更系统的认识论意义。综合各派的解释学观点，他们之所以认为语言解释是理解本身得以实现的媒介，就在于其把握了认识的目的性与语言之间根本的内在关联。譬如：①语言作为解释对象和本质载体的统一，决定了语言解释的核心地位。也只有在这种统一中，语言符号才能展示它的意义，本文所指的对象也才能本质地再现。②语言解释是语法解释与心理解释的统一。只有通过语言特性的比较分析、语词意义的参照分析、本文产生的情势分析以及在思想交流中心理上的同质分析，才能系统地把握解释对象的认知结构，从而揭示语言解释的认识论功能。③思想的交往是在特定语境中的语义交往，所以语言解释必须给出语言与世界之间的客观联系，并且合理地确定或指示语义交往的根由或历史意义。④语言解释是本体论、认识论和方法论的统一，本文是通过语言形式符号所凝结的生活表现，是生活意义的客观化。因而，理解就必须通过语义分析的过程超越本文，达到更丰富、更多样、更具体的"可能世界"，即从明显的、直接的意思中去揭示隐含的、更深层次的本质意义。

不难看出，科学认识论的语义分析方法与解释学认识论的语言解释方法具有特定的对象差异。但是后者所凝聚的认识论层次的本质意义，却对前者有着内在的启迪。从认识论的高度而不是形式上的框架去汲取前者的合理内涵，无疑是科学认识发展所需补充的方面。

（2）语言解释的理解方法有助于语义分析的结构方法的进一步强化。在科学认识论看来，语义总是与表示空间位置的形式化系统联系在一起的。因而，对语言符号进行空间定位，从深层结构对表层结构确定意义，是摆脱和批判形式主义在逻辑上的节节后退而消除一切语义的逻辑困境的出路和方法，在这一点上，解释主义的认识论也承认，语言要素并不是一种纯粹形式化的"空的媒介"，它不是主体与世界之间的障碍和围墙，因为在语言实践中"确定了我们的自由空间"，而正是这个"自由空间"表明了是一种"充满了现实事物的空间"[①]。

---

① 伽达默尔.科学时代的理性.北京：国际文化出版公司，1988：45.

在这个基础上,无论是科学认识论还是解释主义认识论,"对于一个确定本文的阅读和对于一个特定观察状态下的仪器的阅读是相似的,它们都具有解释的、因果的和相关的行为"①。这就构成了它们在某些结构上的相通性环节。比如:①解释语言符号的相关性环节(形式结构);②描述语言符号与世界之间的对应性环节(意义结构);③确定语词合理描述的对象性环节(经验结构);④给出语言应用的语境限定的环节(实践结构);等等。

这种语义分析或语言解释的结构性内含着丰富的辩证因素,从而使某些科学认识论家也自觉地意识到,"理论、语言和分析方法与世界的适应不仅是一种成功的接近,而且是一个深入的辩证过程"。某些解释主义的认识论者强调,"辩证法必须在解释中被恢复",因为只有在辩证的解释中,"哲学命题才获得它们充满张力的特性"。因此,辩证的陈述是"不可逆的"。②这一论点对于科学认识论的语义分析结构不能不说已产生了某种潜在的背景影响。

(3)语言解释的本文理解与语义分析的理论解释存在着内在的一致性。任何一种自然科学的或社会科学的理论,对于它们特定的语义域来说,都是根据相关的语言范式或规则构造的陈述网络和意义集合的。因此,人文主义的本文理解与科学主义的理论解释,在强调对意义的把握时,存在着异曲同工之妙。前者注重本质理解,通过"一致性的语言条件—同一的语言框架—相似的价值视野—协调的解释实践"的语言解释途径,导出了解释学认识论的本文理解方式,从而从"内在的语言条件"上升到对对象的本质把握。而后者则注重语义分析,通过"能指的句法形式—能指的句法内容—所指的语义形式—所指的语义内容"的结构分析途径,导出了科学认识论的理论解释模型,从而从句法结构经过语义上升或语义下降而达到对对象的本质认识。从认识论的意义上讲,它们可从定性与定量、直接与间接、显性与隐性、直觉与实验的结合上达到互补和渗透;可从模糊性与精确性、对应性与一致性、直觉性与逻辑性、

---

① Hellan P. Natural science as hermeneutic of justnumentation. Philosophy of Science,1983,(3):189.
② 伽达默尔.科学时代的理性.北京:国际文化出版公司,1988:55.

抽象性与经验性的统一上达到融合和相辅。

事实上，从本质上讲，科学理论的解释与解释学的本文理解从来就不是绝对地排斥的，而是在社会与文化的整体纽带中密切相连的。因为，"自然科学在它的成长和发展、模型的应用以及建立它具有历史传统的连续中，都使用了解释学的方法"①。比如，历史主义的科学认识论将科学范式从整体上进行分析和把握时，就自然地引入了解释学的传统，从而使每一科学发展模型之间的区别都存在着一种解释学上的区别。尤其是在内史与外史的区分、理论解释的标准、指称与语义、实在论与反实在论的论争等问题上，存在着强烈的解释学味道。所以，无怪人们称科学认识论的理论解释中存在着一种"科学模型的解释学"。②对此，库恩就曾明确地表示："不管自觉不自觉，他们都在运用解释学方法，但是对我来说，解释学的发现不仅使历史更为重要，最直接的还是对我的科学观的决定作用。"③

## 二、唯理主义与实践理性主义认识论

人类的文明史是与人类的理性进步密切相关的，但是人类理性运动的潮流并不是平缓而笔直的，它既有分叉又有汇合，既有"飞流直下三千尺"的壮观又有在峡谷中冲沟劈壑而觅径的曲折。19世纪以来，当人们从黑格尔的形而上学的绝对理性桎梏中解放出来之后，便试图从理论上探寻一种真正科学的理性。逻辑经验主义就是沿着实证主义的科学主义传统，在科学认识论中构造了一种纯粹的、形式化的理性标准，并在这种"形式理性"的旗帜下宣告了它的"哲学革命"。

然而，沿着人文主义传统而发展起来的、以胡塞尔为代表的唯理主义，却擎起了一面"科学的哲学理性"的旗帜。一方面，批判黑格尔式的"绝对理性"，把现象的认识论作为"一种方法"，去"反对神秘主义

---

① Hellan P. Natural science as hermeneutic of justnumentation. Philosophy of Science, 1983, (3): 201.
② Hellan P. Natural science as hermeneutic of justnumentation. Philosophy of Science, 1983, (3): 200.
③ 库恩. 必要的张力. 范岱年, 纪树立等译. 福州: 福建人民出版社, 1981: 2.

和非理性主义,从而建立一种超越旧的理性主义的超理性主义"①。另一方面,批判科学主义的"形式理性",为"从根本上保证任何具体科学的真正的科学性品格",为科学地评价和说明实证科学中的合理性及其局限性,而建立一种超越实证的、具有真正"哲学的科学性"的理性主义。正是这两种批判与两种建构的需要和统一,使胡塞尔形成了他的"科学的哲学理性"的"纲领",并试图通过这一纲领去推动整个人类认识的进步。

这种"科学的哲学理性"所具有的深刻的批判性,积极地、有意义地影响了当代科学认识论的自我清算、反思、修正和进步。某些科学认识论家意识到,逻辑经验主义的"哲学思潮被科学的成功冲昏了头脑,甚至认为在我们所认识的科学之外,根本不可能设想知识和理性有可能存在",这种科学理性的"关门主义"已经破产。②而且,在进一步总结历史主义认识论的经验基础上声称:"要么是与历史无关的永恒的合理性准则,要么是文化相对主义,这样的两分法已经过时了。"③然而,他们在受到人文主义的哲学理性的影响并批判逻辑经验主义的绝对的科学理性的同时,既没有盲从,也没有放弃对合理的科学理性的追求和信仰,而是要建立一种真正的实践理性主义的科学认识论。因此,一方面,在非理性主义泛滥和盛行的科学认识论领域中,要把"理性是而且应该是感情的奴隶"的休谟格言彻底地抛掉,把非理性主义的片面性从科学认识论中排除出去。另一方面,要在某些人文主义的"泛文化理性"对科学主义的"科学理性"的"围剿"中,反对那种仅仅从理智上"流于一种文化共同假定"的理性意义,因为"这种(理性)意义不可能是唯一的或标准的重要意义"④。这种哲学理性的启发意义对于科学认识论所要追寻的科学理性来说,是必要的和不可缺少的,但却不是充分的和完备的。在科学认识论的发展中,真正"穷途末路"的仅仅是那种狭隘的、绝对的逻辑理性主义,而不是真正普遍的、合理的科学理性主义。正是在这

---

① 胡塞尔. 现象学与哲学的危机. 北京: 国际文化出版公司, 1988: 177.
② 普特南. 理性、真理与历史. 沈阳: 辽宁教育出版社, 1988: 230.
③ 普特南. 理性、真理与历史. 沈阳: 辽宁教育出版社, 1988: 3.
④ 普特南. 理性、真理与历史. 沈阳: 辽宁教育出版社, 1988: 196.

个意义上,他们将科学理性的"实践重建"作为科学认识论为之追寻和奋斗的目标。由此,他们不无激情地呐喊:"为了一种合理的或理性的立场去奋斗,实质上是进步的事业,是'无限度地可臻于完善的'事业。"①这既是科学实在论发展的时代要求,也是实践理性主义科学认识论的精髓。

无论如何,人文主义的唯理主义传统对实践理性主义的科学认识论的启发和影响,主要表现在以下几个方面。

### 1. 形而上学在科学理性中的复归

一般地讲,胡塞尔的唯理主义并不绝对地否认实证科学在知识层次上的典范性。但是,由于哲学理性在探求知识的绝对性时,必然要超越实证科学的知识水平,因而,只有在哲学理性中"科学思考的规范才能被确证"②。换句话说,只有"哲学科学"中的认识方法,才能成为科学方法论中有意义的理性原则的证明和保证条件。也正是在这个基础上,科学的具体目标才能作为哲学理性的具体实践目标"有理由地"充分实现。

在科学认识论看来,唯理主义的这一论点表现了要求哲学理性作为一种形而上学在科学认识论中复归的愿望。他们在科学认识论的发展过程中,也自觉或不自觉地意识到了这种复归的某种合理性。特别是当科学认识面对新的难题时,纯形式的逻辑框架就显得不充分,而"基本形而上学所预设的完备结构则成为必需的了",因为它成为"更高地运用方法论的认识结构,更好地覆盖了探索和变化"③。所以,普特南从科学认识论的目的性上呼喊"不要忘记形而上学",邦格从方法论上力图构建"科学的形而上学",而克里普克则从整体意义上去论证"引入形而上学的必然性"。

这深刻地表明,形而上学在科学认识论中的地位和功能,恰如物理学家冯·弗莱斯特"骆驼悖论"中那只由哲学家拉来的第18只骆驼那样,它虽然在逻辑上是不充分的,但却是必要的。它不是证明了形而上学在

---

① 普特南. 理性、真理与历史. 沈阳:辽宁教育出版社,1988:208.
② 胡塞尔. 现象学与哲学的危机. 北京:国际文化出版公司,1988:40.
③ Hahlwey K, Hooker C A. Evolutionary Epistemology and Relativism// Nola R. (ed.) Relativism and Realism in Science. Dordrecht: Kluwer Academic Publishers, 1988:111.

科学认识论中的多余性，恰恰相反，而是证明了形而上学的不可缺少性。形而上学作为科学理性的一个要素、一个方面或科学理性天平上的一个砝码，在科学认识论中具有它不可抗拒的"参与性"。因此，形而上学在科学理性中的复归，是当代科学认识论面对所有进步的可能性时作出最佳选择的"有效配方"。倘若我们从科学理性的功能意义而不是纯工具的意义上去认识这一"复归"时，那么它不仅不是什么"天方夜谭"，而已经成为一种现实的必然趋势了。

## 2. 从"封闭"的科学理性走向"开放"的科学理性

根源于唯理主义的解释学传统，注重哲学理性的创造性和开放性，强调超越传统、超越对象、超越个体自我，主张面向社会、面向深层、面向可能的未来世界，以使哲学理性能够通过对本文的常新理解，而不断地透入本质、发现新的意义并改变人类理性得以实现的认知结构。

哲学理性对于传统形而上学思维方式的批判和扩张，也在科学理性的湖面上起到了某种推波助澜的作用。当代科学认识论家们意识到，在科学理性中引入科学目的性、引入价值判断、引入理性标准的可操作性、乃至引入理性的洞察，是对科学理性论域的必要扩展。同时，这也是在科学认识论中对传统的"休谟问题"的进一步求解。因为，第一，理性不能原始地产生自身；第二，理性不能盲目地实现自身；第三，理性不能最终地证明自身。对这一系列矛盾的最终求解，绝不能仅仅局限在导致这些矛盾的自身形式框架之内，而必然在其之外。因此，超越自身的纯粹形式的束缚，而诉诸形式的与非形式的、规范的与非规范的、内在的与外在的理性要素的统一和结合，才能使科学认识论"柳暗花明""曲径通幽"获得进步，也才能在科学认识论中，使科学理性在功能意义上获得更强的张力，从而使僵化的"死的理性"变为生动的"活的理性"。难怪有人宣称："关于科学本质的真理并不是简单的，科学家们既不是纯理性的，也不是纯非理性的。如果谁希望有一条口号的话，那就是：实在论就是真理和温和的理性主义。"[①]在这里，科学理性的范畴在科学认识

---

① Newton-Smith. The Rationality of Science. London：Routledge，1985：273.

论中获得了新的域面扩张。在这一点上，科学理性观念的这一改变，与哲学理性的如下观念不谋而合："真正说来理性的德行并非只是要实现人类生活的一个半圆，而是应当能支配给人类打开的整个生活空间，也应当能支配我们的一切科学能力和我们的一切的行动。"①

### 3. 从狭隘的逻辑理性转向立体的实践理性

唯理主义并没有绝对地抛弃"实践"的概念，而是通过理性的悬搁（epoche），形成了一种新的"实践景观，它的宗旨就是要通过与每一种真实性的准则相符合的科学理性来抬高人类"②。这种理性的"实践景观"的传统在解释学中获得解释实践的沉降，他们认识到了"理论视野与实践视野的两面性和矛盾性"，因此，坚持在"普遍的知识渴望与具体的实践洞察力之间存在着一种相互作用关系"③。从而把这种关系的处理看作是实现哲学理性的基本条件之一，即一种实践理性的原则。

这种实践理性的原则，在科学认识论中产生了有意义的渗透。科学认识论家们意识到了从狭隘的逻辑理性或标准的规范理性转向立体的、多层次的实践理性，应是当代科学认识论发展的趋向之一。正是在这个意义上，他们重构了科学的实践理性的要求，即"只要保证这一点就行：如果行动者预设了他的目的和他的信念，即坚信手段或方法或策略可以用来达到他的目的，那么按照这个预设去行动便是有理性的"。换句话说，只要他的行动"可以在技术性的手段"上可操作地实施，就可以从"目的的合理性意义上理解为理性的"④。在这里，科学认识论家们接受了实践理性的观念，并且从发生的、动态的和历史的意义上给出了实践理性的综合要素：①科学目的与科学方法论的统一是科学理性的内在要求。人们不可能设想失去了目的的方法和失去了方法的目的能成为科学理性的载体和象征。②本体论的阐述与科学解释的统一是科学理性的

---

① 伽达默尔. 科学时代的理性. 北京：国际文化出版公司，1988：3.
② 胡塞尔. 现象学与哲学的危机. 北京：国际文化出版公司，1988：152.
③ 伽达默尔. 科学时代的理性. 北京：国际文化出版公司，1988：99-100.
④ Hahlwey K, Hooker C A. Evolutionary epistemology and relativism// Nola R. (ed.) Relativism and Realism in Science. Dordrecht: Kluwer Academic Publishers, 1988：218.

实在论基础。③知识结构与存在结构的统一奠定了科学理性的实在内容。④实践结构作为理性因素与非理性因素的统一成为科学理性获得实现的必要条件。因此，科学认识论试图通过将科学理论的分析从科学理性的"逻辑结构"转向科学事业的"实践结构"构建一个"逻辑结构—实践结构—存在结构"一体化的实践理性的完整系统，从而彻底摆脱由"纯粹理性—无价值理性—工具理性"构成的逻辑经验主义的束缚。总之，"没有实在论就不会使解释态度理性化"，成为他们捍卫科学理性的认识论口号。①

## 三、自然主义与自然主义认识论

在人文主义的发展中，始终伴随着某种自然主义的派别。它与宇宙论、目的论和抽象的道德说教相对，认为宇宙不需要超自然的原因和控制，它自我存在、自我解释、自我操作、自我定向。人类的社会生活，包括物理的、精神的和伦理的方面，均是日常的可还原为自然操作的自然事件。人们的一切伦理价值、行为和各种约束均可在自然的基础上来给予评价，而不必诉诸超自然的法则。它的最高层次的善存在并包含于自然的条件之中，而不必诉诸超自然的愿望。另外，自然是一个实在整体，是一个在时间和空间中存在着的事件和实体的系统集合，它的一切运动的特征均可归结为一组自然自在的因果规律性。因此，它是自主的和自足的，排除了一切预设主义的、目的论的、先验论的观念和理论。

由于"自然主义现行具有的最有意义的任务，就是从盲目地汲收理论而转向了对自然和现实生活中所出现的事件和价值的全新思考"，从而使自然主义已不是作为一种单纯的哲学观念而存在，同时具有了解释一切社会事件和社会现象的"科学方法"的功能。② 正是这种功能使它能够渗透于一切科学的和人文的学科领域之中，并成为一种普遍的认识论方式。它在科学认识论中的影响，导致了这样一种观念，即"人类的知识

---

① Leplin J. Scientific Realism. California: University of California Press, 1986: 214.
② Runes D. The Dictionary of Philosophy. New York: Philosophical Library, 1967: 205.

是一种自然的现象",对于认识世界的方法来说,人们不具有任何"具有特权的途径",人类的知识也永远保持着尝试性和不确定性。所以,不应当去奢求在现行的科学知识之外的东西,我们所能假设的仅仅是,"不断地研究将不断地带来令人吃惊的结果"。因此,科学认识论家的任务,只能是考察人类知识最有效的案例,并以此作为我们重新评价这种方式到目前为止的可理解的基础。一句话,人类科学知识的发展是一种无为的、经验的、自然而然的过程。①

特别是当他们考察科学与社会的关联时发现,"科学的进步并不自动地推动社会的进步,所以,科学不仅仅应当被看作是对问题的解决,而且应当被看作是创造问题的行为"②。比如,核灾难和生态灾难的出现,就是鲜明的例证。因此,仅仅逻辑地来形式化地判定科学的进步性和合理性是片面的,它不能不与自然的整体动态性相关。所以,科学认识论的标准就必须从单纯的静态逻辑系统转向认识的自然的动力学系统。也就是说,科学认识的对象系统、操作系统、评价系统都必须由单一转向复合、由狭义转向广义、由实验室转向立体的人类社会。总之,这种转向在某种程度上"包含了对传统认识论和科学哲学中具有鲜明特征的理性和证明的规范问题的抛弃"③。正是在这个意义上,人们必须重新认识到:"科学是一种人类、社会、历史和生态的活动;它的认识力量关键依赖于它的建制性特征以及它与许多其他系统的相互关系。"④这就使科学成了一种自然地进化的结构动力学系统,而对这一系统的理论阐述,就成为科学认识论研究的一个宗旨。

在当代人文自然主义的影响下,自然主义的科学认识论在极端的理性主义和经验主义之间出现了各种各样的样板,比如,胡克的实在论的进化的自然主义认识论与劳丹的反实在论的规范的自然主义认识论。但

---

① Achinstein P, Hannaway O. Observation, Experiment and Hypothesis in Modern Physical Science. Massachusetts: The MIT Press,1985:179.
② Hahlwey K, Hooker C A. Evolutionary Epistemology and Relativism// Nola R. (ed.) Relativism and Realism in Science. Dordrecht: Kluwer Academic Publishers, 1988:103.
③ Siegel H. Laudan's normative naturalism. Studies in History and Philosophy of Science,1990,(6):295.
④ Hooker C A. A Realistic Theory of Science. New York: State University of New York Press,1987:304.

是，就实在论的自然主义认识论来讲，他们主要把认识限制于自然（社会）事件与科学知识的相互关联，并且直接地探究在自然（社会）中发生的一切事件的描述及其理论的系统化。从总体上讲，自然主义的科学认识论的主要特征在于以下几个方面。

（1）引入人文自然主义的自然化立场，彻底清算和批判逻辑经验主义和批判理性主义的"先验的"认识论立场。在自然主义认识论看来，极端地强调逻辑方法的预设性、永真性和绝对性的认识论，人为地割裂了科学世界观与科学方法论、科学事业与人类社会、科学理性的进步与文化背景的进步之间的关系，通过片面强调科学方法论在形式上的中性特征，而把科学理性的发展仅仅看作是在"经验综合"基础上的"约定的集合"了。实际上，在科学认识论的发展中，根本不存在这种绝对静止的、孤立的"第一哲学"(first philosophy)。自然主义认识论恰恰是要在对这种错误立场的批判中，来展示自身的合理性和进步性。

（2）引入人文自然主义的自然化观念，构建一个科学进化的动力学系统。它的结构涉及以下几个方面：①科学与作为自然种类的人及其生态环境的关系，它们构成了科学活动的"外在生态"条件。②科学与技术的关系，技术已成为扩展科学信息的基础、检验理论的方法、激发新概念的发生源以及促进科学社会化的手段。③科学自身的内在要素之间的相互关系，如理论、仪器、方法论、价值论、研究规范、道德、心理、社会建制化等，各个要素之间具有高度相互制约的机制，这构成了科学活动的"内在生态"条件。④科学与社会、科技政策、文化结构等之间的关系，这使得"科学本质上成为一种自然化的社会活动"，并通过这种现实的活动，构成了理论科学与社会之间的联结中介。总之，这四个方面的统一构成了科学进化的系统原因，导致了科学自然化的完成和实现。

（3）引入人文自然主义的自然化方法，把自然主义认识论的方法论标准奠定在科学发展的"自然进化过程中的功能"之上。正是在这个意义上，自然主义认识论并不是要否弃和排除科学方法论的"规范"作用，而是要把这种"规范"作用限定在具体的、特定的科学认识过程之中，因为科学方法论既不是逻辑地先验于其他认识的探索形式，也不是作为一种认识模式超越于其他认识形式之上的,而是与科学认识过程自然地同一的。试图通过这种过程的自然性与方法论标准的规范性的统一,来达到消除那种"自然主义不能自然地证明自身"的矛盾性。因为他们清醒地认识到了,"任何种类的自然主义都必须保持规范的方面"的重大意义。① 所以,科学认识论的自然化,仅仅是通过对人文自然主义倾向的借鉴,来达到一方面"弱化"科学方法论的先验意义的目的,另一方面给予科学理性的发展以一个更丰富、更现实、更具体的自然基础、适用范围和保证条件。

（4）引入人文自然主义的自然化的认识论趋向,从而强化科学认识论的实在论基础。在自然主义的认识论看来,"真理是认识论中的一种理论论断"②。然而,这种论断只有与自然化的科学实在相关才是可理解的。在这个意义上,科学真理虽然与科学理论和科学方法相关,但却不能还原为理论和方法,因此,必须划清作为本质的科学真理与作为理论之形式结果的可接受性之间的区别。所以,只有在科学实在论的基础上,才能"给定一种彻底的自然主义的解释"。在这里,之所以自然主义倾向的开放性与实在论的认识论基础的统一可构成自然主义认识论的"系统的世界观",是因为"实在论的观点就在于支持自然主义的世界观"③。

## 四、结束语

以上分析充分地表明了当代科学认识论与当代人文主义某些流派之间的特定内在关联、发展趋向及其基本特征。但是,我们必须强调指出的是:其一,在科学认识论的发展中,人文主义传统对科学主义传统的影响仅仅是一种相对的、有条件的渗透和融合,而不是"同化"。因此,科学认识论并不会由此而消除自身的基本特性,恰恰相反,它是在整个西方文化背景的框架内,在"弱化"了自身的某些绝对性的同时,又强

---

① Siegel H. Laudan's normative naturalism. Studies in History and Philosophy of Science. 1990,（6）: 296.
② Hooker C A. A Realistic Theory of Science. New York: State University of New York Press, 1987: 273.
③ Hooker C A. A Realistic Theory of Science. New York: State University of New York Press, 1987: 25.

化了它的主体个性的系统性和完整性。其二，当代科学认识论的发展所呈现出来的这种开放的动力学特征，是西方文化总体时代特征的一种折射或反映，所以，它也不可避免地带有这一时代特征的各种局限性。在这里，它的开放性并不等于它的必然合理性。因为，科学主义在汲取人文主义的某些合理的方法论思想的同时，也必然受到其某些错误的价值倾向和反动的意识形态观念的影响和渗透。因此，对科学认识论所具有的那种非辩证的实在论的经验论、实践理性主义和自然化的泛文化倾向等，我们必须给予恰当的辨析和批判。其三，当代科学认识论的发展已经并将继续自觉或不自觉地证明，仅仅在开放的基础上停滞于"弱化"的倾向，不过是一种不得已的"权宜之计"罢了。事实上，只有像恩格斯指出的那样向辩证唯物主义认识论的复归，才是其真正的前途和出路。马克思主义者坚信，这是人类辩证发展的认识运动所赋予它们的"一种不想接受但最终又不得不接受的馈赠"。

# 科学认识运动的空间形式及其特性 *

在科学认识运动的展开中,空间是多层次、多形态、相对有条件地存在着的认识形式。认识空间形式的相对性,依赖于认识主体、认识对象和各种认识要素在认识运动中所具有的不同的结构方式。换句话说,认识空间形式的相对性,依赖于主体的各种外在的物质活动和内在的精神活动的不同结构性。所以,与不同的科学认识运动及其结构相关的不同的空间形式,就存在着一个内在地变换的可能性的条件问题。正是在这个意义上,主体所处的不同的认识状态或认识环节就必然地对应着不同的科学认识的空间形式。对此,可见表1所示。

---

\* 本文发表于《晋阳学刊》1992年第3期,作者郭贵春。

**表1　科学认识运动中主体认识状态与空间形式的对应关系表**

| 主体的状态 | 空间形式 | 例子 |
| --- | --- | --- |
| 主体作为客体的自然存在 | 存在空间 | 科学家 |
| 主体的实践操作过程 | 行为空间 | 物理测量 |
| 主体的直观反映过程 | 感觉空间 | 视觉中的原子图像 |
| 主体的创造性思维过程 | 直觉空间 | 理想实验 |
| 主体对公理化理论的逻辑建构过程 | 形式空间 | 量子力学的形式体系 |
| 主体对科学真理的阐释过程 | 语义空间 | 关于电子实在性的语义分析 |

不难看出，空间形式的这种相对性和有条件性，正是我们把握科学认识运动的客观性、过程性与其空间性辩证统一的基础。认识运动的结构性与空间形式的一致性，正是认识的空间形式存在的根由。只要存在着不同的认识运动的结构，就必然存在着相应的认识空间形式。

我们之所以这样认识问题，是为了把每一个科学认识的环节和要素都看作是一种特殊的结构形态，即处于特定空间结构中的认识状态。这一出发点的意义就在于：①把认识空间看作认识运动存在的方式和整体表现，可以系统地把握科学认识环节和要素的特定质的规定性，并通过认识空间形式的层次性和多样性去理解科学认识运动的复杂性和丰富性。②可以更本质地看到，在科学认识运动中，不同的空间形式之间互为坐标、相辅相成、并行不悖，从而展示出在科学认识过程中，存在着实在的、经验的、实践的、非理性的和理性的多种哲学本质，并且它们均构成了求解一切科学难题的不可逾越的认识中介。③可以更深入地理解认识空间在形式上的可能性与现实性、具体性与抽象性、有限性与无限性的关联，从而把科学认识运动看作是自主与开放、稳定与发展相统一的动力学系统。总之，从空间这一特定的视角去纵览和研究科学认识的运动及其本质，是当代科学认识论发展的一个十分有意义的趋向。

## 一、存在空间

科学认识主体作为自然界的一种物质和能量的延伸，是"自在的和自为的存在,即作为规定的主体的存在"①。所以,认识主体只有处在一个特定的认识空间中,他自身才能作为一个现实的主体而存在;同时,相关的空间形式也才能作为对它来说有意义的客观形式而存在。另外,正像主体是一个动态的系统整体一样,科学认识的对象世界也是一个动态的系统整体,并且随着主体的进化、主体能力的增长而不断地扩张其系统域或改变其系统结构。在这里,正是科学认识主体作为一种对象性的存在与其认识对象和认识环境的统一,构成了科学认识的存在空间。

科学认识的存在空间是具体的而不是抽象的,因为认识主体的每一种存在方式,均与特定的空间结构相一致。存在空间的相对性潜在地蕴含着科学认识运动的一切矛盾性,即科学认识的机制、方式、特征和性质的可转换性,构成了科学认识运动得以展开和实现的客观基础。这种存在空间是主体进行认识运动的存在空间,是其他认识空间形式存在的基本前提;没有这种存在空间的存在,其他认识空间便子虚乌有了。

正是认识主体在这种存在空间中的能动性和创造性的科学活动,使认识主体自身产生了各种形式的认识空间;而这些认识空间又以其不同的能动方式反馈于存在空间,潜在地或直接地影响和改变着存在空间。这表明,在存在空间中,主体及其对象的对立统一,将在其他不同的认识空间中,以不同的方式或结构展示它们的客观性、相对性和一致性。它们贯彻科学认识运动的始终,不可分裂。

## 二、行为空间

科学认识主体是具有目的性的行为主体。科学认识主体的特定位置及其有目的的科学活动所"扫过"的所有区域,构成了特定科学认识运动的行为空间。所以,主体的行为空间是由"主体活动的点和区域联结而成的"一个"多面性的拓扑结构"②。在这个意义上,主体的科学活动所具有的空间性,是科学认识运动的重要存在方式及其客观性和能动性的

---

① 列宁. 哲学笔记. 中共中央马克思恩格斯列宁斯大林著作编译局译. 北京:人民出版社,1974:229.
② Stroker E. Investigation in Philosophy of Space. Ohio:Ohio University Press,1987:52.

一种集合表现或拓扑表现。

在任何一个有意义的科学活动中，相关主体的行为都具有确定目的的规定性。因此，主体的行为空间是一个"趋向空间"。这是由主体行为的有目的的趋向性所决定的相关空间状态的趋向性。在实体意义上，行为空间的趋向性表现在：①主体的起始位置；②主体的可选择的行为"轨迹"；③所有主体活动可能延伸到的空间区域。所以，空间趋向是主体所有可能的行为位置、轨迹和空间区域的集合。然而，主体在相关行为空间中的结构地位的可选择性，并不是绝对任意的，因此行为空间的趋向性同时具有特定的局限性。这就在于，一方面，空间趋向受到了主体所使用的科学测量仪器以及相关条件的约束和限制，这些仪器及其相关条件的空间延伸决定了主体行为空间的广度、深度和精度。另一方面，空间趋向受到了主体的整个背景知识的渗透和影响，即这些理性知识所具有的特定的逻辑空间通过对主体目的性的规定作用，也内在地决定了主体行为空间的可能宽度。在这里，仪器的作用空间与背景理论的逻辑空间的统一，决定了主体行为空间的各种有意义的可能趋向。在特定的科学时代，存在着由这一时代所允许的、集整个时代各种本质特征于一体的科学活动的行为空间结构。只有在具体有限定性的行为空间中，主体的空间趋向才是有意义的和可能的。因此，我们不能设想亚里士多德、牛顿和爱因斯坦有着相同的物理学研究的趋向空间。

随着现代科学的发展，科学认识运动的行为空间越来越具有了整体的性质。虽然个别主体行为的空间趋向性导致了不同主体行为空间的各向相异性，但是，这种相异性是以整个特定科学群体的总体趋向性为系统目标的，是作为实现这个总体趋向性目标的具体途径、方式和手段而存在的。它们只有在这个整体认识系统中，才具有各自的空间形式的质的规定性。所以，在一个特定的科学共同体中，每一个主体成员都具有共同的范式、行为准则和研究传统，而这正是现代科学飞速发展的一个重要的条件。

行为空间的方向性和多面性构成了认识运动特有的动态性质和拓扑性质。对于每一个认识主体来说，虽然"那些富有活力的形态在空间上可相距很远，但它们之间的同构可理解为一种不同于通常拓扑的拓扑"，即所有的主体行为之间的联结并不仅仅具有确定不变的轨迹，而是根据不同的趋向性和借助于不同的结构方式而改变的[①]。总之，行为空间的方向性和多元性是认识主体与认识对象之间相互作用的结构表现，它使得整个科学认识运动呈现出生动的、具体的、富有创造性的常青活力。所以，行为空间的结构变化将标志着整个人类科学认识运动的进步和发展。

## 三、感觉空间

就总体的性质来讲，感觉空间是认识主体对存在空间的反映，是认识主体与任何可能的对象世界之间相互关联的初始方式。所以，感觉空间表现了主体的一种"非自足"的方式。然而，感觉空间不仅仅涉及了对认识对象的表面形式的转换，也涉及了主体自身认识运动的空间变化。因此，感觉空间不是平面的，而是立体的；不是被动的，而是能动的；不是单纯的，而是复杂的。在这里，感觉空间不仅仅是现象的表象结构，也内含着真实的和本质的方面，即认识对象所赋予的自然而又客观的"所予"。

在科学认识过程中，感觉空间不等同于任何瞬间的直观表象。因为：①感觉空间本质上是一个经验空间，它包含着主体对所有以往的感觉空间信息的记忆、调整等经验层次的信息处理。而感觉空间所蕴含的这种对信息的记忆和存储具有"放大"主体感觉能力的功能，从而强化了感觉空间的复杂的结构性质。②感觉空间包含着对直观印象的瞬间分辨、识别和结构析解。这表明在感觉空间中，存在着主体的其他背景认识空间的结构框架与直观印象图景之间的自然的、经验的瞬间叠加性比较，从而使感觉空间具有主体的某种筛选功能。③感觉空间在空间结构的深度和所有可能性方面，都远远超越了直观的印象空间。所以，在不同的认识主体的视觉影像相同的情况下，它们所构建的感觉空间不同。也就

---

① 勒内·托姆.空变论：思想和应用.周仲良译.上海：上海译文出版社，1989：164.

是说，由于它们给出同一直观印象的空间结构的类型不同，而导致了它们的经验空间的差异。可见，主体对感觉空间的构建过程，是一个能动的、积极的经验选择过程，即感觉空间的结构要素是在能动的意义上被积极地组合的，而不是孤立的印象图景片断的简单积凑。正是在这样的感觉空间中，客观的"所予"才能被具体化，才能成为认识空间进一步演化或转换之所以是有意义的客观基础。

另外，就感觉空间对于存在空间多样性的不可穷尽性的意义上讲，在认识过程中，感觉空间的结构域"小于"存在空间的结构域；而就感觉空间渗透着理性因素的意义上讲，它的结构域又"高于"存在空间的结构域。感觉空间是存在的现象空间与理性的逻辑空间之间相互转换和联结的中介环节。所以，感觉空间永远不会是"纯粹的"。在科学认识过程中，一个训练有素且背景空间深厚的认识主体的感觉空间，常常是一个"有准备的"或者说具有相当大"期望值"的空间。正是由于具有了这种更完备的感觉空间，那些杰出的科学家们才发现或发明了他人所不能及的伟大贡献。

## 四、直觉空间

直觉空间作为主体对认识对象的本质的"领悟"，是科学认识运动中的一种创造性的思维空间，它表现了认识主体存在的某种"自足的方式"。直觉空间不是在感觉空间的经验基础上归纳地导出的，而是认识运动的存在空间、行为空间、感觉空间和形式空间在一特定聚焦点上的集合和统一，是主体借助于灵感、想象、联想在思维处于激发态时的创造性能力的集中体现。因此，它具有突发性、整体性和跳跃性等非理性的特征，既不直接受感觉空间的经验约束，也不直接受逻辑空间的理性约束，具有很强的自由度。

从认识运动的过程上讲，直觉空间既是某种确定的思维逻辑或思维趋向的突发性断裂，又是某种新的思维逻辑或思维趋向的原因和开端，构成了二者之间相互转换的环节或中介，在不具有逻辑通道的认识形式和状态之间架起了由此达彼的桥梁。所以，直觉空间往往创造性地给出了某种公理化系统的逻辑前提。

从认识运动的结构上讲，直觉空间展现的不是认识对象的孤立的点和面，而是对象系统中各个内在要素及其关联的整体的拓扑结构。通过这一全新的瞬间重组或整合，超越了所有现存认识空间形式的束缚。

从认识运动的价值趋向上讲，直觉空间是对求解特定科学难题的所有可能性的一种瞬间选择。所以，直觉空间表现的不是认识运动的线性因果过程，而是一种非线性的对最佳输出信息的可能性的选择过程，即在一个内在地确定了边界条件的可能性的集合中，去发现一种恰当的可能性。

从认识运动的形态上讲，直觉空间的认识载体既不是直观的特定印象，也不是理论化的逻辑语言，而是一种抽象的意象图景，它通过意象图景的一系列生动而又丰富的不断提取、变换、交叉和组合，使所有的认识空间直接或潜在地给出的对象信息获得了最快、最集中的结构处理。这是直觉空间之所以具有超经验性和超逻辑性的前提与基础。

然而，我们必须注意的是：第一，在科学认识运动中，任何有意义的直觉空间的自由度都是相对的，它们必然要受到所有现存认识空间形式的可能扩张范围和可能结构变换的影响。直觉空间的产生和构建是发散的，但其任何有效的结果和有意义的区域链，却必须在而后的形式空间和语义空间中，作为某些确定的数值或可精确描述的科学图景，收敛于一个确定的空间对象空间中的位置或区域，才能成为一个有意义的逻辑起点、解题方法或认识途径。这就是为什么黎曼几何的直觉空间取代欧氏几何的直觉空间必须有它特定的科学认识发展的阶段性限制的内在原因之一。第二，直觉空间作为一种瞬间关联的认识空间形式虽然远离存在空间，但它们之间却通过一系列中介环节存在着潜在的本体论的张力。这种张力使得有意义的直觉空间具有内在的客观性，同时又使它与对象之间存在有本质的结构同晶性。第三，在直觉空间中，直觉对象不是作为一种现象的东西而存在，而是作为一种具有特殊规定性的质的东西而存在的。所以，直觉空间不是一个可测度的量化的东西，而是一个可定性的质的东西。它启迪、激发和促使主体在新的质的规定性中，去探索新的量的描述和表征，从而实现直觉空间在认识运动中的创造性的功能。

## 五、形式空间

科学认识运动的结果是要给出一个数学化或符号化的科学理论体系，而对这一体系的形式表述和逻辑推演等的理性重建过程，就构成了科学认识运动的形式空间。在科学认识运动中，形式空间是科学思维的一种重要的表现形式，是对科学认识结果所包含的真理性的理想化和普遍化的具体模型。在这里，特定的认识对象超越了它所相关的一切存在的、行为的、感觉的和直觉的认识空间形式，而在数学化或符号化的形式空间中再现了它的本质。所以，形式空间的构建是主体对对象的本质关联的构建，是以逻辑空间的自足方式表现了理性重建的思维系统。它使对象空间中各种有意义的认识要素，都获得了它们各自特定的形式表征，并在逻辑空间结构的集合中获得了它们充分的真理性意义。比如，在经典力学中，质量、时间、空间和力等都可给出它们确定的数学表征和物理意义，就是一个例证。

形式空间具有它自身相对的独立性和自主性，这就在于：其一，在形式空间中，科学认识对象具有特定的两重性：一方面是相关的存在空间中的客观对象，或者说是"现实世界的空间形式和数量关系"[1]；另一方面是自身自主空间中的直接的内在对象。在这个意义上，形式空间的自主性表现为自身的"主体性"，即它所特具的形式结构或系统模型，而不是作为潜在客观对象的集合。这种对象性的两重性是认识的形式空间的客观性和自主性辩证统一的根据。其二，形式空间的自主性在于它描述和表征对象语言的特征，即它有一套自身的句法规则与逻辑规则辩证同一的形式化语言系统。从原则上讲，这一语言系统对于所有可能的认识

---

[1] 恩格斯.反杜林论.北京：人民出版社，1970：35.

对象来说，都是自足的、完备的和开放的。对于大到宇观世界的对象和小到渺观世界的对象，都可在它的语言域中加以描述。其三，形式空间的自主性在于它不是一个经验地习惯性约定的归纳集合，而是一个自洽的逻辑演绎系统，是一个整体性的公理化体系。

必须指出的是，科学认识的形式空间的自主性和整体性表明了它的抽象性。然而，这种抽象性恰恰是通过它的不允许出现任何逻辑矛盾的精确要求，在描述和求解特定科学难题时，表现了它的定量化的高度具体性，显示了形式空间的抽象性与具体性的辩证统一。在科学认识过程中，形式空间的"高度纯粹性、明晰性和确定性要以完整性为代价"[①]。因为，虽然我们在形式空间中"可以把'数'看作是客体，但它们是在人们可以用数量测量存在物的意义上的客体，而且这些客体在每一关于它们是客体的事实中，都具有特殊的性质"[②]。所以，形式空间的真正本质在于它具体地求解科学难题的客观性，而不是抽象地自主存在的理性实在性。正是这种抽象与具体的统一，使形式空间的自主性恰恰约束了认识主体的主观任意性。从而，使科学认识在本质上是成为一种客观基础上的辩证运动，并保证了揭示和探索科学真理的认识过程在逻辑条件上是可靠的和有效的。

随着科学认识的不断发展，其形式空间将在经验的意义上越来越远离它的对象世界。伴随着这一过程，形式空间的结构形变（如牛顿理论的形式空间向相对论和量子论的形式空间转换）将越来越丰富，它将充分显示形式空间的结构形态的多样性和各种逻辑的可能性，表明科学认识在深度、广度、精度和特征各个方面的层次发展，不断体现理性思维在科学认识运动中的巨大潜力和功能。

## 六、语义空间

通过科学认识的一系列运动，认识主体在形式空间中获得了对对象

---

① 伊·斯唐热，伊·普里戈金. 从混沌到有序. 上海：上海译文出版社，1987：90.
② Putnam H. Mathematics, Matters, and Method. Cambridge: Cambridge University Press, 1985: 8.

世界的完备描述和理性的逻辑重构，从而把握了对象世界的本质特征。但是，内含于形式空间中的科学真理，其自身并不会自发地显示出它的真理性，它只能在具体求解科学难题的认识过程中，经由认识主体的详尽分析和阐释，才能从科学理论与科学实践的结合上被系统地揭示出来，它的真理性意义才能被具体地确定。这一分析和阐释的过程，就是认识主体对形式空间的语义分析过程，就是阐发和释放形式空间所携带的一切语义信息的过程，它构成了科学认识运动的特定的语义空间。因而，"在关于现实的概念结构（语义学领域的结构）中，作为空间的这一普适的基础具有独立性和确定性"①。在当代物理学的发展中，对 EPR 论证、隐变量理论以及贝尔不等式的争论，就是立足于不同认识论立场上的科学家们，对量子力学理论给出不同诠释而导致的不同物理语义空间之间的碰撞。

在语义空间中，任何一个有意义的理论陈述或认识结构，都是具有确定能指形式的句法结构与具有确定所指内容的语义结构的有机统一，因此，这就涉及了一系列理论实体的空间定位问题，即它们的指称定位问题。这种定位是立体的、多层次的、辩证相关的空间定位，是特定认识对象在句法、语义和语用的一致性基础上所获得的辩证的逻辑分析，从而使主体从认识运动中的空间对象、空间形式和空间区域的统一中揭示科学真理所必备的条件性。所以，语义空间的实质就是指科学认识运动在这个环节中，它的基底空间是一个其坐标具有"语义轴"的定性特征的认识空间形式。一切科学认识的对象、行为、影射（感觉）、概念等，均在这个语义轴上有它对应的空间位置。这样一来，对科学真理的客观性和相对确定性的阐释和分析就有了科学认识运动的具体的保证条件。所以，在语义空间中，"每个精神过程都是高维空间中的一个动力学过程"，只要存在着内在的语义坐标，那么任何理论实体都可客观地、具体地和逻辑地"找到一种空间的解释"②。

语义空间的一个最重要的认识论功能，就是在科学认识运动中"创

---

① 勒内·托姆. 空变论：思想和应用. 周仲良译. 上海：上海译文出版社，1989：16.
② 勒内·托姆. 空变论：思想和应用. 周仲良译. 上海：上海译文出版社，1989：272.

造一种关于'意义'的理论,其特点应使求知这一行动本身就是这一理论的必然结果"①。也就是说,语义空间对科学认识的行为空间(科学认识的实践过程和结构)的引导、约束和规定作用,使科学实践在遵循科学认识规律的基础上深入地、可行地和合理地被付诸实施。所以,正是在语义空间中,对于科学真理及其条件性的分析和阐释,使科学认识的实践性和可操作性成为具有合理目的性或趋向性的现实的认识环节;并在这个环节中,使内在的真理性条件转化为外在的真理性条件,使科学认识的真理性由潜在转化为现实,使真理的要素由可能的逻辑描述变为客观的物质实在。只有这样,我们才不会在科学认识运动中,由于消除语义而导致形式主义或工具主义。正像列宁指出的那样,符号论的错误就在于他们仅仅停留在科学认识的形式空间中固步不前,"不去把握、揭示、证明概念的规定",而辩证的科学认识论立场,则恰恰"都是在于把握、揭示、证明概念的规定"②,其本质的区别就在于,辩证认识论者认为:"真理不是在开端,而是在终点,更确切地说,是在继续中。"③

不难看出,在科学认识运动中,所有的认识空间形式都必须通过语义空间的内在结构运动,才能使它们各自的地位、功能、本质和相互关联获得统一的阐释、完成和实现。因而,语义空间在整个科学认识运动中起到了一种联网的作用,它构成了所有认识空间形式之间相互转化和联结的桥梁和中介。通过语义空间功能的充分发挥,一方面,科学理论作为一种科学认识运动的成果在进一步的科学研究和活动中,发挥其背景框架和方法论的功能;另一方面,它也进一步受到经验的、实践的和理性的评判,从而使它的深层语义在真理性和可接受性方面都获得经验的证实、实践的检验和逻辑的证明。在 20 世纪,魏格纳大陆漂移理论的语义释解和争论,推动了人们对地质研究的整个认识结构的改变和地质力学的最后创立,就是说明我们观点的一个很好的例证。

---

① 勒内·托姆. 空变论:思想和应用. 周仲良译. 上海:上海译文出版社,1989:213.
② 列宁. 哲学笔记. 中共中央马克思恩格斯列宁斯大林著作编译局译. 北京:人民出版社,1974:123.
③ 列宁. 哲学笔记. 中共中央马克思恩格斯列宁斯大林著作编译局译. 北京:人民出版社,1974:182.

# 科学史学的若干元理论问题

科学史学是在 20 世纪发展起来的一门具有特殊性质及其内在结构的学科体系。它存在着理论的、拟经验的、经验的、实在的和多层次的内容，形成了一个立体网状的结构系统。因此，从认识论与方法论的统一性上，分析、把握和揭示科学史学研究的某些元理论问题，对于研究科学史学的总体意义及其各层次内容的结构特征，具有重要的纲领性作用。这虽非科学史学领域中的处女地，但毕竟是一块孕育着巨大潜力而亟待人们去耕耘的土壤。

科学的"历史"这一概念具有内在的语义结构，即具有确定的指称及其之间的相互关联，一般地讲，它可区分为三个不同的层次。

（1）历史 1——自然的历史。这是指科学发展的客观的实在过程，它作为一个自然自在的、进化的社会历史系统的亚集，是人的能动的科学活动、必要的科学环境以及实在的科学认识对象的统一。

---

\* 本文发表于《科学技术与辩证法》1992 年第 3 期，作者郭贵春。

（2）历史2——描述的历史。这是指人们对科学的历史现象或历史事件的描述，它作为人类对过去自然历史实在的有限知识的一部分，既包含着以不同的途径或方式对自然历史的直接叙述，也包含着科学史学家们对自然历史实在的某种特定的选择、推论和假设。

（3）历史3——理论的历史。这是指科学史学家们对"历史2"的研究及其理论成果，即是对"历史的理性重建"，或是给出了"历史的意义理论"，它是对"历史2"的本质的理性反映，试图在"历史2"的描述基础上，给出"历史1"发展的客观性、过程性和规律性的意义解释。

不言而喻，这三者构成了一个辩证的、立体的历史网络系统。在这里，自然的历史赋有客观的基础作用，但是，随着时间的不可逆的流逝，当描述的历史越来越远离自然的历史的时候，理论的历史便会愈来愈显示出它的重要功能和意义。对于自然的历史和描述的历史来说，随着科学认识的进步，理论的历史框架会不断地发生变换。因此，理论的历史就会出现和具有不同的历史重建或重解的意义。这种历史的重建或重解，并非仅有单纯被动的意义，而是存在着积极的、能动的构建和反馈功能；当然，它既渗透着一个科学时代的整体特征和理性要求的本质规定，同时也就受着它们的限制和约束。而且，当理论的历史抽象越来越远离自然的历史和描述的历史时，它的意义就会获得愈加充分的完成和实现；基于自然的和描述的历史，但又超越和高于自然的和描述的历史，这正是理论的历史的本质。

科学的"历史"概念所具有的语义的层次结构，蕴含着"历史事实"与"历史实在"之间的区别。历史事实是指在历史文献中被科学史学家们认定为可靠的和有意义的资料，它是对历史事件的描述或表征。因而，历史事实不可避免地受到了史学家们既有的理论框架、价值标准、选择依据和认识趋向等背景因素的"污染"。在这个意义上，绝对中性的历史事实是不存在的。在这里，尽管历史事实不是历史实在自身，而是对历史实在的不同语言（形象）符号的表征；但是，不与历史实在相关的历史事实是虚无的，而不与历史事实相关的历史实在是无意义的。在历史认识论的整体系统中，二者辩证统一，不可分割。

从历史实在与历史事实的这种关联中，既不应当导致机械的历史实在论，也不应导致历史的怀疑论。因为，第一，特定历史事实的可靠性应在具体时代的历史事实的总和或集合中去辨别，它与其他历史事实应具有历史共时性的一致性。第二，特定历史事实的可靠性应在其与历史事件发展的过程性中去进行一系列纵向的比较和鉴定，因为历史事实的连续性具有确定的或可循的因果规律，所以，它应与历史发展的历时性相一致。第三，特定历史事实的可靠性应在现实的科学图景中去考察，它应成为理解科学的现实存在的要素（无论在任何意义上），而不是理解现实的无意义的记述，因而，它应与现实存在的整体性相一致。可见，从历史的共时性、历时性和现实整体性的系统角度，去反观和重构历史事实的系统联结时，才能对特定历史事实的可靠性给予逻辑的说明。所以，对于历史事实的可靠性的判定，不仅是一个孤立的考证问题，而且是一个立体的系统辨析问题。

科学史学的研究作为一种历史的理性重建过程，既不是对历史事件的单纯摹写，也不是对历史事实的单纯归纳或概括，而是为了阐释那些给出了历史事实的历史陈述的真理性意义。所以，"具有一致性的（明晰的）科学史的意义就在于，它有助于从杂乱的历史中去筛选真理的结晶"①。而这种真理的结晶绝不是某种机械的对应物，而是特定历史的客观性、过程性、现实性和规律性的统一。

可靠的历史描述是确定的，但是由这一描述所给出的特定历史事实的意义却会随着历史的进步而改变。而科学史学研究的最终目的并不仅仅是为了这种描述的真，更重要的是在于对这些真陈述的意义的不断重解或阐释。因此，任何历史事实都只有在一个确定的、具有合理性解释的理论框架内，才有它确定的历史意义；只有在这个理论框架中，它的语义空间、逻辑地位及其历史功能，才能得以恰切的说明和具体的实现。换句话说，在任何合理性的理论框架内，特定历史陈述的真值并不随着理论框架和时空的转换而改变，因为它的指称是客观地确定的；但是，

---

① Pyenson L. What is the good of history of science. History of Science, 1989, 27(27): 355.

它的历史意义却必然随着理论框架和时空的转换而改变。在这里，历史陈述的真值与历史陈述的意义在逻辑上是不等价的。历史陈述的真理条件与其指称的客观性相关，而历史陈述的意义条件则与其位于其中的理论的整体系统性及其史学认识论的价值趋向性相关。所以，历史陈述的客观性并不等同于它的意义的合理性，而合理性意义的大小、价值趋向的差异，也均不能改变历史陈述的客观性。二者相互关联，又相互区别，是一种辩证的统一。我们这样认识问题的意义就在于，应当避免那种机械地强调存在的客观性与意义的合理性对应的、简单的自然主义历史观。

历史陈述的真值条件与意义条件的两重性，并不是孤立存在的，它是以科学史研究的原始资料的两重性为基础的。原始资料是历史地、客观地给定的，然而，一项原始资料能否成为特定历史问题研究中的一个有意义的证据，在于它是否携带了可供选择的必要信息。在相对的意义上讲，它所携带的信息量的大小、范围和性质等，决定了它的证据意义，而不是它自身的存在本体。所以，它的证据意义与它所携带的信息相关，而与它的存在本体无关；存在本体仅仅是它成为有意义证据的一个可能性的必要前提，而不是充分必然的根据。

原始资料作为一种客观存在物与作为一种有意义证据的两重性特征，使它具有了作为信息载体的可能性和传递信息的功能性的统一。正是在这种两重性和统一性上，产生了历史研究主体与研究对象、历史事实与评价标准、历史过程与价值趋向之间的相互作用，从而导致了同一原始资料可能存在着不同功能、传递着不同信息、被赋予了不同意义的复杂性。可见，对原始资料的考证、描述和阐释的过程，就是赋予它确定的语义空间和逻辑空间的过程，就是进行合理性评价的过程，就是揭示其意义的过程，就是将原始信息转换成现实信息的过程。

原始资料的两重性不可避免地导致了史学研究的复杂性。譬如，在当代西方科学史学研究中，就如何判定科学历史探索的客观性问题上，至少存在过如下不同的标准类型。

（1）历史探索是客观的，仅当它或者根据自明的公理推演出了它的结论，或者从本质性的定义出发再现了历史的过程。（逻辑主义的价值标准）

（2）历史探索是客观的，仅当探索的逻辑起点是赤裸裸地呈现在我们面前的现实的资料。（现象论的价值标准）

（3）历史探索是客观的，仅当它是对不依赖于证明的实在世界的直接考察。（机械实在论的价值标准）

（4）历史探索是客观的，仅当它的陈述对所有历史事件的研究者来说，是具有等价意义的表征或表述。（工具主义的价值标准）

（5）历史探索是客观的，仅当它坚持了具有可证实性的"原子事实"。（经验主义的价值标准）

（6）历史探索是客观的，仅当它不是对直观材料的简单复制，而是诉诸不同研究主体的背景基础及其价值趋向的选择。（主体选择论的价值标准）

（7）历史探索是客观的，仅当它包含着一组在竞争假设之间进行合理性评价的方法论原则。（理性主义的价值标准）

（8）历史探索是客观的，仅当达到了普遍地可接受的结论。（约定主义的价值标准）[①]

从整体上讲，以上诸种历史价值标准都具有特定的片面性或绝对性，缺乏系统的历史观点。但是，它们的教训和启示在于，对于历史探索的客观性的评价，应当是历史本体论、历史方法论和历史认识论的逻辑统一，割裂地突出其中任何一个方面，都将是易谬的。另外，这也从反面证明了，面对历史评价的复杂性和价值标准的多样性，坚持马克思主义的辩证史学观点，是一个极其重要的根本性问题。

对史学研究的客观性的价值标准的分析，深刻地表明了科学史学研究的一个重要任务，就是建立科学编史的理论结构与历史发展的客观结构之间的一致性或统一性。对这种一致性或统一性的研究，必须注意到以下几个结构关联。

其一，科学发展的连续性与间断性的结构关联。客观的历史过程是纷繁复杂的，历史事件产生的偶然因素和必然因素，历史事件之间相关

---

① Passmore J A. The object of history//Dray W M. Philosophical Analysis and History. New York: Harper and Row, 1966：77-89.

的线性因果关系和非线性的几率因果关系,科学发展的稳定的常规时期与剧烈变动的革命时期,均错综复杂地交织在一起,构成了历史进步的合力,使科学的发展在整体的系统结构中呈现出连续性与间断性的统一。只有坚持这种关联结构的整体性,才能既反对机械的历史决定论,又反对偶然的历史决定论。

其二,科学发展的横向结构(各个不同学科之间的共时结构)与纵向结构(各个学科自身的产生和发展的历时结构)之间的关联。各个科学学科的发展存在着相关性与非同步性、带头学科与随同学科、基础学科与应用学科之间的关联,从而使科学史在总体上往往表现为一组学科或多种学科集合发展的结构性。

其三,科学发展的"无形学院"与有形的社会建制之间的结构关联。科学的发展是与科学共同体的存在息息相关的,有形的组织建构(如研究所、大学和皇家学会等)与无形的学术网络(如科学学派的存在、科学集团的建立、科学信息的交流和科学论战等)相交互动,构成了科学共同体的整体性。正是这种"科学家的社会"的存在,维系了科学的历史进步,所以有人认为,"科学家的社会较之他们的科学发现更为重要"[1]。

其四,科学发展的"内史"与"外史"之间的结构关联。科学发展的自身结构与社会的文化结构是互动的,因此,没有社会文化系统所形成的科学环境,没有科学的内在机制与其相关环境之间不断地进行特定"科学能量"的交换,没有形成一个具体的科学历史发展的"耗散结构",科学的孤立发展是不可能的。

科学史学研究虽然涉及一系列的关联结构,但它作为一门独立的学科,具有自身特殊的相对"自主性"。这种自主性的本质在于它应当表现出"历史理解力的自主性",即"它是一种解释性理论,一种启发理解力的事业"[2]。具体地讲,这种自主性就表现为以下几个方面。

第一,科学史学研究必须忠实地再现波澜壮阔和精微细致的科学历

---

[1] Passmore J A. The object of history//Dray W M. Philosophical Analysis and History. New York: Harper and Row, 1966: 381.

[2] 库恩. 必要的张力. 范岱年, 纪树立等译. 福州: 福建人民出版社, 1981: 14.

史图景，对具体研究对象所涉及的人物、事件、时间和空间进行精确的历史逻辑的定位。这一点是科学史学研究之所以具有自主性的本体论前提，否则，自主性便失去了它自身存在的基础和对象性。

第二，科学史学研究形成了具有自身独特规定性的理论语言系统，即具有独特的指称集合、陈述结构、语义系统和语用范围，从而在自然科学和社会科学研究的语言域的交叉中，形成了一个特定的"亚语言群"。这一点构成了科学史必须在自然科学的基础上，凝"史"与"论"为一体的重要条件。

第三，科学史学研究具有自身确定的必须求解的"难题域"。对这一难题域中的不同"难题项"的求解过程，首先，形成了科学史研究方法的丰富性和多样性，从诸如考古和模型复制的具体经验方法到理性的历史因果分析，构成了一个多层次的方法论系统。其次，决定了科学史学研究的具体方法，无论是在经验的、拟经验的层面上，还是在理性的层面上，都必须具有合理的可操作性，这样才能既超越自然的历史过程，追求历史理性的博大精深，同时又严格地奠基于历史实在的坚实基础之上，排斥那些形而上学的虚妄臆测和唯心主义的构造。

第四，科学史学研究的重要功能之一，就在于它是"说明科学专业概念的途径和确立（科学研究）传统的手段"[①]。因此，它对于科学学派的形成和发展，对于科学共同体的巩固，对于科学范式的建构，均具有重要的引导和诱发功能。所以，它在科学的实践、科学的组织建制和科学理论的价值的统一性基础上，传播了科学研究的历史信息和传统，从而沟通了科学史学研究的自主性与科学研究的自主性之间的"血缘关系"，使科学史研究的自主性有了可靠的社会实体背景和确定的史学思想得以产生"共振效应"的社会主体。

总之，这些要素作为一个整体集合，系统地决定了科学史研究的"运动方程"，确定了它的有效的边界条件，从而使它在科学之林中能够作为一门"科学"而屹立。

---

① 库恩.必要的张力.范岱年，纪树立等译.福州：福建人民出版社，1981：104.

科学史学作为一门独立学科所具有的自主性，很强烈地体现在它所特具的批判的方法论功能上。对于现代科学发展的动力学性质的系统考察，必须诉诸历史的分析。但是，这种分析不仅仅在于把科学从时间的序列意义上看作是历史的，而且在于赋予历史研究在方法论意义上也是历史的。这就是说，历史研究的动力学性质是关于研论对象在时间意义上的历史性与在方法论意义上的历史性的统一。这一点乃是科学史研究的本质与精髓。正是在这个意义上，"历史仅仅是一种方法，而不是目的"，以致历史成为"科学最可靠的保证人"[①]。

科学史研究方法的历史性蕴含了它所具有的进步性和批判性。批判的历史分析方法的运用，使人们能够合理地考察过去、分析现在和预测未来，从而"不把历史的研究看作是它自身的终结"。比如，对于特定科学概念的批判性的历史分析，将导致人们对该概念意义有更深邃的理解，从而推动它的进步和发展。马赫之所以被人们视作批判的历史分析方法的典型代表，就在于他通过对牛顿经典力学的因果概念和绝对时空观的历史性批判，造成了爱因斯坦相对论创立的革命性的先导。正是在这种批判的意义上，马赫认为"历史的方法是达到洞察科学方法之目的的最适当的途径"。并且，"历史的研究不仅仅促进了对现象的理解，而且通过对大量常规的和偶然的现象的展示，在我们面前给出了新的发展的可能性"[②]。

这种批判的历史分析方法的具体优点就在于：①它为科学自身的批判性考察提供了历史的事实和图景，强化了科学自身事业的理解、反思和重建的自主意识，使科学的创造性活动更具有自觉的能动性。②它给出了对现实理论进行合理性解释的理性要求和评价标准。③它为特定科学难题的求解提供了启发性设计。④它可以引申科学争论的深度、广度和意义，推动科学竞争的合理性解决。⑤它会增强不同科学流派和集团的研究传统，促进科学作为一种社会建制发展的必然性。⑥它可提供对

---

① Pyenson L. What is the good of history of science. History of Science, 1989, (27): 369.
② Kyagh H. An Introduction to the Historiography of Science. Cambridge: Cambridge University Press, 1987: 10.

科学进一步发展的条件性、可能性和逻辑性的预测。不言而喻，科学史学研究方法的历史性包含着它的批判性，而它的批判性则强化了它的历史性；因之，史学方法的历史性与批判性的统一，使它在科学理性的发展中产生了无比瑰丽的魅力。

在当代科学史学研究中，给出科学的整体发展或某一特定学科发展的一般模型，是科学史学研究的一个重要的理论方法。这种模型方法的特点就在于：①用历史发展的宏观描述取代微观描述；②用历史发展的多层次的对象实体取代单纯的科学事实的对象实体；③由注重理论的内在结构转向联结理论的外在结构；④由静态的分析转向动态的分析；⑤这种方法便于从科学历史发展的整体性上去揭示科学知识增长的规律性，从科学方法论的变革上去强化科学知识的可靠性和真理性。而且，这种方法表明了科学史研究的一个趋向，就是要不断地由个体研究上升到总体研究、由经验分析上升到理性分析，由平面的叙述性解释上升到主体的结构性解释。

换句话讲，科学史学研究的模型方法是对科学历史发展中的事件、要素、过程、特性、结构及其发展趋向等的抽象化，是对客观历史实在的高度理性化的重建方式，这使得人们对历史的把握更具有系统性和逻辑性。这种模型方法，一方面导致了史学研究模型的多样性和丰富性，另一方面又使它们受到强烈的背景价值趋向的影响。

然而，需要指出的是，尽管具有不同背景影响的史学模型存在着不可避免的竞争性和冲突性，但在对历史的把握中存在着有意义的、相互可比的和可借鉴的互补性。我们不能由于它们之间的竞争性和冲突性而否认它们的互补性，反之亦然。这可以说明，模型方法是解决悠久且繁杂的历史过程与人们现实认识的局限性之间的历史认识论矛盾的可行方法；而且，由于历史研究的对象在原则上不具有直接的可经验性，从而强化了模型方法从本质上把握科学实在的方法论意义。

一般地讲，模型方法所给出的史学模型至少有这样一些类型：①科学知识的发展史模型；②科学概念的发展史模型；③科学思想和科学方法论的发展史模型；④科学学派和科学集团的发展史模型；⑤科学实验

（包括仪器）及其传统的发展史模型；⑥科学建制和科学制度的发展史模型；⑦"科学－技术－社会"相关性发展史模型。

科学史学研究方法的另一个特征在于，它具有较强的可操作性。所以，科学史学的研究方法在整体上表现为一种以考证历史事实为基础，以案例分析为核心，以定性与定量研究相结合，具有特殊的可操作性的方法论体系。史学方法论的实践意义，正是通过它的可操作性的具体展开而获得实现的。

科学史学方法论的可操作性在经验的和拟经验的层面上是不言而喻的，但在理论的层面上，其可操作性也同样是十分鲜明的。首先，史学方法论在理论层面的可操作性，就表现在史学家们对释义学方法的具体运用。释义学方法是史学家们在解释历史的典型资料、典型事实和典型理论时所运用的一种具有还原性的分析方法，它从再现历史的分析条件、分析过程和分析结果的一致性上，强化了史学家对特定史料的历史感和对其意义的认识论价值的把握。而且，在对释义学方法的运用中，"对科学史的研究表明，现代科学中具有根本性意义的方法观念已经消解了过去那种明确指向自然的人类能力的科学观念"，而突出地表现了释义学方法与科学语言学、科学逻辑学和其他科学方法论的统一。① 对此，库恩曾明晰地指出过："科学史学家们事实上都在运用释义学方法……释义学的发现不仅使历史更为重要"，而且具有对"科学观的决定作用"②。

其次，史学方法论在理论层面的可操作性，还表现在科学史家们对特定的历史概念和历史陈述进行深层分析时，更注重于语义分析方法的运用，尽管在运用这种方法时，许多人是不自觉的。语义分析方法从历史的指称理论与意义理论的统一性上，对于排除史学研究和史学争论中的歧义性、模糊性、虚假性和任意性，具有重要的功用。所以，历史的语义分析方法是保证历史概念和历史范畴精确性的前提，是确立历史诠释的逻辑一致性的必要条件，是对相继理论与不同科学发展阶段之间的内在联结进行阐释的中介桥梁，是史学理论的语义系统具有整体性和完

---

① 伽达默尔. 科学时代的理性. 北京：国际文化出版公司，1988：10.
② 库恩. 必要的张力. 范岱年，纪树立等译. 福州：福建人民出版社，1981：v.

备性的内在要求。① 所以，历史语义分析方法的本质不仅是一个历史语言的分析问题，而且是一个历史理论的构造问题。

正是释义学方法的相对"宏观"分析与语义学方法的相对"微观"分析的结合，奠定了史学研究方法在理论层面上的可操作性。当然，释义学方法与语义学方法的具体运用，并不是一个被动的、消极的揭示过程，而是一个积极的、具有创造性的阐释过程。因而，史学研究方法的可操作性的实践本质，自然而然地使得历史是一种解释事业，而且几乎无须明确的概括就可以起解释作用。②

在科学史学研究的理论层面上，合理地运用科学测量方法，是史学研究现代化的一个重要方面。这正如科学测量方法的倡导者罗布罗夫指出的那样："对科技进步史进行概括性工作时，要能够采用现代化技术手段去整理那些资料，这种方式无论在实践上或理论上讲，都是可行的和必要的。"③

这种史学研究的测量方法，就是要通过运用图表、图像、统计数字、构建数学模型以及对特定模型的函数关系进行求解等形式，去定量地确定、描述和阐释具体研究对象的特征和规律性。具体地讲，史学测量方法的一般步骤就在于以下几方面。

第一，对一切可量化的历史概念和范畴（如科学家、科学发现、研究成果、科学出版物、引文及其分布、年代间隔等及其相关问题）进行定量的描述，提供说明分析对象性质的可变值及其主要的数量关系，从而给出史学家测量的前提。

第二，超越具体历史对象或案例的特定内容，构建被赋予了确定指称和意义但又具有相对独立性和自主性的形式化系统（数学模型），用数学关系式给出逻辑的分析和阐释，使各种确定的历史参量具有内在的一致性和相关性，即使每一个量都只有在这个特定的函数关系中才具有存

---

① 邢润川，郭贵春. 历史语义分析方法在科学史研究中的重要作用. 科学技术与辩证法，1990,（4）：26-31.
② 库恩. 必要的张力. 范岱年，纪树立等译. 福州：福建人民出版社，1981：5.
③ 季莫费耶夫. 模型化作为科学史研究的一种方法. 科学史译丛，1988,（4）：57.

在的意义和确定的语义空间。

第三，给出各种参量的确定统计分布，说明这种统计结构所具有的普遍的或规律性的历史意义。也就是说，利用测量结果和可变值之间的数学关系式，求出选定的研究对象在研究目的所规定范围内的最佳数值的可变值。这种统计特征恰是史学测量方法的结构性特征。

史学测量方法表明，尽管历史作为各种多变量的集合体是极其复杂的，但其背后总隐含着某些因果链条的存在。科学史发展的不断涨落，正是各种必然的或偶然的因果关联所制约的结果。科学的历史过程作为整个社会历史过程中的一个子系统，是一个开放的耗散结构系统。因此，这个系统的变化，在可行的程度上，运用定量的测量方法去描述和解释，是现代史学发展的内在要求。当然，史学的测量方法与自然科学的测量方法有着内在的区别，它是具体与抽象、形式与内容、定性与定量、案例研究与统计分析的统一。只有在这种统一中，它才能对各种历史要素（包括各种科学集团、科学活动和科学成果的内容）的结构组成，平稳分布和不平稳分布给出合理的说明，从而给出有意义的科学发展动力学特征的定量分析。总之，海通说得对："科学史家扩大应用科学活动的定量分析方法，是科学史发展总趋势的一部分。"[1]

科学史学研究的自主性，无论就其研究的对象、范围、方法或性质来说，都不是孤立地存在着的。它与科学哲学和科学社会学构成了一组相关学科，成为这组学科集合中的一个不可或缺的要素。一方面，科学史学为科学哲学提供了理论研究的必要背景，并从源泉和证实这两个方面的结合上，为科学哲学奠定了理论评价的事实基础和参照标准。同时，科学哲学也为科学史的研究提供了历史重建和历史解释的规范性要求和认识论的价值趋向。在这里，科学哲学的历史化与科学史学的哲学化，是同一个过程的两个方面，它们造成了科学哲学的"理性下降"与科学史学的"理性上升"之间的互补和统一。

另一方面，随着"科学－技术－社会"愈来愈作为一个整体的动力

---

[1] 海通.科学史运用定量方法的前景.科学史译丛，1989,（3-4）：94.

学系统的发展，使人们意识到了，"科学乃是一种关于人类、社会、历史和生态活动的整体研究；它的认识力量关键依赖于它的建制性特征以及它与许多其他系统的相互关系"①。从而，使科学史学的研究具有了在科学、技术与社会之间，构建由此达彼的桥梁的功能；因为，科学史学的研究从历史实在、历史过程、历史经验和历史理性的统一性上，给出了科学发展的历史的坐标系，有助于对科学的技术化、技术的科学化、科学技术的社会化和社会的科学技术化的一体化发展的理解。

总而言之，科学史学作为一个方法论系统，促进了科学理性、科学技术与社会历史之间的相互转换；并且在这种功能的发挥中，也促进了自身由经验的层面走向理性的层面，由狭义的历史走向广义的历史。科学史学作为一种方法论所具有的这种在不同的人类知识形态、不同的科学研究层次以及不同的社会切面之间的联网功能，是科学史学理论所具有的最重要的动力学特征之一。这一点将使科学史学的研究在其基础性、批判性、参照性与相关性的展开和实现中，永葆其诱人的青春。

---

① Hooker C A. A Realist Theory of Science. New York：State University of New York Press，1987：304.

# 科学心理认识论的意义

随着当代科学心理学的提出以及要求作为一门建制性学科而发展的必然趋势，心理认识论的研究已在科学主体、科学创造、科学发现和科学解释的一系列环节中，显示了它日益鲜明的认识论功能和方法论意义。换句话，没有科学的心理分析，科学认识论的研究就如同跛足而行之人，将是不完美的。正是在这个基点上，我们试图对科学心理认识论的历史重建，结构观念和"历史－语义"分析，作一些探索性的阐释，以促进对其本质意义的理解。

## 一、心理认识论的历史重建

对于科学活动的自身过程来说，心理认识论（作为科学心理学的延伸）是"元科学"的一个必不可少的组成部分。在这里，科学哲学、科

---

\* 本文发表于《社会科学研究》1992年第4期，作者郭贵春。

学史学和科学社会学均从不同的侧面或层次上对科学给出了整体的框架性研究，而心理认识论则更倾向于科学主体的心理结构及其行为的个体性研究。因此，它们在"元科学"的层面上是互补的，甚至是不可分割地相关的。这一地位正像坎贝尔提出的那样：作为科学学的一个亚域，科学心理认识论虽然还未完善地建立起来，但它已具有了巨大的潜在重要性[①]。

从科学的建制性发展来看，科学心理的提出是较迟缓的。一般心理学、科学哲学、科学史学和科学社会学均是科学心理学的"母学科"，它正是在这些学科中历史地获得了生根和培育、分离和综合，从而形成了目前已刻不容缓地需要加以构建的相对独立的学科。然而，从具体认识论问题的研究来看，心理认识论却已经历了漫长的探索过程。正像我们所熟知的那样，笛卡儿、洛克、贝克莱以及休谟等人，就均从神经生理学的角度作了心理认识论的不同分析。康德则在思想和感觉等范畴的详尽阐释中，不可避免地进行了心理预设的研究。赫尔姆霍茨提出了关于瞬间经验中的"无意识推论"的概念。马赫在物理学的专门研究中，说明了在科学创造和发明中突发性的地位和作用，提出了关于视觉错误机理的"马赫带"原理；而他的《感觉的分析》一书已被公认为科学心理认识论的早期代表作，维特根斯坦和奎因关于心理语义分析的研究，开创了将语义分析与心理认识论结合的崭新的方法论视角。这些均构成了当代心理认识论发展的历史渊源。

不幸的是，20世纪上半叶逻辑实证意义在科学认识论领域中的长期"统治"，使"专横的"逻辑理性主义抑制和束缚了科学心理认识论的"正常发育"，它们被粗暴地划出了认识论探索的疆域。但逻辑实证主义"崩溃"之后所出现的认识论发展的多元化局面，却为科学心理认识论的研究开创了一个有利的研究环境，并导致了它的革命性的进步。

当库恩将科学革命所导致的范式变更表述为格式塔转换时，就是运用微观心理学的经验分析去概括了整个科学宏观发展的动力学特征。无

---

① Gholson B, Shadish W R, Neimeyer R A, et al. Psychology of Science. Cambridge: Cambridge University Press, 1989: 21.

论库恩的这一理论受到了多少批评，它都无可怀疑的是心理认识论到目前为止最成功的一次尝试。它的成功就表现在：①察觉到了科学心理分析在科学研究中的客观意义和必要作用；②意识到了科学的心理分析的"历史－过程"解释的重要功能；③看出了理性信仰与非理性心理活动之间的结构关联；④从方法论意义上将个体心理认识扩展到了广阔的"社会－组织"心理认识的范围。

汉森在维特根斯坦语言分析的基础上，运用感觉现象的格式塔转换，从心理分析的角度支持了关于本质的语言分析理论，从而表明：①心理状态与语言、图像之间的关联是不可分的；②超心理感觉的中性语言是不存在的；③"事实—现象—语言—心理图像"是结构地一体的；④单纯的心理经验不具有评判科学理论合理性的标准功能。

被人称为"最伟大的科学心理学家"的普兰尼，阐释了道德责任和信仰在理论选择中的心理功能，并根据感觉整合的格式塔概念支持了他关于科学研究受到科学家"意会知识"引导的思想，从而表明：①背景知识与科学研究之间存在着内在的心理定向联结；②这一定向的心理过程，可以导致"意会知识"更好地重构或模型化；③"意会知识"的运用并不遵循严格的逻辑规则；④"意会知识"与直觉有着密切关联；⑤"意会假定"不可避免地会"污染"观察。

霍尔顿（Holton）和米勒（Miller）从科学心理学的视角去对杰出的科学家进行案例研究时，注意到了其重要的方法论意义就在于：①促进了人们对科学内史的充分理解；②明确了心理认识论与个体科学研究之间的关联是把握科学史发展的适当逻辑起点；③易于理解和说明科学概念的起源及其历史转换；④表明了科学家的心理空间及其结构的成熟与完善程度与科学创造和发明之间的一致性；⑤显示了心理分析方法是科学史学研究的重要的元方法论之一。

米特罗夫（Mitroff）、克拉斯纳（Krasner）和豪兹（Houts）等人将心理分析方法引入广阔的科学环境研究时发现：①广阔的社会心理因素与科学知识、科学信仰和科学过程之间存在着密切的协变关系；②科学规范的建立与科学集团的整体心理之间的关系、科学的建制结构与个体和群体心理之间的关系，均是科学发展的重要因素；③科学价值与社会价值之间存在着内在的心理中介或心理桥梁；④经验的心理分析方法对于把握科学规范和科学价值具有重要的作用；⑤科学家观念的社会起源与社会心理结构的潜在导向是一个不可忽视的研究环节；⑥科学的成功与失败、善与美、真与假之间存在着不可避免的心理对抗。

以上的概括并不是全面的。诸如阿恩·纳斯（Arne Naess）的行为心理学、谢莫尼（Shimony）和哈利斯（Harris）的自然主义心理分析和皮亚杰的发生认识论研究等，均对心理认识论的发展作出了创造性的贡献。无论如何，心理认识论的历史重建过程表明，虽然它所研究的对象具有非理性的特征，但其本身却是一个极其规范的理性框架。从对非理性的对象研究升华为逻辑的系统理论，从而作为一种方法论的原则潜在地渗入科学研究的整个操作过程之中，去合理地捕捉创造性科学活动的本质特征，恰恰是心理认识论的内在目的。

心理认识论的历史重建过程还明确地显示出，它的目的的实现和完成涉及了极其广阔的研究领域。它从描述的、分析的、社会的、历史的和方法论的不同层面上，充分展示了心理认识论的重要意义；同时，它也从个性心理、动机心理、组织心理、环境心理、成就心理、解释心理等不同的范畴中，说明了心理认识论在科学研究中所具有的实际功能。所以，仅仅把科学心理认识论简单地定义为是"对科学行为和科学精神活动的认识论研究"，并不能系统地揭示它所具有的丰富内涵。我们在这里不可能对这一颇具争论的定义给出任何普遍地可接受的陈述，但是，我们却试图根据心理认识论的历史重建，将其所涉及的对象内容作一概略的层次归纳，并以表1示之。

表1　心理认识论的层次归纳

| 层次特征 | 问题关联 |
| --- | --- |
| 背景心理 | 信仰假设与认识论 |
| 价值心理 | 科学评价与认识论 |
| 决策心理 | 科技政策与认识论 |
| 能力心理 | 语言分析与认识论 |
| 组织心理 | 建制形态与认识论 |

续表

| 层次特征 | 问题关联 |
| --- | --- |
| 互动心理 | 社会环境与认识论 |
| 发生心理 | 进化过程与认识论 |
| 潜识心理 | 自我意识与认识论 |
| 活动心理 | 行为表现与认识论 |
| 心身心理 | 神经生理与认识论 |

总之，心理认识论的历史重建过程，特别是"后"实证主义的科学认识论的发展，奠定了科学心理认识论"进入科学研究的丰富通道"，而且"拓展了应用心理学概念理解科学的真正意义"，使科学心理认识论成为"元科学"研究中的一个有价值的方向。同时，这也促使人们呼吁："科学心理学作为一门独特研究领域的时代已经到来。"[①] 在这样的历史背景下，我们通过一些基本的视角去对科学心理认识论进行具体的分析，便是自然而又必然的时代要求了。

## 二、心理认识论的结构观念

无论心理认识论所涉及的对象内容多么丰富和复杂，但它所要求解的最根本的难题是揭示心理结构的认识论本质、特征及其功能。所以，结构的观念是当代科学心理认识论的核心观念，也正是在这一基点上，它凝聚了当代认识论的精髓。对此，可以从某些层次上作一些分析性的说明来阐释这一点。

首先，感觉的瞬间整合心理重建的动态结构。特定认识发生的初始状态是一个信息输入的心理系统，它具有域的确定性、突发性、自主性和表象性等特征。这些特征确定了瞬间心理整合的结构内容和可能趋向，从而成为"后感觉"（post perception）心理解释的基底和根由，即存在着感觉的瞬间心理整合与"后感觉"的心理解释之间的一致性。这种一

---

① Gholson B, Shadish W R, Neimeyer R A, et al. Psychology of Science. Cambridge: Cambridge University Press, 1989: 1.

致性表明了两种不同的心理重建结构：①在纯感觉构形（pure perception configuration）基础上的心理重建，即感觉的初始输入态；②在感觉解释（perception interpretation）基础上的心理重建，譬如相似性的意向性比较；在前一种状态下，背景知识是潜在地存在的；而在后一种状态下，背景知识直接地渗入了心理重建过程。这一过程存在着符号或表象图景的引发、确定、选择、重组和定向的心理空间运动，从而形成了心理空间结构的格式塔转换。所以，格式塔转换作为心理空间的实在结构，总是以上两种心理重建协同运作的结果或效应。

另外，在感觉的瞬间整合过程中，与两种重建结构相关，也存在着两种基本的心理探索模式：其一，在诸如相似性的纯感觉机制基础上的心理整合，从而把零散的感觉图像结合起来，以形成清晰的心理表象。其二，经过潜在的心理定向，在对表象的片断性局部解释和心理期望的诱发基础上进行有序重构，从而使孤立的感觉图像构成相关的整体心理图景。哈维关于心脏血液循环系统的发现过程，就是这种心理重建结构的典型案例之一。

其次，类比是一个映射的选择结构。类比作为一种重要的创造性心理结构形态，具有强烈的方法论意义。类比可以被看作是一种相似，但并非所有的相似都是类比。它的结构特殊性就在于，"类比映射了知识的一种域（背景）到另一种域（目标）的转换。它传递了在背景对象与目标对象中存在着的关联系统"[①]。这一映射过程具有系统性的特征，即在可能的匹配关联中进行选择，选择那些与高阶联系相关的属性，而不是个别的孤立的属性。所以，这种系统性恰是在合理解释类比中潜在选择的结构表征，使得结构映射与系统选择的一致性成为类比的基本特征。这种特征的结构意义获得了大量经验的证实，同时也在人工智能和一般心理学中获得了"趋同理论"的支持。

类比作为一种映射的选择结构的心理认识论意义就在于，任何类比都是关于认识对象的类比，因此，其心理内容也总是通过某种心理形式

---

[①] Gholson B, Shadish W R, Neimeyer R A, et al. Psychology of Science. Cambridge: Cambridge University Press, 1989: 297.

为认识主体所意识到的。所以，映射结构实质上是作为形象性（形式）与意义性（内容）双重属性的意象整合。从意义上看，意象是在直观中规范化、构架化了的选择结构；而从形象上看，意象是功能化了的选择结构，是依据特定心理认识趋向对对象表象的"放大"。因而，映射结构作为意义和形象的渗透体，表明了认识主体通过类比的心理形态，使科学的背景知识与直观的参照对象获得了内在的关联和转换。这在太阳系与氢原子之间的"卢瑟福类比"的案例分析中，可以得到明晰的解释。

再次，在特定的心理联结中，科学概念的分析类似于格式塔式的"函数整体"结构。格式塔概念表征了一种复杂的心理结构特征，但是，在科学语言的逻辑重构中，当我们把这一概念内在嵌入理论语句时，这些句子就会既被赋予认识的价值，又会具有感觉的意义。在这种关联中，形式句法与心理结构之间并不具有绝对的裂痕。正是在这个意义上，人们认为"格式塔概念启发了现代逻辑"[①]。具体地说，是因为"格式塔"在科学概念分析中，表征了一种"函数整体"（functional whole）结构。比如，柏林字派的格式塔理论家沃尔夫冈·库勒（Wolfgang Köhler）在说明绝缘体表面电的平衡分布现象时，用这一结构表明这样一种相互关系：任何一点的电荷密度决定了整体分布的密度。哥莱林（Grelling）和奥本海默则继承了这一思想，并把"函数整体"结构定义为一个属性系统：函数 $f$ 依赖于一个函数类 $\varphi$，当且仅当对于任何两个变量来说，$f$ 具有相同的值，并且 $\varphi$ 中的任一要素具有相同的值。如果 $\varphi$ 中的每一要素依赖于这个相关类，$\varphi$ 就被称为"属性系统"。格式塔式的"函数整体"结构的这种运用，启发了人们对基本的科学概念的分类和阐释，也推动了对科学概念的心理特性的本体论探索。普特南就是根据这一分析方式，认为在"函数整体"结构中，包含着科学概念从一阶特性（实在的因果和时空特性）向二阶特性（狭义的物理学属性）的还原关系，即对"特性的特性"的结构分析。正是在这种结构中，他把科学概念的心理学特性本身还原为与具有一阶物理特性的二阶物理特性相关的函数状态。所以，

---

① King P. Some earlier parisian tracts on distinctsones sophismatum. History and Philosophy of Logic. 1990,（11）：238.

他得出结论说,科学概念的心理学特性是远离一阶物理特性的状态结构①。尽管这些分析均是可争论的,但是从心理状态的意义上去分析科学概念及其逻辑的结构方法,则已经在心理认识论的研究中产生了深远的影响。

最后,对科学真理的理解隐含着逻辑和直觉互补的心理结构。惠威尔有这样一句名言:"存在着由直觉所理解的科学真理,但这种直觉是进步的。"②这意味着,直觉的能力是动态地发展的,决定了它所理解的科学真理的公理化形式也应发生相应的变化。在这一进程中,历史的关联不仅可以使我们经由直觉给出某些具有必然性的先验陈述,而且可以使我们再经由直觉超越这种陈述的先验限制,而推进科学真理的进步。换句话说,当直觉与一种公理相关时,一方面,公理成为所有可能逻辑推理的集合或界限,在这个意义上,它不是"思想的对象而是思想的规则",并直觉地被当作是不言而喻的必然性;另一方面,直觉又以它内在的动态性变换,去试图突破相应公理的束缚和约束,改变并修正所有逻辑可能性的边界条件,从而启迪新的公理的构建。在这里,公理的直觉化和直觉的公理化构成了一致性的内在心理结构。所以,在纯粹的直觉形式和纯粹的理解形式之间不具有心理空间结构上的绝对界限。这种心理结构的存在,是在逻辑方法与直觉方法的相互渗透中,在某种必然的思维形式与所有可能的思维形式之间不断调整其相关模态结构的过程。从功能上讲,直觉的必然性是心理空间结构的基底,而必然性的直觉则成为思维一致性特征的重要保证条件。科学真理正是在这样一种协动的心理结构中,获得了它必要的条件性而不断地发展着。从欧氏几何的公理性真理向非欧几何的公理性真理的发展,就是一个典型的例证。

以上我们从四个不同的侧面说明了结构的观念在心理认识论中的地位。然而,必须指出的是,在任何一个心理认识论的层次上,对于任何一个具有科学意义的心理结构来说,它的变换或重组都不是绝对地

---

① Putnam H. Mathematics, Matter and Method. Cambridge:Cambridge University Press,1984:313.
② Metcalfe J F. Whewell's development psychologism:A victorian account of scientific progress, History and Philosophy of Science,1991,22(1):120.

任意的，而是相对地有条件的。当然，这种条件性是潜在的而不是直接的。所以，心理认识结构的条件性恰恰在于它形成的非逻辑的自主性和开放性，但绝不是条件的丧失。有无严格的条件性与绝对地无条件性是不等价的。否则，科学心理认识的结构运动就永远是一个不可开启的"黑箱"。

## 三、心理认识论的"历史－语义"分析

在科学理论的解释中，为了对科学命题的意向内容给予合理的说明，著名的科学心理学家福德（Ford）提出了"心理语义学"（psychological semantics）的范畴，用以表明直觉的心理趋向、科学语言及其深层意义的内在联系[1]。特别是将心理语义分析运用于科学理论的历史进步时，导致了"历史－语义"分析方法的深入展开。尽管这种分析仍有待于进一步的完善，但它已显示出的方法论意义却是十分令人瞩目的。

科学心理语义分析首先要涉及语言的心理感觉问题。由于考察概念的意义如何能够结合并构成句子的意义，必然以某种方式依赖于相关的句法，所以语言的心理感觉就必然内含着某种句法分析的形式。在这个意义上，掌握科学陈述的心理结构与表层的句法结构就是一致的了。比如，当我们将一般粒子在三维空间运动时的方程 $E=\dfrac{\mathrm{d}}{\mathrm{d}t}P$ 理解为一个粒子所受的外力等于它的动量随时间的改变率这一深层意义时，事实上这一方程的算法规则与心理感觉是一致的。在这里，心理认识趋向必然要进入句法规则所给定的边界条件，即语言感觉的心理机制与句法分析产生了瞬间"共振"，达到了表层分析与心理感觉的统一。正是如此，心理学家们将句法关系看作是概念之间的"联想环节"[2]。在实际的心理分析中，"联想环节"的展开和心理感觉的变换，就构成了对句子的结构及其意义的深层理解。

---

[1] Maloney J C. Mental misrepresentation. Philosophy of Science, 1990, 57(3): 445.
[2] Lyons J. New Horizons in Linguistics. Harmondsworth: Penguin Books, 1972: 264.

心理语义分析的根本目的，就是要把握科学陈述的意义，而它的必要先决条件是对句子深层结构的理解。而深层结构中介作用，即它在表层结构与潜在意义之间的联系途径，就表现为心理语义分析的"上升"和"下降"。具体地说，就是对各个算符的指称形式和内容及其相互关联的心理洞察。这深刻地说明，心理语义分析的实在性就在于心理空间的结构性，就在于心理符号、图像、语言的变换及其重组，这种实在性植根于科学认识过程中语言使用的必然性和信息加工的心理趋向之间的统一。可见，心理语义分析并不具有超心理认识趋向的孤立实在性，追求它的独立"心理实在"（psychological reality）地位是不适当的[①]。正因为如此，海森堡指出：物理语言可以在人们心中"引起图像"。但这种"图像和实在只有模糊的联系，它们只代表一种朝向实在的倾向"[②]。

　　科学的心理语义分析可以在个体的、整体的和历史的不同层次上，以及它们的结合上进行广泛的研究，从而揭示出科学心理认识论发展的动态结构。而且，正是由于科学认识的心理结构是多层次的，各种不同的层次之间存在着不同的心理形态及其之间的转换。特别是在科学越来越远离经验的发展中，存在着与感官感觉的世界相关的心理形态向超感官感觉世界（可能世界）的心理形态的转换。根据皮亚杰的发生认识论理论，可以把这种心理结构看作是"可能状态及其转换的集合"，倘若把科学认识的心理结构的发展看作是一个整体的历史过程，那么每一种形态作为确定的心理层面均与科学发展的特定历史案例相关，从而体现了心理认识的个体分析与整体历史分析的结构同一性。所以，科学的心理语义学作为一种分析方法，"就是要指出将心理认识论应用于科学发展过程时所具有的限制、边界条件和途径"[③]。从而揭示微观的心理发生过程与宏观的历史心理结构在语义上的一致性关联，说明"历史－语义"分析在心理认识论中的地位和功能。

---

① Lyons J. New Horizons in Linguistics. Harmondsworth：Penguin Books，1972：264.
② 海森堡.物理学和哲学.北京：商务印书馆，1984：116.
③ Gholson B，Shadish W R，Neimeyer R A，et al. Psychology of Science. Cambridge：Cambridge University Press，1989：327.

现在，我们可以通过对经典物理学与量子物理学之间的直觉结构的比较分析，来说明科学理论的进步和发展，以及"历史－语义"分析的心理认识论意义。

（1）我们必须看到，人们习惯于在康德哲学的传统基础上将"图像暗示"（picture metaphor）和"想象－感觉"联系称为直觉。但事实上，在现代科学的具体心理认识过程中，想象和感觉既不等价也不必然相关。所以，海森堡在量子力学的创建过程中体验到"想象的构造不需要感觉来分享"。正是由于想象与感觉的可能分离，才可将"想象看作是一种符号形式"。而"想象之所以具有符号的功能就在于，它们承载了关于事物的语义类型的联系。因此，它们可在复写、描述或表征对象关联或事件状态中起作用"[1]。对于科学想象来说，一方面，暗示既不具有解释力，也不具有预测力；另一方面，可感觉的对象是可描述的，但某些可描述的对象（如四维时空）却是无法一般地直观想象的。在这里，直觉存在着两种具有不同基底和不同心理趋向的形态：其一是奠立在直观对应原则基础上的形象化（visualzation）的直觉；其二是突破对应原则束缚的具有形象性（visualizability）的直觉。形象化的直觉自然是具有形象性的，但形象性的直觉并不必然地可以形象化。物理学家们将前者称为"经典直觉"，将后者称为"量子直觉"。

（2）在科学的心理认识的发展中，不同的心理直觉形态的转换，是与相关的语言系统的转换不可分割的，否则，这种转换就不可能最终地在科学认识过程中得以表征和实现。正是由于与经典直觉相关的物理语言是"渗透着感觉的语言"，而与量子直觉相关的物理语言是"充满着想象的语言"，所以，符号化的量子力学超越了直观的经典力学。从而，使量子直觉达到了像柏格森早就意识到的那种"已经变得不那么狭隘的、有自我意识的、能够反思其对象并能够无限地扩展这种反思本能"的直觉[2]。物理学家们通过量子力学的形式化体系赋予了直觉概念以全新的意

---

[1] Asquith P D, Giere R N. Proceedings Papers. PSA, 1980（2）: 286.
[2] 托马斯·希尔. 现代知识论. 北京：人民出版社，1989：320.

义,这也就迫使他们不得不采用心理语义分析的方法,去考察量子直觉形态与相关句法形式表征之间的关联。

(3)由经典直觉向量子直觉转换的本质,就在于直觉的心理趋向发生了结构性的本质变化。经典物理学句法形式是由诸如 $x,y,z,f,m,a,v,p,l$ 等这些无意义的符号所组成的,而这些符号则由微分方程的规则逻辑地联结起来。对于这些符号,牛顿始终赋予了伴随着直观的指称对象和拟人化的日常意义。因之,这种由于感官感觉世界的心理语义分析被嵌入了经典物理学的句法中。在经典直觉基础上的心理语义分析趋向可以以图1表示。

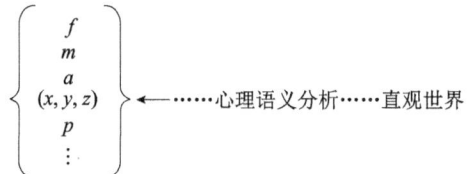

图1 心理语义分析趋向图

然而,这种心理语义分析的趋向由于是建立在日常直观的时空图景之上的,它在对微观物理世界的解释中,便限制和约束了直觉的创造性功能,也丧失了这种直觉所必需的直观基底。同时,在量子力学的发展中,互补原理所表明的"玻尔两难处境",也证明了经典物理语言的局限性。因此,一方面,将量子语言和量子直觉还原为经典语言和直觉的心理语义分析的尝试,存在着诸多的困难;另一方面,量子语言与量子直觉之间的心理语义联结又是必然地不可避免的。何去何从?物理学家们唯一能够抉择的便是改变心理语义分析的趋向,从而使这一难题在科学心理结构与物理学的历史进步的一致性上获得解决。这一改变也可相应地以图2表示。

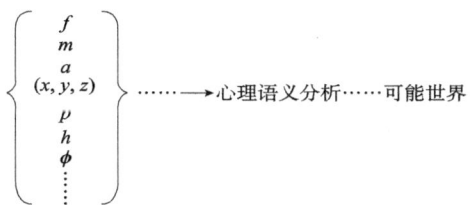

图2 心理语义分析趋向改变图

（4）伴随着经典物理学向量子物理学的进步和历史发展，心理语义分析的认识论趋向的转换深刻地表明：第一，量子直觉与物理语言越来越紧密的联结，使得心理语义分析在心理形式、心理结构、心理趋向和心理功能等各个方面，均面对着更加复杂和艰巨的认识论难题，而这些难题又必将成为当代心理认识论研究的时代方向。第二，心理语义分析在量子理论的创造、诠释和评价中的运用，为人们探索和理解无限丰富的可能世界提供了一个合理的方法论视角，以致有人提出"心理物理学（psychophysics）是详尽阐释导致了感觉状态的那些物理特性的科学"[①]。第三，"历史－语义"分析方法为人们把握科学理论进步的整体性、系统性和历史性，给出了一个有效的心理分析支点。但是，无论"历史－语义"分析方法在什么样的层次或趋向上被具体地实施，都仅仅是心理认识论的研究方式或途径的特定选择，它没有也不可能改变科学认识论的实在论的本质。

---

① Maloney J C. Mental misrepresentation. Philosophy of Science, 1990, 57(3): 452.

# 科学解释模型的认识论趋向及其演变<sup>*</sup>

当代科学认识论发展的丰富性生动地体现在诸多科学哲学问题的具体构建和阐释之中。半个世纪以来,围绕科学解释模型(特别是 D-N 模型)的建构和修正、论争和演变的过程,自然而又必然地展示了科学认识论发展的可能趋向和选择,表现了各种认识论流派的本质和特征,显露了科学理性进步的思维规范和形式。因此,揭示科学解释模型的一系列认识论转向,便成为把握当代科学认识论发展的本质及其内在意义的重要方面。

## 一、从评判原则转向逻辑模型

当逻辑经验主义的科学哲学家们开始锻造"一致性"的科学认识论框架时,"就把哲学的任务看作是构建对基本概念的阐释"。这种阐释的认识论机制,就在于合理地处理被说明(explicandum)概念与说明

---

\* 本文发表于《河北学刊》1993年第3期,作者郭贵春。

（explicatum）概念之间的普通性关联。因而，对这种关联的揭示和说明便成为科学认识论的本质目标之一。为了保证这种阐释的明确性和清晰性，卡尔纳普给出了四条最基本的评判原则，从而使其成为逻辑经验主义的普遍的认识论要求，并由此映射了逻辑经验主义的认识论的价值趋向。这四条评判原则是：第一，相似性。如果解释概念与被解释概念不具有足够程度的相似或匹配，那么它就不具有被构造去替代后者的概念功能。但是，倘若被解释概念是不明白的，那么无论解释概念多么清晰，也不能要求它具有完美的匹配性。第二，精确性。解释概念必须是精确的，否则不能完成替代模糊概念的阐释目的。第三，有效性。新概念应使我们能够言说有意义的事物，并且具有重要的洞察力。哲学分析的根本意义之一就是要深化我们对科学本质的理解。第四，简单性。解释概念应像前三个前提所要求的那样简单。简单性往往伴随着概念的系统力量。在任何意义上，简单性均有助于应用以及避免在应用中的错误[①]。

卡尔纳普的评判原则在科学解释的具体操作过程中，事实上存在着某种程度的随意性和模糊性，以致他的"清晰的要求被不清晰地实施了"。为了使科学解释的理性要求更具体，更适当地体现逻辑经验主义的认识论的价值趋向，就必须重建完备的解释形式。在这个基础上，亨普尔和奥本海默于1948年提出了著名的"演绎－规律"模型（D-N模型），或称之为"覆盖率模型"，以实现这一目的。其逻辑形式如下：

$$\frac{C_1, C_2, \cdots, C_k \text{ 前提条件陈述}}{L_1, L_2, \cdots L_r \text{ 普遍定律}} \quad \text{解释项}$$
$$E \text{ 对被解释现象的经验描述} \quad \text{被解释项}$$

通过这个模型，亨普尔和奥本海默试图在预设的规律或定律之下把事实纳入解释。所以，只要完成了相关条件的论证，就具有了"潜在说明"的资格；而倘若构成说明的陈述是真的，那么这个论证便具有了"真说明"的意义。事实上，将科学解释模型化，"是所有经验科学方法

---

[①] Kitcfer P, Salmon W C. Scientific Explanation. Minneapolis: University of Minnesota Press, 1989: 5.

论统一的一个重要方面"①。同时，它通过方法论的构建，暗含了新的科学认识的价值趋向。具体地讲，它的认识论意义就在于以下几个方面。

（1）D-N 模型与传统的"假设 - 演绎模型"（H-D 模型）存在着重要的区别。H-D 模型是运用被证实了的假设、规则或理论去解释各种现象，但是，其给定的逻辑规则可被用于提供对一个其真值被怀疑的假设的证据支持。所以，由 H-D 模型所支持的陈述不是这一模型的结论，而是它的一个前提。D-N 模型是在给定了所有相关陈述的真的情况下，既说明解释事实又断言被解释事实的出现。因此，在前提与结论之间的逻辑关联表明了前者说明了为什么后者被获得的理由。所以，解释的功能不在于建立或支持它的结论的真，因为当它作为合理的解释被接受时，这已被预设了。可见，尽管二者在结构形式上相似，但其逻辑关联所隐含的认识论特征却迥然不同。

（2）从科学认识论的内在要求上，D-N 模型包含了逻辑的和经验的两组适当性条件。逻辑条件是：①解释必须是一个有效的演绎论证；②解释必须在本质上至少包含一条基本规律；③构成解释项的语句必须是真的。唯一的经验条件是：解释必须具有经验的内容。亨普尔和奥本海默正是通过这两种条件的集合约束，去限制和规定逻辑经验主义的认识论趋向，使它能够在这一解释的形式框架内有保证地得到应用和推广。

这几个标准条件看起来简单而明确，但却导致了一个重大的认识论难题，即什么是规律语句（law-sentences）的特征问题。这涉及了科学解释的规律概念，是 D-N 模型的关键之点。亨普尔和奥本海默试图给出一个较宽泛的"似规律语句"（lawlike sentences）的定义。在他们看来，只有真陈述才可被归为规律语句，但似规律语句应具有全部规律语句的特征。所以，任何规律语句均是一个似规律语句，但并非所有的似规律语句都是规律语句。似规律语句必备的特征是：①它们具有普遍的形式；②它们的论域是无限的；③它们不包括特殊的对象标示；④它们只包含纯粹的定性谓词。

在这里，前两个特征是直觉地赋予的，期望自然规律成为变元分布于整个宇宙之中的普遍定律。后两个特征则是理性地要求的，试图排除

---

① Hempel C C. Explanation in science and history//Nidditch P H. The Philosophy of Science. Oxford: Oxford University Press, 1966: 79.

那些具有偶然性的普遍概括，因为它们常常明显地或隐含地指称了某些特殊的对象事物。这样一来，便从直觉与理性的结合上给出了认识论的强形式限制，即"只有能够从基本规律中演绎出的任何普遍陈述才有资格作为被导出的定律"①。当然，他们没能充分地区别规律性和偶然性的普遍概括，从而为赖兴巴赫、内格尔和范·弗拉森等以后对这一问题的研究留下了广阔的认识论空间。

（3）亨普尔和奥本海默在 D-N 模型中引入了形式化语言，以便能够对科学解释给予详尽的规范性认识论说明。这就是标准的一阶逻辑演算，在其中，所有个体变化均被量化，所以普遍性总是通过量词来表征的。对这种形式语义的认识论说明，利用了两个语义条件：其一，个体变元的域由宇宙中所有物理客体或时空位置构成，从而保证了"它们的论域是无限的"这一似规律陈述的要求可被实现。其二，初始谓词全部是纯粹定性的，这从语义空间上反映并满足了似规律陈述的四个基本特征的要求。正是在这个意义上，对于特定事件的 D-N 解释的认识论说明，完全是在语义分析中被给定的。但是，这种形式语义分析而后导致了许多重大的难题争论；究其原因，主要有两个：第一，这一形式说明"尽管是直觉地引入的，但缺乏从在解释项中可能出现的似规律前提中排除不相关因素出现的要求"；第二，从形式上阻碍了概率概念的发展和对概率规律性的认识论研究，从而不可能为这一模型解释的基本条件"找到形式的说明，即便它们是适当的"②。

无论如何，形式化语言和语义分析方法的引入，完备了解释模型的形式体系，拓宽了解释的对象域，深化了解释的语义内容，推动了科学解释由评判原则向逻辑模型的转化，是对科学解释进行认识说明的一个重要进步。因此，人们认为亨普尔和奥本海默为当代西方科学认识论的发展留下了"丰富的哲学遗产"，提出了对科学知识进行理性阐释的"新时代"，而后四十年的研究均是直接或间接地对他们所提出的模型结构及其意义的回答、争论和探讨。

---

① Kitcfer P, Salmon W C. Scientific Explanation. Minneapolis：University of Minnesota Press，1989：15.
② Fetver J H. Critical notic：Four decades of scientific explanation. Philosophy of Science，1991，58(2)：304.

## 二、从绝对形式预设转向相对统计分析

伴随着逻辑经验主义的衰落，人们关于科学解释模型的研究和论争日益广泛和深入，特别是大量难题的出现，迫使占统治地位的 D-N 模型解释的认识论定势不得不重新转向。

首先，以维特根斯坦主义者为代表的日常语言学派和逻辑经验主义者为代表的逻辑语言学派之间的论争为背景，人们围绕着 D-N 模型这一核心，从语言研究的三个层面（句法、语义和语用）进行了深入的讨论，并由此导致了科学解释模型理论自身的内在冲突。日常语言学派认为逻辑经验主义缺乏对人类需要和利益的敏感性，而逻辑经验主义则认为日常语言学派未能欣赏到逻辑解释所具有的科学美的特征。逻辑经验主义运用了形式工具和形式技巧，而日常语言学派则倾向于反对和避免这些形式。但是，这场争论导致的不仅仅是分歧，它同时使某些逻辑经验主义者和日常语言学家们排除异见，达成了某种共识，即"规律不是关于事实的陈述，而是推理的规则"①。根据这种观点，语句"银子是一种导体"并不提供真的普遍概括，而仅仅是一张"推理入场券"（inference ticket），可从"这一物体是银子构成的"导出"这一物体有导电能力"的结论。所以，推理的规则是科学解释的一个组成部分，我们可以提出这些规则去证明特定解释的有效性。从本质上讲，这是逻辑经验主义认识论的强形式约束的一种弱化，是朝向日常语言学派的认识论要求的一点折中。这在认识论上导致了某种有意义的进步：一方面，深化了对推理规则、规律陈述与科学说明之间的深层关联的认识；另一方面，意识到了强 D-N 模型的局限性，使对解释模型的语言分析和把握这种分析背后所隐含着的深刻认识论意义，成为科学解释所必须面对和求解的重要问题。

其次，艾博尔（Eberle）、卡普兰（Kaplan）、蒙塔古（Montague）、汉森（Hanson）、布罗姆勃格（Bromberger）和谢夫勒（Scheffler）等从不同的侧面对逻辑经验主义的解释模型进行了深刻的批评，并提出了许

---

① Kitcfer P, Salmon W C. Scientific Explanation. Minneapolis: University of Minnesota Press, 1989: 36.

多被公认的反例,诸如日(月)食、旗杆、气压计以及月球与海潮等著名的反例。对这些反例的分析,显露了 D-N 模型存在着许多可争论的方面。这主要表现在:①关于解释性事实(由解释项中独立语句表征的)与被解释事实(由被解释项中独立语句表征的)之间的时序关联问题。反例分析表明,在解释模型的形式阐释中,由于认识论要求的语义空缺,确实不存在这种时序限制。②解释和预测的对称性问题。反例分析表明,同一逻辑模式既运用于科学说明又运用于科学预测的情况,并不是普遍的。在确定的约束条件下,预测作为从已知进到未知的推论,与解释的意义说明有着逻辑方法上的不对称性。③解释的内在关联问题。反例分析表明,某些满足 D-N 模型的解释,事实上并非真正的规律性说明,因为它们并不具有逻辑关联上的必然性,而只是具有某种概率性。

这些讨论和批评使亨普尔和奥本海默更自觉地深化了对逻辑解释模型的探索,意识到了并非所有合理的科学解释均可归为 D-N 模型,还存在着某些概率的或统计的模型。从而,进一步提出了"归纳-统计"(I-S)模型和"演绎-统计"(D-S)模型。这样,他们便给出了科学解释的四种范畴,如表 1 所示。

**表1　科学解释的四种范畴**

| 被解释规律 | 特殊事实 | 一般规则 |
|---|---|---|
| 普遍规律 | D-N | D-N |
| 统计规律 | I-N | D-S |

亨普尔和奥本海默将统计分析引入科学解释,拓展了科学说明的论域和深度,从而将科学解释的认识论探求由普遍规则的说明转向了对特殊事实或个案的说明,并对整个科学认识论的进步产生了重要的影响。这主要体现在:①重建统计解释的认识论地位和意义。这就是说:"统计解释意味着被应用于特殊的事件,并在它们之间建立说明和预测的相互关联。"[①] 从而,使独立的科学事件获得真正合理的说明,而不仅仅是孤立的断言。②揭示统计解释所具有的认识论意义的相对性。这是要表明,

---

① Kitcfer P, Salmon W C. Scientific Explanation. Minneapolis: University of Minnesota Press, 1989: 53.

概率解释是有意义的，但其精确的概率值并不具有绝对的意义，"它们仅仅是在认识论意义上与我们的知识状态和对该过程的客观描述相关的"①。正是在这一点上，关于特定事件统计说明的概念，对于给定的知识状态来说本质上是相对的。③从统计解释的规律性与相对性的结合上，将D-N模型进一步具体化和层次化，从而去论证科学解释模型建构的合理性和必要性。在这个意义上，统计解释的相对性不仅不是对解释模型理性重建的否定，恰恰相反，而是通过"弱化"形式达到了"强化"的目的。所以，亨普尔对D-N模型的适当性增设了一条相对化的经验性条件，即"最大种别性"（maximal specificity）条件，以满足其在所有范畴中的普遍性要求。

### 三、从形式一致转向实体指称

由于费格尔、马克斯韦尔、格兰鲍姆、科恩和瓦托夫斯基等人的深入探讨，科学解释的范围扩展到了数学、物理学、生物学、社会学以及法学等极其广阔的知识领域。同时，这也使得统计解释模型在更大的知识范围内，受到了来自各个方面的认识论检验。尤其是格利诺（Greeno）、杰福雷（Jeffrey）和萨尔门（Salmon）等人，围绕"高概率"和"统计相关"解释进行了系统的研究，并得出结论认为，统计解释并不是论证，而且由解释项相对于被解释项所具有的概率程度也不是对解释的合理性程度的测量。这个结论给热烈讨论的统计解释提出了一个新的认识论难题。

面对这一难题，出现了三条可选择的途径：首先，支持由亨普尔所提出的研究方向和已被广泛接受的观点，捍卫"归纳统计"模型，排除干扰，弥补缺陷。其次，重建关于特殊事实统计解释的合理性说明，特别是发展"统计相关"模型，以避免经典观点所遇到的困境。最后，排除对特殊事实提供概率说明或统计说明的可能性，重新强调关于科学解

---

① Niiniluto to I. Statisical explanation //FLøistad G. Contemporary Philosophy. Dordrecht: Martinus Nijhoff Publisher, 1982: 157-187.

释的严格演绎论（deductivism）的立场。对这三种可能途径的评判与选择，涉及了如何从认识论、模型方法和实在观念的结合上去求解难题，并重新思考统计解释的问题。因此，这导致了在解释观问题上科学认识论的再次抉择和转向。

在此必须强调的是，这个时期最有影响的选择趋向是萨尔门等人所探索的"统计相关"模型的研究。在他们看来，"统计相关"较之"高概率"是科学解释中更关键的范畴。"高概率"解释仅仅包含着单一的概率值，而"统计相关"解释则包含了两个概率值之间的相互比较，即需要"后验概率"（posterior probability）和"前验概率"（prior probability）之间的比较。这种区别的实质就在于：统计归纳模型——仅当对某一特定事实的解释是一种归纳论证，它赋予被解释事实以高归纳概率；统计相关模型——仅当对某一特定事实的解释是一个相关事实的集合，它在统计意义上与被解释事实相关，而无论其概率程度如何。

在这里，尽管两个模型都证实了科学解释的"覆盖率"概念，但"统计相关"解释从前验和后验概率的结合上，使它的陈述更具有统计规律的资格。因之，它的"实证的关联较之高概率是更关键的说明关联"[1]。由此出发，萨尔门等人认为亨普尔的"归纳统计"解释是模糊的，所谓"最大种别性要求"导致了科学解释模型在认识论上的抽象的相对化。这就是说，在他们看来，相对化本身并非真正的难题，难题在于如何从本质上理解和对待相对化的认识论意义。所以，问题不仅仅在于形式上的"归纳的一致性"困难，更重要的是，逻辑经验主义的局限导致了"指称类难题"（reference class problem），而这一难题涉及了实在性的证据问题。所以，"统计相关"解释的认识论意义，就不仅仅在于强调统计说明的逻辑一致性，更重要的是它促使哲学家们自觉转向了对理论实体的客观指称意义的相对性的分析趋向。这些分析表明以下几点。

（1）科学解释模型在逻辑上的一致性，并不等于它的真正意义；解释的深层内蕴在于证实的概念不能脱离指称而被有意义地确定，而指称

---

[1] Kitcfer P, Salmon W C. Scientific Explanation. Minneapolis：University of Minnesota Press, 1989：67.

则与对特定知识状态（认识状态）的描述密切相关。所以，无指称的形式相对性仅是一种"非认识的"（non-epistemic）相对性，它是无意义的；而有指称的具体相对性，才是有意义的认识的相对性。这种区分在认识论上深刻地意味着：一方面，在认识论的观念中，知识是作为在本质上具有确证功能的论证而存在的；在这里，知识与确证的方法是统一的。另一方面，知识是作为相关理性信仰陈述的要素而存在的；在这里，知识与背景信仰内在相关。换句话说，是将非理性的因素引入科学说明，以作为求解认识论难题的潜在条件。

（2）一个真的有意义的统计解释的概念，不仅仅与特定的知识状态或背景信仰相关，而且必须具有实在的、非心理精神的特征。这就是说，认识论的特征必须是实在论性的，乃是有意义的科学解释模型的一个"绝对条件"。因而，科学说明中的有意义的相对性应是实在论意义上的认识的相对性。坚持这一点，恰是反对"演绎－预设主义"的非认识相对性的认识论基础。

（3）强调实在的指称类的相对性，就是为了在认识论上强调非决定论的实在论观点的合理性。在原则上，由于并非所有的统计解释均可通过辅助条件的增设而纳入 D-N 解释，所以，某些解释就将是不可约地统计的。这就是说，它们的统计特征不仅仅在于我们现实知识状态的限制，而且在于它们无法通过辅助条件的增设而被纳入 D-N 模型。直觉地讲，"给定一个不可约的统计解释，那么原则上确定在被解释事件发生之前任何物理上必须出现的现象就成为不可能的了"[①]。

（4）某些科学哲学家虽然坚持"统计相关"解释的客观相对性，但他们并不否认对象事实在概率说明背后所隐含着的因果性。他们认为，并不是存在不存在因果性的问题，而是存在什么样的因果关联问题。在解释事实与被解释事实之间的因果关联是内在地存在着的。这种观点的深入讨论，使"统计相关"解释的模型框架受到了越来越严峻的挑战，以致最终使它作为一种科学解释的自主形式被放弃了，并转换成为科学

---

① Kitcfer P, Salmon W C. Scientific Explanation. Minneapolis: University of Minnesota Press, 1989: 80.

解释的因果理论中的一项辅助内容。

## 四、从描述知识转向本质意义

逻辑经验主义及其传统理论，从经验描述的可靠性决定了解释的合理性出发，主张描述与解释、解释与预测的逻辑一致性。对于这一点，人们进行了长期的论争并作出了否定的回答。然而，在激烈的批评和沉思之后，人们不禁提出：解释知识是在什么样的前提和意义上超越了描述知识？在什么样的意义上肯定了描述知识？科学解释的本质在于传输什么？对这些问题的思考，又迫使科学哲学家们提出了"为什么问'为什么'"的问题。这推动了科学哲学家们从对解释过程或如何进行解释的完备逻辑模型的构造和说明，转向了对解释自身存在的本质意义的理解和说明。在此，我们仅对两个具有代表性的认识论趋向作概略的分析。

### 1. 实在论的因果解释论

在萨尔门、布罗迪（Brody）和弗雷德曼（Friedman）等实在论的科学哲学家看来，从解释的模型概念出发，"解释知识就是把模型向度注入描述和预测知识。它是关于什么是必然的和什么是可能的知识"[1]。对于必然的和可能的知识的说明，是在实在论观念的基础上，与因果知识密切相关的。譬如，必须能够客观地区分因果规律和非因果规律、因果过程和"假"（psudo）过程、因果干扰和时空一致性之间的区别等。在这个意义上，"根据实在概念，解释知识就是关于因果机制的知识"[2]，而纯粹的描述知识，则表现为因果知识的前提。

实在论者们之所以这样认识问题，是因为科学解释与科学研究所面对着的实在的对象世界不可分割。这就在于：其一，关于无穷可能世界存在的假定，已使科学解释越来越远离经验，从而使科学解释的模型具有相对独立的客观的认识论意义；其二，对于可能世界的结构相似性

---

[1] Kitcfer P，Salmon W C. Scientific Explanation. Minneapolis：University of Minnesota Press，1989：128.
[2] Kitcfer P，Salmon W C. Scientific Explanation. Minneapolis：University of Minnesota Press，1989：128.

的评价要求，必须诉诸特定的规律性，以强化科学解释模型的实在论意义。基于这两点，实在论的解释观从认识论上坚持：①模型概念本身与模态相关；②认识概念依赖于规律；③实在概念不排除诉诸"反事实"（counterfactual）的说明。只要在这样的理解上去构建实在论的因果解释论，那么在给定观察证据的基础上，实在论与反实在论关于不可观察物的解释就是完全可能的，并且实在论说明的合理性不言而喻。

另外，就科学解释模型的形式结构来说，具体的客观因果解释具有作为一个特定的案例去确证一般逻辑结构的意义。不过，由于因果解释存在着复合性（multiplicity）、多样性和不完备性的特征，我们在具体的阐释过程中必须注意到：①在给定现象的情况下，必须正确地表征因果影响的复合性与独立性的区别；②必须正确地表征对一个现象因果影响的适当的多样性；③必须正确地表征线性与非线性因果关联的差异；④必须能够提供迄今为止因果解释的最佳的完备性表征，尤其是需要将可能世界逻辑的研究合理地引入科学解释的模型之中。由此可见，实在论的科学解释并不是要给出一个绝对不变的逻辑模式，而是要通过恰当的逻辑模型的形式表征去给出一种合理的科学认识论的逻辑趋向或可能势态，从而实现科学解释的理论目标。

再者，实在论的因果解释论的本质意义，是要从实践价值与理性价值的结合上，促进人们对客观世界内在特征的理解和在科学活动中的经验操作。因此，笔者提出了要在认识论上必须满足这样几个要求：第一，通过对可能世界的隐机制的探索，强化人们对可观察的测量现象的解释；第二，使人们关于世界的知识状态系统化，丰富对科学假设的本体论的认识；第三，从理性上补充描述知识的不足，更好地回答"为什么"的问题，从而更充分地揭示特定理性预测结果的认识论意义。

2. 构造经验论的语用解释论

范·弗拉森的构造经验论的语用解释论，是当代反实在论在科学解释观上的典型代表。在他看来，"科学解释不是（纯粹的）科学，而是科学的应用。它是满足我们特定愿望的一种科学使用；这种愿望在特定的相互关联中不尽相同，但它们总是描述信息的愿望"。所以，"解释的成功是适当的信息描述的成功。……对于科学来说，这种研究的价值就在于其自身在经验意义上是适当的和在经验意义上是强理论的一种研究"①。

范·弗拉森正是在构造经验主义的立场上，吸收了形式语用学，特别是疑问逻辑（eroteticlogic）的研究成果，奠定了科学解释观的理论形式基础，从而使他的解释论成为一种科学说明的语用分析。正是由此出发，他对数十年科学解释观论争的历史作了这样的概观评价："关于解释的讨论从一开始就是错误的，因为把解释当成了类似描述的关联：理论和事实之间的关联。事实上，这是理论、事实和上下文之间的三个方面的关系。毫无疑问，在理论和事实之间的单一联系从来就无法适合更多的案例。"②所以，只有从语用分析出发，才能真正地回答"为什么"的问题。

具体地讲，在他看来，一个回答就是一个命题，而且一个给定的命题可由许多不同的陈述语句来表征。反之，一个特定的语句在不同的场合言说，又可表征不同的命题。对于任何给定的语句来说，相关的上下文决定了它所表征的命题。同样，一个给定的问题可以由许多不同的疑问来表征，而且一个特定的疑问可以在不同的场合形成不同的问题。当一个疑问句被言说时，相关的上下文决定了它所要提出的问题。因此，强调同一个疑问句（同一组词）可以表征不同的问题这一事实，成为范·弗拉森对科学解释进行语用分析和说明的基本特征。他的目的之一就是在于通过这种分析和说明，去解决或排除以往科学解释中的两个最大难题：对解释问题的否定和解释的不对称性问题。

为了保证"为什么"回答的合理性，范·弗拉森提出了三个评价标准：第一，根据我们的背景知识，必须问为什么这一回答是可能的；第二，必须问在与其他相对的陈述比较之下，这一回答在什么样的程度上适合于这一论题；第三，必须问这一回答与其他的可行内容如何通约，即其他回答是否更可能、更适当，并在多大程度上与论题相关。这几个标准表明，在语用分析中存在着背景知识与问题及其回答的相互关联，

---

① Van Fraassen B C. The Scientific Image. Oxford：Clarendon Press，1980：156-157.
② Van Fraassen B C. The Scientific Image. Oxford：Clarendon Press，1980：156.

而对这一关联的处理,恰是语用分析的本质要求。

科学解释是一个动态的认识论模型,它总是伴随着特定的问题。纯粹形式模型的贫困,的确可由语用说明来给出某些补偿。在这个意义上,语用学的分析转换了人们对认识论问题的提问方式和回答问题的视角,超越了逻辑经验主义"所有解释都是唯一地运用句法和语义分析"的教条[①]。这一特征使范·弗拉森的语用解释论得到了许多科学哲学家的赞同。但是,语用解释论对于真正地解决解释难题来说,并不是充分的。从本质上讲,范·弗拉森为了试图摆脱问题与实在的客观说明之间的关联,回避了对规律性和因果性等核心认识论问题的回答。从而,他经由语用分析的途径,在认识论上导致了彻底的构造经验主义的解释论。

## 五、结束语

总而言之,科学解释模型在认识意义上从评判原则到逻辑模型、从绝对形式预设到相对统计分析、从形式一致到实体指称和从描述知识到本质意义的转化和演变,为我们现实地认识和把握科学解释与科学认识论的内在关联,提供了历史的借鉴。这使我们更清晰地看到,在目前西方科学哲学领域中,最有影响的解释论派别,除了因果机制论、语用论之外,便是具有较强传统色彩的演绎论。尽管他们在总体上论点纷争、莫衷一是,但在某些方法论的视角上,却存在着一致的方面。譬如:其一,科学解释存在于科学的自身运动之内,而不是在其之外,因此存在着科学解释与科学运动发展的一致性。其二,当代演绎论虽然包含着逻辑经验主义的某些内核,但却反对将其扩张到对特殊事实的说明中去,并且承认需要对演绎说明的本质进行新的有意义的探索。其三,无论亨普尔和奥本海默的解释论存在着多少难题和可争论的方面,他们所提供的形式说明都至少是科学解释中的一种类型,特别是提供了形式语言的句法学、语义学以及精确的逻辑定义的方法,具有重要的科学认识论意

---

① Sintonen M. On the logic of Why-Questions. PSA,1984,(1):176.

义。其四，科学解释的语用学的重要性已被广泛地接受，语用分析已成为与句法分析和语义分析并重的科学说明的方式。

这些一致的方面促进了科学解释论研究的不断深入和各种认识论派别之间在方法论上的相互渗透和融合。这一点已成为我们把握西方科学认识论发展的重要环节。

另外，在目前科学解释论的研究中，仍然存在着一些重大的理论难题。例如：①似规律陈述与纯定性（或映射）谓词的难题；②几率因果性的难题；③量子力学解释的难题；等等。但是，从根本的认识论意义上讲，科学解释的真正困难均与当代量子理论及量子测量实验的发展紧密相关。所以，萨尔门感慨地指出，能否"对微观物理解释提供一个令人满意的论述，构成了对当代科学哲学的首要挑战"[①]。因此，对当代微观物理解释的研究，已经并将继续成为确定科学解释模型的可能趋向及其演变的最重要的认识论基础之一。

---

① Kitcfer P, Salmon W C. Scientific Explanation. Minneapolis：University of Minnesota Press，1989：186.

# 当代科学认识论中的相对主义思潮[*]

伴随着当代西方科学哲学的发展，相对主义思潮也作为科学认识论的一个内在的组成部分获得了它的充分表现。相对主义及其产生、存在和发展的多样形态、多种途径以及多元载体的复杂特征，在某些方面和特定程度上直接地或潜在地制约了西方科学认识论乃至整个科学哲学的特定性质、发展趋向和可能前途，对科学理性的进步有着不可忽视的影响。因此，清醒地、准确地和系统地把握当代相对主义思潮的本质特征，具体地分析和判断它的错误的价值趋向，便是研究当代科学认识论的一项重要任务了。

## 一、相对主义的基本形态

尽管当代科学认识论中的相对主义思潮的哲学历史根源，可以追溯

---

[*] 本文发表于《学术论丛》1994年第4期，作者郭贵春。

到古希腊的普罗塔哥拉，但其在本世界发展中却有着独到的特征。从总体上讲，当代相对主义所涉及的主要问题是：①科学观察测量的内在结构及其本性；②构建科学理论的方法论标准及其途径；③理论陈述的真理性断言及其在对"可能世界"研究中的意义；④科学发展的历史实在性及其相关性；等等。由于对以上问题的不同视角和不同层次的回答，形成了各种各样的相对主义派别，但究其实质，主要存在以下四种基本类型。

（1）本体相对主义。这种本体相对主义主要表现在于，坚持认为特定的理论实体的存在仅当它是相对于一个具有充分可接受性的理论体系、范式模型或科学框架而存在的，因此，它不具有任何独立存在的方式。另外，这种相对主义也往往与通过对特定认识对象进行明晰的操作主义或结构主义的说明，以断言其存在的认识方式密切相关；从而把对一个理论拟经验的操作或行为结构本身，扩展或外推到了与其相关理论实体的存在意义。本体相对主义将其相对性的可参照物看作是一个可变化的理论框架或一个具有可操作性的科学实验结构，从而使理论实体的实在性依赖于相关理论的现时存在性或经验阐释的结构性，在科学本体论上导向了向背景理论的逻辑还原或操作结构的意义后退。

（2）语义相对主义。这种语义相对主义认为，对从个别的认识主体到整体科学框架的所有相关问题来说，真理和谬误都是可相对化的。具体地讲，一切可相对化的对象仅当它们是各种各样的科学语句、陈述、判断或信仰。因此，语义相对主义所谈论的真理，均是特定的"句法真理""模型真理""解释真理"或"可能真理"。所以，语义相对主义往往是在高阶元语言中，通过各种形式语言来阐释和实现真理的定义及其意义的。语义相对主义将其相对性的可参照物看作是一个可分析的语言系统，以使一个确定的语词在不同语言系统中具有不同性质的指称，使科学真理依赖于不同语言系统之间的语义的可分析性，在真理观上导致了从客观真理向语义约定的意义的分析性后退。

（3）认识相对主义。这种认识相对主义主张，任何科学认识论的结论都自然地发生于"观察报告"的经验结构及其性质；然而，所有科学观察都必然渗透着科学理论，造成了观察层次上的经验陈述之间具有不可比性或不可通教性,以致由此导出的观察的合理性仅当与其相关的背景理论的可接受性。

认识相对主义将其相对性的可参照物看作是不能自主地存在的,受到了理论"污染"的感觉经验,否认了经验观察中存在着实在的"客观所予",而存在的仅仅是理论污染的"心理所予",从而强化了理论与观察之间的非理性因素的张力,导致了对观察经验的合理性地位的绝对否定,在认识论上导向了对非理性因素的心理依赖。

(4)方法相对主义。这种方法相对主义确信,在现代科学的发展中,不存在任何预设地有效的探索和研究形式的方法论,尤其是不存在那些凌驾于其他方法或推理规则集合之上的具有特权地位的判据(证明)规则。虽然在局域上可能存在特定方法的"判决性"功能,但是不同的方法论和规则的集合会产生不同的"首席法官",因而不存在超局域的(特定的推理、理论或科学框架等)科学方法论的先验性或普遍性。方法相对主义将其相对性的可参照物看作是一种充分自由的、无规范约束的或自然化的研究方式,在方法论上导致了由"反对方法"而向极端的科学认识论的"无政府主义"的倒退。必须指出的十分复杂的一点是,方法相对主义在逻辑上并不与本体相对主义等价,一个方法论上的相对主义者却同时可能是一个本体论上的实在论者,例如,费耶阿本德的科学认识论思想就是如此。

## 二、相对主义在理论上的相对论途径

相对主义作为当代科学认识运动中的一种思潮,有着它深刻的内在理论根由。从本质上讲,相对主义在理论上过分地夸大了科学认识能力的约束性,弱化了科学认识功能,片面地强调了科学认识不能自主地决定自身发展的结论。因此,从理论上否认了科学认识具有达到客观地、合理地评价自身认识意义及其价值的方法,因为这些评价方法超越了产生这些认识论意义及其价值的可靠的条件性。正是这一相对主义本质在不同的认识层次、认识角度、认识范围和认识方法上的外化、渗透和扩张，使相对主义的四个基本类型在理论上获得了它得以具体实现的各种各样的相对化途径，这就在于以下几个方面。

（1）通过批判逻辑经验主义和理性主义的规范的科学哲学观念，否认存在独立于理论内容和科学共同体的绝对理性标准，摈弃在经验事实和理论陈述、综合判断和分析判断之间所进行的循环论证的逻辑推演，坚持科学理性不存在超越自身进步的系统的本质要求，从而导致了极端的"非标准化"或"非理性化"的相对主义。这是逻辑的相对化途径。

（2）通过对科学认识论的"基础论"的批判，否认了科学认识的经验基础（观察、测量等）的可靠性，确信这个基础不具有客观地判定或选择竞争理论及其主张的功能意义，从科学知识的基础上排除了判决性实验存在任何可能性，从而导致了一种构建不要经验的科学知识大厦的相对主义。这是超经验的相对化途径。

（3）通过强调在经验意义上等价的理论之间不存在理论选择的途径，主张所有的科学知识都是相对于特定的研究传统而断言的，并且也只有在这个传统内才是可被构造的和有意义的。倘若外在的科学因素或力量引起了科学革命，那么这种革命也不是认识论意义上被理性地选择的，而仅仅是一种历史的因果关联。这是科学史的相对化途径。

（4）通过否认存在着证实一组认识论价值的方式或者作为合理的目的趋向性的途径，主张科学认识运动的意义只能从它自身的价值或目的性的实现中反观，从而给定了科学认识价值的有限的边界条件，这是价值的相对化途径。

（5）通过对传统的"对应"真理论或"一致性"真理论的批评，否认这种真理的概念及其可保证的断言在认识论上是可证实的，甚至否认这种真理性论断可以无矛盾地陈述，从而导致了对真理理论的构建及其形式体系的怀疑。这是证明真理的相对化途径。

（6）通过否认科学认识论能够客观地证明其具体方法的运用可以使科学理论"趋近于"或"收敛于"真理，以致认为不存在充分的理由去接受科学已经作出了朝向真理进步的论点。因为，科学认识主体不能超越内在的概念系统去将理论（形式化体系）与实在（尤其是不可观察的可能世界）进行直接的比较，而经验意义上的一致性又不具有真正的客观性。这是解释真理的相对化途径。

（7）通过强调任何一个科学命题都不具备绝对的真值，根据不同的理论标准和不同的范畴框架可以得到不同的相对真值的论点，否认了在语义上不可比的理论之间具有理性判定的可通约的方式，从而主张科学理论和知识体系仅仅是作为一种在语义上封闭的"约定集合"而存在的。这是语义的相对化途径。

（8）通过肯定理论的约定最重要的是由实用因素所决定的，并且对这些因素的操作独立于理论上的真假判断，因此否认在竞争约定集合中存在着认识途径合理性选择。这是实用的相对化途径。

（9）通过引入自然主义的观念，极端地强调了科学的进化仅仅在于其生态结构的转换导致的科学生存环境条件的改变，而不存在任何理论进步的逻辑的可证实性解释。所以，只有当一个理论能精确地预测和说明其应用域（生态域）的特征及其转换条件时，它才是合理的。从而，把科学理论结构的改变和进化简单地还原为"社会—文化—技术"环境的整体转换。这是科学生态的相对化途径。[①]

总而言之。复杂多样的相对化途径构成了当代相对主义赖以存在和生长的理论土壤。这些土壤均是相对主义的本质特征在科学认识运动的具体过程中得以片面化、极端化和抽象化的结果。最突出的一点是，相对主义在科学认识运动中对"否定"的概念作了狭隘的、形而上学的扩张。他们不懂得科学的否定"并不是单纯的否定，并不是任意的否定，并不是怀疑的否定、动摇、疑惑"，不理解科学的否定同时应"作为联系环节、作为发展环节的否定，是保持肯定的东西，即没有任何动摇、没有任何折中的否定"的真髓。[②] 正是在这个意义上，当代相对主义通过相对化的途径，将其理论中某些合理的、有价值的因素不自觉地湮没了。

---

[①] Nola R. Relativism and Realism in Science. Dordrecht：Kluwer Academic Publishers, 1988：93-99.
[②] 列宁. 列宁全集. 第38卷. 中共中央马克思恩格斯列宁斯大林著作编译局译. 北京：人民出版社, 1986：244.

## 三、相对主义的两个教条及其矛盾

从方法论上看，在当代科学认识运动中，尽管相对主义在理论上存在着复杂多样的相对化途径，但是在这些形形色色的途径中却蕴含着当代相对主义最根本的"两个教条"。这两个教条相互补充、互为表里，构成了相对主义得以繁衍的中心内核。

第一个教条就是"不可比性"的观念。"不可比性"涉及了这样几个最基本的要素：①理论语言或基本概念在语义上的不可比性；②理论结构在逻辑上的不可比性；③理论表征或揭示的相关真理性的不可比性；④理论揭示域或解释层次的不可比性；⑤理论的目的性、价值趋向性或背景信仰的不可比性。这些基本要素的统一作为一个认识论的基本原则，在科学认识运动的具体展开中得到了充分的扩张。正是这个意义上，"相对主义把不可比性看作是一个公理"[①]。

导致了"不可比性"观念的一个重要根源，就是把观察渗透理论的观念绝对化，从而否定了观察的相对自主性和客观性。然而，事实上，观察测量在本质上是主客观的统一，在形式上是可操作的量化过程，因此，它的确定结果是可比的。从这个视角分析，"不可比性并不是理论污染的必然产物。相反，不可比性却往往是缺乏理论污染的偶然的和暂时的产物。即毋宁说是在特定历史时期，由于理论解释的匮乏（暂时贫困）的产物"[②]。这深刻地表明：一方面，恰恰是科学认识过程中的"理论污染"的缘由，构建了观察测量的复杂的内在结构，而正是这一结构的整体性决定了可比性的认识论基础。因而，所谓"不可比性"仅仅是强化了认识主体在科学认识过程中的主观能动性，它没有、也不可能绝对地否定观察测量本身的客观性，而观察测量本身的客观性优势与被观察对象的实在性是一致的和统一的。所以，"理论污染"是从主观能动性的认识论意义上促进了科学理论解释的观察测量基础的客观性和可靠性，而

---

① Biagioli M. The anthropology of incommensurability. Studies in History and Philosophy of Science, 1990, 21(2): 134.

② Greenwood J D. Two dogmas of neo-empiricism. Philosophy of Science, 1990, 57(4): 562.

不是相反。某些科学哲学家在这一点上滑入相对主义，只是证明了他们的经验主义立场的教条性。

第二个教条就是"奎因-迪昂"的论点及其各式变种。这一论点主张，各种竞争理论存在着不可避免的证据上的等价性，当它们面对潜在的"反例"或"难以应付"的观察测量时，都可在解释理论阐释和评价中，通过对辅助假设的修正或更替获得理论结构的内在一致性调节。因此，使不同的竞争理论对于任何观察经验来说，在逻辑上都是等价的，并由此同样导致了竞争理论在选择上的不可比性。正如奎因说的那样，"在任何情况下，一个陈述都可以被认为是真的，只要我们能够在这个系统中的适当地方进行极其充分的调整"①。换句话说，试图通过在竞争的解释理论之间提供证据的等价性，从而使"反例"在逻辑上获得可能的相关形式的容纳，成为"奎因-迪昂"教条的宗旨。

十分明显，这一教条通过在方法论上对辅助性假设的抽象运用，导致了在理论选择中出现了具有经验的不可检验性和理论的不可比性的解释理论，引出了对相关观察测量的先验的、预设的和任意的解释。因此，经由证据的等价性和解释理论的不可比性而导向了相对主义的立场。但是，事实上，在一个特定的"反例"面前。辅助性假设的修正对于竞争理论来说是必要的，但不是充分的；是相对有意义的，但不是绝对有效的。它仅仅是通过认识主体的主观能动性的发挥而强化了理论在一定条件下的韧性，而不是决定了理论的不可比的、无条件的绝对性。所以，它恰恰是通过对理论存在的具体的合理性或一致性的条件性，证明了解释理论在选择竞争中具有不可缺少的相关性、发展性或革命性，而不是相反。

当代相对主义的这两个基本教条，导致了其自我否定的内在矛盾。这就表现在：其一，"相对主义最终不能在是正确地和认为它是正确对象之间划清界限"，即不能在主体与客体、主观对象与客观对象、客观实在与经验实在、经验实在与理性实在之间划清界限。因此，这种相对主义的思维方式无疑"是在犯罪，是一种精神自杀罪"②。其二，"如果一切都

---

① Greenwood J D. Two dagmas of neo-empiricism. Philosophy of Science, 1990, 57(4): 566.
② 普特南. 理性·真理与历史. 沈阳: 辽宁教育出版社, 1988: 152.

是相对的,那么相对性也是相对的"。所以,当相对主义者最终把相对性看作是"一个绝对真理的类,因此也就不再是一个相对主义者了"①。可见,相对主义归根到底是一种把不确定性或相对性极端化了的"绝对主义"。其三,"相对主义者看不到正是思想本身预设了某种客观'正确性'的存在"②。这种预设性是科学理性的一种内在要求,只要我们不把这种预设性绝对化到逻辑主义的极端,那么它就是相对合理的。所以,相对主义坚持的是一种最缺乏辩证联结的绝对性,以致在否定科学理性预设的绝对性时,把它的合理的相对性也否定和抹杀了。由此可见,相对主义的这两个教条"是一个自我否定的论题"。

相对主义的这两个教条的自我否定性,在科学认识过程中均是对观察测量、理论结构以及解释理论之间的合理性关系的歪曲和颠倒。因此,相对主义自然而然地道出了当代科学认识论中的三个极其典型的怀疑论结论:第一,任何探索性的理论或假设均被历史证明了比现行的、已被确认的理论成就具有更强的生命力,所以,基于历史过程的科学认识能力是"虚弱"的。——科学历史发展的虚无主义。第二,科学认识论的唯一任务就是不断提出在逻辑上合理的、可能的探索性理论,因为只有在这个意义上竞争理论在证据上才可能是等价的,这是科学认识"不退化"的唯一保证条件。——对不可比性观念绝对化的超现实主义。第三,对于现行的科学理论成就的确定是极其"脆弱的",这仅仅是一种知觉性的公认,仅仅是在探索性理论还不完备的局限性基础上的暂时"权宜之计"。——非理性主义的反科学主义。当然,这些似是而非的怀疑论结论,将随着相对主义的自我否定而丧失它存在的根据和理由。

## 四、相对存在的多元认识载体

当代科学认识论中相对主义思潮作为一系列形而上学论点的集合,并不是孤立地、静止地存在着的。它是在流派繁多、观点陈杂、论争激

---

① 普特南. 理性·真理与历史. 沈阳:辽宁教育出版社,1988:153.
② 普特南. 理性·真理与历史. 沈阳:辽宁教育出版社,1988:154.

烈的科学认识运动中，自然地依附于某些不同的认识论派别或不同的认识论的发展趋向，把握在变化的、动态的科学认识运动中，以这些派别或趋向作为自身存在的多元认识载体，来释放和实现其自身的主张、价值和意义。所以，不同的认识派别或趋向是相对主义思潮得以存在的认识依托，而相对主义思潮则是这些派别或趋向的本质的价值体现。二者互为一体，不可分割。限于本文的篇幅，我们将主要以近年来有突出影响的以下三个认识论的派别或趋向来分析这一问题。

1. 自然主义与相对主义

在某些自然主义者来看，科学认识运动是一种科学的、技术的、社会的和文化的统一的自然过程，这一过程具有实在的、自然而然的性质。自然化的认识论就是要试图通过探索这种自然过程的可靠性来证实其信仰的合理性，从而使这种自然化的过程的可靠性成为其判定认识论意义的途径和依据。在这里，科学认识论的功能和价值就是向这一自然及其结构的还原，而不需要任何"进一步的认识论的权威"。

当自然主义认识论从逻辑主义的预设转向自然化的过程时，这种方法论上的战略转移，就使其由逻辑化的绝对主义导向了自然化的相对主义。首先，因为不同的科学集团和科学学派具有不同的自然化的科学环境和自然化的可操作的研究传统，所以，便会导致不同的认识论的发展趋向。而这些不同的趋向则经由真理观上的不可比性和价值观上的逻辑等价性这两个教条的阐释，而不可避免地陷入相对主义。其次，在科学认识运动中，任何一种单纯的认识方式都不是自然地必然成功的保证条件，所以，把任何一种方法绝对自然化并认为它是可靠的认识论基础的观念，无疑是一种自然的相对主义观念。因为，对这种保证条件本身的证实就具有很大的局限性，所以在自然主义的框架内，愈是被认为可靠的方法，就愈具有更强的相对性。最后，自然主义认识论在本体上的实在性，不但无助于它克服自身的相对性，而恰恰成了它构成其相对主义价值论和方法论的基础。因为它的本体论的实在性是一种自然化的实在性，而正是在这种自然化的实在性中，不可避免地抹杀了科学认识运动的逻辑性和合理性,削弱了科学认识主体的能动性和创造性,从而成为相对主义思潮在自然主义认识论中生根的温床或前提。

2. 价值选择论与相对主义

价值选择论认为,在科学认识运动中,科学规则和科学方法均是模糊的和不确定的,它们不足以判定理论的价值或作为理论选择的依据。特别是在面对两个内在自洽并均给出了令人吃惊的预测结果的理论时,就会明显地丧失其进行价值选择的能力。为了证明这一点,具体地说明科学家（S）、科学家目的（A）、科学方法（M）和科学理论（T）之间的关联,他们给出了如下逻辑推论:①$S_1$和$S_2$具有不同的认识目的——$A_1$和$A_2$;②$S_1$和$S_2$信奉不同的方法——$M_1$和$M_2$;③使$S_1$确信$M_1$对于实现$A_1$来说是不理想的,而且也是不可能的;④在这里,$M_1$和$M_2$均以$T_1$为背景理论;⑤因此,得出$T_1$和$T_2$之间在逻辑上不等价的理性结论是不合理的。

这一推论表明,价值选择论是从本质上将"奎因－迪昂"教条作了具体的逻辑扩张和语义推广,从而导致了价值选择论的相对主义。在这里,相对主义的认识论思潮表现在价值选择论所必须满足的一个基本条件之中:第一,价值论的主张是认识主体的不可调和的兴趣或偏好问题;第二,确实存在价值论的区别,而这些区别易于导致方法论标准或理论选择评价的不同集合;第三,因而,不同的科学家事实上构建并认可了不同的价值论趋向。

价值选择论的相对主义导致了这样一个不可避免的矛盾:一方面,任何科学家均有其确定的科学目的,然而却又不存在完成或实现其目的的理性的保证条件;另一方面,一个科学家虽不具有保证其目的实现的手段,却又无法理性地证明其目的是不可实现的。为了摆脱这一矛盾,他们把科学目的看做是超越了逻辑理智的价值定向,从而导致了科学目的性与科学逻辑性的分离,成了一种任意的、无规范的信仰。正是在这个意义上,劳丹曾不无担忧地指出:"当代相对主义是十分有害的,而且至少在我们的时代，它已相当广泛地被传播了。"①

### 3. 语义整体论与相对主义

库恩为了削弱人们对他的历史相对主义的批评并坚持和强化他的"不可比观念"，他把"奎因－迪昂"教条作了进一步的推广，从而提出了他的语义整体论（semantic holism）的相对主义。他试图用语词结构（lexical structure）来取代范式，通过语义学的途径或语义分析的手段来更新范式的模型规定性，以两种语词结构之间的不可翻译性来支持他的不可比性观念的合理性，从而论证相对主义认识论结论是不同理论的语义框架之间不相关的必然结果。库恩声称，他的语义整体论的方法和立场"应用到文化与文化的发展上，便是相对主义"。而且，"假如这个立场就是相对主义，那么，我看不出在解释科学的本质与发展方面，相对主义到底丧失了什么"②。

任何科学理论都是一个确定的语言系统，都有其在语义上作为一个相对独立整体的封闭性，否则，它便易于导致逻辑和语义矛盾，而丧失其自身的一致性和自主性，但是，科学理论作为一种语言系统所表现出的语义上的封闭性，并不等于它与其他理论之间的绝对的不相关性。恰恰相反，它只有在与其他理论之间的比较和关联中，才能显示和实现它自身的具有鲜明特征的语义整体性。语义的整体性或封闭性是以相关性为补充和条件的，而相关性和可比性又是以语义的整体性为前提和基础的，这二者之间是有机统一的。语义整体论的相对主义的最大的缺陷就在于它丧失了与科学历史实在之间的一致性。因为在科学史上，任何不同的"语词结构"都没有成为它们之间相互割裂或隔绝的障碍，而恰恰成为它们之间各自强化、完善和充分实现自身的必要条件和手段。也正是这种相关性促进了科学历史的发展。所以，语义整体论的相对主义的悲剧，就在于它更自觉、更彻底地坚持了当代相对主义的"两个教条"③。

---

① Nola R. Relativism and Realism in Science. Dordrecht：Kluwer Academic Publishers，1988：138.
② 金吾伦.托马斯·库恩的理论转向.自然辩证法通讯，1991，（1）：27.
③ Jardine N. The Fortunes of Inquiry. Oxford：Clarondon Press，1986：125.

## 五、结束语

当代科学认识论的相对主义思潮并不是一种偶然的现象,它是整个西方的科学文化背景框架和片面折射时代精神的歪曲体现。从总体上讲,科学认识在求解科学难题的过程中,越来越突出显示了以下几个基本特征:①科学理论越来越远离经验的发展,科学认识的逻辑空间更加完备,使人们越来越注重了形式体系结构的自主性和自洽性。②科学测量结构的复杂性、中介性及其本质特征在科学认识运动中具有了日益突出的地位,使测量空间成为不可逾越的科学认识环节。③科学在微观和宏观方面越来越伸向不可观察的"可能世界",从而使科学认识的对象空间发生了根本性的结构变化。④随着科学的技术化、技术的科学化、科学技术的社会化和社会的科学技术化的发展,所谓"科学危害"和"技术灾难"的问题日趋严重,它迫使着人们从新的、整体化的价值观上去重新审视当代科学事业的功能空间。不言而喻,相对主义正是在科学发展的逻辑空间、测量空间、对象空间和功能空间的基本特征的变化中,产生了我们所分析的那些认识论迷茫的结果。不过,尽管如此,当代相对主义毕竟在促进科学认识运动的深化,在推翻以逻辑经验主义为代表的"学院式理性法西斯主义"(academic rational fascism)的论争中有着重大的积极意义。因此,我们对待相对主义思潮的态度绝不能是相对主义的,而必须诉诸科学辩证分析和批判。

# "解释转向"的意义[*]

从总体上讲,20世纪西方哲学(包括科学哲学)的发展,呈现了一幅波澜起伏的历史图景。在这一图景中,尤以"语言转向""解释转向"和"修辞转向"这三个环节为基点和中枢,展示了哲学思潮演化的历史进程、趋势定向、理论重构的模型选择和各种特征。因此,对"解释转向"的宗旨、本质、形态和方式作些具体的分析,赋予其恰当的、逻辑的历史地位,内在地把握"解释转向"的真正意义,从而正确地理解和阐释西方哲学的进步,就是十分重要而又必要的了。

## 一、"解释转向"是对"语言转向"的修正

人们将特定的哲学方法和哲学定势的变化用"转向"一词来表示,有着历史的和现实的深厚哲学底蕴。20世纪上半叶,当分析科学家们高

---

[*] 本文发表于《科学技术与辩证法》1994年第3期,作者郭贵春。

举着形式理性的旗帜进行一场"新的哲学革命"时，统治了哲学领域达两个世纪之久的"认识论的转向"便不可抗拒地被"语言学的转向"取而代之；人们通过分析语言，达到了传统认识论在分析头脑的探索中所期望达到的，而且更具合理性的目的。在而后数十年中，"语言转向"已由关于语言结构、"语词-经验"关联和意义分析等的哲学方法论的阐释，赋予了它确定的历史特征。但是，以分析哲学为中流砥柱的"语言转向"，不能不具有历史的局限性，特别是形式理性与科学主义的观念，导致了某些"不能令人容忍的"极端倾向。特别是当人们越来越清晰地意识到，"语言和意义不能再承载语言学转向所要求的重负"时，"语言转向"及其产生的一系列结果受到了来自各个方面的强烈挑战。[①] 更重要的是，"在科学哲学和解释学传统中的发展加入了这些挑战，指出了哲学的一个新方向，并通过在解释行为中的意义而赋予了这一方向以特有的特征"[②]。这一新的哲学发展趋向的选择，就被称为"解释转向"（interpretive turn）。

首先，人文主义与科学主义、社会科学哲学与科学哲学的僵化界限的突破，是"解释转向"修正"语言转向"的时代要求和哲学统一的基础，在以"认识转向"为基底的近代哲学的发展中，认识论作为"纯理由的法庭"，在其全盛时期，由于为其他理智的探索提供了基础和判据，而获得了它的权威；并且在说明（explanation）和解释（interpretation）之间划出了一条明晰的认识界限。根据这种区分，科学探索的真正主旨在于说明，而解释实践则仅只被限制于人文科学的特定领域，即传统的社会科学之中。20世纪"语言转向"的洪流，致使更狭隘的逻辑理性标准取代了传统的认识论主张，而成为"纯理由的法庭"的首席法官。然而，这不仅没有消除"说明"和"解释"的划界，反而在实证主义的科学统一的旗帜下，要求所有科学和社会科学的分支，沿着物理主义的途径，向物理学的本体论和方法论作彻底的还原，从而导向了另一个极

---

① Hiley D R, Bohman J F, Shusterman R. The Interpretive Turn（IT）. Ithaca：Cornell University Press, 1991：1.
② Hiley D R, Bohman J F, Shusterman R. The Interpretive Turn（IT）. Ithaca：Cornell University Press, 1991：1.

端——确立形式规范和逻辑理由的绝对权威。

但是,哲学发展的进程表明,不矫正"语言转向"的极端歧途,便会阻碍哲学的真正进步。因此,在这样的背景下,"反对自然科学与人文科学划界的新近运动,最初产生于科学哲学,产生于诸如库恩、海西和费耶阿本德等后经验主义的科学哲学家们对实证主义的挑战"①。同时,这些挑战在传统的解释学中产生了更强烈的反响。人文科学的哲学家们,期待着在"语言转向"的过程中被冷落了的解释学科获得新的青春,并将解释实践扩展到人类知识的所有域面,由此,拉开了"解释转向"的序幕。

需要注意的是,"解释转向"所要消除的是自然科学与人文科学之间绝对的、僵化的界限,而不否认二者相互渗透中的相对的、具体的区别。当然,对于具有不同背景的哲学家来说,关于"划界"这一敏感的问题,仍具有不同的阐释,不能在此逐一叙述。但是,库恩作为"解释转向"的发难者之一,他的观点是值得我们注意的。在他看来,"在自然科学中,研究的实践就是可能地产生的范式、新的理解和阅读本文的新方式"②。因而,从方法论的意义上讲,"解释学的解释要给出科学发现如何获得的说明"③。对于自然科学来说,"其本身不是解释的事业",但人文科学不仅是,而且是"毫无选择"的是。换句话说,这种"划界"并不否认自然科学存在着"解释学的基础",并不影响某些人文科学的解释学方法、技术或能力在科学求解难题中的功用,不存在阻滞科学方法与解释学方法相通的障碍。所以,在科学的发展中,"解释学的重解可以不断地被要求"④。

其次,语言理解与解释经验、语言分析与解释实践的相互渗透和融合,是"解释转向"修正"语言转向"的解释学普遍化的方式和整体的途径。奎因和戴维森对"语言转向"的关键区分(分析与综合、概念与经

---

① Hiley D R, Bohman J F, Shusterman R. The Interpretive Turn(IT). Ithaca: Cornell University Press, 1991: 4.
② Kuhn T S. The Natural and Human Science. //Hiley D R, Bohman J F, Shusterman R. The Interpretive Turn(IT). Ithaca: Cornell University Press, 1991: 23.
③ Kuhn T S. The Natural and Human Science. //Hiley D R, Bohman J F, Shusterman R. The Interpretive Turn(IT). Ithaca: Cornell University Press, 1991: 21.
④ Kuhn T S. The Natural and Human Science. //Hiley D R, Bohman J F, Shusterman R. The Interpretive Turn(IT). Ithaca: Cornell University Press, 1991: 24.

验之间的区分）所进行的批判，"削弱了语言转向本身的许多预设。这一结果是，在科学哲学和语言哲学中的新方向，正在与解释学传统和各种解释学中的发展结合起来，从而把关于解释的问题引入了哲学讨论的核心"①。

这种结合的哲学效应，一方面推动了解释学向普遍化和整体化的方向发展，"突出了解释学转向与语言学转向之间的密切关联"②。因为，从本质上讲，理解和解释是不可分割的。任何理解均是语言的理解，理解（作为经验）包含了对语言概念的要求；但是，语言的理解在本质上又是对那些任意的而非自然的符号所进行的解译或解释，所以，将符号翻译成有意义的命题必须需要解释。根据"奎因-戴维森"的模式，理解了一个句子的意义，就是根据我们熟悉的术语，为其提供一种翻译或解释。伽达默尔也一样，把解释学的普遍范围奠定在"关于世界的所有人类经验的本质的语言学"基础之上，并把语言看成是"我们每天都要进行的解释游戏"③。

另一方面，同时也促进了"解释转向"对"语言转向"的修正和超越，从而赋予解释学的普遍化和整体化以更强烈的解释实践的特征。解释实践的深入使人们意识到，那种认为语言学的理解总是根据特定意义和句法规则，去翻译、解译或解释任意符号的思想，完全是一种形式主义和理性化了的语言学理解的图景。它并不具有覆盖所有解释实践的能力；它既不是自明的，也不是必然的；因为，"既存在着非解释的语言学的理解，也存在着非语言学的有意义的经验"④。所以，把所有语言学的理解和所有经验都看作是解释的观点，约束了解释实践的深度和广度，限制了解释经验的多样性和丰富性。因此，语言理解与解释经验、语言分析与解释实践的相互渗透和融合，不仅仅在于二者的一致，而更重要

---

① Hiley D R, Bohman J F, Shusterman R. The Interpretive Turn (IT). Ithaca: Cornell University Press, 1991: 4.

② Shusterman R. Beneath Interpretation. //Hiley D R, Bohman J F, Shusterman R. The Interpretive Turn (IT). Ithaca: Cornell University Press, 1991: 15.

③ Gadamer H-G. On the scope and function of hermeneutical reflection. Gadamer H-G Philosophical Hermeneutics. Berkeley: University of California Press, 1989: 19.

④ Shusterman R. Beneath Interpretation. //Hiley D R, Bohman J F, Shusterman R. The Interpretive Turn (IT). Ithaca: Cornell University Press, 1991: 119.

的是后者对于前者的超越。正是在这种超越中，体现了"解释转向"与"语言转向"之间的内在关联及"解释转向"的新的本质特征。

我们必须指出的是，在"解释转向"修正"语言转向"的过程中，新的哲学趋向越是"宣告"解释在一切人类探索中的普遍性和重要性，解释概念本身就越成为论争的源泉。这就是说，"解释转向"自身也并非完美无瑕的，它至少存在着如下几个内在的核心难题。

（1）什么是解释？在说明和解释之间的旧的逻辑分割被抛弃了，解释赋予了整个人类探索新的特征，那么（如果存在的话）什么是解释的"对照集"（contrast class）呢？

（2）什么使一个解释比其他的解释更正确或更好？当回答这一问题时，"解释转向"是否仅仅简单地在新的形式中重新引入了关于真理和有效性的旧认识论标准？

（3）倘若解释是可错的和循环的，并且不存在任何东西可诉诸表明那不是一种解释，那么"解释转向"是否便导向了相对主义和种族中心论？

（4）假如解释实践不预设普遍的理由和中性证据的标准，那么它们是否就会导致虚无主义或绝对权威的结果？[1]

尽管人们对这些难题给了不尽相同的阐释，但事实上，哲学家们已经超越了关于自然科学与人文科学之间关系的陈旧争论，而走向了关于"解释认识论"和"解释转向的本质内涵"的说明，从而使"解释转向"对"语言转向"的修正，成为20世纪又一具有深远历史意义的哲学运动，并蕴含了而后"修辞转向"的潜在因素。[2]

## 二、"解释转向"的本质是实践定向

把哲学解释的实践性突出到根本的地位，正是"解释转向"的自身要求和内在本质。所以，"哲学的解释转向是一种实践的转向，一种坚持

---

[1] Hiley D R, Bohman J F, Shusterman R. The Interpretive Turn（IT）. Ithaca：Cornell University Press, 1991：2.
[2] 关于"修辞转向"的问题笔者将另文阐释。

哲学的实践向心性的转向。……在欧洲大陆哲学中，这种'实践-解释'转向被看作是哲学的解释学；而在英美哲学中，将其视为实用主义的复活"①。那么，哲学的解释为什么总是蕴含着应用性和实践性呢？这至少有四个原因：①存在着解释的意向性，它总是内含、引导或应用于特定的意识主体；②它将特定的视角应用于解释的对象，从而在很大程度上构成或使被解释项（interpretandum）获得了它自身的具体化；③解释总是具有特定边界的本文；④目的性内涵于所有的解释情态中，正是在这种情态中，解释者内在地发现了其自身在进行解释。总之，这构成了解释的实践性的最基本的特征。

首先，"解释转向"强化了解释实践与解释理论的相关性。"解释转向"的一个重要的意义就在于表明，"不仅仅称作应用的解释学是实践的，而且，解释理论，即解释的哲学解释也是实践的，因为它在具体的情态中发生，由有助于确定它的特殊目的而赋予了它的动机"②。具体地讲，其一，现行解释理论的动机，就在于期望阐释和促进解释实践，在大量发散的方法和目的性中去建立某种秩序性和收敛性。其二，在自然科学与人文科学的统一中，把解释构建成一种合法的和丰富的方法论集合，为其定向，以扩展其解释的域面和解释力。确定这种合法性的任务之一，就是把解释描述为一种在理论上令人信服的和理性化的可选择模型，使它优越于传统科学解释的"基础主义"的说明。所以，解释理论像所有解释一样，通过实践的动机而发射；不仅要奠定在实践之上，而且构成了实践自身。

在这种实践的或实用的意义上，"理论是转换实在的工具，而不是反映其假定本质的和永恒不变的特性的表征"③。因为，一旦放弃了"基础主义"这种绝对性的幻想，就可把实践看作是一种与情态的变化相关的特

---

① Hiley D R, Bohman J F, Shusterman R. The Interpretive Turn（IT）. Ithaca：Cornell University Press，1991：11.
② Hiley D R, Bohman J F, Shusterman R. The Interpretive Turn（IT）. Ithaca：Cornell University Press，1991：12.
③ Hiley D R, Bohman J F, Shusterman R. The Interpretive Turn（IT）. Ithaca：Cornell University Press，1991：14.

定产物，并不断地被评判、阐释和确证，而理论的作用正在于对实践的不可排除性和可靠性进行批判的思考。"正是由于这种作用的新意义，哲学保持了它的青春。"①所以，在"解释转向"中，解释理论不仅没有由于解释实践的转向而被忽视，反而获得了更强烈的升华和激发。

其次，"解释转向"保持了解释实践与科学行为的一致性。"解释转向"之所以是一种实践的转向，在特定的意义上，这与解释学的某种"行为主义"的传统是不可分离的。在这种传统看来，在很强的意义上，可称为解释的东西就是人类的行为；解释之所以是必要的，在于行为（包括讲话行为）是有意义的；解释实践作为行为的同一性，只有通过揭示或阐释这些行为表达的意义才能够被展现。所以，行为的有意义性内在地蕴含于行为者的意向、构成其行为的规则以及提供了本文（在其中，行为是理性的）的背景实践中。

在对"语言转向"的批判中，许多解释学家们敏锐地觉察到了自然科学的形象与解释的社会科学的各种说明之间所具有的相似性。这激发了他们根据行为主义的传统，去理解解释实践与科学行为之间的一致性，譬如，他们从库恩的科学范式论中，看到了作为科学行为的解释的实践特征。

第一，范式是"在社会中体验行为的方式，它是由构成建制和实践要素的语言及描述所表达的"②。所以，范式是共有的活动域而不仅是信仰的，是一种行为的共同体而不仅是信仰的共同体。

第二，语言是科学范式的构成要素，它与实践是不可分离的。"语言学的区别和使用它们的方式镶嵌于社会实践的大本文中，没有适当的源泉，语言本身也就不存在了。"③所以，离开了语言和构成它的实践，便不能赋予"社会实在"以其特有的特征。正是在实践的意义上，在科学的

---

① Hiley D R, Bohman J F, Shusterman R. The Interpretive Turn ( IT ). Ithaca: Cornell University Press, 1991: 14.
② Rouse J. Interpretation in Natural and Human Science //Hiley D R, Bohman J F, Shusterman R. The Interpretive Turn ( IT ). Ithaca: Cornell University Press, 1991: 46.
③ Rouse J. Interpretation in Natural and Human Science //Hiley D R, Bohman J F, Shusterman R. The Interpretive Turn ( IT ). Ithaca: Cornell University Press, 1991: 47.

范式中,"语言和实在是相互依存的"[①]。在这里,语言、社会实践与对象实在之间的联结,不能超越我们与自然界的关联;而自我与世界之间的边界,属于我们的解释的社会实践。

第三,特定的科学建制形式、共同语言和行为规范的存在及其内在意义,恰是与对特定实践形式或"大"本文的解释相关的。也就是说,范式的结构是与解释的实践结构一致的。因而,不言而喻的是,存在着社会科学的解释学方法与自然科学的意义说明之间的同一性。

最后,"解释转向"强调了解释实践与背景语境的统一性。"解释的解释学说明不是规范的,而是描述性的"[②],这是解释学的本体论主张。但是,解释学的理解并不能绝对本原地给出对象事物;相反,在这里,"自我反观和自我理解则可以改变和促进实践"[③]。不过,这只能在相关的特定语境中才能获得实现,因此,与特定本文或案例相关的解释实践的背景语境,包含着三个方面的理解:①关于理解的历史性,包括个体或群体的历史趋向性或心理意识性的存在;②关于理解方法的解释学批评,包括学科模型、理论原则和解释规则等的论争;③关于实践的"反还原论"的主张,包括解释的实在性和局域认识(local knowledge)的趋向性观念。可见,在解释实践中,背景语境是极其丰富的和复杂的;一旦涉及实践的本质和意义,就必然依赖于特定背景语境的结构性和实践的整体性。

然而,语境不是静态的。"解释转向"的目的之一,就是要冲破传统解释学的保守性,去寻求实践背景的历时性与共时性的统一。所以,任何一种解释范式都必须在其具体的应用中去发现它的意义,而不是相反。在这样一个语境意义上,解释的实在性在于它的实践性。因此,任何语境意义或结构性意义都是在具体的解释实践中形成的,而解释实践又由语境意义或构成性意义的整体性而赋予了具体的、历史的动态特征。

---

① Rouse J. Interpretation in Natural and Human Science //Hiley D R, Bohman J F, Shusterman R. The Interpretive Turn(IT). Ithaca: Cornell University Press, 1991: 47.
② Hiley D R, Bohman J F, Shusterman R. The Interpretive Turn(IT). Ithaca: Cornell University Press, 1991: 246.
③ Hiley D R, Bohman J F, Shusterman R. The Interpretive Turn(IT). Ithaca: Cornell University Press, 1991: 247.

## 三、"解释转向"是对心理解释的意向重建

"解释"一词的意义并不是任意的,它由两个方面决定:首先,它涉及了它的应用域;其次,它涉及了它的认识论的特殊性。[①] 就前者来讲,它与具有特定自主性和规定性的本文及语境关联,具有给定的相对收敛性。对它的阐释涉及了理解与解释之间的功能关系问题。就后者来讲,它有着广泛个体的、心理的、规范的和社会的背景作用,对它的阐释,涉及说明与解释之间的建构本质的关系问题。"说明注重意思(sense),而解释则必须给出指称(reference)",它们从不同的视角给出了"意义"的不同方面。说明是一个"内在的论述模式",解释则是"朝向语词的意向趋向和朝向自我的内省趋向"[②]。说明是"从隐喻走向本文",解释则是"从本文走向隐喻",具有不同心理意向的趋向性。不言而喻,对解释意义的阐释涉及了不可避免的"解释学循环",但是,正是"解释学循环"蕴含了心理意向分析的必然性。"解释转向"的根本宗旨之一,就是要把心理解释的意向重建作为解释事业的重要特征。

首先,传统的直觉主义的解释观在"意义的理解和意义的解释"之间作出了本体论性的区分,割裂了在"解释循环"中两种不同的心理意向之间的内在关联,是非常片面的。然而,把"所有理解都看作是解释"的解释学者,则抹杀了在"解释循环"中两种不同心理意向之间的功能区别,导向了极端的普遍论。"解释转向"的目的则在于,既要坚持理解与解释在心理趋向上的差异性,又要坚持它们在心理结构上的统一性,从而使心理解释成为合理的解释实践的组成要素。对理解与解释作出这种心理意向区分的重要性就在于以下四个方面。

第一,理解为解释提供了一个"对照集",以助其进行定界并形成独特的意义。倘若没有相对于解释的对照行为,解释的真正意谓就是不明确的;如果任何事情或经验都是或者必须是解释,解释的概念就成了所有人类生活和行为的同义词,也就失去了自身存在的意义和价值。所以,

---

① Ricoeur P. Hermeneutics and the Human Sciences. Cambridge: Cambridge University Press, 1981: 165.
② Ricoeur P. Hermeneutics and the Human Sciences. Cambridge: Cambridge University Press, 1981: 171.

未解释的理解和经验恰为解释意义提供了可比照的心理趋向，使得解释选择的可能性就存在于它的必然的有意义的条件性中。

第二，理解不仅为解释提供了给出意义的比照，而且提供了给出意义的基础。这就是说，解释依赖于某些"前理解"，某些非解释的把握方式。而且，一种确定的理解是否需要给出新的解释，其标准取决于随本文的变化以及对特定理解探索的依赖。维特根斯坦讲得很清楚："所发生的不在于这一符号不能进一步被解释，而在于我没有解释。我不解释，是因为我满足于现象的图景。"① 可见，"理解构成了解释的基础并引导了解释，而解释扩展、证实或修正了理解。必须注意的是，这一区别是功能性的或关联性的，而不是本体论性的"②。在这里，理解了的解释和解释了的理解、未理解的解释和未解释的理解的差异和统一，正是"解释循环"中不同心理趋向的功能交织。

第三，在特定本文、语境或时空状态下，在具体的对象图景中，理解与解释的区别和在不同的条件下"先前的"理解与解释之间的相互转化，不可混为一谈。将二者之间的"可相互转化性"等同于二者之间的"无区别的抽象同一性"，显然不适当的。因为，"转化性"恰恰是以内在的心理趋向的统一性为条件，而相对的"同一性"则正是以内在的心理趋向的差异性为前提的。在特定的本文和图景中，对理解与解释给予不同的心理趋向性的分析，是把握"解释转向"的关键环节之一。

第四，理解和解释不能由认识论的普遍的一致性来加以区分。在这里，理解蕴含了已被接受的真理性和必然性，而解释则意味着可能的选择性和多元的可错性。正因为如此，根据它们的功能联系，它们在认识论上的不同意义是与它们潜在的心理趋向性的分叉紧密相关的。

其次，在"语言转向"的过程中，逻辑经验主义擎着反对形而上学的旗帜，在"说明"与"解释"之间掘出了一条不可逾越的鸿沟。在逻辑经验主义者看来，一方面，心理分析不能满足科学说明的标准，因而指控它是"非科学的"；另一方面，尽管有人承认心理分析是一个解释的步骤，

---

① Ricoeur P. Hermeneutics and the Human Sciences. Cambridge: Cambridge University Press, 1981: 121.
② Ricoeur P. Hermeneutics and the Human Sciences. Cambridge: Cambridge University Press, 1981: 123.

但它的特征却是不完备的。所以，与心理意向相关的"理由"不能构成合理推论的因果前提，它缺乏说明所要求的与行为的似规律的联系，因此，这种"理由"不能算作是对行为的说明。"解释转向"正是要超越逻辑经验主义的"说明域"，由"单纯理性和说明"走向"心理解释的全面实践"。

"解释转向"之所以要把心理分析引入解释实践，就在于心理分析构成了一种"深层解释学"、一种解释人类行为的方法。解释学的心理分析的目的在于揭示人们行为的意向内容，阐释行为的意义，明晰理由与心理结构的内在关联，从而达到对行为的理解和解释，而不是对它的单纯理性的说明。正是在这个意义上，"心理分析的实践在本质上是解释的事业"[1]。没有心理解释，解释实践是不完备的。

为了把心理分析建构成解释实践的一个重要的系统要素，许多人把心理分析的意向说明称为"叙述说明"，从而把心理分析当作是一种"历史叙述"的类型或一种意向性的"历史重建"。心理分析说明作为历史的叙述，不是由发现事实赋予特征的，而是由对叙述战略的审慎选择赋予特征的，并且这种选择具有特定的过程性。在这里，问题的关键并不是解释与事件无关，而在于解释不是由它们所决定的。从心理结构上讲，"解释是由改变组织事件和与事件相关的范畴所形成的重述"[2]。所以，心理分析作为历史的叙述，正是表明了心理发展的意向性；而这种意向性不是以事件的堆积为根据的，而是以对它们的叙述选择为根据的；选择的过程性恰是这种叙述的历史性的实现。总之，心理意向的历史重建，是解释实践的一个重要的功能表现及其目的的完成。

## 四、"解释转向"是解释学由"强"向"弱"的转化

批判以伽达默尔等人为代表的"怀疑论的语境论"，是当今"解释转

---

[1] Roth P A. Interpretation as explanation // Hiley D R, Bohman J F, Shusterman R. The Interpretive Turn (IT). Ithaca: Cornell University Press, 1991: 180.
[2] Roth P A. Interpretation as explanation // Hiley D R, Bohman J F, Shusterman R. The Interpretive Turn (IT). Ithaca: Cornell University Press, 1991: 186.

向"的一个重要任务。也正是在这种批判中,展现了这一转向的某些根本特征,尤其是解释学自身由"强"向"弱"的转化。

伽达默尔等人的"语境论"之所以被认为导致了怀疑论,有两个原因:其一,认为解释是普遍的,故此它在任何认识活动中无处不在;其二,主张解释是整体性的,故此仅在所有信仰和实践为背景的情况下才可能发生。这潜在地蕴含着,没有任何解释可以作为独一无二的正确的东西被找出,因为任一特定的解释本身均是在特殊语境内的解释。由此,导出了"解释学循环"的一种悖论形式:任何东西都是解释,而解释本身是非决定的、语境的和循环的。

首先,在"解释转向"和运动中,人们承认解释整体论的非决定性和循环性是不可避免的。然而,这种非决定性和循环性并非必然地导致怀疑论,人们完全可以建构一种"无怀疑的整体论"的解释观,即从"强"整体论走向"弱"整体论,从而拯救解释学的命运。

怀疑论的或"强"的整体论有如下四个条件:①解释是循环的、不确定的和关联的——解释循环问题;②解释只有在一种整体背景或一种普遍的信仰和实践的网络内才会发生——背景问题;③背景是解释的可能性的一个条件,它限制了认识论确证的可能性——语境限制问题;④任何认识活动都是在特定背景下发生的并且是可解释的,因而解释才是循环的、非确定的和关联的——解释普遍性问题。正因为解释的条件性如此,以致可能不存在任何"真的"或"正确的"解释——解释怀疑论结论。[1]

由以上条件可以看出,语境怀疑论的一个根本特征或致命弱点,在于将解释的先验性和认识的实践性割裂开来了。为了使"解释循环"和背景问题既作为可接受的解释可能性条件和先验分析部分,同时又避免由此导出的怀疑论,就不得不对"强"整体论的标准进行修正,并从科学认识论中引入"确定其意义的语义实在论的观念"[2]。在这个基础上,有

---

[1] Bohman J F. Holism without skepticism //Hiley D R, Bohman J F, Shusterman R. The Interpretive Turn (IT). Ithaca: Cornell University Press, 1991: 135-136.

[2] Bohman J F. Holism without skepticism //Hiley D R, Bohman J F, Shusterman R. The Interpretive Turn (IT). Ithaca: Cornell University Press, 1991: 145.

人对"弱"化了的整体论也给出了四条相应的条件：①解释是循环的、不确定的和关联的——解释循环问题；②解释循环可从特定背景，即一组共有的和可接受的可能性条件来加以定义——作为一种反思的先验概念的背景；③作为一种形式的可能性条件，背景是作为解释的可行条件而不是限制条件起作用的——可行和限制条件之间的区别；④解释条件对于认识主张（包括关于解释的主张）的保证来说，是中性的——对解释普遍性的否定。因此，解释能够产生奠立在证据基础上的可修正的和普遍的认识。①

不难看出，这些"弱"化了的条件表明，解释是由保证其特殊论点的证据的认识论思考引导的，因此，人们可以根据认识实践的新经验以批评、校正和促进解释主张。"这样一来，解释学的循环和不确定性就指向了可错论的方向，而不是怀疑论了。"②这深刻地表明，只有当解释的背景条件或解释的先验性与认识论的证据或认识的实践性结合起来时，才能将语义实在论的分析与特定的解释实践相互融合并贯彻下去，从而排除形而上学的怀疑论，而走向合理的、科学的可错论。这也同时证明，脱离了科学实在论的认识论的纯解释学的先验解释，有着它不可克服的先天弱点。正是在这个基点上，"弱"的整体论者呼吁，"规范认识论是解释理论的重要任务之一"③。"解释所具有的其自身的公开迫切要求和需要，就反映在它的规范的认识论之中。"④总之，汲取和融合科学哲学的研究成果，从方法论和认识论上排除"解释循环"的怀疑论结局，亦是"解释转向"的重要特征之一。

其次，在"解释转向"的过程中，传统解释学由"强"向"弱"的转化是一个系统的趋向性转化，这一转化虽然集中地体现在对"怀疑论的语境论"的批判上，但同时，我们还必须注意这样两个相关的具体

---

① Bohman J F. Holism without skepticism //Hiley D R, Bohman J F, Shusterman R. The Interpretive Turn（IT）. Ithaca: Cornell University Press, 1991: 146.
② Bohman J F. Holism without skepticism //Hiley D R, Bohman J F, Shusterman R. The Interpretive Turn（IT）. Ithaca: Cornell University Press, 1991: 146.
③ Bohman J F. Holism without skepticism //Hiley D R, Bohman J F, Shusterman R. The Interpretive Turn（IT）. Ithaca: Cornell University Press, 1991: 154.
④ Bohman J F. Holism without skepticism //Hiley D R, Bohman J F, Shusterman R. The Interpretive Turn（IT）. Ithaca: Cornell University Press, 1991: 154.

问题。

第一，整体解释与局域解释的统一性。传统的解释学经历了由局域解释学向整体解释学的发展过程。整体解释学取代局域解释学的原则论证就在于：对于所有语境解释来说，是不正确地描述的或非规范的解释模型及方法论，对于较小的本文组合来说，也是不正确地描述的或非规范的。而人们一般地认为，整体解释学在语境解释中总是存在着真的原则性主张，这就是为什么整体解释学迄今为止"有权被命名为理论"的一个重要的解释原因。但是，解释学的"弱化"倾向使人们内省到，"局域解释学是由凭借经验的方法而不是规则所构成的。所以，作为一种中公理（middle axioms）系统，局域解释学确实提供了大部分时间内可靠的模型和方法"①。因此，解释学由"强"向"弱"的转化，还在于把局域解释作为整体解释的一个可容纳的组成部分，而不是一个对立的理论系统去加以排斥。

第二，"非基础的"概念与"解释的"概念之间的区别。"解释转向"在很大程度上，是在对基础主义的批判中产生的。但是，解释学的"强"整体论者之所以导出"所有理解均是解释"的错误结论的根源，则正在于把"非基础的等同于解释的"。换句话说，解释的"强"整体论合理地论证了：所有理解是非基础的；理解是有意向的、可修正的和预构的；没有意义的经验是中性的和非选择的。但却混淆了"没有任何理解是基础的"观点与"所有理解是解释的"观点之间的区别，从而，"非常激进地把未解释的实体、经验和理解看作是已经有意向的、可预构的和可修正的，总之看作是非基础论地所予的"②。而"弱"的解释整体论，在批判基础主义的绝对真理和抽象实在的基础上，则正是要在这种混淆中作出明晰的区分，把未经解释的实体、经验和理解看作是相对独立的解释的对象实在，而不是解释自身。这一点，也正是语义实在论对"弱"的解释整体论的明显的影响之一。

---

① Hirsch E D, Jr. The Aims of Interpretation. Chicago：The University of Chicago Press，1976：18.
② Shusterman R. Beneath interpretation //Hiley D R，Bohman J F，Shusterman R. The Interpretive Turn（IT）. Ithaca：Cornell University Press，1991：109.

# "科学修辞学转向"及其意义[*]

美国著名的哲学家罗蒂将"修辞学转向"（rhetorical turn）称为20世纪以来，继"语言学转向"和"解释学转向"之后，人类哲学理智运动的第三次转向，并认为它构成了社会科学与科学哲学重新建构探索的"最新运动"。[①] 在这一运动中，科学修辞学的研究、重建和阐释，已获得了极其广泛的反响和积极的效应，它为20世纪末西方科学哲学的发展和重新定向，已经并将继续产生重大的意义。因而，对科学修辞学的产生、本质及其功能作一些总体性的把握，是研究科学哲学未来发展的不可忽视的环节。

---

[*] 本文发表于《自然辩证法研究》1994年第12期，作者郭贵春。
[①] Simons H W. The Rhetoric Turn. Chicago：The University of Chicago Press，1990：vii.

## 一、科学修辞学转向的方法论意义

从起源的意义上讲,"修辞学"是古希腊的一种"劝说艺术"(art of persuasion)。通过这种艺术的实践,可以提高普通民众在处理公共事物中的能力和职责。但作为一种理论,则如亚里士多德讲的,"修辞学的技术研究涉及的是劝说的模式。而劝说是一种论证,因为当一个事物被证明时,我们就会完全被说服"①。在修辞学的悠久的历史发展中,特别是近代以来,它自身也经历了一系列的"转向",不断地向人类理智的所有领域渗透和扩张,以致如洛克所言:"倘若我们要像事物自身那样去谈论事物的话,除了次序和清晰之外,必须允许所有修辞学的艺术。"②而这一点恰恰是哲学和科学的发展所要达到的或实现的目的之一。

20世纪以来,在哲学的发展中,通过"语言转向"对机械论的批判,强调了语言的功能和符号的自主性,从而强化了理论表述在句法、语义和语用方面的具体的、逻辑的统一。进而,通过"解释转向"对逻辑经验主义和科学主义的批判,把人类的行为、科学、文化或整个历史时期作为本文来阅读,强调作为对话的个体和共同体之间的协调和互补,把科学的构建、陈述和证明看作是"修辞的转义"(rhetoric tropes),从而强化了理论表述的实践的、历史的和整体的统一。所有这些发展都在直接的或间接的、批判的或汲取的不同意义上埋下了"修辞学转向"的种子。所以,"修辞学转向"并非偶然的、一蹴而就的,它具有渊源历史和迫切现实要求的必然性。正是在这样的背景下,伴随着人文主义与科学主义汇流的波涛,修辞学不可避免地被引入了科学的广阔领域,激发出了"科学修辞学转向"的历史选择,成为科学哲学而后发展的重要趋势之一。

修辞学之所以能在科学哲学中产生强烈的渗透力,一个重要的理论原因就在于,"修辞学既是一门学科,又是一种使各个学科可被概观的视

---

① Pera M, Shea W R. Persuading Science—The Art of Scientific Rhetoric. New York: Science History Publications. USA, 1991: 56.

② Simons H W. The Rhetoric Turn. Chicago: The University of Chicago Press, 1990: 2.

界。作为一门学科，它具有解释学的任务并生成知识；作为一种视界，它具有批判的和解放的任务并生成新的观点"①。作为批判的和解放的任务，它使新的视界被阐释、说明和提炼。这种批判的和解放的本质，使人们意识到在修辞学与科学理性之间的绝对区分是极其狭隘的和站不住脚的，特别是伴随着"语言转向"而出现的对形式化的逻辑分类和理性分析的过分强调，阻碍了人们对特定科学语境中大量合理的和可接受的论证的分析和研究。以致人们不得不呼吁，单纯的形式理性的逻辑方法"是拯救科学研究目的贫乏的工具"②。而修辞学作为科学交流的工具和消除交流障碍的手段，应被毫不犹豫地引入科学的研究。正是在这个意义上，有人对科学修辞学作了这样一个定义："运用说明论证的艺术，以改变或强化在科学交流中具有认识价值的观念。这种说服或修辞学的论证既不是形式上严格的，也不是经验上强制的。科学的修辞学是科学家们为了达到他们的结论而使用的那些说服、论证技术的集合，而不是表征模型。"③

不言而喻，"科学修辞学转向"乃是科学研究方法论的转向，是修辞学的特征在科学方法论中的新的实现。同时，从认识论的视角看，科学修辞学方法也涉及了对科学真理的探索、论述和阐释，所以，"在可以映射我们时代的真理与认识于何处相联结的问题上，也应当允许修辞学登上核心的舞台"④。在这个基点上，在科学修辞学与科学认识论之间，并不存在严格的边界界限，因为科学论争本身就是科学修辞学分析的实在对象，而科学修辞学分析又必然内在地渗透着科学的内容。特别是，科学修辞学的分析过程将作为一种批判的过程，以其批判趋向超越于个体学者的讨论范围，而扩展到整个学派、学科以至相关专业的广阔领域，从而使科学观点和哲学立场之间的相互批评、汲取和挑战，在科学探索的修辞分析中获得其充分的体现或具体化。因此，在科学的论争或竞争中，

---

① Simons H W. The Rhetoric Turn. Chicago: The University of Chicago Press, 1990: 111.
② Simons H W. The Rhetoric Turn. Chicago: The University of Chicago Press, 1990: 89.
③ Pera M, Shea W R. Persuading Science—The Art of Scientific Rhetoric. New York: Science History Publications, 1991: 35.
④ Simons H W. The Rhetoric Turn. Chicago: The University of Chicago Press, 1990: 2.

当修辞学方法引导创造性的科学论述时，它的功能不仅仅在于对现存科学本文的解释，更重要的是在于发明了导致变革的"语言战略"（language strategic）。在这个过程中，提出一个有意义的科学论述，就是"积极地、有选择地扩张了一种修辞学，因为它铺设了由已接受的信仰到新提出的信仰之间的途径"[①]。所以，在特定的科学环境的决定作用和发散性的创造发明之间，存在着修辞学的中介。恰是这种中介性，才使它成为跨越和组织大量科学论述的一种"论述战略"（discourse strategic），并且为尚未被组织的潜在论述提供了可能的途径。可见，发明和组织科学论述成为科学修辞最基本的功能。这种功能一方面有助于理解特定修辞学分析的自主性和系统性；另一方面又有助于在一个更广阔的语言共同体中，去把握科学论述的交流之间相互影响和关联的相关性和开放性。所以，科学修辞学又是克服那种科学论述和科学范式之间不可比性或不可通约性的相对主义的有力武器，从而在更广阔的、连续的、相关的科学背景上，去说明科学论述的发明、创造和批判的本质。因而，进一步讲，科学修辞学是在引入修辞学分析的前提下，在科学解释学、科学社会学和科学哲学统一的基础上，所产生的一种发明科学"语言战略"或"论述战略"的论辩方法论，并具有跨越学科之间、理论之间和论述之间绝对界限的横断的元分析方法的性质。

由于任何一个具体的科学论题都是复杂的和多向度的，特定的修辞分析必然与特定的分析目的相关，所以在科学的创造和论争中，科学论题分析的复杂性和多向度性，为修辞学方法的具体应用提供了广阔的修辞空间和修辞域面。因此，从整体上讲，修辞学方法的"组织战略"或"论述战略"并不受论题的机械的约束和限制。至少在以下几个方面，展示了修辞学方法的丰富的创造性。

（1）修辞学方法为现存科学学科和科学理论分类的形成，像逻辑方法一样，起了重要的作用。特别是在科学革命、科学分化和重组的时期或过程中，具有潜在的历史的建构功能。也就是说，通过对特定范式、

---

① Simons H W. The Rhetoric Turn. Chicago: The University of Chicago Press, 1990: 2.

科学论题或创造意向的选择，修辞学方法为新的学科、理论模型和新的解释逻辑的产生及扩张，提供了可能的创造空间。所以，人们把达尔文进化论的创立和对自然选择理论的阐释，看作是"发展了修辞学发明的非形式逻辑"①。

（2）修辞学方法在一个特定的科学空间或领域中，使得分析活动具体化，从而使人们可以为科学论题给出相关事件的趋向图景，而不仅仅是事件的状态图景。在这里，蕴含了修辞分析的多层意义、功能和目的性，对于突出科学研究的特定效应是极其关键的。例如，马赫通过"水桶理论"的分析而对牛顿经典力学的批判，就是在修辞分析的意义上给出了物理学进一步发展的可能趋向，或者说奠立了爱因斯坦创立狭义相对论的修辞学背景。

（3）修辞学方法可以采取操作逻辑（working logic）的形式，以便在"前逻辑"的意义上，构建可算作合理推论的结果。这是一种外展臆断推理，它创造性地设定了一种可解释的说明，而且根据这种说明，相关事实将是可被发现的。那些所有建立在联想、类比等突发性思维基础上的科学发明和科学假说，便均是这种修辞学方法的操作逻辑的具体表现。

（4）修辞学方法可将各种分析战略（诸如综合和分化战略等）嵌入特定的论题，或在不同的科学论题中引入修辞分析，从而使修辞学的分析战略或分析方法在不同的论域之间构成由此达彼的桥梁，以致易于使一种科学论述过渡到另一种论述。比如，麦克斯韦从科学美的修辞分析出发，创立了著名的"麦克斯韦方程组"，说明、解释并覆盖了法拉第等人的旧的电磁学实验和电磁学理论，就是一个典型的案例。

（5）修辞学方法的"论述战略"的选择是发明（invention）的产物，而之所以把发明看作是修辞学的功能，就在于通过科学发现和证实的关联背景，扩展了修辞学与科学推理的关系。从实质上讲，就是依赖于修辞学的情态，而重构了两种关系域之间的区别。所以，从修辞学的视角看，发明蕴含着证实的关联，就是要使科学论述由发现的关系域或语境

---

① Cambell J A. Scientific discovery and rhetorical invention//Simons H W. The Rhetoric Turn. Chicago: The University of Chicago Press, 1990: 85.

进入证实的关系域或语境,从而实现"论述战略"选择的目的。因而在修辞学的意义上,并不存在发现与证实之间绝对的逻辑断裂或不可通达的不对称性。所以,人们认为,"修辞学没有边界敌人",修辞学的过程倾向于处于边界并使边界具有新的意义,而不是消除或否认边界。修辞学正是"根据这种边界的灵活性或暂时性的本质,否认了发现的关系域和证实的关系域之间的任何固定的划界线"①。

总之,以上五个方面均展示了科学修辞学与科学理性和科学认识论的相容性和一致性。正是在这种一致性中,展现了修辞学方法在科学创造中所具有的灵活性和可能性。一个不能够为新的现象、新的发现和新的模型留有可能空间的修辞学理论,就不能容纳科学创造和变革的过程。所以,从总体上讲,一种科学的修辞学必须适当地说明科学论述的社会的和客观的趋向。而这种趋向不是对科学实践的分离,而恰恰是科学实践的重要组成部分。正因为如此,科学修辞学家的任务,"就是要提高人们对修辞学因素的认识,从而使不可还原的社会的和共同体的一致性探索,能够获得更社会化的说明"②。

## 二、科学论述的修辞学特征

科学修辞学的方法论意义,由被创造、发明或阐释的具有特定目的性的科学论述,所集中地体现了。因此,任何科学论述的修辞学目的,总是存在着某些最一般的原则。这些目的性原则可归纳为:第一,所有修辞学的目的都是进行劝服;第二,任何可行的修辞学目的,对于由境遇化的观众所接受的给定约定规范来说,必须是可能的;第三,在一个预期的境遇中,修辞学目的可在相关的和不相关的言说之间做出鉴别;第四,在观众是非齐性的情况下,只有新的评价规范在修辞学意义上被发明或创造之后,修辞学目的才可能被实现。然而,这些目的性原则之所以能够在科学家们具体地选择和构建科学论述时被实际地贯彻和应用,

---

① Simons H W. The Rhetoric Turn. Chicago: The University of Chicago Press, 1990: 50.
② Simons H W. The Rhetoric Turn. Chicago: The University of Chicago Press, 1990: 55.

是由科学论述自身的修辞学的本质特征所决定的。理解这些特征，是把握科学修辞学转向的根本方面，这就在于以下几个方面。

### （一）科学论述是符号化的劝导

从修辞学的意义上讲，一个特定的科学范式的存在，就是一个确定的科学框架，它表明了在给定的科学场中对相关难题的具体求解及其求解的性质、特征和方式。科学论述作为对符号的理解、建构和使用，受到了这一背景的不可约的影响。所以，科学论述的选择和态度定向，就是修辞学论述的潜在选择和定向。正是在这个意义上，"所有科学论述都是修辞学的，因为它包含了把其他论述劝导向共同的趋势，以使境遇现象和它们之间的关联成为可评价的和有意义的"[①]。由此，科学论述的具体使用便成为在符号化的存在方式中，以劝导使科学行为协调和一致的符号化方法，并以符号的形式推进了人们对科学难题的求解、讨论及其意义的阐释。

在这个基点上，科学论述表现了我们构建、应用和判断符号时所包含的选择功能。正是通过这种选择过程，使科学的交流成为有意义的，并使符号化的劝导功能具体化。因此，所有符号选择都是对符号化了的科学现象和科学观点的论辩性选择；它通过特定的符号形式，强化了特定科学认识论的价值及其意向趋势。这种趋向性表明了在科学论述的符号形式中：首先，蕴含了在科学难题的讨论中，什么样的论述是适当的和充分的原则；其次，蕴含了在选择、构建和发展科学论述时，所具有的内在的逻辑性，当然，这种逻辑性是作为形式逻辑与非形式逻辑统一的修辞学的"主题逻辑"（topical logic）；最后，蕴含了一个评价的框架，并且在其中潜在地存在着"科学转换"的可能性，即对现行价值趋向重新定向的可能性。

---

① Prelli L J. A Rhetoric of Science: Inventive Scientific Discourse. Calumbia: The University of South Carolina Press, 1989: 90.

### (二)科学论述是境遇论述

从一般修辞学的意义上讲:"修辞学的境遇可被定义为,表现了一种实际或潜在要求(exigence)的个人、事件、客体和关系的组合。"[1]在这里,"境遇"存在三个最基本的组成要素:要求、观众和约束。所谓"要求",就是在给定境遇中所要求解的难题;所谓修辞学的"观众",是指能够对相关的论述产生反响,并在给定的境遇中传播信息的对象;所谓"约束",则是指境遇主体试图适当地对难题作出反应的前条件的集合,它包括所有社会的、历史的、共同体的、个人的和心理的多重背景因素,它限制或提高了对难题作出适当修辞学反应的可能性和趋向性。

任何科学论述都是在科学修辞学的境遇中,由境遇主体受到特定情态的激发,而对难题给出的创造性的、进行劝服的陈述或表征。所以,科学实验的手段和规范的逻辑方法只有通过修辞学意义上的境遇论述,才能被有效地实现。因而,科学的进步是在实际的和特殊的、时间的和空间的客观境遇中,科学家的劝服和听众的评判之间动态的和相互关联作用的结果。换句话说,科学论述受到了修辞学境遇的制约:科学论述的境遇性就是它的修辞学性,而境遇的规定性正是修辞学的约束性。但是,科学论述与境遇约束的一致性,并不保证修辞学方法的必然成功,它仅仅是修辞学的目的性原则赖以实现的必要条件。这是科学论述作为境遇论述的一个重要特点。

### (三)科学论述是演讲论述

有人把修辞学的功能描述为"调节思想适用于人和人适应于思想的功能"[2]。所以,在科学的修辞学概念中,把这一本质的"适应功能"看作是演讲的,因为科学论述作为符号化劝导,也是通过公开的或私下的

---

[1] Prelli L J. A Rhetoric of Science: Inventive Scientific Discourse. Calumbia: The University of South Carolina Press, 1989: 22.

[2] Prelli L J. A Rhetoric of Science: Inventive Scientific Discourse. Calumbia: The University of South Carolina Press, 1989: 24.

讨论讲说而发生和表现的。这也就是说，科学知识总是在科学共同体中，通过传播和评价交流而增长的，因而这一过程就必然地包含了共同体成员之间的修辞学演讲。

由于科学演讲总是与特定共同体相关的，因而对演讲论述进行合理的修辞学评判，就涉及了修辞学背景的各个方面，共同体成员就必然在给定的价值倾向中，根据修辞学的合理性和可行性的标准进行辨别，以评价演讲对于给定科学论题的相对意义，从而决定其合理论辩的边界和可接受性。但需要注意的是，在这个意义上，修辞学分析并不（而且不能够）决定一个演讲主张的真理性，修辞学的论题仅仅在于，特定论述为什么并如何在满足对其作出反应的观众所持有的合理性标准中，是成功的或失败的。所以，科学论述作为演讲论述所具有的"适应功能"与其真理性是相关的，但不是等价的，它仅仅是推动科学真理的普遍性和一致性可被获得的修辞学手段或途径。

### （四）科学论述是有理由的论述

在修辞学的意义上讲，"有理性"（the rational）和"有理由"（the reasonable）是不同的。"修辞学是作为发现和有效地表达'好理由'的艺术的概念化"，且"好理由构成了修辞学的本质实在"，所以，"修辞学的论述就是创造有好理由的论述"[①]。"好的理由"是在交流、论争和劝服的过程中，历史地、具体地和相对地产生的，它超越并扩张了严格的形式逻辑的先验标准，是在特定信仰、态度和行为的基础上作出的有意义的判断和分析。

科学论述的构造与评价并非唯一地建立在形式地逻辑分析的基础上。单纯具有形式有效性的论证，从来不是修辞学意义上劝服的。在科学的论争中，人们反驳的常常是某些论证的理由，而不是论证本身的形式操作或逻辑标准。譬如，我们总是向一种公埋化论证的前提或这些前提所

---

① Prelli L J. A Rhetoric of Science: Inventive Scientific Discourse. Calumbia: The University of South Carolina Press, 1989: 26.

隐含着的价值观念挑战，而不是这些公理的形式结构本身。因而，形式化的逻辑标准对于建构和评价科学主张是不充分的，同时，也不意味着超逻辑形式标准的修辞学的思考和行为，就一定是非理性的和不合理的。

科学修辞学的建构和评价科学论述的标准，反映了科学共同体求解难题的期待和价值思考，这些标准（包括形式有效的标准）的功能不同于决定选择的中性算法规则，而是具有在特定境遇中制约和影响选择的价值功能。因此，科学家必然借助修辞学的劝说作为科学证明的可能性的前提，而且这种劝说的修辞学的逻辑性，依赖于这些主张是否能够在境遇中成为有理由的。正如普特南说的那样："无论我们的认识图景和理性的概念多么不同，都共有着大量的假定和什么是有理由的信仰。"[1]正是这些前形式逻辑的假定和信仰，支配了科学修辞学论述的非形式逻辑的基础和基本原则的有理由性。

### （五）科学论述是发明论述

从科学史上对大量科学发现的论证中（如哥白尼对"日心说"的论证和伽利略对"落体定律"的论证），我们可以看出，科学论述所具有的修辞学的劝服力不同于论证的逻辑结构，因为后者涉及形式的证明并诉诸证据，而前者则包含了美的想象、类比和联想并诉诸假设。另外，科学论述所具有的修辞学的劝服力也不同于修辞学的现象，因为后者仅仅涉及科学论争中交流的表述，而前者则从属于劝服的直接的或潜在的效果。这里所蕴含着的深刻意义就在于，作为修辞学发明的科学论述主要表现在这样几个方面：第一，确定修辞学的有理由的目标；第二，决定相关难题的论点或论题的本质、特征及其可能的选择；第三，发现论证的有说服力的线索和可行途径或方式；第四，创造性地提出有理由的科学主张或假设。这几个方面的有机统一决定了科学论述是发明论述的修辞学本质。

---

[1] Prelli L J. A Rhetoric of Science: Inventive Scientific Discourse. Calumbia: The University of South Carolina Press, 1989: 115.

然而，科学论述所具有的修辞学的发明特征虽然与非修辞学的逻辑过程不同，但修辞学的发明绝非是对逻辑的排斥，而是具体境遇中的逻辑扩张或延伸。事实上，正是在逻辑形式所不能达到的语境空间中，修辞学分析起了创造性的作用，并获得了它作为发明的存在空间。另外，虽然科学修辞学的方法与科学的发明论述之间的普遍关联性，可以在不同的向度和功能中展示出来，但这种关联性不是形式地约定的。因为在对科学论述的提出、阐释和论辩中，对于新的逻辑前提的发明和对已被广泛接受了的逻辑框架的创造性应用，恰恰是对逻辑形式的约定性的超越。科学论述之所以是修辞学的发明论述，其实质正在于这种扩张和超越。

### 三、科学修辞学的实践重建

"综合的科学修辞学就是关于科学之系统的、交流实践的理论。"[①] 它是从创造、应用和评价科学论述的修辞学视角，延伸、扩张或深化了科学哲学研究的相关层面。尽管有人从狭义的概念或范畴出发，并不认为科学修辞学等同于科学哲学，但二者在本质上所具有的内在联系，却是无人否认的。所以，科学修辞学的分化并非是对科学哲学的远离，而恰恰是在这一新的转向中，对科学哲学的发展。这种发展的本质就在于"将科学修辞学付诸实践，就是要使修辞学成为科学本文解释的主导"[②]。换句话说，科学修辞学对科学哲学的扩张，其根本途径就是科学修辞学在科学解释中的实践重建。这种实践重建具有十分丰富的内涵，本文在此仅强调以下几个方面。

首先，科学修辞学的实践重建是对科学修辞结构的实在性重建。科学真理的说明需要与彻底的科学修辞学分析相容，因为在科学真理的分析中，存在着科学修辞学的发明空间。没有后者的解释，前者就是不完备的。但是，科学理论自身的本体论性，并不是科学修辞学的直接对象，

---

① Prelli L J. A Rhetoric of Science: Inventive Scientific Discourse. Calumbia: The University of South Carolina Press, 1989: 11.
② Gross A G. The Rhetoric of Science. Cambridge: Harvard University Press, 1990: 18.

而是其展开和实现分析功能的潜在前提。作为科学修辞学分析的直接的对象实在，是特定境遇中的修辞结构。正是这种修辞结构自身的实在性，决定了在修辞学术语和分析中所蕴含着的实在论的分析性。科学修辞学家作为一个实在论者的基本表现，就在于坚持"实在论必须保持分析的目标，即修辞学的结构"①。因为正是这种修辞结构的实在性，决定了科学修辞学实践的本体论性。也正因为如此，科学修辞学的转向使人们意识到，"科学家们应当建立这一实在"②。同时，修辞结构的实在性的重建，从本质上区分了，传统理性重建的目标在于"逻辑认识论的意义"，而科学修辞学重建的目标在于"实践的意义"。不过，我们在这里所要注意的是，在科学修辞学的实践重建的意义上，修辞结构的实在性是与其境遇性相关的，它是超越了抽象本体实在性的一种具有创造性、批判性、意向性和自主性的科学活动的实在性，而不是一种机械的、无主体的对应物。所以，科学修辞学的实践重建与实在论立场的一致性，不在于本体论的断言，而在于修辞境遇、修辞结构和修辞趋向在科学研究中不可或约的必然性。

其次，科学修辞学的实践重建是科学的最终形式语言的重建。科学理论的进步总是在特定的背景框架下，通过给出适当的证据和理由，以说明其形式表征意义的过程。因而，科学修辞学作为在科学论辩中给出有理由的科学论述的劝服方法，也同时是对科学语言形式的重建。正是在这个意义上，著名的科学哲学家夏佩尔指出，"科学的最终形式语言（final-form language）是科学修辞学"③。之所以如此，第一，在于科学修辞学作为科学论述的语言形式，是理解其他形式化语言的形式及其特征的基础。修辞学的语言技术是劝服人们接受某种科学主张的有效形式。第二，修辞学作为科学的最终形式语言，在科学理论的表层形式语言所不能给出证据的说明空间或逻辑空间中，具有联结科学推理和科学结论之间"断裂"的中介功能。在此，修辞学的语言技术是任何其他形式语

---

① Gross A G. The Rhetoric of Science. Cambridge: Harvard University Press, 1990: 207.
② Gross A G. The Rhetoric of Science. Cambridge: Harvard University Press, 1990: 50.
③ Shapere D. On deciding what to believe and how to talk about nature//Pera M, Shea W R. Persuading Science—The Art of Scientific Rhetoric. New York: Science History Publications, 1991: 99.

言规则所无法比拟的。第三，科学修辞学作为最终形式语言与严格的科学方法论并不是等价的，它们不具有形式的同一性。因此，我们要理解科学语言本身是什么、为什么科学语言本身在规范的意义上也应当是劝服的等元理论的问题，并不必依赖于方法论规则的先验假定，也可以获得修辞学的说明。第四，科学修辞学作为最终形式语言，是对科学发展的潜在可能性进行思考和表达的"最适当的语言"。因为前形式系统的具体的科学活动一旦在这种最终化的论述中获得实现和修辞学的预设，就会产生稳定的相对独立性和自主性，它就会作为新的科学背景的延伸和继续，在进一步的探索中作为初始的修辞学背景而发挥自身的功能。

再次，科学修辞学的实践重建是对科学论述的修辞学难题的重建。具体地确定或重建科学论述的难题，是科学修辞学发明的一个重要方面。从一般的意义上讲，这些难题首先涉及了修辞学论证的四个基本功能，即提出证据、解释建构及信息、评价难题的科学价值和科学方法的应用。而且，这四个基本功能的任一领域又都存在着必须被解决的亚层难题，这包括猜测的、定义的、定性的和说明的四个层次。这几个层次则涉及了科学修辞学论述的可行性、意义、证据的使用、建构、判断以及具体的程序等不同的方面。对此，我们可以以表1作一具体的表示。

**表1 科学论述的修辞学难题项**

|  | 证据的 | 解释的 | 评价的 | 方法论的 |
| --- | --- | --- | --- | --- |
| 猜测的 | 是否存在特定主张$x$的科学证据？ | 对于解释证据来说，是否存在科学上有意义的构造？ | 特定主张$x$是科学上有效的吗？ | 在给定情况下，程序$x$是一个可行的科学步骤吗？ |
| 定义的 | 这一证据意味着什么？ | 构造$y$意味着什么？ | 价值$Z$意味着什么？ | 正确地应用步骤$x$意味着什么？ |
| 定性的 | 哪些经验的判断是由可行的证据所保证的？ | 构造$y$的哪些解释应用更具有意义？ | 在给定的情况下，哪些主张更有效？ | 哪些研究表明了步骤$x$的应用是适当的？ |
| 说明的 | 哪些证据更可靠地奠定了关于特定论题主张的基础？ | 哪些科学构造更具有意义？ | 哪些科学价值更赋有意义？ | 哪些步骤更有效地引导了科学活动？ |

表1清晰地表明了，在一般情况下，在任一特定的科学论述背后，都至少隐含着16项复杂的修辞学难题。对这些难题的确定和求解，是科学

修辞学的实践重建的前提和基础，因为它们对于特定科学论述的选择和定向，具有本质的修辞学的限制功能。

最后，科学修辞学的实践重建是修辞学论证的战略重构。在科学哲学家们的论争中，特别是"在实在论者与反实在论者之间的论争，处于当今科学哲学讨论的核心地位，它以各种复杂的形式包含了修辞学"[①]。之所以如此，是因为科学修辞学的实践强化了修辞学论证的战略重构，使修辞学论证的劝服力更强地发挥了它的功能。这种修辞学论证的战略重构主要表现在于：①选择探索的类型和路线。特别是当一个新理论与一种新的研究方式相关时，研究者在广阔的修辞背景条件下，对具有个人独特的创造性趋向的选择，如达尔文对"自然选择理论"的选择。②解释已被容纳的规则。也就是说，通过对一种新的探索规则的确定内容、起源及其价值的修辞分析，说明新的假设和证据之间的关联与确定背景规则之间的关联的一致性。③把特定的规则应用于具体的案例分析。这就是要从个体案例的修辞分析中，去论证特定规则的价值深度及其解释域面的大小。④对特定假设的初始条件的说明。对科学假设的初始条件进行的逻辑的形式证明，往往导致逻辑前提的"无限后退"或逻辑悖论，甚或产生极端的"怀疑论"倾向。而对初始条件的修辞学的分析，则可避免这些难题的出现，并增强对该假设的劝服力和确信力。这是修辞学论证的一大优势。⑤反驳竞争假设。在科学的论争中，竞争假设常常诉诸辅助性假设以强化其内核假设的完备性和韧性。但是，这种提出辅助性假设的方法，乃是一种典型的科学修辞学方法。所以，在新的证据发现之前，对竞争假设的反驳，也就必须采取相应的修辞学的分析方法，从而以修辞学的论辩艺术去进行有效的批评。⑥把似真性纳入科学假设的论证结构。在科学的论争中，一个新的创造性的假设常常是一个在既定形式规则中具有较低程度的先验概率的假设，因此，它往往会失去参加论争的权力或被粗暴地排斥。因此，通过修辞学的发明，把尽可能多的有限的似真性分析纳入该假设的论证结构，就不仅会对论证起到修饰

---

① McMullin E. Rhetoric and theory choices in science//Pera M, Shea W R. Persuading Science—The Art of Scientific Rhetoric. New York: Science History Publications, 1991: 71.

或润色的作用，而且会增强它的批判性和创造性的意义，从而使它在科学论争中占有一席之地。

## 四、结语

从以上三个部分的分析中，我们可以看出科学修辞学的"转向"使科学哲学的发展具有了这样一些新的特征：①进一步推进了科学主义与人文主义之间的相互融合或渗透；②它是克服理性主义与非理性主义的对立及二分趋势的可能选择之一；③从修辞学的向度上映射整个科学哲学研究的核心本质、特征和意义，把复杂的科学哲学的宏观问题微观化，从而使科学哲学的论题更集中、更突出和更鲜明；④削弱单纯本体论立场的片面决定性和独断性，从科学发明的创造性实践的界面去展示科学认识论的价值；⑤从方法论的意义上，集20世纪哲学发展中的"语言转向"和"解释转向"的合理成就，去创立一个系统的、完备的科学修辞学的理论系统；⑥科学修辞学研究的独特视界，使许多西方哲学家自觉地走向了某种程度上的辩证思考。正如有人明确地声言的那样："修辞学论证只能在讨论的境遇中来评价。我将把这种逻辑称为科学辩证法，并把它作为科学修辞学的标准。"[①]

当然，科学修辞学的"转向"对于科学哲学的发展来讲，并不是唯一的趋势。首先，它仅仅是表明了科学哲学研究的某种新的可能视角，而不是全部趋向。科学哲学中的许多问题，特别是逻辑的、语义的和心理的系统分析，并不是修辞学的分析所能取代的。其次，科学实在论与反实在论的论争，必然继续在本体论、认识论和方法论的所有域面上更深入地展开，对于这一科学哲学发展之动源的本质意义的揭示，修辞学的界面和视角显得狭隘和不足。最后，到目前为止，科学修辞学的理论还主要局限于经典修辞学思想在科学论述方面的推广和应用，其本身还存在着许多缺陷和未开发的领域，一个真正系统的、完备的和合理的理论仍有待于进一步地构建和发展。

---

[①] Simons H W. The Rhetoric Turn. Chicago：The University of Chicago Press，1990：vii.

# 证实、证伪与对称破缺[*]

作为科学与非科学划界标准的逻辑实证主义的证实原则和证伪主义的证伪原则，不少科学哲学家对其合理性进行了批判。本文不打算在这方面进行评述，而力图从相变理论的"对称破缺"概念出发，对这两个原则进行剖析，试图揭示其合理与否的深层原因之所在。

所谓对称性是指事物在某种变换下的不变性；而对称破缺指事物对称性的突然降低和减少，它是事物有序演化与发展的一种度量，因而用对称破缺来分析证实与证伪原则的合理性具有一定的新意。

## 一、证实与对称破缺

几乎所有的逻辑实证主义者都将命题分为分析命题（形式命题）和综合命题（经验命题），并认为前者是必然的，后者是或然的。奎因在

---

[*] 本文发表于《哲学动态》1997年第5期，作者魏屹东、郭贵春。

《经验主义的两个教条》一文中，对这种划分作了深刻的批判，认为分析命题和综合命题的划分是人为的、教条的，任何命题从本质上讲都是综合的，因而是或然的。从对称破缺角度看，分析命题属于全对称操作，不存在对称破缺，因而没有新质的实现，不表达任何新的内容；综合命题可能是全对称也有可能有对称破缺，这可分为以下两个方面进行讨论。

1. 完全证实与对称破缺

完全证实（强证实）即是对普遍命题（全称命题）中的各个函项（事例）进行证实或验证。早期的逻辑实证主义者如石里克就坚持科学命题（理论）的强证实原则，认为一个科学理论凡可以证实的，便是科学的、有意义的，否则便是非科学的、无意义的。从对称破缺角度看，这是一种全对称的证实，而全对称相当于事物的一种稳定、无序的混乱状态。换言之，完全证实会置理论（命题）于稳定而不发展的状态，使理论失去活力与发展的动力，因为经验与事实一致的证实的确可支持一个理论，但因此苛求经验与所有事实一致的证实则是不可能的。任何理论都是要发展的，因而完全证实一个理论只能是一个神话。

2. 部分证实（弱证实）与对称破缺

证实原则要求普遍命题（全称命题）的完全证实与完全证实的不可能的矛盾，使逻辑实证主义陷入了困境。后期的逻辑实证主义者卡尔纳普、赖兴巴赫、亨普尔和艾耶尔等纷纷对证实原则作了修正，如卡尔纳普的可检验性和可验证性原则，赖兴巴赫的概率确证度原则，亨普尔的整体验证原则以及艾耶尔的实践的可证实性与原则的可证实性等。概言之，可证实性原则及其放宽的表达可表述为：

（1）要求完全的可检验性；

（2）要求完全的可验证证；

（3）要求可检验性；

（4）要求可验证性。

（1）、（2）是完全证实原则的更精确表述；（3）、（4）是放宽后的表述，它们允许一切仅仅是间接可验证的综合陈述进入科学的范围。

从对称破缺角度来看，修正后的证实原则打破了原来要求的全对称封闭状态，具有一定的开放性，因而较为合理，因为对称性本身的打破意味着理论的潜在发展。

可见，完全证实是理想化证实，部分证实较为现实合理。尽管部分证实仍难以克服归纳悖论和归纳逻辑前提不具有必然性的不足，不能完全证明一个理论（命题）的真伪性，但毕竟比完全证实前进了一步。

## 二、证伪与对称破缺

### 1. 朴素的证伪与对称破缺

完全证实的不可能与部分证实的不足，使证伪主义者波普尔另辟蹊径，从相反的角度即从逻辑上的否定后件推理过程：$[(t \rightarrow p) \cdot \bar{p}] \cdot \bar{t}$ 出发，提出了可证伪原则。这种推论是结论的真假已包含在前提中的演绎推理，是一种经验证伪的演绎方法，与经验归纳推理相对立。就这种证伪而言，无论是经验上的还是逻辑上的，从对称破缺角度看，均是非对称的，即从个别证伪一般，从有限证伪无限，从单称证伪全称。换言之，即用对称性少的事物来说明或证伪对称性多的事物，用对称破缺来解释、证伪命题或理论。这是一种具有独特性的思维方式，是对称破缺在科学哲学上的具体表现。但其缺陷也是十分明显的，仅仅用经验不能证伪一命题或理论，单称、个别反例的证伪带有明显的片面性和绝对性；逻辑推不出真理，真理的发现要靠创造性思维的参与，因为证伪保留了一个经验不可错的预设（经验可错）。

### 2. 精致的证伪与对称破缺

由于波普尔的朴素证伪原则存在着不可谅解的缺陷，拉卡托斯提出了精致的证伪原则，其要点为：①经验不能证伪理论，理论证伪理论。因为经验具有主观性、私人性和不可靠性。②证伪是多层的而非单一的。③对 $T_1$ 的证伪即是对 $T_2$ 的确证。④理论与事实的不一致不见得是证伪理论。这样，证伪不是科学理论发展的动力了。从对称破缺的角度看，拉卡托斯的证伪一开始便是不对称的或对称破缺的，开放的而非封闭的；理论与事实的不一致正是科学理论对称性破缺的表现，不一致才导致对称破缺，进而导致理论的进步。如果一个理论是全对称的（可完全证实的），那就没有发展的余地，也就失去了内在发展的动力，只有具有对称破缺特征的理论才是有生命力和有前途的。

## 参 考 文 献

江天骥. 当代西方科学哲学. 北京：中国社会科学出版社，1984.
苗东升. 系统科学原理. 北京：中国人民大学出版社，1990.
涂纪亮. 英美语言哲学. 北京：中国社会科学出版社，1993.

# 论真理观的后现代走向[*]

当我们回顾20世纪哲学的发展历程时，我们会自然地发现，一方面，真理问题在现代科学和人文背景之下，仍具有常新的意义，依然是各哲学流派所争论并困惑不已的问题；另一方面，随着20世纪初的"语言学转向"和世纪中叶的"后现代思潮"的影响，它逐渐改变了自己的原有形式，脱离了传统意义上的本体论论争，开始了"朝向语言而生长"的后现代走向。这一走向不仅显示出语言哲学在指称理论后现代演变中的趋势，更重要的是在后现代"语境化"真理观的构建中，更透示出语言哲学，甚至整个人类思维所面对的某种发展倾向。正是在这个意义上，我们认为，通过揭示真理观在语言哲学的层面上所经历的发展脉络，阐明其特征和意义，最终展示真理走向"语境化"的必然性，将是颇为重要的一项工作。

---

[*] 本文发表于《自然辩证法研究》1998年第7期，作者郭贵春、殷杰。

## 一、通向自然语言真理论之路

历史地讲,在真理问题上,作为主流而又颇具影响的观点是"真理符合论"。亚里士多德所表述的"把不是说成是,或者把是说成不是,即为假;把是说成是,把不是说成不是,即为真"的思想,清晰地阐明了这观念所坚持的主张。尽管在 20 世纪 20~30 年代,随着逻辑经验主义的如日中天和"拒斥形而上学"的普遍深入,在某种程度上消解了力图构造统一的、包容万有的形而上学世界观的动力,但真理符合论仍是大多数哲学家所坚持的信念。无论是罗素、摩尔还是前期维特根斯坦,甚至在某种意义上包括戴维森,他们均把真理当作是对实在的某种符合或表述;因为在他们看来,在这种语言和实在、命题和现实具有同构性的世界中,"世界包含着事实,即我们可以选择出所思考的东西。而且……也存在着信仰,它具有对事实的指称,并通过指称而或真或假"[①]。但必须注意的是,他们并不等同于传统的符合论者。因为尽管他们仍然诉诸符合的一致性,但他们却理智地改变了论证的策略,消除了在"语言之外"寻求对应的难题,而把"语言的界限当作世界的限界",从而试图在"语言之内"消解"符合"问题。值得庆幸的是,语义分析方法在 20 世纪的普遍深化,为沿着这一方向前进提供了不可或缺的手段。

### (一)塔尔斯基真理论的语义学概念

在致力于澄清并使传统真理符合论精确化的道路上,塔尔斯基所做的工作——为真理概念寻求语义学基础——无疑是其中最富创造性和最具影响力的。他试图通过现代逻辑工具,运用语义分析的方法,为特定语言建立一个本质上适当、形式上正确的关于"真语句"的定义。他的真理论就体现在对真理概念的这种分析中。塔尔斯基之所以把对真理的讨论限制于语言——尤其是人工语言之内,这并不仅是出于利用现代逻辑技术的考虑,更在于他看到了动摇传统真理符合论根基的两个因素:

---

[①] Russell B. Logic and Knowledge. London:Unwin Hyman Ltd.,1956:182.

①这一理论自身基本概念的模糊。在传统认识论意义上,"命题""信仰""事实""符合"等概念含混不清,容易产生歧义,急需用语义分析方法予以理清。②界定不严的"符合"极易产生悖论,从而给了主张取消"真理"概念的真理冗余论以可乘之机。既然"真"和"假"只是描述或论断命题的属性,而在使用中那些概念又易于产生悖论,那么它们的存在性就是可争辩的了。只是基于上述考虑,在塔尔斯基的真理论中,他预设了两个初始限定:第一,避开认识论的圈套,尤其是存在于语句和事实或事态之间的"符合";第二,剔除所有未加定义的语义性和意向性的概念,诸如意义、信仰等。在做了如此限定之后,塔尔斯基进一步阐述了语言的层次理论,把人工语言明确区分为对象语言和元语言,以避免语义悖论。由此,他得出被称为"约定T"(convention T)的等值式,即"$X$是真的,当且仅当$P$"。严格地讲,这一形式并不是真理的定义。它只是单独句子的成真条件,可以看作是真理的部分定义。但是,正如塔尔斯基所言,"在某种意义上,普遍的定义应是所有这些部分定义的逻辑合取"①。当然,塔尔斯基也看到部分定义的总和可能是无限的,因为语词"真的"所具有的逻辑特性在于它表示某些表达式的一种性质或指示这些表达式的一个类。为此,他选择了递归定义,运用是否某些表达式满足了表示它们所涉及的对象之间的"关系"来定义真理,从而实现了在形式语言中构造本质上充分、形式上正确的真理定义的愿望。

应该看到,塔尔斯基把真理概念看作是一个语义学概念并就其所做的工作是极具现实意义的。他启示了尔后的哲学家们沿着他所开辟的道路,从不同的视角上进行了新的发展。尤为重要的是,正是塔尔斯基所力主的真理概念始终是与某一特定语言相关联,为真或为假只是作为特定整体语言的一部分的语句,而不是孤立存在的语句性质的思想,使得20世纪哲学对真理问题的论述在"语言学转向"的浪潮中,加速了"朝向语言而生长"的走向,开辟了一条全新的研究路线。

当然,需要指出的是,倘若真理仅涉及"陈述",而不是"语句类

---

① Tarski A. The semantic conception of truth and the foundations of semantics // Martinich A P. The Philosophy of Language. 2nd ed. New York: Oxford University Press, 1990: 50.

型",那么,正像达米特所指出的那样,塔尔斯基的真理概念仅限于精确的形式语言,而与真理不具有相关性,因为真理的语义学概念应用于日常语言不会达到通过先在分析而获得的"真理"所具有的意义。事实上,塔尔斯基理论本身就是基于对自然语言无法精确地定义"真语句"的"强烈不满",因此,它本质上已排除了对任何形式的自然语言真理论的思考。

## (二)自然语言真理论

塔尔斯基通过赋予成真谓词的外延来定义"真语句",但却未能指出其所具有的"意义"(meaning)。然而,"意义"的缺失并未因此宣告塔尔斯基真理论的完全破产。如果我们把他的形式系统解释为一种语言的经验理论的话,那么,一方面,我们可以避开认为塔尔斯基的工作在很大程度上并不与真理的概念相关的观点,保护已发展了的真理理论不受损害,使得我们在探索被解释语言的真理理论时,不必再寻求其他途径;另一方面,具有经验内容的"T语句"意味着,存在有塔尔斯基真理论所未能提供的关于自然语言的真理观念。正是在这个意义上,戴维森提出了著名的"戴维森纲领",力促建立一种完全依据语句的真值条件给出语句意义的意义理论。我们看到,戴维森这一通过意义理论探求自然语言真理论的策略,是由语言哲学自身发展的内在必然决定的。

首先,"后现代"语义学的语言实在观的确立,提供了全新的世界图景。传统语义学认为,语词的意义先于语词的指称,从而意义先在于任何关于对象和命题的真假判断。这就是说,对于一个所予语句,我们必须先通晓它的意义,才能进而判定它的真假值。"后现代"语言实在观则把实在和语言构想为同一的,因此并不简单地断言实体的存在,而是把它理解为实际的事件或关系,也即通过分析语言的结构来展现实在的结构。正如戴维森所言,"研究语言的最一般的方面也就是研究实在的最一般方面","如果把语句的真值条件置于一种详尽完整的理论的语境之中,那么展现出来的语言结构就会反映实在的大部分特征"[①]。这就要求语言与

---

① 戴维森.真理、意义、行动与事件.牟博译.北京:商务印书馆,1993:133.

实在之间必须先存在确定的真值关系,从而真理研究蕴含了意义研究在语言哲学中的地位。事实上,从一开始,戴维森就把对意义问题的讨论置于真理理论的框架中。

其次,塔尔斯基真理论的语义学概念在某种程度上提供了有意义的思维视角。尽管人们普遍认为塔尔斯基的真理定义仅适应于人工语言,但戴维森却另有所见。在他看来,语言哲学最终关注的是理解自然语言,目标在于为自然语言建构一种真理理论。因而我们能够借用塔尔斯基的真理语义学概念去建构自然语言的真理论。这就在于:①塔尔斯基真理概念的实质是为了解决意义问题。所以,他的真理论的策略是在解决意义问题时,把内涵表达式逻辑地转换成外延表达式,从而在外延的域面中给出真理的定义。②在本质上,给出真值条件也就是给出语句意义的一种方式。因此,了解了一种语言关于真理的语义学概念,便是了解了该语言任一语句为真的方式,从而也就理解了这种语言。③"这样一来,意义理论便自然地转换成为一种经验理论,它的宗旨便是对自然语言的活动方式作出解释。"① 可见,正因为戴维森认为对意义理论所提出的条件,在本质上就是塔尔斯基那种检验关于真理的形式语义定义是否适当的约定T,所以完全可以利用它来达到我们的目的。这点奎因也颇为赞同,所以他清晰地指出,"塔尔斯基的真理论是意义理论的一种恰当建构"②。

最后,传统真理符合论的困境促进了新的真理观的建立。为了走出传统真理符合论的困境,戴维森提出了一种融贯论的真理观。在他看来,真理本质上与信仰和意义密不可分,意义将真理和信仰内在地聚合在一起。考虑到一个人不可能在他的信仰之外达到对实在的把握,而且只有信仰能成为其他信仰的原因,所以,戴维森认为并非是某一信仰可否符合于其他外在事物时才具有真假,而且还依赖于它与其他信仰之间的融

---

① Davidson D. Truth and meaning//Martinich A P. The Philosophy of Language. New York: Oxford University Press, 1985: 76.

② Quine W V. On the very idea of a third dogma//Quine W V. Theories and Things. Cambridge: Harvard University Press, 1981: 38.

贯。在知识的探求中，我们的目的并不是去获得僵化的信仰与实在的符合，而是最大限度地融贯所有"信仰集"间的一致。当然，我们并不要求规定无限强的融贯性以保证"信仰集"中所有句子成真，它只坚持一个融贯的信念集合总体中的大多数信念是真的。因此，并不需要一个外部的标准，在互相竞争的融贯的系统中作出选择，更不必担心这真理体系会成为某种编造得很自洽的"童话"。因为我们完全放弃了任何追求与外在世界"符合"的企图，而仅诉诸在把语言当成一种整体的知识系统中，在遵循普遍原则的网状"信仰集"内部，来对语句或陈述真假做出判定。由此，"除非参照我们已经接受的信念，否则，任何东西都不能充当明辨的理由；除了融贯性以外，无法在我们的信念和我们的语言之外找到某种检验方法"①。

我们看到，戴维森对真理理论所做的努力，无疑是对塔尔斯基工作的继续。只是，当他把人工语言看作是它们从中汲取生命力的自然语言的推广或组成部分，或更复杂的语言系统来处理的中介手段的时候，他使得真理理论在新的思维形式下具有了更为广阔的空间。首先，其实质意义在于，戴维森真理融贯论所蕴含的整体论思想，是后现代哲学中的一种普遍态度。尽管后来受罗蒂的影响对坚持融贯论有所动摇，但他却始终未放弃整体论的态度；而恰恰是这种态度，为后现代"语境化"真理观的建立奠定了基础。

再者，戴维森把真理论看作是"一种经验的理论"，为真理问题走向生活实践开辟了道路。②我们知道，信念的产生伴随着各种不同的生物学上的和物理上的事实，如果我们把真理论看作是一种对感觉的因果性的"依赖"，而不是对证据或明辨的"依赖"的经验理论的话，赋有意向和心理意义的信仰就不必还原为某种更基本的东西，或企求于不可达及的形式语言。它仅在成真的意义上，依赖于言说的外部环境，即依赖于人们充分的生活实践中所予的价值取向和标准。因为，语言哲学后现代转变的目标不仅在于消除纯粹形式语言的建构，更重要的是促进人们更宽

---

① Rorty R. Philosophy and The Mirror of Nature. Princeton：Princeton University Press，1979：178.
② Davidson D. The structure and content of truth. The Journal of Philosophy，1990，87(6)：309.

泛地使用自然语言，并在自然语言的使用中显现真理存在的方式。正如戴维森所见，"塔尔斯基为我们所做的是在细节上展示如何去描述真理所应采取的模式。而我们现在所需要去做的是，去认明这样一种模式或结构是如何显现于人们的行为之中的"①。

需要强调的是，在真理问题"朝向语言而生长"的路途中，塔尔斯基无疑是促成真理与语言紧密结合的开拓者。但他只是在语言之内求解真理问题，把真理局限于语形、尤其是语义的层面，他采用对人工语言进行语义分析以明晰真理的途径，最终导致了僵化而又不可通达的真理图景。而戴维森的机敏在于，他有效地借鉴了塔尔斯基的工作并进而将之运用于构建自然语言真理论。在戴维森的建构中，我们还可以敏锐地看到，他所选择的通向自然语言的真理论之路，包含了真理问题走向语用对话和"语境化"建构趋势的基本生长点。

## 二、走向语用对话的真理论

以戴维森自然语言真理论为基底的"语用对话"真理观的构建，鲜明地显示出后维特根斯坦哲学强调"语用"为主的语言哲学后现代化演变的必然趋向，同时，经典实用主义向新实用主义的转换也预示着哲学主题在真理观的建构中探寻着欧洲大陆哲学与英美哲学相融合的成熟的结合点。

### （一）经典实用主义：语用对话的滥觞

20世纪上半叶，与分析哲学运动遥相呼应的哲学流派是其在美国的变种——经典实用主义。经典实用主义在本质论题上与分析哲学一脉相承，力图抛弃形而上学本体论，舍弃近代哲学种种解决认识真理的形而上学方法，力主将真的信念与人的行为关联起来，并由此把关注的焦点投置于真理的效果上。尽管他们并未真正地从语言哲学的角度来思索走

---

① Davidson D. The structure and content of truth. The Journal of Philosophy, 1990, 87(6): 295.

向生活实践形式的真理,但他们却直觉地把真理问题定位于语用的层面上。所以,新实用主义者之所以仍自豪地沿用"实用主义"来作为其哲学的标签,有着其内在的历史根源。

首先,经典实用主义抛弃传统真理符合论,为尔后新实用主义的发展奠定了解构形而上学二元论的基础。经典实用主义尽管仍把真理看作是观念的属性,但他们所强调的却是"效果",即在走向生活的经验形式中信念会导致什么样的利益。所以,传统的符合真理论对他们来讲是空洞的,因而毫无意义。另外,真信仰是有用的非表征性的心理状态,还是对对象的精确而逻辑的表征,这在实践经验中并不存在本质的对立。因而,他们放弃符合论而强调真理的效用,其目的恰在于通过消解传统的心理和自然、主体和客体之间的对立,来归化真理实践的影响,这正如后来戴维森所指出的那样,"我们对真理谓词的观察不应视为'严格二元论的'"[①]。

其次,经典实用主义把真理归结为一种效用,就不可避免地要引入语用的因素,而语用则渗透了人的价值取向。正如詹姆士所言,"真是在信仰和善的方式中证明自身为佳的名称"[②]。一旦在真理与人的价值取向之间搭起了由此及彼的桥梁,那么,真理的语用性就会强化。从某种意义上讲,塔尔斯基真理论中所缺失的语用因素,在经典实用主义理论中获得了弥补;因为"语义"所诉诸的主要是指涉,而"语用"主要诉诸的则是语境和行为。总之,当符号或符号系统的意义与使用者相关时,真理便具有了走向语用层面的合理通道。

最后,经典实用主义把真理当作一种被解释的效果而不是被假设的教条,启迪了新实用主义的真理态度。由于经典实用主义者看到了传统真理"神话"的不可及性,从而使真理变换成一种被解释的东西。因为既然我们生活于人类文本的世界中,我们的言说是否与他人具有一致性,就自然地成为实践的焦点,从而更多关注的就必定是语言效果。这样,当我们宣布某陈述为真时,就是把真理当成了一种被解释的东西,即

---

① Rorty R. Is truth a goal of enquiry? Davidson VS. Wright. The Philosophical Quarterly, 1995, 45(180): 291.
② Rorty R. Is truth a goal of enquiry? Davidson VS. Wright. The Philosophical Quarterly, 1995, 45(180): 282.

"说一个命题为真就是指明对它的解释为真"①。由此，按照新实用主义的说法，被解释的真理便不再是传统所追求的"模式"，而转换成为一种生活形式的对话。

### （二）语用真理论：走向公共实践的真理建构

经典实用主义所做的这一切对于新实用主义的目标来说，还远远不够。新实用主义不能把真理仅仅归结为一种语言效果而了事，他们必须面对由于反对传统符合论而来的种种责难，尤其是要在实在论和反实在论的激烈争论中表明自己的立场。这样，摧毁基础主义哲学的大厦，营造一种在生活实践的基础上平等对话的氛围，便成了他们消解传统的第一要务。为此，他们批判了传统的"大写"哲学，主张在哲学对话中所有主体之间的自由和平等，从而在走向生活形式的语用对话层面上去构造新的真理观。从总体上讲，主要表现在以下几个方面。

（1）放弃追求传统"真理"，促进解释对话的多样性。在新实用主义者看来，要实现这一点，就必须进行"语调转换"，实现"对话的转折"，从而涤荡各种"形而上学的舒适"。换句话说，人类是通过在不同文化背景中讲说不同的语言，来追求不同实用目的而产生了对话的多样性；而这种对话的趋向性并不在于某种绝对的教条，而是多种具体实用趋向的一致和融合。所以，当各种跨学科、跨文化的对话达成多样一致时，它本身便成为真理的目的。因为除去参与和构建这种对话，哲学便失去了存在的意义。

这样一来，特定的语言便成为建构性的机缘产物，而真理则不过是"为了获得纯粹的交换意见，在欢乐的讨论中所得到的偶然附产品"，即是在苏格拉底意义上，在公开的、探索性的讨论中所获之物。②

（2）由"确定性"的真理概念转向"非确定性"的真理概念。走向

---

① Bontekoe R. Rorty's pragmatism and the pursuit of truth. International Philosophical Quarterly, 1990, 30(2): 231.

② Bontekoe R. Rorty's pragmatism and the pursuit of truth. International Philosophical Quarterly, 1990, 30(2): 222.

语用层面的真理对话，使得传统固有的"大写"真理为一种世俗的、随机的、可变易的"小写"真理所替代。这种传统的"确定性"真理向"非确定性"真理转变的可能性就体现在：①对话的多元性造成了将真值条件指派给语句的各种不同方式，这种不同方式一致地遵守所有形式的和经验的约束条件；换句话说，在这许多不同的真理理论对于一种特定语言是同样充分地等值的条件下，却可以给具体的语句指派真假完全相反的值；这便使得②要保证不同真理理论的等值仅当讲话者言说句子的态度对于那些句子的真值是直接的证据。这样一来，讲话者坚持句子为真就取决于两个因素：他们通过句子所言说的和他们所信仰的东西；由此③一旦讲话者坚持句子成真的事实能够是认为该句子成真的论据，因而真理理论的任何选择均可通过一种信仰的适当归属来衡量的话，真理的非确定性便成为显然的了。事实上，真理的"非确定性"特征是一种普遍的后现代态度，在后现代语言哲学的视野中，不仅真理，而且包括逻辑结构和指称，均可是非确定的。

（3）强调真理是被构造的，而不是被发现的。在认识世界的过程中，我们一旦发现有些东西在确定的语言框架中不可表达，就会借助于隐喻的方式在该语言中发明或创造出一种方式来表达它。这样，语言的普遍性就可与"理智的普遍性"保持一致，使得我们在消解绝对客观真理观念的同时，通过"命令"来构建相对内在真理的观念，就具有了合理性。这种在主体对话的层面上所构建的真理，是信念之间以及信念同经验之间的某种理想的融贯，它内在地包括了理性的可接受性、简单性、自洽性、贴切性等价值标准，而不必要求直接当下的经验证实。正如普特南所言，真理应被理解为"某种（理想化的）理性可接受性——某种我们的信仰之间及与表现于信仰系统中的经验之间的理想的一致性"①。

由此，不难看出，语用真理论的本质要义在于，"效用性"成为一切建构的出发点和生长点。在把对语用的理解推向语义学的外围，关注于其起作用的方式和实践意义的过程中，语言本质上成为一组声音和符

---

① Putnam H. Reason, Truth and History. Cambridge: Cambridge University Press, 1981: 49-50.

号，成为人们用以协调自己活动的方式。它的目的不在于去用形式化的体系规范各类哲学陈述或阐明言词与世界的"符合"关系，而只是在于清晰地展示出拥有不同词汇的人在对理论的选择、接受、运用的社会实践中所表现出的信仰和价值取向。其"效用性"就明显地体现于它是从认识的结果而不是原因方面来考察我们的知识，突出强调生活实践中经验的地位，把这种经验不是当作任何物理实在或认识的阿基米德点，而是看作在进行实践活动的各种相互作用的东西总和。这样，由强调"效用性"所体现出来的就是一种与认识主体的直接当下的背景信念、价值取向、时空情景相关的真理对话论。毋庸置疑，在这样一种没有"形而上学"强制的对话中，主体之间平等的内在对话是自由的、有创造性的和易于统一的。这标志着两千多年来亚里士多德意义上的真理符合论的解构，更喻示着维特根斯坦之后在语言哲学内部后现代趋向的又一次崛起。从这个意义上讲，走向语用对话的真理论大大促进了新实用主义者构建未来新哲学的进程，他们所主张的主体与客体、事实与价值在对话中的统一，为科学主义与人文主义的合流创造了一个新的聚合点。同时，这种真理论突破了塔尔斯基主张的语义层面，而在语用层面上构建了新的世界，使得真理问题在语言哲学中发展到了一个新的阶段。

  但不容忽视的是，这种语用真理观无疑会使人类思维陷入无根的迷途，呈现出一种类似黑格尔理念主义的自我迷恋状态。因为当人们沉溺于主体间的私人对话时，会日益困顿于自己设置的"语言监狱"之中，只顾于欣赏各自的私人对话，而忘记了对话的目的在于与更多对话的融洽和交流，并且消除了在其中所隐含的对真理合理性的评价。事实上，对任一私人对话并由此而建构的共同体的对话中，需要的不仅是抛弃形而上学的基础，更重要的是需要有一个不可还原的，生成于语形、语义和语用相结合之上的基底。在这一基底上，一切由于语义分析而导致的自然语言缺失，由于语用对话而导致的语言私人化的困惑，将被克服。事实上，正是这一基底——后现代"语境"实在的构建，不仅为我们提供了具有本体论性的实在基础，而且使得"语境化"真理观的建构成为一种必然。

## 三、后现代"语境化"真理观的建构

后现代"语境"(context)概念突破了传统静态地指示相关语词关系的狭隘层面,引入了整体论观念,将语形、语义和语用的因素内在地结合起来,并进而突出强调了主体意向性在语境中的不可或缺的地位。富有这种后现代特性的语境概念表明:一方面,语境实在成为自然而然的观念,而且这一观念的建立在很大程度上决定了真理"语境化"的进程;另一方面,"语境化"的实质意义就体现在,我们是按主体的再现规约而不是按照自然本身的再现规约来对知识进行成功的再现的。因此,在本质上,"语境"是主体所构造的,为达到人类交流的现实目的而自然存在的一种认知方式或认知结构。正是在这个意义上,后现代"语境化"真理观的建构不仅是可能的,而且是必然的。其后现代性表现在如下几个方面。

(1)语境成为本体论性的实在基底。从具有工具主义低调的实用主义观念向完全后现代观念的转变,使得"语境"已作为一种带有本体论性的整体实在和行为集合出现了。在这种带有很强后现代性的语境构造中,语言不再是一种反映或表达思想的媒介,而是思想本身,是确定的客观实体,是一种不断进化的"实在";而真理又是语言实体的特性或句子的属性。这便使得语境能够在"观念世界"和"对象世界"的两极对立中,寻找到自己的合理存在的地位,摒弃导致真理符合论的途径并使其载体脱离与外在世界的僵化关联。在这里,语境本身已展示了其作为人类认识基底的合理性,我们可以在语境结构自身之中去建构任何语言的合理对话,去探索一切适当的真理理论。[①]

(2)语境构成了公共实践的具体形式。在后现代视角上把真理"语境化",不仅为其提供了一个十分"经济的"基础,而且使得语用对话真正地建构在牢固的公共生活实践之上。语境所展示的作为人类对话要素结构的特性,内在地规定了对话的公共性、实践性和历史趋向性,使得人类思想的各种信念、欲望、语句态度、对象都被"语境化"了,没有

---

① 郭贵春.论语境.哲学研究,1997,(4):46-52.

超人类权威的"上帝之眼"来选择真值,一切均取决于在当下情景状态中所进行的平等对话。信念的每一次变动,真值的任一重新取舍,都只是语境的再造或公共实践具体形式的变易,都是在公共实践具体的、多样化的关联之网内所进行的信念的重新编织。这就是说,人们是根据语境关联的整体性、公共实践的具体性、对话要素的结构性而不是严格的逻辑推演来进行哲学的对话的。

(3)语境成为展示价值趋向的认知方式。深嵌后现代性的全新对话理论,无疑使得主体的偶时意向在真值的选择中起着规定性的作用。相对于具体语境而言的主体意向性,由于它所具有的深厚的、历史的、文化的、社会的背景约束,并不会因为它的偶发性而陷于"本体的任意选择"和"心理主义的幽灵"当中。因为作为心理表征的过程,主体对于真假的信仰选择、价值倾向和命题态度,在语境的本体论性意义上,不仅是内在地具有实在的特性,而且现实地存在意向特性与相关行为之间的因果关联。这样一种主体的意向性,一方面具有语义的性质,它规定着用于表征符号、语词和命题中所蕴含对象的指向;另一方面它仍然是语用的,只有在当下的、符号使用和语词指称的情景下,它才具有完全的现实意义。所以,在特定的语境中,对于相关的语形结构及其表达来说,心理意向在本质上构成了语义和语用的统一。也正是这种统一,内在地决定了语境的整体性和系统性,规定了真理的建构性和趋向性。

(4)语境满足了整体论的方法论要求。作为后现代思维核心的整体论是在批判传统理性和经验认识论的线性决定论原则意义上建立起来的。在基础主义认识论的死亡和逻辑经验主义的衰落中,整体论的出现显示了思维方式的某种关节性的变革。这种整体论观念告诉我们,传统的那种赋予真值的"堆积木方法"的缺陷,在于试图通过定义语词的方式达到表征真理的目的。而事实上,任一语句的真实性都与该语句的结构和语素相关。因此,我们强调符号和思想与语境的相关性和感受性,本质上就在于把语言的形式和结构及其内在意义看作是整体思维中的结合物。在这当中,诸多语句被证实或被正确地判定,并不仅仅在于其相关经验的存在,而是因为它们处于与其他已被证明为真的语句的推理关系之中,也就是说，处于证明或正确判定它的整体语境之中。

由此，不难看出，"语境化"真理观作为语言哲学后现代演变的必然趋向，内在地显示了"语境"作为一种具有本体论性的实在，不需要在形式上再做抽象的本体论还原的合理存在性。并且它消除了强加于存在之上的任何先验或超验的范畴或本质，强调存在的意义就在于相互关联性，因而"关系可以解释一切"。因此，不是真理具有任何独立于语境的意义，而是只有在动态的语境中才能展示真理的存在。我们现实地关注的只能是"语境化"了的真理，那种绝对抽象的形而上学真理只能被"悬置"一旁。

当然，真理的"语境化"只是真理发展的一种"趋向"或"态势"，并不要求赋予它以描述世界或人类自身的语言特权地位，更不是在寻找人类普遍的知识标准。"语境化"仅仅意味着，它不对知识做任何本体论的简单"还原"，而只是进行具体的、结构性的"显示"。这一特性使得真理无法独立于人类的心理意向而外在地存在。事实上，在"语境化"的意义上，真理已不再被视作哲学旨趣的终极主题，"真"这一术语也不再是分析的结果，"真理的本质"更不是类同形而上学的"人的本质"和"上帝的本质"那样的无意义的话题，它只是展现了具体的、结构的、语用的、有意义的人类认识的趋向性。因此，我们所应努力的便是在"语境"的既非还原论也非扩展论的意义上，现实地展示出真理发展的未来走向。

无论如何，后现代"语境化"真理观的构建冲破了传统真理符合论的桎梏，内在地体现了后现代性趋向的迫切要求。在这个意义上，"语境化"真理观既是整体语义论、语用对话论的历史继续、发展和开拓，更是从语言哲学角度探讨真理问题在后现代境况下的圆融。尽管这一理论本身尚需不断地自我完善、充实和进步，但它作为一种后现代的思维视角无疑将渗入语言哲学方方面面的研究之中，确是不容置疑的。

# 论心理意向的后现代重建[*]

在后现代哲学文化的大背景中，理性地审视20世纪哲学异彩纷呈的发展，我们会自然地发现，一方面，科学主义和人文主义的相互融合和渗透，无疑最广泛地标示了哲学浪潮的主题趋势；另一方面，由于"语言学转向"尤其是"解释学转向"的不可逆转，心理解释的意向重建成为两大思潮在后现代视野中全新的融合点和生长点。这不仅使得"心理学转向"成为自然而又必然的趋向，而且为科学实在论的进步提供了新的界域和形式。从这个意义上讲，通过揭示传统心理意向问题在后现代研究层面上的"策略性"转移，阐明"意向自然化"的必然性，最终在科学的意义上建构意向实在论，将是一项颇为重要的工作。

---

[*] 本文发表于《自然辩证法研究》1999年第1期，作者郭贵春、殷杰。

## 一、"心理意向性"问题研究的主题转变

历史地讲，意向性（intentionality）问题属于心智哲学（philosophy of mind）研究的范畴，指有所意指的意识的性质。这一研究渊源于中世纪经院哲学家托马斯·阿奎那，他从本体论的视角考虑，赋予意向性以心智外达客观实在的中介属性。在批判、继承和改造阿奎那意向性学说的基础上，奥地利哲学家布伦坦诺纯粹从心理学的角度对意向性作了深入的探讨，开创了现代心智哲学意向性理论研究的传统。

### （一）传统的意向性理论

作为一种颇具代表性的意向性理论，布伦坦诺对意向性问题的探讨开始于他对心理现象与物理现象的区分，因为他把心理现象定义为在心智中以意向的方式涉及对象的现象。在他看来，心理现象之所以不同于物理现象的最重要原因就在于它具有意向性，因此，"意向性是心理现象的根本标识"。由此，布伦坦诺进一步考察了意向性的特征，把意向性规范为：①意向性是一种属性。它作为属性的意义就在于它并非心理现象或其他心理属性所赖以存在的不可还原的基质，它仅在活动主体的意义上而不是非物质实体或心智实体的意义上作为属性而存在；②意向性是一种指向（directed）或涉与（aboutness）。这就是说，既然每种意识都是关于某一对象的意识，那么，任何心理活动就都不是纯粹的活动，其独特本质就在于它必然地指向相关的物理对象，而不论该对象是否是现实的存在。物理现象正因此而包容在心理现象之中。③意向性是一种对象的内在存在性。作为意识对它所涉及的对象的一种主观性态度，意向性所指的对象不是外在的实在，而是内在的存在，只具有内在的客观性（immanent objectivity）。

在布伦坦诺工作的基础上，现代西方心智哲学家们从不同的视角对意向性问题作了有意义的探索。从总体上讲，存在以下两种截然不同的趋向。

其一，以语言分析为基础，对表示心理现象的语词和概念给予普遍而优先的关注。这种趋向的形成源于实证主义的意义理论和行为主义的持续衰落，以及随之而来的认知心理学的蓬勃兴起。在总体上，与此趋向相对应的理论形态，包括罗素的中立一元论、石里克的分析行为主义，以及奥斯汀、马尔科姆等人的理论。他们从"内在论"的心理语义学出发，把心理意向的自然位置定位于思想或头脑自身之中，试图通过对意向性概念本身的地位、本质、作用进行完整而系统的分析，从而展示意向性与其对象、意向性与语句、意向性与语言之间的清晰图景。从本质上讲，这是一种试图从语义分析的方法论上解决意向性问题的尝试。

其二，现代物理主义的发展和科学实在论的兴起，导致了"自然主义的回归"并因此提出了解决心理现象的新策略。包括功能主义、突现唯物论等在内的科学主义流派，试图利用计算机科学、神经科学等前沿学科的理论和方法，在坚持多元主义的基础上，把意向性问题建构在现代科学的基底上并进而作出合理的哲学探讨。以提供有意义的新理论，构筑出"新的模型"。他们从自然主义的立场出发，把自然当作是一切存在的总和，因而不存在超自然的东西，心智及其语言表现形式仅仅是特定实在世界中的存在。所以，意向性问题并没有超出科学的界限。事实上，他们正是从"外在论"的角度，将意向性的对象延伸于外在的客观实在的自然世界，从而做出了某种"函数式"的对应求解。

应该看到，布伦坦诺及其后继者们从"内在论"和"外在论"的不同视角就意向性问题所做的研究是极具时代特征和意义的。至少他们已经敏锐地洞察到了意向性问题的语言哲学属性，从而能够系统地从现代语言哲学的分析方法出发，在句法和语义的层面上，给予意向性问题以较为合理的阐述；更重要的是，他们已初步意识到，意向性及其对象不应只是思想之内的事物，只有将它们与自然实在联结起来，才能进行有意义的说明。

但是，需要指出的是，如果仅仅对意向性本身做一种"内在化"的概念明晰，或只是从语义分析的角度为其指派实在的"映射"值的话，仍然没有避开传统形而上学框架的局限，仍是企图一种机械论式的求解。

意向性问题的研究绝不能局限于语言分析本身或单纯的语义层面。事实上，语言本质上是一种社会的现象，因而"在语言基础上的意向性的形式必然是一种社会的形式"①。它不仅内在地具有本身的功能、结构和逻辑形式，而且也必然受制于其所处的文化的、社会的、科学的和心理的氛围。因此，如何合理而又批判性地把语言分析与自然化的方法内在地融合起来，在广阔的背景上寻求其共同的关节点，才是真正解决意向性问题最有前途的出路。

### （二）命题态度理论

传统地解决意向性问题，或是从本体论上对"心灵"和"肉体"孰先孰后争论不休，或是从认识论上把意向性建构为思想的内在解释和语言意义的原子论说明。但是，这样一种策略显然是狭隘的。因为意识或内在意识，并不是心智或思想的唯一标志，更为确定的（外在的）标志在于它的言说或使用语言的一种能力。可以说，在特定语境中，这是思想显现的唯一确定标志。而这样一种能力无疑会促使主体的心理意向诉诸①他所具有的精神行为或态度；以及②此行为或态度的对象或表征内容。这样一来，思想就成为一种心理表征能力，而作为主体对其提出命题所具有的心理状态的命题态度（propositional attitude），便成为心理表征的对象。事实上，把思想看作是"命题或类似于命题的观点在当代哲学中是一种普遍的共识"②。在这里，命题态度作为被表征的对象被看作是具有客观性的心理实在，它既不同于承载思想运动的物质实在，也不同于被表征的事物的形式实在。在严格的语词意义上，它是一种具有确定命题趋向性的心理状态。不言而喻，思想把客观实在的观念还原为一种具有心理趋向性的命题态度，对于意向性理论的研究具有极为重要的意义。这具体体现在以下几个方面。

---

① Searle J. Intentionality: An Essay in the Philosophy of Mind. Cambridge: Cambridge University Press, 1983: viii.
② Alanen L. Thought-talk: Descartes and sellars on intentionality. American Philosophical Quarterly, 1992, 29(1): 23.

首先，命题态度的引入，使得心理表征（mental representation）观念在语言和心智哲学中具有了普遍的认识论意义。具有语义和句法特征的心理表征是思想的一种语言，它"既作为命题态度的直接对象，又作为心理过程的域而发生作用"①。因此，一方面，作为意谓或指称能力，它具有"关联"的属性，要求一种机体和环境相互作用的解释，这使得它指称事物的方式形同于自然言说的语句，从而自然地进入了语言交流的公共媒介；另一方面，它自身又具有内在表征的特性，因而它的意向内容能够"指称"并且"表征"所有存在或非存在的对象，以补偿人类认识中现实对象的缺失。所以，任何具有命题内容、满足条件（或真值条件）的命题态度便可成为具有适当指向的意向状态的表征；而表征的意义就在于，由此我们能够透视出主体在完成命题态度的过程中，客观地展示出意向性的结构特征及其逻辑形式。这样一来，"理解意向性的关键就在于表征便成为不言而喻的了"②。

其次，命题态度成为连接主体意向性与其言语行为的中介。深嵌后现代特征的"解释学转向"，要求对意向性的研究绝不能仅限于语义层面，而必须把它当作是在人类进化当中，充溢社会文化特征的语言心理现象，即它必须外展于语言使用的界域中。这样一种语用化的要求为命题态度提供了广阔的拓展空间。因为，主体意向的完成，绝不仅在于某种心理状态或态度的形成，更为重要的在于由此而引起的特定言语行为的发生和完成。存在一个主体意向，即存在某种心理状态或心理事件，意味着必定具有付诸相关行为的趋势。其因果关系表现为

$$\text{先在意向} \xrightarrow{\text{引起}} \text{行动中的意向} \xrightarrow{\text{引起}} \text{身体的变动}$$

这样，言语行为作为心理陈述的外在表达，能够使我们通过对它的分析来展示心理意向的结构，从而使言语行为成为心理意向图景的自然的外延表达。

最后，心理意向分析方法已成为必然而又普遍的研究手段。在人类

---

① Fodor J. Psychosemantics. Cambridge: The MIT Press, 1987: 17.

② Searle J. Intentionality and method. Journal of Philosophy, 1981, 78(11): 721.

行为从语义的理解走向语用的解释过程中，必然内在地蕴涵着形成主体命题态度之个体的、心理的、规范的和社会的背景，从而体现为不同心理意向的趋向性。因而，对本文的解读已不是单纯语义分析所能把握的，必须诉诸心理意向分析。事实上，言语的意向性作为心理意向性的一种特殊情况，使得我们能够用意向性观念来分析意义、指称等观念。具体地讲，主体的言说为真，内在地蕴涵着他不仅给出了某种承诺，而且提供了形式语句陈述的真值条件。而这样一种语句陈述的真值条件也正是相关言语行为的心理表征的真值条件，从而也恰好就是意向状态的满足条件。这样一来，为把握不同的心理意向的趋向性，用意向分析方法揭示意向状态的满足条件便成为首要手段。

由此不难看出，一旦将意向性问题的研究奠基于命题态度并诉诸主体的言语行为，意向性理论就会在语用的整合中生成更为广阔的应用空间。首先，其实质意义在于，"意向整体论"成了意向性研究的必要前提。从本质上讲，一种命题态度所涉及的内涵是深刻的，外延是广阔的。这不仅要求关注主体的偶时意向及语词选择的当下"认知态度"，而且由于其现实化而诉诸了言语，预设了意向行为并将行为动机归因于意向主体的先在意向，从而使得"我们不仅可用心理、思想、行为和语词来恢复人们的清晰图像，而且可提供心理的本体性和因果性相互作用的意向归纳推理"[①]。而正是这一主体态度的整体意向性选择，显示了在此问题上所具有的"后现代性"特征。

再者，面向语用而生长的意向性研究，适应了"实在论要求意向性"的趋势。既然具有意向特性的、作为心理表征对象的命题态度是实在地存在着的，那么，它不仅有助于我们在心理意向和与其相关的对象特性之间构建由此达彼的桥梁，从而在"意向实在"的基点上拓展实在论的界域；而且，正是命题态度的实在特性，使得我们能够将意向自然化，从而为深入地进行"意向实在"的研究提供自然的逻辑前提和本体论性的必要基础。

---

① 郭贵春，殷杰. 论指称理论的后现代演变. 哲学研究，1998，（4）：63.

## 二、意向性的自然化

从后现代发展的趋向上看,摆脱传统的"心理－世界"形而上学难题,首要的就在于必须把对二元对立的信仰论争转变成对中介手段和实现途径的选择,从而把意向性问题与科学的、语言的、实践的、历史的自然化趋势关联起来,在自然化的轴心上使科学主义与人文主义实现某种不可分割的相关性,进而在自然化的心理意向这一"收敛"性的哲学基点上,向所有不同的科学知识和文化领域"发散"。

### (一)意向自然化的必然性

作为主张用自然原因或自然原理来解释一切现象的哲学观念,20世纪的自然主义在新的科学认识和实践条件下获得了某种意义上的"回归"。在这当中,维特根斯坦的后期批判哲学和奎因的自然主义认识论无疑是其中的两个主要形式。正是它们在冲破逻辑经验主义和约定主义的僵化的理性等级结构,代之以灵活而又广阔的自然主义的认识和理性结构,从而在用以明晰心理表征的本体论性的基础上,"自然地导致了现代物理主义的取向"[1]。可见,意向性的自然化是由心智哲学的发展以及意向性理论自身的内在要求所决定的。

首先,绝对抛弃心理主义的分析运动破产之后,需要寻求新的哲学形式以弥补这一缺失。在传统哲学的发展中,错误地预设了这样两个假命题:①对认识论的研究只能用非心理学的方式,即所用的语词应是逻辑而非心理学的;②哲学的反思(或具言之,意向性的本质)是先验的,即先在地具有不以实践为转移的逻辑结构。然而科学的发展表明,心理和生理能力根本不可能与我们对人类知识的研究毫无关联。因此,作为自然化"回归"的首要义务,便是在心智哲学的研究中,将心理学重新引入并反对意向性的先验论。事实上,对心理学的普遍自然化这一后现代趋向要求,一方面,能够超越经验和形式描述的约束,而给出多

---

[1] 郭贵春.后现代科学实在论.北京:知识出版社,1995:5.

层次、多向度的"语义下降",从而说明物理实在和心理实在之间的相关性;另一方面,正是对意向性的自然化,使得它能够抛弃传统先验唯我论的"悬置",更真实地走向与其对象密切相关的生活实践当中,从而在人类广泛的科学和文化所形成的背景之中,充分地理解命题态度的主体价值取向和言语行为的语用特征。

其次,命题态度的本体论性与其相关的物理环境或物理过程的内在统一,客观地要求意向性的自然化。在自然化的基点上论述意向性问题,必须解决①命题态度的实现过程能否与物理过程相容;以及②意向状态能否与对象世界和科学行为相关联。从本质上讲,这是就意向性是自然化的还是先验的不同性质之间的抉择。传统地把意向性看作是在先验的意义上先在的,其认识论困惑在于,由于把意向性与因果性(即自然化的理论)截然地对立于不同的话语层面上,从而抹杀了二者在语境中相互关联的内在统一。事实上,完全有可能在自然化理论的构建中存有一种意向性的解释。因为在意向性是现象的被解释项而因果性是理论的解释项的意义上,二者是相互补充的。被意向性所特征化了的心理行为,一方面是在自然的时空和因果秩序中作为事件而存在的,因此,自然存在性显示了意向性的属性;另一方面在身体和精神被视为特殊类型的自然存在的观念中,整体地预设了实体及其系统的自然指称的因果可能性,从而,在这一特定条件下,意向性成为物质自然的映射,成为自然秩序的意义所在。在这个意义上,意向性的自然化不仅是必要的,而且是可能的。它内在地显示了与因果性的相容性,展示了作为后现代研究趋向的特性。

### (二)意向性自然化的方法论特征

意向性的自然化是在后现代走向中以自然化的"回归"为契机,以走向语用为基本目标,在不断地寻求科学主义和人文主义的相互融合、相互渗透的关节点中进行的。在这当中,一切由传统"心-脑"对立的机械二元论所导致的"机器幽灵"的神秘性,由认识论的唯我论而导致的意向性对象的先验性，都随着自然化的普遍展开而消解。在新的意向性图景中，语言的形式结构和心理的意向结构、逻辑的证明力和论述的说明力、静态的规范标准与动态的交流评价之间的传统僵化界限被消除了，显现出的是在心理重建和语言重建的内在统一之中生机盎然的景象。从总体上讲，其后现代性的方法论特征体现在以下几个方面：

（1）功能与指谓的统一构成了意向性自然化的基本特征。随着当代科学心理学的提出以及要求作为一门建制性学科而发展的必然趋势，人类认识的视域已远远超越了传统的"内涵"与"外延"之争，而投向更为广阔的"整体意义论"。在这种整体图景中，如何更有效地将系统网络及其各个网点联结起来，成为问题的焦点。从本质上讲，功能涉及的是整体意义，它强调意义在整体的信仰之网中的作用；而指谓关联的则是意义的个体化，它强调意义在实现因果的真值条件中的作用，在意向性的自然化境况中，二者是相互融合、内在统一的。它们之所以能够在外在同一和内在明晰之间保持适度张力，其原因在于：①功能作用决定了命题态度，即命题态度生成于心理意向相互作用的关系状态之间，其表现方式被这些关系所限定，所以其表征符号所具有的形式属性决定了它在信仰之网中出现的位置；这样一来，②由指谓作用所决定的个体化要想与外部世界建构起因果关联的真值函项，从而实现各个态度所达致的内容的话，就必须借助于其整体的功能才能保证内容与符号之间的正确映射；由此③一旦这种映射关联被确定，命题态度的趋向性被指谓作用个体化，真值内容被功能作用确定了相互依存关系，那么在两者动态作用的张力之间，自然化的意向性就可能建构起来。这一"建构"使得由句法结构的存在特性中自然获得的"因果力"与通过符号表征状态所实现的"语义力"之间保持了内在的统一。

（2）主体的整体意向在科学理论的构建和科学文化的说明中起着不可或缺的作用。在哲学的解释和说明中，试图避免任何意向性的概念是没有出路的。对于一种科学理论或一种文化说明而言，它是被科学家共同体的意向运动所构成的。由于理论实体是在特定语境中被假定的，所以相关主体间已预设了科学理论的建构和有效的意向行动。正因为如此，理论实体才可被当作是在意向性构建的意义上相对这些理论而独立的。因此，孤立于任何科学共同体的整体意向性来谈论理论实体是否是"真的""有意义的"或"可确证的"是毫无意义的。正是共同体的整体心理意向的说明，客观地显示了理论实体在框架构建中的自主性、独立性和相对性。

（3）意向性的自然化是将人类意向与实践语境联结起来的中介。在传统的心理主义理论中，由于没有意向范畴的位置，所以意向性不可能被自然化。它仅是在指称表征状态的"狭隘"内容中，被构想为某种机械论的随附。意向的自然化从反传统的意义上，调和了"自然主义"和"心理主义"。在这里，不仅意向内容成为广阔的，而且意向状态也不再是纯粹内在机械论的功能，它通过寻求内容与表征之间协调的因果关联而从本质上依赖于主体对语境信息的各种解读。在这一点上，意向性自然化的路途就是走向语用、走向实践语境的过程。总之，对于意向性的自然化来讲，"如果没有考虑到它的因果作用及其存在的语境性，是不可能被阐明的"[①]。

由此，不难看出，意向性的自然化是在后现代视角下重新建构意向性理论的中介点和生长点。其本质要义在于，把意向性的研究构建成为一种基于语境的理论。在这一过程中，意向性对命题态度从而对心理表征能力的选择，无疑走出了关键性的一步。正是由于关注于心智的心理表征能力，人类的命题态度直截了当地与认识主体的背景信念、价值取向、时空情景相关联起来，从而通过语境行为被自然地表达出来。另外，正是在这个基础上，对意向性的自然化表述使得心理语义分析具有了深厚的心物基础，使它得以在对心理符号、图像和语言的变换、重组中，揭示出语言使用的必然性和对信息处理的心理意向性之间的一致性，从而在具有本体论性的层面上对语言的意向结构进行深层探索，最终将心理意向性构建于实在的基底上。

---

① Emmett K. Meaning and mental representation//Otto H R, Tuedio J A. Perspectives on Mind.Dordrecht: D. Reidel Publishing Co., 1988: 77.

## 三、意向实在论的后现代建构

命题态度的选择和意向性的自然化这些背景论题一旦被解决，意向实在论的建构就成为必然的了。因为自然化的目的，是要论证"脑-世界"关系的现实性，而不仅仅是心理意向结构的存在。从本质上讲，心理意向结构仅仅是实现"脑-世界"关系并对其进行自然化的语义分析的手段和途径。在这个意义上，意向性的自然化不仅是达致意向实在论目的的可行的方法论理论，而且它本身表明了作为意向特征与语义特征相统一的意向结构的实在性要求。正是在此基础上，意向性的自然化为意向实在论的建构扫清了两个关键性的障碍：其一，源于命题态度既具有意向性的特征，故命题态度是否能与实在性具有特定的关联值得质疑；其二，源于一般公认的心理学法则总是显然地在一种理性的（逻辑的、证据的）关系中与意向状态相关，故意向心理学的一般公认法则是否是实在地可操作的深受怀疑。事实上，如果相关心理行为生成了某种命题态度并由此代表了在思想语言中与语句的一种特殊关系，那么，这种特殊关系就为思想语言中可能的无限心理表达行为的要求和以标准的逻辑规则来选择这些表达的能力提供了基础。这样一来，对命题态度本质的论述从而对心理表征能力的确定，对心理过程本质的阐明从而对思想的演算功能的考察，便可转化为在预设的语义价值、逻辑结构、因果效应状态基础上来解释人类行为的意向实在论的建构。可以说，意向实在论建构的目的也正是基于提供这样一种解释的目的，即"意向状态如何能够因果地与其他状态、与世界及其被感知为意向内容的行为相关联"[1]。从后现代的视角上看，这样一种意向实在论，一方面，具有一般意向实在论的特点，即主张真实地存在着命题状态，它具有实在的意向属性，并且这种属性因果地蕴含于心理行为的过程中；另一方面，它是科学的，其科学性就体现于，它包含着应用意向术语来测定意向现象的理论规则。从总体上讲，这样一种意向实在论的后现代性特征就体现在以下几个方面：

---

[1] Loewer B, Rey G. Meaning in Mind: Fodor and His Critics. Oxford: Blackwell Publishing Ltd., 1991: xvi.

（1）意向实在论满足了科学心理认识的本体论需求。科学心理认识在走出传统"心－脑"对立二元论的形而上学束缚之后，首先要解决的便是失去本体的"无根迷途"的困惑，而意向实在论的立场，不仅接受了一般成熟科学理论所假定的理论实体，而且对这些科学的性质和规则也给予了理性的认同。从本质上讲，意向实在论就是"关于命题态度的实在论，其本身事实上就是关于表征状态的实在论"①。它的理论内核在于坚持：①存在心理状态，并且它们的存在和相互作用引生了特定的行为；②这些因果地同样有效的心理状态，在语义上也是有价值的。这样一来，由于它不仅关注于主体态度的指向而且赋予其特定的意向值，从而就将内在心理意向要求或意向趋势与外在因果指称分析或方法融合起来，合理有效地为科学心理认识提供了实在性的基底。

（2）意向实在论体现了人类文化解释的"语境趋向性"。20世纪"语言学转向"所引致的极端形式理性和纯科学主义困境使得"解释学转向"（interpretive turn）成为后现代哲学发展的必然。其根本抱负便是要把心理解释的意向重建作为解释事业的重要特征。在这种由"单纯理性的说明"转向"心理解释的全面实践"过程中，如果没有对心理意向的自然化解释，那么所面对的将是极其严重的"解释赤字"。事实上，心理分析的解释实践的引入，就在于它构成了一种"深层解释学"，一种解释人类行为的方法。其意义就在于，人类的文化解释是一个具有广阔内涵的整体的结构系统，在其中，包含着各种客观的、实践的、文化的或共同体的整体意向性。同时，诉诸主体的命题态度、偶时意向、言语行为的心理意向实在本身也是一个动态的语用系统，在人类文化说明的深层内涵上，它与文本的解读要求是一致的，需要求助于作为一种实在而构建地体现了语形、语义和语用相统一的语境背景。这无疑从另一个层面上反映了在人类文化的说明中，对科学的、心理的、文化的和实践的语境的趋同性。

（3）意向实在论提供了计算机模拟人脑理论的哲学基础。现代计算

---

① Fodor J. A Theory of Content and Other Essays. Cambridge: The MIT Press, 1990: 32.

机的发展无疑为意向实在论提供了合理的实证依据。从根本上讲,意义理论对计算模型的建构是基本的,因为计算机语言具有语义仅仅在于它们的使用者的意向,而使用者的心理状态恰是主体神经系统的功能状态。这些功能状态一方面具有实在的因果力,是人脑的物质属性;另一方面,又表现为表征状态而拥有了语义力。正是由于功能状态的因果力和语义力的心理统一,构成了心理状态的结构变换和对信息内容的加工处理,从而引生了人类的科学行为。对心理机制的这一意向实在论的考察,揭示了存在于各种心理状态之间的因果联系与命题对象之间所具有的语义联系之间的统一性,从而使得对"心理表征的假设"能够与"计算机隐喻"结合起来。这就是说,任何逻辑理性的演算均可由在句法上被构建的符号表征的简单操作而确定。这样,计算机便成为可与人脑相比拟的"实在环境",计算的过程就类似于特定的"心理过程"。事实上,由于使用者赋予计算机的操作意向的存在,任何绝对中性的无意向的东西都被消解了。表面上完全形式化了的计算程序体现出的是人类心理意向的深层展示,并且计算机日益更新换代,越来越显示出对人脑的更为逼真的模拟。

（4）意向实在论蕴含了科学主义与人文主义相融合的后现代走向。作为传统意义上的截然对立的自然主义和心理主义在后现代视角下相互渗透和融合的产物,意向实在论的建构无疑为寻找新的哲学研究的基点提供了可能的合理途径。长期以来,代表了不同哲学主题的科学主义和人文主义传统一直处于对抗性的哲学情绪状态中,如何在新的研究基点上消解对抗、增进对话,便成为理论探索的焦点话题。从这个意义上讲,对心理意向的一种实在论、本体论性的重建,正是透过后现代哲学文化的视点,把握并展示了两大哲学传统主题发展的最新趋向。一方面,通过关注命题态度、运用自然化的策略,将心理意向建构于包含主体的认知态度、价值取向、生活实践的实在基底上,不仅反映了人类文化说明的语境趋同性,而且显示了走向语境实在的必然性和建构语境实在的可能性,在更为根本的语境实在的基底上展示了科学主义和人文主义在本体论性上的一致;另一方面,意向实在的建构也反映了科学主义和人文主义在认识论性上的一致。心理意向作为一种实在所具有的对认识工具和思维途径选择的广阔性和包容性，使得理性与非理性、逻辑与意向、经验与心理这些标示了不同哲学传统认识特征之间的僵化界限被消除了，在心理重建和语言重建的内在统一中，逻辑理性的科学认知和语言心理的文化态度达到了平等的、关联的新融合。在这当中，同时伴随着的还有方法论的更替和重新选择。传统的静态语义分析手段在新的认知背景下越来越不能满足认识的需求，它已逐步为关注于符号使用和语词指称及主体意向和命题态度的语用分析所替代，在心理意向的本质特征上构成了语义和语用分析方法的统一，反映了科学主义和人文主义在方法论性上的一致。不言而喻，正是对心理意向的后现代建构，使得科学主义和人文主义传统能够寻求到新的突破点和关节点，在共同的发展当中逐渐地在本体论性、认识论性和方法论性上趋于一致，展示了后现代哲学发展的整体性、系统性和趋同性。

当然，坚持一种科学的意向实在态度，并不意味着可以无止境地夸大命题态度的价值取向或任意地赋予意向行为的真值条件，意向性只是在本体论性的意义上才具有实在的合法性。事实上，心理的意向性不仅创造了意义的可能性，而且限制了它的形式。对于每一个命题态度所构成的意向行为，"感知经验语用地显示了其对象的意向性解释"[①]。除了相关行为的意向性对象的结构之外，它需求助于语境的、因果的因素，从而在整体的相互关联之中，给予真正的自然化的解释。

---

① Mohanty J N. Intentionality and noema. Journal of Philosophy, 1981, 78(11): 716.

# 科学理性与科学民主的统一[*]

20世纪科学哲学运动的狂飙不以人们意志为转移地席卷了所有科学哲学的派别,同时也从不同的层面和不同的意义上赋予了它们科学理性和科学民主的洗礼。正像科学理性是整个人类理性的重要组成部分一样,科学民主亦是整个社会民主的有机组成部分。在这一历史的过程中,科学理性与科学民主的内在要求是不可分割地一致的,因为没有科学民主的理性是"独裁的",而没有科学理性的民主是"疯狂的"。随着"语言学转向""解释学转向"及"修辞学转向"的演变,人们越来越清晰地意识到,推翻纯粹理性的"独裁"和消除激进民主的"疯狂",从而走向科学理性和科学民主的真正统一,乃是迈向21世纪科学哲学发展的必然。

进一步讲,科学理性是科学民主的精髓,科学民主是科学理性的某种特定的实现条件。对二者的任何割裂或扭曲,都必然导致历史的迷误,这一点科学哲学的历史已给予了充分的证明。当逻辑经验主义以将形式

---

[*] 本文发表于《自然辩证法通讯》1999年第2期,作者郭贵春。

理性推向极端的方式推崇科学理性的尊荣时，是以牺牲活泼的科学民主及其自由探究为代价的；在这近半个世纪的"统治"中，科学民主的暗淡减弱了科学理性的光辉。当历史主义在矫正这种理性的绝对性，并试图将共同体内的科学民主以多元化的方式展现它的风采时，却在消除绝对理性的同时导向了某种非理性主义的歧途；因之，对科学理性的解构弱化了科学民主的意义。不过，伴随着科学实在论和反实在论的双边"弱化"，伴随着科学主义与人文主义、理性主义与心理主义、理论说明与社会实践等的相互渗透与融合，科学的人文化对理性的要求与社会的科学化对民主的要求成为内在地一致的。不言而喻，科学理性与科学民主的结合正内含于这种统一的要求之中，并构成了后现代科学哲学走向的主流。

然而，在科学哲学的研究中，科学理性与科学民主的真正统一并非轻而易举地一蹴而就的，它同样需要炼狱般的过程。特别是在朝向21世纪的发展中，还必须注意如下几个问题。

（1）"科学规范"的现实重建是坚持科学理性与科学民主的前提。特定的科学规范性是相关科学共同体的内在规定性及其学科边界确定的本质和标准，没有科学规范性的不断重建，就不可能有科学理性与科学民主统一的灵魂。同时，这也是反对泛文化主义对科学哲学的解构倾向，防止科学哲学本质丧失的根本。

（2）"科学道德"的整体确立是坚持科学理性与科学民主的保证。科学道德并非是一个抽象的永恒概念，一方面，它的具体因素和深刻内涵是随着科学的历史进步而变化的；另一方面，它的整体水准是与科学理性及科学民主的现实水准一致的。因此，在科学哲学的共同体内确立良好的科学道德风尚，是推动科学理性与科学民主协调发展的内在力量。

（3）"科学文化"的系统建构是坚持科学理性与科学民主的条件。科学作为整个社会文化的一个重要组成部分，它的本质不仅在于其自身目的与实现手段或途径之间的关联，而且在于科学活动与特定社会中所有不同文化要素之间的结构参与性联结。因而，在科学文化的层面上强化科学与文化要素之间统一的系统建构，是坚持科学理性与科学民主的必要条件。在这里,科学的"自主性"与文化的"相关性"是统一的。

(4)"科学功能"的合理评判是坚持科学理性与科学民主的要求。如何评判"科学功能",是审视一个社会文明程度的标尺。所以,在社会整体结构的系统目标基础上,对科学功能进行多层面的、开放的评判和社会化选择,是科学理性和科学民主统一发展的要求。因为只有在这种开放性中,科学功能才能得以存在和实现,而在封闭性中只会走向窒息和衰亡。

在过去20年中,中国科学哲学界不仅要添补国际科学哲学发展的所有空白,而且要追踪其最新发展的前沿,同时还要在自身的基底上探索可被接受的形式和特点。因此,中国科学哲学界所经历的这20年是艰难的和曲折的,但同时也是进步的和卓有成效的。无论如何评价这一历程,人们都不能否认高举科学理性和科学民主的旗帜始终是中国科学哲学界的主流。然而,在朝向21世纪的发展时,在更好地建构"科学规范""科学道德""科学文化"和"科学功能"的基础上把科学理性和科学民主推向一个更高的境界,将仍然是中国科学哲学界的使命。她任重而道远!

# 社会科学研究中的案例分析方法<sup>*</sup>

案例研究作为整个社会科学研究中最集中、最典型的一种方法，在社会科学研究方法论中具有重要的地位。也正是在这个意义上，人们称之为社会科学研究方法的"王子"。所以，我们内在地分析案例研究的特征、步骤、功能及其性质，从而真正地把握案例研究的方法论意义，将为展示社会科学研究的特殊性、丰富性和科学性，提供一条合理而有效的途径。

## 一、案例研究的本质及其方法论功能

在社会科学领域中，案例研究方法的运用总是与求解特定理论难题或实际难题相关的。在这里，案例研究是求解难题的途径和方式，而求

---

\* 本文节选自乔健、李沛良主编的《社会科学的应用与中国现代化》，北京大学出版社1999年版，第83-94页，作者郭贵春。

解难题则是案例研究展开的目标和实现的结果。没有求解难题的预定目标，案例研究是盲目的；没有案例研究在方法论上的具体实现，求解难题是空洞的。所以，在理论与实践的结合上，它们构成了同一科学认识过程的两个相辅相成、有机统一的不同方面。因此，难题的性质、内容、程度、范围、价值等，均对求解它的案例研究所采取的特定方式具有相应的影响，而案例研究方法的角度、形式、功能、特征、层次等，则对求解难题的特定目的的实现具有直接的约束，从而使它们双方在具体的案例研究过程中达到了内在的一致性。

然而，正是由于求解难题与案例研究方法之间的这种复杂而又密切的相互关系，不同的社会科学家们从各自求解难题的不同视角，对案例研究给出了形式上不同的定义。比如：①案例研究是"与定量研究相区别的一种定性的研究者直接参与对象活动而进行的现场观察"；②案例研究是"关于特定对象的详尽信息的描述和解释"；③案例研究是"一种经验的探索：在现实生活的相互关联中研究一个当代现象"；④案例研究是"对某一事件（或一系列相关事件）的详尽考察，对此，研究者确信揭示了某些对应的普遍理论原则的适应性"。尽管这些定义存在着形式上的明显差异，但却具有本质上的内在一致性，均有助于我们从不同的方面和求解难题的特定要求去理解和把握案例研究的本质。更重要的是，社会科学方法论家的任务，并不在于去确定案例研究在形式上的类似性，而在于揭示其在本质上的相关性。

因此，透过一切形形色色、方方面面的特定案例研究的具体现象，就会发现案例研究在本质上具有以下共同的普遍特征。

第一，案例研究是研究者立足于特定的哲学立场，以相应的目的性和视角去系统地考察具体的社会事件、行为、规范、理论、价值等的过程。因而，研究者的背景因素，强烈地渗入了具体案例的意义框架。

第二，案例要对所分析的社会（包括所有社会存在和社会意识的宏观现象）给出详尽的描述，从社会实在的现实图景中本质地来确定特殊研究对象的核心线索、发展趋向和基本特征，从而超越现象，给出本质的分析。

第三，案例研究把特定的研究对象看作是复杂的社会大系统中的一个具有开放性的子系统，以其自身的相对独立性与社会大系统之间的相关性的合理关系来把握它们所特具的性质、地位和功能。

第四，案例研究把考察对象看作是一个动态的社会历史过程，而不仅仅是一个静态的截面。因而，从一系列事件发展的动态合流中来揭示特定事件产生和发展的内在的自身根据及其外在的社会历史原因，展示其丰富的过程性。

第五，案例研究本身并不具有严格的形式规则或操作规则的约束，它在结构上是发散的和多样的。因此，它可以个体或集团、集中组织或分散组织、直接或间接、具体或抽象、理性或非理性等不同的形式，对特定事件或对象给出各具特征的定性分析。

第六，案例研究虽然在形式上表现出特殊性、具体性和相对性，但它却往往明显地或潜在地、分析地或综合地具有战略性的方法论意义。所以，许多案例分析家们常常根据特定案例的系统研究，给出相应领域或对象发展的具有普遍性的范式、模型、模式或纲领。

但是，案例研究的基本特征并不是孤立地、抽象地存在着的，它是在案例研究步骤的逐渐展开和深化的过程中，具体地、现实地、生动地表现出来的。虽然案例研究是发散的，它不具有确定的形式规则或操作规则的约束，但在各种各样的具体研究过程中，也同样存在着某些原则上相似的一系列步骤。一般地讲，这些步骤可归纳为：①根据背景理论或预设的操作范式，对特定案例进行试验性的归类，从而确定它的性质、范围、程度等，以便选择有效的可行方法去求解难题；②运用不同的方法，从各个侧面广泛地搜集资料，给出研究对象的系统描述；③深入分析，给出特定研究对象的具体特点、原因和结果；④概括综合，给出一组或一系列相关案例的共同的本质特征；⑤考察反例，以决定这些一般的本质特征是否可在某些研究领域中被外推或扩展，或者赖以研究这些案例的背景理论或预设的操作范式是否可被修正或完善，以便将这些"离异现象"融入普遍的覆盖模型；⑥考察相关案例，以辨别与背景理论或预设的操作范式相关的不同研究方法或步骤，以保证它们的一致性、合理性和有效性；⑦对案例研究的结果进行创造性的或常规性的理论构造或逻辑证明；⑧对最后的结论进行多形态、多层次、多角度的实践证实。

正是这些缺乏严密规则，但却相互交织和相互渗透的研究步骤的不断完成，同时实现了案例研究在社会科学研究领域中的方法论功能。因而，从本质上确立了案例研究方法在社会科学研究方法论中的特殊地位，呈现了它所具有的方法论的丰富性和迷人的研究魅力。从整体上讲，案例研究的方法论功能就表现在如下几个方面。

其一，定性的案例分析可为进一步的定量的考察和研究提供具有战略意义的假设、解释及其与经验的一致性。换句话说，它从经验和理性的结合上对特定对象给出了一个具有探索性的分析，从而通过对特定方法、途径或策略的试验和证明，来进一步揭示总体研究的具体方式或难题的求解，为新的社会科学研究的发现奠立了具有启发性的方法论基础。正是在这个意义上，案例分析的结果是提供具有强烈方法论意义的研究结论，而不是给出任何绝对的形而上学断言。

其二，对于典型案例的研究，可以通过逻辑的合理推论去预测相应领域其他对象未来的可能发展状态。这种分析意味着，由于存在着许多特殊的、具体历史的因素，所以对于一般规律的解释来说，确定绝对的、僵固不变的初始条件是不实际的。事实上，在典型案例的特殊性中蕴含着普遍的规律性，根据这些规律从理论上去逻辑地分析和证明其他案例的方法是合理的和可行的。

其三，在特定的情况下，案例分析可以超越具体案例自身的约束而直接证实某些被描述为真的命题、陈述或具有相应意义的结论。在这一点上，案例分析作为一种科学论证的证据，具有直接的经验证实的方法论功能。这种经验的证实功能与其在理论上的逻辑证明的功能恰恰是互补和统一的。

其四，案例分析可以从理论、命题、经验和实在的不同层次的系统分析中，对各种不同的研究领域和对象进行详尽的比较研究，从而从不同层次的意义上揭示它们各自的内在结构和本质，以便得出关于各个研究对象的更为合理的和有意义的结论。这就是说，人们可以通过案例分析进行多层次的、多要素的比较研究，从而在各种不同的竞争理论中得到最佳的可供选择的理论。

其五，案例分析是阐述和诠释相应背景理论的有效方式。因为，它通过对具体难题的求解和澄清，使背景理论从科学理性与社会实在的统一性上阐发了它的特定原则、方法和哲学立场，检验了它的认识论上的合理性程度，促进了它的丰富和发展，甚至促进了其革命性的进步。

其六，案例分析为特定研究领域的整体意义的构建确立了现实的、可参照的语义基础。因此，它要求从句法与语义的结合来保证该领域研究语言的统一性和一致性。这对于清除在特定研究领域中可能出现的概念的歧义性、要素的离散性和意义的不相关性，从而避免具有不同理论框架的研究者，由在深层语义结构上的分歧而导致的逻辑推理规则上的混乱和不协调，具有十分重要的语义分析的基础作用。

其七，案例分析是各种社会科学方法获得统一的、实在的中介桥梁或环节，是各种社会科学研究方法得以相互渗透、相互结合的有效途径和渠道。因为，在案例分析的具体展开的过程中，具体的和抽象的、实践的和逻辑的、现实的和历史的、理性的和非理性的方法都可以从不同的角度和层次上获得自身功能的具体实现，从而彼此补充、相得益彰，由案例分析在方法论上的统一保证了整个研究结构的统一。

其八，案例分析对于与其相关的句法表征和理论陈述还具有修辞的或理论美学的意义，从而强化了相关理论的可接受性或可选择性。换句话说，在保证意义的一致性的情况下，案例分析对于相关理论的描述和推理，从形式上起到了对接受者的理论美感的刺激和强化共鸣的作用。

## 二、案例研究需要注意的问题

不言而喻，案例研究的基本特征、步骤和功能深刻地体现了它作为一种社会科学研究方法所具有的整体意义，对于这一意义的认识，是在社会科学研究中正确运用案例研究方法的必要条件。然而，为了更充分地从理论和操作上理解和掌握案例研究的意义，我们还必须从本体论、认识论和方法论的结合上注意如下几个问题。

首先,案例研究是把历史的和正在进行的事件,作为一种确定的"历史实在"或"社会实在"来进行分析。这些"历史实在"或"社会实在"均具有自身特定的、不以研究者的意志为转移的客观性和必然性。所以,从本体论的意义上讲,案例分析不是对事件的"任意摆布",而是对事件的"内在解剖"。不同形态和不同视角的分析,只是给出了它不同的具体特征,而不能改变它自身的本质。正是在这个意义上,在案例分析中,方法论的多样性是以事件的客观性和必然性为前提的。

另外,从认识论的意义上讲,在具体的案例分析过程中,不同的"历史实在"或"社会实在"均转化为与研究者密切相关的特定经验实体。对这些实体的经验描述、拟经验的操作设计、理性的逻辑构造,形成了案例研究自身的、内在的结构层次性。对此,我们可以直观地用图1表示。

案例分析的层次内容 $\begin{cases} 理性的内容——理论的逻辑构造和证明 \\ 拟经验的内容——具体考察和操作计划的设定 \\ 经验的内容——对客观事件的观察、描述和记录 \\ 实在的内容——客观事件及其过程 \end{cases}$

图1 案例分析的层次内容

可见,案例分析是具有丰富内涵的研究过程的,而不是单纯的、机械的对事件的直观和描述。案例分析从本体论、认识论和方法论的统一性上,表明了它在社会科学研究中,成为理论探索、理论发现、理论解释、理论评价和理论进步的实践载体和方式的重大意义。

其次,案例研究是对复杂的资料信息进行系统处理的过程。在社会科学的案例研究中,资料信息的性质、内容、质量、时间性、结构性及其可确证度等因素,均影响和制约着案例分析的目的、特征、程序和功能。案例研究是对特定资料信息的观察、收集和分析,而特定资料信息只有在具体的案例研究中才能得到功能的发挥和价值的实现。离开了资料信息的案例研究和离开了案例研究的资料信息,都是无意义的。所以,如何最佳地处理资料信息就成为案例研究的一个关键。

由于资料信息本身的内在结构的复杂性,我们可将其归结为如下类型。

(1) 明确的信息(explicit information):由包含了事件的初始状态的清晰记录所构成,它与事件相一致并易于理解。

(2) 内含的信息(implicit information):通过分析和归纳原始记录可重新获得的信息。它存在两种形式:其一是可推论的信息,它可根据信息的存储规则和解题要求,从基本资料中逻辑地合理推出;其二是潜在的可推论信息,它可根据更高的解题要求、复杂的辨析以及某些未作为基本资料部分的外在规则揭示出来。

(3) 隐含的信息(latent information):这种信息是潜藏的,它不可能通过单纯的观察记录和逻辑分析而获得,只能是通过偶然的突发事件或完全彻底的探索才可被发现。

(4) 可间接导出的信息(derivable information):即(1)和(2)中其一的合取。

(5) 可归因的信息(attributable information):即(1)和(2)的合取。

(6) 特定资料中的全部对象信息:即(1)和(2)和(3)的合取。

对所有这些不同类型的资料信息的合理处理,最大限度地掌握它的信息量,将内在地规定案例分析的方法论意义及其科学性和可接受性。

最后,在社会科学的案例研究中,一个不可忽视的因素就在于,研究者作为现实的人是社会-历史实在与特定领域的知识实在(物化知识)之间的媒介。所以,研究者是客观因素和精神因素有机统一的实践主体,对于案例研究的价值取向具有决定性的作用。由此,我们必须强调的是,长期以来在社会科学的案例研究中,胡塞尔的现象论、托马斯的符号相互作用理论、韦伯的理解(Verstehen)、马查(Matza)等人的自然主义、维也纳学派为代表的逻辑经验主义和以库恩等人为核心的历史主义等西方思潮和流派,均具有不同程度的影响。对此,我们必须给予合理的分析和批评,从而赋予案例研究方法以真正科学的意义。

## 三、定性与定量案例研究的统一

定性的案例研究与定量的案例研究的统一，是社会科学研究方法日趋完善的内在要求。定性和定量研究方法在基础、形式、结构和功能方面的区别和差异是显而易见的。从本质上讲，它们是以方法论的形式展示了两种不同的思维定势、两种不同的研究纲领和两种不同的认识论框架。从技术上讲，则是由于研究对象的复杂性、多样性，采取了不同的解题的方式，因为不同的难题，往往需要用不同的方法去求解；在某些具体的问题上，二者是不可相互取代的。因此，难题的性质决定了求解它的不同方式。总之，本质上的区别限定了它们在技术上进行方法论选择的差异，而技术上的差异又强化了它们在本质确定上的区别。

一般地讲，当研究的目的以及特定难题的解决需要定量的资料，所探索的信息是量化的和精确的，探索的范围又是十分具体的，而且求解难题的答案是逻辑地可能出现的时，较适合于定量研究方法的展开。而当研究目的实现需要一种复杂的社会关系或相互作用的系统模式，以构造某一特定现象或事件流的定性的社会图景，从而在复杂的、动态的社会过程中推论出潜在的发展趋向、价值形态或信仰模式时，则更适合于定性研究方法的运用。所以，从技术上讲，它们各具千秋，在方法论的意义上是等价的。

但是，我们必须看到：第一，认识论的趋向与方法论的选择是一致的。在解决一个特定的社会问题时，对定性或定量方法选择上的区别，根源在于这种一致性的区别；反之，定性或定量方法的运用，也产生了不同的认识论意义。所以，在具体的条件下，定性或定量方法都不是"中性的技术设计"，都不可避免地与特定的社会本体论和认识论密切相关。第二，我们也不能抹杀定性和定量研究方法自身相对的自主性。这种自主性恰恰是它们各具特色，并且在同一认识论的框架中具有同样的可选择性的实质。在这里，失去了方法论意义上的一致性也就成为空洞的了。第三，从社会科学研究的创造性意义上讲，定量研究主要表现为对特定理论的检验，而定性研究则主要表现为具体理论的发生；前者主要强调证明，后者主要强调发现，因而，它们的区别突出地表现在社会科学研究中逻辑支点不同，而不是逻辑结果的对立。当然，这些区别都是在相对的意义上讲的，任何试图将它们绝对化的做法都是非科学的。另外，具体地讲，定性和定量研究方法之间的某些区别如表1所示。

表1 定性和定量研究方法的区别

| 项目 | 定量研究 | 定性研究 |
| --- | --- | --- |
| （1）如何评价定性研究的作用 | 准备性的 | 探索途径之必然的 |
| （2）研究主体与难题之间的关系 | 疏散的 | 密切的 |
| （3）研究主体与研究结果之间的关系 | 外在的 | 内在的 |
| （4）理论与研究过程之间的关系 | 证实的 | 发生的 |
| （5）资料的性质 | 坚实、可靠的 | 丰富、深刻的 |
| （6）研究战略 | 收敛的 | 开放的 |
| （7）发现的范围 | 限定的 | 广阔的 |
| （8）社会实在的图景 | 静态的 | 动态的 |

定性与定量研究方法之间的区别并不是绝对地不相容的。事实上，在定性研究方法中包含着定量研究的成分，在定量研究方法中渗透着定性分析的因素，纯粹的"定性"或"定量"的方法在现代社会科学的研究中是不存在的。甚至在精确形式化的数学模式中也存在着定性的算符和约定，而在高度抽象化的哲学体系内也具有定量的术语和描述。它们之间的区别并没有导致机械的对立和排斥，而恰恰是有机统一的前提和原因。相对地讲，在现代社会科学的研究中，一个必须且亟待要解决的问题，就在于建立定性研究的"软"发现与定量研究的"硬"发现之间的互补。换句话说，"软"发现的硬化和"硬"发现的软化是现代社会科学研究中的一对辩证矛盾。正因为如此，从社会科学发展的理性进步的视角来看，定性和定量研究方法殊途同归、相辅相成，都是为了理论地再现社会实在及其发展的过程，从而在理性重构中展示社会运动的本质。

具体地讲，定性与定量方法的统一在社会科学研究中有如下特点。

第一，定性与定量方法的统一，从质和量的结合上，扩大了社会研究资料的范围，深化了资料的本质，突出了资料的相关性，强化了资料的可靠性。从而，使资料由现象化、单一化向复合化、系统化发展，使资料自身形成一个多层次的结构系统。这样一来，将为社会科学研究的理性重构确定一个更稳固的实在的基础。

第二，定性与定量方法的统一，改变了单一研究的结构，促进双方各自方法论功能的更充分的发挥。定性研究可以成为定量研究过程中对难题进行阐述的先导，成为定量研究对理论假设进行检验的动源，促进定量研究的逻辑结构的系统化。而定量研究则可为更深入的定性研究提供分析和比较的基础，促进在研究过程中对典型案例的明智选择，提高定性研究结果的保真度。因而，它们可以在研究过程中的任何方面或阶段相互结构，可由各种有效方式结合起来适应研究的需要，使得难题确定、方案设计、计划实施、程序修正、反例分析、结果分析、价值评价等研究的步骤和方面均获得丰富的形式和功能。

第三，定性与定量方法的统一，可以推进社会科学研究在宏观与微观层次之间的结合，为社会科学研究提供一个更丰富、更真实、更准确、更鲜明的对象图景。也就是说，它们可以突破各自在方法论上的局限性，使研究对象内在的和外在的、本质的和现象的、高层次的和低层次的、直接的和潜在的，总之，一切可观察的和不可观察的特征之间建立一致性和同一性，使社会研究的对象图景更完美。同时，也使这一图景获得动态和静态的统一，把社会实在的稳定性和变动性、常规性和革命性结合起来，使社会科学的研究具有更强烈的时代感和历史感。

第四，定性与定量方法的统一，可以使社会科学研究的模式和体系减弱经验的成分，增强理性的特征。因为，定性研究可以促进各种社会变量之间的相互关系的整体解释，使定量的统计特征具有更深刻的本质意义。反之，定量研究的统计解释则使定性的因果关联的解释更具体和生动，可以充分展现所阐述的理论系统的逻辑和理由。所以，从特定逻辑模式出发的定量研究和从某种理论范畴出发的定性研究之间的互补，使复杂的、经验的社会变量获得了逻辑的和理性的升华；同时，既可以排除纯"逻辑理性"的片面性，又可以避免纯"抽象理性"的思辨性，从而使社会科学研究的理性思维具有真正辩证的性质。

第五，定性与定量方法的统一，使各种不同的社会科学研究的语言形式获得了统一。从语言哲学的视角看，定性与定量研究方法的区别，是两种不同的语言系统之间的区别；前者主要是自然语言，后者主要是人工语言（形式化语言）。因此，在形式上，这两种语言具有不同的意义，它们作为方法论的展开过程，就是两种不同的语义分析的过程。所以，定性与定量方法的统一是在语义分析的一致性的基础上造成了两种不同的语言框架之间的相互转换。这样一来，便使得强调本质性断言的定性范畴与注重经验描述的定量概念获得了指称上的一致；使表现浅层语义的定量"能指"与反映深层语义的定性"能指"达到了结构上的统一；通过语义参照在层次上的相关性，架起了定性和定量范畴和概论之间的中介桥梁；从而使具有不同方法论形式的社会科学研究过程，不仅仅实现了外在的、结论上的关联，而且从语义的一致性上实现了内在的、本质的统一。这是二者有机统一的一个重要的——但却往往被人所忽视了的方面。

## 参 考 文 献

Burgess R G.Studies in Qualitative Methodology. Greenwich:JAI Press,1988.

Bryman A. Quantity and Quality in Social Research. London,Boston:Unwin Hyman, 1988.

Bunge M. Scientific Research. Springer, 1967.

# 科学修辞学的本质特征[*]

伴随着修辞学"转向"而诞生的科学修辞学的研究,已作为一种具有元分析特征的科学方法论渗透于科学发明和科学论述的"修辞战略"之中,并成为后现代科学哲学研究中的一个具有重要前途的研究方向。它向人们深刻地表明,它是20世纪人类理智运动的必然产物,内含了科学修辞战略的形式、结构和功能的统一,要求着语形、语义和语用的内在分析的一致性,体现了科学修辞学重建的科学方法论意义。因此,揭示和把握修辞学研究的这些历史的、结构的和分析方法的本质特征,对于推动它在我国科学哲学研究中的发展具有现实的意义。

## 一、科学修辞学与语言学、解释学及修辞学转向

科学修辞学的产生和发展是与20世纪人类理智运动中的"三大转向"

---

[*] 本文发表于《哲学研究》2000年第7期,作者郭贵春。

密切相关的。正是在语言学转向、解释学转向及修辞学转向的演变和更迭中，科学修辞学不断地获得了自己特有的存在价值、学科意义及其方法论的功能，并显示了它内在的本质特征。

首先，在伴随着"语言学转向"而出现的逻辑实证主义的统治时期，科学修辞学是在科学哲学中的"心理主义"的层面上显示出来的。在这种初始的形态中，科学修辞学与科学理性、科学交流的修辞性与科学证实的逻辑之间，存在着一种经验主义所要求的、可分析的理性和非理性的鸿沟。这时候，人们对科学修辞学潜存着广义和狭义两种极端的理解。一方面，把理性和逻辑的作用限定于分析的问题和关系，而将其他所有可探索的内容涵盖于科学修辞学的范围之内；另一方面，将修辞学的意义仅仅限制于覆盖演讲、流派、风格、活力、想象以及听众要求之上，而将其他所有的分析力量及问题留给理性去处理。事实上，对科学修辞学的广义的理解削弱了修辞学的本质的特殊性，而狭义的理解则将修辞学的一半领域拱手让给了逻辑经验主义的偏见。无论是这种理解的"自我削弱"还是"自我限制"，都依赖于传统的对理性和修辞学的简单对照。而科学修辞学要想立足和生长，就必须在这之间寻找一种可相互渗透和相互融合的途径，以使在人类理智的运动过程中，修辞学的力量能够满足合理性"理由"（reason）的要求，而理性的力量能够符合劝说的"有理由"（reasonable）的目的。[①] 从本质上讲，理性的"理由"和修辞学的"有理由"是内在地一致的。理性的力量可以成为最好的修辞学的设计，而修辞学的力量能够成为最合理的理性可接受性的助力。

其次，在"解释学转向"的过程中，修辞学受到了解放性的洗礼。许多人不仅把修辞学作为一般解释学的元叙述来加以看待，认为"修辞学已进入了一般解释学的轨道"；而且，从解释学的意义上讲，"修辞学本身就是解读环绕着我们的无限可推论物的方式"[②]。这种所谓的"修辞解释学"（rhetorical hermeneutics）就是要通过打开一个确定的本文并扩大

---

[①] Krips H, Mcguire J E, Melia T. Science, Reason and Rhetoric. Pittsburgh: University of Pittsburgh Press, 1995: 9.
[②] Gross A G, Keith W M. Rhetorical Hermeneutics. New York: State University of New York Press, 1997: 25.

其修辞学解读的空间，去解决理性的"理由"和修辞学的"有理由"之间的对立。所以，这个空间越大，修辞学的渗入越广，这种对立就越弱。正是在这个意义上，有人认为伽达默尔的解释学模型"早已包含在了罗马人的修辞学理论之中"①。

无论是解释学的"修辞学化"，还是修辞学的"解释学化"，在解释学转向的过程中，修辞学都发生了两个重大的变化：其一，它扩张了自己的理论论述域，包括了那些在古典立场上认为是外在性的推论性类型，如科学本文等，从而使科学解释学能够作为一门相对独立的解释学分支登上理论的殿堂；其二，颠倒了古典修辞学主张，将修辞学看作是批判的和解释的理论，而不是任何一种单纯的文化实践。这两个变化被人们称为"当代修辞学研究中的解释转向"②。这就是说，在给定对象的情况下，修辞学性是主体解读的一种效果，而不是被解读对象的内在的质。同时，既然修辞学性是一种解读的效果，解读主体就必须与对象发生确定的"合理性的"或"有理由"的关联。这样一来，修辞学的论域就自然而然地在解释学的转向中潜在地普遍化了，从而促进了科学修辞学的生长。

最后，随着修辞学转向的逐渐展开，修辞学研究作为一种分析战略、一种方法论的形式，体现了后现代性的特定发展趋向。尤其是当人们从修辞学的前景来研究科学时，科学修辞学的后现代特征就更加鲜明了。从目前的发展看，科学修辞学具有四种基本的修辞战略。①共有性战略（communitarian）：它将研究的焦点集中于科学的共同特征，把修辞学的概念突出为特定情境的和演讲的，从而从方法论的层面上强化了科学语境的分析意义和作用。②认识论战略：它将研究的焦点放在后实证主义框架中被改变了的科学认识论地位，并把修辞学的概念突出为"给理由"的活动，突出科学的论证行为，从而在非形式化的层面上深化了科学活

---

① Gross A G, Keith W M. Rhetorical Hermeneutics. New York: State University of New York Press, 1997: 100.
② Gross A G, Keith W M. Rhetorical Hermeneutics. New York: State University of New York Press, 1997: 28.

动的理性功能及其可推论性的特征。③发明战略：把研究的焦点集中于科学知识生产的可推论的层面，并把修辞学的概念突出为社会地建构理智知识主张的发明系统，从而强化了科学发明的劝导性和创造性。④语言战略：将研究的焦点集中于指出有意义的科学论述，使论述成为劝导性、境遇性、演讲性和有理由性的统一，将修辞学的概念突出为分析战略或分析方法，使它们在不同的论域之间构成由此达彼的桥梁，以便可使一种科学论述过渡到另一种科学论述，从而强化了科学的发明和科学论述的构造是科学修辞学最基本的功能。①

科学修辞学的发展历程深刻地表明了它所具有的丰富性、历史性和进步性的意义，它提醒我们在对科学修辞学的本质特征的研究中应主要注意以下几个重要的问题。

第一，正像某些学者已经指出的那样，当代修辞学最显著的特征就在于："它们一开始就将自己的位置设定为解释学的元叙述，而不是实际的论述实践。"②这历史地表明了一种发展趋向，即解释学的实践要求"元叙述"的存在。因为，无论一个本文或对话者与主体都是有距离的；主体必须发现或寻找一种重述本文的方式或重解本文的途径，以重建解释学的意义。而恰恰是在修辞学的基底上，人们能够发现一种构建知识和认同意义的适当语言，即修辞学的"发明战略"。而这样一来，解释学的目的就由修辞学的方法而得以实现了。所以，20世纪的"解释学转向"推动了"修辞学转向"的发生，解释学孕育了修辞学；而"修辞学的转向"扩张了"解释学转向"的历史意义，修辞学隐含了解释学。另外，"修辞学转向"又在叙述的层面上，而不是句法的形式结构上，扩张了"语言学转向"对元分析的方法论应用。可见，从当代科学修辞学一开始形成时，它就将"语言学转向"对元分析的注重和"解释学转向"对特定语境下解读本文的要求结合了起来，以在元叙述的层面上将科学的证明推向一个新的高度。

---

① 郭贵春. 后现代科学实在论. 知识出版社，1995：30.
② Gross A G, Keith W M. Rhetorical Hermeneutics. New York：State University of New York Press，1997：114.

第二，我们必须看到，尽管科学语言作为符号化的形式体系具有很大的限制性，但它与修辞学仍然存在着内在的关联，这就是当代科学修辞学产生的前提。正如有人曾指出过的那样，尽管"零度"是一个有意义的"无"（absence），但修辞学表示的"无"反过来又会构成一个相关的文本表示（stylistic signifier），从而使关于"零度"的符号变成了最后的内涵。① 这就是说，在特定的语境下，修辞学的符号表示转向了"语言的本质"，或者"作为自然的语言"，从而使修辞学的分析与形式化的科学语言系统联结在一起。与此相关联，在科学研究中对"有"（presence）的创造正是与语言的修辞学使用不可分割的。正是在科学语言与"有"的存在关联上，我们可以在特定语境下将"有"称作是"指称存在"（referential presence）。事实上，在很多情况下，这种"指称存在"是科学修辞学重建基底上的理性存在，它既具有充分的科学理性的抽象性，又具有强烈的修辞分析的劝导性，是科学的"合理性"与修辞学的"有理由性"的有机统一。像"引力""场""夸克"等，均是这种性质的"有"。这就是说，"指称存在"在科学修辞学的劝导结构中具有重要的地位，它在科学修辞学与科学语言的形式体系之间起着由此达彼的桥梁作用。

第三，我们还必须明确的是，由于动因的不同，科学的理性重建与修辞学的重建不是同一的。理性重建是为了表示世界，而修辞学的重建在于实践的理解，并用"特殊的理解世界的语法规则去说明实在"。正是基于这种区别，"修辞学既是一门学科，又是一种使各个学科可被概观的视界。作为一门学科，它具有解释学的任务并生成知识，作为一种视界，它具有批判的和解放的任务并生成新的观点"②。科学修辞学的重建具有这双重任务。在科学修辞学中，批判的和解放的任务是与创造性的要求联系在一起的，因为从一种确定的规则中解放出来，正是新的科学修辞发明的前提。而完成解放任务的途径是批评，即诉诸各种修辞方法。在这里，这种批判和解放的本质使人们意识到在修辞学与科学理性之间人为设置的绝对界限是狭隘的和站不住脚的。事实上，运用科学修辞学的论

---

① Gross A G. The Rhetoric of Science. Cambridge：Harvard University Press，1990：44.
② Gross A G. The Rhetoric of Science. Cambridge：Harvard University Press，1990：52.

明和论证的艺术，以改变或强化在科学交流中具有认识价值的观念是非常重要的。不过，"这种说服或修辞学的论证既不是形式上严格的，也不是经验上识别的。科学的修辞学是科学家们为了达到他们的结论而使用的口头说服、论证技术的集合，而不是表征模型"[①]。

## 二、科学修辞学与修辞战略的形式、结构和功能

"从修辞学的角度讲，知识的创造就是由劝说自己开始到劝说别人结束的过程。"[②] 在这个过程中，修辞学有它自己独特的论证结构和演绎规则。修辞学的演绎规则就在于：首先，它始于不确定的前提，必须依靠交流对象去提供消解的前提和结论；其次，它演绎的结果是似真的结论，而非必然真的断言。所以，修辞学的分析方法采取的是"操作逻辑"（working logic）的形式，以便在"前逻辑"的意义上，构建可算作合理推论的结果。从本质上讲，这是一种外层臆断推理，它创造性地设定了一种可解释的论明，而且根据这种论明，相关事实是可被发现的。另外，任何演绎逻辑都不是绝对封闭的，所有的前提都可以被规定；而且任何演绎链都是由有限的步骤构成的，在任何步骤之间，都可以插入无限的步骤。这些矛盾都深刻地表明，在科学的证明逻辑与修辞学的劝说逻辑之间并不存在绝对排斥的鸿沟，而是本质地可相关的。

修辞学的劝说逻辑的特征是与修辞学的重建目标或修辞设计相一致的。一个完备的科学修辞学的重建目标或修辞设计的结果，必须是在修辞分析之后，不留存任何非修辞的东西，以使它成为一种"硬"的科学的内核。这就是说，科学修辞学应能够重建一个在修辞学上无保留物的概念。这一修辞学的要求，既不是要把修辞学的分析与科学的对象分割开，也不是简单地将科学概念翻译成修辞学的术语，而是要对由理性地规定的步骤所构成的程序进行修辞学的系统描述，从而导致像实际心理

---

① Pera M, Shea W R. Persuading Science—The Art of Scientific Rhetoric. New York: Science History Publications, 1991: 35.
② Gross A G. The Rhetoric of Science. Cambridge: Harvard University Press, 1990: 5.

过程一样的本质的结果。这就是修辞学的理性重建。换句话说，通过修辞学的理性重建，使分析对象成为一种劝导结构的相关集合。所以，"一个修辞学的重建修辞地规定了理性重建所理性地规定的各个方面，那么一个完备的科学修辞学越成为可能"①。科学修辞学要在那种规范的逻辑形式所无法展开的空间中去实现自己的理性重建，绝不是一种"教条"，而是给出了一种特定的修辞学重建的"趋向"或"目标"。也可以说，朝向这一趋向的结构目标正是科学修辞学的理性重建的规定性。

一般地说，在修辞学的操作逻辑和修辞学的理性重建的趋向上所建构的修辞设计是一个完整的系统结构，也可以作为一种战略假设被引入理论分析。现在我们可以将修辞设计力的目标结构如图1所示②。

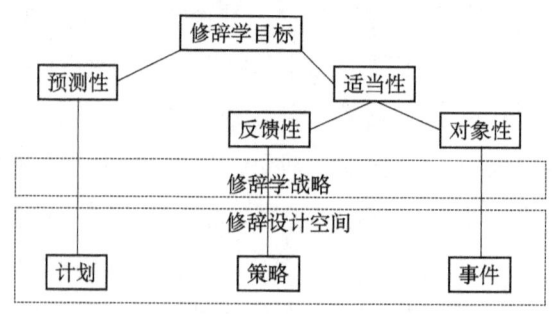

图1　修辞设计力的目标结构图

图1表明，修辞战略的现实化和修辞目标的实现，必须是修辞设计与修辞分析的预测性和操作的适当性的有机统一。在这里，修辞的内在环境，如修辞主体的知识、目标、战略、设计空间等，与修辞的外在环境，如听众与对象等，是一个相适应和相反馈的联结过程。对象的反馈性与理论的对象性的统一，决定着操作上的适当性。没有对象性，信念预测和反馈就失去了与听众的现实联结；而无反馈，则影响着策略的设计和计划的实施。由此可见，修辞设计是在给定修辞逻辑的构造空间和修辞目标的可能趋向的基础上，所进行的系统设计。这种修辞设计的结构也

---

① Gross A G. The Rhetoric of Science. Cambridge：Harvard University Press，1990：34.
② Gross A G，Keith W M. Rhetorical Hermeneutics. New York：State University of New York Press，1997：262.

可如图2所示①。

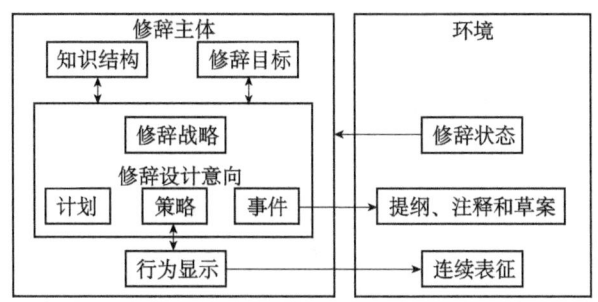

图2　修辞设计结构图

图2从修辞主体和环境之间内在的互动作用中，显示了修辞过程的复杂性和系统性，表明了修辞主体的知识结构与修辞目标对整个修辞过程规定性和约束性。更重要的是，它潜在地表明了，在以逻辑理性为核心的方法论所不能解决难题的地方，科学修辞学具有它不可替代的作用。尤其是在形式化系统中出现的不清晰性、不完备性和不一致性的问题，导致了修辞学的论证。特别需要指出的是，对待定形式化体系的选择本身就是一种修辞学的选择。

我们从历史上许多著名的科学家的论证中可以看出，事实上他们早在归纳和演绎的方法中就渗入了修辞学的论证。在科学的语境中，修辞学的主要功能就在于：①选择适当的方法论程序。特别是当一个新理论与一种新的研究方法相关时，研究者在广阔的修辞背景条件下，对具有个人独特的创造性趋向的选择。在一定条件下，还必须提出对于他所选择的"方法的叙述"。②解释已被容纳的规则。在这里，典型的修辞学技术是诉诸惯例的语用论证，通过对一种新的探索规则的确定内容、起源及其价值的修辞分析，论明新的假设与证据之间的关联与确定背景规则之间的关联的一致性。③将特定的规则应用于具体的案例分析。也就是要从个体案例的修辞分析中，去论证特定规则的价值深度及其解释域面的大小。这种应用是修辞学的强劝导形式，易于消除对选定方法的怀疑。

---

① Gross A G，Keith W M. Rhetorical Hermeneutics. New York：State University of New York Press，1997：264.

④对待定假设的初始条件的论明。对科学假设的初始条件进行的逻辑形式的证明,往往导致逻辑前提的"无限后退"或逻辑悖论,甚或产生极端的怀疑论倾向。而对初始条件的修辞学的分析,则会最大限度地证明初始条件的合理性,从而使对初始条件共认的越多,对结果的可能接受性就越大。⑤把似真性纳入科学假设的论证结构。在科学的论争中,一个新的创造性的假设常常是一个在既定形式规则中具有较低程度的先验概念的假设,它往往会失去参加论争的权利或被粗鲁地排斥。因此,通过修辞学的发明,把尽可能多的有限的似真性分析纳入假设的论证结构,就不仅仅会对论证起到修饰或润色的作用,而且会增强它的批判性或创造性的意义。因而,强化假设的似真性的实证程度是科学修辞学的本质之一。⑥反驳竞争假设。在科学的论争中,竞争假设常常诉诸辅助性以强化其内核假设的完备性和韧性。但是这种提出辅助性假设的方法,乃是一种典型的科学修辞学方法。所以,在新的论据发现之前,对竞争假设的反驳也必须采取相应的修辞学的分析方法,从而以修辞学的论辩艺术去进行有意义的批评。①

不言而喻,从以上科学修辞学的基本功能可以看出,当人们从修辞学的角度来审视科学理性的进步时,会越来越多地意识到在科学理论的发展中强烈地渗透着科学修辞学的分析特征。这些特征都是通过在科学论辩中给出"有理由"的论述形式,或者说,修辞学的功能都是通过修辞学的语言形式,即"非规则叙述"(out-law discourse)的形式而得以实现的。正是在这个意义上,著名的科学哲学家夏佩尔指出:"科学的最终形式语言是科学修辞学。"②科学修辞学的非规则叙述形式是与科学修辞学的批判性、创造性、解构性及关联性的本质特征联系在一起的。这就在于:第一,修辞学的非规则叙述形式存在的合理性,不仅仅在于它是理解本文形式化语言的形式及其特征的基础,而且是携带和引入非规则逻辑(修辞逻辑)去批判或摧毁某种现行理论论证的有力工具和有效形式。

---

① Pera M. The Discourses of Science. Chicago: The University of Chicago Press, 1994: 101.
② Shapere D. On Deciding What to Believe and How to Talk about Nature. New York: Science History Publications, 1991: 99.

第二，以严格形式句法所表达的批判论述不可能成为分叉的语言游戏可通约的中介，因此易于造成不同科学推理和科学结论之间的"断裂"。而修辞学的非规则叙述则有可能在分叉的语言游戏的逻辑空间之间给出一个可交流的桥梁。第三，对非规则叙述"世界"的内在逻辑来讲，对非规则叙述的学术翻译可能是真的。在语言"世界"之内，对非规则叙述形式及其逻辑的使用将赋予非规则"世界"以合法的程度，并解构单一的句法形式及其逻辑的约束和统治。第四，对非规则叙述形式及其逻辑的使用是修辞学发明及其创造的形式空间，只有在这个空间中，一切直觉、联想、想象或理想构造的思维方式才有可能得以实现。同时，也正是在这个空间中，那些规则叙述的语义矛盾和不协调的层面，才有可能得到修辞学的补充和修正，可以强化特定理论的统一性和一致性。

## 三、科学修辞学与语境、语义和语用分析

从 20 世纪科学哲学发展的历程来看，逻辑实证主义侧重于符号化系统的形式语境，历史主义强调了整体解释的社会语境，而具有后现代趋向的后历史主义则注重了修辞语境。从本质上讲，形式语境是必然要与语义相关的，没有语义分析的形式语境是空洞的；而语义分析必然要涉及社会语境，否则，它是狭隘的和不可通约的。社会语境的目的不能不是促进科学的发明与创造，而这一目的的实现必然要通过修辞语境的具体化来得以完成和展开，所以没有修辞语境的现实化，社会语境是盲目的。修辞语境在很大的程度上是语用分析的情境化、具体化和现实化，它是以特定的语形语境的背景和社会语境的背景为基础的，否则，它就不可能真正地生成。所以，没有形式语境就没有科学的表征，没有社会语境就没有科学的评价，而没有修辞语境就没有科学的发明。所以，对于科学修辞学的研究，不能是孤立的，它必然是语形、语义和语用的统一，是形式语境、社会语境与修辞语境的结合。

从最一般的意义上讲，通过修辞学的劝导，把听众或读者卷入一个"有理由"的环境，或者导入一个可接受特定叙述的交流情境，就是"修

辞学语境"。在这一语境中，修辞学的、科学发现的以及证明的背景统为一体。所以，科学不是超修辞学的领域，不能想象没有修辞语境的科学语言能够实现它的语言功能。从某种意义上讲，科学的理论化就在于：①它是一种修辞学的发明；②它可通过修辞学的直觉被理解；③它与特定的时间、空间和修辞语境相关。也就是说，科学的理论化是在修辞语境的基底上通过修辞发明和修辞直觉来实现的。正是在这个意义上讲，"修辞学是微妙的，但确是实在的"①。修辞学的这种实在性首先在于它的相关语境的实在性。正是这种实在性使修辞语境能够成为整个修辞学分析的基础，能够实现修辞意义的强约定的一致性，能够避免语形、语义和语用分析在修辞过程中的各自片面性。

人们一般都承认，对修辞语境的论述最具现代奠基性的文章是Wichelns 的《对演讲的自由批评》（1925 年）。在他看来，语境化的模型有两类：其一是"狭义语境"。在这里，修辞主体与本文是在语境基底上修辞地相关的，所以语境被狭义地定义为听众、场景或时期。在这个过程中，修辞学被工具化了，是作为个人的和特殊的系统被构想的。其二是"广义的有机语境"。在这里，修辞主体的行为被视为更大有机整体的特定部分，而且也只有在语境中可被理解。因而，把本文定位为"语境的生长"，所以语境并非简单地围绕或包含本文，而是作为有机生成和发展的结果，渗入或充满于本文之中。而且为了更充分地理解本文的诞生，有权隐喻将把批评引入更深的语境。②不言而喻，Wichelns 的广义语境的观念蕴含了罗蒂的"再语境化"的思想。一方面，各种相关的修辞要素一旦被语境化，就必然带有语境的系统性和目的性，就不会孤立地作为要素存在。当各种要素被语境化时，也就被系统化了。另一方面，这一观念将 20 世纪前半叶把语境和本文与历史割裂开来的看法作了整体性的修正。当把修辞要素语境化的同时，也就将语境本身历史化、过程化

---

① Gross A G, Keith W M. Rhetorical Hermeneutics. New York：State University of New York Press，1997：117.
② Gross A G, Keith W M. Rhetorical Hermeneutics. New York：State University of New York Press，1997：200.

了。可见，本文的修辞学的语境化提出了两个问题：①修辞要素的语境化；②语境的历史化或历史的语境化。而这两个问题却构成了"语境发现"（discovery of context）的内容。而一旦从"语境发现"的视角来考察问题，要素的语境趋向、批评的语境趋向、选择关联的语境趋向、历史的语境趋向……，便不以人的意志为转移地提出来了。这些既构成了"解释学转向"中的"语境负载"，也预示了"修辞学转向"中的"语境重建"的内容。不能不指出的是，这里提出了这样一个问题，即语言学语境、解释学语境与修辞学语境的关联和区别问题。事实上，语言学语境强调的是语形和语义，解释学语境突出的是叙述和解读，而修辞学语境侧重的是劝导和发明。但是，在任何一个总体的科学语境中，都是由于语境的系统趋向性给出了特定的选择特征，以突出某一个方面，而在这三种语境中并没有绝对的界线，是整体地联系在一起的。解决这几者之间的有机关联，正是科学修辞学的重要任务之一。

随着"修辞学转向"的持续深入，随着求解哲学难题的方法越来越走向综合化和系统化，人们愈益清晰地认识到，"语言语用学可能是解决修辞学难题的最有前途的方式"[①]。这就是说，不是把语言使用看作是由语言游戏规则本身唯一地决定的，而是把它看作是在相关语境的基底上嵌入了更广泛的语言行为模式之中。当这些模式在不同的语境中生成时，语词的修辞设计就成为必需的了。"语用学的前途使我们确信，科学家的语词能够而且确实具有重要的语用效果。而且，也能够当成对各种各样修辞学战略的语用效用的证明。"[②]当我们从语境和语用的结合上来把握科学修辞学的问题时，需要特别注意以下几个问题。

（1）从语言学行为的视角讲，语形学和语义学是在语用学的展开中存在的，尽管语用学修改了它们的存在。走向语用学并不意味着已经完成了对语形和语义的完备证明，恰恰相反，它包含了对意义赋予地位的研究，当然也就涉及了修辞的劝导分析。在这里，句法模型可以语义地

---

① Simons H W. Rhetorical Turn. Chicago: University of Chicago Press, 1990: 298.
② Gross A G, Keith W M. Rhetorical Hermeneutics. New York: State University of New York Press, 1997: 200, 229.

来进行考察；而语义分析又可语用地来加以证明。正是在这个意义上，修辞学的动力学既包含着形式的，也包含着非形式的因素；既包含着分析的，也包含着行为的结构。所以，只有在修辞学的动力学的语境意向中，一切形式的和非形式的因素、一切分析的和行为的结构才有更大的相互作用的空间，才能从修辞学的战略上对待意义和概念的问题。

（2）修辞学的一个很大的特点就在于它关注对前景的构设。而在这种构设中，隐喻具有重要的作用。在这个意义上，隐喻似乎成了整个非文字设计集合的提喻法（synecdoche）。事实上，在语言的隐喻使用和文字使用之间是很难划清界限的，因为隐喻构成了从技术语言到日常语言、从形式语言到自然语言之间的桥梁和理解的中介。也就是说，隐喻在修辞学的意义上有助于意义的确定和发挥、理解和交流。但是，隐喻语言不能单纯语义地来进行分析，它必须在特定的语境中，语用地来加以参照。在不同语境中，以不同形态表现出来的隐喻说明，深化了修辞学劝导及其战略构设的灵活性和生动性，因为修辞学的功能与语用分析的具体性是联系在一起的。而且，"隐喻力"和确定的规范标准在一个具体语境中的合取，决定了在这个语境中修辞学劝导的"趋向力"。隐喻的意义与语用语境的关联既表明了不同语境劝导趋向的差异，同时也表示了语境重建中修辞学功能的特定连续性。所以，在不同科学论述中语形与语义的区别，并不必然地导致不可比性。相反，可以诉诸修辞学的分析，而构建意义连续的科学修辞学结构，而超越相对主义的不足。①

（3）从修辞学的意义上讲，把信念意义与文字意义等同起来的任何理论都是不适当的，这将失去对有意义的信念的合理理解。而超越本文给定的信念的推论则是由所有自然语言使用所发明的、有特征的过程。任何语言交流理论的基本任务就是给出不同推论类型的模式，并且证明人们是如何系统地从语言中导出这些信念的。所以，超越文字意义去理解信念意义，超越本文信念去把握推论，正是修辞学与语用学共同的理论基础和实践特征。正是在这个基础上，一方面，我们可以理解"所有

---

① Krips H, Mcguire J E, Melia T. Science, Reason and Rhetoric. Pittsburgh: University of Pittsburgh Press, 1995: 252.

语言都是隐喻的"这一著名论点，把握语词的文字意义与信念意义的仅仅是一种语用的区别，而不是语义的区别。① 另一方面，理解"图景"（maps）是一种修辞学的信念表证，一个给定的"图景"应该作为修辞学的本文来进行解读，或者把它看作是一种修辞学的对象化图景。这也就是修辞学的解释学，因为这种"图景"也是解释学意义上的"前景"（perspective），但作为修辞使用的。

（4）将修辞学与语用学的研究结合起来是非常必要的且可能的，但需要解决的难题是"必须把经其修辞学重建为一种认识论的理论"②。这种重建修辞学的重要原则是必须坚持方法论的"dictum"。即当我们谈论修辞论证时，必须超越"logos"，并且看到"logos"与"ethos"和"pathos"是不可分割的；另外，当我们谈论"心理证明"（emotional proofs）和修辞形态（rhetorical style）时，承认论证的逻辑是与它的表达和语境不可分离的。在这里，修辞形态问题是一个重要的关键。"形态"既是一个在现代语言学中关注的"叙述层面"，又是语义学和语形学、音位学等变元的"集会层面"。所以，它既包括了修辞论证的推理，也包括了修辞的系统性或修辞设计的整体性、语形模式和转义、语义转换等修辞学方法的重建。总而言之，修辞学的认识论重建需要语用学发展的支持，并且通过语用分析方法的扩张，使修辞学的理论完备起来，但对科学修辞学的这一目标的实现仍然任重而道远。

---

① Hymers M. Metaphar, cognitivity, and meaning-holism. Philosophy and Rhetoric, 1998, 31(4): 270.
② Dascal M, Gross G. The marriage of pragmatics and rhetoric. Philosophy and Rhetoric, 1999, 32(2): 112.

# 科学中心转移现象的社会文化语境分析[*]

科学的发生与发展离不开它所处的社会环境,社会中的政治、经济、文化、哲学、教育等因素总是与科学发展相互促进、互为因果。科学中心转移现象就是社会中诸因素相互作用的结果。从语境的观点看,科学活动中心转移现象是再社会语境化和再文化语境化的结果。因此,分析科学与社会中其他因素的互动关系,从整体上把握它们之间相互作用的机制对于理解科学的发展是十分有意义的。

## 一、社会与文化:科学中心产生的必要语境

科学中心转移现象在科学史上称为"汤浅现象",它是日本学者汤浅光朝于1962年运用统计方法发现的,1974年我国学者赵红洲也独立发

---

[*] 本文发表于《科学技术与辩证法》2001年第6期,作者魏屹东、郭贵春。

现了这一现象①。科学发展的中心转移现象说明,哪个国家的社会、文化环境适宜科学的发展,哪个国家的科学就能迅速发展起来,在地域上形成一个中心;反之,科学就会停滞不前。社会的和文化的因素表面上看是科学发展的外因,但这些外因在对科学的作用中逐渐转化为内在因素,成为科学发展的内在动力。也就是说,科学的外因和内因是互动的,它们共同构成了科学发展的社会和文化语境。科学的社会文化语境用集合可表示为

$$C=\{L, P, E, R, S, T, J\}$$

其中,C代表社会文化语境,L代表文艺,P代表哲学,E代表教育,R代表社会革命,S代表科学,T代表技术,J代表经济。用逻辑的合取表示为:$C=L\cap P\cap E\cap R\cap S\cap T\cap J$。用直观的几何图表示为图1。

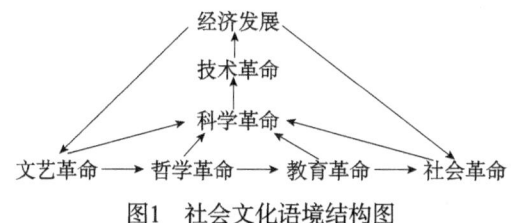

图1 社会文化语境结构图

在社会文化语境中,文艺革命是科学革命的启蒙,哲学革命是科学革命的先导,教育革命是科学革命的基础,社会革命是科学革命的动力。这四次革命是科学革命发生的先决条件。可以肯定,在科学革命发生前,一般都有文艺革命、哲学革命、教育革命和社会革命的发生。科学革命诱发技术革命,通过技术革命带动产业革命,从而促进经济的发展与繁荣。而经济的繁荣反过来又推动了文艺、哲学、教育、科学、技术的发展,从而构成了人类社会的进步。

## 二、文艺革命:科学革命的启蒙

文学艺术似乎与科学无关,但事实上文学艺术的繁荣是科学的启蒙

---

① 赵红洲.科学能力学引论.北京:科学出版社,1984:192.

阶段，是科学大合唱的前奏曲。文艺复兴对科学的启蒙是最有力的证明，可以说，近代科学其实就是文艺复兴的产物。文艺复兴是人类历史上一场伟大的思想解放运动，"是一次人类从来没有经历过的最伟大的进步和变革"，"是一个需要巨人而且产生巨人的时代"[①]。它肇始于14世纪初的意大利，而后传播于西欧各国，终极于德国，持续三百多年，其影响波及世界其他地区，至今仍余音未绝。它虽然起始于文学艺术领域，但影响渗透到政治、经济、科学等几乎所有领域；它虽然是对古代文化的复兴，但通过对自然和人性的发现和思想的解放创造了一个新世界。

据笔者对《西方文化史》和《文艺复兴史纲》中所列的著名文学家和艺术家的不完全统计，在1300~1550年文艺复兴期间，意大利的著名文学家和艺术家有22人，占当时全世界的44%，是无可争议的文艺复兴的中心。文艺复兴后期（1550~1650年）的英国，著名文学家和艺术家有7人；启蒙时期的法国，著名文学家和艺术家有8人；产业革命时期的德国，著名文学家和艺术家有8人，在著名文学家和艺术家人数方面均处于世界前列，可以说是当时世界文学艺术的中心。如果将以上四个国家当时最著名的文学家或艺术家的活动时期作为各自国家文学艺术的发展高潮，并且规定他们从发表第一部著作到去世的时间段为活动高峰期，那么，意大利的达·芬奇、英国的莎士比亚、法国的伏尔泰、德国的歌德以及美国的马克·吐温无疑是最杰出的代表，他们的活动时期依次为：达·芬奇1472~1519年、莎士比亚1590~1616年、伏尔泰1720~1778年、歌德1773~1832年、马克·吐温1870~1910年。与科学活动中心期意大利（1540~1620年）、英国（1660~1750年）、法国（1760~1840年）、德国（1840~1910年）、美国（1920年至今）相比较，文艺活动高潮都在科学活动中心之前发生，为科学的发展奠定了思想基础。

在我们看来，各国文艺高潮都是文艺复兴的继续和发展，由于与不同地区文化传统的融合，文艺复兴不断改变自己的形式，在整个人类思想的发展中起着重要作用。在意大利，文艺复兴的核心是人文主义；在

---

[①] 恩格斯.自然辩证法.北京：人民出版社，1971：7.

英国是经验主义和清教运动；在法国是启蒙运动，核心是人道主义；在德国是宗教改革；在美国是实用主义；在中国表现为西学东渐和五四新文化运动；在当代则表现为后现代主义。但不管其表现形式如何不同，早期意大利人文主义的反对宗教神学统治一切，以人为本，张扬人性，崇尚古文化，重视文学艺术，主张探索自然，为人类和社会做贡献的精神内核基本未变。

文艺复兴运动的兴起与发展，使意大利、英国、法国、德国先后成为世界科学活动的中心。近代自然科学革命之所以首先在天文学和解剖学领域发生，就是得益于人文主义者对自然的发现和对人的发现。美国虽然未受到文艺复兴的直接影响，但它继承了英法传统和德国传统，并与美国传统文化——自然权利哲学和实用主义哲学相结合，形成了美国独特的文化传统，使美国成为继德国之后的世界科学活动中心。文艺复兴传播到中国，并与中国的传统文化相结合，掀起了一场"西学东渐"的文化运动，开我国近代科学复兴的先声，它经过洋务运动、戊戌变法和辛亥革命，为20世纪初的五四新文化运动奠定了基础。而五四新文化运动实则是根植于中国土壤的"东方文艺复兴"，是中国的一场伟大的思想解放运动。它的政治结果是马克思列宁主义的引入，它的思想结果是中国科学的复兴。

如果说文艺复兴是反中世纪以前的宗教神学和形而上学传统的思想解放运动，那么，后现代主义则是反文艺复兴以来的现代主义传统的"当代文艺复兴"。同文艺复兴一样，它肇始于文艺领域，传播影响到政治、经济、哲学、科学等各个领域，是继文艺复兴之后的又一场思想启蒙和解放运动。这里不打算对后现代主义做过多评述，但后现代主义对后现代科学的影响是巨大的。从文艺复兴到后现代主义的发展中，处处都可以看到文艺思潮对科学的影响。

## 三、哲学革命：科学革命的先导

哲学与科学从来是不分离的。在古代，科学包含在自然哲学中，自然哲学家同时也是科学家。近代科学产生后,科学虽然从哲学中分离出来,但时刻受哲学的指导。凡是科学繁荣的时候和地方,总是伴随着哲学的繁荣。哲学是科学的先导,哲学革命的到来,必然孕育着科学革命的发生。

在近代哲学史上,哲学活动中心转移现象同科学活动中心转移现象一样也是一种客观现象。一般来说,哲学兴盛时期15~16世纪在意大利,17世纪在英国,18世纪在法国,19世纪在德国,20世纪在美国。刘则渊和王海山运用统计方法对近代以来的哲学家进行统计分析,将一个国家的哲学家人数超过全世界总数的15%称为哲学中心或高潮,依此规定,得到的哲学中心转移的结果为:意大利(1480~1640年)、英国(1600~1730年)、法国(1710~1820年)、德国(1790~1880年)[①]。这里缺乏美国哲学的兴盛,事实上,1870年兴起的以皮尔士、詹姆斯和杜威为代表的实用主义具有国际性的影响,对美国科学产生了巨大影响。与赵红洲确定的科学活动中心意大利(1540~1620年)、英国(1660~1750年)、法国(1760~1840年)、德国(1840~1910年)、美国(1920年至今)相比,我们发现:哲学中心比科学中心超前50~60年,说明哲学是科学的先导。而且哲学中心期比科学中心期持续时间长,说明哲学的影响是长久的和持续的。

哲学革命是人类思想的革命,它是关于自然、社会、思维的全部知识的概括和总结。哲学的兴盛必将引起科学的兴盛。这是因为,首先,哲学革命能使人们的思想得以解放,从而为科学的发展扫清思想障碍。特别是作为自然科学前提和基础的唯物论和辩证法的产生,为自然科学提供了总的指导思想,也就是说,哲学为科学提供了正确的本体论。其次,哲学革命能为科学提供新的认识论和方法论。科学方法论的创新意味着重大科学理论的突破。培根的实验哲学启迪了英国的科学,笛卡儿的理性主义怀疑论和伽桑迪的唯物主义经验论激发了法国的科学,康德的自然哲学激发了德国的科学,皮尔士的实用主义激发了美国的科学。

---

① 刘则渊,王海山. 近代世界哲学高潮与科学中心关系的考察. 科研管理,1981,2(1):7-21.

最后，哲学概括科学成果而做出的结论和预见，给科学以深刻而深远的影响与启迪。譬如，古希腊的原子论对现代原子论的启迪、笛卡儿的运动不灭原理对能量守恒定律的启迪、康德星云假说对现代演化科学的启迪等。可见，哲学总是超前于科学的，是科学的"潜伏期"。另外，哲学革命给以科学家坚定的信念，为科学提供可靠的哲学论据，为科学家提供坚持科学真理的精神动力。譬如，为捍卫日心说而献身的布鲁诺和维护达尔文进化论而勇斗主教的赫胥黎，都有着坚定的哲学信念。可见，哲学对于科学的发展有着至关重要的作用。

## 四、教育革命：科学革命的基础

科学需要人才，人才由教育培养。因此，科学与教育密切相关。教育革命是指通过改革教育制度，加快人才培养的机制。可以肯定，在科学兴盛之前，都有一个教育的兴盛期。查有梁等人利用国外教育史资料，通过统计分析，把一个国家在教育史上出现世界公认的著名教育家相对最多的时期称为教育发达期，他们计算出的近代各国教育发达期依次为：意大利（1430~1620年）、英国（1613~1706年）、法国（1764~1824年）、德国（1776~1906年）、美国（1889年至今）。与科学中心期意大利（1540~1620年）、英国（1660~1750年）、法国（1760~1840年）、德国（1840~1910年）、美国（1920年至今）相比，教育兴盛期超前于科学中心期30~100年不等。这为科学的发展做了充分的人才准备。

据我们的考察，在每个科学中心形成之前，都先有一个教育的兴盛时期[①]。意大利从12世纪起就相继创办了一些著名的大学如波仑亚大学（1160年）、帕多瓦大学（1222年）、那不勒斯大学（1224年）、罗马大学（1303年）、佛罗伦萨大学（1321年）、比萨大学（1338年）。这些大学经过文艺复兴的洗礼，进行了教育改革，引入科学教育，为意大利科学的兴盛做了人才准备。英国在12世纪后半叶就创办了牛津大学（1167

---

① 魏屹东.论教育的生产力特征.自然辩证法研究，2000，16(1)：54-59.

年），在 13 世纪初创办了剑桥大学（1209 年）。这两所大学此后不断发展科学教育，成为英国科学家的摇篮。法国于 1160 年就创办了巴黎大学，于 1518 年新增了法兰西学院，成为法国科学教育的基地。法国大革命期间，又创办了巴黎多种工艺学院和巴黎高等师范学院，并成为法国科学教育的中心。德国的大学教育也有悠久的历史，早在 1381 年就创办了海德堡大学，15 世纪相继创办了莱比锡大学（1409 年）、弗赖堡大学（1457 年）、慕尼黑大学（1472 年），16 世纪创办了吉森大学（1527 年），18 世纪创办了哥廷根大学（1731 年），19 世纪又创办了研究型大学柏林大学（1809 年）和波恩大学（1818 年）。这些大学大都进行了教育改革，面向科学教育，培养科学人才，是德国成为科学中心的中坚力量。美国十分重视大学教育，1638 年创办了哈佛学院，18 世纪又创办了新泽西州学院（1746 年）和英王学院（1754 年）。美国独立战争后，这些大学学习欧洲办学模式，扩大学校规模，将哈佛学院扩大为哈佛大学，英王学院扩大为哥伦比亚大学，科学教育成为大学教育的核心内容。19 世纪，美国相继创办了一些综合性研究型大学如麻省理工学院（1861 年）、斯坦福大学（1885 年）等，这些大学为美国成为科学中心奠定了雄厚的基础。

## 五、社会革命：科学革命的动力

社会革命是一个阶级推翻另一个阶级的政治革命，社会革命的发生意味着社会制度的重大变革。社会革命既是文艺革命、哲学革命和教育革命的继续和深化，又是推动科学发展的动力。社会革命的根本目的就是解放生产力。科学作为一种生产力，在很大程度上依赖社会革命对生产力的解放。科学作为一种社会建制，在很大程度上依赖于支撑它的社会制度。可以肯定社会制度对科学体制有很大的制约作用，当社会制度适合科学体制时，促进科学的发展；反之，阻碍科学的发展。

纵观近代世界历史，社会革命的发生也有中心转移现象。一般来说，社会革命的发生 17 世纪在英国（1640~1688 年），18 世纪在法国（1789~1799 年），19 世纪在德国（1848~1871 年），美国在 18~19 世纪

(1756~1865年)。与科学中心意大利(1540~1620年)、英国(1660~1750年)、法国(1760~1840年)、德国(1840~1910年)、美国(1920年至今)比较可以看出,英国、法国和德国的社会革命和科学中心是同步的,说明社会革命对科学革命的推动作用。意大利由于早期没有发生社会革命,没有进行彻底的社会制度的变革,其科学的发展也就受到很大的制约,以后再也没有辉煌过,直到1848~1871年的社会革命,才使意大利得到统一,其科学才再次融入世界科学潮流。美国的社会革命发生在科学革命之前,为科学发展做了制度上的准备。也就是说,社会革命是科学中心转移发生的最根本的原因。

## 六、技术革命:科学革命的奠基与继续

文艺革命、哲学革命、教育革命和社会革命为科学革命做了启蒙、思想、人才和制度上的准备,而科学革命的发生又推动了技术革命或产业革命的发生。同科学中心转移一样,技术也有中心转移现象。根据黄欣荣和王英的统计研究,他们确定的近代技术中心转移的次序是:意大利(1380~1520年)、德国(1480~1570年)、法国(1680~1760年)、英国(1690~1870年)、德国(1860~1930年)、美国(1870年至今)[1]。与科学活动中心意大利(1540~1620年)、英国(1660~1750年)、法国(1760~1840年)、德国(1840~1910年)、美国(1920年至今)比较,我们可以发现,科学和技术的互动发展的三个模式:技术→科学、科学→技术、科学←→技术。意大利和法国的技术中心发生在科学中心前,技术推动科学;英国的技术中心发生在科学中心之中与之后,技术与科学互动并由科学推动技术;德国发生了两次技术革命,第一次技术中心是后来的科学中心的前导,技术推动科学,第二次技术中心与科学中心同步,科学与技术互动发展;美国的技术中心比其科学中心提前了50年,技术推动科学,后来是科学推动技术,科学与技术互动的模式同时在起作用。

---

[1] 黄欣荣,王英.技术中心及其活动规律的统计研究.科学学研究,1990,(2):19-28.

由比较可以看出，科学与技术的关系的发展大约经历了三个阶段：18世纪前是技术→科学阶段，18~19世纪是科学→技术阶段，20世纪以后是科学←→技术阶段。经过这三个阶段，技术由经验技术转变为科学技术和高新技术。经验技术是科学的准备，科学技术和高新技术是科学的继续与衍生。

## 七、经济繁荣：科学革命与技术革命的准备与结果

科学革命与技术革命的发展，必然带来经济的繁荣。近代西方国家经济中心转移的次序为：意大利（14~15世纪）、英国（1588~1880年）、法国（1860~1890年）、德国（1880~1920年）、美国（1890年至今）[1]。与科学中心意大利（1540~1620年）、英国（1660~1750年）、法国（1760~1840年）、德国（1840~1910年）、美国（1920年至今）进行比较，可以看出，意大利的经济繁荣在科学中心之前，经济发展为科学的兴起提供了物质条件，当时意大利的经济是手工业和商业，技术仍停留在经验阶段，科学也是经验科学，其发展模式是生产→技术→科学。英国于1588年击败西班牙取得海上霸权后，通过海外贸易和奴隶贩卖获得世界经济的优势。16世纪的圈地运动也为英国的资本主义生产和科学的兴起做了准备。英国成为科学中心后，科学通过技术来推动经济的发展，使英国成为第一个完成工业革命的国家，其经济持续保持在世界经济活动中心的位置，其发展模式是生产←→技术←→科学的互动。近代科学兴起后，经济的发展走上了科学→技术→经济的发展道路，法国、德国和20世纪的美国走的就是这样发展的道路。美国的情况比较特殊，它由于引进欧洲先进的科学技术，在经济上后来居上，所以，在没有成为科学中心前经济就发展起来了。而经济的繁荣反过来又促进了科学技术的发展，1920年以后，美国一跃而成为世界科学中心。所以，经济的繁荣促进科学技术的发展，而科学技术的发展又促使经济的发展。

---

[1] 刘鹤玲.世界科学活动中心形成的经济、政治、文化前提.自然辩证法研究，1998，14（2）：47-50.

## 八、社会文化语境:科学中心转移的整体效应

由以上分析可以看出,科学的发展不是孤立的,而是与文艺、哲学、政治、教育、经济、技术的发展互动、协同进行的。也就是说,科学是随着社会整体的发展而发展的,科学中心的转移是"再社会语境化"的结果。我们将科学中心国家的文艺革命、哲学革命、教育革命、社会革命、科学革命、技术革命和经济繁荣的发展时期放在一起进行比较,就能看到它们纵横交错的相互作用的整体效应(表1),看到社会文化语境运动带动科学发展的机制。

**表1 社会文化语境中各因素相互作用的整体效应表**

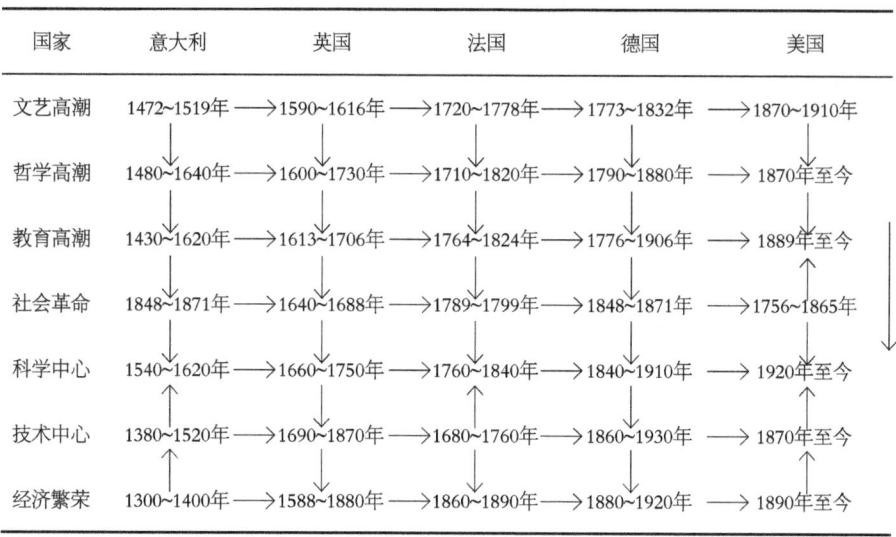

从纵向看,文艺、哲学、教育、政治、科学、技术、经济基本都有活动中心转移现象,科学中心转移只是其中一环。从横向看,各个国家的情况不尽相同,意大利的科学由于还处于经验科学阶段,社会的其他因素(社会革命是个例外)都为科学的发展做准备,因而高潮都发生在科学高潮之前。英国的科学高潮发生在文艺、哲学、教育、政治高潮之前与之中,技术和经济高潮发生在科学中心之后。法国的科学高潮与文艺、哲学、教育和政治交织在一起发生,技术高潮在科学高潮之后,而经济高潮在科学高潮之前。德国除文艺高潮在科学高潮前发生外,其余

高潮几乎同时发生。美国的科学高潮发生在文艺高潮和社会革命之后,而哲学、教育、技术和经济比科学高潮发生早几十年,此后便同步发展了。

## 参 考 文 献

陈小川等.文艺复兴史纲.北京:中国人民大学出版社,1986.
傅正华.人文环境对科学技术发展的影响分析.科学学研究,1999,(1):35-42.
黄群.德国科技体制的历史沿革及特点.科技和产业,1997,(1):13-18.
刘波.科技中心转移与社会发展诸中心转移的连锁反应.科学经济社会(兰州),1984,(1):32-34.
刘峰松.科学与社会互动.科学学研究,1999,(3):10-13.
刘鹤玲.科学活动中心形成的综合环境与中国科学的未来.科学学研究,1998,(4):44-49.
沈之兴,张幼香.西方文化史.广州:中山大学出版社,1997.
雅各布·布克哈特.意大利文艺复兴时期的文化.何新译.北京:商务印书馆,1979.
郑家鸿.人文主义运动与近代自然科学.福州大学学报(哲学社会科学版),1992,(1):38-44.

# 论科学技术中的文化多样性<sup>*</sup>

从整个人类文明的发展进化看,科学技术和文化之间呈现出一种互动的生长态势。一方面,科学技术一日千里的发展改变了人类的生存状况和思维方式,并作为人类文化系统中的一个基础因素渗入于文化的进化和生成之中,形成现时代占主流地位的"科学文化";另一方面,文化对科学技术具有重要的引导作用,文化传统和思维方式的差异影响着科学技术的产生、发展以及功用的发挥,形成了科学文化的多样形态。因此,在世界全球化趋势日趋明朗的今天,系统探究科学技术中所表现出的文化多样性特征,对于理解科学技术生成的多元文化路径、对比中西科学技术发展的文化背景以及正确面对全球化浪潮具有重要的认识论意义。

## 一、科学技术的多元文化起源

英国著名科学史学家李约瑟(J. Needham,1900—1993)曾经追问:

---

\* 本文发表于《科学技术与辩证法》2002年第1期,作者殷杰,郭贵春。

"从公元前1世纪到公元15世纪的漫长岁月中,中国人在应用自然知识满足于人的需要方面,曾经胜过欧洲人,那么,为什么近代科学革命没有在中国发生呢?"① 尽管这个著名的"李约瑟难题"时至今日仍未获得满意的答案,但它的启迪意义却是极为深远的。正是在这一难题的昭示下,包括李约瑟本人在内的无数科学史家积极投身于中国古代科学技术和传统文化的研究当中,重新认识和定位中国古代科学技术成就和传统文化的思维特点,打破了西方科学中心主义的独断认识。可以说,李约瑟最重要的成就就在于"促进科技史界认识到科技不是单一文化的产品,而是多种文化的综合产品"②。正如李约瑟考察科学史所看到的,在各具特色的印度文明、伊斯兰文明、欧洲文明和东方文明中,都形成了对人类发展具有重要影响的科学技术成就,而西方欧洲和东方中国的文化传统更是源远流长,同样是具有复杂深邃思想的独一无二的伟大实体。

事实上,现代科学技术从来就不是一蹴而就的,它是人类文明整体演进的结果,因而是一种历史发展的产物,是多种文化共生所形成的。在人类的早期,尽管传统文化在世界各国、各民族中形态各异,延续时间不等,但都从自身认识和改造自然的实践中,形成了自己原始形态的科学思想和技术能力。中国战国时期(公元前475~前221年)蕴含于诸子百家学说中的种种关于自然的洞察如阴阳五行、论辩思维等,特别是道家"对于大自然的玄思洞识,全与亚里士多德以前的希腊思想匹敌,而为一切中国科学的根基"③。基于当时的认识局限,各个原始的、封闭的传统文化中的科技突破都是地区性的发展,建立于本土文化的基础之上。但都在各自的界域内满足了社会和人的发展的基本需求。

当然,不同质的文化所引致的是不同的科学思维和科技成就。如果说从起源上讲,无论是希腊文明、印度文明,还是东方中国文明,其所产生的科技成就各有千秋,但无绝对优劣的话,那么,随着社会的进步,各传统文化的差异就表现得极为明显了。整个科技史就是在各文化传统

---

① 李约瑟. 中国与西方的科学与社会//李约瑟文集. 沈阳:辽宁科技出版社,1986:80.
② 程贞一. 李约瑟在中国科学技术史研究上的一些观点与成就. 自然科学史研究,2000,(4):306.
③ 李约瑟. 中国古代科学思想史. 陈立夫译. 南昌:江西人民出版社,1999:2.

的交流、融合、互补的动态变化中所显现出的科学技术发展史。古希腊从前 8 世纪到前 1 世纪期间，出现了毕达哥拉斯的数学理论、亚里士多德的形式逻辑、欧几里得的几何学、阿基米德的力学以及托勒密的天文学理论等，它们代表了当时科技的最高成就，达到了同时期人类科学技术的顶峰。但其后，整个欧洲的科学就走向了低潮，而弥补这一空白的是中国从秦汉至南北朝（公元前 221~589 年）的科学技术，并由此在 1500 年（至明朝中期）之中长期领导世界的科学技术潮流，产生了包括对世界具有重大影响的四大发明在内的许多重要科学技术。同样，在经历了科技高潮之后，中国的科学技术于 15 世纪后走向了衰落。

当东西方都处于科技低潮之时，另外一种文化——阿拉伯文化却为东西方文化和科技的沟通起了不可或缺的作用。阿拉伯人在东西方之间架设了科学文化交流的桥梁，中国、印度的科学文化通过阿拉伯人传入欧洲，而阿拉伯人自身的科学文化就是在同时吸收了古代印度和古代东方科学文化的基础上产生的，阿拉伯科学文化的体系形成是东西方科学文化的一次大融合。因此，欧洲在文艺复兴后出现的近代科学和工业文化，尽管无疑是欧洲人的成就，但把这些完全视为西方文化一脉相承的产物则与事实不符。在这种其表面上是欧洲地区性的科技革命中，有两个因素不可忽视。除了从阿拉伯人那里所学的中国、印度、阿拉伯的直接的科技成就之外，"丝绸之国"之经济繁荣、工农业发达，从某种意义上间接地催化并维持和延长了文艺复兴的发展，激发了欧洲对外开拓的野心，科学革命成为内在需求。可见，欧洲的近代科学革命本质上是建立在多种文化基础上的，是多元文化融合的结果，是全体人类的综合产品。

不可否认，近代科学革命之后，整个世界的科学技术基本上是在西方引导下进行的。但如果借此而为西方的"殖民侵略"辩护，宣言种族优越论和主张科技革命是西方文化的专有产品则是不合理的。抛开中国古代的四大发明不论——这些技术成就改变了西方文明的发展，改变了整个世界的发展进程，离开这些贡献，欧洲近代科学革命是不可能的——即便是 20 世纪的科技革命，同样渗透有中国科学思想的痕迹。系统论、控制论等新兴横断学科以及物理学中的量子互补原理、宇宙大爆炸理论等中所体现的整体有机思想，莱布尼茨发明二进位制时所受到的"先天八卦图"的逻辑思维的启发，诺贝尔奖得主汤川秀树的介子理论对庄子思想的承继，而玻尔甚至在诺贝尔奖章上刻太极图以表达对中国文化的礼敬。虽然衰落的中国科学在近代以来从未成为世界科技的主流，但当今华裔科学家在世界科技舞台上的杰出表现无疑进一步印证了科学技术之多元起源的见识。杨振宁、李政道等科学大师既有中国传统文化的熏陶、又受西方思想的影响，他们身上所承载的是多种异质文化之间的融合。不同的文化提供了多样性的差异和竞争，提供了多方面的观点、方法和经验，多元文化相互影响下产生了科学技术的突破。这绝非某一文化之力所能达到。

近代之后，中国科学技术的衰落从另一个角度印证了文化多样性对科学技术的影响。解决"李约瑟难题"的诸多学者大都从文化根源上寻找"阻碍因素"，这本无可非议，但由此而否定整个中国传统文化包括儒家哲学甚至中国语言，便过于偏激了。中国传统科学中的许多思想事实上在今天仍有其存在价值，绝不可一概而论。传统文化本身固有的一些思维局限所引致的文化单一发展应当是 15 世纪后中国科技衰落的主要原因。郑和下西洋之后的封海禁航、清朝对西方科技产品的"奇技淫巧"之贬，无疑是这种文化故步自封、拒绝吸收外来文化的明证。当一种文化自身已无内在发展动力，而又拒绝他种文化的外在刺激之时，该文化的衰落已是必然之势，科学技术的落后只是一种主要的表现形式而已。

可见，文化之多样性对于科学技术的发展至关重要，即便是今日西方辉煌的科技成就，也只是科学发展的一个阶段，绝非最终形态，如只限于固有产品，保守于追求单一文化的特殊成就的话，不仅不利于科技的交流，而且也难以再发现未来科技的生长点。当今西方大为流行所谓的"科学终结论"便是一个典型的例证。如能放弃西方科学中心主义思想，从各种异质文化中汲取营养，新的科技革命未尝不会到来。因此，认识到科学技术的多元文化起源，进而积极寻求多种文化的交流融合，对于科学技术的发展具有重要的意义。

## 二、科技传统中文化的多样性

不同文化形成的是不同的科学思想和技术理念传统。正是文化的差异导致了科技革命出现于不同的时期和不同的地区。对比中西科技传统，体现于其中的是文化的多样形态。这种不同文化形式自身的勃兴、形成和进化，本质上关联于各自的社会历史背景。古代中国社会强调的是以血缘关系为纽带形成的集体力量，追求中央集权，因此个体消融于社会整体之中；古希腊人则更注重于个体在社会中的地位和力量，国家、集体不能凌驾于个体之上。以个体为基点对自然进行结构分析的希腊原子论文化传统最终促成了亚里士多德的形式逻辑和欧几里得几何学的诞生，它们构成了西方科学的源头，形成了西方科学的传统；而以集体的有机统一为基础的中国整体论文化思想则延伸出元气论和阴阳五行等科学思想，集中体现于《周易》当中，它"蕴含着规定中国科学传统根本特征的文化传统，而与西方科学所固有的文化传统及其根本特征相区别"[①]。整体论的文化和原子论的文化构成东方和西方社会文化传统的根基，前者由整体出发，分解出具体的事物，整体性质决定部分的特征，后者从部分、个体出发，依赖部分、个体来把握事物，部分的性质决定整体的性质。

由之，科学理性在西方科学传统和中国科学传统中体现为不同的形式，"欧洲人倾向于寻求现象之外或超乎现象的实在，而中国人则在现象之中寻求实在"[②]。以数学为例，中西方文化上的差异与各自数学传统观念之间存在密切的关系。西方自毕达哥拉斯"万物皆数"以来，一直致力于寻求一种"数学化"的理想力量，试图以数学符号统括人类世界的全部特性，把数学符号扩展到一切符号中，包括人也是一种符号动物，数学符号在所有符号中占有中心和最高的地位，这样，"数学方法向人类文化的各种形式的广泛渗透，就使西方文化带有扩张的、人为的、理性的、理想的、阳性特征"[③]。中国古代整体有机观念则是另外一种思维方式，数

---

[①] 李亚宁.科学传统与文化重构.四川师范大学学报（社会科学版），1995,（2）：18.
[②] 李约瑟.中国科学技术史.第二卷.北京：科学出版社，1990：329.
[③] 蔡仲.数学与中西文化.自然辩证法研究.1995,（10）：11.

学只是便利的工具，而不具有绝对的地位，真正有价值的是人本身，他们宁愿只考虑具体的数学和具体的社会情况，因此，定量的观念在古代中国人的哲学思考中实际上并不起什么作用。与此相应的是对自然的"无为"，坚持自然、人类和社会的和谐，这使中国的传统文化带有自然的、直觉的、现实的阴性特征。

对这两种不同文化传统的优劣比较，一直是中西方文化研究中的一个主题，特别是近代西方科技革命之后，学者们试图从其中发现导致近代中国科学落后的根源。李约瑟在巨著《中国科学技术史》中曾经成篇地论述过这个问题：中国早期的哲学如阴阳五行等理论尽管曾促进过中国早期的科学发展，可是这些理论本质上的经验性和思辨性在后来却成为阻碍实验科学在中国产生的原因；中国没有充分发展资本主义是实验科学没有在中国产生的基本的社会原因；中国的传统价值观念不鼓励、甚至是抑制了近代科学在中国的产生。科学大师杨振宁也非常关注中国传统文化与科学技术的关系，他指出："从中国传统文化的角度看，和其中的某些自大有关系。中国古代的哲学家想把世界上所有的问题一下子都解决了。……他们第一想解决人文问题，第二想从总体上解决人文问题。"①传统文化的这种思维取向本无可厚非，但由此轻视对具体问题、现象的解决，将之视为微末之学便过于自大了。这样从传统文化中便无法延伸出具有近代意义的科学精神，因为"传统中国文化的中心思想，是以思考来归纳天人之一切之为理。这个传统里头，缺少了推演，缺少了实验，缺少了西方所发展出来的所谓自然哲学"②。这本是文化传统上的差异，它涉及历史地理环境、社会生活条件等诸多方面的因素，如果没有文化的多样性，世界则不会如此丰富多彩，这是极为正常的。但由此而强词夺理不承认客观事实，妄言西方科学革命源于中国的《周易》等则过于自欺欺人了。事实上，西方跟中国的文化传统不一样，其所产生的一个重要后果就是近代科学没有在中国文化中萌芽。不承认文化的多样发展，不承认科学传统的差异，自欺欺人的后果只能是自食其果，近代

---

① 转引自高策，李志红.杨振宁论中国传统文化与科学技术.科学技术与辩证法，1998，(2)：39.
② 杨振宁.中国文化与科学.新亚生活（香港），2000，(2).转引自光明日报，2000-03-20(3).

以来中国社会所遭受的苦难也充分说明了这一点。

因此，承认科技传统中的文化多样特征，正确地对待各种人类的文化成果，既不妄自菲薄，又不夜郎自大，恐怕是比较理智的一种对待人类文化遗产的态度。事实上，各种文化本身各有千秋，关键是如何看待的问题。在15~17世纪初，中西方科技位置发生倒转。西方在文艺复兴的号召下在包括科学技术在内的所有领域取得巨大进步，而中国则在各个方面停滞不前。耐人寻味的倒不是这种转换本身，而是中西方在这个大转化前后对彼此的科学技术所采取的完全不同的态度。15世纪前，西方充分享受了从中国传入的许多科技理念和产品，然而一个世纪之后当西方先进的科技登陆中国时，中国人在对异文化排斥的同时，也拒绝了这些科学技术，"欧几里得的《几何原本》在西方结出了牛顿力学这么个大果子，传入中国也并不算晚，却只是无花果"[①]。中国传统文化尤其是最为正统的儒家文化长期以来形成的封闭、保守、甚至愚昧的一方面在抗拒西方科技传入中发挥了重要的作用。

对科技传统中文化多样性认识不足、产生心态变化的另一种表现是无法对多种文化采取兼容并蓄的态度。自然是统一的，因而科学、人类是统一的，应当从其合理性上来确认不同科学传统的差异性、独特性，不同的文化从而不同的科学传统都是一种人类的认知方式，具有其自身的历史价值和现实价值。中国传统文化中的整体论科学思维长于整体、有机、辩证，但缺乏分析和还原，西方原子论思维善于细微、精致、深刻，但弱于综合和全局，充分认识到各自的优劣，有意识地进行调整，取长补短，对不同传统同等地采取批判继承的态度，应当说，对整个人类的生存发展是极有意义的。

文化多样性中尚有一个论题值得注意，这就是文化传统和传统文化的区别。传统文化即自古以来形形色色的文化现象之总和，是产品性的东西；文化传统则是传统文化的核心，它的影响几乎贯穿于一切传统文化之中，它支配着一个民族的行为、思想以至灵魂。一般而言，传统文

---

① 心远.在碰撞中产生能量.科技日报，1994-05-05.

化是丰富的、复杂的、可以变动不居的；而文化传统应该是稳定的、恒久单一的。它应该是一个民族传承至今的最主要的心理习惯、思维定势。因此，它们对科技思想和理念的影响是极为不同的，对传统文化可以采取抛弃、否定等态度，但对文化传统就不能简单了事，需慢慢教育、改造，因势利导。

### 三、科技文化多样性的意义

自17世纪近代科学兴起，到19世纪末科学成为文化的主旋律，文化的各个层面都打上了科学的烙印，科学的理性思维方式成为判断一切的依据，客观性成为行为的准则，科学在几乎所有领域全面影响社会，一种新的"科学文化"出现了。一般而言，科学文化包括：价值观和思维方式为核心的科学文化精神、知识体系及其物化成果、科学的社会建制与支持系统、科学的社会运用及其结果。① 在这当中，科学知识和科学思维是它的重要组成部分，科学思维是产生科学知识的方法，科学知识是科学思维的成果，故科学思维是科学文化的核心。一定的科学思维方式产生一定的科学知识，一定的科学知识的积累产生新的思维方式，新的思维方式又产生新的科学知识，由此构成科学文化发展的历史，其中，科学思维方式是科学文化发展的关键。② 科技文化之多样性主要地体现于科学思维方式上。以科学思维方式而言，中国科学文化善综合，西方科学文化重分析，两者产生的科学知识体系相生相成，互补共荣，构成人类共同的科学文化。

历史的经验表明，科技的突破性发展往往产生在多元文化相互影响的环境下，不同的科学思维方式，从而不同的科学文化精神的撞击、融合为科学技术的发明创造提供了新的契机和多种可能。中国近代以来百年巨变的科技强国历程既是科学文化逐渐独立的历程，也是科技文化多样性的逐渐认同历程。具体而言，这一过程包含三个阶段：19世纪末的

---

① 段培君.科学文化的独立与中国现代化进程.科技日报，1999-05-01（5）.
② 丘亮辉.科学文化的发展.哲学动态，1995,（6）：25.

创业期（悟器：习器与习技，以引进为特征）；20世纪初的开拓期（悟道：科学万能，以消化为特征）；20世纪70年代以来的发展期（道器并新：全面普及与提高，以创新为目标）。①

19世纪末期，在西方坚船利炮的侵略和刺激下，中国的官僚阶层认识到"器不如人、技不如人"是夷强华弱的关键，开始接纳先进的科技文化，主要是对科技产品的引进、接受上。虽然以"洋务运动"为主导的这次科技思潮走得并不远，新的科技文化并未在中国真正形成，但它至少使很多中国人认识到世界中存在多种文化，尚有比儒家思想更先进的东西，"天朝大国"的梦想只是井底之蛙、夜郎自大而已。20世纪初，由新生的知识分子领导的以"科学和民主"为口号的新文化运动本质上是一场科技文化开始获得真正独立的运动，通过对西方科学思想、科学观念、科学方法的吸收消化，科学文化从科学知识的层面上升到科学文化精神（以科学思维方式为核心）的层面，并逐渐与传统文化形成对峙，这使得文化的多样性特征真正地摆在了国人面前，尽管仍亦步亦趋于西方人后面，但一种不同于中国传统文化的异域文化逐渐在中华大地上生根发芽。可以说，科学文化的形成独立，标志着中国逐渐脱离传统社会，步入了现代社会。经过前两次科技文化的启蒙，在20世纪70年代之后，中国社会通过跟踪、创新、超越西方科学技术，建立了具有中国特色的科技体系，形成了多元文化并存的局面，"科学技术是第一生产力"的观念已逐步深入人心，成为一种共识。

纵观中国近代以来的三次科技思潮，它的形成和发展实质上都是在多种文化之撞击的情势下迸发的，包括人心与技艺之争、科玄之争、检验真理的标准之争等，并因为其后多种文化的融合而成为中国社会发展的动力。由此可看出，对文化多样性特征的认识是一个不断深入的过程，从最初对异域文化的排斥、鄙夷到崇拜、接受以至最后的创新、超越，现代中国已从单一文化统治的社会环境中走出，在多种文化、多种思维方式、多种思想精神的熏陶下，在科学技术、经济生活等社会的各个领

---

① 薛其林.引进·消化·创新：百年巨变的科技强国历程.益阳师专学报，1998，（1）：55.

域都有了前所未有的大发展。从某种意义上讲，能够较为理智地认可多种文化的存在，能够既承续传统文化的基本精神，同时又能汲取现代科技文化的精华，这不仅体现了中国改革开放的成就，而且表明了国人基本精神的进步。因此，文化多样性的意义对于中国而言，显著地在于，它不仅使中国有可能能够摆脱封闭、落后的状况，一扫百年耻辱，以开放进取的风貌融入于世界当中，而且，更为重要的是，它为中华民族的复兴提供了现实的基础和可能，多样的文化必有更多的可能，从而在新的基点上孕育着中国科技革命的爆发和中国科技中心的形成。

就世界范围内而言，全球化的浪潮汹涌澎湃。不光是经济的全球化，还有政治的全球化、文化的全球化，大有挟其雷霆万钧吞噬一切的架势。世界经济获得了比以往任何时期都更快、更大的发展，使人类社会进入一个崭新的发展阶段。经济全球化表明社会生产力的高度发展推动社会生产关系（主要是国家与国家之间的经济关系）所发生的变化。社会生产力的提高，推动国际分工不断向广度和深度发展，使世界各国在经济上越来越紧密地联系在一起，逐步构成一个统一的整体。社会生产力的高度发展，不仅要求世界各国打破国家和地域的限制，共享全球统一的市场，而且要求在世界范围内合理地配置和利用各种资源，以满足对各种资源日益增长的需求，并提高资源利用的效益。因此，经济全球化成了不可抗拒的发展趋势和潮流，并将在21世纪里获得更为迅速的发展。经济全球化的主要后果之一便是科技的全球化，即"科技活动的主题、领域和目的在全球范围内得到认同，科技活动要素在全球范围内自由流动与合理配置，科技活动成果实现全球共享，以及科技活动规则与制度环境在全球范围内渐趋一致的发展过程"[①]。在这样的世界形势下，充分认识文化多样性的论题就显得更为必要。经济全球化从而科技全球化将不同民族、不同制度的人以经济和科技为纽带连接在一起，"正在使所有社会文化形态相对化，并使它们'平等化'[②]"，要使其健康良性发展，其中

---

[①] 《中国科技发展研究报告（2000）》课题组.科技全球化及中国的机遇、挑战与对策.科学学与科学技术管理，2000，(9)：4.

[②] 罗兰·罗伯森.全球化——社会理论和全球文化.梁光严译.上海：上海人民出版社，2000：187.

很重要的一个问题就是多种文化的认同,既要强调民族自觉,坚持民族独立,相信任何普适性、普遍性的东西只能存在于具体的形式之中,全球化绝非世界大同;又要防止民族保守、文化独立、安于闭塞落后,脱离世界经济、科技轨道。民族文明传统的虚无主义和对外来文明的排斥都是不可取的。要吸取学习世界上进步的文明,同时自身的文明也会以其特殊的传统、特有的创造来丰富世界的文明。

总之,在日新月异的科学技术发展和人类面临经济全球化潮流的今天,正确认识和对待文化多样性特征,对于科学探索、世界全球化、跨文化的科技传播具有重要的作用,对于一个民族而言,文化多样性意味着进步和文明,对于整个世界而言,文化多样性意味着和平和发展。

# 论科学与语言的关系[*]

从知识层面看,科学表现为语言现象。从认识层面看,科学认识借助于语言而展开。因为语言是人类特有的现象,它是思想的直接表现。人们通过语言将客观事实及其作用规律表征出来形成科学知识,从而表现为人的思想和观念。不同形态的语言(日常语言与人工语言或自然语言与形式语言)导致不同形态的科学(经验科学、理论科学)。语言表达思想但它同时又是人的心智的创造物。人创造了语言,并运用语言来表征在经验世界中经过反复多次观察和思考的东西。即通过语言表征所思所见。因此,语言是主体见之于客体的媒介,创造语言就是在建构世界,就是在发现和认识未知世界。

通过语言探索客观事物间的关系,并将客观事实及其相互作用规律语言化是科学的任务之一。塞尔(J. R. Searle)认为语言对于理解人类和人类生活具有决定意义,它是人和动物区别的主要标志,没有语言,就没有

---

[*] 本文发表于《科学技术与辩证法》2002年第2期,作者魏屹东、郭贵春。

现存形式的世界。海德格尔（M. Heidegger）提出"语言是在的住所"，认为人永远是以语言的方式拥有世界，世界也只有进入语言之中才成其为世界，强调语言与世界不可分。伽达默尔（H. G. Gadamer）提出"能理解的在就是语言"，只有通过语言才能理解在，语言是一种世界观。虽然他们对语言的作用作了不适当的夸大，但语言对于人们认识和理解世界确有不可替代的作用。语言尽管自己不能创造实在世界但可表征和描述实在世界。我们经验的实在世界是语言化的实在世界，非语言化的实在世界我们还未认识，也不能理解。可以肯定，科学与语言是不可分离的，那么，科学为什么离不开语言？科学与语言是如何作用的？科学家是如何运用语言的？为弄清这些问题，我们提出"语言语境"（Linguistic context）的概念，将科学作为一个"文本"，放到生成它的语言环境中去考察。需要说明的是：这里的语境是具有相对独立性的整体，语言语境是相对于社会语境、历史语境、认知语境等而言的，它是以语言为基底的一个有机关联体。

## 一、科学理解与语言语境

科学理解是对客观世界的认识和探索过程，如将客观世界看作一个"文本"去解读，那么科学认识和探索过程就是对客观世界之"文本"的理解过程。而理解是借助于语言的，是在特定的语言环境中进行的，因而理解具有明显的语言性，其实，它本身就是一种语言语境。就像伽德默尔认为的那样，"语言是理解本身得以实现的普遍媒介"[1]，理解之所以具有语言性是因为理解的对象具有语言性，理解的实践具有语言性。理解除具有语言性外，还具有本体论性、结构性[2]和历史性。

### （一）海德格尔关于理解的语言语境

海德格尔首先对理解的本体论性作了考察。传统观点认为理解是主

---

[1] Gadamer H G. Truth and Method. New York: Crossroad Publishing Company, 1982: 350.
[2] 郭贵春. 论语境. 哲学研究, 1997,（4）: 46-52.

体人的意识对客体的内容、性质、意义等的认识,完全是主体性的东西。海德格尔认为理解是"此在"和"在"之间的最本质的关系,是人的认识活动的基础,它是先验的和前意识的。只要"此在"在,它就理解"在",理解是"此在"的本体论条件,因为只有理解"在",才有"此在",才有"此在"的认识活动。

海德格尔还对理解的历史性作了考察,他认为理解有时间性或历史性,即具有前理解或前结构,它包括"前有""前见"和"前设"。前有指预先有的文化习惯;前见指预先有的概念系统;前设指预先有的假定。在他看来,人们对事物的理解不是从虚无开始的,特定的文化背景、社会背景、传统观念、风俗习惯,特定时代的知识水平、精神状态、物质条件等都已在解释者之前就已存在,这就是"前有"。理解者置身于前有之中,无法摆脱,不能选择。人们对事物的解释不仅依赖"前有",也需要预先有一个概念系统和前先的假设。三者共同构成理解的基础。他说:"无论何时,只要某事物被解释为某事物,解释就将本质地建立在前有、前见和前设的基础上。解释绝不是在预设地把握呈现在我们前面的东西。"[1]

海德格尔对理解与语言的关系作了深刻的思考。在他看来,真正的语言与存在直接相关,存在在人的"思"中形成语言,语言是存在之家,人以语言这家为家,"思"的人们和创作的人们是这个家的看家人。换句话说:人以"思"所求的存在的意义,只有在语言中去把握。而诗是真正的"思",诗创造了一种追问存在的语言因而解释者以"思"的方式通过诗的语言去把握世界的意义。这样,海德格尔的理解的语言语境可描述为图1。

---

[1] 海德格尔.存在与时间.陈嘉映,王庆节译.北京:生活·读书·新知三联书店,1987:184.

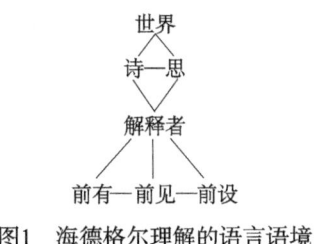

图1 海德格尔理解的语言语境

### （二）伽德默尔关于理解的语言语境

伽达默尔继承并发展了海德格尔的理解的语言语境观。他的哲学解释学专门研究了理解问题，把理解看作是人类普遍具有的一种存在方式，他说："对于文本的理解和解释，不仅是科学所关心的问题，而且是整个人类世界经验的一部分。"①在他看来，任何理解都是在一定历史背景下的理解，一定语言环境中的理解。理解不是孤立的，而是关联的。

解释者是处于特定历史环境、特定语言环境中的解释者，人之所以具有理解能力，是人与其环境相互作用的结果。也就是说，解释者是环境化的人。作为解释者的人，理解是其本性，是其生存的一种方式。这是理解的本体论性。这种本体论性表明：理解不是人的纯主观意识功能而是主观意识的基础；人类知识的产生基于理解的本体性，理解是知识产生的理性之源。

然而，理解又是在社会历史生活中展开的，因而理解必然具有历史性，即理解者所处的特定的历史环境必然影响和制约其对文本的看法，结果会出现"一千个读者会有一千个哈姆雷特"的现象。伽达默尔认为，理解者和文本都是嵌套在社会历史之中的，历史性是人类存在的基本事实，即理解活动是一种历史性的存在，它总是以某种"传统"和"成见"为出发点的。"传统"和"成见"是"先定结构"和"先定概念"等，它们包括理解之前已存在的社会历史因素、理解对象的构成和由社会实践决定的价值观。这些因素是理解之前已经存在的前提条件，它们综合

---

① Gadamer H G. Truth and Method. New York：Crossroad Publishing Company，1982：11.

起来就构成了理解任何文本时不可避免地要受其影响的"传统"和"成见"。他指出:"我们存在的历史性产生着成见,它实实在在地构成我们全部体验力的最初的直接性。成见就是我们向世界敞开的倾向性。"① 在他看来,人们总是在传统中去理解,传统把理解者和理解对象不可分割地联系起来,理解不完全是主观性活动,理解是置身于传统过程之中的,在这个过程中,过去和现在不断融合。因此,传统和成见总是影响着理解者,理解只能在传统和成见中进行。

为更好地说明理解的语言语境,伽达默尔提出了"视界融合"的概念。视界是指思维受其有限的规定性所束缚的方式,它最初由尼采和胡塞尔引入哲学,伽达默尔将其引入他的解释学,将它与理解的语言语境联系起来。同语境一样,视界是不断变化、发展的,"视界就是我们运动于其中而它随着我们运动的东西"②。"视界融合"指解释者的视界与文本所包含的视界相互重叠和融合。理解过程就是两种视界融合的过程。不同的解释者由于受传统和成见的影响程度不同,视界也不同,而且其视界会随着理解的进行而不断扩大并形成新的视界。从这种意义上讲,伽达默尔的视界融合就是解释者的特殊视界与解释对象的特殊视界合并为一个更高层、更普遍的视界的过程。

而视界融合需要语言作为中介,即通过语言进行理解。伽达默尔认为,语言是我们存在于其中的世界起作用的基本方式,是世界构成的无所不在的形式。他说:"语言是理解本身得以实现的普遍媒介。……一切理解都是解释,一切解释都通过语言媒介发生,语言媒介使对象成为文字,然而它同时又是解释者自己的语言。"③ 因此,在他看来,理解和语言之间有着根本的内在关系,这种关系主要表现为:其一,影响解释者的传统和成见往往表现为语言通过语言来影响解释者;其二,解释者是语境化的解释者,通过语言(自然的或人工的)来表征解释对象;其三,解释对象本身就是语言化的对象。可见语言是文本和解释者之间必不可

---

① Gadamer H G. Truth and Method. New York:Crossroad Publish Company,1982:261.
② Gadamer H G. Truth and Method. New York:Crossroad Publish Company,1982:271.
③ Gadamer H G. Truth and Method. New York:Crossroad Publish Company,1982:350.

少的中介，没有语言就不能在文本和解释者之间进行"对话"。伽达默尔的理解的语言语境可描述为图2。

图2 伽达默尔理解的语言语境

### （三）科学理解的语言语境的结构及其含义

我们认为语言对于科学具有基底性，科学对于语言具有依赖性。科学借语言而成长，语言借科学而丰富。主体人对客观世界的认识、理解，只有通过语言才有可能实现；同时，语言又规定和制约着主体对世界的认识、理解。语言成为连接主体与客体、解释者与解释对象的中介。从这种意义上讲，科学是主体人读"自然之书"的结果，是通过语言对客体认识、理解的结果。同海德格尔与伽达默尔所揭示的理解的语言语境一样，科学理解的语言语境也具有本体性、结构性和历史性。其本体性表明语言是科学赖以存在和生长的方式；其历史性表明它是不断运动、变化和发展的，用罗蒂的话讲就是不断"再语境化"，其结构可描述为图3。

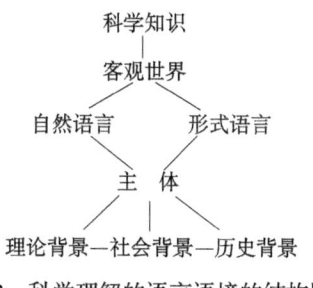

图3 科学理解的语言语境的结构图

其含义是：置身于社会历史背景中的主体人，即背景化的科学家，通过语言（自然的和人工的）来认识客观世界，即主体将客观世界语言化。通过自然语言达到对客观世界的认识产生经验科学；通过人工语言达到对客观世界的认识产生理论科学。两种语言的互补形成语言之网，从而促成两种科学的互补，形成反映客观世界的科学知识。那么，主体人为什么必须通过语言作用于自然客体世界呢？这是因为以下三个方面的原因。

其一，主体是思维着的人，思维借助于概念，即以概念的形式认识世界，而概念要以语言（词语）表述。也就是说，概念是语言的，概念是对客观世界本质的主观反映，或者说，概念是主体借语言的思维，语言是思想的表现形式，人的本质之一便是运用语言。海德格尔曾指出，人作为一种生命体它的存在就本质而言是由能说话来规定的。[①]在这里，语言成了连接主体与客体的中介，其作用在于把概念所把握的对客观世界本质的认识表达为意义。恩卡西尔也指出了语言的这种中介作用，他说："根据赫拉克利特的看法，这种原则不应在物质事物中寻找；不是物质世界而是人类世界，才是正确解释宇宙秩序的关键所在。在这个人类世界中，言语（speech）的能力占据了中心的位置。因此，要理解宇宙的意义，我们就必须理解言语的意义。如果我们不能发现这个方法——以语言为中介而不是以物理现象为中介的方法——那我们就找不到通向哲学的道路。"[②]

其二，概念只是知识的"点"，由概念构成的判断和由判断构成的推理构成知识的"面"和"体"，即构成一个完整的"文本"。这种"文本"既是主体思维结构的再现，也是客观世界意义的表征。一个完整的"文本"就是一个模型，它把主观世界与客观世界连接起来。文本同模型一样是有结构的，其结构与主体思维的结构和所反映的事物的结构具有同构性。换句话说，语言文本的结构既反映了主体思维的结构，也反映了客观世界的结构。文本的结构、主体思维的结构和客体的结构之间的关系可描述为图 4。

---

① 海德格尔. 存在与时间. 陈嘉映，王庆节译. 北京：生活·读书·新知三联书店，1987：43.
② 恩卡西尔. 人论. 甘阳译. 上海：上海译文出版社，1985：143.

图4　三者之间的关系

康德对这三种结构的对应关系做了一个很好的说明。他说："从普通认识里找出一些不根据个别经验，然而却存在一切经验认识之中的概念，而这些概念就构成经验认识的单纯的连接形式，这和从一种语言里找出一般单词的实际使用规则，把它们拿来作为一种语法的组成成分，是没有两样的，并不要求更多的思考或更大的明见，虽然我们指不出来为什么每种语言偏偏具有那样的形式的结构，更指不出来为什么我们在那一种语言里不多不少恰好找出那么多形式的规定。"① 后来的弗雷格、罗素、维特根斯坦、卡尔纳普都强调使用人工语言即形式语言把人的思维结构和事物的结构连接和表征出来。可见，语言结构是思维结构的外化，是事物结构的对象化。

其三，主体人是具有心理意向的精神体，他通过概念的心理操作和心理表征达到对客体的概念把握。这说明科学在语言语境中已深入心理层面，心理层面上心智对语言的应用是主体认识客体的本质所在。维特根斯坦的"意义图像说"对这一点做了很好的说明，他认为，人的心智对客观世界的认识赋予词语以意义，词语的意义就和图像一样描绘世界，语言的结构表达了人的思维结构和实在的结构。主体、语言和客体是对应的，即主体和客体的关系是可以用语言来言明的。那些不能言说的世界也就是人的心智尚未形成概念，尚未给出意义的世界。他强调通过语言的应用，即他称为"语言游戏"来沟通主体和客体，他特别区分了科学语言和自然语言的不同，从对科学语言的分析建立"意义图像说"，从对自然语言的用法分析建立"意义应用说"。在科学语言中，主体与客体是"图像"关系，在自然语言中，主体与客体是"应用"关系。

---

①　康德. 未来形而上学导论. 北京：商务印书馆，1987：97.

## 二、科学理解与语言的互动过程

科学与语言无疑是互动的、不可分的。语言发展促进了科学进步，科学发展丰富了语言。一般来说，语言的发展大致经历了原始的、语法的和逻辑的三个阶段。相应于语言的这三个阶段，科学也大致经历了朴素的、经验的和理论的三个阶段。在原始阶段，语言还不连贯和完善，人们还不能用语言来表达科学，科学只是萌芽；进入语法阶段，语言得到完善，形成具有结构性的整体，经验科学才成为可能，并借语言而得以发展；亚里士多德创立形式逻辑语言后，理论科学成为可能，后来的几何学、数学和数理逻辑的发展，奠定了理论科学赖以存在的语言基础。可以肯定，主体是通过语言中介作用于客体，并最终认识客体的。这样，主体、语言、客体三者之间相互作用，产生以语言表征的科学知识。也就是说，科学活动成了语言的应用过程。三者相互作用的机制可描述为图5。

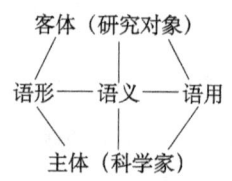

图5 三者相互作用的机制

很显然，语言在语义、语形、语用三个层面上与主体和客体相互作用。

### （一）主体与语言的相互作用

从语义层面看，首先是主体决定了语言的产生及其意义，因为说到底，语言是人创造的，其意义是人赋予的。问题是人的心智是如何给语言以意义的。塞尔的研究表明，人的心智内在地具有"意向性"（intentionality），具有直接指向外部客观世界的特性，这恰是人的心智赋予语言以意义的心理本质，语言的意义实际上是心智内在意向性的外在客体化。其次是语言对主体的反作用，即语言的意义规定和制约心智的界限。维特根斯坦的"形而上学的我"就是从主体——语言关系上把握和建构"我"。他在其名著《逻辑哲学论》中提出"主体不属于世界，反倒是世界的一种界限"，即人所认识的世界是"我"感觉到的世界，因此他说："世界是我的世界，这体现于这样的事实：语言的界限意味着我的世界的界限。"这就是说，语言发展到什么程度，人对语言认识到什么程度，人对世界就掌握到什么程度，人对世界的把握有赖于其对语言的意义的认识和理解。人什么时候超越了语言的原先意义，人对客观世界的认识就进一步。因此，要深化认识，就得发展语言。自然语言到人工语言的发展证明了维特根斯坦思想的深刻性。

从语形层次看，既然语言是主体的创造物，语言的形式便体现了人的心智的形式结构。罗素的"逻辑原子主义"和"中立一元论"的结合，恰恰体现了从语言的形式结构去把握人的心智的结构。他认为传统的语言形式会产生歧义，主张用逻辑分析方法代替传统语言，因为"旧逻辑加思想以桎梏，新逻辑给思想以翅膀"①。他从语词、词句及其关系各个层面分析了语言的形式结构，即所谓的"原子结构"和"分子结构"，认为语言形式既不是物理的，也不是心理的，而是中立的。他的分析表明语言的逻辑形式结构规定着人的心智的形式结构。

另外，20世纪初的"语言学转向"，使哲学进入了分析时代，语言成了基本的东西，但比语言更基本的是什么呢？无疑是人的心智，乔姆斯基的语言学研究表明，语言是人的一种官能，是心理活动的一部分，这就是说人的心理结构决定语言结构，语言是一种天赋的能力，这种天赋能力不是"学习"得来的，后天的学习只是一种刺激。

从语用层面看，主体在不同的语境中使用一种语言，其意义会不同。对科学家来说，不同的学科有不同的语言，不同的语言有不同的语境，因此学习某种科学需要首先学习其特殊语言，如数学语言、化学语言等，卡尔纳普曾试图用统一的物理学语言来统一科学，失败的原因是他没有

---

① 罗素.我们关于外部世界的知识.上海：上海译文出版社，1990：45.

弄清不同的语境是不能完全重合的,即所谓两种不同语言的"译不准"。

赖尔认为,人的行为是人的心智通过语言的描述来刻画的,也即人的心智可以用于人的行为的描述说明。这实际上是将人的心智还原为以语言为媒介的人的行为即对语言的应用。维特根斯坦和奎因都强调语言的意义在于应用,他们都揭示了应用对意义的贡献,以及人的心智对语言的应用特征。

塞尔也从语用层面研究人的心智和语言的关系,他发展了奥斯汀的"言语行为"(speech act)理论,提出了语言作为人类交流的工具,其最小单位是"言语行为",语言应用者总是完成某种言语行为。塞尔将言语行为分为三类:说出的行为、命题的行为、以言行事的行为。这些言语行为之所以能起到交流的作用,是因为它们蕴含着语言应用者的特定意向。语言交流的实质正是这种意向性。显然,语言的应用是人的心智的客观化表现,即心智对实体的语言化。现代的计算机语言之所以成为人工智能语言,正在于人的心智把思想表述为人工语言(如形式语义学),让人工语言进入计算机器去实现。离开人的心智——语言相互作用关系,计算机是不可想象的。

### (二)语言与客体的相互作用

在语言语境中,语言与客体也是相互作用的关系。从协同学的观点看,语言作为心智的创造物,一旦产生便具有了相对独立性,成为一种具有支配作用的序参量,反过来支配创造它的主体与它反映的客体。因此,语言的世界是人化的世界,世界是人的语言化。语言与客体的关系也可从语义、语形和语用三个层面去考察。

从语义层面看,语言的世界是意义的世界,语言和客观世界的关系也就是意义世界与实在世界的关系。问题是,意义世界能否真实地反映实在世界。维特根斯坦"形而上学的我"所对的世界即语言的世界,语言的世界对创造它的主体而言是实在的,从实在语言看实在的世界也应当是实在的。这是科学实在论一贯的立场和观点。科学实在论认为独立于主体之外存在着客观世界、主体运用语言所指称的客体也是实在的，逻辑经验主义在语言构架中也承认语言的指称物不是马赫所说的主观感觉要素的复合，而是客观对象物所给予的。逻辑实证主义的功劳在于说明了物理语言的主观际性（intersubjectivity）和普遍性，认为理论术语的意义由观察术语通过"对应规则"赋予，这无疑从语言方面揭示了语言与客观实在的内在联系。反过来看，正是这种内在联系决定了逻辑经验主义建构起语言分析的逻辑方法。

从语形上看，作为分析哲学的第一个运动的逻辑经验主义拒斥形而上学，把本体论逐出语言分析之外。后来的批判理性主义等分析哲学表现出"本体回归"的倾向，出现了"形式本体论""关系实在论"。语境实在论本质上也是一种形式本体论，它以语形分析来考察客观世界。从分析客观世界的形式逻辑结构到进入语言的形式逻辑结构是卡尔纳普研究的一个主要方面，他的工作为现代科学制定了精致的形式语言（即人工符合语言），以代替模糊的自然语言。形式语言本质上是用逻辑符号表征的自然语言的逻辑形式结构，尽管西方分析哲学中的自然语言学派和人工语言学派相对立，但实质上它们是互补的，只是立足点不同而已。人工语言学派立足于语形分析建构语言，而自然语言学着眼于意义或应用探究语言。形式语言必须赋予意义，而意义的给予离不开自然语言，因此二者是互补的，均是科学所必需的。

从语用层面看，语言和客观世界的关系也就是探讨语言使用者在语言系统内的本体论承诺，也即如何在语用上使语言的意义指称实在。奎因作为一个"无教条的经验主义者"和实用主义者，特别重视语用问题，他说："我不是在主张存在依赖语言。这里所考虑的不是本体论的事实，而是对论说的本体论许诺。一般地说，何物存在不依赖人们对语言的使用，但是人们说何物存在，则依赖其对语言的使用。"① 这里奎因区分了"客观实在""语言上的对客观实在的承诺"和"语言使用者说何物存在"三者。客观实在与语言无关，更与语言使用者无关；语言上对客观实在

---

① 奎因. 从逻辑的观点看. 上海：上海译文出版社，1987：95.

的承诺与语言有关,但与语言使用者无关;语言使用者说何物存在则不仅与语言有关,而且与使用语言有关。这也表明语言使用者以何种态度使用语言。罗素的"命题态度"即是说语言使用者对某一命题采取的立场。

日常语言学派一向重视语用问题,它将自然语言的日常用法同人们的感性活动相联系,通过自然语言的日常应用将客观世界与语言联系起来,使语言反映活生生的现实世界。人工语言一般远离感性活动,远离经验世界,其本身也排除了日常应用的因素,它要表征科学知识的意义,需通过自然语言的日常应用来赋予意义。换句话讲,高度形式化的科学语言,其意义是通过自然语言的日常应用来实现的。不管客观世界多么不可观察,表征它的形式语言多么抽象,其意义总是和经验世界的自然语言相关联的。

### 三、科学知识增长与语言的发展

在科学活动中,科学家如何使用语言来表征客观世界进而形成科学知识呢?也就是说。科学知识增长与语言是什么关系呢?

#### (一)科学知识增长引起语义变化

科学知识是不断增长的,知识增长必然伴随着语义的变化。科学知识的增长引起语义变化的情形有以下三种:一是以新理论代替旧理论引起的科学革命;二是对同一问题或现象不同观点或理论间的协同竞争;三是原创性发现和发明。

在第一种情形中,新理论的创立意味着对旧理论基本概念的突破和变革,这必然引起词语在语义上的变化,氧化说取代燃素说,日心说取代地心说,相对论对于牛顿理论都是基本概念上的语义革命。不同的概念其意义当然不同,意义不同必然导致理论解释力不同。燃素之于氧化,地心之于日心,绝对时空之于相对时空都是语义的不同。同一概念虽语形相同但语义不同，如时间、空间概念，在牛顿理论和爱因斯坦理论中有着不同的意义，在前者中是绝对时空，在后者中是相对时空。因此，语义的改变在科学理论的更替中具有十分重要的作用。

海森堡敏锐地看到了这一点，他说："在科学知识的增长中，语言也增长了，引入了新的术语，把老的术语应用到更广阔的领域，或者以不同于日常语言中的用法来使用它。'能量'、'电'、'熵'这样的一些术语是明显的例子。"①他还以基本粒子意义的演变为例说明了科学革命导致的知识增长对语义的改变，他指出："在上一世纪，给予物理学和化学以最强烈地影响的无疑是德谟克利特的原子论。这种观点允许对微观尺度的化学过程作直观的描述。原子可以同牛顿力学的质点相比较，并且这样的类比导致一个令人满意的热的统计理论。"②"在量子论中，基本粒子是对称群的表示，意义发生了重大变化。"③

库恩在后期由"范式论"转向了"辞典论"，他不再强调从社会和心理角度阐述科学变革，而是从术语分类学和语言学角度探讨科学革命的实质，他认为科学革命过程中术语意义的变化是最主要的，语言以及包含在语言之中关于自然知识的改变是科学革命的标记。一场科学革命后，新的理论间的术语虽大部分可以理解，但由于意义的改变而使新的理论的术语不可通约，也由此导致新旧两个理论不可通约。而术语意义的改变与所用的"辞典"有关。不同的时代有不同的辞典（术语库），不同的理论也有不同的辞典，科学革命就是用新辞典代替旧辞典。④库恩所讲的"辞典"具有以下特点：①辞典由一套具有结构和内容的术语构成，术语间构成互相联系的网络；②世界借助于辞典进行描述；③理论与辞典密不可分，理论的表征需借助于辞典；④不同的理论需用不同的辞典描述，理论与辞典是同时改变的；⑤相继的辞典间有交叉，不交叉部分是不可通约的；⑥辞典是社会历史的产物，不同的社会、历史与文化传统

---

① 海森堡. 物理学与哲学. 范岱年译. 北京：商务印书馆，1981：113.
② 海森堡. 物理学与哲学. 范岱年译. 北京：商务印书馆，1981：196.
③ 海森堡. 物理学与哲学. 范岱年译. 北京：商务印书馆，1981：198.
④ Kuhn T S. Possible worlds in humanities//Allen S. Arts and Sciences: Proceedings of Nobel Symposium. Berlin: Walter de Gruyter, 1989.

造就不同的辞典;⑦辞典是认识世界的方式。这里的"辞典"实质是一种"语境",一种具有历史性、社会性、语言性的"语言语境"。在库恩看来,要考察科学革命中的理论变化,只要考察其辞典的变化即可。可见,科学革命引起知识增长及其意义的变化是绝对的。

第二种情形是对同一问题或现象存在的不同解释。这种不同的解释意味着意义的不同。例如,关于光的本质历来存在着粒子说和波动说两种观点,同一指称对象,意义却相异。光的波粒二象性的揭示意味着光的意义发生了变化。"原子"的语义也经历了由不可分到可分的变化。也就是说,随着人们对某一对象认识的深化,某一对象的语义也不断变化,虽然概念本身的语形可能没有变。

第三种情形是增加新的指称对象。新的对象的确定意味着新的意义的确立。新的科学发现是这一情形的标志。发现新的科学事实,即创造出一个新的科学概念,如新元素的发现、新天体的发现,都意味着前所未有的"意义"的建立。科学发现是科学知识的增长点,也是意义产生的源泉。

### (二)科学知识增长导致语形的变化,同时也伴随着语义的变化

当科学的发展引入逻辑和数学语言后,科学知识被建构成一种形式语言或符号语言。这种语言与日常语言是不同的。从日常语言到形式语言的变化,既有语形上的变化,也有语义上的变化,日常语言运用概念分析来确立意义的变化,通过语义和语用来体现;形式语言运用逻辑和数学分析来确定指称的意义,通过语形和语义来体现。

科学知识的高度形式化语言给科学带来清晰、准确、系统的同时,并没有完全摆脱日常语言。因为形式语言的意义的确立还需通过日常语言来实现。现代语言哲学中给出了赋予形式语言以意义的精致的方法论指称和意义。赋予形式语言符号以意义,一是确立符号的指称,即所指称的客体;二是给予指称的客体以性质和关系。这种给指称物及其性质的途径需借助日常语言来完成。因此,日常语言与形式语言是互补的。

维特根斯坦的"意义应用说"很好地说明了两种语言形式的互补性。因为符号本身没有意义,它只有被赋予指称和意义即加以应用时才有意义,譬如简单的S=VT表达式,若不指明S是距离,V是速度,T是时间的话,其意义是不明确的。也就是说,S= VT 只是形式,内容需人赋予。维特根斯坦之所以从"意义图像说"转变为"意义应用说",其根源是他认识到科学对客观事物的状态、性质的描述必须借助于日常语言,符号语言不具有这种解释功能。

### (三)科学知识及其意义在应用中增长

塞尔曾指出:"一个词语的意义就是它在语言中的使用。"[①] 科学知识作为语言体系,其意义也在于它在实践中的应用。海森堡看到了科学语言的产生、意义的确定与扩展都与语言实践有关,他说:"严密科学又怎么是可能的呢?为了回答这个问题,我们可以再举经典力学的有效范围作为例子来看。只要位置、速度、质量等概念可以毫不顾虑地应用——这在例如日常生活的一切经验中显然如此,那么牛顿原理也就有效。……从这个观点出发,经典物理学中各个概念的形成似乎只是语言的一种前后一致的继续;事实上语言中每一个个别概念也只代表了一种不知不觉的尝试。"[②] 这说明经典物理学包含了日常语言的用法,即经典语言的概念由日常语言来说明,日常语言由应用来确立意义。现代物理学是在经典物理学基础上形成的,自然也离不开经典物理学的语言。正如海森堡所说:"从现代物理学的观点看,虽然古典物理学的定律似乎只是更普遍的和抽象的联系的一些极限情况,但是这些定律中用到的那些古典概念将永远是自然科学语言中必不可少的组成部分,没有它就根本不可能说什么自然科学的结果。"[③] 可见,科学语言的产生、意义不仅与人的心智有关,更与实践有关。心智对客观世界的认识给予概念以指称,而语言实践(或应用)则给予客观世界以意义和性质的规定。语言的应用既有语

---

① Searle J. The Philosophy of Language. Oxford: Oxford University Press, 1971: 6.
② 海森堡. 严密自然科学基础近年来的变化. 上海:上海译文出版社,1978: 41.
③ 海森堡. 严密自然科学基础近年来的变化. 上海:上海译文出版社,1978: 42-43.

境（context）问题，也有情境（situation）问题，语境和情境共同决定语言的意义，而这是在语言的使用中实现的。

概言之，科学作为知识体系，其形成是经过了科学家的心智创造性地使用语言（日常和形式语言）这种中介达到客观世界，进而产生经验科学和理论科学的，二者的统一形成了科学知识体系。没有语言，便不会有科学。科学是语言的创造和应用过程。

# 论科学解释语境与语境分析法*

随着科学理论的模型化、数学化和符号化程度的不断提高，理论体系的建构主要是在符号约定—符号投射—符号运演—符号反演的过程中得以实现的。这样，如何对抽象的理论模型和概念符号给予恰当的理性诠释，便在科学理论的表征、交流、传播与应用等过程中占有越来越突出的地位。但是，依照解释学家的观点，任何一种理论解释都不是对文本的纯客观解读，其中，必然存在着先存观念、先存知识和先存方法的引入问题。或者说，理论解释是附着在特定语境基底上的产物。不同的语境基底，必然会形成不同的解释体系。正是在这种研究背景之下，语境分析便成为一种行之有效的方法论原则确定下来，并且已经渗透到各个研究领域。[①]

然而令人遗憾的是，与语境分析法的广泛应用相比，目前，学术界

---

\* 本文发表于《自然辩证法通讯》2002年第2期，作者成素梅、郭贵春。
① 郭贵春.语境分析的方法论意义.山西大学学报，2000,（3）：1-9.

对与语境相关的一些基本概念的研究还不多见。因此，为了在科学哲学研究中更有效地运用语境分析法，展开对元语境问题的深入研究是十分必要的。本文主要对科学解释语境的构成、功能和语境分析法的本质及原则进行讨论，以求教于同仁。

## 一、科学解释语境的结构

历史地看，各门学科运用语境概念的历史都可以追溯到远古时代。但是，直到20世纪60年代以来，关于语境的元理论研究才引起了社会科学研究中许多分支学科的关注。① 功能语言学中的"语域"，语义学中的"语义场"，心理学中"语意情景"，语法学中的"语法场"，现象学中的"视域"，科学哲学中的"观察渗透理论"，科学说明中的"整体观的意义理论"，库恩的"范式理论"等，所有这些概念与观念所强调的都是语境理论在本学科中的具体应用。这种在研究方法上的巧合绝不是偶然的，它正表明了语境在语言研究和应用方面的重要性。不同的学科以及不同的学派研究语境的角度各不相同，因而对语境及其意义的阐述也有所区别。

汉语中的"语境"指语言环境，与英文中的"context"一词相对应。"context"有两种含义。其一，指话语、语句或语词的上下文或前后关系或前言后语。可替换术语是"linguistic context""co-text"。其二，指话语或语句的意义所反映的外部世界的特征，说明言语和文字符号所表现的说话人周围世界的方式，可扩展为事物的前后关系、境况，或者扩展到一个特定"文本"、一种理论范式，以及一定的社会、历史、政治、经济、文化、科学、技术等诸多要素之间的相互作用和相互联系。可替换术语是"environment""context of situation"。② 前者主要是指由语言因素构成的上下文，语言学家称之为"言辞语境"，逻辑学家称之为"内涵语境"（intension context），哲学家称之为"狭义语境"；后者主要是指各种情境因素构成的上下文，语言学家称之为"言辞外语境"，逻辑学家称之

---

① 西稹光正.语境研究论文集.北京：北京语言学院出版社，1992.
② P. R. K. 哈特曼，F. C. 斯托克.语言与语言学词典.上海：上海辞书出版社，1981.

为"外延语境"（extensional context），哲学家称之为"广义语境"。本文从科学解释的视角出发，把前者称为"显在的直接语境"（简称为"显在语境"），把后者称为"潜在的关联语境"（简称为"潜在语境"）。

在科学解释过程中，科学家对科学理论与科学概念的语义、语用和语形的理解既依赖于显在语境，也依赖于潜在语境。显在语境主要指由特定科学理论中的基本公设（包括本体论与认识论预设）、定理、推论、数学程式和符号间的关系等因素所构成的语言空间和逻辑空间；潜在语境主要指由主观语境因素和客观语境因素构成的心理空间与背景空间。虽然各类语境因素在时间上是变化不定的，在空间上是无限发展的。但是，通常情况下，主观语境因素主要是指由研究者的目的、兴趣、先存观念与先存方法、学识水平、研究方式、手段及研究技能、预见能力、直觉、悟性与灵感等因素构成的内在素质；客观语境因素可分为实验语境和社会语境，实验语境主要由实验设计、研究对象、测量过程、实验观察技术等因素组成；社会语境主要由特定的历史、经济、文化、科学、技术及其它们之间的相互关系所构成。客观语境因素通常隐藏在主体的理解活动中，并通过主体的解释行为表现出来。潜在语境虽然不是语言本身，但是，它和显在语境一样，在确定语言形式的价值和解释概念的意义时起着非常重要的作用。

科学解释语境的基本结构与其分类密切相关，或者说，不同的语境分类维度将会带来不同的语境结构。从本文讨论问题的视角来看，科学解释语境的宏观结构如图1所示。

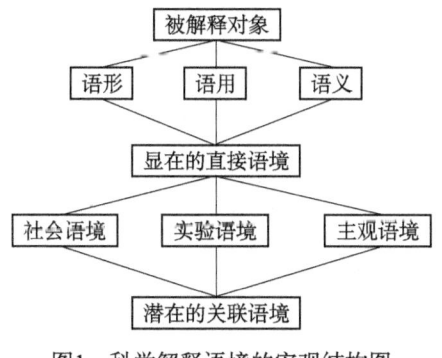

图1 科学解释语境的宏观结构图

图1说明，被解释对象的意义选择与显在的直接语境和潜在的关联语境之间的相互作用是双向的。一方面，潜在语境通过显在语境的表征，将社会语境、实验语境和主观语境的影响内化到被解释对象的意义之中；另一方面，被解释对象通过特定的语形、语用和语义的确定，将显在语境的内在规定性传递到潜在语境的整体设置当中，从而使解释语境具有了动态性和一致性。

在一定的社会语境条件下，科学解释语境的微观结构如图2所示。

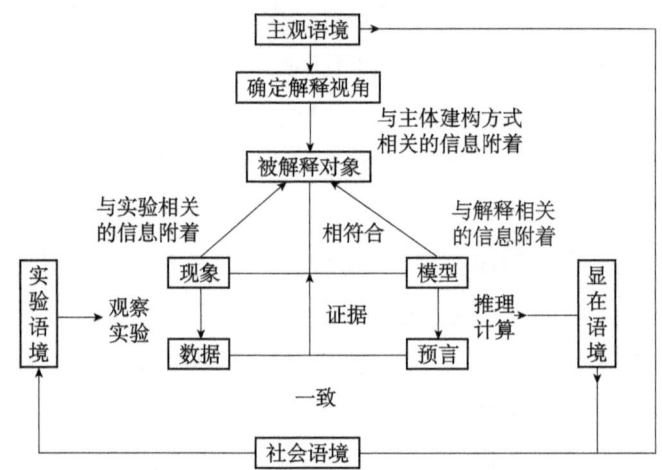

图2 科学解释语境的微观结构图

在图2中，主观语境通过解释视角的确定，将与主体相关的信息内化到被解释对象的意义之中；显在语境通过与现象相符合的模型，把与解释相关的信息表征出来，对被解释对象意义的确定发生直接的决定性作用；实验语境通过得到证据支持的实验现象，把与实验相关的信息抽象出来，确定与调整被解释对象的意义；模型是对现象的直接表征；现象通过观察与实验表现为某些数据，模型通过推理与计算得出某种预言，数据与预言之间的一致性将会作为证据，一方面，确证模型与现象之间的符合关系；另一方面，支持被解释对象的意义选择。①

科学解释语境的宏观结构表明，显在语境设定了被解释对象的释义

---

① Grisemer J. Development, culture, and the units of inheritance. Philosophy of Science, 2000, 67(3): S348-S368.

空间和逻辑空间。显在语境越抽象，它的内在设定性就越远离经验，相应地，潜在语境的作用就会越突出，或者说，潜在语境对理论、概念与符号的意义所起的决定作用，同显在语境的抽象化程度成正比。显在语境与潜在语境之间的相互作用越复杂，理解科学理论或概念意义所依赖的语境基地就越丰富，解释的视角就越多样，科学与哲学之间的相互影响也就越深刻。

科学解释语境的微观结构表明，被解释对象的意义选择是由一定社会语境条件下的主观语境、显在语境和实验语境共同决定的。观察与实验越复杂，理论模型越抽象，被解释对象意义的选择就越难以确定，从而对主观语境和实验语境的依赖性程度就越高，实验数据与理论预言之间的关系也就会变得越来越重要。为了更深入地理解科学解释语境对确定被解释对象意义的决定性作用，还有必要对其功能进行讨论。

## 二、科学解释语境的功能

按照语言学家的观点，语言既是一种社会现象，又是一种物质现象，社会上的一切都可能成为语境；自然界中的万事万物也都可能成为语境。①这说明，语境是普遍存在的。任何语言活动都概莫能外地以一定的语境为其条件，或者说，一切关涉到语言的活动，都不可能离开其语言环境而独立存在。可见，语境在语言活动中的作用是不容忽视的。在抽象的科学语言活动中，语言、符号作为物质客体转变为能直接思维操作对象的中介桥梁，作为确保主体表达认知心理、交流和传播认知结果的现实载体，作为解读自然"文本"的特定的概念体系，也肯定以语境为前提，并受到语境的影响与制约。语境在科学解释活动中所起的重要作用，依赖于语境的特有功能，而这些功能又主要取决于科学解释语境的宏观与微观结构。

---

① P.R.K. 哈特曼，F.C. 斯托克. 语言与语言学词典. 上海：上海辞书出版社，1981：27.

### (一)制约功能

任何科学解释语境一旦被作为一种特定的研究"范式""研究纲领"或理论"文本"得到科学共同体的认可与接受,就必然会对科学概念与符号的提出、理解与应用有所影响与作用。其一,在研究范围上,表现为整体制约与部分制约。整体制约是指特定的解释语境所预设的本体论、认识论、价值论和方法论前提,对科学家的研究视野的制约,容易使他们形成思维定势;部分制约是指这些前提对科学语言与符号的活动范围的制约。其二,在研究方式上,表现为技术制约和经验制约,即在一定的历史条件下,不仅科学研究的深度与科学技术的发展水平成正比,而且科学共同体的洞察力与其特有的经验积累成正比。其三,在研究内容上,表现为社会环境的制约与理论背景和实验语境的制约。社会环境制约是指任何一种形式的科学研究活动的开展都直接与社会资源的分配、政府政策的导向等密切相关。① 理论背景与实验语境的制约是指在一定程度上,科学解释语境内在地决定了研究者在实验中观察什么,在理论中所运用的概念与符号的意义是什么,什么是最需要解释的事实,而把那些暂时没有能力解决的问题"悬置"起来。

### (二)解释功能

语境的解释功能主要在科学交流和科学预言活动中表现出来,是指一个语境能使语言形式和概念符号与某个特定的意义联系起来,并对理论、概念与符号的使用具有解释和说明的能力。语境解释包含三个层次:其一,语义阐释。指科学概念与符号在特定的语境中被赋予的意义,或者说,概念与符号的指称条件的确定依赖于主体的认识论背景和理论背景,确定指称的方式不同,说明它所依赖的理论背景或认识论背景的内容也不同。例如,在经典物理学中,时间是可逆的;而在非平衡自组织

---

① Donald E. Stokes, Pasteur's. Quadrant: Basic Science and Technological Innovation. Washington: Brookings Institution Press, 1997.

理论中，时间具有了方向性。其二，语用预设。指解释语境能为理解科学概念与符号提供信息结构，帮助研究者辨认歧义，获得准确信息，以达到澄清使用科学概念的模糊性和歧义性的目的。其三，语形规定。指解释语境所体现的意义解读空间 $S$，是显在语境 $T$ 处于一定的潜在语境 $F$ 状态下的表现，三者之间的关系为

$$S=F(T)$$

这个关系式表明，同一个显在语境或命题内容处于不同的潜在语境，将表现出不同的意义解读空间，但是两者之间的内在关系一旦建立起来，就只能体现一个特定的解读空间。例如，将量子论的基本原理运用到化学研究中，形成了量子化学的解读空间；运用到生物学的研究中，将形成分子生物学的解读空间。

### （三）滤补功能

科学解释语境的滤补功能主要在科学假设和科学推理活动中表现出来，是指语境能够为研究者筛滤多余的信息，补充欠缺的信息。一般说来，在信息交流与信息传播的过程中，信息多余容易造成理解的歧义现象，而信息欠缺又会使理解失真。研究者既可以借助语境筛滤不必要的多余信息，又可以凭借语境增补缺少的信息，以达到准确掌握信息的目的。例如，狭义相对论的语境滤掉了物理学家长期以来难以寻找到的"以太"假设，直接从相对性原理和光速不变原理出发，构建了理论的解释体系，表达了一个不同于经典物理学语境的时空结构；而经典电磁场方程组的创立者麦克斯韦（J.C.Maxwell）在试图用数学术语，把法拉第（M. Faraday）等人的实验概括为精确的定量理论的过程中，则大胆地依据"电磁以太力学模型"所提供的语境信息，增加了"位移电流"和"电磁扰动传播"的概念，并预言了电磁波的存在，从而完整地揭示并解释了经典电磁场的物质性和运动性。

### （四）转化功能

科学解释语境的转化功能主要在科学发展和科学成果应用的活动中

表现出来，是指科学概念与符号的意义和用法，会随着解释语境的变化而变化，即同一个概念和符号所表达的意思和所适用的范围，在不同的解释语境中会有所不同。例如，在经典力学的语境中，质量和能量是两个互不相关的概念，质量是表示物体惯性大小的物理量，能量是对物质运动的一般量度，是表征物质系统对外作用力的能力大小的物理量；但是，在狭义相对论的语境中，质量与能量通过质能关系变成了两个相互关联的物理量，在一定条件下，不仅能量能够转化为质量，而且质量也能够转化为能量，从而使得惯性不再成为物质的一种基本性质和一种不可简约的量，而是成为能量的一种性质。物理学家正是利用这种质能关系成功地解释了原子核的"质量亏损"现象。

### （五）生成功能

科学解释语境的生成功能主要在科学发现和科学评价活动中体现出来。其一，在科学发现的过程中，解释语境具有生成新的实验现象的功能。这是指研究者在为某种实验事实寻找解释的过程中，却意外地发现了另外一种新的实验现象，围绕这种新的实验现象，又生成了一系列值得进一步研究的新问题，以推动科学理论的不断发展。例如，19世纪末的物理学家为了解释"阴极射线是什么"这一问题，带来了在物理学发展史上具有划时代意义的三大发现：X射线、电子和放射线。其中，X射线和电子的发现是寻找阴极射线解释的直接结果，放射线又是在进一步研究X射线的基础上发现的。这三大发现为原子物理学的诞生奠定了基础；其二，在科学评价和解释的过程中，解释语境具有生成概念与符号的新语义的功能。这是指同一个理论语境和客观语境因素会由于主观语境因素的差异，造成对同一概念与符号的语义理解的差异，说明不同的个体在对同一客观语境的理解会有所不同。例如，关于量子力学解释之间的争论都是如此。物理学家面对同样的数学形式体系和同样的客观语境因素，却得出了不同的理解，从而赋予状态函数以不同的解释。

### (六)再语境化功能

科学解释语境的再语境化功能主要在科学表征和科学发明活动中表现出来,指在科学解释活动中产生的新语境是旧语境运动变化的结果。其一,表现为在"语境发现"(discovery of context)的基础上,给特定的科学表征增加新的表征内容,使原有的解释语境在运动的过程中,得到不断的改造与重建,从而使解释语境本身历史化与过程化。例如,在量子论的发展史上,检验贝尔不等式实验所得出的否定结果和玻姆(D.Bohm)-阿哈拉诺夫(Y. Aharonov)效应的实验证明,在量子论的表征形式中增加了非局域性表征的内容,为物理学家彻底抛弃定域隐变量解释,寻找更可靠的量子论解释提供了新的依据。其二,表现为在语境应用的基础上,获得前所未有的科学发明,从而产生新的解释语境。例如,当把经典力学的解释语境应用于电磁场理论时,"以太"作为传递电磁波的特殊媒介,便成为理解电磁场理论的基础。然而,物理学家正是在寻找"以太"解释的过程中,通过发明新的研究方法和新的基本概念,创立了相对论的解释语境。①

科学解释语境的上述基本功能不是彼此分离的,而是内在相关的。不同的功能反映了与科学解释活动相关的不同侧面。因此,分析科学解释问题有必要引入语境分析的方法。

## 三、语境分析法的本质与原则

在科学哲学的发展史上,20世纪初,分析哲学的直接思想先驱弗雷格(G. Frege)第一次在哲学研究中运用了语境的概念。他认为,在任何一种语言活动中,语词只能在语句的语境中获得意义,语句只能在语言系统的语境中获得意义。他的这种思想在《算术的基础:对数学这个概念所作的逻辑的和数学的研究》的重要著作中体现出来。在这本著作中,

---

① Einstein A. How can I created the theory of relativity. Physics Today, 1982,(8): 45.

他阐述了哲学研究方法论具有三条重要意义的原则：①始终要把心理的东西和逻辑的东西、主观的东西和客观的东西明确区别开来；②只有在语句的语境中，而不是在孤立的词中，才能找到词的意义；③注意把概念与其对象区别开来。①之后，经过罗素、维特根斯坦、卡尔纳普、艾耶尔、达米特（M. Dummett）以及伽达默尔（H. Gadamer）等分析哲学家的进一步拓展与重解，促使科学哲学的研究发生了三大转向：语言学转向、解释学转向和修辞学转向。

科学哲学研究中的"语言学转向"主要是把形式句法的规范性同经验性联系起来，将哲学研究引向经验基底的句法层面；"解释学转向"促进了语言理解与解释经验、语言分析与解释实践的相互渗透和融合，把语言理解的意义置于语言分析的整体性之中，推动了语言理解与语义分析的社会化倾向；"修辞学转向"立足于语用分析，推动了对语境及其意义研究的广义的自然化。②伴随着这"三大转向"的发生与发展，目前，语形、语义与语用相统一的语境分析法已成为语言哲学、科学哲学研究中的一个基本分析方法得到普遍的认可。

在本质上，语形、语义和语用相统一的语境基底，预设了关系的存在，或者说，各种背景之间存在的内在关系是形成语境的必要条件。这种关系还包括研究主体对相同背景的共同感知关系——共性，以及研究主体对相同背景的不同感知关系——差异。所以，关系是语境存在的基本前提。这种关系首先演变成多重认知背景之间的黏合剂，然后，又在特定的语境中显示出独立的趋向。语境分析法正是要紧紧抓住语境概念的这一特性，强调研究者只有把研究对象置于由多重背景织成的交互关联的立体网络中加以研究，才能全面而系统地揭示研究对象的内在本质及其意义。

科学解释语境的基本结构已经表明，任何一种观念的形成、一个概念的提出、一种理论的产生，都不可能突然地出现或孤立地存在，而总是以一定的时间、场合、目的或方式等为其条件，存在于包括研究者在内的多重复杂要素的相互关联体中。如果忽略了这些现实环境，就根本

---

① 涂纪亮. 分析哲学及其在美国的发展. 北京：中国社会科学出版社，1987：43.
② 郭贵春. 后现代科学哲学. 长沙：湖南教育出版社，1998：84.

无法理解概念、观念或理论的具体含义。与传统的归纳-推理和假设-演绎方法相比，以多层次、多视角理解概念、观念和理论的内在意义和言外之意为目的的语境分析法，具有其独特的方法论优势。这些优势通过运用语境分析法所坚持的基本原则表现出来，而这些原则又是由科学解释语境的功能所决定的。

### （一）整体性原则

科学解释语境的制约功能体现了科学解释活动的整体性特征，表明解释语境中的每一个基本因素都不可能彼此孤立地存在，而是语境整体中的一个有机组成部分，并且本质地携带着语境的系统性与目的性。历史地看，虽然语境中每一个基本因素的演化与发展都有各自的轨迹，但是，它们之间内在地存在着的相互关联决定了，只要一个语境因素发生原则性的改变，都有可能导致其他语境因素发生根本性的变化，从而在深层次上产生新的解释语境。所以，在运用语境分析法研究问题时，必须立足于整体性原则，才有可能真正将语义的整体性与条件性、语用的历史性与关联性和语形的逻辑性与一致性统一起来。

### （二）层次性原则

科学解释语境的解释功能体现了科学解释活动的层次性和多元性特征，表明在一定的潜在语境的条件下，解释语境中的语形规定、语用预设和语义阐释之间存在着递进型的互反馈关系，特定的显在语境决定了特定的语形规则，特定的语形规则预示着特定的语用范围，而特定的语用范围将会体现出特定的语义阐释或特定的指称条件。反过来，在某种程度上，语义阐释的变化有可能增减或调整已有的语用预设，语用预设的变化有可能扩充或修正已有的语形规则，语形规则的变化则有可能更替或扩展已有的显在语境。可见，语形、语用与语义之间的这种相互决定、彼此影响的运动变化过程，揭示了不同理论语境之间存在着的相互关联与差异，显示了科学理论发展的层次性和相对性，如图3所示。

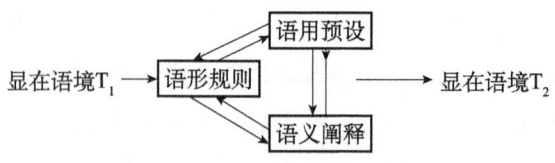

图3　语形、语义和语用关系图

显在语境运动的上述图式尽管只是一种理想化的形式，但是，从科学内史发展的视角来看，它构成了理论语境转换的关键部分，并且所有其他因素对理论语境的直接或间接影响，都必须借助于上述关系体现出来。所以，只有多层次、多视角地全面分析问题，才能够在不同解释之间建立起真正的对话平台，出现视界融合的可能。

**（三）自主性原则**

科学解释语境的滤补功能体现了科学解释活动的自主性特征。在科学研究的过程中，不管科学假设的提出和科学推理的进行多么依赖于研究视角的选择，多么受潜在语境的影响，只要它一旦被科学共同体所确认，便显示出一定程度的自主性，显示出新旧显在语境之间的差异性。这种自主性一方面有助于解答旧的科学难题，解决已有的科学困惑，另一方面又有助于提出新的科学预言，设计新的实验操作，形成新的思维观念，产生新的测量程序，得到新的测量数据，从而在更深的层次上解读世界的本质，推动科学的发展；差异性则体现了理论所蕴含的语境特征，体现了被解释对象意义的语境依赖性。历史地看，自主性的体现以差异性的存在为条件。这种互为前提的存在关系说明，科学假设与科学推理的自主性不是无差异的统一，而是有条件的一致，从而赋予自主性以相对性的特征。所以，在运用语境分析法分析科学解释问题时，应该在语境的基底上，把本文的自主性确立为具体的认识起点。换言之，只有遵从自主性原则，才能在理解本文的基础上达到合理解释意义的目的。

**（四）相对性原则**

科学解释语境具有的转化功能体现了科学解释活动的相对性特征。

在传统的科学研究中，解释概念与符号意义所运用的方法，主要是追溯其本源，根据是否真实，在逻辑上是否一致去解释其能否成立，并将意义问题和命名事物的性质联系起来，或者和陈述的真实性和确切性联系起来，使概念与符号借助于思想活动，再现被研究对象的内在本质。但是，随着科学研究的抽象化程度的不断提高，这种本质主义的理想研究方法，越来越失去其普遍存在的基础。在当代科学研究中，过去能够作为判定意义标准的对象性存在，如今必须依靠仪器的制备才能呈现出来，从而不仅使对象的呈现成为一种依赖于中介的存在物[①]，而且解释证据的获得也成为依赖于测量语境的产物，即支持理论的证据来自具有稳定性、可重复性的效应、过程或现象，支持现象的证据又来自数据的获得，数据则是对测量和实验结果的公共记录，是依赖于语境的[②]。然而，中介和测量语境的选择总不可避免地携带着主体的设计理念，这样，对表征制备对象特性的理论、概念和符号意义的解释，就只能是相对于实验语境和测量语境的一种解释。这种意义解释的相对性表明，在运用语境分析法分析问题时，还需要坚持相对性原则。

### （五）动态性原则

科学解释语境的生成功能体现了科学解释活动的动态性特征。在科学发现与科学评价的过程中，观察渗透理论、证据对理论的不充分决定性（underdetermination）等观点的阐述，足以表明科学发现和科学证明的过程是有价值负载的（value-laden）。[③]这种价值负载把解释活动置于意义不断生成的过程之中，从而使意义解释具有了灵活性、多元性和无限性的动态性特征，成为永远都在进行之中的一项活动，而不再是通过一次性认识就可以完成的活动。在科学研究活动中，意义解释的这种动态性特征又使过去所追求的独白式的我–它研究模式（即科学是对自然界的纯粹客观的描述，人与自然的关系是一种透视性关系），逐渐地转变为对

---

① 成素梅. 论科学实在：从物理学的发展看自在实在向科学实在的转化. 北京：新华出版社，1998.
② Woodward J. Data, phenomena, and reliability. Philosophy of Science, 2000, 67(S3): 163.
③ Koertge N. Science, values, and the value of science. Philosophy of Science, 2000, 67(3): 45.

话式的我-你研究模式（即科学是人与自然对话的产物，人与自然的关系是一种相遇性关系），从而使科学解释活动中的主体间性，建立在了交流理性、实践理性和价值理性的基础上，使意义解释过程变成了不断地建构与解构或生成与消解的过程。所以，只有坚持动态性原则，才能在不断生成与不断变化的解释语境中，使意义图景变得清晰起来。

### （六）开放性原则

科学解释语境的再语境化功能体现了科学解释活动的开放性特征。在科学表征和科学发明的过程中，其一，科学表征范围的日益扩展，逐渐打破了传统的学科界线，出现了学科间的不断交叉、融合和概念与方法的相互移植、渗透，创造了新的学科生长点和融合不同科学解释视界的对象域；其二，科学表征内容的日益抽象和科学发明形式的不断丰富，在概念与符号的指称活动中，逐渐消解了过去只追求绝对真理的僵化思维模式，突显出了真理的历史性、过程性和语境依赖性，从而把科学解释活动扩张到不断地需要进行意义重建和意义再解的各个层面。科学解释活动中的这种永无止境的开放性特点，要求我们在运用语境分析法分析科学解释问题时，需要坚持开放性原则。

运用语境分析法所坚持的这些原则说明，在科学解释活动中，只有立足于语境的视角，才有可能透视不同层次的物理操作与思维操作之间隐藏的一致性，才能揭示出在共同的客观语境与显在语境的情况下，为什么存在着主观语境因素的差异会带来意义的歧义性等现象，才能避免传统的主客观二分法所带来的一系列不足，使解释活动呈现出立体的和动态的网状图景，才能真正找到不同解释之间可能出现融合的现实界面，消解僵化而片面的观念纷争，从而达到合理理解理论与经验现象之间的内在联系的目的。

（致谢：本文在写作过程中，曾就语境问题与李悦娥教授进行过讨论，得到了许多启发，在此表示诚挚的感谢。）

# 科学社会语境的系统结构[*]

科学既是人类所特有的认识现象又是社会现象。作为认识现象，它是人类探索未知世界强有力的认识工具，有着自己的内在结构。作为社会现象，它是人类社会大系统中的子系统，必然会与社会的其他诸要素如政治、经济、文化、哲学和宗教等相关联，构成一个复杂的结构网。可以肯定，科学的发生和发展与其结构的内在规定性和其与社会诸要素的关联密不可分。要理解科学的本质，就必须将它放到特定时代的特定社会环境中，从横向的共时性和纵向的历时性两个维度出发，考察和寻找科学发生和发展的内在规律。为此，我们引入"语境"（context）这一概念，并将其扩展到社会领域，提出"社会语境"概念，将科学作为一个文本放到社会大背景中去考察，旨在说明和解释科学的发生和发展的内在动因和社会动因。那么，何为科学的社会语境？结构怎样？这是本文所力图解决的问题。

---

[*] 本文发表于《系统辩证学学报》2002年第3期，作者魏屹东、郭贵春。

## 一、科学社会语境的宏观结构

结构是事物的普遍现象，它是事物内部诸要素的组合方式。科学社会语境是把科学作为一个文本放到社会这个大文本中去考察而构成的东西，它是科学文本与社会大文本相关联的综合体。那么，这个综合体由哪些要素和成分构成呢？我们认为科学社会语境有科学语境（内语境）和社会语境（外语境）之分。

科学内语境是科学系统本身，一般由科学认识系统、科学知识系统和科学组织系统构成。

科学认识系统是社会语境的科学生产力系统，它由科学认识主体、科学认识手段、科学认识客体和科学理论背景等因素构成。科学从古至今经历了古代朴素整体论科学、近代机械分析论科学和现代系统论科学几个发展阶段。尽管各个阶段的语境不同，科学的内涵也不同，但科学作为人类特有的认识现象，不断通过其构成要素的相互作用生产出科学知识来。

科学知识系统是科学生产的产品系统。它一般由科学事实、科学概念、科学定律和科学理论等构成。它不同于一般知识体系的特点在于它具有逻辑上的自洽性和严密性；知识上的系统性和条理性；内容上的客观性和实证性；实践上的可检验性和可重复性。也就是说，科学知识反映的是客观世界中某一特定领域、某一特殊物质运动形式规律性的东西，它是人类科学思想的结晶。

科学组织系统是科学的"生产关系"，是科学的社会建制或科学共同体。科学体制化是科学组织系统形成的显著标志，它经历了一个从潜到显、从小到大、从无形到有形的体制化过程。在古代，科学活动是零散的、个人的、无组织的、没有专门的科学研究机构和独立的科学家职业，科学完全分散在自然哲学中。文艺复兴后，近代科学开始兴起，科学体制逐渐形成。在英国，人们普遍对科学产生了兴趣，出现了为数不少的私人实验室，建立了一些新型大学，皇家学会的建立是第一个官方承认的科学组织。在法国最早建立了国家科学院，出现了一批专业的科学家。

到 19 世纪末，欧洲各国都建立了科学院，各种科学学派也纷纷形成，科学体制化基本完成。现代进入大科学时代，集体研究、国家研究和国际合作研究成为科学研究的主要组织形式，科学成为国家乃至国际有计划进行的事业，科学组织系统对科学活动的影响愈来愈大，没有科学组织系统，科学研究便无法进行，它成了连接科学认识系统、科学知识系统和科学环境系统的中介。

社会语境即外语境是科学的环境系统，它是整个科学系统赖以存在的基础。环境是主体赖以生存和发展并对主体发生作用和影响的各种外部因素的总和。科学作为一个系统，始终与其周围的政治、经济、文化等因素处于相互作用与关联之中。任何科学发现和发明，任何理论的建构和提出，任何科学成果的应用、检验和推广都必然是在一定的社会语境中进行的。这说明科学是相对独立性和社会制约性的统一。

科学的环境可分为自然环境与社会环境两大类。自然环境一般由岩石圈、水圈、生物圈和大气圈构成，它们是整个人类社会赖以存在的自然条件和物质基础，当然也是科学存在的基础。社会环境一般指由社会的政治、经济、军事、教育、哲学、宗教、艺术和伦理等因素构成的复杂的综合体。科学与社会环境中的诸要素处于永恒的相互作用和相互影响之中，彼此间不断进行着物质、能量和信息的交换。正如托夫勒给《从混沌到有序》一书写的长篇前言"科学和变化"中所指出的那样，"科学不是一个'独立变量'。它是嵌套在社会之中的一个开放的系统，由非常稠密的反馈环与社会连接起来。它受到其外部环境的有力影响，而且一般来说，它的发展是因为文化接受了它的统治思想"。

## 二、科学认识系统的微观结构

科学认识是人类利用一定的手段探索自然、改造自然，从自然获得规律性的过程，它由实体性因素、渗透性因素和准备性因素构成。

实体性因素指以物质实体形式相对独立存在的因素，包括科学认识主体（科学家）、科学认识工具和科学认识客体（对象）。科学认识主体是经过严格科学训练,具有一定科学知识和科学认识能力,并处于一定认识关系中(组织形式)运用科学思想的科学家。他们是科学认识这种动态过程中最积极、最活跃的因素,在整个认识过程中始终起主导作用。科学认识工具是人类认识和改造自然的手段,包括科学方法和科学仪器。科学方法是科学认识的主观手段和软件。通过科学方法,科学认识主体能够发挥其主观能动性进而掌握客观规律。科学仪器是科学认识的硬件,它是人们根据一定社会条件下科学研究的实际需要,利用科学原理和客观规律创造出的一种物质技术手段。科学认识客体是人们进行科学活动的对象,包括自然客体和人工客体。广义地讲,人周围的整个自然界均是科学认识的客体;狭义地讲,只有纳入人的认识范围的客体才是认识客体。认识过程就是不断将自在客体不断转化为自为对象的过程,这种转化过程恰恰体现了人的认识能力的不断提高和科学的不断发展。

渗透性因素指科学理论背景,它是一种非物质性和非独立性因素,只能通过实体性因素起作用。任何科学认识活动总是在前人留下的精神性科学成果基础上的再认识,这些成果作为理论背景总是对后来的科学认识主体起着潜移默化的渗透作用,是任何一个科学家都无法排除的,观察渗透着理论,实验渗透着理论,认识过程也同样渗透着理论。可以说,不受某种理论背景支配的科学家是不存在的。

准备性因素指科学教育,它也不是科学认识的独立性因素,其作用是为科学认识活动作准备。它的任务是训练和培养高素质的科学家。科学家是科学认识活动中最主要的因素,培养高素质的科学人才无疑是进行科学研究的前提和基础。正是从这个特定意义上,我们把科学教育称为准备性因素。

## 三、科学知识系统的微观结构

科学知识系统是科学生产的产品系统。波普尔把科学知识称为"世界3",认为"世界3"是在宇宙进化的更高层次上突现的人类精神产物,它一旦产生便有了自主性即相对独立性,有自己的发展规律如知识的指数增长率。我们认为科学知识系统具有纵向和横向的矩阵式网状结构。

从纵向看，每一门科学知识由经验知识和理论知识构成。经验知识是人类在大量观察自然客体的基础上，运用感觉、知觉、表象感性思维方式归纳总结出来的知识，它是感性认识的产物，是较低级的知识形态，一般由经验事实、经验定律构成。理论知识，即科学理论，它是在经验知识的基础上升华和结晶出来的，并经过实验和实践检验的具有客观真理性的理论形态。理论知识是理性认识的产物，是对科学研究对象本质及规律的认识，是高级的知识形态，它借助于一系列概念、判断和推理来表征，一般由科学事实、科学概念、科学定律和科学理论构成。

从横向看，科学知识系统是一个由众多学科构成的庞大的学科群。学科与学科之间交叉、渗透又形成众多的新型学科群。随着科学的发展，新学科不断涌现，科学知识体系在不断扩大。

## 四、科学组织系统的微观结构

### （一）科学组织系统是科学的社会建制

科学组织系统由精神性因素、体制性因素和政策性因素构成。精神性因素是科学组织的灵魂，由共同的主导思想和科学精神构成。科学主导思想类似于库恩所讲的共同信念或共同范式，它是形成科学共同体的认识论基础。夏佩尔则把科学的背景知识和背景信念在科学中的作用提到突出地位，反复强调科学是建立在已有的、成功的信念基础上，背景知识和背景信念渗透到科学的一切方面[①]。一定历史时期的科学主导思想是科学系统各要素相互作用以及科学系统与其环境相互作用的结果，也即科学的序参量，它构成了一定历史时期整个科学理论的基础和理论框架。科学主导思想引导科学家选择什么样的认识对象和认识工具，具有定向聚焦的作用。同时，科学主导思想还决定一定历史时期科学认识主体的思维方式，科学家在科学主导思想支配下进行思考。它是科学的深

---

① 夏基松. 西方科学哲学. 南京：南京大学出版社，1987：280.

层的本质所在,具有世界观和方法论的意义,在一定历史时期居于统治地位,如公理化思想、机械决定论思想等。

### (二)科学精神即科学的价值观念和行为规范

科学的价值观念指科学家在科学活动中采取的行为取向。它包括实事求是的精神,即以客观存在为基础,凭科学事实定论,用科学实验检验;科学中立精神,即科学知识的产生、应用和评价不以人种、地位和信仰等不同而不同,科学面前人人平等;合作精神,即科学家既要尊重前人的成果,又要与同行和谐共处;批判精神,即不盲从权威,敢于怀疑,敢于打破常规;自由探索精神,即思想上的自由,独立思考,甘于寂寞;为科学献身的精神,即坚持科学信仰,不折不挠地追求科学真理。科学行为规范是科学价值观念的具体化,默顿将其总结为四个方面:普遍性,指评价任何科学成果都应客观公正不应掺入其他因素;公有性,指科学知识是人类共同财富,不属于任何个人或国家;合理的怀疑性,指对任何已成观点和理论都持批判的眼光;无私利性,指以追求真理为最高利益,不以科学去谋私利[1]。

### (三)体制性因素是科学活动得以进行的体制和组织形式保证

体制性因素包括科学体制和科学组织两部分。科学体制是有关科学活动的组织原则、组织方式和制度、组织结构系统及其运行机制的总和[2]。不同时期同一国家的科学体制不同,如 17 世纪英国的科学体制和 18 世纪英国的科学体制明显不同;同一时期不同国家的科学体制也不同,如 20 世纪美国和苏联的科学体制,前者采用分散型,后者采用集中型。一个国家的科学体制与其经济体制和政治制度有关。科学组织指科学研究的组织形式,表现为个人、集体和国家三种形式。在小科学时代,以个人形式为主;随着科学规模的扩大,集体形式即合作研究成为主流;

---

① 李汉林.科学社会学.北京:中国社会科学出版社,1987:35-43.
② 尼科·雅赫尔.科学社会学.顾镜清译.北京:中国社会科学出版社,1981:146.

在大科学时代，国家形式和国际合作研究成为主要形式。科学学派、研究学会和中心的出现与发展是科学组织化、体制化的重要标志。

### （四）政策性因素指科学活动的导向性和激励性因素

政策性因素包括科学政策、法规和科学奖励。科学政策和法规是一个国家一定时期特定目标下为促进和调整科学发展、开展工作应遵循的基本原则和措施。制定科学政策和法规对科学发展加以控制始于20世纪，这是由于科学对社会的影响日益增加，各国特别是发达国家十分注意利用科学提高国家的经济和军事实力，加强了科学政策的制定和实施，制定了短期和长期科学发展规划，建立科学基金制，进行科学技术立法，确保科学健康、稳步和快速持续发展。科学奖励是为促进科学发展而对在科学研究中做出突出贡献的人员的奖赏，从内容上有荣誉性和物质性奖励；从范围上有地区性、国家性和国际性奖励。科学奖励已成为科学发展中不可或缺的重要一环。

## 五、科学社会环境系统的微观结构

科学社会环境系统包括经济环境、政治环境和文化环境。

### （一）经济环境（或状况）是社会生产力和生产关系总和

经济作为社会上层建筑赖以存在的基础，是人类社会最基本的实践活动。科学作为一种意识形态，是在一定的经济基础上发展起来的。科学的产生和发展取决于人类社会的经济需求，正如恩格斯指出的那样："科学的发生和发展一开始就是由生产决定的。"[1] "经济上的需要曾经是，而且愈来愈是对自然界的认识进展的主要动力。"[2] 经济的繁荣为科学发展

---

[1] 恩格斯. 自然辩证法. 北京：人民出版社，1971：162.
[2] 马克思，恩格斯. 马克思恩格斯选集. 第4卷. 中共中央马克思恩格斯列宁斯大林著作编译局译. 北京：人民出版社，1972：484.

提供物力、财力支持。现代科学离开经济是寸步难行的，科学经费的多少反映一个国家科学发展的规模、水平和速度，而国家提供经费的多少归根到底取决于其生产能力和经济状况。默顿曾正确地指出："在这种理性化的社会及经济结构下，经济发展所提供的工业技术要求对于科学活动的方向具有虽不是唯一的，也是强有力的影响。这种影响可能是通过特别为此目的而建立的社会机构而直接施加影响的。由工业、政府、私人基金资助的现代化工业实验室和科学研究基金，现已成为在相当程度上决定着科学兴趣焦点的最重要因素。"① 从某种意义上讲，经济对科学发展具有决定作用，不发达国家科学技术落后的主要原因就是经济不发达。

## （二）政治环境（或状况）是一个国家和全体公民的整个生活

科学是政治环境中的一部分。因此，科学总是和政治联系在一起的。政治状况的好坏直接影响着科学的发展。虽然说科学是中立的，但科学家从来就不是中立的，他们首先是某一国家的公民，其次才是科学家，政治通过影响科学家进而影响科学。在法国大革命时期，许多科学家参与政府的行政管理和决策，从而有力地推动了法国的政治、军事和经济的发展。相反的例子也是有的，希特勒对科学家的迫害，苏联的政治干涉科学家李森科事件是极典型的事例。在阶级社会里，政治反映阶级关系是经济的集中表现，因而科学在任何时候都是阶级的工具。随着科学对社会的影响力增大，科学政治化和政治科学化的倾向也愈来愈强，原因是科学所需的巨额经费开支只有国家才能支付得起。科学进入国家规模，成为大科学。大科学时代，政治和国家的需要对科学发展具有决定性作用。国家将科学用于经济和军事目的，使科学和政治的结合达到顶峰。

军事是政治的最高表现方式。军事和科学的关系从古至今愈来愈密切，因为一切军事装备无不是科学的物化。正如贝尔纳所说："科学与战争一直是极其密切地联系着的，实际上，除了19世纪的某一段时间，我

---

① 默顿.十七世纪英国的科学、技术与社会.成都：四川人民出版社，1986：233.

们可以公正地说：大部分重要的技术和科学进展是海陆军的需要所直接促成的。这并不是由于科学和战争之间有任何神秘的亲和力，而是由于一些更为根本的原因：不计费用的军事需要的紧迫性大于民用需要的紧迫性，而且在战争中，新武器极受重视。"[①]正是出于国家安全和军事上的迫切需要，国家全力支持科学发展所需的人力、财力和物力，也正是在这种背景下，科学进入国家规模。可见，没有军事上的需要，科学发展会缓慢得多，计算机技术、航天技术和核技术等不会很快发展起来。

### （三）文化环境指精神和知识环境

这里的文化指人类社会在物质生产基础上创造出的一切知识、思想、观念和行为规范与精神因素的总和。一般包括哲学、宗教、文学艺术、道德、风俗等因素，其中以哲学和宗教对科学的影响最为强烈。

哲学作为世界观和方法论与科学从来就是密不可分的，可以说，哲学就是科学的概括。古代科学与哲学统摄于自然哲学之中，哲学问题也是科学问题，科学问题也是哲学问题。在世界观方面，古希腊自然哲学致力于某种"物质原始"追寻的原子论机械自然观和致力于"终极目的"追求的有机自然观。这两种观点均是自然科学的源头。在方法论方面，古希腊时期的亚里士多德的形式逻辑和欧几里得的公理化几何学是科学必不可少的形式体系。近代的形而上学的机械唯物论自然观对牛顿力学有深刻的影响；以机械论为基础的还原论将科学引向精密化。在爱因斯坦时代，机械唯物论和形而上学认识论获得了更广泛和深刻的影响，数学和逻辑的结合更使专门科学获得了精致的形式。自19世纪末以来，传统科学出现了危机，形而上学的分析性思维让位于综合思想，于是适应于综合性科学发展的科学哲学和系统哲学出现了。可见，哲学与科学的相互作用和相互影响从来就不会停止。正如恩格斯所说，随着自然科学领域中每一个划时代的发现，唯物主义也必然要改变自己的形式。

宗教作为一种文化现象，其起源与科学这种文化现象的起源至少是

---

① J. D. 贝尔纳. 科学的社会功能. 陈体芳译. 北京：商务印书馆，1982：241.

同步的。在原始时代，科学与宗教浑然一体，没有区别。科学和宗教产生的动因均是人类自身的物质和精神需要。只要人类的需要存在，科学就要发展，宗教也不会很快消失。因此，从需要层面看，宗教与科学既对立又同一。

宗教与科学的对立，一方面是当近代科学的发展触及宗教教义时，另一方面是当新科学与变为教会的旧科学发生冲突时，对立便不可避免，这时宗教利用自己的势力打击和迫害科学家，如烧死布鲁诺和塞尔维特，监禁伽利略等。

宗教在与科学对立的同时，也有同一的一面。它们各以不同的方式解释自然力，以不同的方法协调人与自然的关系。更为同一的是均以抽象的思维解释自然及其与人的关系。在以善的目的对待环境方面，宗教似乎显示出自己特有的价值，宗教可以给人以道德的美，以克服科学给人带来物质文明的同时也带来的恶。①

---

① 郭贵春.后现代科学哲学.长沙：湖南教育出版社，1998：84-97.

# 科学修辞学的认识论意义 *

## 一、科学修辞学的认识论地位

修辞学长期是作为一种修饰工具和劝导艺术而存在。传统的认识论认为,修辞学面对的是事物的可能性,不能产生真正的知识。科学修辞学认识论地位的确立是同对传统认识论立场的质疑联系在一起的。一方面,科学修辞学坚持"认识论是整个自然科学事业的一个章节",承认科学的客观性和真理性,反对对科学知识无根基、无原则的怀疑和解构。另一方面,科学修辞学也承认科学知识具有历史性、社会性的层面和特点,主张科学认识的过程不仅包括发现与证实,也包括辩护与争论,对科学文本的发明、组织和修辞同时也是对科学真理的探索、论述和阐释,它们同样具有认识论的地位。可以看出,科学修辞学对传统认识论进行

---

\* 本文发表于《自然辩证法研究》2003年第4期,作者李小博、郭贵春。

了合理的修正和完善，所以有人评价科学修辞学的认识论是"介于封闭的形式逻辑体系和开放的怀疑主义视野之间的一种中间领域的认识论"，这是恰如其分的。① 具体地讲，科学修辞学的认识论地位主要是由以下几方面决定的。

### （一）科学修辞学可以通过建立特殊个体事件与一般抽象原则之间的关联而创造一种"逻辑性知识"（logical knowledge）

在科学研究中，经验材料和事件与科学原理和规则往往处于一种分离的状态：经验无法不通过任何媒介跳跃到理论层次，理论也不能无条件地渗透到观察。科学中确定性的"仪器理论"和猜测性的"对象理论"也不是泾渭分明的，科学家无法由单个观察证据或观察证据群的不确定性直接过渡到研究结果和理论的确定性。从逻辑关系上讲，这就是单称观察证据与全称理论之间的不对称难题。这一难题由于科学修辞学的介入迎刃而解。一方面，科学修辞学可以通过具体化的分析活动和抽象化的综合活动，给出经验观察相关事件的趋向图景，指出科学论述在不同境遇中的前条件集合，从而为科学理论对个别事件的整合奠定基础。另一方面，科学修辞学也可以将一套特定的原理系统嵌入具体分散的研究对象，在不同的观察难题中引入修辞分析，在理论的指导下实现多个难题、多个对象、多个领域之间的融通，为经验现象向科学理论的上升准备条件。这样，通过架构个别事件与一般原理之间由此达彼的桥梁，科学修辞学较好地解决了关于观察与理论的逻辑难题。

### （二）科学修辞学可以通过建立特定经验与公共范畴之间的关联而创造一种"社会性知识"（social knowledge）

不同研究主体得出的科学结论是一种多元化产物，而科学界却又总是存在着不以个体意志为转移的公共的术语、尺度、标准和取向。因此，

---

① Farrell T B. Landmark Essays on Contemporary Rhetoric. New Jersey: Lawrence Erlbaum Associates Publishers, 1998: 55.

单个科学家的特定经验与整个科学界的公共范畴之间不可避免地存在差异。科学修辞学就是消除这种差异的有效武器。科学修辞学一方面承认科学范式或科学框架的独立性存在，认为这表明了不同科学主体解决科学难题的不同性质、方式和特征；另一方面也主张超越研究主体的相对狭隘视野，扩展到整个学派、学科以及相关专业的广阔领域，把差异的甚至是矛盾的科学论述引导到公共的甚至是相同的交流平台上来。也就是说，"所有科学论述都是修辞的，因为它包含了把其他论述导向共同的趋势，以使所有的境遇现象和它们之间的关联成为可评价的和有意义的"[①]。进行修辞学劝导的结果，就是一种"社会性知识"的产生，它来源于特定经验但又超越了特定经验的片面性；它是对公共范畴的建构和运用但又避免了公共范畴的独断性。尽管这种知识像那些通过与外在世界的映射而建立的知识一样，也追求客观性，但却不能归约为科学体系的严密秩序，它在实质上是"主体间性的""过渡性的""不确定的"和"潜在性的"。

## （三）科学修辞学可以通过建立预设前提和先验原理之间的关联而创造一种"推理性知识"（theoretical knowledge）

科学研究是从初始条件通过各种定律、规则进行推导直至得出未知结论的过程。但究竟什么是初始条件？在逻辑推导的过程中初始条件和定律如何保证自身的合理性和正确性？这是早在康德理性批判哲学时就试图解决的问题。一般地讲，科学研究的初始条件不外乎两类：一是经验观察证据；二是先验公理。但是，经验观察证据在没有被符号化和公式化为预设前提之前无法纳入逻辑推导系统。经验观察是复杂的，作为其概念化结果的预设前提也就必然是多元的，这势必不能满足科学理论简单性和统一性的要求。在形式上是理性的、在实质上是经验的预设前提又如何取得不证自明的先验公理的合法地位？科学修辞学就以对以上问题的解决而成为联结预设前提和先验公理的桥梁和纽带。首先，科学

---

[①] Prelli L J. A Rhetoric of Science: Inventing Scientific Discourse. Columbia: University of South Carlolina Press, 1989: 90.

修辞学可以运用构建知识和认同意义的"语言战略"和"发明战略"实现对经验观察资料的组织和论述，并通过符号和公式将它们纳入可解释的模型。其次，科学修辞学能够发现不同预设前提之间的差异和区别，并对它们进行"有理由"的建构和淘汰，从对外在世界的多元解释中选择出第一原理（first principle）。再次，科学修辞学对"第一原理"进行解释和应用，检验其理论价值深度和解释域面大小。最后，科学修辞学把最"有理由"和最有解释力的"第一原理"发展为"第一前提"（first premise），这也就是超越科学争论形式体系的"先验公理"。可以看出，从预设公理到先验前提的过渡在一定意义上也是一个遵循逻辑规则的推理过程，正是通过它，我们才可以从第一前提出发，得出最终的推理性知识。

之所以说科学修辞学是认识论，最根本的还在于，科学知识本身就是修辞建构的产物，有人甚至提出："科学彻头彻尾是修辞学性的。"[1] 从科学修辞学的观点看，科学知识不是对先验实在的个体反映，科学语言不是对世界事件的精确报告，科学论述也不是为某个科学共同体所垄断的私有领地，在科学的一切领域都存在着极为广阔的修辞学空间。科学的专业化和社会化也都离不开修辞学的参与：一方面，科学修辞学就是批判地研究人类科学知识的本质、基础、界限、标准和有效性的一门学问；另一方面，"只有通过修辞学，科学才成为生活的一种社会因素，科学论述由于它们所具有的修辞因素才获得其有效性"[2]。因而，科学修辞学登上认识论的舞台也就是一种必然。

## 二、科学修辞学的认识论特征

科学修辞学与传统认识论的一个重要区别就在于，它弱化了真理与效用、理性与理由、认识的客观性与协同性之间的严格区分，积极投身于科学论述的修辞学实践。科学修辞学的操作化和实践化倾向，并非对认识

---

[1] Harris R A. Landmark Essays on Rhetoric of Science: Case Studies. New Jersey: Lawrence Erlbaum Associates Publishers, 1997: xix.

[2] Jost W, Hyde M J. Rhetoric and Hermeneutics in Our Time. New Haven: Yale University Press, 1997: 318.

论的远离和摒弃，而是以一种更加现实和具体的形式加强了与认识论的普遍联系。而科学修辞学的认识论特征就在这些修辞实践中得到了体现。

1. 科学修辞学是一种符号行为（symbolic behavior）

对科学符号的结构、运算、结果的分析是科学论述的重要方面，这主要包括以下内容：①对科学论述进行符号化的阐释和提炼；②对符号化论述背后隐含的科学框架进行发掘和建构；③对科学框架中蕴含的我们理解世界的多种模式进行对照和比较；④将对实在和意义进行建构和解释的符号战略输出到科学受众；⑤接收科学受众对符号战略的反馈并进行调整和完善。这里需要注意这样几个问题：①在科学语言中，符号的和规范的层面优于实体的和技术的层面；②在符号行为的过程中，修辞功能是主导层面；③科学修辞学的符号行为，不仅包括信息的表述、传递和共享过程，而且包括意义的劝导、传递和共享过程；④符号行为或交往可以使主体在很大程度上摆脱科学认识论的具体境遇而客观地意指或陈述现实；⑤科学修辞学可以通过对符号或符号战略的选择而达到对科学现象和科学观点的论辩性选择。所以，"科学是修辞性的最根本在于，它包含了对符号的选择运用，以达到针对某一符号取向的协作态度和行为"①。

2. 科学修辞学是一种操作逻辑（working logic）

在科学修辞学看来，科学认识论中有三种不同的认识模式：科学、辩证法和修辞学。它们在对真理性知识进行确证的本质、过程、方法和途径方面都是不相同的，如表1所示：

**表1　科学认识论模式的区别**

|  | 科学 | 辩证法 | 修辞学 |
| --- | --- | --- | --- |
| 确证的本质 | 经验确证 | 逻辑确证 | 主体间性确证 |
| 确证的过程 | 发现和解释 | 归纳和演绎 | 激发和唤起 |
| 确证的途径 | 观察 | 二段论 | 劝导 |
| 确证的方法论 | 符合论 | 衍推论 | 交往论 |

---

① Taylor C A. Defining Science: A Rhetoric of Demarcation. Wisconsin: The University of Wisconsin Press, 1996: 105.

科学修辞学在本质上不是科学，但它的确反映了经验科学富于操作性的一面；科学修辞学不是辩证法，但却吸纳了辩证法的思维逻辑性和问-答模式与叙述-反馈模式，因而成为一种"有更好理由"的操作逻辑。这里需要指出的是，这种操作逻辑是一种"元逻辑"（meta logic），而不是"表述逻辑"（demonstrative logic）。它是对经验科学和辩证法进行扬弃的产物。一方面，它能够发挥经验科学易于与关于外在世界的第一原理建立直接关联的优势，而弥补其缺乏解释力和劝导力的不足。另一方面，它也能适应辩证法力图将第一原理应用于具体推演并作出局域性解释的倾向，而挽救它与预设前提脱节的现象，在实质上填平了介于前提和结论之间的鸿沟，保证了逻辑关系的完整性。在这个意义上，操作逻辑在修辞实践中起到了"元逻辑"的作用。

### 3. 科学修辞学是一种主题发明（topical invention）

亚里士多德曾说过："修辞学就是在特定情形下对最恰当劝导方式的发明。"[①]科学修辞学发明主要体现为一种主题发明，它包括以下几方面内容：第一，确立不同领域或阶段的特定目标；第二，在不同的修辞语境中确定所要求解的问题；第三，发明和选择可能的解决方案或途径；第四，设立一定的标准或界限，聚焦于难题要点，发现有说服力的线索；第五，从最有说服力的线索中创造性地提出最有理由的科学主张或假说。事实上：主题发明是一个素材组织过程，它要求在修辞目标和战略的指导下，对经验、理论、数据、材料等进行有针对性的选择和组织。主题发明又是一个认识飞跃过程，它要求从不确定的前提出发，在逻辑形式所不能达到的语境空间中，发挥修辞分析的创造性作用。主题发明也是一个视角转换过程，它要求在具体、特定的科学论述与抽象、综合的修辞战略之间进行积极的视角转换，在不可预见的修辞关联中发明全新的洞见和意义。主题发明还是一个语境负载过程，它要求修辞实践与特定语境相关，基于语境中的难题、对象和前条件集合做出对修辞主题的创造性选择。

---

① Moran M G, Ballif M. Twentieth-Century Rhetoric and Rhetoricians: Critical Studies and Sources, Westport: Greenwood Press, 2000: xiii.

4. 科学修辞学是一种战略设计（strategy design）

科学修辞学作为一种具有方法论意义的分析战略，已经被引入科学文本的构造和科学发明的表述当中。科学修辞学的四项战略设计要素——目标、计划、措施、事件，已经形成相互作用与反馈和自我调整与组织的控制体系。对科学文本进行修辞学的战略设计，可以在认识论层面达到这样几个效果：①在科学推理的意义上，通过战略设计，可以发明或选择新的命题。可以说，修辞战略的设计也就是科学范式的构建，在进行战略设计或范式调整时，必然要对已有的背景命题进行选择，对假说命题进行发明。②在科学解释的意义上，通过战略设计，可以克服和消除科学文本中不一致的表述，避免科学解释的失误，通过其显著的预测力和丰富的创造性，通过对事件的再概念化、对措施的再具体化，为科学解释提供进一步修正和调整的空间。③在科学争论的意义上，通过战略设计，可以帮助科学家设定有利于自己而不利于竞争对手的"硬核"和"保护带"，将战略设计的焦点集中于有意义的科学论述，并通过科学边界和修辞战略来抵御外界的干扰和攻击。

5. 科学修辞学是一种术语转换（terminology switch）

全部科学知识就是一个语言系统，对科学知识进行修辞分析，就必须在语言的层面上展开，对科学术语进行修辞性转换和重建。这种术语转换是通过以下途径实现的：①彻底抛弃科学体系中原有的术语，通过修辞方法形成新的问题、观察条件、实验方案，发明新的科学术语；②保留原有术语的形式特征，在不同的科学境域中赋予其新的含义或规定新的用法，用它表示与以往完全不同的指称对象，使其获得新生；③弱化科学辞典的分类范畴（taxonomy categories）和编纂规则，模糊观察术语和理论术语之间的区别，生成覆盖观察与理论两个层面、更具包容力的术语。科学修辞学术语转换的认识论作用就在于：一方面，通过引进新的术语，增加检验证据材料，重新构筑科学论述的逻辑体系；通过旧词转义，实现新旧理论在概念层次的联结与沟通，保证科学理论的连续性。

另一方面，抛弃旧的术语，编纂新的术语辞典，不仅改变了术语的指称以及决定指称的方式，更重要的是改变了这些术语"所附着的客体和境况"，亦即在概念层面上形成了不同的科学论述，展现了不同的可能世界。也就是说，术语的转换和革命，导致了科学的飞跃和革命。这充分说明："科学革命总是伴随着在研究自然中对修辞学的运用。"①

## 三、科学修辞学的认识论重建

随着科学对修辞学分析方法的借鉴和修辞学向科学研究活动渗透的双向运动，修辞学逐渐成为一种跨学科理论和横断性研究方法。更重要的是，科学修辞学推动了科学认识论在后现代主义哲学框架内合理而又自然的扩张，提供了一种开放的认识论选择，这在根本上是对传统认识论的实践重建。

### （一）认识论基础的重建：从理性（the rational）到有理由（the reasonable）

逻辑实证主义主张科学的发展、知识的增长唯一地依赖理性的进步，但随着科学事业的不断前进，这种理性主义认识论已经遭到强烈的怀疑和批评。科学修辞学认为，科学论述应当建立在一种"关于论辩性质的理论所能教给我们的知识之上"，对知识的衡量也必须引入具有论辩和修辞性质的"有理由"标准。"有理由"与"有理性"的区别就在于：首先，"有理由"是一种修辞式理性。理性在认识中的作用是决定、形成并规范知识，而以某种修辞方式或论证技巧对理论进行恰当安排和修饰，进行辩护和捍卫，为自身的优越性提供有理由的保证，这在实质上也是理性的一部分。理性的作用不仅体现在从逻辑的意义上对理论的发现和提出，而且体现在从修辞的意义上对它们的证明和论辩。其次，"有理由"是一

---

① Pera M, Shea W R. Persuading Science: The Act of Scientific Rhetoric. New York: Science History Publications, 1997: ii.

种或然性范畴。科学修辞学超越了科学逻辑的严格界限，在特定信仰、态度和行为基础上作出了有意义的判断和分析。可以说，一种理由就代表了一种基本信念，反映了一种价值取向，甚至折射了一种对外在世界的背景信仰，其中充满了非理性的内容，唯一遵循的规律也是"一般可能几率原理"（doctrine of general probability）。最后，"有理由"是一种境遇化存在。对科学论述的论证和辩护在不同的境遇中是非决定性的流变，无法用唯一的"有理性"去保障其普遍有效性。"有理性"可能发展为"无理性"，"无理性"也可转变为"有理性"。当"有理性"面对境遇变迁而不能为特定受众（particular audience）接受时，"有理由"不失为一种可以为普遍受众（universal audience）所接受的选择或退路。

科学修辞学的"有理由"，并不是对"有理性"的否定和排斥，而是对传统认识论的理性基础朝向实践化和社会化的重建。保持"有理性"与"有理由""形式理性"与"修辞理性""规范理性"与"实践理性"之间的必要张力，将是今后科学认识论发展的一个重要趋向。

### （二）认识论目标的重建：从证实（validation）到劝导（persuasion）

传统认识论认为，对科学理论的证实和检验是科学划界的必要手段，也是科学认识的最终目标。科学修辞学认为，即便是被证实和检验了的真值理论也会与别的理论存在差异，在发生分歧或冲突时，只有通过劝导和说服、提高理论的可接受力和可信任度，使之成为共同体的一致认识，才能在实质上证明自身的合理性。也就是说，"我们选择问题和解释结果的过程都是修辞性的，只有通过劝导，科学的意义和重要性才得以建立"[①]。

修辞劝导包括以下几个方面：第一，逻辑系统的劝导。科学理论是在通过逻辑结构统摄科学事实的逻辑演进中得到阐发和说明的，修辞学劝导首先是对科学论述逻辑结构的劝导，这是确立理论的优越性地位、说服他人的基本前提。第二，语言框架层面的劝导。任何理论及其解释系统都有特定的语言框架，修辞学劝导必须突破自身限制，实行语言框架的转译或

---

① Gross A G. The Rhetoric of Science. Cambridge: Harvard University Press，1990：4.

移植，形成可通约的语言框架，这是保证劝导顺利进行的必要条件。第三，理论模式的劝导。修辞学劝导要对理论模式进行语言学、审美学、心理学等多维度的组织，实现丰富经验内容和完美表述形式的有机结合，这是修辞学劝导过程中的重要环节。第四，背景信仰的劝导。任何科学论述都直接或间接、明显或隐蔽地蕴含着特定的背景信仰。所以，找到背景信仰之间的可能通道，提出可以接受的公共信念，这是修辞学劝导的本质所在。

科学修辞学劝导的认识论意义就在于：它是科学创造的激发过程，提升了人们发现新事实、检验新假说、完善新理论的可能性；它是科学方法论的具体化过程，以交往的方式突出了科学理性的载体和象征，为理论的比较和选择提供了证据背景和方法工具；它是科学知识的社会化过程，有助于打破专业壁垒和学科界限，促进科学共同体内部的一致和共同体之间的融通；它同时也是科学理论的再证实过程，推进和发展了理论逻辑证实的成果，实现了科学论述向形式真理、更大解题效力、"更好理由"的逼近。

### （三）认识论工具的重建：从逻辑（logic）到辞格（figure）

逻辑实证主义推崇逻辑分析方法并运用逻辑的画笔描绘了一幅精致的科学图景，但逻辑性仅仅是科学多棱钻石的一个侧面。尼采就认为，科学陈述其实都建立在修辞的操作上，"真理是一支由比喻、借代、拟人格等所组成的修辞大军。经过长期的重复使用，这些辞格的实在性、权威性和必要性已经得到确认"[1]。科学修辞学方法与逻辑学方法的区别就在于，它使用多种辞格而不是逻辑法则，辞格在本质上不是科学方法，但在科学中有辞格发挥认知作用的广阔空间，其中常见的是隐喻（metaphor）和模型（model）。

隐喻的认知作用主要在于"语义学领域的重新组织"[2]：第一，隐喻可以在两类客体之间发现类似、排除差异，将次阶客体的属性和特征比附于高阶客体，用后者的术语表征前者的意义。第二，隐喻可以利用两个

---

[1] de Man P. Allegories of Reading. New Haven: Yale University Press, 1979: 110.
[2] Rothbart D. Explaining the Growth of Scientific Knowledge: Metaphors, Models, and Meanings. New York: The Edwin Mellen Press, 1997: 48.

语义场的物理、心理和记号相似，破坏或颠倒两个逻辑极点（logic pole）之间的原有秩序和关系，移植、借用术语或创造新的术语来表述原有意义。第三，隐喻可以通过降低本体与喻体、中心与框架、主词与次词以及文字语义理解与意义隐喻理解之间的张力，从所指意义自我消除和毁灭的废墟中发掘出新的语义相关，获得新的指称对象。

模型根据结构和功能，可以分为规模模型（scale model）、语句模型（sentential model）、类推模型（analogical model）和理论模型（theoretical model）等。模型辞格的认识论功能主要有：解释功能，作为现实原型的摹本，对有关原型的观察、陈述、数据、图像作出修辞解释；判据功能，即借助于模型来检验关于原型知识的可靠性。由于它以纯粹的形式展现了原型的本质属性和过程，因而有着强的检验力；预见功能，作为原型绝对抽象的产物，揭示出科学论述在理想化条件下可能出现的情况，从而有助于形成科学预见或科学假说。

科学修辞学的形式、特征和功能内在地决定了它在人类知识和认识结构中的作用，表明了在科学论述中理解、掌握和运用修辞学方法的意义。但必须指出的是：第一，科学修辞学认识论的展开和实施，绝不能离开科学理性的指导，否则就有重蹈解释学转向覆辙或陷入后现代主义的危险。第二，科学修辞学的认识论功能是相对的，它不是认识论中的"上帝之眼"或"最高法庭"，而是对一切科学论述进行构造、解释和劝导的诸多可能方法中的一部分。第三，科学修辞学认识论与科学理性认识论是相容的而不是相悖的，它最终必须与经验的分析、实验的论证、逻辑的推演相一致。所以，客观地讲，科学修辞学仅仅是科学认识论的一个可能趋向或部分特征，其本身还存在着许多争议，还存在着不断合理化的漫长道路。

# 从科学逻辑到科学语用学

## ——论科学解释模型的范式转变*

作为20世纪科学哲学核心主题之一的科学解释（scientific explanation），在过去半个多世纪中，一直是"演绎－规律"模型（deductive-nomological model，D-N模型）的历史，支配着整个解释问题的发展。一方面，在分析哲学和语言哲学大背景下展开的这种科学解释模型，改变了20世纪初期把解释视为形而上学和神学而不是科学领域的普遍态度，使科学解释在科学哲学的研究中突现出来；另一方面，这种基于纯语形和语义学的模型，由于遇到了不可克服的逻辑困境而不得不寻求修正和改良，出现了一系列替代性解决方案，特别是，随着语用学分析方法在科学哲学中的普遍展开和应用，科学解释开始在语用学维度中寻求固有难题的求解，并试图由此来构建新的科学解释语用模型。因此，立足于科学解释的这一历史演变，内在地揭示科学解释从科学逻辑向科学语用

---

\* 本文发表于《自然辩证法研究》2003年第9期，作者殷杰、郭贵春。

学转变的动因、特征和意义，对于消解科学解释传统难题，构筑面向21世纪的科学哲学方法论，充分发挥自然科学和社会科学的解释功能，具有重要的科学价值和认识论意义。

## 一、亨佩尔的科学解释经典模型

历史地讲，从亚里士多德开始，人类对于自然的认识便不只停留在仅仅懂得现象"是什么"，而且试图去探讨"为什么"，解释现象背后的原因。这一思想得到了穆勒、波普尔等哲学家的赞同，尤其是休谟的因果陈述必须具备一个似律性陈述的论证，更开启了现代科学解释理论的雏形。然而，真正使大多数人认识到解释是科学的一个主要目标，要归功于20世纪初逻辑经验主义运动，它将哲学的任务看作是构建对基本概念的阐释，哲学应通过使用其他概念代替模糊概念来获得进步，因此合理地处理解释概念和被解释概念间的普通性关联，就成为科学认识的本质目标之一。

1948年，亨佩尔（C. Hempel）和奥本海默（P. Oppenheim）发表的经典论文《解释的逻辑研究》为逻辑经验主义重新恢复科学解释概念的地位起了领导性的作用。这一著名的D-N模型可以用以下五个命题来说明。[①]

（1）科学解释是对"为什么"问题的回答。

（2）解释的对象是描述现象的语句，而不是现象本身。解释的关系后承并不是世界中的事件和事物本身，而是解释本质上关心的是描述之下的事件或规律。

（3）解释包括以下逻辑条件：①被解释项必须是解释项的逻辑后承；②解释项必须包含普遍规律；③普遍规律必须源于被解释项的要求；④解释项必须具有经验内容。

（4）解释的经验条件是，组成解释项的句子必须为真。

（5）解释和预测在逻辑上同构，其差异仅仅源于语用的不同。

---

① Cohen R. The Context of Explanation. Dordrecht：Kluwer Academic Publishers，1993：1-4.

亨佩尔通过 D-N 模型，在预设的规律中把事实纳入解释中，一个事实的解释由此就被还原为陈述之间的一种逻辑关系，只要满足了解释的相关性和可检验性要求，并且前提全部为真的话，便是一个真正的科学解释，而语用方面则不必考虑。这样，在承继逻辑经验主义语形和语义分析方法的基础上，亨佩尔就为经验科学中的解释程序提供了一个系统的逻辑分析基础和统一的方法论基础，将解释还原为形式化的逻辑论证，使解释模型化，真正具备了科学的资格。可以说，这样一种科学解释的普遍观念，这种对自然现象科学解释的可能性意识，是 20 世纪哲学进步最为有意义的成就之一。

尽管 D-N 模型符合了我们关于解释的许多直觉，但在其中包含着亨佩尔所不能克服的基本逻辑困难。D-N 模型的核心观念是"解释要求科学规律"，事实只有被包摄于规律之下时才能得到解释。因此，自然规律应当成为分布于整个宇宙中的普遍定律，从而只有能够从基本规律中演绎出来的任何普遍陈述，才有资格作为被导出的定律。同时，形式化的 D-N 模型引入了标准的一阶逻辑演算，所有个体均被量化，普遍性通过量词来表征，故对特定事件的解释完全是在语义分析中给出的。这样一来，尽管科学解释有了规范化的基础，但是当运用这一模型对科学事实进行解释时，出现了与 D-N 模型对必然规律的不可或缺性，以及解释和预测间的对称性这两大基本主张相悖的反例。通常有以下三类"标准反例"。

第一类标准的反例是，D-N 模型过于宽泛，因为并不是所有包摄情况都提供解释，即便是当 D-N 模型的说明得到满足时。比如，按照 D-N 模型，钟摆的周期可以通过指出它的长度以及关系 $T=2\Pi\sqrt{(lh/g)}$ 得到解释。但如果这是一个解释图式的话，那么，我们解释钟摆的长度就是通过指出相同的规律和钟摆的周期。

第二类标准的反例是，此模式太狭窄，以至于即使存在包摄，也并不能获得解释的情况。比如，当一个人拿书架上的字典时，他的膝盖跪在桌子的边上并由此打翻了墨水瓶，弄脏了地毯。这个过程就是对地毯如何被毁坏做出的完全解释，但在此解释并未涉及规律。

第三类标准的反例是，有两种预测并不是解释，同时解释也不允许预测。前者之经典例子是气压计可以预测天气的特征，但并不解释它。后者之经典例子涉及依赖梅毒来解释梅毒性麻痹。梅毒是引起梅毒性麻痹的唯一原因，出现了梅毒性麻痹，可以直接通过梅毒来解释，但梅毒性麻痹伴随梅毒则很少。所以，出现了梅毒，我们并不能预测梅毒性麻痹一定会产生。

这些反例显露了 D-N 模型存在的许多可争论的方面。其一，如何排除掉那些具有偶然性的普遍概括，成为需要首先解决的问题。因为事实上，规律对于解释并不是必要的，形式化的要求只是针对科学理论。否则，所导致的结果只能是任何规律均能解释任何事实。其二，这种形式化不能够把解释项中的不相关因素排除掉，使得解释项中的非相关项参与了解释。其三，解释和预测的对称性问题。同一逻辑模式既运用于科学解释又运用于科学预测的情况并不普遍，在确定的约束条件下，预测作为从已知到未知的推论，与解释的意义阐释有着逻辑方法上的不对称性。其四，D-N 模型的形式化特征阻碍了概率概念的发展和对概率规律性的认识。因为某些满足 D-N 模型的解释，事实上并非真正的规律性解释，它们并不具有逻辑关联上的必然性，而只具有某种概率性。

## 二、替代性解决方案

亨佩尔所建构的科学解释 D-N 模型本质上是逻辑经验主义对科学认识的产物，带有深刻的逻辑经验主义思维痕迹。这一传统模式随着科学认识的深入，特别是逻辑经验主义的衰落和 D-N 模型所建基的形式化语言和语义分析等逻辑方法自身的种种困境而受到了愈来愈多的批判，并出现了许多替代性解决方案。

### （一）亨佩尔的修补方案

基于 D-N 模型所遭遇的种种反例，亨佩尔重新考察了整个科学解释的主题,意识到并非所有合理的科学解释均可归结为 D-N 模型,还存在着某些概率的或统计的模型。为此,他在 1965 年发表的《科学解释的若干方面》中,对统计解释的逻辑特征进行了探究,提出了两种统计解释的模型:"演绎-统计"模型(deductive-statistical model,D-S 模型)和"归纳-统计"模型(inductive-statistical model,I-S 模型)。前者通过从其他统计律的推演来给予统计概括以解释,而后者则通过在统计律的包摄下对特定事实进行解释。但它们都包含着统计律,解释项仅仅给予被解释项一个更高的概率,它并不是前提的逻辑后果。

但是,I-S 模型和 D-S 模型的归纳解释在许多方面都类似于 D-N 模型的演绎解释,比如,①都要求普遍律;②解释项和被解释项之间仍然是一种逻辑关系,不考虑语用因素;③解释和预测之间仍然保持对称;④解释项必须为真。因此,I-S 模型仍然没有摆脱 D-N 模型的影响。

当然,我们也应当看到,亨佩尔将统计分析引入科学解释,由对普遍规则的说明转向了对特殊事实和个案的说明,指出概率解释只具有相对的意义,仅仅是在认识论意义上与我们的知识状态和对该过程的客观描述相关,从统计解释的规律性和相对性的结合上论证科学解释模型建构的合理性和必要性,从而事实上他"已放弃了 1948 年论文中提出的仅仅根据语形学和语义学来提供科学解释说明的企图",应当说,"这是向前的一大步,而不是后退"[①]。

### (二)统计相关模型

亨佩尔的统计解释模型,特别是 I-S 模型中存在着严重的统计歧义性难题,即将统计不相关的性质引进了解释项中的"指称类难题"(reference class problem)。为此,萨尔蒙(W. C. Salmon)提出"统计相关模型"(statistical-relevance model,S-R 模型)来解决统计歧义性难题。在他看来,"统计相关"较之"高概率"是科学解释中更关键的因素,I-S 模型

---

① Salmon W. The spirit of logical empiricism: Carl G. Hempel's Role in twentieth-century philosophy of science. Philosophy of Science, 1999, 66: 343.

仅当对某一特定事实的解释是一种归纳论证，它赋予被解释事实以高归纳概率，而 S-R 模型则仅当对某一特定事实的解释是一个相关事实的集合，它在统计意义上与被解释事实相关，而无论其概率程度如何。所以，"统计的相关性在这里是必要的概念，它可望用统计上相关的而非统计上不相关的方式缩小指称类。当我们选择一个指称类用于指称某一特定的单一事例时，我们必须问是否存在统计上相关的方法去细分那个类"①。

在某种程度上，S-R 模型克服了 I-S 模型的一些困难，特别是在解决"指称类难题"时对实在性问题的涉及，促进了对理论实体的客观指称意义的相关性分析。但 S-R 模型在对指称类选择上具有一定任意性，并不能保证完全排除掉统计不相关因素，而且，萨尔蒙自己也意识到，概率解释背后隐含着的因果性对于指称类选择是关键性的，这也正是萨尔蒙后来转向赞同因果相关模型的原因之所在，由此，统计相关模型逐渐放弃了自己的科学解释自主形式，成为科学解释因果理论的辅助内容。

### （三）因果相关模型

克服 D-N 模型困境比较流行的方式是诉诸因果性的思考。萨尔蒙、费茨尔（J. Fetzer）等把因果关系引入解释中，提出了"因果相关模型"（causal-relevance model，C-R 模型）。该模型主张，"解释知识就是关于因果机制的知识"，"解释知识就是把模型向度注入描述和预测知识。它是关于什么是必然的和什么是可能的知识"②。C-R 模型认为解释并非是论证，而是指出和辨别现象出现的原因，即通过展示所被解释的如何适合于世界的因果构造来获得解释值。正像萨尔蒙所讲，尽管此解释仍涉及包摄，但这里的"包摄"是一种物理关系而不是逻辑关系，即因果是世界间事件的一种关系，而解释是这些事件的特征间的一种关系。

C-R 模型较 D-N 模型而言更符合于科学和日常生活中的解释实践，但它所遇到的困难也是明显的。非常显著的一点是，它使用的是一个成

---

① Salmon W. Statistical Explanation and Statistical Relevance. Pittsburgh：Pittsburgh Press，1971：42.
② Kitcher P，Salmon W. Scientific Explanation. Minneapolis：University of Minnesota Press，1989：128.

问题的"因果"概念，自休谟起，把因果视为一种心理习惯的观念使人们对使用"因果"概念具有恐惧感，而且，因果律发生作用尚受各种条件制约，因此，要发展一种适当的 C-R 模型，就需要寻求一种非休谟式的因果关系，其难度大大制约了 C-R 模型的发展。

### （四）一致性和统一性解释

在对 D-N 模型的替代研究中，尚有另外一种解释类型，这就是非因果解释，包括一致性解释（explanation by identification）和统一性（unification）解释形式。由于对变化的解释和对属性的解释并不同，因果模型只适合于前者而不是后者。因此，对于那些预先认为是可能相关但事实上同一的两个现象无法用因果律做出解释，正像阿洛森（J. Aronson）指出的"有一系列现象，其存在和属性都是偶然地相关，也即，对任何一个而言，都有可能在没有其他的情况下而存在并具有它所具有的属性。进而，我们用系统的各种特征阐明这些现象，在此，该系统的对象遵守特定的规律，即事件和属性的特定结合必须是在与这些规律相一致的方式中存在"[1]。一致性解释的关键点在于消除偶然性出现的同时将逻辑必然性转化为一种自然律的必然性。

统一性解释的提出源于费德曼（M. Friedman）认识到："科学解释的本质是……通过还原那些我们不得不作为最终的或所予的东西而接受的大量独立现象来增加我们对世界的理解。"[2] 解释的各个模型事实上就是诉诸更多可理解的规则和更高层次的规律来提供比被解释项更大的解释力，因此，解释的最终目的就是获得对世界的理解，理解是一种关涉全局的事情，随着我们减少说明世界现象所需要的理论或规律的数目，即随着统一性的增强，我们对世界的理解将会进一步增强。可见，统一性解释本质上并不是解释概念本身，而是成功解释的条件，需要结合上其他形式的解释来完成对世界的理解。

---

[1] Aronson J. A Realist Philosophy of Science. New York: St. Martins Press, 1984: 190.

[2] Friedman M. Explanation and scientific understanding. Journal of Philosophy, 1974, 71: 15.

## 三、科学解释的语用学转向

针对 D-N 模型而提出的各种替代性解决方案所遇到的种种困境表明：其一，由于驱动科学解释之兴趣的多样性，并不存在对 D-N 模型的一种成功的、广泛的和直接的替代物。解释模型是多元的，科学家作为变化着的共同体成员，总是借助不同的解释模型的解释力来判断和评价各种理论和假说；其二，一种客观而不依赖于解释实际被给予的特定情景的解释是不可能的，因为"解释不仅仅是一种逻辑的和意义的事情——语形学和语义学，它同样是语用学——即反映了我们使用的实践情景的语言维度"①。

在此方面，范·弗拉森（B. C. van Fraassen）解释的语用分析代表了对解释最复杂和完全的语用处理。他认识到，哲学家们根据抽象于语境和用法来说明其逻辑结构，从而寻求给出科学解释的形式分析，至少导致三方面的错误观点：①用理论或假说、现象或事实间的类似于描述的简单关联，替代实际上存在于解释中理论、事实和语境间的动态关联，导致理论和事实间的单一联系无法适合更多的案例；②用理论的真理性来评判其解释力，从而在逻辑上不能把解释力与相关真理性或可接受性相分离；③把解释视为科学探索的最终目的，而忽视了解释的成功仅是适当信息描述的成功，科学研究的价值在于其自身在经验意义上是适当的和强理论的。由此，范·弗拉森指出，"科学解释不是（纯粹的）科学，而是科学的应用。它是满足我们特定愿望的一种科学使用；这种愿望在特定的相互关联中不尽相同，但它们总是描述信息的愿望"②。从这一基本信念出发，范·弗拉森在构造经验主义的立场上，吸收了形式语用学，特别是疑问逻辑的研究成果，通过语用分析给出了自己对传统科学解释难题的求解途径。这种语用论解释模型的特点在于以下几个方面：

首先，范·弗拉森认为，一种解释就是对"为什么问题"（why-

---

① Rosenberg A. Philosophy of Science：A Contemporary Introduction. London：Routledge，2000：37.
② van Fraassen B C. The Scientific Image. Oxford：Clarendon Press，1980：156.

question)的回答。每一个回答都构成一个命题，并且每一给定命题均可由许多不同的疑问语句来表达。同样，一个特定的语句在不同的场合言说，又可表达不同的命题。在这里，问题的本质，以及什么构成一个对它的合理回答，在很大程度上由语用因素确定，即相关语境决定了所要提出的问题及对它的解释。因此，"为什么问题"具有一种"对照类"（contrast-class），它由用于对问题主题做出选择的命题集所组成。此外，"为什么问题"还包括确定解释相关性关系（$R$）的理由，问题的变化倚赖于所寻求的理由类型，并且它所确定的这种相关性关系进而就成为被表达命题的适当部分。总之，在特定语境中表达的"为什么问题"是由三方面的因素构成的，用符号表示为：$Q=(P_K, X, R)$，即"一种'为什么问题'$Q$是一个有序的三元组$(P_K, X, R)$，这里的$P_K$是问题的主题，$X$是由包括了主题的集合$\{P_1, \cdots, P_K, \cdots\}$所组成的对照类，$R$是相关性关系"[①]。这样，传统科学解释模型局限于理论的语义学特性并束缚于理论与事实的双边关系，就被理论、事实和语境三者间的多边关系所替代。

其次，范·弗拉森考察了对"为什么问题"的回答，认为一个命题可算做是对所予问题的回答，仅当能通过语境相关的关联关系确定，可表述为"$A$是对$(P_K, X, R)$的一个回答，仅当$A$相对于$(P_K, X)$具有$R$"，由此，$A$就是一个与$Q$相关的命题。一旦$A$的相关性被建立，那么，在已接受的背景理论和事实信息实体$K$（在此，$K$的内容是语境的一种函数，特定的问题由此语境而产生）的基础上，它的解释值就可由以下三个标准来评价：第一，$A$为真的可能性；第二，$A$支持主题$P_K$的程度超过对照类中其他成员支持的程度；第三，在与其他回答的关联中来比较$A$的成功。在此，范·弗拉森用语境来规范那些相关事实中具有解释相关性的不对称关系，同时确定某些理论或信念来决定哪些因素可能，从而用概率来解释科学，即$A$支持$P_K$的程度超过$X$的其他成员的程度，依赖于$A$是如何从其他成员中来分配概率函数并朝向于$P_K$的，就是说，在$A$增加（减少）$P_i$的概率时，如果他的后概率$(P_i, A\&K_Q)$相关于$A$，则

---

[①] Grimes T R. Explanation and the poverty of pragmatics. Erkenntnis, 1987, 27: 80.

此概率比它的先在概率（$P_i$, $K_Q$）更大（更少）。因此，$A$ 是对所提问题的更好回答就在于，它在支持 $P_K$ 方面要比其他竞争性回答更可能和更为有效。

最后，由此，范·弗拉森给出了他的"回答问题的解释模型"，该模型包括三个方面：①解释模型要求有需要解决或回答的问题，即"为什么问题"；②科学解释是对问题的回答；③科学解释需要在问题的回答中做出更恰当的选择，即科学模型总是具有一个伴生的评价系统。可见，一种合理的解释仅仅就是一种合理的回答，在其中，一个很可能为真的相关命题，强烈地支持此问题的主题超过它的对照集的其他成员，并且不为其他成员的出现所遮蔽。

可以看到，这种基于语用分析的模型的核心是语境，因为它内在地包含了三个语境相关的成分，即：①被一个所予疑问句表达的特定的"为什么问题"；②在对答案的评价中所使用的背景知识 $K$；③包含在问题中用以确定解释相关性本质的关联关系。正如范·弗拉森指出的，"欲成为解释首先应是相关的，因为一个解释就是一种回答。既然解释就是回答，那么它就是相对于问题来被评价，即对一种信息的要求。但应明确的是，这里借助于'为何是情况 $P$'所要求的信息依赖于语境而不同"①。因此，"为何是情况 $P$"的意义是它被言说时的语境函数，可见，并无单一的解释关联关系，而是，关联是基于人的愿望和兴趣，并因而不可避免地从一种语境到另一种语境地变化。

范·弗拉森的语用论科学解释模型根据做出解释的解释者来阐明事实，反对解释是独立于充满了语境的语言单元，而认为解释依赖于主体，由于解释语境的差异，不同解释主体形成不同的提问方式，因而形成特定的回答方式，特定的解释形式。这促使人们普遍地认识到，一个所予事件不只存在一种正确解释，科学解释中存在着语用域，它的功能就是从一系列客观地正确的解释中挑出一个特定解释。这种语用学的分析转换了人们的思维视角，超越了逻辑经验主义"所有解释都是唯一地运用

---

① van Fraassen B C. The Scientific Image. Oxford: Clarendon Press, 1980: 156.

语形和语义分析"的教条，表明对科学理论的认识已不仅仅是科学解释的问题，而应从科学共同体的意向、心理、行为等各个方面认识，在科学语用学基础上所建构的解释才能对科学理论的本质做出真正认识。

正是在这个意义上，科学解释模型从科学逻辑到科学语用学的范式转变，并不是要绝对地排除科学逻辑的作用，而是试图在科学语用的基础上，把逻辑所强调的语形和语义、语用所突出的是解读和发明有机地结合起来，在具体的语言使用的语境中，通过对话和交流，超越科学家的语词的文字意义去理解信念意义，超越科学文本的意义去把握语用的推论，所以，只有通过语用分析方法的扩张，才能更好地理解和解释科学理论的实质内涵，并在科学的实践中获得自身目标的实现。可以说，用科学语用学来解决科学解释难题，不仅是科学哲学自身发展的必然态度和结果，更是解决科学解释问题最有前途的方式和最新趋势。

# 数学：我们能够对你说些什么？*

## 一、引言：数学是什么？

数学是什么？这是一个让许多人思索了许久、困惑了许久的问题。罗素不是说过这么一句初读起来让人难以理解的话吗？"数学是这样一门学科，我们永远不知道它说的是什么，也不知道它说的是否正确。"

可以直言，我国学人最初接触"数学是什么？"这个问题时，大都很自然地接受了恩格斯在19世纪对数学本质的这样一个论述：数学是关于现实世界数量关系和空间形式的科学。然而随着人们对19世纪之后的现代数学和哲学有了更多更深的认识之后，原有的观念开始动摇，甚至瓦解了。

19世纪中后期以来，数学家对数学本身的兴趣空前高涨，他们除了关注现实世界的材料与经验外，更多地关注数学内部的需要和听从自己

---
\* 本文发表于《科学技术与辩证法》2004年第1期，作者郝宁湘、郭贵春。

悟性的引导。非欧几何、四元数理论、抽象代数等都是数学内部需要的产物和人们悟性——智慧的结晶。集合论的创始者康托尔就在19世纪晚期指出了:"数学是绝对自由发展的学科,它只服从明显的思维。就是说它的概念必须摆脱自相矛盾,并且必须通过定义而确定地、有秩序地与先前已经建立和存在的概念相联系。"① 到了20世纪,新的思考几乎没有停止过,其中有两种观点可以说是很有代表性的。其一,数学是研究客观世界和逻辑可能的抽象结构的科学。例如,我国著名数学家丁石孙教授就持此观点,许多苏联数学家也是持此观点的;其二,数学是研究模式的科学,模式既可以是现实世界的,也可以是抽象世界的。例如,我国数学家徐利治教授就持此观点,当今一大批美国数学家也持此观点。这两种观点较之恩格斯那时的定义,无疑是大大进步了,这已是大家的共识。关于这两个定义,在目前来看,对于纯粹的数学家也许已经足够或满意了,但要从哲学的角度来反思,我觉得尚有值得探究的问题。至于说数学研究的对象到底是量的关系,还是秩序、结构,或者所谓模式,这不是一个主要问题,也不是哲学性的问题——它更多的是一个数学性问题。这只要静观一下现代数学本身就可以回答。我们真正关注的问题是:这个模式(或结构、量)是谁的模式——现实世界的还是抽象世界或可能世界的?如果说是现实世界的,那么怎样判定?有一个现实有效或可操作的判定标准和方法吗?要知道,数学是数学家心智的产物,没有数学家就没有数学。怎样能判定由人的心智创造的概念性或理念性的模式就一定会与客观现实相符合呢?如果说它不是现实世界的,那么它又与现实世界有着怎样的关系呢?此外,它与以现实世界为研究对象的自然科学又有怎样的关系呢?为什么一再有人在感叹"数学在自然科学中那不可思议的有效性"呢?还有一个更困难的问题是:如果说数学模式不是现实世界的,或不具有现实意义,那么怎样理解"任何一种事物乃至整个大自然都具有数量关系和几何结构"这一基本的传统观念?等等,这些问题就是本文试图回答的内容,同时我们也愿在回答这些问题

---

① 李文林. 数学史教程. 北京: 高等教育出版社, 2000: 7.

的过程中，就罗素的那句充满睿智的话给出一个解说。

## 二、"我们不知道它说的是什么，也不知道它说的是否正确。"

"数学是这样一门学科，我们永远不知道它说的是什么，也不知道它说的是否正确。"罗素这段初看无理，实则充满睿智的话，确实让一些人困惑了许久。但放在这里作为本节的标题是最恰当不过了的。这里，我们愿在回答"模式是谁的模式？"这个核心问题的过程中，提供一个对罗素这句话的解释。

模式是谁的模式？这个问题其实也可以换成这样一个说法：数学的主体是谁？不过这个转换容易造成误解，需要做点解说。它实际上包括两个含义：一是从发生学意义上讲的，是谁创造了数学？二是从本体论意义讲的，是什么负载着数学？或者说，数学在（或存在于）哪里——现实世界还是独立自在？下面我们先从发生学意义上谈谈第一个小问题：是谁创造了数学？

我们以为，数学是数学家们的天才建构，是数学家们的心智产物，没有数学家就没有数学，这是不容争辩的铁的事实。故我们把此作为我们思考问题的或论述的出发点和逻辑前提。由此前提，我们要对数学说的第一句话，也即它的第一个基本特征是：数学、数学对象是人的心智的产物，具有鲜明的属人性。

数学是人的心智的产物，而最重要、最原初的人的心智建构形式是数学直觉。这也是历代许多数学家的一个基本共识。数学直觉是一个较"神秘"的概念，因为我们对它还知之甚少。在我们看来，它是人的思维的一种先天本能（生物遗传意义上的），是对量的秩序、关系、结构、模式的一种突发性、整体性的感觉和领悟。正是在这种数学直觉作用下，人们建构了一批又一批最初的或全新的数学对象。数学对象的属人性，首先就表现在它是人的创造物。其次是数学的结构、表形也是属人的。自然数是全部数学的基础，它就极具属人性。谁也不会否定，自然数的结构保留了人的十个手指留下的不可磨灭的印迹，正如丹齐克所说：

"人类采用十进制乃是一种生理上的凑巧。"① 至于自然数的表示，不同的民族采用不同的符号来表示，如我国在商代用甲骨文 一二三亖𠄡 表示1、2、3、4、5。可以说，没有一个数学符号（一切数学表形）不是人为约定的。而且数学符号约定或选定好与不好，直接影响到数学发展的快与慢。最后，数学的属人性还在于建构数学的目的就是为了满足人的需要和应用，人的需要是推动数学发展的基本动力。例如，我国古代名著《九章算术》，它从一开始就是作为一种工具——满足人们实用目的和需要的工具而被创建的。古希腊的几何学尽管不是为了直接的生产、生活需要而产生的，但也是为了认识大自然、理解大自然而产生的。

进一步，关于数学是人的心智的创造物，还可作这样一番猜测。数学（乃至一切科学文化）的产生与发展，及其本质与特征，与人的生理本性——整个神经系统，尤其是脑神经系统的结构、功能（包括各种感觉系统、感觉功能）有着密切的关联。或许正是因为有了这样的生理神经系统，才有了如今这样的数学理论。应该指出，这里我们主要是从类（整个人类）的意义上而说的。当然，不同的个体（个人）其神经系统结构和功能是有一定差异的，而这种差异则主要反映在数学风格上有所不同，以及每个数学家研究视角、方向和其他因素的不同。恩格斯有过这么一段话，它有利于理解我们上面所说的意思，故摘抄如下："对我们来说不可能有不是以地球为中心的物理学、化学、生物学、气象学等等，而这些科学并不因为说它们只对于地球才适用并因而只是相对的而损失了什么。如果人们把这一点看得很严重并且要求一种无中心的科学，那就会使一切科学都停顿下来。对我们来说，只要知道，在相同的情况下，无论在什么地方，甚至在离我们右边或左边从地球到太阳还远一千万亿倍的地方，都一定有同样的事情发生，那就够了。"② 他还说："当然，我们永远不会深悉，化学光线在蚂蚁眼里究竟是怎样显示出来的底蕴。谁要为这件事情苦恼，我们可一点帮助不了他。"③ 这就是说，一切科学都是

---

① 丹齐克T. 数: 科学的语言. 苏仲湘译. 北京: 商务印书馆, 1985: 13.
② 恩格斯. 自然辩证法. 北京: 人民出版社, 1984: 102.
③ 恩格斯. 自然辩证法. 北京: 人民出版社, 1984: 104.

以人为中心的，"人是万物的尺度"。尤其是非经验科学的数学更是人的心智的产物。我们所说的数学是人的数学，而不是蚂蚁的数学。至于蚂蚁有没有数学、有什么样的数学，人是无法知道的。作为人这个类，他所具有的生理系统的结构、功能决定了他的感觉、思维的一切。当然，具体是怎样决定的，这是由神经科学、脑科学、心理学、认知学等研究的问题。这里我们只是给出这样一种猜想。

通过以上的论述，我们不难认定，人是数学的创造者，并从这个意义上讲，人是数学的主体。这样我们便回答了前面的第一个小问题。

下面我们需要回答的是第二个小问题：是什么负载着数学？或者说，数学在（或存在于）哪里——现实世界还是独立自在？这是个数学本体论方面的问题。

尽管数学是人的心智的产物，具有鲜明的属人性、主体性，但一旦它的基本概念、基本公理和推理规则构造完成，它就立即获得了确定的自主性和客观性。也就是说，数学理论具有高度的自主性、客观性。所谓自主性，就是存在数学自身固有的结构、特性和发展规律，就是意味着独立存在。例如，人们可以任意给出一个一元二次方程，但关于这个方程的解，人们只能去发现它、求解它，而不能随意地决定和指派。又如，人们可以任意给出一组相对完备的公理，但不能随意地给出以这组公理为基础的理论中的定理，人们只能依此公理组逻辑的去构造。就如萨普所说："一旦我们选定初始概念，我们就失去对推论结果的控制。"[①]它们潜在地既定地决定了以其为基础的全部结论，人们所能做的就是去发现这些结论。可以说，数学理论一旦在观念上存在就开始了自己自主的生命和历史。数学这种自主性是不以人的意志为转移的，因此也可以说是一种客观性，尽管它仅是数学客体或数学世界自身的客观性（观念或理念世界也具有其不以人的意志为转移的客观性）。也即萨普所说的，在最初的选择限制和在无法控制的推论结果方面，数学有它某种客观性和很大的明确性。数学理论是自主的，但不是自发的，离开了人的心智，

---

① 中国社会科学院哲学研究所.国外自然科学哲学问题（1990）.北京：中国社会科学出版社，1991.

数学理论的建构、发展是不可想象的。因此，数学的自主性主要是指数学建构、发展的一种潜在的尚未实现的逻辑必然性，把这种必然性转变为现实的是人的心智，故数学理论从发生学的角度讲，它是有主体的。正是在这一点上，我们认为，数学世界有别于柏拉图的理念世界，因为那是一个"没有认识主体的"世界。数学柏拉图主义无法解决发生学意义上的所有问题。我们以为，设想一个独立于人、超越于人的理念世界的存在是难以想象的，但接受一个由人创造的理念世界是自然的。

数学世界是人造的世界，因此，从发生学的意义上讲，数学只能是发明而不可能是发现——数学世界相对于人而言，它并不具有逻辑的先在性、完成性。只是相对于人发明了它的基底（基础命题集）或曰出发点、生长点（可比喻为"种子"），数学的世界才逻辑地潜在着，即未展开、未显现地存在着。这个出发点、生长点，即数学世界的"种子""基因"，蕴含着相应数学发展的基本内容。其中的有关内容（定理或命题）则是由人们发现的而非发明的——由于其逻辑的必然性或自主性，人们只能是去发现、探寻，而不能再自由地创造。可以说，数学之"种子"将长成什么样的树、开出什么样的花、结出什么样的果，那是由种子决定的，人们只能为它的成长辛勤地耕作。但是，作为数学之种子本身，则是人类的创造物。人类——数学家，乃是数学之种子（乃至整个数学世界）的"上帝"。他创造了它，赋予了它旺盛的生命力。生命一旦诞生，便开始了它自主的历史。仔细想来，数学真像一棵茂盛的参天大树，一棵盘根错节的古柏。

由上论述，可以看出数学世界是一个属人的且独立的理念世界。之所以说数学世界是独立的，不仅是因为它具有高度的自主性、客观性，同时还因为它是一门有别于一切经验科学的科学，这既表现在它的形式上的符号化，更表现在它的内容上的超验性，即数学世界是一个不具任何经验内容的纯理念世界。这也就是说，如果撇开发生学意义上的问题，那么并没有什么负载着数学，数学是自在的，也即数学不存在于现实世界。之所以这样说，是因为我们没有任何实际的可检测的根据来表明数学的现实经验性。从这个意义上讲，我们不妨认为数学是没有任何经验内容的（或许，更确切地说，数学世界是否具有现实经验性，是不可言说的或不知道的）。

　　哲学界有一些人根据数学在自然科学中的成功应用，以及部分数学的现实来源（启示），认定数学是对现实世界量的关系和空间形式的正确反映。我们认为，这种观点有需要探讨的地方。在我们看来，数学的成功应用只是也只能表明它的有效性，这与数学是否与现实世界量的关系是符合的，或者说与数学是否反映了现实世界量的关系，是完全不同的两回事。因为数学反映了现实世界量的关系的这种常识见解归根到底只是一种信念，我们实际上并不知道也无法判别我们的数学理论是否达到了与现实世界量的关系相符合，也无法判别数学在其发展过程中是否正在向现实的量的关系前进或逼近。因此，把数学看作是现实世界量的关系和空间形式的正确反映这种观点是不可检测和不可捉摸的，它只是一些虚设的目标。作为现实世界量的关系，我们原本就是不知道的（这正是数学研究和科学研究最初的主观目的），我们又怎么能够知道由人的心智构建的数学是不是反映了本体事物量的关系。这里既没有本体的真实蓝本可作比较，也没有实际的可操作的检测标准和方法来说明数学反映了现实世界量的关系。在我们看来，可检测的具有实际意义的就是数学的有效性。另外，对数学理论的实践检验都是间接的，需要借助于其他各种科学的检验来检验。一门数学理论在某门科学理论中适不适应、成不成功，并不意味着它是否符合现实世界或具有现实意义。欧氏几何不适应于相对论，但它适应于牛顿力学。这也说明数学的有效性是不依赖于它的"现实真理性"的。其实，数学在科学中的应用总是作为一种方法、工具和语言出现的，因而无所谓真和假、对与错，更谈不上它们的现实意义或现实原型，而只有一个好用不好用、有效无效的问题，这只是一个与目的、需要相关的问题。

　　另外，那些人大都把数学中一些基本概念或公式来源于某种现实经验的启示看作是对数学具有现实意义的证实。从数学发生学的角度讲；数学的产生确实受到过来自外在经验和自然科学的启示和影响，然而启示不等于反映。关于这个问题正如前面所提到的萨普的"神说和数学"，神话虽然常常是以现实中的日常概念为基础的，但是它却不具有现实的原型。数学与现实的关系就如同神话与现实的关系，一方面少数基本数学概念的产生受到过来自外部世界的启示，但另一方面它又是人的心智的建构。数学偶然所面对的与其说是直接的经验实在，不如说是这种经验实在的"神话"变型——启示性直觉。就是自然数、三角形等这些最基本的数学对象或概念，也没有根据说它是经验事实在人的心智上的反映，但却知道它是凭借人的心智（直觉和逻辑）而构造的。这些基础数学一经产生就立即得到了普遍而有效的应用，十分自然地就被人们赋予或强加给了面前这个真实的经验世界——把一种令人满意的、可理解的、属人的形式强加给了这个世界。很多人都认"1"的概念就是所有单个事物在数量上的共同反映，"圆"的概念则集中表现了所有圆形事物在形式上的共同性，对此人们都认为这是不证自明的"事实"。之所以说数学的"圆"反映了圆形的现实事物在形式上的共同性，那是因为有关圆的理论在现实中的应用是有效的。这里涉及的实际上就是数学的有效性，只不过由于基础部分的这种有效性有其更直接、更普遍、更直观的特性，人们便直接把这种有效性上升为一种"现实真理性"，并赋予相应理论一种现实的本体论意义。然而，如非欧几何在它刚刚诞生之际却没有人说它是对现实世界空间形式的反映，相反受到了众人的攻击，这是因为它在当时是与人们的直观和经验相抵触的，在实践中没有得到成功的应用。只是当它后来在相对论中得到了成功的应用，人们才普遍地接受了它，甚至认为它是比欧氏几何更深刻地反映了现实世界的空间形式。总之，从数学的产生受到过现实经验的启示并不能推出数学就具有现实真理性——与现实符合。人们之所以那样认为完全是基于这部分数学具有更直观、更普遍的有效性，而有效性不等于现实真理性。

综合上述，我们认为，数学是一个由人的心智建构的具有属人性、自主性、客观性和超验性的理念世界。由此，我们便不难理解罗素的那前半句话了——我们永远不知道它说的是什么——因为纯数学是与现实无关的，它不具有任何现实意义，即数学理论只不过是个由一些没有实际意义的纯形式语句构成的集合。这样，我们自然不知道它说的是什么了。

"也不知道它说的是否正确？"罗素这后半句话涉及的主要是数学真理性问题。关于数学的真理现，我国许多学者都认为，数学具有逻辑真理和现实真理双重内涵，把逻辑证明和实践检验看作是确认数学真理性的两个不同层次的标准和手段。但是根据前文所述，我们认为，所谓数学具有现实真理性和相应的实践标准只不过是数学是现实世界量的关系这种观点在真理观上的一种反映。尽管如此，数学并非不具有现实的有效性，实践也并非不具有对数学价值的判断作用。应该承认，数学的成功应用是数学现实有效性的表现，而数学应用的有效性正是其价值的体现。实践则是检验数学应用价值的标准和手段，但价值不等于真理。数学的真理性只能是一种逻辑的真理性，即依"基本命题集"（基本概念、公理、逻辑规则）的真。判断这种真理性的手段就是逻辑证明。数学家、哲学家彭加勒也早就说过："在数学中，当我们拟定了作为约定的定义和公设以后，一个定理就只能为真或为假。但是，要回答这个定理是否为真，就不再需要我将要求助的感觉证据，而要求助于推理。"显然，这种真理只是一种相对真理，是相对于特定数学体系中的"基本命题集"为真。有多少个不同的或独立的"基本命题集"，就有多少种数学，进而就有多少种真理。而"基本命题集"是人的心智（主要是数学直觉）的产物，因此它的真理性只能来自人的心智——数学直觉。但是由于人的心智和数学直觉极为复杂，我们至今也看不到"基本命题集"的真理性的深层根据，故只能暂且把它看作是人为的约定，或者说只是一个信念集。好在有了这么一组人类共同的约定和信念，就可以在其之上构建起如此丰富、深刻、实用的数学，人们也就暂可不去管它的真理性。另外，一个简单的"基本命题集"能够逻辑地派生出一个相当丰富而深刻的数学体系，这本身也就说明了它的合理性或可接受性，尽管这并不等于真理性。我们认为，"基本命题集"的真理性只有随着人类对人的心智、直觉等内容有了更深刻、更详尽的认识后，才可望获得突破性的认识。直觉主义数学和哲学为人们认识数学的"基本命题集"的真理性指出了一个方向，但远没有获得令人满意的解答，我们还需要不断地探索。

至此，我们需要补充说明的一句是，以上所言完全是针对通常人们熟悉的"演绎数学",而不指20世纪80年代后悄然出现的"实验数学"。对于"实验数学"的认识,可参见拙文《论实验数学对欧几里得范式的挑战》①。

基于上述,我们便也不难理解罗素那后半句话了。对于数学定理我们只能问也只需问它是否通过了正确的逻辑证明,至于它是否与现实世界相符那是不得而知或也无需要知。所以我们"也不知道它说的是否正确?"

### 三、"我们只知道它说的是否有用。"

"我们只知道它说的是否有用。"这是我们在罗素那句话之后接着想要说下去的另一句话。

数学与现实世界没有直接的关系,没有任何实际的意义,但是它与研究现实世界的自然科学密切相关。那么,它与自然科学有什么样的关系呢?为什么一再有人感叹"数学在自然科学中那不可思议的有效性"呢?

关于数学与科学的相互关系,有一个流传十分悠久并不断被人们赋予新的含义的观点:数学是科学的语言。这一观点我们基本上是赞同的。对此我们曾从数理逻辑中的模型论的角度做过一个解释。用一句模型论的话说,数学与科学的相互关系,就是语言、理论与解释、模型之间的关系。或者说就是语法与语义之间的关系。数学是科学的(形式)语言、理论,而科学则是关于数学的解释、模型。何以这么说呢?这可以从以下两个方面来谈。

首先,数学相对于科学和现实世界可以被看作是一种形式语言、形式理论。因为相对于具有实质内容或意义的自然科学和现实世界,数学是不具有经验内容或意义的,它是独立的超验的形式体系。在这个体系中,不存在有经验内容或意义的命题,只有一些形式化的符号、语句。严格地说,连语句都没有,只有"语句函项"——不具有经验内容、意

---

① 郝宁湘. 论实验数学对欧几里得范式的挑战. 自然辩证法通讯. 2002,(3):28-34.

义的数学符号和数学表达式（公式）。只有当给这些语句函项赋值（给予实质性的解释）以后，它们才能称为语句或命题——具有经验内容和意义的科学命题。因此，严格地讲，如果不只限于数学的内部，那么数学只是一个非语义的语句函项集，亦即一个非语义的"理论函项"。当然，这并不妨碍人们可以在数学内部称有关的表达式为语句或命题。另外，数学在科学中的有效应用则从另一个角度表明了数学是科学的语言。科学尤其是科学的定律、模式，无不是由数学来表达、建构的。一条科学定律实质上就是一个数学公式或方程。科学的数学化，深刻而现实地表明了数学早已实际地充当了科学的语言。

其次，反过来说，科学是关于数学的解释、模型。从毕达哥拉斯开始，到哥白尼、伽利略、牛顿，无不认为自然界是按数学形式设计的，研究数学的根本目的是为了揭示大自然的奥秘和规律。直到现代，不少著名的自然科学家依然坚持这一信念，或受这一思想的影响。琼斯、爱丁顿、爱因斯坦等人均表述过这种想法。[①] 然而数学并不直接对自然界做出解释，单纯研究数学，并不能了解自然界的奥秘。相对于大自然，数学只是一个没有意义的语句函项集或理论函项。即数学语句、理论是有缺陷的、不完整的，是需要通过实质性解释予以补充的，只有给出了相应的自然科学的解释，它们才成为一个完整的解释大自然的语句、理论。这种实质性解释使得科学成了对于数学的解释或模型。数学是一个非语义的语句函项集或理论函项，这是模型论给予我们的重要启示，也是我们对"数学是科学的语言"这一传统观点的新认识。

不过，到此还有一个重要的问题我们没有谈到，它就是：怎样理解"任何一种事物乃至整个大自然都有数量关系和几何结构"这一基本的传统观念？确实，我们每一个人早就接受了这样一种观念：任何事物都有着自身内在的量的属性，就如任何事物都有着自身内在的质的规定性一样。然而真是这样的吗？如果真是这样的，那么这种大自然的数量关系和几何结构与数学家的数量关系和几何结构又有什么关系呢？非欧几何

---

① 克莱因.数学：确定性的丧失.长沙：湖南教育出版社，1997：352-362.

诞生之前，不存在这样的问题。那时大自然的数学与数学家的数学是一致的统一的，亦即数学家的数学被认为就是对大自然的数量关系和几何结构的正确反映。但是，非欧几何诞生之后，人们逐渐认识到，不是一种几何，而是几种几何；几何也不是现实的反映，而是人类自由悟性的产物。大自然的数量关系和几何结构是欧氏的还是非欧的？还是其他什么的？没有人能回答。从那时起，数学被分化了——数学家的数学和大自然的数学。人们常常困惑于二者之间，或为二者的关系所困惑。

大自然真有数学吗？没有。大自然的数学其实完全是由人所设定或假定的。谁认识了大自然的数学，谁知道大自然的数量关系和几何结构是什么？谁也不知道。人们用来描述大自然数量关系和几何结构的无不是数学家的数学。可为什么人们会具有"任何一种事物乃至整个大自然都有数量关系和几何结构"这一基本的传统观念？我们认为，深藏在这一观念背后的是人的需要。——需要有效地、可操作地认知、控制和利用大自然及其客体。这也是一切科学研究包括数学研究的终极目的。而要做到这一点，必须对大自然及其客体给出数学的描述。更确切地说，是必须人为地赋予大自然及其客体应有的数量关系和几何结构。

大家知道，如果要求一个科学理论或模型是应用上有效的，那么这个理论或模型就一定要包含一些定量的成分，使我们有可能对它所描述的事物或现象进行时空的定位和预测。一个单纯的定性描述或预测，如没精确地指明时间和位置，在实践中就不会有多大作用。如石油勘探，若不能明确地指出石油储藏的地点、深度和储量，那这个勘探有什么价值呢？这就是说，能够用来做出预测从而采取有效行动的理论或模型必须是定量的、数学化的。对相关事物或现象赋予定量的、数学的描述，是人自身的需要——有效地、可操作地认知、控制和利用大自然及其客体的需要。既然大自然及其客体的数量关系和几何结构只是人为地赋予的，那就无所谓对与错的问题，而只有有效与无效的问题。运用数学建立起的科学理论，如果能够合理地解释有关的自然现象，或有效地控制自然过程，或有效地利用自然客体，那么我们就说，人们赋予了相关自然现象、过程和客体有效的数量关系和几何结构。否则，有关赋予就是无效的。这也就是我们接着罗素那句话之后说出的"我们只知道它说的是否有用"这句话的意思。

至此，我们想对"数学是什么？"这一问题给出一个简要的回答：

数学是人类为了有效地认知、控制和利用自然界及其客体而创造的一种抽象的、逻辑可能的形式结构或模式。

# 科学修辞学的方法论意义 *

　　修辞学作为一种方法论理论，经历了从古代的论辩修辞学到文艺复兴时期的文学修辞学、18 世纪启蒙运动以来的哲学修辞学和现代科学修辞学的形态变化。在这一发展过程中，修辞学不断丰富着自身的研究对象，扩张着自身的有效论域，在方法论的层面上呈现出一幅从形式的文字修饰到本质的陈述建构、从单纯的情感劝导到复杂的意义认同、从平面的逻辑阐释到立体的修辞发明的生动图景。在自然科学研究的过程中，修辞学的方法也得到了广泛的借鉴和运用，展示了它在表现形态上的丰富性和多样性，在现代科学方法论的发展中占据了重要的位置。伽达默尔就曾讲道："我们应当捍卫修辞学相对于现代科学具有初始性的主张，因为一切希图有实际用途的科学都依赖于修辞学。"[①]

---

\* 本文发表于《科学技术与辩证法》2004 年第1 期，作者李小博、郭贵春。
① Jost W, Hyde M J. Rhetoric and Hermeneutics in Our Time. New Haven: Yale University Press, 1997: 318.

## 一、科学修辞学与语言

科学修辞学拥有比较宽广的理论领地和操作空间，但在其从形成到发展的历史进程中，一直与语言及语言使用的问题保持着紧密的关联，修辞学作为一种方法论的完成和体现，也总是与特定的语言系统特别是科学研究的语言系统相关。科学修辞学是对传统语法、语义修辞分析狭隘性和片面性的超越，并在具体的语言框架中来完善自身，这一点既是对修辞学源远流长的学科传统特征的继承和弘扬，也是科学修辞学发展的一个普遍的本质要求，必将随着修辞学的不断进步，继续得到强化。一般认为，科学研究领域的语言分为三个部分，即逻辑语言、观察语言和理论语言，它们之间的区分是基于其指称对象的不同而确定的。逻辑语言是指那些纯粹符号化和形式化的数学语言，观察语言是指在日常生活和一般科学研究的意义上能够进行观察的实体的表达，理论语言则是无法用简单易行和直截了当的方法进行测量的实体的表达。相对而言，科学修辞学的分析对象主要是观察语言和理论语言。这是因为，科学观测对象是可以直接把握的实在性实体，而科学理论是不可直接把握的抽象性实体，尽管我们可以通过多种途径拥有关于实在实体和抽象实体的判断和论述，形成关于这些实体的语言和知识，但它们中的很大一部分，特别是科学理论，并不是我们能够直接观察、测量和评价的。为了能够传递关于某个理论的语言和知识，必须首先构造某种可以称之为表现物的东西，以某种语言、符号和代码去表达这个理论或者对这个理论进行编码和信息处理，并在此基础上进行修辞分析。这就是说，任何科学语言都要经历"实在→理论→理论表达→理论表达修辞"这样一条道路。在此过程中，必然需要对修辞学方法的运用。

### 1. 科学语言的语形修辞

在科学语言的语形问题上，存在着两种不同的观点和传统：一是自然语言学派，二是人工语言学派，其中后者占主导地位。科学修辞学并没有倒向这两种传统中的任何一种，而是坚持一种功能主义的立场，主张无论是理想语言还是人工语言，都必须有助于对语言的意义建构产生影响，能够更好地表达科学理论或假说，更易为科学共同体及科学受众理解和接受，也就是说："科学语言的建构是为了反映或预设最有理由被接受、最没有理由被怀疑的结论。"[①] 所以，科学语言的语形修辞，就是要用修辞手段去重建科学语言和知识系统，把科学术语和理论的符号、形式和结构等更加清楚明白地表述和展现出来，从而更加形象和具体地揭示出科学语言符号之间的逻辑关联。科学语言的语形修辞是对逻辑分析方法和修辞分析方法的综合运用，所要达到的目标也是科学语言在逻辑和修辞双重意义上的完美性。相对于逻辑分析方法侧重科学语言的明晰性和准确性，修辞分析方法更加强调用修辞学的"奥卡姆剃刀"对那些模糊的、冗长的、含蓄的、存在歧义的表达进行剔除，以达到科学概念和理论的简单性和严整性。经过修辞分析的科学语言主要可以分为三类：①图像语言，其特点是可以概括简洁、形象直观地对研究对象的形状、结构和特性进行描述，还可以显示变化的规律以及对不同实验条件进行对比；②符号语言，其特点是结构紧凑、高度抽象、书写方便、学科通用，可以用约定俗成的表达方式来代替自然语言中的科学术语、概念和运算方式；③模型语言，其特点是可以利用两个语义场之间的物理相似、心理相似和记号相似，运用等同、引申和类推方式，通过对经验系统和理论模型的定义来表征和解释科学现象。"科学喜欢使用学术性的词汇，因而形象的比喻在科学中经常没有位置，但是类比和模型作为非学术性的语言，在科学中却是必需的。"[②] 除此之外，科学语言的语形修辞还要注意概念和理论在表达、说明、描述、论证、推理等方面的完整和严谨，保证词语与词语、词语与句子、句子与句子之间逻辑关系的充分、严谨、细致。科学语言语形修辞的方法论意义就在于，它为科学理论作为一个语言系统的形式化和公理化奠定了逻辑结构和关系的基础，为判断科学陈述的一致性和完美性提供了形式的标准，也为科学共同体接受、发展还是反对、抛弃理论提供了审美的标准。

---

① Pera M, Shea W R. Persuading Science: The Act of Scientific Rhetoric. New York: Science History Publications, 1997: 98.
② Kimball J. What are We Doing When We "Talk Science"? http://iteslj.org/Artiles/Kimball-Science.html.

## 2. 科学语言的语义修辞

通过语形修辞，科学语言可以形成一种结构性的逻辑和修辞关系，可以对科学术语和理论的逻辑结构和语形规则进行表达和限定，实现对科学陈述的重建，但是对科学语言修辞本质的揭示"并不是通过将话语语义学还原为词汇实体的符号学来完成的"，还必须通过语义的层面获得进一步的说明。对科学语言进行语义修辞的实质就在于，通过修辞手段确定词项和语句等表达式以及整个语言系统的意义性条件和授义方式，亦即创造性地赋予意义。语义修辞主要在三个层面上展开：一是科学词语的语义修辞。科学语词的语义是由经验内容和关于其本质的理论内容所决定的，在某种意义上也是由语义能指和所指所决定的。所指是容纳于特定形式中的意义，能指是承载特定意义的形式。语意修辞就是要运用"对应规则"在能指和所指之间建立语义比较、语义映射、语义替换、语义传递的关联，在不存在形式化逻辑通道的地方修架由此达彼的语义桥梁，并使科学语词的意义澄清和精确。二是科学语句的语义修辞。科学修辞学是一种创造性的活动，其本质不在于修饰性的形式和技巧，而在于主体通过对科学对象的观察、测量、领悟、想象，发现和认识其间的相同或相似之处，为符号的所指创造无限多样的可供选择项，在有差别的对立的科学语句之间创造出新的同一，从而重新反思和构建科学语句，产生新的深层意义。这样，通过语义修辞，"能指"形态的确定性和"所指"本质的稳定性都得到了充分的体现，科学语句也实现了形式上的不断完美和意义上的不断深化。三是科学理论的语义修辞。科学语句不是孤立存在的，而是作为一个有组织的整体来面对感觉经验的法庭，所以在科学语言中，真正有意义的是具有经验内容的科学理论。科学修辞学一方面用严格、精确的逻辑规则约束、规定和保证了科学理论的简单性、融贯性和准确性；另一方面又要以丰富、生动的模型、隐喻、类比等修辞方式来实现科学理论的相关性、一致性和普遍性，使作为整体的理论受到严格的语义限定，走向合理的、有效的、有说服力的必然陈述。科学语言语义修辞的方法论意义就在于，它"符号化地为我们命名、摹写和定义经验提供了理由,并且使这些经验变得有意义"①,它同时也能够成为词语与对象、理论与实在、抽象与具体、概念与系统相一致的中介,减弱滥用科学语言、歪曲概念指称、修改理论意义的形而上学弊病。

### 3. 科学语言的语用修辞

科学修辞学的一个重要理论基础就是"三角关系"隐喻,这种观点认为,任何科学认识和劝导的过程,都必须把修辞者-修辞主题-修辞受众作为其实践基质,科学语言的语形和语义修辞仅仅是为科学修辞的丰富性提供了可能,它们生成的只是局限于特定境遇中的语义理解,这可以成为科学修辞的基础,但却不能保证有效地调动修辞受众的经验库存,激活修辞创造,因而也就不能形成科学修辞者与修辞受众的交往联系,不利于科学理论有理由性和可接受性的确立。所以,科学语言语用修辞的实质就在于,它要超越语形与语义修辞的权威和职能,为科学语言提供有意义的功能解释的可能性,并促使科学语言和理论的产生由内在向外在、由主体到受众、由个体到共同体的转化,对什么样的语用使科学符号和理论变得有意义这一问题做出解答。在科学语言的语用修辞中,有两个关键的问题:第一,语境构造的问题。科学语言以及对科学语言的选择和解释都是语境相关的,语用修辞只有通过语境的作用才得以实现。语言构造和修辞者的信念、前在的或者潜在的语言修辞行为、相互关联的修辞者与修辞受众的背景等组成了修辞的"语用语境"(pragmatics context)。语用修辞进行语境构造的目的就是要对上述要素进行整合,在科学共同体内部、科学共同体之间以及科学共同体与科学受众之间形成一个无形的但却是持续有效的"科学语言共识界域",这一界域决定了人们理解世界的有效方式,因而也就决定了对其内部事物特别是科学认识的一切表达,所以能够作为一种潜在的语境或者规范直接作用于科学活动,并使科学活动得到合理的理解。第二,科学语言与受众的关系问题。科学语言的语用修辞是一个对科学语言与科学受众之间的

---

① Gross A G, Keith W M. Rhetorical Hermeneutics: Invention and Interpretation in the Age of Science. New York: State University of New York Press, 1997: 72.

关系进行恰当处理，从而使语言适应人同时使人适应语言的过程。一方面，语用修辞要为了受众而充分调整科学语言；另一方面语用修辞也会对科学语言进行彻底的更新。不过，无论调整还是更新科学语言，都要求语用修辞必须符合用来保证有效交往行为的几个标准：①真实性，科学语言对经验世界和理论的表达，对某一科学事实的陈述必须满足真理性的需要；②真诚性，表达言说者或修辞者必须用科学语言真诚地进行表达，以便受众能够信服和接受；③恰当性，语用修辞必须选择切合语境与受众意向的科学语言，以便导向交往行为相互认同的目标。在这里，"修辞的目的不再是寻找在每件事例上发现可行的说服方式的能力，而是'为了增进理解，研究人们相互误解和消除误解的良方'，是一种把'相互隔绝的人们联系起来的工具'"[①]。

科学修辞学作为一种方法论的进步与发展，是与如何看待符号、语句、理论之间的逻辑关系、如何赋予并解释科学语言陈述的意义、如何建构科学语言使用者之间的交往行为密切联系在一起的。在这里，对语言问题的研究，对语形、语义、语用的修辞，对修辞语境的设定，既是科学修辞学作为方法论发挥作用的应有功能，也是科学语言乃至整个科学事业取得进步的必要条件，所以，有人说"所有的科学语言，即便是数学的形式语言，离开修辞学都不能工作"[②]，这是很有道理的。

## 二、科学修辞学与"发明"

修辞学是一门深入研究人类知识的性质、根据、局限、标准以及合法性的艺术，它为我们提供了进行理解和解释的原则、概念和程序。之所以说科学修辞学是一种方法论，就是因为在将修辞分析方法引入科学论述的前提下，在科学解释学、科学社会学和科学哲学相统一的基础上，

---

[①] 肯尼斯·博克等. 当代西方修辞学：演讲与话语批评. 常昌富，顾宝桐译. 北京：中国社会科学出版社，1998：20.
[②] Krips H, McGuire J E, Melia T. Science, Reason, and Rhetoric. Pittsburgh: University of Pittsburgh Press. 1995：67.

修辞主体可以为新的学科、理论和解释逻辑的产生及扩张提供可能的创造空间，并在逻辑形式所不能达到的境遇中重建科学论述及其内在意义和外在指称。所以，科学修辞学作为方法论是一个发明、创造和批判的过程，也是一个对关于科学论述的理解图景或意义图景的重建过程，正是这一点决定了科学修辞学所拥有的、跨越学科之间与理论之间绝对界限的、横断的、元分析方法的性质。

### 1. 科学修辞学的"战略发明"

从辞源的角度讲，科学修辞学的"发明"（invention）来自传统修辞学的"构思"（invention），原指修辞在任何具体的场合寻找所有相关的论点及论据的系统调查过程。但是，"发明"突破了"构思"仅仅作为文学层面的谋篇布局和风格设计而存在的局限性，突出了修辞学在致力于传递信息、产生观念和调整态度并有目的地构造语言活动中的创造性，进而围绕所要修辞的对象形成了一套完整的原理和程序，这也就是所谓的"战略"。科学修辞学的"战略发明"，就是要通过修辞分析来确定特定的境遇中什么是核心的对象，什么样的问题作为修辞的必备条件必须予以说明，如果要说明应当采取什么样的解释和修辞策略等。"战略"对修辞者的作用就像实验室的研究程序对化学家的作用一样，它通过一套系统的方法指导来使修辞者全面地确定修辞的对象、目标、境遇、效果等。概括地讲，"战略的作用是制造文本并为其定位，使文本发挥作用，这就包括了知识、力量、时机、技巧和判断等因素"[①]。这里的"知识"，是指科学修辞学的战略发明必须在一定的科学概念结构和理智背景的基础上进行，"力量"是指战略发明的目标是使科学论述在战略的引导下拥有更好的劝导和说服力。"时机"和"技巧"要求战略发明必须针对不同的研究对象、科学受众和修辞境遇选择最恰当的修辞手段，"判断"指出战略发明同时也拥有对科学修辞效果进行检验和鉴定的职能。这几个要素组成了科学修辞学战略发明的基本结构，也决定了科学修辞学战略发明的

---

① Gross A G, Keith W M. Rhetorical Hermeneutics: Invention and Interpretation in the Age of Science. New York: State University of New York Press, 1997: 133.

方法论功能。具体来讲，科学修辞学包括三项基本的战略发明：①共有性战略：它将研究的焦点集中于科学的共有性特征，将修辞学的概念突出为"境遇性的和演说性的"，从而从方法论的层面强化了科学语境的分析意义和作用。②认识论战略：它将研究的焦点集中在后实证主义框架内被改变的科学认识论地位，将修辞学的概念突出为"给出理由"和"组织争论"的活动，从而在非形式化的层面上深化了科学活动的理性功能及其可推论性的特征。③发明性战略：它把研究的焦点集中于科学知识生产的可推论的层面，把修辞学的概念突出为社会性地建构理智知识主张的发明系统，从而强化了科学发明的劝导性和创造性。[①]事实上，科学修辞学的战略发明是一个复杂的选择过程：第一，选择可以进行修辞分析的科学文本和可能被劝导的科学受众；第二，选择和确定科学论述中核心的概念与论述的结构；第三，在把握修辞对象和修辞目标之间同一与差别的基础上，选择和确定修辞技巧；第四，在理论与研究方法相关的条件下，选择和确定适当的方法论程序和规则。需要指出的是，科学修辞学的战略发明不是作为一种超经验的系统存在的，其最终结果总是要嵌入特定的科学论述和难题之中，修建不同论域之间的可能通道，直至形成不同的发现和辩护的关系域或语境。

2. 科学修辞学的"主题发明"

"主题"思想是科学修辞学中的一个基本观念，能否对这一观念给予合理的理解和应用，是科学修辞学得以立足的重要前提之一。这是因为，"修辞者的任务就是发现和建构拥有似乎合理性和可能性的论述。如果他要艺术性地完成这一任务，他的努力中就必然要包括对'意见'的研究，以便找到恰当的材料和结构。在这个过程中，修辞研究的主题方法就是非常重要的了"[②]。在科学修辞学看来，在进行修辞建构的过程中需要考虑三方面的问题：第一，科学修辞的对象和目的总是处于彼此分离的状态，

---

① 郭贵春. 语境与后现代科学哲学. 北京：科学出版社，2002：35.
② Prelli L J. A Rhetoric of Science: Inventing Scientific Discourse. Calumbia: The University of South Carolina Press, 1989：63.

修辞论述只有围绕一个清楚和确定的目的进行建构才能拥有集中性和一致性；第二，科学修辞学必须能够确定在不同的境遇中所要讨论的问题以及与这些有关的问题如何组织，发明的程序也要判断哪些问题值得研究；第三，科学修辞学还必须对处于争论中的问题的焦点进行判断。无论是对修辞目的、修辞问题的确定，还是对修辞目的和问题焦点的判断，在某种意义上都是一个修辞主题的发明过程。科学修辞学的主题发明一般可以分为两个种类或层面：一是用来指导人们在任何科学论述中都可以运用于任何修辞对象和受众的一般的和普遍的主题；二是对特定修辞主体、对象和受众来说是特殊的论题的具体主题，这两种主题具有不同的论题范围和操作空间。但是，无论哪一种主题，一般说来，对它们的发明往往都要受到两个不同理论域的影响，一个是心理学，另一个是语境论。科学修辞学曾经运用心理学的术语来探索和揭示主题发明的深层心理结构，展示修辞主题之下存在的心理动机和意向的层面，并且借鉴行为主义的方法来考虑促动修辞主题产生的原因。但是，在主题发明的过程中，修辞者并不是完全根据一个预设的心理计划或者一个抽象的心理反应来建构论述，而是要设想将要达到什么样的修辞目标，确定修辞主题在整个劝导过程中的地位，选择那些能够促使特定的境遇性受众产生回应的主题内容。所以，主题发明并不仅仅由对普遍受众都正确的心理原则来决定，而是由个体受众在具体境遇中经常运用的判断模式来决定，因而也就要求非心理主义和非形式主义的"主题逻辑"。这种逻辑认为，科学论述的指向和相关模式都需要得到心理－逻辑－语境的检验，任何被发明和选择的主题都需要与文化、社会和科学受众所持的思维系统相关并趋向一致。这种被检验的相关性和一致性不是形式的、普遍适用的，而是一种境遇性和逻辑性联合发挥作用的判断行为。可以说，主题发明引导了修辞选择，但并不能决定修辞选择，它也不仅仅依赖于心理学的科学推理形式标准，而且依赖于语境论的"合法性"和"有理由"标准。由于拥有不同难题、约束、理论关联和文化前提的受众对"合法性"和"有理由"的判断标准也存在差异，因而，对科学论述的修辞实践就必然需要形成拥有一致范式的共同体。

### 3. 科学修辞学的"共同体发明"

有人认为,"不管库恩的理论存在什么困难,他关于科学进步理论的整体意义都可以概括为由逻辑学向修辞学的归约。科学理论只有在范式中才是可以论证的,但只有在修辞性劝导中才是可以接受的"[①]。这种观点表明,科学是一个竞争与协商共处的过程,是一项成见与公意并存的事业,全部科学论述就是纷繁复杂、彼此敌对的争论,它们从不同的层面和视角提出、发明、提升和改造了我们对世界的信念和对科学的理解。所以,科学修辞学也必须在科学争论的层面上进行操作实践,将真理诉诸集体性的意见和知识,将科学与共同体结合起来,创造出或者寻找到有利于共同体成员的基本信念、科学术语和理论边界。换句话说,科学修辞学的实质也就是通过"共同体发明"来修辞性地建构"范式"。相对于传统修辞学而言,"共同体发明"是一种"强"修辞分析。传统修辞学的"弱"修辞分析,关注如何运用修辞手段来使科学文本和论述更好地应对受众的反应,这种修辞分析有两个目的:一是揭示在修辞分析中存在的主体－文本－受众语境,以及在这种语境中发展起来的多元化的交往类型;二是运用修辞手段来维持和捍卫科学主体已经取得的经验,防止在科学争论中的历史性遗忘。这样做的结果就是,科学修辞效果不确定性和相对性的一面被人为地夸大了,导致科学受众对科学修辞的不信任。科学修辞学的"强"修辞分析则关注如何运用修辞手段,使科学论述在被科学受众理解和接受之前,首先获得科学共同体的认可和信任。如果说传统修辞学的关键词是"规劝",强调修辞目标"有意的设计",那么科学修辞学"共同体发明"的关键词就是"认同",强调修辞效果的"无意识达到"。二者之间的不同就在于,前者注意到了科学活动的目的因,后者挖掘了所有科学共同体中自觉或不自觉地普遍存在的"认同意向",并且力图促成科学成员之间这种"认同"的实现。概括地讲,"共同体发明"可以达成两种认同形式:一是通过强调共同体内不同成员

---

① Vattimo G. The End of Modernity: Nihilism and Hermeneutics in Post-modern Culture. Cambridge: Polity Press, 1988: 137.

之间在深层兴趣、信念、心理、情感方面存在的相似之处，而形成他们的"同情认同"；二是通过发现并努力消除科学共同体成员之间的差异、分歧、竞争、对立，而形成他们的"对立认同"。"强"修辞分析相对于"弱"修辞分析的优越性在于，科学共同体内形成的"认同"在实际上也拓展到了主体－文本－受众语境，"科学受众对科学论述的判定，不是依据形式逻辑的原则，而是依据被接受的共同体的问题、价值、预期和兴趣"①。通过"共同体发明"建构的"修辞范式"的意义就在于，它指出了可能存在的争论和修辞问题以及可能的解决途径，指出了适合科学研究和科学修辞的可接受的事实和现象，指出了科学术语和论述修辞性运用的意义，它可以成为决定科学研究和操作的规范性法则，可以成为科学修辞的预期形式，也可以成为表述科学理论的恰当方式。不过，这一切都不是形式的、逻辑的，而是建立在已被共同体所接受的信念基础之上的。

之所以认为科学修辞学具有"发明"的方法论意义，也是与科学理论本身的"发明"本性密切相关的。从修辞学的角度讲，科学论述是发明而不是发现，这是因为发现是找到已经存在的东西，是一个对科学知识确定性提出质疑的隐喻。如果科学知识是被发现，那么它就是相对确定的，也就从根本上取缔了修辞分析方法的地位。但是，科学史在很大程度上是由错误理论组成的历史，发现是以一种与科学史不同的方式来使用的一个敬语。说科学修辞学是发明，就是对所有科学论述的历史偶然性和境遇变异性实质的承认，即便是那些最成功的科学论述。"如果科学论述是发现，那么它们不可避免的过时性就是难以解释的。如果这些论述是修辞发明，那么它们根本的脆弱性就无需解释。"②

## 三、科学修辞学与"解题"

现代著名的修辞学家 K. K. Cambell 曾经将修辞学的本质特征概括为

---

① Prelli L J. A Rhetoric of Science: Inventing Scientific Discourse. Calumbia: The University of South Carolina Press, 1989: 7.
② Gross A G. The Rhetoric of Science. Cambridge: Harvard University Press, 1990: 7.

命题性、公共性、实践性、诗学性和解题性这么几点。① 在他看来，科学修辞学的任务就是在公共的境遇中运用诗性语言和修辞手段来对科学命题中存在的难题进行分析和解决，而那些不能系统地解决科学难题的修辞论述就会被认为是在科学上缺乏有理由性，所以"解题"也是科学修辞学一项重要的方法论功能。不过，科学修辞学的"难题"与科学的"难题"是不同的，科学修辞学的"解题"与科学的"解题"也是有区别的，正是"解题"成了科学修辞学方法论得以展开的一个重要前提，也正是"解题"确立了科学修辞学方法所直接面对的文本对象，构成了修辞学方法获取和提升意义的必要条件。

1. 科学修辞学"难题"的内涵

在西方科学修辞学的著作中，"难题"采用了"stasis"而不是"problem"的词形，是有一定道理的。这是因为，科学研究中的难题（problem），无论是经验性的、理论性的还是陈述性的，一般都是以如下三种发问的形式成为主体的观念形成物的：①"X 是什么？"这是有关识别或判定认识对象时的发问形式；②"Y 为什么？"这是要求回答现象的原因或行为目的时的发问形式；③"Z 怎么样？"这是要求描述认识对象的状态或过程时的发问形式。而在科学修辞学中，难题（stasis）的一般发问和推理形式则是：如果提出的科学论述是 X，在这一论述中有着 A、B、C、D、E 等限制性的境遇，在潜在的发明选项 P、Q、R、S、T 中，哪些选项能够在提供这些限制和发明的境遇中使科学论述更具有理由性和可信任度。可以看出，科学修辞学的难题其实是基于多个可能目标、多个可能问题、多个可能的修辞进路而产生和存在的，对难题的解决也是通过针对关于特定论述的特定境遇难题，调整科学有理由性标准和选择有理由的修辞方案来进行的。在科学修辞学中，我们首先面对的是四项"上级难题"，它们确立了关于科学研究的修辞功能的可争论的焦点。这四项难题是：提出证据、解释建构及信息、评价难题的价值和科

---

① Cambell K K, Burkholder T R. Critiques of Contemporary Rhetoric. Boston: Wadsworth Publishing Company, 1997: 4-5.

学方法的运用。其中,证据的难题来自在科学研究和论述领域中什么存在什么不存在的疑问,它在事实上是对科学修辞学解题目标的确定。解释的难题来自关于理论及其建构的意义的疑问,它在事实上是对科学修辞学解题内容的确定。评价的难题来自被赋予经验、语言、论述的价值的疑问,它在事实上是对科学修辞学解题意义的确定。方法论的难题来自关于科学研究活动和修辞程序何时存在的疑问,它在事实上是对科学修辞学解题路径的确定。而在这四项"上级难题"的任何一项中,又都存在着必须被解决的"次级难题",它们是:①猜测的难题亦即对证据可行性和可靠性的疑问,物理学中引力波的高速流动问题就是这种难题的典型案例;②定义的难题亦即可行的证据意味着什么的疑问,古生物学中软体动物分类的问题就是这种难题的案例;③定性的难题亦即证据如何能被应用于得出关于现象存在的结论的疑问,实验心理学中记忆传递的问题就是这种难题的案例;④说明的难题亦即哪些证据为科学论述提供了更可靠基础的疑问。这表明,在一般情况下,在任一特定的科学论述背后,都至少隐含着相当复杂的修辞学难题,它们彼此交错,相互关联,形成了科学修辞学实践操作的前提和基础,所有的修辞者,包括科学家,所有科学研究中有理由的修辞目标都必须调整和解决这些难题和困惑,因为它们对于特定科学论述的选择和定向,具有本质的修辞学的限定功能。①

## 2. 科学修辞学"解题"的方法

科学修辞学对修辞难题的解决是依据一定方法论步骤的,这包括以下几点。第一,在对科学论述进行理解和解释的基础上,对论述中存在的修辞难题进行分类。科学修辞学的难题可以概括为:①关于事实的问题,确定修辞难题是否存在;②关于定义的问题,确定修辞难题是什么;③关于本质的问题,确定修辞难题所从属的领域和范围;④关于行为的问题,确定应当执行的修辞职能。第二,形成解决修辞难题的前设规范。修辞难题的选择和解决是一个社会化的过程,必然会遇到分歧和争论,

---

① 郭贵春.后现代科学实在论.北京:知识出版社,1995:40.

因而在解题之前首先确立能够产生共同体内具有凝聚力的修辞规范就是十分必要的。科学修辞学解题规范的功能是在一个具体的层面上指出境遇性地看待某个难题的方式，解题只有在共同体享有具体的修辞方案时才能够完成。解题规范拒绝了对解题方法基本问题进行深层探讨的需要，促使共同体将注意力放在解题上。通过限制共同体修辞解题的视野和焦点，解题规范蕴含了将所有修辞实践导向一致的趋势，以使所有的解题活动成为有意义的和可评价的。第三，针对不同的修辞难题选择和确定有效的解题方法。归纳起来讲，科学修辞学的解题方法主要有三类：范例、类比和隐喻。这些方法原本属于文学修辞领域，但在它们接受调整、在科学修辞的发明中得到运用以后，就拥有了特定的、解题的方法论功能。"范例"解题方法类似于科学研究中的"个案分析方法"，其目的是为所要修辞的论述对象提供特殊的、有力的例证。在解题的一般原理法则与科学论述之间出现矛盾和问题时，修辞者就需要使用范例方法。虽然它对最终建构结构性的、原则性的修辞体系来说意义并不明显，但可以澄清和提升对业已建立的原则和秩序的信念。所以，范例既能够引导对结构性法则和定义的阐述和修辞，也能够作为已经被接受的法则及结构的标本和榜样。"类比"解题方法基于两个不同指涉物之间的相似之处，通过指出某一结构模仿了另一更为熟知的结构而对科学理论进行建构。它遵循这样的表达和运作形式：A 对 B 来讲类似于 C 对 D。当科学的共同体和受众断定支配某一科学论述的结构性原则和表达与支配另一论述的结构性原则是相似的，类比方法就发挥修辞解题作用了。运用类比方法，科学和修辞主体能够对已有的论述及思维进行重新定向，改变和转换表述某一难题的方式，从而创造出新的科学语言和理论表达。"隐喻"解题方法并不像传统修辞理论和文学批评认为的那样，仅仅具有修饰性作用，它不是对科学论述的词句包装，而是能够将源于不同理论域的内涵和关联聚集到一起，通过直接运用对一个科学对象来说恰当的语言和论述，将它作为一面透视和折射的镜子，最终使两个分离的领域联结到认知和修辞的关联中。通过隐喻，我们可以将约定的意义替代为在逻辑上采用其他形式的概念和表述，并经由这两个意义系列的相互作用实现科学论述之间的相互渗透和劝导。当然，科学修辞学解题方法的具体操作会随着修辞境遇而变化，但范例的典型性、类比的贴切性和隐喻的精确性，却是检验解题方法有效力的重要标准，同时也是科学修辞学解题方法论的必然要求。

3. 科学修辞学"解题"的特点

从科学史上许多科学家对其理论的设计和论证中可以看到，事实上他们早就在其归纳和演绎的研究方法中渗透了科学修辞学的解题方法，科学理论的发展也越来越受到了科学修辞学分析实践的影响，这是与科学修辞学解题方法自身所固有的本质特征不可分割的。具体地讲，科学修辞学解题的特点主要有：第一，解题目标的创造性。科学修辞学的"解题"绝不是单纯的"答疑"过程，也不是单纯的辞藻修饰过程，而是用修辞分析方法来表征和建构科学论述的过程。它所揭示的不仅仅是科学论述所具有的语言学和修辞学特征，更重要的是要揭示科学论述隐藏在语言与修辞形式背后的"意义"，所以，科学修辞学的解题就不是一个发现问题→接受质疑→进行解答的被动过程，而是一个创造意义→提供选择→解决问题的主动过程。它在修辞实践中能够摧毁科学研究中已经存在的客观预设，并在摧毁之后重建研究过程。它"能够借助于科学语言，通过建构我们用以理解和解释世界的模式与反模式来创造对实在和真理的确信"[1]。一句话，发明和创造科学论述就是科学修辞学基本的方法论功能。第二，解题过程的境遇性。著名的哲学家 Paul Ricoeur 曾经将修辞学的要素概括为场合、定位、争论和劝服。在他看来，修辞学就是要基于不同的修辞场景，进行准确的修辞定位，开展公共的修辞辩论，达到受众的修辞信服。所以，修辞学是以一定的修辞境遇为前提和约束条件的。科学修辞学的解题也存在境遇的问题，境遇既指定了将科学共同体的成员联结在一起的公意的组成成分，为修辞者划定了可接受的问题和被许可解决方案的界限，也限制和引导了科学修辞学解题过程的具

---

[1] Brown R H. Society as Text. Chicago: The University of Chicago Press, 1987: 84.

体模式。这里的境遇是公共性的，是普遍性的，是真实性的，包括了通过论述而进行的理论和科学交往的特有语境。所以，科学修辞学的解题必须考虑到修辞论述境遇所提供的机会和约束，创造能够针对特定受众进行调整的论述，并尽量减少论述的分歧和误解，使其能够为更多的受众所接受。第三，解题结果的有理由性。科学修辞学的解题是对科学论述的发明和组织，同时也是对理论意义的建构和创造，但任何解题的效果都必然接受科学共同体和科学受众的检验和鉴定。他们要对与已被接受的相关检验相一致的修辞论述进行"本质还原"，对得到保证论点的表达技巧进行"逻辑展示"，对科学共同体应用修辞论述后面临的问题进行分析评价，而这一切都最终取决于解题理论和方法上的合法性与恰当性。也就是说，判断和衡量科学修辞学解题效果的标准，不是"逻辑性"和"正确性"，而是"有效性"和"有理由性"，不同的修辞主体和受众根据解题的有理由性程度而认可解题效力，而对解题效力的认可又来源于修辞实践的有理由性程度。在任何情况下，科学修辞学的解题方法都不能用来决定一个论述的真理性，而只能被用来找到科学论述之所以被认为是有理由的途径，所以修辞学被概括为发现和有效表达"好理由"的艺术，也是有其内在"理由"的。

科学修辞学作为一种解题的方法论，能够在事实、意义、理论、符号建构、概念设计、认知过程、劝导语言之间建立起一种修辞的内在关联，能够对无法定论的问题做出最佳定论，为无法解释的问题找到解决方法。在科学研究的领域引入修辞学的解题方法，其目的并不是为了加速库恩所谓的"科学革命"的发生，而是努力使科学的理论和陈述更加恰当，修辞学的目的不是阻挠科学问题的发现，而是通过对修辞难题的解决来推进科学真理的进步。从这个角度讲，修辞学同包括观察、描述、理论理解和理论变化在内的整个科学过程是不可分割的。

科学修辞学是一种在组织科学语言的过程中寻找自身寓所的能力，是一种在发明科学论述中达到自身目标的能力，也是在解决科学难题中实现自身价值的能力，科学修辞学的方法论意义就在于，它有助于发现科学活动中的修辞和社会层面，有助于提高科学论述的有效性，有助于解释和鉴定科学论述对实在的信念，有助于科学家成为共同体中最有说服力的劝导者，有助于发现科学争论中未发掘的潜在思想。所以，在修辞学与科学知识之间并不能划出泾渭分明的界限，科学修辞学方法论与传统科学方法论之间的彼此渗透和相互融通也将是一种不可阻挡的发展趋势。但是，科学修辞学作为诸多方法论体系中的一种，也具有其不可避免的内在缺陷。首先，修辞学研究的方法不是万能的，它不能离开其他方法特别是归纳和演绎方法而孤立地发挥作用，而是只有在与其他方法的互补作用中，才能获得恰当的方法论地位。其次，科学修辞学方法从不确定的前提出发，必须依靠交流对象提供可消解的前提和结论，它的操作实践遵循的是"一般可能几率原理"，通过外展臆断推理得出的也是似真的结论，而非必然真的断言。最后，科学修辞学对其自身结果的最终裁决，并没有诉诸真正客观的、科学实在的理性法庭，而是诉诸某种"交往的共同体"标准，从而在对传统方法论的本质主义特征进行批判的同时，导致了某种约定主义和相对主义的错误倾向。因此，有人敏锐地指出："我们不能用一种漫无边际的修辞主义来代替盲目自大的科学主义"[1]，这是很有见地的。

---

[1] Johnson-Sheehan R D. What is Rhetoric of Science? http：//www.wnm.edu./~rsheehan/WIRS.html.

# 科学修辞学与"解释学转向"*

在现代科学哲学研究中,将科学修辞学和科学解释学、解释过程和修辞过程、理解活动和劝导行为截然区分开来是不可能的。事实上,科学修辞学辞格的、发明的和劝导的意义总是与"解释学转向"文本的、创造的和交往的意义内在地联系在一起的。科学修辞学在"解释学转向"中获得了自己的存在价值、学科意义和方法功能,"解释学转向"也随着科学修辞学的进步而得到了增补和完善。正是在对科学修辞学和"解释学转向"之间关联的理解和把握中,科学哲学的必然走向和本质特征得到了充分的展示和体现。

## 一、"解释学转向"的修辞学意义

20世纪中叶,在西方哲学思潮发生"解释学转向"的同时,解释学

---

\* 本文发表于《自然辩证法研究》2004年第2期,作者李小博、郭贵春。

本身也经历了朝向后现代性的演进过程,对当代科学哲学的重新定向和发展产生了重大影响。"解释学转向"适应了科学修辞学的发展需要,在直接的或间接的、批判的或继承的不同意义上,给予了它理论和方法上的诸多有益启示,所以,科学修辞学也是从"解释学转向"中借鉴和汲取合理成分的结果。

1. 解释学的本体论转向与科学修辞学

解释学的本体论转向是通过对语言地位的提升而进行的。后现代解释学认为,存在就是语言的存在,"对存在的解释就是对语言的解释"。语言的本体论性就表现在:理解运动的语言性,语言和理解之间存在根本的内在关系,语言是理解的起源、对象和归宿,也是理解得以实现的普遍媒介;世界经验的语言性,语言作为经验的寓所和载体,先于一切理性和意义而存在并发生作用。所有世界图式都融合在语言的视界中,而这一融合在本质上是语言学的过程。因而,语言就不是"供我们使用的一种工具,一种作为手段的装置,而是我们赖以生存的要素"[1]。后现代解释学对语言的关注,不仅确认了语言的本体论地位,也成功地实现了"语言引导下解释学的本体论转向"[2]。"解释学转向"所坚持的"语言本体论",建立了科学语言符号的修辞场所。解释学注意到,随着科学理论日益远离经验,科学语言的内在结构及其运动从形式上制约着科学理论的进步及其评价,因而科学理论的表达和陈述就成为科学解释和说明的重要层面。修辞学则认识到,科学语言作为符号化的形式体系,与修辞学有着内在的密切联系,可以说,它就是科学修辞学产生的前提。这是因为,一方面,全部科学领域的修辞活动,归根到底都要在科学术语和理论符号的层面上进行,术语和符号就是科学修辞行为的载体和寓所,离开了特定的科学表达、共同的语言系统和一致的形式规范,修辞学就只能停留于形式的修饰而无法通过相关的文本表示(stylistic signifier),发掘出"零度"符号的深刻内涵。另一方面,科学修辞学在实质上也是一

---

[1] 伽达默尔. 科学时代的理性. 北京:国际文化出版公司,1988:44.
[2] Bleicher J. Contemporary Hermeneutics. London:Routledge,1980:115.

种符号行为，修辞活动在一定意义上是与词句和语言本质相关的，只有通过术语和符号才能进行理解、诠释、修辞和劝导，可以说，科学活动就是在科学家之间进行的一种"语言游戏"。科学修辞学就是要把修辞对象的外在关联暂时悬置起来，使用一种公共的或者是可以相互通约的语言进行重新发明、组织和解释，从而避免那些无益的争论和问题。

2. 解释学的认识论转向与科学修辞学

后现代解释学的认识论转向是对传统真理观和意义观的批判。首先，它是对客观表象真理的否弃。它认为，理解和解释作为此在无限可能性的展开和表现，决定了不可能有独立于共同体之外的客观真理和终极意义。必须把理解看作一种对话和交谈，把真理和意义看作协商和约定的产物，把解释学看作"维持话语继续进行"的监督者，以逃避认识论不可实现的"最高原理"。其次，它也是对主观心理内容的拒斥。它坚持理解不是通过理解作者而还原和再现其意识内容以及展示或重建作品意愿，而是必须跳出作者的意向空间，用语言结构分析取代心理意识分析，借以获得语言上凝结的生活形式。"解释一部著作，也就是通过作品的布局、韵味、风格，展现它所涉及的那个境界。"[①]"解释学转向"所确立的"理解认识论"，开辟了科学理解解释的修辞领域。传统认为，自然科学领域由于其本质上的逻辑性和客观性，根本没有修辞分析和实践的空间。因而，"要在科学理论的范围内为诸如亚里士多德修辞学这类学科寻觅一席之地是十分困难的"[②]。"理解认识论"使修辞学意识到，一方面，只要存在理解的地方，就存在解释与反解释的争论，就有修辞的需要。在科学研究中，无论是对科学研究对象的观察和测量，还是与科学同行对手的争论和辩护，都存在着理解和诠释的问题，从而也就存在着对理解和诠释的修辞问题。另一方面，只有可以理解的才是可以认识的，而只有可以认识的，才是可以接受的。在科学研究中，理解同样具有优先性和决定性，对科学对象和过程的不同理解将造成对科学概念和理论的不同解

---

① Ricoeur P. The Rule of Metaphor. Toronto：University of Toronto Press，1977：220.
② 伽达默尔.科学时代的理性.北京：国际文化出版公司，1988：117.

释，从而导致对科学主张和信念的不同接受态度。在理解和解释出现争议和分歧时，想要达到比较一致或相近的科学立场，就必须诉诸对科学研究的修辞实践。所以，解释学的"理解本体论"是对传统修辞学理论论述域的扩张，它将曾被认为是外在性推论型的科学文本、科学理解、科学解释等都纳入了修辞学的领地，从而使科学修辞学作为一门相对独立的学科登上了理论的殿堂。而事实上，"解释学和修辞学之间的这种关系，源自于人类理解的基础模式，这种基础模式是形成人类存在本质的本体论的结构"[1]。

### 3. 解释学的方法论转向与科学修辞学

"解释学转向"反对传统客观主义的方法论，主张在公共性的交往中进行理解和解释并对其做出评价。它认为，仅仅依靠解释者与解释对象之间的对话是不够的，而必须将理解向度定位于社会性的交往实践。交往实践以语言为枢纽，以"可理解性""真实性""真诚性"和"正确性"为有效原则，在事实上决定、规范并推动着理解活动建立起话语与外在世界、话语与社会生活世界、话语与言说者以及听者内心世界的三重关联，通过主体间、文本间和行为间的多样性判断的有机整合，最终达到可以接受的意义认同和共识。"解释学转向"所主张的"交往方法论"，设定了科学交往实践的修辞维度，传统认为，修辞学只是一种"达到与规范程序相一致的判断"以及"在判断的活动中实现自身目标的能力"[2]。修辞学只能在"自然理想秩序"的规范下，在逻辑学和辩证法所设定的界限内，确定文本的第一原则并对世界的因果结构做出真实的断言。修辞学仅是对言说及其含义的产生和揭示，而不是对文本及其意义的解释和批判。解释学转向强调了包括自然科学在内的一切领域的交往特性，它认为，在给定的境遇内，时空、因果、逻辑、真理等概念，都不具有

---

[1] Farrell T B. Landmark Essays on Contemporary Rhetoric. New Jersey: Lawrence Erlbaum Associates Publishers, 1998: 65.

[2] Gross A G, Keith W M. Rhetorical Hermeneutics: Invention and Interpretation in the Age of Science. New York: State University of New York Press, 1997: 31.

绝对的地位，它们的功能和价值取决于社会因素的交往和约定。这一科学方法论的社会化倾向，使修辞学认识到，科学共同体内部和科学共同体之间的主题行为，都存在一个交往性修辞的维度，修辞学不仅要在论述的层面上对文本进行组织和修饰，而且要在交往的层面上，对诸如科学争论如何解决、科学通过什么作用而被理解和接受、科学如何介入公共的政策和决定、一个学科中的"发现"为何能够被翻译为另一学科的"前提"等问题做出回答。可以看出，经典修辞学注重科学解释的过程，力图通过逻辑建构发现文本中论证性的逻辑成分，而科学修辞学则重视科学理解的结果，力图通过历史建构发现科学中交往性的实践因素，这两者之间的区别在根本上是对不同语境和世界的表征。

## 二、科学修辞学的解释学特征

试图将理解和解释作为相对主义的成分从科学修辞学中排除出去，不可避免会使自身形式化和教条化，并且遇到不可克服的困难。因此，科学修辞学的建构决不能独立于科学的解释过程而存在，科学修辞在具体的解释中得以形成和确立，科学解释在生动的修辞中得以理解和接受。正是在这个意义上，我们说"修辞学已经进入了一般解释学的轨道"。

### 1. 科学修辞学是一种解释性的元论述

解释学中存在一个对解释的结构性延迟和对意义的无根基追问的问题。任何科学解释和说明，都会在新的条件下遭到怀疑，引发出对解释的再解释。这虽是科学解释不断逼近真理的体现，但也是对解释得以展开的重要前提——科学文本和论述自主性的破坏。要想达到科学文本的语义图景、科学论述的内在意向和科学解释的价值趋向之间有条件的一致，就必然需要一种对解释和再解释进行整理和规范的力量。科学修辞学就是能够满足这种需求的一种解释性的元论述。科学修辞学是元论述，是指它并不局限于特定的科学共同体，并不局限于同一理论解释的实践，而是要在使所有科学解释一致和完美的意义上，忽略或消解研究的对象，形成一个完整的理论重释序列。也可以说，科学修辞学"一开始就将自己设定为解释性的元论述，而不是实体性的论述实践"①，它的任务是给出解释和再解释的前提，而不参与对文本的具体解释说明。科学修辞学是解释性的元论述，是指科学修辞学的展开以及对解释、再解释前提的提出，是特定主体之间的创造和转化过程。科学修辞学必须实现对意义的排除和选择，既要"说明原因"，更要"提供理由"，从而为解释的创造性延伸和公意性确认提供必要的基础。它也必须通过发明和找到批判解释的方式，实现主体视界之间的转化和提升，在对不同主体信念背景的批判中反观科学解释的意义。如果科学修辞学仅仅是解释性的而不是元论述，那么就不能摆脱文本和解释"局域论"的约束并扩大其修辞学解读的空间，就不能解决不同科学解释之间的分歧和差异。如果科学修辞学仅仅是元论述而缺乏解释学特性，就不能揭示被解释的科学对象的内在本质并使其产生从意义到指谓的过渡，不能建立起主体之间和主体与对象之间在解释及视界上的关联。正是在上述意义上，科学修辞学与经典修辞学得以区分开来。二者之间的差异如表1所示。

**表1　科学修辞学与经典修辞学的差异**

| 项目 | 理论领地 | 理论形式 | 理论功能 |
| --- | --- | --- | --- |
| 经典修辞学 | 人文学科 | 具体陈述 | 说明 / 注释 / 论证 |
| 科学修辞学 | 自然科学 | 元论述 | 解释 / 批判 / 发明 |

2. 科学修辞学是一种解释性的境遇论述

任何科学论述都是科学家在受到特定对象和条件的激发时，针对难题给出的创造性陈述。因而，科学文本的组织和修辞、科学观点的论证和辩护、科学信念的坚持与捍卫，在不同境遇中都是一种非决定性的流变，无法用唯一的"有理性"去保障解释的普遍有效性。这就说明，科学修辞学是一种境遇性论述，"修辞学的境遇可以被定义为，表现了一

---

① Gross A G, Keith W M. Rhetorical Hermeneutics: Invention and Interpretation in the Age of Science. New York: State University of New York Press, 1997: 25.

种实际和潜在要求的个人、事件、客体和关系的组合"①。它主要由三个要素组成："难题""共同体"和"约束"。"难题"是在给定框架内需要解决和验证的问题，"共同体"是先在的个体对难题已经做出的假设和解释，"约束"是修辞主体的社会、历史、文化、心理等因素的背景条件的集合。"难题"境遇要求科学修辞学针对猜测的、定义的、定性的、说明的这四项难题，分别给出在证据的、解释的、评价的、方法论的意义上有理由的解答。"共同体"境遇要求科学修辞学依据特定范式和规则对各种科学解释进行比较，找出最有说服力、最可能被接受的一项。"约束"境遇要求科学修辞学把文本看作一种行动，把解释行为看作一种言语行为，努力把握解释所负载和凝结的客体和境况。科学修辞学的境遇要素与解释学的境遇要素密切相关：修辞学的"难题"来源于解释学的"文本"，没有作为作者初始视界和理解对象的"文本"，也就没有修辞的难题项；修辞学的"共同体"附属于解释学的"前结构"，"前有、前见和前设"这三者组成了可供修辞学参照和继承的解释域；修辞学的"约束"等价于解释学的"情境"，构造修辞的文化形式、主导修辞的心理意向和激发修辞的社会语境，有助于筛选和过滤旧的成见、创造和生成新的解释。所以，科学修辞学的境遇论述是解释性的，因为它能够建立一种包括修辞者独有处境和视域、修辞者与共同体之间的对话、修辞论述与受众回馈之间的辩证法等因素在内的修辞学融合的"效果历史"，没有解释性境遇，就没有意义的产生，而没有修辞学，解释性境遇中潜在的意义也就不会实现。

### 3. 科学修辞学是一种解释性的主题论述

许多人承认，"我们在所有处理自我建构的符号实在的科学中，都拥有双重的解释性研究过程，都会面临解释的两个维度"②。一是发散性过程和共同体维度，这指科学研究只有在拥有共同经验、认识实践及专业术语的解释共同体的语境中才是可能的，科学修辞学必须基于共同体内一

---

① Gross A G. The Rhetoric of Science. Cambridge: Harvard University Press, 1990: 22.
② Ginev D. Essay in the Hermeneutics of Science. Vermont: Ashgate Publishing Company, 1997: 75.

致和不一致的多种解释，进行恰当的修辞操作。二是内敛性过程和主题维度，这指在被构建成解释性研究对象之前，特定的研究主题已经作为科学实践的"先验对象"被构建出来，科学修辞学也必须在对修辞主题相关问题进行研究的基础上，发明和选择可能的解决方案或途径。上述两个过程和维度中，后者更为重要，因为没有可以相互通约的解释主题，就不会形成具有相近理论基础和信念的科学共同体，也就失去了解释的共同体维度。科学修辞学解释性主题论述的特点是：①语境的自律性，主题论述一经产生便脱离了原先的语境关联而建立新的语境关联，这也就是新的修辞语境；②指称的缺失性，主题论述悬置了科学论述原有指称对象，为修辞者展开一种无限可能的解释和修辞过程；③意义的公共性，主题论述不提出任何真理性指令，而是提供选择的空间，鼓励修辞者就主题的解释和意义进行争论；④修辞的适用性，鉴于主题论述和修辞主体之间的间距疏离，对解释的争论和反驳最终只能达到一种协同的"适用性"。科学修辞学主要处理三种主题论述：①填平"经验接触"与"经验疏远"之间的鸿沟，这需要运用一种媒介性的概念实现二者之间的相互转换；②达到分散于不同解释战略之中的科学对象之间的完整，这需要运用不同的解释风格来区分解释者在与多元科学对象交往中的理论立场；③实现关于科学对象的内在论述的一致性，这需要运用不同的修辞战略对关于科学的论述整体进行重新发明和创造。无论如何，科学修辞学的主题论述不仅涉及解释对象及其指称对象之间的关系，而且涉及解释对象和解释者之间的关系，更是"作者解释自己的主题以使别人理解的艺术"[①]，它的解释学特征是非常明显的。

## 三、科学修辞学对解释学的超越

科学修辞学是"解释学转向"的产物，解释学促进了传统修辞学的新生，"在使科学的修辞本性得到普遍接受的过程中，发挥了积极的推动

---

[①] Jost W，Hyde M J. Rhetoric and Hermeneutics in Our Time. New Haven：Yale University Press，1997：4.

作用"①，但解释学由于自身的局限性，也必须从科学修辞学中获得发展性的启迪。科学修辞学要矫正"解释学转向"的缺陷，并在此基础上不断扩张自己的理论论述域，发挥自身发明和构造科学论述的功能，使不可还原的科学共同体的一致探索，能够获得更加深刻的修辞说明。

1. 科学修辞学是对解释学难题的回答

"解释学转向"中存在着几个难题：①什么是解释？在说明和解释之间的逻辑分割被抛弃之后，什么是解释的"对照集"？②什么使一个解释比另一个解释更正确和优越？"解释学转向"是否仅仅以新的形式重新引入了关于真理和有效性的旧认识论标准？③如果解释是可错的和循环的，那么，"解释学转向"是否引导了相对主义和种族中心主义？④如果解释实践没有普遍的理由和中性的标准，那么，它们是否会成为虚无主义的？是否会成为绝对权威的产物？②"解释学转向"的第一个难题是指，说明（explanation）和解释（interpretation）之间原有的界限被消解之后，是否所有的论述都可以纳入解释并成为解释的"对照集"？科学修辞学认为，某些具体的"对照集"并不重要，"重要的是它们作为解释策略的选择和它们在一些当前理论中的解释，这些过程恰好都属于修辞分析的范围"③。对那些远离经验观察的科学对象及意义，科学修辞学要通过自身的战略设计和修辞发明，将其排除出解释的范围，或改造为可以解释的论述。"解释学转向"的第二个难题提出，解释学是在语境中解释文本和论述的艺术，不同解释者从不同视角得出的解释并不一致。科学修辞学承认科学解释中的不一致性，它不仅要为了更好地理解而解释更多的东西，而且要解决相互竞争的解释之间的冲突，"所有的一切都必须被解释，当解释产生差异时，只有一种解决方式：劝导亦即修辞的艺

---

① Vattimo G. The End of Modernity: Nihilism and Hermeneutics in Postmodern Culture. Cambridge: Polity Press, 1988: 138.
② Hiley D R, Bohman J F, Shusterman R. The Interpretive Turn. Ithaca: Cornell University Press, 1991: 2.
③ Taylor C A. Defining Science: A Rhetoric of Demarcation. Wisconsin: The Press of Wisconsin University, 1996: 117.

术"①。科学修辞学必须宣布它对科学论述的鉴定和判据权力，把科学解释置入修辞劝导，通过修辞发现更好的解释。"解释学转向"的第三、四个难题质疑到，如果不存在唯一、绝对和必然的解释，"解释学转向"就有陷入相对主义和虚无主义泥淖的可能。科学修辞学认为，解释的可错性并不与非理性主义必然相关，解释的预设性也不等价于唯心主义先验论，科学修辞学就是要在对科学解释的修辞过程中，"对它们潜在的约束性和预设性给出具体的、相对的限制性边界条件，使其成为具有合理价值趋向的规定性，而不是完全任意的、无条件的或者超历史的、超现实的臆断和想象"②。

2. 科学修辞学是对解释学循环的突破

解释学循环原指这样一个悖论：我们必须从部分出发去解释整体，又必须通过整体才能解释部分。其困难主要在于两个方面，一是解释语境的约束性，特定的解释与背景信念和行为之间的紧密关联，是解释可能性的前提和解释有效性的保证。二是解释循环的普遍性，隶属于一定境况的解释相对于更大语境整体来说仍然是局域的和不完整的。科学修辞学认为，科学研究中同样存在解释循环的问题。不过，"解释学将部分—整体关联作为它的操作母体，并且在解释学循环中找到了其根本性的隐喻"③，而科学修辞学则把修辞者—修辞主题—修辞受众作为它的实践基质，在修辞三角关系中找到了其最终归宿。修辞学"三角"（triangle）隐喻是对解释学"循环"（circle）隐喻的突破和改造。承认科学解释循环的约束，又不受制于释义和循环的隐性权威，是科学修辞学对解释学循环的超越策略。科学修辞学认为，在修辞过程中，必须确定修辞主题的自主性、修辞者和修辞受众的创造性以及修辞交往的社会性，在修辞者、修辞主题、修辞受众之间形成这样一种过程：修辞者对修辞主题进行解

---

① Taylor C A. Defining Science: A Rhetoric of Demarcation. Wisconsin: The Press of Wisconsin University, 1996: 119.
② 郭贵春. 后现代科学哲学. 长沙: 湖南教育出版社, 1998: 221.
③ Jost W, Hyde M J. Rhetoric and Hermeneutics in Our Time. New Haven: Yale University Press, 1997: 132.

释和提炼→提出修辞的战略模式→输出到修辞受众→接收并分析反馈→对主题修辞进行调整和完善。这在某种意义上也是一种循环，但不是部分—整体循环，而是表达—接受循环。这表现在，修辞是对科学论述的修辞化，也是对科学经验的修辞化，前者在修辞表达中实现，后者在修辞接受中抵达。修辞表达把修辞者的意见投射于修辞受众的世界，修辞接受以受众的意见构拟修辞者的世界，他们通过修辞主题相互参与到了对方的世界。科学修辞学的"三角关系"的循环往复，也就是部分与整体、文本与语境、个体和共同体之间运动过程的周而复始，它在符号与意义之间、意义与含义之间、修辞的陈述作用和行为作用之间原本不可逾越的鸿沟上，修架了由此达彼的桥梁。

### 3. 科学修辞学是对解释学实践的修正

我们注意到，"解释学转向"也导出了一个解释学的悖论：所有的一切都是解释的产物，而解释本身是非决定的、语境的和循环的，那么，什么解释是可以信赖的？什么解释是可以接受的？这些问题就引发了解释学本身由"强"到"弱"的转化亦即从解释的普遍论到解释的怀疑论的转化，而这一转化事实上是解释学转向在面临一系列困难时所做出的无奈选择。科学修辞学认为，科学解释过程由两类情境组成：一是"发现的情境"，依据一定的公理系统和逻辑法则对科学对象背后的理论进行陈述和解释；二是"辩护的情境"，运用包括修辞学在内的多种途径，增强已有解释的说服力。"发现的情境"主要依靠语言学和解释学的作用，但在"辩护的情境"中，解释学的力量是有限的，必须让位于修辞学理论和方法的主导。科学修辞学对解释学实践的修正在于：第一，解释学是对意义的发现和储藏，而科学修辞学则是对意义的公布和辩护。通过解释展现理解，使意义被知晓，这就是最纯粹意义上的修辞学。科学修辞学把某种具体的科学解释积淀下来，并置于特定共同体的主体间性之中，而且对积淀的解释进行修辞和发布，促进解释的历时性生长，创造新的解释和意义。第二，解释学强调受众如何理解和解释科学文本和论述，科学修辞学则关注为了产生对受众的影响，科学对象和理论应当拥有何种创造性力量。解释学属于"发现"的范畴,力图建立论述与受众之间的联系并达到对事实的理解和解释。科学修辞学属于"发明"的范畴,"它的要素不是事实,而是对事实的翻译、详述和评价"①。第三,解释学关注科学解释的过程,力图找到理解和解释理论的有效模式。科学修辞学则强调科学解释的结果,力图找到促动受众产生某种行为的有效途径。也就是说,科学修辞学"并不把克服通向一个行为、思想、判断的障碍作为自己的目标,相反,它将重点转向了协作相关、社会协调"②。

应当指出的是,"解释学转向"和"修辞学转向"虽然在 20 世纪后半叶在理论和方法上都经历了一次显著的扩张,但它们发展到现在尚未达到完美无缺的地步,科学修辞学对"解释学转向"理解和接受的历史过程也还远远没有完结。这二者并不能相互归约,更不能彼此代替,它们之间的理论关联和实质意义仍然在不断地被揭示出来,并且需要在它们的未来进展中得到更加清楚的说明。

---

① Cambell K K, Burkholder T R. Critiques of Contemporary Rhetoric. Boston:Wadsworth Publishing Company, 1997:4.
② Moran M G, Ballif M. Twentieth-Century Rhetoric and Rhetoricians:Critical Studies and Sources. Westport:Greenwood Press, 2000:xx.

## 我们如何谈论技术的本质<sup>*</sup>

语言只能表达普遍的东西，但人们所意指的却是特殊、个别的事物。当谈论技术的定义和本质时，我们面临同样的问题。刀、犁、水坝、电话、计算机、汽车、地图、铅笔、飞机、核武器、高速公路、DVD播放机有何共同之处？似乎很难说它们之间存在着易辨识的内在关系。其间的差别与多样性以及各自的独特性是显然的。然而，人们往往用一个相对抽象的词"技术"（在此，至少意指技术人造物）而赋予它们某种"共同的意义"。这种借助语言而将不同事物划归某一类的做法，在一定程度上正反映出人类凭借抽象而概括事物共性或"本质"的努力。如同拉普所言："'技术'一词的含义初看似乎很明确。……但要试图给出一个明晰的技术定义，却是极为困难的。"他认为，无视这种模糊性，就等于不适当地减少了问题的复杂性，从而抹杀了研究对象的多样性。[①] 米切姆也

---

\* 本文发表于《科学技术与辩证法》2004年第2期，作者赵乐静、郭贵春。
① Rapp F. Analytical Philosophy of Technology. BSPS, 1981, (63): 23.

认为：由于技术这一术语反映了现实社会中多种多样的技术以及整体的各种内在联系和不同层次，因而研究者无法回避技术概念究竟是单义还是多义的问题。所以，"在技术哲学中首先就要澄清这一概念包含内容的多寡"①。不仅如此，技术定义的不同——无论是迄今为止占绝大多数的"本质性"定义，还是某种描述的或非本质的界定，正反映出技术哲学研究的不同逻辑起点。按照艾德的说法："技术的定义本身便是非中性的。"这意味着：关于技术的定义本身就是有"价值负荷"的。或者说，不同的技术定义，导致技术哲学的不同理论前提、预设和研究路径。同时，由于技术的定义与技术的"本质"问题密切相关，甚至可被视作同一事物的两个方面。因此，本文借鉴美国著名技术哲学家芬伯格关于技术的三种划分，即"工具论的""实体论的"以及"批判的"技术理论，来论述关于技术本质主义的、非本质主义的或反本质主义的，以及后本质主义的观点，并以维特根斯坦"家族相似"等思想谈论技术定义问题。

## 一、本质主义及其技术理论

在《追问技术》中，芬伯格提出，可将迄今建立的大多数技术理论区分为两种主要类型，即工具论和实体论。他认为，这两种类型的理论尽管对"技术是否价值中立"等问题的看法大相径庭，但却无疑同属本质主义阵营。而他自己则在综合技术本质主义和建构论的基础上，提出了非本质主义的"批判的技术理论"。

泰尔斯（M.Tiles）在为《科学哲学百科》撰写的"技术哲学"词条中，列举了7种有代表性的技术定义：①技术是"为了实践目的的知识组织"；②技术是"人类创造的用它来完成而没有它就不能完成任务的系统"；③技术是"为达到特殊目的显示于物理对象和组织形式中、基于知识应用的系统"；④技术是"少数技术专家通过一个有组织的等级来理性化地控制大多数人群、事件和机器的系统"；⑤技术是"在其中人与非生

---

① 邹珊刚.技术与技术哲学.北京：知识出版社，1987：246.

物发生各种各样关系的生活形式";⑥技术是"在一切人类活动领域理性地达到并已（在特定发展阶段）具有绝对效率的所有方法";⑦技术是"一种社会建构和一种社会实践"。显然，定义①②③负荷着技术工具论；定义⑤⑥负荷着技术实体论；定义④⑦负荷着技术社会批判论。①

事实上，一旦我们试图为事物下定义，立刻便会面临诸如"是否存在共有属性""如何从事物所具有的众多性质中辨识出某种'本质'"等问题。亚里士多德是第一个系统阐明"本质"要义的哲学家。在其四谓词理论中，他说："所有命题和所有问题所表示的或是某个属，或是一特性，或是一偶性……（既然）在事物的特性中，有的表现本质，有的并不表现本质，那么，就可以把特性区分为上述的两个部分，把表现本质的那个部分称为定义，把剩下的部分按通常所用的术语叫做特性。"②在亚里士多德看来，定义（定义项）是揭示事物本质的短语，下定义的方法是"属加种差"。特性不表示事物的本质，只是属于事物。也即是说，定义就是将事物的本质在话语中显现出来，它表明事物的是其所是，不同于他物的规定性。因此，一个种类的本质是该种类所有其他种类没有，并在一切可能世界所具有的性质。亚里士多德还进一步认为，本质属性规定了事物的存在和外延的可能范围，即本质决定现象。此外，一些现代本质主义者，如"外延论者"普特南、克里普克，则通过可能世界的语义学分析了事物的本质。简言之，本质主义哲学家主张：每一类事物都有唯一不变的普遍本质，人们可以通过现象变化无常的多样性而看出普遍的和共同的东西，即把握本质。

根据以上论述，技术工具论显然是一种彻底的本质主义。主要原因有两个方面：其一，在工具论者看来，技术就像透明的溶剂，它不给所服务的目标添加任何东西，而仅仅加速目标的实现，或使目标在更大范围内或新的条件下得以实现。换言之，技术是某种中性的目的性工具，其本身并不包含任何价值却有助于其他各领域（如政治、文化、宗教等）的价值实现。例如，如果承认技术的中立性，则人们便可在纯粹理

---

① Newton-Smith W H. Companion to the Philosophy of Science. Oxford：Blackwell Publishing Ltd.，2000.
② 苗力田. 亚里士多德全集. 第一卷. 北京：中国人民大学出版社，1990：356.

性的基础上,将"效率"作为某种普遍的价值而服从于理性的一致性。其二,工具论将技术所具有的多维结构、多种属性归约为某种单一的性质。他们主张,作为工具的技术,其能力(technical capacity)被看作是内在于技术(人造物或系统)自身而与外在的使用无关的。或者说,技术的属性必然地来自技术内部。并且,技术的内在属性通常来源于科学的应用或前有技术的线性外推。一些研究者将"这种观点称为技术本质主义"[1]。

由于工具论者仅仅把技术看成科学的应用和各种人造物及其装置系统,从而坚持认为技术的效用或"使用价值"是独立于社会语境的中性物。另外,尽管工具论者也谈论技术的社会、政治及文化影响与作用,但却认为直到政治或社会价值被加之于某项技术之前,技术始终是中性的。而且,无论围绕技术"中性硬核"之外的社会政治因素如何,都不会改变其中立性。例如,工具论者梅塞恩认为,技术为人类的选择与行动创造了新的可能性,但也使得这些可能性处于一种不确定的状态。技术产生什么影响、服务于什么目的,都不是技术本身所固有的,而取决于人用技术来做什么。因此,"有益的做法是将技术定义为一般意义上的工具,不但包括机器,还包括语言工具和智力工具以及现代分析方法和数学方法。也就是说,我们把技术定义为以实践为目的的知识组织"[2]。萨克塞也认为,技术知识和方法只是工具,技术行为目的问题总是存在于技术之外。雅斯贝尔斯则指出:技术只是一种手段,对于自己来说,既没有什么善,也没有什么恶,一切决定于人;技术对于将如何利用它是漠不关心的。[3] 我们认为,这种将技术及其社会生成与作用环境相隔离的观点,导致了技术的某种令人生疑的"双重客观性",即:技术既是人类理性所追求的关于世界的普遍性知识,同时这种知识又能够脱离环境而在任何地方以相同的方式被使用并得到相同的结果。

---

[1] Grint K, Woolgar S. On some failures of nerve in constructivist and feminist analyses of technology. Science, Technology & Human Values, 1995, 20(3): 286-310.
[2] Mesthene E G. The role of technology in society//Teich A H. Technology and Man's Future. New York: St. Martin's Press, 1977.
[3] 达里扬夫. 技术、文化、人. 薛启亮等译. 石家庄: 河北人民出版社, 1987: 98.

工具论坚持"单一合理性模式"，认为工具手段对人类欲望本身不起作用而仅对其所执行任务的步骤、规模和条件有所作用，因而缺乏对技术应用的社会关怀。这种观点受到了包括技术实体论在内的其他观点的猛烈抨击。首先，实体论重视技术的社会内容，把技术看作一种体现其自身特定价值且相对独立的社会力量。技术实体论者反对"技术中性"的思想，认为技术进步绝不是价值中立的效率提高，而是一种全新的生活方式。或者如海德格尔所言："现代技术的突出特点在于这样的事实，即它在根本上不再仅仅是'工具'，不再仅仅处于为他者'服务'的地位，而是相反……具有鲜明的统治特征。"① 这意味着，技术的充分运用对于人和人的本性的重要意义远远超过使用它的表层目的。其次，实体论赞同把技术界定为为了保障福利而利用工具理性的产物，但却反对工具论者把人类的全面实现仅仅视作简单理性运用或物质满足。相反，他们认为，人类的全面发展还需要如宗教、艺术或主体间的交流来实现和维系。

从更深层次而言，实体论者关于技术非中立的思想，来自他们的技术本质论立场。例如，海德格尔正是通过对技术本质颇为奇特的追问，导出了宿命的技术悲观论。他指出："技术的本质也完全不是什么技术因素"，或者说，技术不同于技术的本质。正如我们在寻求树的本质时，那种贯穿并支配每一棵树之为树的东西并不是一棵树，不是一棵在平常的树木中间可发现的树。海德格尔批判了当时流行的两种技术本质学说，即：技术是合目的的工具；技术是人的行为。他认为，从常理来看，上述关于技术的工具性规定无论对前现代技术还是现代技术来说，都是"非常正确的"。然而，正确的解释未必是真正的解释。我们不会怀疑发电厂、飞机和电视机是由人制造的手段，但这一切事实却并未向我们"揭示"出技术的本质。或者说，单纯正确的东西不一定是真正的东西，正确的工具性规定并没有向我们表明技术的本质。因为我们一旦

---

① 转引自：Zimmerman M. Heidegger's Confrontation with Modernity: Technology, Politics, Art. Bloomington: Indiana University Press, 1990: 214. 参阅：安德鲁·芬伯格. 可选择的现代性. 陆俊等译. 北京：中国社会科学出版社，2003：27.

把技术看作手段，我们就总是致力于使人与技术有恰当的关系，总是试图以合适的方式把握技术、控制技术，而完全忽视了随着现代技术在人与自然和与世界关系方面所发生的深刻变化，因而不可能解决技术世界中的严重问题。因此，"为了达到这本质，或者至少达到接近这本质，我们必须穿过正确的东西而寻找真正的东西"。① 在他看来，"技术不仅仅是一种工具，而且是一种揭露手段"，"技术不仅仅是手段，技术是一种展现的方式"。或者更根本地说，技术的本质乃是某种"座架"——即"人被坐落于此，被一股力量安排着、要求着，这股力量是在技术的本质中显示出来而又是人自己所不能控制的力量"。与海德格尔相似，埃吕尔也在本质论立场上拒斥技术中性的观点。他不同意那种"技术本身是好的，只是被用坏了的观点"。他说："有一种完全可以理解的错觉，希望能够避免技术'坏的'方面而保持其'好的'方面。这种信念意味着技术现象的本质尚未被把握。"② 在看待技术与人类关系态度方面，埃吕尔与海德格尔较为接近，认为技术只起一个作用，那就是"剥去一切外部的东西，将一切事物都暴露无遗，通过理性应用而将一切转变为手段"。此外，其他一些实体论者，如温纳与伯格曼则试图找出限制技术的可能途径。

芬伯格则对工具论和实体论的观点都持批判态度。一方面，他对以工具合理性来界定技术提出了质疑。他认为"技术为人类物质生产提供唯一有效手段"的观点是没有根据的。另一方面，他还表示：技术本质主义对技术的批判，只是关于"技术思维"的批判，而非对技术本身的批判。Thomson 等研究者在论及芬伯格对海德格尔本质主义的批判时，认为芬伯格事实上区分了三种技术本质主义，即反历史的、实体论的和单向度的技术本质主义。

首先，反历史的技术本质主义期望用一种"超历史的概念建构"来解释具体的技术历史现象。例如，韦伯与哈贝马斯以"理性控制""效

---

① 孙周兴.海德格尔选集（下册）.上海：上海三联书店，1996：926.
② 舒尔曼.科技时代与人类未来.李小兵等译.北京：东方出版社，1995：120.

率"来理解技术的本质①；或者如海德格尔将技术的本质还原为事物的功能与材料。芬伯格指出，这种观点的错误之处，在于它企图"在技术这样一种历史流变物中，固化出某种单一的本质"。由于反历史的技术本质主义把技术的本质理解为某种脱离其所处"社会－历史"语境的抽象物，因而他们不但没有把技术理解为"社会现象"，而且导致了对技术"本质上的非历史理解"。其次，实体论的技术本质主义，意指"技术是某种超越人类或者说人类无法控制的力量"。实体论者认为，技术从外部形成历史，从异化的理性领域影响生活。这种将技术本质视作超出人类掌控的态度，导致了关于技术的社会－历史冲击的宿命论立场。例如，按照海德格尔实体论的观点，我们既不能停止控制"技术本质"的努力，与此同时这种努力又注定是徒劳的。总之，无论借助任何手段，人类是永远不可能控制和改变技术的。最后，单向度的技术本质主义。该观点认为：所有的技术装置，无论其多样性如何，都具有同样的本质。由于这一观点将所有技术设备视作一类，因而预先排除了技术"为善"或"为恶"选择的可能性。芬伯格认为，海德格尔采取"座架本体论"，从而将当代世界的一切事物都看作是"技术本质展现"的思想正是典型的单向度技术本质主义。不过，海德格尔的一些拥护者则声称，海德格尔在一定意义上的确是单向度的技术本质主义者，但这并未使他完全拒绝和否定技术。因为他并没有在哲学层面倡导对技术的简单化否定的观点，因而只是有限意义上的单向度技术本质主义者。

## 二、非本质、反本质与后本质主义

芬伯格所倡导的技术批判理论，既不把技术看作工具，也不把技术看作某种外在于社会的独立力量，而是视其为非中性的社会产物。因为芬伯格认为，在技术系统的设计中就已经渗进了社会价值。他指出：①与技术决定论或技术中性论的观点不同，技术设计与社会有关；②对

---

① Feenberg A. Questioning Technology. London：Routledge，1999.

技术设计不平等分布的社会影响助长了社会的不公正；③至少在一些例子中公众对设备和系统设计的参与已经产生了影响。在批判地借鉴海德格尔、哈贝马斯等人技术本质主义及建构论思想的基础上，芬伯格提出了令人瞩目的非本质主义工具化理论（instrumentalization theory）。该理论试图"整合关涉技术客体、主体及其所处环境的种种途径"①，从而将"本质主义与建构论的观点与方法纳入具有两个层面的框架之中"②。其中，"第一个层面或多或少相应于技术本质的哲学定义，第二个层面主要关注技术的社会方面"。③根据这一思想，技术的本质不是一个方面而是两个。芬伯格把对技术客体和主体的功能构造（functional constitution）称作"初级工具化"（primary instrumentalization），而将既有客体与主体在现实网络和装置中的实现（realization）称作"次级工具化"（secondary instrumentalization）。

初级工具化包括四个因素，按芬伯格的解释，前两个相应于海德格尔的"座架"概念，后两者描述了隐含在哈贝马斯交流理论中的"行动类型"。综合起来形成了与功能性世界联系相关的客观化和主观化。这四个要素或阶段是：去语境化、还原论、自主化及定位化。其一，去语境化。为了将自然客体建构为技术客体并整合至技术理论系统之中，必须使它们呈现某种"世界的疏离化"（de-world），即人为地将其从产生它的语境中脱离出来。被隔离的客体通过去语境化而将自身展示为人类行为系统中的技术框架和潜力。如小刀或轮子这样的发明，正是源自岩石或树干等自然物的"锋利"和"圆形"属性。其二，还原论。是指由"世界疏离化"而获得的简化的、去除技术上的无用性而还原为可在技术理论体系中被使用的过程。这些性质对技术主体而言是基本的，并对达成技术计划至关重要。因而，可称其为"基本性质"。另外，"次要性质"则指包括影响技术发展潜力的更广泛社会、美学及道德方面。例如，当树干被还原到基本性质"圆形"而变成轮子时，便丧失了其作为

---

① Feenberg A. Questioning Technology. London：Routledge，1999.
② Feenberg A. Questioning Technology. London：Routledge，1999.
③ Feenberg A. Questioning Technology. London：Routledge，1999.

栖息地、树荫及植物生长等方面的次要属性。其三，自主化。指技术行动主体尽可能地与其行动所指向的客体相脱离。形象而言，这是一种"违背"牛顿第三定律的情况，即技术行动主体与客体间的互动不再保持反馈的对称性。技术主体施之于客体的作用，远大于客体或世界对其的反作用。在此意义上，技术行动"自主化"了主体。其四，定位化。是指技术行动主体依据其客体的规律而控制对象。正如培根"要命令自然必须服从自然"一样，主体的行动并不修正规律，而是应用规律以获利。主体通过恰当地将自己相对于客体定位化，从而说明客体的内在性质。

初级工具化形成了讨论技术关系的基本框架，各种形式的技术本质主义，大都仅在初级工具化的意义上谈论技术的本质，给技术下定义。但是，要想在技术基本属性前提下产生现实的技术系统和装置，必须进一步寻求"如何整合支持技术功能化的自然的、技术的和社会的环境因素"。① 这种整合过程可以通过"再使用"（reappropriate）语境关联因素而弥补初级工具化过程中所缺失的具体性。同时，技术发展的不确定性，客观上使得利益、价值等因素在技术现实化过程中发挥作用成为可能。当语境化的技术被组合时，种种社会利益、价值将重新"分配"技术的功能（赋予某一技术某种意义），导引选择，并确保技术与社会在技术层面上的一致性。此即技术的次级工具化，也包括四个阶段：系统化、中介化、职业化与主动性。其一，系统化。为使孤立的、去语境化的技术客体形成具有一定功能的实际装置，这些客体必须在具体的环境中组合与再嵌合。系统化即指这样的"重组"过程。按照拉图尔的话，就是"征召"客体进入实际技术系统之中。例如，个别的技术客体：轮子、手柄、货斗被组合成一辆独轮车。而当为轮子刷上防锈漆时，已经意味着将这一装置嵌合于自然环境了。技术社会化过程是现代技术设计的核心问题，其具体实现有赖于种种社会政治、价值因素与技术的协调。其二，中介化。伦理与美学的中介调节作用，使被简化的技术客体获得紧密嵌

---

① Feenberg A. Questioning Technology. London：Routledge，1999.

入新的社会语境的次要性质。经验表明,在几乎所有传统文化中,人造物的装饰与其所负荷的社会意义都是融为一体的。石器的取舍、造箭时羽毛的挑选,不仅要考虑材料的锋利程度与尺寸大小,而且还与所要表征的美学、伦理和宗教意义密切相关。不过,在现代工业社会中,这种同一性却在很大程度上被差异化了:更多的是商业销售所需的包装与广告,而非源自产品自身的风格和需要。或者说,工业产品的社会意义的嵌入只是后来"牵强"地附加上去的。其三,职业化。技术客体只有在其行动与生命历程相隔离时才是自主的。但从整体来看,技术主体与客体是紧密联系在一起的。技术主体在根本上是作为人,作为参与种种活动的共同体成员存在着的。通过职业化,技术客体与主体相互"卷入",从而使"技术世界与生活世界密切相关,而不是自主的和非人的"。其四,主动性。用户通过创造性地以多种方式使用既有的技术,甚至赋予技术以其设计者始料未及的功能与意义。与初级工具化的定位化相对应,次级工具化中的主动性表明:在遵守自然规律的前提下,存在着种种可替代的技术设计。

通过初级、次级工具化理论,芬伯格认为给出了一个"兼顾技术主要属性及其在社会世界中现实化的完整定义"[1],这一定义"不是基于社会与技术的两分,而是它们之间意义的融汇"。在此,技术的本质不再是其功能的抽象物,不再是贯穿装置使用始终的因果结构。相反,技术的本质来自其功能性发挥作用的更广阔语境。在笔者看来,芬伯格的这一观点可谓本质主义与反本质主义的某种综合体,他本人也乐意被称为技术本质观的"两面神"。[2]

相对于芬伯格的非本质主义,反本质主义乃至后本质主义技术哲学走得更远。根据乌尔加的区分,反本质主义犹如"大教会"(broad church)般包含了多种观点。其中主要有:技术的社会形成(SST);技术社会建构论(SCOT);技术建构论(如 ANT 理论,拉图尔特意去掉"社会"一词以示与 SCOT 的不同);以及所谓设计者的技术(如温纳的

---

[1] Feenberg A, Stump D J, Thomson I. Symposium on questioning technology. Inquiry, 2000, 43: 217-224.

[2] Feenberg A, Stump D J, Thomson I. Symposium on questioning technology. Inquiry, 2000, 43: 429-444.

观点)。虽然这些理论彼此间不尽相同，但"它们相互间存在着某种家族相似"。① 首先，这些理论不满意以往技术哲学过度抽象的研究路径，如在一般意义上讨论"技术"、"社会"、"人性"多，而很少论及具体的技术、技术争论及其社会影响。一些激进的社会建构论者，如鲍德利亚、拉图尔甚至主张没有"单数的技术"（technology），只有具体的、特定的技术（technologies）。因此，一般地谈论技术的本质事实上是不可能的，任何形式的技术本质主义都是无法想象的。其次，这些反本质主义理论认为：技术演进是一个涉及众多异质因素的偶然过程，因而技术变迁不能被理解为循着固定、单向路径的变迁，也不能够以经济规律或所谓"技术的内在逻辑"来说明。恰恰相反，某一技术的性质、形式及功能与其所处的"前环境"（antecedent circumstances）密切相关。因此，反本质主义拒绝讨论"技术本身"，或至少认为没有恰当的方式一般地谈论技术。在他们看来：技术是一个不稳定、不确定的人造物，其意义是被协商和被解释而形成的。或者说，技术的"能力"（capacity）从来都不是透明的，必须借助解释才能获得意义。

不过，格瑞特、乌尔加等人认为，以建构思想为特征的反本质主义仍然不够彻底。因为：建构的反本质主义在拒斥技术决定论的同时，却又企图将技术的生成与发展归约为社会或政治因素的影响。如此一来，又陷入了社会决定论的误区。例如，建构的技术反本质主义认为，技术中的具体化或"前有环境"的隐喻，意味着一项技术直到政治或社会价值被加之于该技术之前可以是中性的。对此，更为激进的反本质主义者则声称：无法想象这种与政治、社会无关的技术客体能够独立于评价而存在。因为技术的存在只能"借助""通过"人类的描述和实践而存在。因而技术从来不可能是素朴的、未受"污染"的。或者说，建构论的反本质主义虽然表面上避免了本质主义，其实不过是某种新的本质主义。造成这种状况的根本原因在于：反本质主义拒绝承认不同的人对同样的技术能够以极为不同的方式被理解，因而预设了技术的某种"内在客观

---

① Brey P. Philosophy of technology meets social constructivism. Society for Philosophy & Technology, 2: 3-4.

性质"。并因此使技术成为脱离语境的某种"本质"存在。

有鉴于此,乌尔加等人倡导一种较反本质主义更为彻底的后本质主义技术观。该观点主张将技术理解为由不同行动者,以不同方式阅读的"本文",而技术哲学、技术社会学等研究者的任务,便是分析不同行动者如何写就"技术本文",以及对技术本文的某种阅读如何为其他行动者所接受而"流行"起来。乌尔加提出了关于"技术本文"的工具论的、解释学的以及反思性的三种理解。其一,工具论技术本文观认为:正是"读者"写就了技术本文。或者说,技术人造物的属性是偶然社会过程的结果,技术的社会"冲击"形成于技术设计和使用的解构与重构过程之中。这可被认为是强调了技术能力的灵活性。其二,解释学的响应主要关心组织环境与技术发展的关系问题,如:何种环境能够提高或阻碍技术的发展。这一观点认为:技术的内容与其所处的组织环境是同构的,且不同的视界可以有不同的解读。因此,重要的是要回答:一定情况下为什么一种阅读较其他的阅读更为可行或为大多人所接受。其三,技术本文的反思性理解,认为技术本文的阅读既与技术专家的工作有关,也指分析者理解争论的过程。它关注的是:为什么与如何能够在众多技术本文之中,读出相对稳定的内容。乌尔加以温纳著名的"莫瑟桥",说明了上述三种技术本文的应用。温纳本人对"莫瑟桥"的解释是工具论的。在他看来,对莫瑟桥至少可以有两种阅读:确保汽车从此地到彼地的一般手段,或某种种族歧视的阴谋。同时,温纳的工作还具有某种技术本文的解释学意蕴:他不仅指出了对技术的两种阅读(中性的和政治的),而且断言后一种阅读较前一种阅读更好、更真实。虽然这种解释学响应也追问"为什么有些解释比其他解释更有说服力?"但仍然预设了研究者(如技术哲学家)自己对本文阅读的优越地位。这种做法暗示了关于技术的某种客观、超验的存在——即不同的解释指向同一客体。只有对技术本文的反思性理解,才坚持了技术本文"种种版本的阅读具有同等地位"的思想。任何一种阅读——包括研究者自己的阅读——并不比其他阅读更具优越性。因此乌尔加认为,正是关于技术本文的反思性理解,充分体现了后本质主义的思想。对此,一些批评者认为,后本质主义不过是某种新的决定论：是继工具主义或本质主义的技术决定论、建构主义或反本质主义的社会决定论之后，后本质主义的"读者决定论"或"本文决定论"，而所有的决定论无疑都具有显著的本质主义特征。① 由此看来，哲学研究中事实上很难说存在绝对意义上的反本质主义。对此，就连乌尔加在其论述后本质主义作品的最后，也不得不承认："在某些方面，（对反本质主义的批评）同样适用于我们自己的观点：为了指出反本质主义的谬误之处，我们不得不找出其本质特征。"② 尽管如此，关于技术本质的讨论，对于在学理上明确技术哲学的逻辑起点，更好地把握、评价既有思想与理论依然意义甚大。

### 三、有关思考

长期以来，传统哲学将"本质"问题视作哲学的核心问题。亚里士多德的《范畴篇》中，"本质"位居其十大范畴之首。黑格尔也指出："哲学的任务或目的在于认识事物的本质"③。与此相反，反本质主义者则指出，以往人们所具有的"在通常列入一个共名之下的一切东西中寻找某一共同的特有属性"的倾向④，导致他们在处理具体对象时出现一种幻觉，即：他们自以为通过借助普遍概念或规律的科学方法便把握了对象的本来面目和真实存在。实际上，却把对象丰富生动的具体内容变成了僵死的抽象物。

另一方面，反本质主义完全否定个别现象、多样性中存在着某些相同或相似之处的断言，显然也是不符合实际的。倘如此，人们便只能在变动不居的世界中漫无目的地漂泊。就技术本质而言，如果不承认人类能够通过"类"的概括把握技术，那么技术哲学本身便只能蜕化为对个

---

① Gill R. Power, social transformation, and the new determinism: A comment on grint and woolgar Science, Technology & Human Values, 1996, 21(3).
② Grint K, Woolgar S. On some failures of nerve in constructivist and feminist analyses of technology. Science, Technology & Human Values, 1995, 20(3).
③ 黑格尔. 小逻辑. 北京：商务印书馆，1980：242.
④ 洪谦. 现代西方哲学论著选辑（上册）. 北京：商务印书馆，1993：741.

体技术或技术系统的描述。并且,如果技术仅仅由偶然的局域条件所主宰的话,似乎便不会有任何个人或群体能够真正控制技术,以及对技术的负面作用负责。

因此,谈论技术本质与定义的正确态度,同时也是现实的选择,便是更多地依赖"实践理性",即不能脱离技术生成与发挥作用的语境而作出抽象、孤立的结论。事实上,后期维特根斯坦的"语言游戏论""家族类似"等概念,正是超越狭义的、局限于语义学静态表征的观点,而充分重视语言表达式在特定语境中合理应用的重要突破。从语境论的角度看,以家族相似而非本质主义的态度给出描述性陈述定义的观点,正表明这种定义方法"所关心的不再是把世界表征为'它所是',而是关心在特定语境中人们所面对着的不理解的东西,即理解实践"①。

与本质主义认为通过对于字词意义的规定便能够揭示事物的本质这样的观点不同,维特根斯坦对本质定义提出了挑战。他说:"一种观点认为,为了弄清普遍概念的含义,人们必须在它的运用的所有情况中找出共同的要素,这种观点束缚了哲学研究,因为这不仅没有产生任何结果,而且还使哲学家们把具体的情况当作无关的东西。而只有具体的情况才能帮助他理解普遍概念的用法。"②为了反对那种束缚人们哲学研究的寻求共同特征的企图,维特根斯坦提出了"家族相似"的重要概念。他表示:"我想不出比'家族相'更好的说法来表达这些相似性的特征:因为家族成员之间的各式各样的相似性就是这样盘根错节的:身材、面相、眼睛的颜色、步态、脾性等……这些家族成员并非因为他们有一个共同的姓氏而使所有成员有某种共同的特征。"维特根斯坦用家族相似的概念想要说明的是:概念的内容往往就如同家族成员的关系,要想寻找一个整齐划一的"本质"是不可能的。如果一定要说其有所"共性"的话,这种共性"它就像我们纺线时把纤维同纤维拧在一起。线的强度不在于任何

---

① 郭贵春. 后现代科学哲学. 长沙:湖南教育出版社,1998:31.
② Wittgenstein. The Blue and Brown Books. Oxford:Blackwell Publishing Ltd.,1958:9-20. 参见:王晓升. 走出语言的迷宫. 北京:社会科学文献出版社,1999:98.

一根纤维贯穿了整根线,而在于很多根纤维互相交缠"①。

由以上论述可以看出,维特根斯坦"家族相似"的思想强调了概念的开放性。也即是说,关于事物的概念不是被严格规定的,概念的使用也不是被严格规定的。他举例说,我们可以"给'数'这个概念划出固定的界线,即用'数'这个词来标示一个具有固定界线的概念;但我也可以这样使用它:即这个概念的范围并不被一条界线封闭"②。由此看来,一方面维特根斯坦认为:概念不可能限定其所有可能的应用,一条规则只要在正常情况下能够达到它的目的,就是没有问题的。另一方面,他也并没有完全否定在一定范围内的概念的确定性和意义的确定性。因为"如果两个游戏之间没有任何共同的相关的东西,那么我们就会毫不费力、毫不迟疑地说,共同的描述不能在单一的意义上用于这两者"。也即是说,如果事物之间没有任何的共同点,我们就不能在同一意义上使用一个词语来描述它们。因此,按照家族相似的原则,所有家庭成员之间不存在一种共同的特征,因而我们不能用同一的标准划定界限,但这并意味着它们之间毫无相似性。进而言之,维特根斯坦虽然不下定义,但引导人们通过对某些事物现象特征的分析来判断它是否家族相似。与此类似,在社会科学中,韦伯提出的"理想类型"概念,也是试图谈论事物共性而又不致陷入本质主义误区的尝试。理想类型主要指:为了认识复杂多变的现象,我们可以选择其中若干重要特征进行抽象,建构类型化的概念模型,并将其作为整理和规范现象的工具。如同家族类似并不否认一组对象可能具有某种共同特征一样,韦伯也反复强调,"任何理想类型都是认识的可能途径之一"③。

就技术的本质和定义而言,采取某种家族类似或理想类型的界定方法,或许更有助于我们思考现实的技术问题。事实上,我国学界也出现了一些有益的尝试。例如,陈昌曙先生在谈论技术的定义时一再表示:"我不大主张给技术下一个简明的定义,而倾向于描述技术,描述技术有

---

① 维特根斯坦. 哲学研究. 汤潮等译. 北京:生活·读书·新知三联书店,1992:67.
② 维特根斯坦. 哲学研究. 汤潮等译. 北京:生活·读书·新知三联书店,1992:68.
③ 张志林,陈少明. 反本质主义与知识问题. 广州:广东人民出版社,1995:111.

哪些基本的特征。"①张华夏、张志林两位先生则认为,前者的方法接近于建构性家族相似,并试图给出关于技术的"准本质定义"。②后者同时表示:他们关于技术的概念比较接近于技术工具论,陈昌曙、远德玉的理解近于技术实体论。且两者观点的不同,"反映了国际技术哲学界技术工具论与技术实体论的分歧"③。而在笔者早些时候与芬伯格先生的通信中,他对笔者试图借鉴维特根斯坦"家族相似""生活形式"等概念理解、界定技术的设想表示赞同。并认为,他的工具化批判理论所区分的初级工具化与次级工具化及其所涵盖的两组四对概念,事实上已经包含了家族相似的思想。④

我们以为,无论如何评价当今世界技术哲学的发展趋向与理论分歧,反对"纯粹的"本质主义及与此相关的技术决定论,特别是强技术决定论,无疑已成为众多研究者的共识。如 Stump 表示,芬伯格关于"由历史学家和社会学家所推进的拒斥技术本质主义解释的建构论思想,业已成为技术哲学研究主流"的断言颇为中肯。⑤Brey 在题为"技术哲学遭遇社会建构论"一文中也认为:"社会建构论预示了技术哲学研究的新方向。"⑥

整体而论,我们同意芬伯格关于技术的工具论、实体论及批判理论的划分,并从其技术非本质主义论述中深受启迪。然而,我们不想沿"技术批判"的方向走得太远。因为,技术设计、决策中固然充满基于价值、利益因素的力量对比与协商,但具有自然与社会双重属性的技术,毕竟不能唯一地被视作社会、政治力量角斗的结果。技术哲学也不应当

---

① 陈红兵,陈昌曙.关于"技术是什么"的对话.自然辩证法研究,2001,17(4):16-19.
② 张华夏,张志林.从科学与技术的划界来看技术哲学的研究纲领.自然辩证法研究,2001,17(2):31-36.
③ 张华夏,张志林.关于技术与技术哲学的对话——也与陈昌曙、远德玉教授商谈.自然辩证法研究,2002,18(1):49-52.
④ Feenberg A. Transforming Technology. Oxford: Oxford University Press, 2002:192-200. 该书为Critical Theory of Technology(1991 年)的修订版.
⑤ Feenberg A, Stump D J, Thomson I. Symposium on questioning technology. Inquiry, 2000, 43:217.
⑥ Brey P. Philosophy of technology meets social constructivism. Society for Philosophy & Technology, 2:3-4.

完全等同于"技术政治学"。从家族相似的视角，我们可以把技术描述为"变革自然，生成有形、无形产品的人类实践行动"。并且，如同利科开创性地将人类行动看作本文，从而进行解释学分析一样。笔者认为，技术毫无疑问也是解释学研究的合法领域。或者说："当技术成为人类对世界经验扩张的一部分时，技术就如同一个'本文'，它的解释学意义的明晰性就如同'本文'的明晰性一样，被人类所理解和把握。"① 因此，如果我们在解释学的视域中考察技术，便可能拓展技术哲学研究的某种新境界。

---

① 郭贵春. 后现代科学哲学. 长沙：湖南教育出版社，1998：35.

# 对概率论起源的思考[*]

概率论是一门应用非常广泛的学科。在数学史上，它的产生是以帕斯卡和费马在1654年的七封通信为标志的。由于这些信件中所解决的问题多是与赌博有关的点数问题，因此人们总是把概率论的产生归功于赌博这项机遇游戏。但考古学发现告诉我们，赌博游戏早在文明初期就已经存在了，迄今已有几千年的历史，而概率论从诞生至今不过三百余年，这说明赌博并不是概率论产生的决定性条件。在从赌博出现到概率论产生之间的这段"空白"期，必定还有一些十分关键的因素正在孕育之中。那么这些因素是什么？换句话说，需要具备哪些先决条件，概率论才能得以形成？

## 一、独立随机过程的出现

对概率论而言，两个最主要的概念就是独立性和随机性。[①] 概率论

---

[*] 本文发表于《科学技术与辩证法》2006年第2期，作者郭贵春、宋尚玮。
[①] Hacking I. An Introduction to Probability and Inductive Logic. Cambridge: Cambridge University Press, 2001：23.

是从研究古典概型开始的，它所涉及的研究对象是大量的独立随机过程。通过对这些过程中出现的问题的解决，概率理论体系才逐渐建立起来。因此，要考察概率论的产生条件，我们首先应当对独立随机过程的产生有充分的了解。

事实上，这种过程的雏形早在原始社会就已经存在了，那时的占卜师们使用动物的趾骨作为占卜工具，将一个或多个趾骨投掷出去，趾骨落地后的不同形状指示神对人或事的不同意见。由于投掷趾骨这个过程所产生的结果具有不可预测性，而每次投掷的结果也互不影响，这与我们今天投掷骰子的基本原理相当，因此趾骨可以被看作是骰子的雏形。但是，由于趾骨形状的规则性较差，各种结果出现的概率不完全相同（即不具备等可能性），所以趾骨产生的随机过程还不是我们今天意义上的独立随机过程。加之趾骨作为一种占卜工具，其本身具有神圣的地位，普通人不可能轻易使用，这也在某种程度上阻碍了人们对随机过程的认识。

随着社会的进步和文明的发展，骰子变得越来越普遍，不仅数量增多，而且规则性也日益精良，此时它已不再是一件神圣的器具而逐渐成为普通大众的日常用具。从原理上看，只要一枚骰子是质地均匀的，它就可以产生一系列标准的独立随机过程。这些过程具备良好的性质（独立性、随机性和等可能性），是进行概率研究的理想对象。如果经常接触这些随机过程，就很有可能从中发现某些规律性。实际上，通过对骰子的研究我们确实发现了一些有趣的现象。在考古出土的骰子当中，有一些被证明是用于赌博的工具，它们的形状规则而质地却不均匀，也就是说，骰子的重心并不在其几何中心。可以想象，如果骰子的某一面较重，则其对面朝上的概率就会增大，这种骰子明显是为了赌博时用于作弊。而从另一个角度看，如果古代人知道质地不均匀的骰子产生各个结果的可能性不同，那么他们必定清楚一个均匀的骰子产生任何一个结果的概率是相等的。也就是说，经常从事赌博的人必然可以通过大量的游戏过程，意识到掷骰子所得到的结果具有某种规律性，并且这种规律性还可以通过改变骰子的质地而得到相应的改变。虽然古代人的这些意识还只停留在经验总结的水平上，我们却不得不承认这是一种最原始的概率思想。

赌博游戏存在的时间之长、范围之广、形式之多令人惊讶。但有如此众多的人沉迷于这种游戏活动，也在客观上积累了大量的可供学者进行研究的随机过程。更为重要的是，在进行赌博的过程中，或许是受到经济利益的驱使，已经开始有人试图解开骰子的奥秘。意大利数学家卡尔达诺就是其中的一位。他本人是个大赌徒，嗜赌如命，但他却具有极高的数学天分。在赌博的过程中，卡尔达诺充分发挥了他的数学才能，研究可以常胜不输的方法。据说他曾参加过这样一种赌法：把两颗骰子掷出去，以每个骰子朝上的点数之和作为赌的内容。那么，赌注下在多少点上最有利（图1）？

```
2 3 4 5 6 7
3 4 5 6 7 8
4 5 6 7 8 9
5 6 7 8 9 10
6 7 8 9 10 11
7 8 9 10 11 12
```

**图1　骰子朝上的点数和排列**

两个骰子朝上的面共有 36 种可能，点数之和分别为 2～12 共 11 种，从图 1 可知，7 位于此六阶矩阵的对角线上，它出现的概率为 6/36=1/6，大于其他点数出现的概率，因此卡尔达诺预言说押 7 最好。这种思想虽然在今天看来很简单，但在当时却是很杰出的。他还以自己丰富的实践经验为基础，写成了全面探讨赌博的《机遇博弈》（*Liber de Ludo Aleae*，英译为 The Book of Game of Chance）一书，书中记载了他研究赌博的全部成果，并且明确指出骰子应为"诚实的"（honest），即 6 个面出现的机会相等，以便在此基础上研究掷多粒骰子的等可能结果数。[①]

这些实例充分说明，赌博曾对概率论的产生起过积极的作用。这可能就是人们在谈到概率论时总是把它与赌博联系在一起的缘故吧。但是，我们应该认识到，赌博的价值并不在于其作为一种游戏的娱乐作用，而在于这种机遇游戏的过程实际上就是良好的独立随机过程。只有出现了独立随机过程，概率论才有了最初的研究对象。而概率论也的确是在解

---

① 陈希孺. 数理统计学小史. 数理统计与管理，1998，17（2）：61-62.

决机遇游戏中出现的各种问题的基础上建立起自己的理论体系的。因此，在概率论的孕育期，可以作为一种模型进行研究的机遇游戏过程即独立随机过程的出现是概率论得以产生的一个重要前提条件。

## 二、先进计数系统的出现

前面曾经提到，独立随机过程的出现并不是概率论诞生的决定性因素。仅有概率思想而不能将概率结果表达出来，也不能形成完整的理论。概率论是一门以计算见长的数学分支，计算过程中需要运用大量的加法和乘法原理（组合数学原理）进行纯数字运算。对于现代人来说，概率计算并不是一件难事。但是对于16世纪以前的人来说，计算却是十分困难的，原因就在于古代缺乏简便的计数系统。当时的计数符号既烦琐又落后，书写和使用都很不方便，只能用来做简单的记录，一旦数目增大，运算复杂，这些原始的符号就尽显弊端了。而没有简便的计数符号，进行概率计算将是十分困难的事，因此，计数符号是否先进也在一定程度上决定着概率论的形成。

对于这一点，现代人可能不容易体会得到，究竟古代的计数符号复杂到什么程度呢？我们可以以古罗马的计数系统为例来说明。

古罗马的计数系统是一种现在最为人们熟悉的简单分群数系，大约形成于纪元前后。罗马人创造了一种由7个基本符号组成的5进与10进的混合进制记数法，即

| I | V | X | L | C | D | M |
|---|---|---|---|---|---|---|
| 1 | 5 | 10 | 50 | 100 | 500 | 1000 |

在表示其他数字时采取符号重复的办法，如 III 表示 3，XX 表示 20，CC 表示 200 等。但如果数字较大表示起来就相当复杂了，比如：

$$1999 = MDCCCCLXXXXVIIII$$

后来为了简化这种复杂的表示法，罗马人又引进了减法原则，即在一个较大的单位前放一个较小单位表示两者之差，如 IV 表示 4，CM 表示 900，则

$$1999 = \text{MCMXCIX}$$

如果要计算 $235 \times 4 = 940$，现代的竖式是

$$\begin{array}{r} 235 \\ \times\ \ \ 4 \\ \hline 940 \end{array}$$

而公元8世纪时英国学者阿尔琴演算同一道题的过程则要复杂得多：

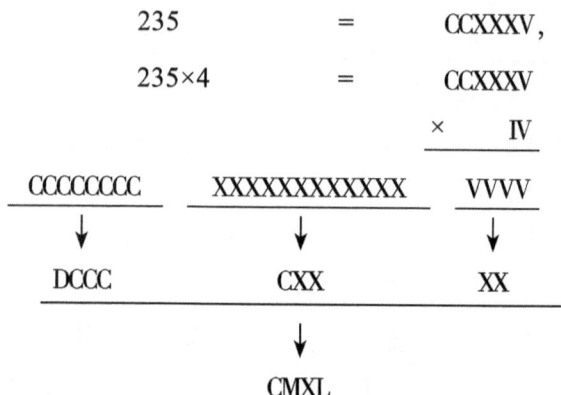

古罗马数字对于这样一个既不含分数和小数，数字又很简单（只有三位数）的乘法运算处理起来尚且如此复杂，可以想象，即使数学家有足够的时间和耐心，要解决概率计算里涉及的大量纯数字运算也是一件太耗费精力的事。在这种情况下想要作出成果，数学家们的时间不是用来研究理论而只能是忙于应付这些繁重的计算工作了。显然，古罗马的计数系统并不适合于进行计算，而事实上，欧洲的代数学相比几何学而言迟迟没能发展起来，很大程度上也是由于受到这种落后的计数系统的限制。不仅仅是古罗马数字，在人类文明史上出现过的其他几种计数系统（如古埃及、古巴比伦等的计数系统）也由于符号过于复杂，同样不能承担进行大量计算的任务。

相反，以位值制为基本原理的阿拉伯数字则比古罗马数字以及古代其他的计数系统先进得多，它不但书写简便，而且非常有利于加法、乘法的运算及小数和分数的表示。从上面的例子可以看出，它的使用可以大大节省运算时间，提高运算效率。正是由于使用了这种先进的计数符号，阿拉伯数字的发明者——古印度人的组合数学（组合数学原理是概率计算运用较多的一种数学工具）才得以领先欧洲人许多。据记载，印

度人，特别是公元前 300 年左右的耆那数学家就由于宗教原因开展了对排列与组合的研究。公元 400 年，印度人就已经掌握了抽样与骰子之间的关系（比欧洲人早 1200 年）。而直到公元 8 世纪，商业活动和战争才将这种先进的数字符号带到了西班牙，这些符号又经过了 800 年的演化，终于在 16 世纪定型为今天的样子。

数字符号的简单与否对概率论究竟有什么样的影响，我们不妨举例说明：

问：有 $n$ 个人，当 $n$ 为多少时，至少有两人生日相同的概率大于二分之一？

假设所有人生日均不相同的概率为 $P$，

则 $P=(365/365)\times(364/365)\times\cdots\times[(365-n+1)/365]$

而题中所求之概率 $P(n)=1-P=1-(365/365)\times(364/365)\times\cdots\times[(365-n+1)1/365]$

通过计算得出结论，当 $n=23$ 时 0，$P(n)=0.51>0.5$，因此答案为 23。

这是概率论中著名的"生日问题"，也是一种很典型的概率计算问题。从它的计算过程中我们不难看出，数字运算在概率论中占有重要的地位。如果使用古罗马的计数法，这样一个概率问题从表达到计算都会相当烦琐，以至于它的求解几乎是不可能的。

对于阿拉伯数字的伟大功绩，大数学家拉普拉斯（Laplace）有如下评价："用不多的记号表示全部的数的思想，赋予它的除了形式上的意义外，还有位置上的意义。它是如此绝妙非常，正是由于这种简易难以估量……我们显然看出其引进之多么不易。"① 阿拉伯数字的出现为概率的表达和计算扫清了阻碍，如果没有这些简便的符号，概率论可能还只停留在概率思想的阶段。正是由于使用了可以简洁地表示分数和小数的阿拉伯数字，才使概率思想得以通过形式化的符号清晰地表现出来并逐渐形成理论体系。在概率论的孕育阶段，这种形式化的过程是十分必要的，它使得对概率的理解和计算成为可能，因此先进的计数系统对概率论的

---

① 张楚廷.数学方法论.长沙：湖南科学技术出版社，1989：272-274.

形成和发展都起着重要的作用。

### 三、概率论产生的方法论基础——归纳法

除了需要具备上述因素以外,概率论的形成还需要具备归纳思维。概率论是一门具有明显二重性的理论体系:"一方面它反映了从大量机遇现象中抽象出来的稳定的规律性;另一方面它关系着人们对证明命题的证据或方法的相信程度。"①这两方面特性都以归纳法作为最基本的研究方法,因此可以说,归纳法是概率论的方法论基础,概率论的产生必须在归纳法被广泛运用的前提下才成为可能。

归纳法虽然是与演绎法同时存在的逻辑方法,但在文艺复兴以前,占主导地位的推理方式是演绎思维(不具有扩展性),归纳思维是不受重视的。直到文艺复兴运动以后,这种状况才被打破。归纳法因其具有扩展性而逐渐成为进行科学发现的主导方法。

从演绎到归纳,这个过程实际上是一种思维方式的转变过程,虽然转变是在潜移默化中完成的,但转变本身对概率论的出现却起着决定性的作用。我们可以通过考察"概率论"(probability)一词的词根"可能的"(probable)来说明这种转变。在古希腊,"probable"并不是今天的这个含义,它曾意味着"可靠的"或"可取的",比如说一位医生是"probable",就是指这位医生是可以信赖的。但到了中世纪,这个词的含义发生了变化,它已经和权威联系在一起了。当时的人们在判断事情的时候不是依靠思考或证据而是盲目地相信权威,相信更早的先人所说的话。在这种情况下,如果说某个命题或某个事件是"probable",就是说它可以被权威的学者或《圣经》之类的权威著作所证明。而经过了文艺复兴之后,人们终于意识到对自然界进行探索(而不是崇拜权威)才是最有价值的事,正如伽利略所说的那样:"当我们得到自然界的意志时,权威是没有意义的。"②因此,"probable"才逐渐与权威脱离了关系。

---

① Hacking I. The Emergence of Probability. Cambridge: Cambridge University Press, 2001: 1.
② 莫里斯·克莱因. 古今数学思想(第二册). 上海: 上海科学技术出版社, 2002: 35.

15～16世纪时它已经具有了今天的含义"可能的",不过这种可能性不再是权威而是基于人们对自然界的认识基础之上的。

"probable"一词的演化体现了人们认识事物方式的转变过程。当然这并不是说,文艺复兴以前没有归纳思维。当一个人看到天黑的时候他会自然想到太阳落山了,因为每天太阳落山后天都会黑。这种归纳的能力是与生俱来的,即使中世纪的人们思想受到了禁锢,这种能力却还不至消失。而抛弃了权威的人们比先辈们的进步之处在于,他们是用归纳法(而不是演绎法)来研究自然界和社会现象的。他们将各种现象当作是自然或社会的"特征",进而把特征看作是某种更深层的内存原因的外在表现。通过使用归纳推理进行研究,他们就可以发现这些内在原因,从而达到揭开自然界奥秘和了解社会运行规律的目的。于是在好奇心的驱使之下,归纳思维被充分地激发出来。而这一点恰恰是概率论得以实现的必要条件。从概率论的第一重特性中可以看出,概率论所研究的对象是大量的随机现象,如赌博游戏中掷骰子的点数,城市人口的出生和死亡人数等。这些多数来自人们社会活动的记录都为概率论进行统计研究提供了必需的数据资料。虽然这些记录的收集与整理其目的并不在于发现什么规律,但善于运用归纳思维的人却能从中挖掘出有价值的研究素材。例如,早在16世纪,意大利数学家卡尔达诺就在频繁的赌博过程中发现了骰子的某些规律性并在《机遇博弈》一书中加以阐述;17世纪,英国商人格龙特通过对定期公布的伦敦居民死亡公告的分析研究,发现了死亡率呈现出的某种规律性[1];莱布尼茨在对法律案件进行研究时也注意到某个地区的犯罪率在一定时期内趋向于一致性。如果没有很好的归纳分析能力,想要从大量繁杂的数据中抽象出规律是不可能的。而事实上,在17世纪60年代左右,归纳法作为一种研究方法已经深入人心,多数科学家和社会学家都在不自觉地使用归纳的推理方法分析统计数据。除了上述两人(格龙特和莱布尼茨)外,统计工作还吸引了如惠更斯、伯努利和哈雷等一大批优秀学者。正是由于许多人都具备了运用归纳法进

---

[1] 柳延延. 现代科学方法的两个源头. 自然科学史研究, 1996, 15(4): 310-311.

行推理的能力，他们才能够把各自领域中看似毫无秩序的资料有目的地进行整理和提炼，并得到极为相似的结论：随机现象并不是完全无规律的，大量的随机现象的集合往往表现出某种稳定的规律性。概率论的统计规律正是在这种情况下被发现的。

概率论的第二重特性同样离不开归纳法的使用。既然概率论反映的是人们对证明命题的证据的相信程度（即置信度），那么首先应该知道证据是什么，证据从何而来。事实上，证据的获得就是依靠归纳法来实现的。在已经对自然界特征的认识达到一定程度的情况下，人们会根据现有的资料作出一些推理，这个推理的过程本身就是归纳的过程。当假设被提出之后，所有可以对其合理性提供支持的材料就成了证据，即证据首先是相对于假设而言的。如果没有归纳法的使用，证据也就不存在了。由于归纳推理在前提为真的情况下不能确保结论必然为真，因此证据对假设的支持度总是有限的。在这种情况下，使用归纳推理得到的命题的合理性便不能得到充分的保障。而概率论的第二重特性就是针对这个问题的，证据究竟在多大程度上能够为假设提供支持？这些证据本身的可信度有多少？为解决归纳问题而形成的概率理论对后来的自然科学和逻辑学的发展都起到了重要的作用。

归纳法的使用为概率论的形成提供了方法论基础。一方面，它使得概率的统计规律得以被发现；另一方面，它也使概率论本身具有了方法论意义。从时间上看，概率论正是在归纳法被普遍运用的年代开始萌芽的。因此，作为一种具有扩展性的研究方法，归纳法为概率论的诞生提供了坚实的思维保障和方法论保障，在概率论的形成过程中，这种保障具有不容忽视的地位。

## 四、社会需求对概率论形成的促进作用

与前面述及的几点因素相比，社会因素显然不能作为概率论产生的内在因素，而只能被当作是一种外在因素。但从概率论发展的过程来看，作为一种与实际生活紧密相关的学科，其理论体系在相当大的程度上是

基于对社会和经济问题的研究而形成的，因此对实际问题的解决始终是概率理论形成的一种外在动力。在这一点上，社会因素与概率理论形成了一种互动的关系，它们需要彼此结合才能得到各自的良好发展。从17～18世纪概率论的初期阶段来看，社会经济的需求对概率论的促进作用是相当巨大的。①

在社会需求中，最主要的是来自保险业的需求。保险业早在奴隶社会便已有雏形，古埃及、古巴比伦和古代中国都曾出现过集体交纳税金以应付突发事件的情形。到了14世纪，随着海上贸易的迅速发展，各主要海上贸易国先后形成了海上保险这种最早的保险形式。其后，火灾保险、人寿保险也相继诞生。各种保险虽形式各异，但原理相同，都是靠收取保金来分担风险的。以海上保险为例，经营海上贸易的船主向保险机构（保险公司）交纳一笔投保金，若货船安全抵达目的地，则投保金归保险机构所有；若途中货船遭遇意外而使船主蒙受损失，则由保险机构根据损失情况予以船主相应的赔偿。这样做的目的是为了将海上贸易的巨大风险转由两方（即船主与保险公司）共同承担。②从这个过程中可以看出，对保险公司而言，只要船只不出事，那么盈利将是肯定的；对船主而言，即使船只出事，也可以不必由自己承担全部损失。

从性质上看，从事这种事业实际上就是一种赌博行为，两方都面临巨大风险。而这种涉及不确定因素的随机事件恰恰属于概率论的研究范围。由于保险业是一项于双方都有利的事业，因此在16～17世纪得到了快速的发展，欧洲各主要的海上贸易国如英国、法国和意大利等国都纷纷成立保险公司，以支持海上贸易的发展。此外还出现了专门为他人解决商业中利率问题的"精算师"。不过，在保险业刚起步的时候，并没有合理的概率理论为保金的制定提供指导，最初确定投保金和赔偿金的数额全凭经验，因此曾经出现过很长时间的混乱局面。这样做的直接后果就是不可避免地导致经济损失。例如，在17世纪，养老金的计算就是一个焦点问题。荷兰是当时欧洲最著名的养老胜地和避难场所，但其养

---

① Schlager N. Science and Its Times. Detroit：Gale Group. 2000.
② 《大美百科全书》编辑部. 大美百科全书. 第15卷. 北京：外文出版社，光复书局，1990：164.

老金的计算却极为糟糕，以致政府连年亏损。这种状况一直持续到18世纪，概率理论有了相当的发展，统计工作也日渐完善之后，情况才有所改观。① 在结合大量统计数据的前提下，运用概率理论进行分析和计算，由此得到的结果才更有可能保证投资者的经济利益。

我们可以举一个人寿保险的例子来说明概率理论是如何应用到保险事业中来的：2500个同年龄段的人参加人寿保险，每人每年1月交投保费12元。如果投保人当年死亡，则其家属可获赔2000元。假设参加投保的人死亡率为0.002，那么保险公司赔本的概率是多少？

从直观上看，如果当年的死亡人数不超过15人，则保险公司肯定获利，反之，则赔本。不过单凭经验是绝对不行的，必须有一套合理的理论来帮助人们处理此类问题。根据所给条件，每年的投保费总收入为 $2500 \times 12 = 30\ 000$（元），当死亡人数 $n \geq 15$ 时不能盈利。令所求之概率为 $P$，由二项分布的计算公式可以得出 $P(n \geq 15) = 0.000\ 069$。也就是说，如果按以上条件进行投保并且不出现特别重大的意外，则保险公司有几乎百分之百的可能性会盈利。

这个问题就是通过将概率理论运用到关于人口死亡的统计结果之上从而得到解决的。这个简单的例子告诉我们，概率理论对保险业的发展有着相当重要的指导作用。根据统计结果来确定在什么样的条件下保险公司才能盈利是概率理论对保险业最主要的贡献，它可以计算出一项保险业务在具备哪些条件的情况下会使保险公司获得收益，并进而保证保险公司的经营活动进入良性循环的轨道。从另一方面看，最初保险业的快速发展与其不具有基本的理论依据是极不协调的，这很容易导致保险公司由于决策失误而蒙受经济损失。因此，保险事业迫切需要有合理的数学理论作为指导。在当时的社会环境下，由科学家参与解决实际问题是非常有效的，而由保险所产生的实际问题确实曾吸引了当时众多优秀数学家的目光。在1700～1800年，包括欧拉、伯努利兄弟、棣莫弗（de Moivre）和高斯等在内的许多著名学者都曾对保险问题进行过研究，这

---

① Haberman S. Landmarks in the History of Actuarial Science（up to 1919）. London：City University London，1996.

些研究的成果极大地充实了概率理论本身。

可以说，经济因素和概率理论在彼此结合的过程中形成了良好的互动关系，一方面数学家们可以运用已有的理论解决现实问题；另一方面，新问题的出现也大大刺激了新理论的诞生。概率论的应用为保险业的合理化、规范化提供了保证，正是由于有了概率论作理论指导，保险业的发展才能够步入正轨。反过来，保险业所出现的新的实际问题，也在客观上促进了概率理论的进一步完善。这样，对于概率论的发展来说，保险业的需求便顺理成章地成了一个巨大的动力。

## 五、总结

概率论的产生就像它的理论那样，是一种大量偶然因素结合作用下的必然结果。首先，赌博这种机遇游戏提供了一种良好的独立随机过程，在进行赌博的过程中，最原始的概率思想被激发出来；其次，先进的计数系统为概率思想的表达扫清了阻碍，也使得这些思想得以形式化并形成系统的理论。当然，在获得概率思想的过程中，思维方式的转变和研究方法的进步才是最根本的关键性条件。如果没有归纳法的使用，即使存在着良好的独立随机过程也不可能使人们认识到大量统计数据中所隐藏着的规律性。此外，社会经济的发展，需要借助数学工具解决许多类似保险金的计算这样的实际问题，而这些吸引了众多优秀数学家们兴趣的问题对于概率论的形成是功不可没的，它大大刺激了概率理论的发展，使概率论的理论体系得到了极大的完善。上述四个因素都是概率论产生的重要条件，它们彼此之间并没有明显的时间上的先后顺序，最初它们的发展是各自独立的，但是随后这些条件逐渐结合在一起，使得原本零散的概率思想开始系统化、条理化。从概率论的历史来看，这几种因素的结合点就是17世纪末至18世纪初，因此概率论在这个时间诞生是很自然的事。

了解概率论的产生条件对于我们理解概率论在当今社会的重大意义有很好的帮助。今天，随着概率理论的广泛应用，它已不仅仅是一种用于解决实际问题的工具，而上升为具有重大认识论意义的学科。概率论不仅改变了人们研究问题的方法，更改变了人们看待世界的角度。这个世界不是绝对必然的，它充斥着大量的偶然性，所谓规律也只是在相当的程度上被我们所接受和信任的命题而已。运用概率，我们就可以避免由归纳法和决定论带来的许多问题和争论。科学发现的确需要偶然性，现代科学向我们证明，概率理念和概率方法已经成为进行科学研究的一项重要手段。

# 科学解释的语境：意向模型[*]

对世界做出解释是人类科学实践活动的重要目的。而研究揭示科学解释的一般方法和特点、科学解释的一般标准、科学解释与非科学解释的区别，对科学解释做出认识论或知识论层面的建构和评价，则是科学哲学的中心任务之一。纵观20世纪科学哲学的发展历程，科学解释研究大致经历两个阶段：第一阶段是亨普尔等立足于逻辑实证主义的哲学架构，从语形和语义学层面建立了科学解释的标准模型；第二阶段是范·弗拉森等在哲学解释学转向和语用学转向的背景下，建立了语用学的科学解释理论。然而，无论是20世纪中期的标准模型还是20世纪后期的语用学理论，最终都未能令人满意地解决科学解释问题。总结以往科学解释理论的成败得失，以新的思想基底整合科学解释的诸多因素和内外维度，把科学解释问题的研究推向新的阶段，这既是求解科学解释难题的出路，也是我们构建21世纪科学哲学的基础性工作。

---

[*] 本文发表于《科学学研究》2006年第4期，作者刘高岑、郭贵春。

## 一、科学解释的标准模型及其局限

尽管近代认识论哲学围绕科学知识的性质、范围和辨明问题所展开的研究，实质上就是要对世界的真实理解、对世界事物的科学解释给出认识论根据，但是，把科学解释处理为一个专门的问题，并对之进行深入而系统的研究，则是随着当代科学哲学的形成在逻辑实证主义的哲学架构中展开的。

逻辑实证主义作为早期语言哲学理论的继承者和当代的基础主义认识论，其科学哲学目标是要在语言哲学和现代逻辑所构筑的思想平台上，为科学知识建立一个客观的基础、制定出探求科学知识的标准方法论，使人们能够牢靠地获得那种超越任何特定主体而又为一切健全的人类主体必须承认的客观性知识。其方法论途径是：仅仅根据涉及直接所予的概念把一切知识领域的概念加以理性重构，"不只限于把某一门经验科学的概念系统化，而是同时还尝试着把全部经验概念纳入某种系统的推导关系中"①。把经验科学方法处理为规范的逻辑方法，把经验科学处理为逻辑构造系统，处理为由理想化的形式语言构成的逻辑推理系统，试图从若干记录直接所予的观察语词构造出整个科学系统，这是逻辑经验主义科学哲学的根本特征。

这样一种基本的科学哲学框架中，科学解释问题也就自然地成为科学命题之间的逻辑推导问题；科学解释也就成为解释项（explanans）对被解释项（explanandum）的逻辑证明关系，成为以直接所予为基础的逻辑句法学和经验语义学关系；而主体的理解、意向和语用的问题则成为全然无关的东西。"这种解释模型可以和元数学中所理解的那种数学证明概念相比……证明作为数学之理论模型的功能就在于：它通过揭示每一步之间的逻辑联系展示数学证明的合理性；它为任何被建议的证明提供评价标准；它还为严格而冗长的证明理论、可证明性、可判定性及其他相关的概念提供基础。"②

---

① 斯太格缪勒.当代哲学主流（上卷）.北京：商务印书馆，1986：401.
② Hempel C. Two models of scientific explanation// Balashov Y, Rosenberg A. Philosophy of Science. New York: Routledge, 2002: 49.

质言之，逻辑实证主义架构的科学解释理论是要从语形和语义学层面构造科学解释的普遍逻辑图式。

正是沿着这样的理路，亨普尔（C. Hempel）和奥本海默（P. Oppenheim）于1948年发表《解释的逻辑研究》一文，建立了科学解释的标准模型——"演绎－规律"模型（deductive-nomological model，D-N模型），并由此开启了当代科学哲学围绕科学解释问题的一切争论和演变。

按照亨普尔的看法，科学解释必须满足如下四个条件。

（1）解释必须是一个从解释项达到被解释项的有效的演绎推理。

（2）解释项至少包含一个在演绎推理中实际需要的普遍定律。

（3）解释项必须是经验上可检验的。

（4）构成解释项的那些语句必须是真的。

第一个条件是为了保证解释项与被解释项之间的逻辑相关；第二个条件是为了保证这个演绎推理是一个解释；第三个条件则是为了保证这个解释是科学的解释，这个条件也是逻辑经验主义的认识论要求；第四个条件是为了保证边界条件和定律的真实性。亨普尔认为，这四个条件的每一个都是科学解释的必要条件；这四个条件合起来则共同构成对特定事实进行科学解释的充分条件。满足了这四个条件的解释就是一个科学解释。

科学解释的D-N模型提出之后在科学哲学领域引起了广泛的关注和争论。一方面是内格尔（E. Nagel）、萨尔蒙（W. C. Salmon）等人在接受其基本思想的前提下提出了对之进行修正和完善的评论建议；另一方面则是汉森、库恩等人分别从格式塔心理学和历史解释的层面对之进行了否定性的批评。

内格尔、萨尔蒙等指出：D-N模型中的定律只包括那些严格的、普遍有效的定律，但科学中的许多定律并不是严格普遍性的定律，而是概率性的；而且，许多现象我们实际上无法运用严格的普遍定律做出解释。在社会科学、生物科学以及研究亚原子层次物质现象的自然科学领域，其基本定律都是统计规律，更不可能运用D-N模型进行科学解释。鉴于萨尔蒙等提出的批评意见和改进建议，亨普尔又于1965年发表《科学解释的若干方面》，补充提出了科学解释的"演绎 - 统计"模型（deductive-statistical，D-S 模型）和"归纳 - 统计"模型（inductive-statistical，即 I-S 模型）。这三种模型虽然形式不同，但实质则完全一样：都是为了把科学解释处理为一种与主体的理解无关的外在的逻辑关系，处理为本质上由定律所支配的语形学和语义学层面的关系。因为"正是定律把被解释事件与解释项中所引用的特定条件联系了起来；正是定律授予了后者对于被解释现象的解释因素（而且在有些情况下是原因）的地位"①。

然而，如果说在数学证明中语言的语用维度还可以在证明过程中暂时忽略，那么，在科学解释中语言的语用学维度是绝不可能被忽略的。因为解释必然要涉及人们的信念和理解，正是理解、信念和意向决定着人们如何使用语言以及使用语言去达到什么目的。要求对某事件进行解释的那些人的信念及其理解是科学解释的一个本质性因素。这在传统解释理论的 I-S 模型中尤其显得突出，因为被作为定律的概率相关性是以主体的置信度为基础的；如果忽视主体的信念和置信度这些因素，I-S 模型便不可能做出正确的解释。汉森、库恩等正是立足于解释学转向和语用转向的这一基本哲学背景，对传统科学解释理论赖以建立的哲学前提展开了批判，从而根本否定了仅仅在句法和语义学层面中求解科学解释问题的可能性。库恩从科学史视角尖锐地指出：覆盖律模型"无论在其最初提出的领域中有多少优点，却完全不适用于历史"，完全不适用于实际的科学历史和具体的科学实践②。库恩等要求从科学史、现实的科学实践和科学的实际应用来求解科学解释难题。

## 二、科学解释的语用学转向及其疑难

在科学解释理论的发展中最具重要意义的，是范·弗拉森（B. C. van Fraassen）于 20 世纪 70 年代从语用学层面对传统解释理论所展开的

---

① Hempel C. Two models of scientific explanation// Balashov Y, Rosenberg A. Philosophy of Science. New York: Routledge, 2002: 52.
② 库恩. 必要的张力. 范岱年，纪树立等译. 福州：福建人民出版社，1981: 15.

批评。这种批评进一步扩张和引申了库恩等关于科学解释问题的洞见，真正把科学解释导入了一个新的方向、带入了另一个广阔而全新的思想空间之中。

针对科学解释的覆盖律模型，布拉姆伯格（Bromberger）和范·弗拉森构造了如下这个著名的"旗杆阴影反例"。

（1）光沿直线传播。（定律）

（2）2002年6月2日下午3时太阳以45度角照射旗杆所在的市中心广场地面，并且旗杆与地面垂直。（边界条件）

（3）旗杆所投射的阴影是50英尺长。（边界条件）

（4）有两个角相等的三角形是等腰三角形。（数学真理）

所以：

（5）旗杆是50英尺高。

这个解释满足覆盖律模型的所有条件。但它显然不是关于旗杆高度的一个令人满意的解释。因为它的演绎推理的前提已经引用了旗杆的高度。阴影的高度正是由旗杆的高度引起而不是旗杆高度的原因；建造那座城市并在市中心广场竖立旗杆的人们的心理意向才是旗杆50英尺高的真正原因[①]。

据此，范·弗拉森指出，解释不仅仅是逻辑和意义的问题，不仅仅是句法学和语义学的事情，它更多的是一种语用学（pragmatics）的事务、是人们在语言实践环境中根据心理意向使用语言的问题；仅仅在事实陈述之间寻求独立于人类语境（contexts）的客观逻辑关系，并仅仅以这样的逻辑关系来对事物进行解释不具实际的解释效用。只有把上述的那种覆盖律模型的演绎推理纳入围绕旗杆竖立者的心理意向构造的特定语境之中，比如那座城市的建造者意图以50象征那个城市的辖域、以阴影与旗杆有相等的长度象征黑人与白人的平等地位这样的语境，关于旗杆高度的那种覆盖律模型的解释才能具有意义。因此，除非我们已经考虑了科学解释所包含的语用因素，除非我们理解了做出某个科学解释的人类

---

[①] van Fraassen B C. The pragmatics of explanation// Balashov Y, Rosenberg A. Philosophy of Science. New York: Routledge, 2002: 66.

语境，否则便不可能真正达致成功的科学解释。

概括地讲，科学解释的语用学理论主要包含三个实质性论点。①科学解释是满足人们特定愿望的一种科学应用。它不仅是科学理论与解释事实之间的逻辑语形关联和静态语义关联，而且是涉及了科学理论、解释事实和在场的语言使用者的三元关系。由于"科学解释的条件主要是由语境和说话者的兴趣所决定的"①，由于人们的愿望隶属于特定的知识网络，并与满足愿望的相关因素处于不同的关联方式，所以，在不考虑语言使用者的语形学和语义学层面上科学解释不具现实性。要言之，科学解释应是语言使用者特定愿望的满足。②科学解释的真理性依赖于语用学维度上以言取效行为的真正实现。科学解释是为了回答"为什么"的问题，是为了解决困惑和疑难，是通过以言取效的言语行为使用科学理论获取"同化疑难"的效果。由于解释场景中语言使用者的背景状况不同，由于以言取效言语行为的实现途径不同，所以，对事件的正确性解释就不只是一个，而是有多个。什么构成对问题的合理回答、构成对事件的科学解释，本质上是由语用因素实现的。③科学解释是把一个"未明事件"融于主体的视域，是作为主体的解释者和求解者的视界融合。而这一过程则是通过意向性地语言交流和构造经验来实现的。因此，科学解释依赖于主体，科学解释实现的过程就是解释者使用语言成功地进行交流和构造经验的过程。由于不同的解释主体都拥有属于自己的一个特定语言域（某人特有的词汇表、表达风格和惯用法等），一个言语行为是否构成对所予事件的解释，本质上在于其在语用学维度上介入主体特定语言域的程度。

范·弗拉森等从语用学层面对传统解释理论所进行的批评使科学解释问题彻底摆脱了逻辑实证主义的狭隘逻辑框架，使之从句法和语义学伸展到语用学的广阔思想领域。但是，范·弗拉森对传统科学解释理论的批评却有着极端化的倾向。这就是，他在正确地批评了逻辑经验主义科学解释理论的狭隘性的同时，无限地延伸这种批评的力量，最终从

---

① van Fraassen B C. The pragmatics of explanation// Balashov Y, Rosenberg A. Philosophy of Science. New York：Routledge，2002：64.

语用学的维度模糊了科学解释与其他人类解释活动乃至其他人类语言活动之间的区别。范·弗拉森在"解释的语用学"一文中得出的最后结论是:"在科学中不存在解释","解释的确是一种美德；但这种美德与以人为中心的愉悦相比仍然只是一种微不足道的美德"[①]。科学解释的语用学理论不能相对于人类事物中众多的非科学解释而阐明科学解释的实质，从而在根本上模糊了人们对事件寻求科学解释的努力和价值。这是它的根本缺陷。

## 三、语境 – 意向论的科学解释模型

范·弗拉森虽然在他关于科学解释的著作中多次提及语境（context），但他对科学解释问题的解决实质上并不是在语境而是在语用的界面上完成的。作为思想框架和哲学方法论，语境与语用有着根本的不同。语用实际上并不是特定的问题可以在其中展开研究的建设性理论构架，它主要是一种语言分析方法。而语境及其分析方法则不同，它虽然囊括了语形、语义和语用的诸多因素，但语境分析本然地与特定的问题域相联系。因为它不仅是语境的分析而且是在语境中进行的分析，语境论本然地要求对问题的分析、论证、判断和解答联系特定的语境即特定的问题域来进行[②]。再则，语用仅仅指人类对语言的使用这个最一般的特征，所以，语用分析往往在语言的使用这个一般层面上模糊乃至取消所考察问题在次语言基底上的独特性。与语用论不同，语境尽管是开放的，但它无论如何都必然地是一个有着次语言边界的理论空间或问题域。要言之，相对于语用来说，语境的根本特征在于它本然地内蕴了分析和解决问题是在某个次语言思想基底上进行。例如，科学解释问题，从语用的层面来看，科学解释也就是人如何使用语言满足愿望的问题，这样，科学解释相对于其他人类语言活动的特异性便在"语用"中暗淡消退了下去。所

---

[①] van Fraassen B C. The pragmatics of explanation// Balashov Y, Rosenberg A. Philosophy of Science. New York: Routledge, 2002: 69-70.
[②] 郭贵春. 论语境. 哲学研究, 1997,（4）.

以，范·弗拉森从语用学得出的最后结论是：科学解释只是一种微不足道的"美德"，只是"以人为中心的愉悦"问题。[①]另外，从语境论视域来看，科学解释问题虽然也是语言问题，但它还要求这问题要落实在"科学"和"解释"等这样的语境层面上来解决。所以在语境论中科学解释不会流变为一般人类语言行为问题。最后，也是最重要的，语用及其分析虽然可以无限度地伸展，但它又仅仅是一种直线式或平面式的延伸，而不是立体的扩张。与此不同，语境虽然给出了思想的基底和边界（当然这个基底和边界是开放的），但它又是一个立体的架构；在这个架构中，语形、语义和语用以及其他诸多相关因素（如心理意向性等）都能够被有机地统一进来。所以，语境是给出了稳定思想基底，涵盖了多元方法论工具，包含了诸多相关因素的立体架构。

从我们这里讨论的科学解释问题来看，在语境这个基本框架中还必须突出和强调心理意向因素的地位。因为，首先，不仅解释（explaining）活动本身与心理意向性密切相关，而且与解释活动直接相关的理解（understanding）、意义（meaning）等概念本质上都以心理意向性为前提，都是由心理意向性赋予的；正是心理意向性构成包括解释活动在内的任何特定语言行为的根由。其次，在诸多语境因素中，其他一切因素都是外在的、显像的和确定的东西，比如作为语境要素的文本、诸物理因素等，只有意向性因素是一种内在的、能动的和驾驭性的因素；其他一切因素居于怎样的地位、具有何种意义和发挥何种作用都处于心理意向性因素的能动支配之下。再次，作为语境构成要素的社会背景、历史背景、指称和意义的背景关联等都是由主体意向性地引入的；正是主体的心理意向性使诸语境因素具有了即时的、在场的和生动的意义，并从而为语境以及语境中的解释和理解展开了空间。最后，语境的运作过程实际上是诸语境要素不断调配、整合并不断把新的意义和指称要素引入进来的过程，而语境要素的整合、新语境要素的引入以及新意义的生成等，归根结底都要通过心理意向网络构建新的意向性对象来完成。因此，虽然

---

[①] van Fraassen B C. The pragmatics of explanation//Balashov Y, Rosenberg A. Philosophy of Science. New York: Routledge, 2002: 69-70.

心理意向性也是语境要素，但它与其他语境要素有着实质性的不同，它在语境中居于驾驭性和能动创造性的地位。在科学解释中，心理意向性的这种独特语境地位尤其显得重要。因为，科学解释正是通过语言行为把特定的心理意向性内化到求释者的意向网络中而得以实现。

基于对语境和心理意向性作为科学解释架构的上述把握，我们给出如下的语境－意向论的科学解释模型。

（1）科学解释是在包括了求释者、解释者、一个why问题、科学背景和其他语境因素的语境中完成的。在这一语境中why问题处于中心地位，一切语境要素的整合、新语境要素的引入等均围绕why问题的展开而进行。

（2）科学解释的目标是求释者实现对why问题的理解，科学解释过程将随着求释者达到对why问题的满意理解而完成。所以，理解是科学解释过程的关键环节也是最后环节。把握科学解释的关键就是要揭示理解的实现过程。从心智的意向性理论来看，所谓理解（make sense）就是构建新的意向对象，"制造"新的意义并使之融合于意向网络，进入主体的视界。当然，这个实现意义的过程并不是任意的，而是在心理意向网络与诸多语境要素相互融合、整合的过程中实现的。

（3）科学解释本质上是以特定的言语行为来实现特定的语言目的，所以，科学解释主要是一种以言取效行为。科学解释这种以言取效行为主要依托于特定的科学文化背景来完成。

（4）因为科学解释这种以言取效的言语行为是围绕why问题展开的，所以，科学解释不是也不可能是脱离理解的句法和语义程序，而必定是在语境中完成特定的语言行为、取得特定的语言效果。例如，对于"为什么天空是蓝的？"（而不是"绿的"）和"为什么天空是蓝的？"（而"星体"却是白的）这两个需要解释的问题，从句法学和逻辑语义学上来看，二者并无区别；但是从言语行为的界面来看，二者要求的显然是不同的科学解释。所以，科学解释这种语言行为更加直接地呈现出心理意向对语言意义的"颐指气使"特征。

（5）科学解释过程是主体在特定语境中通过心理意向来建立新的语境性关联的过程。从语言行为的心理模式来看，why问题本质上就是要寻求两个或多个语境要素之间的理解性关联。这种关联的建立是通过把其他相关因素不断地引入语境中来实现的。有时只需引入一个要素就可建立问题要素的可理解性关联，有时则需要引入多个要素才能完成这种关联。新要素不断地语境化，并且在语境化过程中不断地生成新的意义，新要素和新意义又不断地进入求释者意向网络之中，使其意向网络发生整合、调配和建立新的意向性关系并最终实现建立问题要素关联的意向状态，实现对求解事件的理解。这就是科学解释的本质所在。科学解释的这种语境－意向的互动过程，如图1所示。

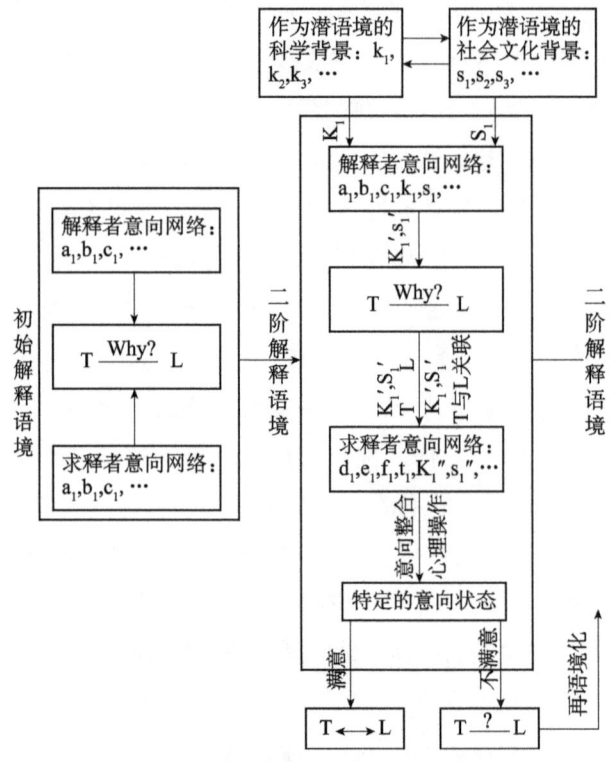

图1 语境-意向论的科学解释模型

图1中，首先是求释者对"T"与"L"之间的关联发生疑问，他想对"T"与"L"之间的关联求得一种理解，而在他已有的意向网络中"T"与"L"之间不能建立起令他满意的关联。其次，解释者援引相关的科学背景因素 $K_1$ 和相关的社会文化背景因素 $S_1$，通过自己的意向网络使

之进入解释语境，解释者运用自己的意向网络对 $K_1$、$S_1$ 进行整合后把它们作用于 T-L 问题，试图对 T-L 问题给出解释；解释者所做的解释通过语言表达形成意义并传达于求释者的意向网络。因为 $K_1$、$S_1$ 是经过解释者意向网络整合的，所以在它们通过语言表达作用于 T-L 问题时又有其特定的形式 $K_1'$ 和 $S_1'$。最后，进入求释者的意向网络的那些意义因素被求释者意向性地吸纳并与其他意向网络因素相互作用，经过意向整合和心理操作后，求释者最终形成表征 T-L 问题的特定意向状态。这种意向状态有被满足和不被满足两种情形：如果这个意向状态所指向的事态是其生活世界的实在事态并与其他意向网络内容融贯一致，那么求释者就会满意于这个解释，解释过程完成；如果不是这样，求释者不满意于这种解释，他将提出新的 why 问题；这个新的 why 问题被再语境化之后便进入三阶解释语境，三阶解释语境将再次通过类似于二阶语境的那种运动方式生成新的意义和新的解释；这样的意义和解释运作方式可能会进行多次，直到消除疑惑，达致皮尔士所说的那种心智的确信状态。

## 四、结束语

语境-意向论的这种科学解释模式既不同于传统的语义-逻辑型解释模式，也不同于以范·弗拉森为代表的语用-文化型解释模式。它把语义和逻辑因素吸收进来作为科学解释的一个重要维度，但又不把科学解释局限于语义和逻辑的刚性界域。它把语用和以言取效作为科学解释的一个重要方法论原则，但又以科学解释语境对之无限流动性倾向加以制约。它虽然以科学作为其解释得以实现的重要背景，但并不因此排斥社会文化作为解释语境因素的重要性。它虽然强调科学逻辑推导和科学语义相关的重要性，但又认为这种关联性是在特定语境中才得以具体实现的。要言之，其根本特点在于，它以语境这个稳定的基底和框架克服了语用论解释的无限制流动性，又以心理意向克服了传统逻辑型解释模式那种外在主义的强硬刚性，从而使科学解释得以在主体的语言实践世界中现实地展开和完成。

# "语境"研究纲领与科学哲学的发展[*]

20世纪60年代以来，随着逻辑经验主义的衰落，科学哲学经历了许多根本性的变化，其论域空间由重视辩护的语境扩展到重视发现的语境；研究方法由对科学陈述与概念的逻辑分析，扩展到重视科学实践的语境分析；基本信念由拒斥形而上学、倡导理论与观察的二分法，转向观察渗透理论的整体论信念；研究视野由对理论结构的静态分析，转向从科学史和社会学的视角对理论变化和实验室工作的动态分析。但是，面对逻辑经验主义陷入的困境，科学哲学家至今仍然没有提供一条普遍公认的新进路。面对当代科学哲学发展现状、困境和趋势，我们应当从一个什么样的基点上去求解科学哲学的难题，奠定科学哲学发展的出发点呢？如何把科学之历史的、社会的、文化的和心理的层面统一到一个不可还原的、整体的基点上去呢？这无疑是探索当代科学哲学发展趋势的一个无法回避的重要问题。

---

[*] 本文发表于《中国社会科学》2006年第5期，作者郭贵春。

## 一、"语境"的根隐喻特质

科学哲学的研究对象是由学科群提出的问题,这些问题主要包括:科学的哲学基础、科学知识的产生机制、科学理论的变化与进步模式、科学预言与科学概念的内在本性、科学目标与科学方法的合理性地位,等等。思考科学哲学的未来发展,应立足于这一基础。

基于这样的共识,当代科学哲学、科学史和科学社会学家们在科学哲学未来发展定位问题上,广泛提出了"语境论"(contextualism)的科学认识观,把它作为一种超越以逻辑经验主义为核心的现代科学哲学的趋向选择。因为随着语境(context)观念在当代思维领域中的普遍渗透,一种语境论世界观[①](contextualism as a world view)逐渐显现在了自然科学和社会科学的发展中。无论是以语境实在为特征的本体论立场,以语境范式为核心的认识论路径,还是以语境分析为手段的方法论视角,"语境"所具有的元理论特征,使人们已经不能把语境论仅仅局限于"使科学哲学融合起来"。[②]事实上,作为一种普遍的思维特征,它在世界观的意义上,成了构造世界的新的"根隐喻"(root metaphor)。

首先,"语境"本身具有根隐喻思维的特质。"语境"的内涵经历了从"词和句子的关联"到"确定文本意义的环境"的演变。特别是在马林诺夫斯基(B. Malinowski)开创性的工作之后,语境观念从"言语语境"扩展到了"非言语语境",包括"情景语境""文化语境"和"社会语境"。[③]语境的观念从"关于人们在语境中的所言、所作和所思",转变为"以语境为框架,对这些所言、所作和所思进行解释"[④],从而跟语词和文本所反映的外部世界的特征,跟世界的本质,尤其是知识和真理问题关联了起来。

其次,"语境"的根隐喻地位,是人类思维演进的必然结果。正如培

---

① Hayes S C, et al. Varieties of Scientific Contextualism. Reno: Context Press, 1993: vii.
② Hayes S C, et al. Varieties of Scientific Contextualism. Reno: Context Press, 1993: 11.
③ Malinowski B. Problem of meaning in primitive languages//Ogden R. The Meaning of Meaning. London: Routledge, 1930: 296-336.
④ Dilley R. The Problem of Context. New York: Berghahn Books, 1999: 4.

帕（S. Pepper）指出的，所有伟大的科学与哲学思想无不源于"形式论"（formalism）、"机械论"（mechanism）、"机体论"（organism）和"语境论"（contextualism）这四大"根隐喻"，并在此基础上类推地构想和认识世界。① 形式论世界观特征在于，通过命名或描述事件来阐明语词或句子跟事件之间的关系，它揭示了语词世界和实在世界之间一一对应的映射关系，形成了符合实在论的真理观。机械论世界观强调了主观世界和客观世界的对立，不过它预设了世界的组织特性，认为世界的有序存在要先于事件和关系，可以为了秩序和力量，重新安排实在，像形式论一样，它对实在的看法具有符合论的特征，是一种指称实在论的真理观。机体论则强调了世界的整体特性，认为世界是一个变化的、进化着的有机系统，因此，对世界会有各种不同的表述方式；相关于语言意义的，是不同表述之间的关系，而非世界中的实体，由此，它形成了融贯实在论的真理观。

与其他三种构造和解释世界的根隐喻不同，语境论更注重动态活动中真实发生的事件和过程，即在特定时空框架中不断变化着的历史事实，而且可变的事件本身赋有主体的目的和意图，主体参与到了事件和语境的构造当中，同时，语境反过来也影响到了主体的行为，这是一种相互促动的、关联的实在图景。语境论将实体、事件和现象等具有实在特性的存在视为是在相互关联中表述的，不同的语境，会形成不同的本体论立场，从而语词及其所指的对象就会具有不同的意义。② 由此，语境具有的本体论性的特质，使它成为判定意义的本质基元，具有更强的基础性、科学性和不可还原性。

"隐喻思维是人类最初最基本的思维方式"③，它不仅能够创造新的意义，而且为理解事物提供了新的视界。作为根隐喻的"语境"，可以成为人类概念系统中的核心概念，对人类日常的思维方式和话语表达起到重要的作用。把它与其他概念进行比拟阐述，不仅是可以普遍接受的概念或模式，而且会使人们自觉或不自觉地按照这种概念或模式进行思维或行动。因此，将"语境"构建为科学哲学未来发展的基点和新的理论生

---

① 张沛. 隐喻的生命. 北京：北京大学出版社，2004：40.
② 殷杰. 语境主义世界观的特征. 哲学研究，2006，(5)：94-99.
③ 恩斯特·卡西尔. 语言与神话. 于晓等译. 北京：生活·读书·新知三联书店，1992：12.

长点,是一个颇具战略意义的选择。

## 二、"语境"平台的构造

作为根隐喻的"语境",无论是在理论的定位、知识的构造,还是方法的使用上,其思维特征和观念都深刻地渗入科学哲学研究的各个方面,可以说,"所有的经验和知识都是相对于各种语境的,无论物理的、历史的、文化的和语言的,都是随着语境而变化的"①。因此,从语境作为科学哲学发展平台的意义上,至少应当考虑如下几个方面。

### (一)语境的元理论

作为一种具有本体论性的语境实在的提出,它不仅为语言的语形、语义和语用分析方法的融合提供了可能,而且为整个语言哲学和科学哲学的发展提供了一个十分经济的基础。对于科学哲学而言,"语境"是一个重要视角,它提供了重新审视科学哲学发展的基础。逻辑实证主义侧重符号化系统的形式语境,历史主义强调整体解释的社会语境,而具有后现代趋向的后历史主义则注重修辞语境。没有形式语境就没有科学的表征,没有社会语境就没有科学的评价,而没有修辞语境就没有科学的发明。所有这一切都只有在语境的意义上才能生成和发展,所以,从元理论的层面上对"语境"观念进行分析,是整个"语境"研究的基础。

### (二)语言分析方法

"语境"观念带来的一个非常重要的方面,就是语言分析越来越成为科学哲学研究的自觉方法。一般来说,语言分析包括以下几个方面。

1. 语境分析方法

语境分析作为语境论的最核心的研究方法,是语形、语义和语用分

---

① Richard H. Schlegel, Contextual Realism. New York: Paragon House Publishers, 1986: xxxi.

析方法的集合。语形学以句法形式为取向，形成逻辑－语形分析，语义学以言说对象为取向，形成本体论－语义分析，语用学以语言使用者为取向，形成认识论－语用分析。其整体扩张和应用使得哲学的提问方式发生了改变，求解问题的方式也随之改变。

2. 修辞分析方法

科学修辞学内含了科学修辞战略的形式、结构和功能的统一，要求着语形、语义和语用的内在分析的一致性，体现了科学修辞学重建的科学方法论意义。如果对科学理论的论证不仅仅是从它"有理性"，而且从它"有理由"的角度去分析，就可以看出"发明和组织科学论述便是修辞学分析方法的最基本功能"，因此，它作为一种横断的元分析方法是不容置疑的。

3. 隐喻分析方法

隐喻是一种可用于"逼近"和交流复杂科学概念的方便语言工具。科学理论陈述中一些重要的核心概念往往都是隐喻性的，科学家们往往将其用作新的科学事实和概念前瞻性发现的重要工具。隐喻分析所具有的启迪性、创造性，是其他分析方法所不能取代的。

### （三）语境分析方法的应用

把语境分析方法用于求解具体的科学哲学难题，并得出跟传统观念不同的理解，是构建"语境"基点之成败的关键所在。这包括：

1. 自然科学理论的语境分析

比如，在量子测量问题上，"测量语境"观念的提出、形态各异的测量理论模型的建构和各具特色的测量语境范式的形成有助于不同派别之间的争论。对隐变量理论、测量理论和量子力学的模态解释问题的历史演变的考察和困境的解决，正是语境分析方法在自然科学领域深入渗透的体现。

2. 社会科学理论的语境分析

只有从包括社会、政治、心理和历史等因素在内的"广义语境"上来理解科学思想和观念的形成和演变，才能真正认识科学本质。

3. 科学家和哲学家的语境思想

比如，伽达默尔的真理语境观和理解语境观思想，哈贝马斯的规范语用学和语用学转向的思想，玻尔、玻姆等科学家的量子测量问题，都体现了语境思维的观念。

## （四）科学实在论

要在语境的基底上构造科学实在论的新辩护，使科学实在论摆脱目前的困境，走向新的认知起点，这就是在本体论上，要"超越现实，走向可能"。即通过对不可观察的理论实体的各种可能状态的把握，达到合理理解理论实体的本体性的目的；在认识论上，要"超越实体，走向语境"。只有站在整体论的立场上，才能在科学研究的现实语境中，合理地理解科学理论的建构性复制的真实内涵，才能在实体、关系与属性的网络中，真正理解微观世界中的理论实体的实在性。在方法论上，要"超越分割，走向整体"。理论实在的这种整体的建构性复制特点，说明理论实体不完全等同于微观客体。后者是理论实体在关系与属性条件下的多种可能存在状态的有机集合。所以，只有超越过去那种简单的分割论方法，站在整体论的立场上，才能真正合理地理解理论实体的本体性。这三个方面通过语境获得了彼此联系、相互补充和内在统一。

事实上，科学哲学研究中引入"语境"观念，已经体现出了它所独有的特色和优势。"语境"观念使我们在面对当代哲学运动和各种思潮时，能够坦然应对，并提供一系列全新的解决方案。尤其是当我们站在这样一个新的视角上，重新审视和总结20世纪科学哲学的历程时，我们不难发现，"逻辑实证主义侧重于符号化系统的形式语境，历史主义强调了整体解释的社会语境，而具有后现代趋向的后历史主义则注重了修辞语境"。从语言分析的角度讲，"形式语境必然要与语义相关，没有语义分析的形式语境是空洞的，而语义分析必然要涉及社会语境，否则，它是狭隘的和不可通约的。社会语境的目的不能不是促进科学的发明与创造，而这一目的的实现必然要通过修辞语境的具体化来得以完成和展开，所以没有修辞语境的现实化，社会语境是盲目的。修辞语境在很大程度上是语用分析的情景化、具体化和现实化，它是以特定的语形语境的背景和社会语境的背景为基础的，否则，它就不可能真正地生成。所以，没有形式语境就没有科学的表征，没有社会语境就没有科学的评价，而没有修辞语境就没有科学的发明"[①]。所以，有理由认为，对"语境"进行长期、深入的探讨是关系科学哲学发展前途的战略性研究纲领。

## 三、"语境"研究纲领的意义

作为根隐喻的"语境"平台的构造，其核心主旨是要形成科学哲学的"语境"研究纲领。这样一种研究纲领是科学哲学发展的必然趋势，是反基础主义和反本质主义，消解绝对偶像和对应论，排除唯科学主义等的必然产物。它在科学认识中结构性地引入了历史的、社会的、文化的和心理的要素，吸引了语形、语义和语用分析的各自优点，借鉴了解释学和修辞学的方法论特征，因而是一个有前途的、可以融合各种趋向而集大成的倾向。语境论的科学哲学主张把语境作为阐述问题的基底，把语境论作为一种世界观与方法论，认为科学家的所有的认知活动都是在特定的自然、社会、语言和认识语境中进行的，科学理论是一定语境条件下的产物，在一个语境中是真的科学认识，在另一个更高层次的语境中有可能会被加以修正甚至抛弃。这种修正或抛弃是在再语境化的基础上进行的。因此，只有在语境的基底上，才有可能架起沟通科学主义与人文主义的桥梁；才能将规范的科学哲学与描述的科学哲学有机地结合起来；才能走出辩护主义者的科学哲学与非理性主义者和相对主义者的科学哲学之间的两难选择的困境。

从人文主义视角看，对语境之于哲学发展的意义，德国凯瑟斯劳滕大

---

① 郭贵春.科学修辞学的本质特征.哲学研究,2000,(7):19-26.

学的哲学教授沃尔夫冈·诺义萨（Wolfgang Neuser）持认同的态度。这位作为师从世界著名哲学家伽达默尔的典型的大陆传统哲学家，诺义萨明确指出，"语境的确是一个重要的范畴和有意义的方法论支点，但它必须与存在的概念相一致。只有在一个相关的语境中，才能发现事物的本质和存在"。不过，在诺义萨或大陆传统那里，他们讲的语境，不同于英美传统的语境，即不是纯数学、纯科学和纯逻辑形态的语境，而是一个历史的、社会的和文化的语境。从这个角度讲，欧洲大陆哲学家的语境概念比大西洋哲学家的语境概念更为宽泛和丰富。但总体上而言，诺义萨教授认为，"一切哲学问题都必须在特定的语境基底上进行回答，也就是说，理性意味着在特定的语境下对相关问题做出论证或回答。这是一个非常重要的概念，也是大西洋哲学传统与欧洲大陆哲学传统的重要区别之一"[1]。

另外，英美传统哲学界也具有相同的共识。当代科学知识社会学专家、英国加的夫大学的柯林斯（H. Collies）教授认为，语境研究纲领或许可以开辟第三条道路，那就是，可以在其基础上，对科学主义和人文主义、英美传统和大陆传统，达成某种程度上的融合，正如他所言，"我们必须问的不是真理观的意义，而是它的用法。我用真理保护我不受同类项目的潜在倡导者猛增的影响，但是，我用非真理（non-truth）打开我要分析的世界的突破口。我在哪里用真理，在哪里用非真理，取决于我希望做什么。因此，在我探究的过程中，不是谈论事实真相——我不理解的一个概念——我是自觉地选择我把什么当做是真的，把什么当做是建构的"[2]。

应当说，"语境"研究纲领的提出，具有重要的理论价值和现实意义。我们清醒地看到，进入 21 世纪之后，当代科学哲学的发展面临着来自学科内外的巨大挑战。一方面，自然科学和社会科学的新发展，向科学哲学提出了新的要求和问题，科学哲学如何来应对并保持同步发展，这是当前国际科学哲学界关注的中心问题。另一方面，当前的科学哲学研究在主流路径、学派脉络和基本旨趣上，不再像 20 世纪那样明朗、集中，

---

[1] 郭贵春. 欧洲大陆和英美哲学传统之间的区别、关联与融合——记与德国哲学家沃尔夫冈·诺义萨教授的谈话. 哲学动态, 2005,（1）: 43-47.
[2] 成素梅. 科学知识社会学的宣言——与哈里·柯林斯的访谈录. 哲学动态, 2005,（10）: 51-56.

而呈现为多元、不稳定的状态。为此，必须通过深刻反思科学哲学在20世纪的基本逻辑和演变特征，在一个新的平台上重新建立21世纪发展的主流路径，规范科学哲学学科的发展。①

这一任务对于中国科学哲学研究尤其显得迫切和必要。在当前国内科学哲学研究表面繁盛的后面，隐藏着深刻的学科边缘化危机，必须通过对国际科学哲学发展趋势的把握，以科学哲学核心理论的研究为基础，以科学哲学学科规范性的建设为目标，把中国科学哲学研究引入主流发展的轨道上。只有这样，才能形成和创建科学哲学研究的中国学派，使我国的科学哲学研究早日跻身于世界先进行列。

而要达到这一点，就必须有我们自己独特的研究范式和研究纲领，有明确的发展路向和发展基点，从而加强科学哲学核心理论的建设和研究，以学科的规范性建设来避免边缘化的危险。为此，通过"语境"研究纲领，有助于厘清科学哲学的发展脉络，总结科学哲学的发展特征，从而作为一种思维平台，把握主流思想的逻辑路径和探索面向未来的演变趋势。

这正是"语境"研究纲领之于科学哲学发展的意义所在。

---

① 殷杰.当代西方的社会科学哲学研究现状、趋势和意义.中国社会科学，2006,(3)：26-38.

# 开普勒类比模型运用的语境化分析

作为起源于语言学的一种基本修辞手段,类比与其他修辞方式一样受到特定语言环境的制约和影响。当它成为科学发现的一个基本方法之后,类比运用的这种特征超越了语言学层面的约束,在更广泛的意义上依赖于科学发展的历史背景和科学家的个人偏好,成为一种泛化了的语境条件,使类比运用表现出时代特征。对此,我们以开普勒类比模型运用为例,分析近代科学初创时期类比运用的语境特点,并从中总结类比模型运用语境化的一般特征。

## 一、开普勒类比模型运用的拟人化语境特征

科学史上普遍认为开普勒为近代科学指明了道路,是古代科学向近代科学过渡的一位重要人物。这种特点使开普勒的科学研究具有极为明

---

\* 本文发表于《科学技术与辩证法》2006年第6期,作者郭贵春、阎莉。

显的近代与古代交融的语境特征：一方面是以近代科学的思维方式研究宇宙的运动，试图从宇宙本身出发寻找解释宇宙运动的原因；另一方面，又没有放弃古代和中世纪的学识渊博，将天文学研究的最终目标置于对上帝伟大创造的证明。开普勒思维观念的这种双重特性在其经常使用的类比方法中表现得异常明显，具有不同于现代科学中的类比模型运用的拟人化语境特征。

与他的同时代科学家相比，开普勒是一位多产的类比家，他在自己的著作、杂志和信件中经常使用类比。他写道："我非常喜欢类比，它是我最忠实的主，所有自然的神秘的认识。"[1]对类比的热爱促使开普勒在最初考察地球的特性时就很自然地使用了类比模型。在各种论著中，他比较了地球和一种巨大的动物之间的相似性，指出地球具有一种天赋的敏感性（sensitivity）灵魂、一种记忆和一种感觉能力，这些特性能够为研究者提供了解及领会行星和星体位置的本领。为了证明光真的拥有热量（包括动物热），开普勒同样毫不犹豫地将热类比为一盏灯，有像真的一样的火焰燃烧，有肺一样的用于煽动的风箱，有像烟筒一样用于疏导的动脉通风，有像油一样流动的血液，血液如熔岩一样在静脉中流动，就像灯芯引导火苗燃烧一样。

促使开普勒进行天文学研究的动力是他始终坚信宇宙根本上是几何的，它的基本构成要素不是什么别的东西，只是空间的有限部分，作为一个整体，宇宙呈现出一种简单、美丽的几何和谐。在开普勒看来，宇宙是统一的，这种统一性表明了大自然是上帝最得意的杰作。这样，自然的因果性还需要借助魔法，即占星术的基本观点加以解释。在这种观念支配下，古代灵魂说再次被开普勒用于对宇宙结构的描述，认为在通行的神学环境中，我们有必要给予太阳一种听觉。通过诉诸基督教中三位一体的学说，开普勒给予宇宙一种神性解释：太阳是圣父，恒星的球面是圣子，传播太阳能量、推动环绕其轨道的行星的中间媒介是圣灵。当然，用这样的比喻进行装饰并不表明开普勒试图恢复哥白尼以前的天

---

[1] Hallyn F. Metaphor and Analogy in the Sciences. Dordrecht: Kluwer Academic Publishers, 2000: 72.

文学术语，这不过是他的一种研究策略，意在表明对基督教的精神可以进行自然证明和解释。在对力的概念进行解释时，开普勒同时赋予其双重特征：既可以把力理解为活的原则，即理解为灵魂，也可以理解为机械力学的原则。在《宇宙的奥秘》第一版（1596年）中，开普勒谈到天文和物理事物时用的词还是"灵魂"，但在第二版（1621年）时则用力的概念代替了"灵魂"，并在一条注释中详细地作了解释："我曾坚信，促使行星运动的原因是灵魂，这是从斯卡里格关于运动着的灵魂力那儿来的。但当我仔细考虑了这一运动着的原因随着距离而削弱（就像太阳光随着和太阳的距离而变弱一样）时，我得出了如下的结论：这个力是某种实体性的东西，当然不是真正意义上的实体性东西，而只是根据这样一种关系，就像我们说光是某种实体性的东西一样，因而可以把它称为是从物体中生发出来的无形物。"①

在他著名的行星围绕太阳作椭圆轨道转动的模型建构中，开普勒大量采用了拟人化的类比方式。为了说明行星如何能够在一种不均衡的椭圆轨道上运行，开普勒认为太阳能够产生磁旋风，这种磁旋风一会儿将行星推离于太阳，一会儿又将行星拉近于太阳。被拉动的行星也是磁体，像地球一样轮流向太阳显示它们"友好的"（friendly）一极（朝向太阳运动）和"敌对的"（enemy）一极（背向太阳运动）。这里，不熟悉惯性原理的开普勒构想了一个"磁模型"（magnetic model），并利用这一模型进行了复杂的计算。帮助开普勒构造这样一个假想模型的启发因素是他将对人的眼睛的认识用于类比的基础源。借助于 Porta 的成果，开普勒将眼睛比喻成像一个黑房子一样发挥功能：在眼睛的屏幕上，我们能看见外部物体的倒影；虹膜像一个能使"窗户"放大和缩小的横隔板（diaphragm）；瞳孔、晶体球起着聚焦光线的作用；视网膜是屏幕，利用水晶体使物体中发出的光线聚焦为一点。眼睛的这些特征促使开普勒设想视网膜可能是存在的，并认为视觉感应是视网膜，而不是晶体球。开普勒进行这样的设想是基于他对球的屈光度产生的光线收敛

---

① 艾哈德·厄泽尔.开普勒传.北京：科学普及出版社，1981：7.

（convergence）的认识。这样，通过眼睛与几何光学的类比，开普勒得到了轴、焦点和聚集点的概念，这些概念对他构思行星围绕太阳作椭圆轨道的运行和发现行星运动三定律是至关重要的。

在对太阳如何推动行星运动的研究中，开普勒采用了"渡船人"类比。在开普勒看来，围绕太阳运动的行星类似于正在河中行驶的船，太阳则类似于提供船运动的环形河，行星绕太阳公转是通过太阳形成的环形河的力量推动的。开普勒对这种类比很自信，相信采用这种方式可以很好地解释天体的运动："船的推力现象特别适合于回答我们提出的问题。假设一根缆绳悬吊在远离两岸的河上，缆绳使用了滑轮，浮在河上的一条小船拖住缆绳的另一端，如果处于静止状态的渡船人在船上以正确的方式系着舵或者桨，小船就会依赖河水向下流动的力量移动，从河的一边向另一边摆渡，因为缆绳使用了滑轮。在宽阔的河面上水流使许多小船环形前进，向四面八方运送，完全在捉弄人，不着底也不靠岸，仅仅使用船舵，利用河水驶向自己的目标。"[1]借用"渡船人"类比，开普勒假定太阳自转产生了具有推动力的环形河用以推动围绕着它的各种行星，行星则像被操舵的小船一样在垂直于环形河的方向上作前后运动。太阳给予行星的力量开普勒将其类比为："通过'物种'涌向宇宙的力就是一种激流，冲走了全部的行星，也许从西到东冲走了整个苍天中的空气，这本身不适合于将天体吸引到太阳或者将这些天体远远地驶离太阳（第一个证据），这是一件非常麻烦的事情，行星本身很像小船一样具有自身的动力，这是非常必要的，好像行星有渡船的人，通过事先的计划，行星不仅接近太阳和远离太阳，而且纬度也下降了（这是第二个证据），好像从河流的一边到另一边，从北到南和从南到北渡过这条河。"[2]这里，开普勒试图从纯生物学的角度说明行星的运动。

在确证宇宙是和谐的统一体时，开普勒同样运用了类比。在他看来，天上的和谐可以与音乐的和谐相比美，其中，行星运动的日弧度（diurnal arc）同音乐的音调相似，行星运动类似于芭蕾舞演员在跳芭蕾

---

[1] 王亚同. 类比推理. 保定：河北大学出版社，1999：235.
[2] 王亚同. 类比推理. 保定：河北大学出版社，1999：235-236.

舞。在《宇宙谐和》第三本书中,开普勒建立了音乐全音节的关系的自然基础,他感到作为一个好的基督徒,赞美诗教给他的是 Caeli enarrant gloriam Dei。于是,他感到有把握了。通过比较平均日速度(average diurnal velocities)虽然没有揭示出任何特征关系,但是得到了抽象的平均速度。开普勒继续借用音乐的和谐比较真正的日抛物线轨道(diurnal trajectory)。虽然未成功,但是这种做法却促使天文学家考虑相关的数学计算以及对日抛物线轨道在天空中实在状态的描述。这种拟人化类比使开普勒明确了他需要做的事情是如何通过音乐乐曲的确定获得对日曲线特征的描述。通过确定一种振动,开普勒抓住了行星运动的远日点和近日点的"音调",借助于音乐分布特征改写了以往对远日点和近日点的描述。通过这些工作,开普勒不仅描述了行星运动的特征,而且证明了他的形而上学信仰:在太阳的身体中有一个灵魂,这个灵魂是给予围绕它旋转的行星动力的灵魂,也是有着足够的敏感性和智慧的、能够充分享受行星优美的芭蕾舞姿的一种真正的世界灵魂。

## 二、开普勒运用拟人化类比模型的语境背景

从开普勒类比运用中,我们能感觉到明显的拟人化语境特征。作为类比源的基础知识几乎都是一些人们日常经验的体验,很难归并到科学所具有的独特话语中,这与科学追求精确的、专业化的描述和表达完全不同,似乎难以得到现代科学的认同。但是,如果站在开普勒生活的时代考虑问题,我们可能会深刻理解开普勒类比运用中的拟人化语境特征恰恰是他杰出智慧的最好表征。

我们知道,开普勒是生活在16世纪中期到17世纪早期的科学家,这一时期是世界历史的伟大转折期,人文主义、文艺复兴和宗教改革是当时的三大潮流,它们汇流在一起取代了中世纪的思想意识。这个时期是科学上新的发现和新的概念兴起的世纪,同时也是浮士德和诺斯达拉达姆斯的时代,是魔法师、炼金家和占星家的时代。这种奇异的组合反映在科学创造中则体现为科学家将对自然的认识总是与其特有的宗教情

节结合起来，使科学发现的方法和科学解释的术语以及科学发现的目的都带上某种宗教的神秘主义色彩，同后来发展起来的纯粹自然化的科学认识有着明显的差异。开普勒就是在这样一种最具特征的时代开始他的科学创造。在开普勒对新天文学的毕生追求中，始终贯穿其思想的基本理念是"宇宙的统一与和谐"。在他看来，自然的简单性和统一性乃是平凡之见，"自然崇拜简单质朴""那里崇尚统一""绝不无故空闲也绝不多此一举""自然总是取捷径，绝不费力走弯路"，开普勒的这种思想理念并不是他个人风格的一种体现，而是他那个时代研究科学的人们普遍具有的。在开普勒生活的时代，虽然改革已经成为一种时髦的话题，但是宗教还是基本主题，如佛罗伦萨柏拉图学院最重要的代表玛尔西略·费奇诺指出的，改革就是通过救世过程对存在进行精神上的新创造，提高这一过程，不仅人，而且整个大自然都获得了宗教意义上的拯救。因为"上帝通过他的化身（人）不但声明说世界上没有不具形式的东西，没有应该受到蔑视的东西，而且还对此发生影响。人的自我肯定，即'人文主义'的思想，同样赋予宇宙一种新形式和新意义。如同库萨的尼古拉所说的，人在科学和艺术中作为一个'偶然出现的上帝'完成了这一自然的新创造"[①]。

对大自然进行宗教意义上的拯救从掀起近代科学革命的哥白尼那里就已经开始了。这表现在哥白尼提出他的新假说：地球是绕轴自转、同时又绕太阳公转的一颗行星，而固定的恒星处于静止之中，其目的并不是为了建立一种新的天文学体系来代替托勒密的地心说，而是为了更好地说明宇宙的统一与和谐。人们对哥白尼体系的接受也不是因为这种体系比托勒密体系有更大的精确性，而是该体系比后者具有与和谐相一致的简单性：只用34个本轮便能"拯救现象"（托勒密体系需要80个本轮）。因此，哥白尼体系最大的优势是将天文学事实抛入一个比较简单和比较和谐的数学秩序之中。

从更深的层次考虑，对宇宙的简单性与和谐的追求是当时社会发展

---

[①] 艾哈德·厄泽尔. 开普勒传. 北京：科学普及出版社，1981：3-4.

的一种反映。首先，古代和中世纪的观察者已经注意到，在许多方面，自然似乎是受简单性原则支配的，这种简单性在人们的日常生活中随处可见：落体垂直地向地球运动，光以直线传播，抛射体不偏离驱使它们运动的方向。"从这些事实以及无数其他熟悉的经验事实中，人们引出了如下通常的谚语，比如说，'自然总是通过最短的路径而运动'，自然不会无目的地劳作，自然总是恰到好处，等等"。[①] 其次，随着航海业的兴起，从前未知的大陆得以发现，人们先前的感性认识突然间变得狭小而贫瘠。开放促使自由思想的产生，库萨的尼古拉首先开始了这种自由的沉思，将无限性引入宇宙，认为宇宙中根本没有什么不动的东西，宇宙在一切方向上都是无限的，并不具有什么中心，地球同其他行星并没有什么特别之处，同样沿其轨道运转。最后，柏拉图主义的复兴使得产生于毕达哥拉斯的对数的和谐的追求重新成为指导科学发展的主要思想，以致新天文学家认为天文学不过是数学的几何学的一个分支。哥白尼发现，通过对托勒密的高度复杂的行星几何学进行简化处理，就能得到他的均轮和本轮方案、偏心匀速点、偏心圆及其他种种。同哥白尼一样，其他天文学家同样坚信一门关于自然的普遍数学是合法的，宇宙根本上是几何的。

这些思想占据着年轻的开普勒的头脑，在很大程度上向他提供了一生工作的动机，那种可以在哥白尼体系中达到的伟大秩序与和谐深深吸引着他。正如他自己所坦言的："我确实知道我有责任维护它（哥白尼学说），当我已在灵魂深处证明它为真时，当我以不可思议、令人心醉神迷的乐趣沉思它的美时，我也应该向我的读者以及我所能支配的全部力量公开捍卫它。"在开普勒内心深处充满了对太阳的崇拜，这种崇拜使他不仅完全接受了哥白尼的日心说，而且接受了后者的宇宙和谐思想，并将其发扬光大。在开普勒看来，太阳的神圣与伟大需要一种表达和证明，这种表达就是和谐与美，一切具有和谐特性的、能够激发人的美感的东西都可以作为证明的凭证，音乐结构的美和音调的和谐就可以作为对太

---

① 爱德文·阿瑟·伯特. 近代物理科学的形而上学基础. 北京：北京大学出版社，2003：25.

阳神圣表达的证明物，人们完全可以依照音乐的结构和音调的和谐描述太阳以及它的圣子——行星的结构和运动。

另一个促使开普勒类比运用表现出拟人化语境特征的原因是开普勒的个人气质。开普勒生活在从中世纪向近代社会转变的时代，虽然在文艺复兴的新哲学影响下，占星术的思想体系和新自然观的关系越来越紧张，对大自然的观察越来越不受教会权威的教条束缚。但当时人们的思想水平仍不能用近代自然科学观对自然的固有规律性作出解释，"自然的因果性还是用魔法、占星术的基本观点来解释的，因此这种基本观点不但成了向现代自然概念发展所必不可少的过渡阶段，而且也导致产生了一种新的历史观"[①]。这样，在开普勒进行科学创造的时代，一方面是试图用自然规律的真正原因解释宇宙；另一方面又极力将星辰的力量说成是宗教史的因素。这两方面因素相互争论，又相互胶着，形成了这一时代特有的科学认识。开普勒同样不能逃脱时代的烙印。在进行宇宙研究中，他首先接受了皮科·德拉·米兰多拉（Pico della Mirandola）将体现妖术和占星术基本观点的象征和标志与自然规律的真正原因严格区分的观点，在其《宇宙谐和论》以及其他许多著作里引用了皮科对占星术的驳斥，并采用了"真正因"的概念。"但是开普勒从未完全拒绝过占星术，这不仅仅是出于他私生活中的经济原因和社会原因。不但在格拉茨，而且在布拉格，他都受命用星位来算命占卜，他和瓦伦斯坦的关系则完全是建立在这个大帅的占星癖上的，他的关于新星的著作说明他的思想既愚蠢又明晰。"[②] 这是近代科学无论从体制上，还是观念上未走向独立的体现。这样，出于生存的考虑，那时的科学家不得不同时操持科学研究和生计，形成了那个时代特有的双重观念（宗教与自然）居于一身的特征。开普勒曾在他的著作中发出了这种无奈的感叹："奇异的女儿占星术，她必须赡养聪明无比，但可怜万分的母亲天文学。"当然，开普勒不能完全脱离占星术还有另外的考虑。在他的内心深处隐藏着一个非常宏伟的计划，这就是，不仅要研究理论天文学或近代自然科学的

---

① 艾哈德·厄泽尔. 开普勒传. 北京：科学普及出版社，1981：8.
② 艾哈德·厄泽尔. 开普勒传. 北京：科学普及出版社，1981：9-10.

简化模式，而且还要创立一种新的哲学宇宙学说，这一学说应该代替亚里士多德的宇宙学，因此他不能放弃占星术关于天和地有着内在关系的思想。

对占星术生活上和学术上的依赖必然会反映在开普勒科学研究方法的采用上。借用拟人化类比说明宇宙和谐与音乐和谐的一致以及采用"渡船人"类比解释行星如何围绕太阳运转，所有种种无非都是开普勒追求毕达哥拉斯和新柏拉图精神的体现，不同只是采用几何关系代替理念关系。在1619年发表的《宇宙的谐和》中，开普勒对其第三定律的阐明表明了他的这种辛勤的尝试：要按照精确定律来决定天体的音乐，并且用我们的音乐标记的形式表示它。"开普勒的工作的这些特点，往往被那些困惑不解的天文学家指责为中世纪的残余，这种做法对中世纪的智力来说不甚公正，但对开普勒却过分有利。可是，出于我们的目的，注意到这些特点具有本质的意义。它们一定符合他的中心目的，那就是要在哥白尼天文学中建立起更多的数学和谐，不论它们对于以后成为科学研究之目的和方法的整个哲学中，从一些新的形而上学学说中直接生长出来的。而在开普勒看来，那些学说，在它们的初步的形式上，恰恰是隐含在对哥白尼学说的接受和对这样一个目的的采纳之中。"[1]

## 三、语境与类比模型的语境化

通过对开普勒类比模型运用的语境化案例分析，我们可以从中总结类比模型语境化的基本特征。按照语言学的解释，语境是语言哲学重点讨论的术语，是指一个词只有在一个句子的具体环境中才有意义。随着分析哲学运动如火如荼的发展，语境含义脱离了最初的使用层面，被泛化为一种思想、活动和行为方式，成为哲学层面上的基本术语。

20世纪60年代以来，关于语境的元理论研究引起了社会科学研究

---

[1] 爱德文·阿瑟·伯特.近代物理科学的形而上学基础.北京：北京大学出版社，2003：44.

中许多分支学科的关注，各个学科分别按照自己的学科特点和理解给出了语境的含义。比如，功能语言学中的"语域"、语义学中的"语义场"、心理学中"语义情景"、语法学中的"语法场"、现象学中的"视域"、科学哲学中的"观察渗透理论"、科学说明中的"整体观的意义理论"和库恩的"范式理论"等。① 从语言学的本义来讲，语境是语言环境的简称，指话语、语句或语词的上下文或前后关系。这一含义也被语言学家称为"言辞语境"，逻辑学家称为内涵语境。当语言分析走入其他领域（包括哲学领域）之后，语境含义得以扩展，指话语或语句的意义所反映的外部世界的特征，说明言语和文字符号所表现的说话人周围世界的方式，可扩展为事物的前后关系、境况，或者拓展到一个特定"文本"、一种理论范式，以及一定的社会、历史、政治、经济、文化、科学和技术等诸多要素之间的相互作用和相互联系。② 语境含义的扩展使其从一般的语言意义扩展为一种研究事物的方法，这种方法主张任何事物的存在和发展都是在一定环境之中展开的，任何要素都只有在与其他要素关联存在的具体的或历史的语境中，才富有生命力。目前，在语言学之外，对语境的论述和分析都主要体现在这种方法论的层面上，我们这里所要谈及的类比的语境化也是在这一层面上。

从认识的发生机制来看，类比是通过联想寻求事物之间的相似性而发生的，联想能不能实现取决于运用它的人能不能从记忆中调动相关信息，使长时记忆中储存的信息与要解决的问题相匹配。类比的发生涉及基础范围知识、目标范围知识以及二者的匹配。基础范围知识一般是研究者已经相当熟悉的知识，目标范围知识则是研究者正在思考或要解决的问题，二者的匹配实际上是研究者将储存在长时记忆中的信息与储存在短时记忆中的信息关联在一起的过程。如何进行信息匹配？心理学家认为需要借助一种被称为"激活"的方式。所谓激活即是指当研究者在思考或解决某一问题时，受一些因素的启发，能够从长时记忆中搜索出与当前思考或解决的问题相似的已解决的问题，

---

① 成素梅，郭贵春.论科学解释语境与语境分析法.自然辩证法通讯，2002，24（2）：24-30.
② R.R.K.哈特曼，F.C.斯托克.语言与语言学词典.上海：上海辞书出版社，1981.

通过对二者进行比较，找出它们在解题方式、手段和策略等方面的相似性，进而获得对新问题解决的思路。由于类比是脱离常规的跳跃性思维，类比者在寻找目标范围知识与基础范围知识的相似性时，往往并不局限于某种字面上的、可见的和全部的相似性，而常常是隐含的、部分的相似性，有时候只是语言描述上或某种图形上的相似性。而且两种事物之间是否相似还在于运用它的人会在什么样的语言环境中使用类比。比如人与蛇，如果没有任何依赖的语言环境，是很难找到二者之间有什么相似性的。但是，如果我们将其放在考察生物的组织结构背景下，则可能会找出它们之间的相似性至少有以下几点：形成生命的基本化学物质、构造生命的基本细胞、维持生命的各种功能等。也许会有人提出这样的类比太泛化、太普通，在任何两个生命体之间都可以找到这种相似性，致使这种类比可能没有多少意义。的确，这种类比在泛化之后会失去其意义，但是如果它是第一次被使用，则其意义显而易见，它给予使用者的是一种启发性的思维，会促使他进一步探寻生物体的结构特征，这正是类比给予科学发现的启发作用。退一步来讲，即使人与蛇的生物学结构在第一个使用者之后，已经失去了它的创新意义，但在语言学的层面上仍然具有比喻或象征意义。我们在描述一个人非常狡猾时，常常会说："他像蛇一样狡猾。"这里，人与蛇在"狡猾"的意义上获得了相似性。正如古德曼所言：任何两个事物之间都具有相似性。这表明事物之间的相似性是复杂的，以相似性为基础的类比也是多种多样的。如此，可以看出，类比绝不是简单的两个事件的比较，而是牵扯到运用它的人在所处的各种情景中对知识的整合过程，这一整合过程既体现着运用者个人的知识素养，也反映着他生活的时代的知识环境、社会背景和文化氛围对其思想、活动和行为方式的影响，这说明类比模型的运用和建构不是运用者借用一种修辞手法的个人行为，而是一种语境化的整体行为，体现着各种因素相互关联的认知方式。类比模型的语境化结构如图1所示。

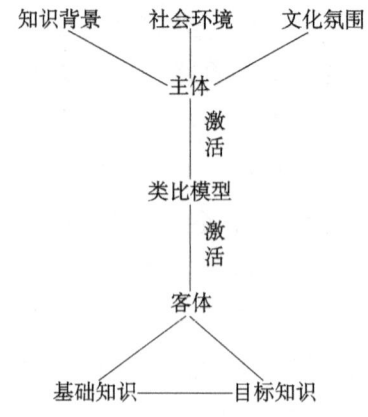

**图1 类比模型的语境化结构图**

这一结构可以被解释为运用者作为认知主体在一定的知识环境、社会背景和文化氛围之中,通过激活作为客体的基础知识和目标知识,构造类比模型。

在类比模型的运用和构造中,使用者往往能够借用少数类比解决目标问题,尤其在科学发现中,科学家经常借用一个类比就能够获得启发性的思路。比如,卢瑟福只运用了一个太阳系类比模型,就构造出了原子的核结构模式,法拉第也仅仅是通过借用铁屑在磁场周围分布的类比模型就获得对电磁场结构的构想。类比模型的这种特征提出一个问题:为什么类比使用者在面临多种可以用作类比源的基础知识时,往往只选择其中的某种或某些,而不选择其他呢?在我们看来,这正是类比模型语境化使然。从上面对开普勒拟人化类比模型运用和建构的具体考察中,我们已经能够体会到类比模型运用和建构有着语境的一般特征:整体性、基底性和渗透性,同时也有作为一种历史产物的特殊性:历时性、现时性和实践性。

(1)整体性。在具体运用中,类比模型通常都是用于特定的科学发现活动中,但是类比模型的建构作为一种认知过程却是主体综合各种因素的结果,这些因素既有主体对基础知识和目标知识了解和掌握的情况,也有主体生活时代的知识背景、社会环境和文化氛围对其思维运用的限制,这些因素的统一共同形成了类比模型的构造。

（2）基底性。语境作为类比模型运用和建构的大背景，对类比模型具有本体性和基础性的支撑，其中基础知识和目标知识可以视为类比模型本体性的保障，知识背景、社会环境和文化氛围则是类比模型本体性体现的基础。类比模型的变化可以通过其语境的变化得到说明。

（3）渗透性。语境作为类比模型运用和建构的基底，并不表现为一种显在的作用，而是通过潜移默化的渗透作用对运用者施加影响，使得运用者往往是在一种不自觉的意识状态中陷入语境的限制。也正因为如此，运用者，尤其是科学家通常在他们的传记中很少涉及他们是如何运用和建构类比模型的细节。

（4）历时性。如库恩的范式所描述的，在不同时代，人们所接触的知识不同，提出的问题各有差异，尤其科学是一种随着历史的变迁而变化、发展的系统化的知识体系，体现为古代、近代及现代科学，不仅研究对象、实验仪器和测量手段等相对客观的因素各不相同，而且构造理论的概念、框架和思维方式等与主体相关的因素也有较大差异。比如，最典型的"电子"，在量子力学和经典力学中含义完全不同，这种不同影响科学家构造类比模型。在经典力学的概念框架中，科学家可能会寻找有确定位置和速度的某种物体的运动用于说明电子的运动，如围绕太阳运转的行星被卢瑟福用作描述电子运动的类比基础；但是在量子力学的框架中，科学家则运用"云"作为电子运动的类比模型，其中的原因就在于量子力学中电子的运动没有确定的位置和速度。同样，类比模型的历时性还体现在各个时代的知识背景、社会环境和文化氛围都不相同，这些外在因素与类比运用者的内在因素相互结合，共同造就了类比模型运用和建构的历时性特征。

（5）现时性。这种特性强调类比模型的运用和构造是运用者为了解决现时遇到的问题而采取的一种策略，这种策略在使用者所处的当时环境下可能有着无与伦比的启发思维的作用，但是事过境迁之后，可能会消失，甚至难以成为运用者的储存信息。比如，凯库勒梦中的几条蛇相互首尾相接作为他发现苯环结构的类比模型，只是在他对问题苦思冥想之时，才有可能显露出来，而当他不再思考这一问题时，如此奇特的梦境可能不再出现。类比模型运用和构造的现时性是通过其语境化的各个要素的相互关联性得以体现的。各个要素的相互关联使类比模型处于一种由网结构成的语境网中,任何一个网结受到刺激后的改变都可能影响其他网结的改变,网的稳定性需要各个网结的相互制约和协调,而当这样的态势形成,也就意味着现时性的类比模型被构造出来。

(6)实践性。尽管类比模型被众多科学哲学家视为一种没有多少可靠性的科学研究方法,但是不得不承认,类比模型却是科学家经常运用的一种方法,尤其是在缺乏逻辑通道的新现象、新理论的发现和构造中,类比模型起着嫁接已知和未知的作用,往往能够给予科学家行之有效的启发思路。这表明类比模型具有重要的实践价值,而这种价值的实现需要借助它所依赖的语境的作用。正如我们在前文讲到的,类比模型的运用和构造都是各种因素相互关联的结果。从实践角度考虑,各种相互关联的整体要获得实践意义,各个要素必须也具有实践意义,否则可能会有某种"瓶颈"阻碍整体实践性的实现。从类比模型构造的语境化结构中,我们看到,各个要素都是人们日常实践中司空见惯的现象、知识或者背景,这些要素保障了类比模型语境化的实践性的体现。

需要指出的是,类比模型语境化的以上特征是我们为了研究问题的方便而将其人为分开的,在现实的语境化的类比模型运用和构造中,这些特征的表现并不是泾渭分明,而是在一种相互渗透、彼此融合的过程中共同体现,这样一种体现方式促成了类比模型的语境化能够发挥其整体功能和作用。

# 科学解释的语境论基础*

科学解释作为当代科学哲学研究的一个核心课题，围绕其所展开的各个层面的讨论已经有 60 余年的时间。21 世纪以来，这一问题仍然是国际科学哲学界关注的焦点，相关论文在《科学哲学》《不列颠科学哲学杂志》《综合科学哲学杂志》等学科主流刊物上几乎占据了"半壁江山"。但是，学界对科学解释的理解并未取得一致意见。一方面，不同的解释模型基于各自独特的思想内涵，从不同角度提供对科学解释问题的某种洞察，形成众多模型相互竞争的局面；另一方面，这些解释模型基本上处于彼此割裂和分离的状态，缺乏相互之间进行对话和融合的有效途径。本文通过对科学解释结构、要素和特征的语境分析，揭示了其本质具有的语境依赖性和语境敏感性，对在语境论基底上构建一种统一的科学解释理论进行了探索性尝试。

---

\* 本文发表于《科学技术哲学研究》2013 年第1 期，作者郭贵春、安军。

## 一、科学解释的语境结构

传统科学解释理论旨在通过语形和语义分析方法确立一种形式化的科学解释模型。这一模型本质上预设了科学解释的静态语境结构，即科学解释是对定型化科学知识实体的描述和再现。20世纪70年代以后，科学哲学家们越来越清楚地认识到，这种单一的形式化语境结构是不完备的；只有把长期以来被忽略了的语用分析维度纳入考量范围，才能完整地描述和呈现科学解释的语境结构，进而全面地理解科学解释的本质。

### 1. 科学解释的语形基础

科学解释的语形基础，即科学解释模型语言所具有的逻辑和句法形式。亨普尔（C. G. Hempel）和奥本海默（P. Oppenheim）的经典论文《解释的逻辑研究》正是对科学解释语形基础所进行的探索。该论文对科学解释进行了严谨的形式分析，提出了著名的"演绎－规律"模型，开启了当代科学解释研究的序幕。包括内格尔（E. Nagel）和波普尔（K. Popper）等在内的许多著名科学哲学家随后发表相关论著表示赞同和支持。"演绎－规律"模型为对科学解释本质的传统理解提供了重要基础，被提出后很快成为一种具有支配性意义的范式。该模型从标准的一阶逻辑出发，运用纯粹的语形分析方法，对科学解释模型语言 L 的语形学作出了如下假设：L 具有无恒等号的低层函项演算的语形结构。除去选言符号（析取）、合取与蕴涵（条件的）以及与个体变量相关的一般性和存在性量化符号，L 的词汇表包括个体常项、个体变量以及任何所需有限程度的谓项。不同程度的谓项表示个体属性或个体间的双重关系。在 L 中，适用于句子构成和逻辑推理的语形规则也就是那些底层函数演算的语形规则。任何一个句子都不包含自由变量，因此，普遍性总是通过全称量化加以表达。[1] 这是一种典型的逻辑实证主义科学解释观，强调科学解释本质上是语形的。亨普尔的目的在于把纯粹的逻辑和语形要素从科学解

---

[1] Hempel C G, Oppenheim P. Studies on the logic of explanation. Philosophy of Science, 1948, 15(2)：157.

释的概念中抽象出来，剥离其中的语用要素，从而避免与解释个体有关的相对性问题。"演绎－规律"模型为科学解释设定了最为基础的语形边界。这就在于，特定的科学解释语境不可能超越给定语言的语形边界，尤其是数学、物理学等形式化研究对象，其语境必然存在着相关的逻辑语法或形式算法的语形边界的限制。正是在这个意义上讲，科学解释语法的范围标明了科学解释语境的语形边界。科学理论的公理化程度越完备，其解释语境的语形边界就越清晰。

### 2. 科学解释的语义规则

给定语形基础之后，科学解释的语境结构仍需进一步得到语义学层面上的澄清。首先，应当对"理论""解释项""法则""类法则语句"等核心概念的含义进行语义学描述并给出语义学规定；其次，需要对科学解释模型语言 L 的语义规则作出相应的假设。亨普尔对科学解释的语义规则所进行的基本描述为：L 的原始谓项全部是纯粹定量的；L 的论域，即量词涵盖的对象域，包括所有物理对象或时空位置。[①] 这为相关解释语境内在的系统价值趋势规定了特定表征的语义边界。正是语义的构成性原则，规定了在特定语境下语义解释的张力范围，确立了语义解释的伸缩度以及相关的语义解释的意向价值。更进一步地讲，正是语义的构成性原则，实现了特定理论表征的语词和命题与相关指称对象和指称世界之间的内在关联。语义规则与语形基础相结合，共同规定了科学解释的客观方面，即强调科学解释应当以一种形式化模式作出具有普遍意义的陈述。科学解释的语义规则对解释现象产生适当的表征，决定了科学解释的一般性能够在不同科学共同体或主体间被批判地讨论并最终被检测，这正是科学解释之所以具有"解释力"的来源。语义规则作为科学解释客观语境结构的内核，也是科学解释在客观语境和主观语境交汇中产生的前提。语义规则赋予现实的科学解形基础上科学解释语境"有限附属前提集合"最核心、最重要的部分。

---

[①] Hempel C G, Oppenheim P. Studies on the logic of explanation. Philosophy of Science, 1948, 15(2): 157.

### 3. 科学解释的语用边界

科学解释首先表现为一种过程，即科学解释是通过特定的语言学行为实现的。行为的实现则表现为一种结果，即该语言学行为内容的呈现和完成，这时就牵涉到科学解释被提出时的意向性。由于同一组陈述或语言序列可能被用于解释其他问题，因此，当我们对解释结果进行界定和评估时，必须考虑到解释意向或言外力量等语用语境因素。例如，在意向性设定了特殊语用边界的情况下，一个语言序列或论证可能在语境 A 中作为解释而起作用，在语境 B 中作为预言而起作用。解释本质地包含一组"有序对"（ordered-pair），即特定命题类型与言语行为类型的结合。解释过程也就是语用边界的形成过程，其中，解释意向性作为言语行为类型的特点被保留。[①] 正是语用边界的确定性而不是某种单一的一般性指令对科学解释的优劣作出判断和评价，语用边界的扩张或收缩会直接导致科学解释效力的变化。例如，因果解释或机械论解释诉求于不可观察实体，描述被解释现象中涉及的因果过程和因果互动，意识到解释性事实也就理解了现象何以发生；而说明同一方法的解释则诉求于某种一般性物理原则，显示特殊事件如何符合于一般性框架，不涉及对具体机制的指称，只提供对同一事实的不同理解。这两种解释都具有各自的合法性，每一种都能以自己的方式说明问题。具体而言，一种给定的科学解释观 A 向某对象 $P_1$ 解释了某事实 X，此时，同一种观点对于另一个对象 $P_2$ 而言可能并不能很好地形成对于 X 的解释；$P_2$ 甚至可能不认为 X 需要一种解释，或者可能发现 X 是不可理解的，或者 A 不具有解释力，或者和困扰他的事实 X 是不相关的。可见，科学解释本质上表达的是一种语用关系的边界，即"能够被有意义地说出的某事在这一意义上仅仅对这个或那个个体形成一种解释"[②]。这深刻地揭示了语用边界规定科学解释语境适用范围的意义。

---

[①] Salmon W S. Four Decades of Scientific Explanation. Pittsburgh：University of Pittsburgh Press，2006：146-147.

[②] Hempel C G. Aspects of Scientific Explanation and other Essays in the Philosophy of Science. New York：Basic Books，1965：425-426.

总之，语形基础为科学解释提供了形式化基底，语义规则为科学解释规定了意义框架，语用边界为科学解释设置了适用范围和评价标准；语形、语义和语用的统一完整地呈现出科学解释的语境结构，这也是我们理解科学解释语境论基础的首要层次。

## 二、科学解释的语境要素

在澄清科学解释语境结构的基础上，需要对基于这种结构而起作用的语境变量进行考察。也就是说，在语形、语义、语用统一构设的形式基底、意义框架、适用范围和评价标准确定的条件下，科学解释具体内容的展开主要受到哪些科学实践要素的影响？这些要素如何作为主要变量构成科学解释的语境特殊性？我们认为，这些语境要素主要包括以下内容。

### 1. 科学解释的问题要素

科学实践活动是以问题为导向的，科学解释也必然是从特定问题出发的。问题语境即在特定的科学研究阶段，科学家由于发现了知识盲点而面临的现实困境或实在情境。问题语境对于给出一种满意解释的假设产生与实验化可能性予以限定。这正如杜威所指出的，"思想困惑时争取找到解决办法，这就是整个思维过程中的持续不断和起导向作用的因素。没有需要解决的问题或没有需要克服的困难，思维过程就是随心任意……但若有一个问题需要得到回答，一种模糊的状态需要得到澄清，那就是有了一个需要达到的目的，需要让思维流入一定的渠道。任何一个想到的结论均受到这一调节作用的目的的检验，看它是否适用于面临的问题。理清思路困惑的需要也控制着所采取的探索的类型"[①]。在问题语境的引导和设定下，解释活动由解释主体予以展开，其结果就是某种能够完满回答问题的最终解释的产生。问题语境的相关性因素主要包

---

① Dewey J. How We Think. Lexington: D. C. Heath, 1910: 11.

括：所寻求问题解释的预设、问题形成的特殊时点及契机、问题在科学解释展开过程中调整和修正的特殊方式等。首先是有待解释的问题的提出，其次是问题以一种概念模型的形式发生转化，形成一组相关联的命题。这种概念模型的操作化必然是在问题语境的边界内加以统计测试的。因此，有待解释的问题以及对问题解释的形成过程都包含在一种问题语境的概念模型中。范·弗拉森指出，从本质上来说，科学解释是对解释问题所进行的回答。换言之，科学解释归根结底要谋求对"为什么问题"（why-question）的解决。显然，"为什么问题"只有在特定语境才可能产生。在这里，问题语境由一组背景知识"K"所决定。[1] 作为一种回答的科学解释需要通过问题进行评价，而问题处在对相关语境信息需求的限定之下，即问题"为什么情况是P？"所要求的信息要素完全是随语境变化而变化的。此外，对问题进行评价所需要的数据和背景信息中用于评价答案优劣的部分也都是依赖于问题语境的。[2]

## 2. 科学解释的背景要素

科学解释语境的背景要素即解释问题赖以提出的理论前提，包含着科学共同体所持有的某种特定研究的背景信念。科学解释标准中存在的差异实质上是知识背景、理论体系和信念倾向一般性的不同层次。科学解释要求高度确证的知识背景、理论范式和认识条件。这就是说，科学解释是相对于我们的科学信念整体而言的，而不仅仅是与某些特殊的实验数据或证据陈述相关。这对于科学解释问题的目的性、针对性及其所内涵的推理结构有着显著的制约作用和影响。科学解释受到观察数据、经验的普遍化、特定理论预设以及科学中所流行的一般世界图景等科学知识背景不同层次的综合影响。有的科学哲学家认为，一种科学解释是否具有真正解释力的一个必要条件在于其是否遵循某种特定的世界图景。例如，在19世纪物理学的背景中，科学解释必须在机械论和微粒论世界

---

[1] Kitcher P, Salmon W C. Scientific Explanation. Minneapolis：Minnesota University Press，1989：414.
[2] van Fraassen B C. The Scientific Image. Oxford：Clarendon Press，1980：156.

图式结构的背景上展开才能够具有解释力。① 背景要素涵盖了科学解释中被修正的现存知识以及使得某些知识修正成为解释行为的认知语境。科学解释的被解释项可能被持有不同理论预设和意向趋向的科学家纳入不同的理论体系框架内加以考察，此时被解释项事实上被置入了不同的背景语境中。同一解释在一种背景语境中其自洽性和解释力是增加的，而在另一种语境中相应的性质却在不断减弱，可见，在决定某种新提出的科学解释备选项的统一属性时，语境背景要素的结构发挥着关键功能。科学解释语境结构的背景要素应在两个不同的方面被视为影响对解释优越性的判断："对一个给定的标准而言，一个解释如何优越部分取决于已被接受的其他解释是怎样的，而标准本身部分取决于背景。背景在推理中的重要性以及如何考察一个优越解释的合理建议因此是语境敏感的，是与最佳解释的推理相一致的。"②

### 3. 科学解释的主体要素

科学解释的主体即科学解释的所有参与者和关系者，既包括科学解释的提出者，也包括科学解释的受众关系者。科学解释的主体围绕特定问题、在特定背景下展开解释活动，这种活动表现为解释者和解释受众之间的言语交际行为，其意义具有双重的语境性，即解释主体的行为一方面由问题语境所塑造，另一方面又构成问题语境修正更新的基底。因此，科学解释本质地包含着其解释主体之间知识与信息交换的结构。在解释者和解释受众的言语互动中，解释对象关于某事物的困惑得以消融。当然，语用分析和语用边界的设定无需借助于相关性的主体标准，不能被归结为一种相对主义的解释理论。③ 首先，单一解释，无论是演绎解释还是统计解释，都不能脱离解释主体知识状况或认知状态的基础而加以评价。科学解释的问题是随着科学家作为个体观察单元的选择而出现的，

---

① Kantorovich A. Philosophy of science: from justification to explanation. The British Journal for the Philosophy of Science, 1988, 39(4): 476.
② Lipton P. Inference to the Best Explanation. London: Routledge, 2004: 139-140.
③ Caruana L. Science, Virtue: An Essay on the Impact of the Scientific Mentality on Moral Character. Farnham: Ashgate Publishing, 2006: 68.

不同的解释主体对于同一经验观察的内容及其指示可能给出不同的意义。解释主体依据其语境敏感性决定何种因果信息对于解释来说具有重要性。这也就是说，对于科学解释而言，何种因果关系具有重要性依赖于解释语境中的主体要素，即解释主体确定科学研究中某种科学解释被设计发挥的作用。其次，科学解释必然涉及解释受众，解释过程就是向解释受众简洁、清晰地对某事物进行说明，解释结果应当是使受众达成对被解释事物的理解。这就在于，科学解释只有对于有能力的观察者而言才可被理解并获得其意义，必须被解释对象完全或至少是部分地加以接受，必须对解释参与者的心灵产生影响即反映被解释现象的发生结构。

### 4. 科学解释的意向性要素

科学解释的意向性要素与主体要素本质地关联，内在地包含着其所具有的价值取向。意向性具有程序性和连续性，一方面，在背景语境中展开并拓展原初的问题语境；另一方面，把问题语境溶解在自身的意向性结构中。因此，意向性所引导的解释过程的后续步骤环环相扣，每一个步骤都随着前一个步骤而持续获得更新。科学解释是解释者对于特定问题有意向的回应，又是与其他参与者和关系者的意向交融。后者提供可能遗漏的经验数据或相关信息，共同使得原来不被理解的东西成为可理解的，或者使原来抽象复杂的问题变得具体而清晰。解释受众的意向性往往为解释者带来意想不到的洞察或新的解释思路，不同的解释意向层次提供不同的普遍性类型，而不同的比较系统组和普遍性类型只有对于不同的解释意向而言才是有意义的。[①] 解释主体的意向性将科学解释的结论导向多种多样的因果关系。在语言哲学中，解释作为一种施为性言语行为，与劝诫、警告和承诺等言语行为类似，都是典型地通过在特定语境中以适当意向为目的而说出的一些语词实现的。在这种意义上，科学解释作为科学理论建构和交流的一种意向性行为，表现为一种特殊的科学修辞实践。

---

① Potochnik A. Levels of explanation reconceived. Philosophy of Science, 2010, 77(1): 69-70.

科学解释始于具体的科学问题，而问题的提出和解答无法脱离特定的理论和知识背景；随着科学解释过程的展开，问题、背景要素与主体及其意向性要素相结合，使得原初的语境结构不断在新内容的补充下得以扩张、整合和更新。科学解释的意义及其价值就是在由这四种主要元素决定的特殊解释标准与其语境结构相结合的基础上产生和实现的。其中，问题和背景要素主要与科学解释语形基础的形态及语义规则的可接受性相关；主体及其意向性要素则主要与科学解释语用边界的条件和范围相关。

## 三、科学解释的语境特征

科学解释的结构是语境化的，其构成要素是语境敏感和语境依赖的。因此，科学解释本质上应被理解为一种语境解释。科学解释的语境特征通过其构成要素的综合作用，以动态的语境结构展现出来。具体而言，科学解释的语境特征主要包括以下几个方面。

### 1. 开放性特征

"真正的解释出现在动态的语境中。"[①] 在对科学解释的语境特征进行分析时，我们首先应当认识到，一个具体的科学解释问题永远不会"完全开放"，而总是限定于某种程度。这种限定性表现出问题语境的弹性，即在语词的一般性描述和确定的形式化表达之间波动。这也就是说，科学解释是在不断再语境化的动态过程中实现的。这一点在将科学解释视为"隐喻重描"的著名观点中得到了充分的体现。该观点认为，科学数据最初用观察语言或与之类似的语言加以描述，在科学解释中通过隐喻的方式以一种新的互动理论模型进行再描述。在这一过程中，我们所采纳的不同隐喻视角可以使我们对于同一对象进行多维度的语境化观照，同时使得本来属于原初系统的观察和字面的语词意义转变为隐喻意义。

---

① Cohen R S. The Context of Explanation. Dordrecht：Kluwer Academic Publishers，1993：x.

这种新的意义是在一定语境的概念网络中形成的。正是这种概念网络不同部分之间的交集和互动产生出新的、变化了的解释语境。在新的语境中，我们能够发现并表达不同现象之间的深层类比。同时，在科学的解释项与被解释项之间很少存在一种严格的演绎关系，通常只是一种近似符合的关系。观察语言和所有自然语言都是通过隐喻用法得以扩展，从而产生解释项的术语。因此，传统的科学解释的演绎模型是不完备的，应当通过一种将理论解释视为对于对象域隐喻重描的观点而得到修正和补充。之所以将科学解释的本质视为隐喻重描，而这种隐喻重描的过程又是理性的、有理由的，正是由于科学理性恰恰包含着使科学理论语言持续不断地调整适应不断扩展中的世界这一重要内涵。① 其次，应当认识到科学解释与科学理解之间极为密切的关系。在某种意义上，科学解释就是为了表达或传递一种对于世界的特殊理解。在一个给定的科学解释语境中，参与者都拥有一种"理解域"，解释的任务就在于将不同参与者的"理解域"进行适当的"视域融合"。寻求一种科学解释预设了对某物的理解，是把探索对象和理解域以一种适当的方式联系起来。事实上，各种科学解释观无论如何不同，都认为解释与理解密切相关。科学解释及其所导致的理解的最强有力的实践特征在于其对于行动的导向。我们将理解的结果用作一种标志，以此停止追寻进一步的解释并按照这种解释信念展开行动。② 可见，科学解释的基本逻辑并不是演绎性，基于探索性和历史性的可理解性才构成科学解释逻辑的本质特征。所有的科学解释语境都必然包含理解性要素，而每一特殊语境中的理解性要素都有其自身的特点。换言之，每一科学解释语境都有其自身的理解特征形式。

2. 系统性特征

首先，科学解释不能单纯地局限于对形式化模型相关联因素的语形考量，必须引入语义密切性、合理性与自洽性的考量，更依赖于对解释

---

① Hesse M. Revolutions and Reconstructions in the Philosophy of Science. London: The Harvester Press, 1980: 123.
② Trout J D. The psychology of scientific explanation. Philosophy Compass, 2007, 2(2): 566.

主体及其意向性等相关因素的语用考量，同时包含了解释事件的社会形式乃至解释观的想象性或启示性内容。因此，科学解释的本质是语境化的，科学解释的背景、问题、主体及其意向性等语境要素在动态的过程中形成一定的语境结构。这也就是说，科学解释的共同模式或不同科学解释模型的共相只能是一种系统的语境性。其次，科学的发展在相当大的程度上是由科学解释的欲望所驱动的，科学解释也就是将科学现象纳入我们所能够达到的统一科学图景中。当一个特殊的科学解释的需要被满足的时候，科学理论就产生了实质性的进步。这也就是科学解释具有认知意义的重要特征之所在，即科学解释系统性地趋向于科学理论的持续产生和发展。在科学理论的建构过程中，那些能够保持、促进和推动理论进步的科学解释作为"好的解释"被保留下来。"好的"或"成功的"科学解释之所以具有很强的解释力和解释效果，根本原因在于它们由一组解释即"解释库"（explanatory store）所构成。解释理论的任务在于澄清"解释库"的语境边界及其意义条件。与特定时期科学理论相关联的"解释库"包括那些共同提供我们信念最佳形式化的推论。在此意义上，科学解释的价值"不能在单一或孤立的意义上进行考虑，而应当将其视为如何形成自然秩序系统途径的部分"[①]。最后，科学解释必须在确定世界观的指导下对于世界的组成和结构进行合理的推测和假设，即必须由解释在其中发生的那种本体论架构和认知层次出发建构特殊理论。这是科学解释最深层的语境依赖性特征的体现。科学解释首先要求选择一种科学理论，接下来在这种理论中寻找一个适当的模型。只有在这样的条件下，科学解释才能从第一原则演绎出事物所是的方式及其在本体论和认知的每一层面运行的方式。而每一种理论和每一个模型都有其有效性限制和理想化成分，因此，为了使解释者确定其是否具有可靠性，这种有效性限制和理想化成分必须被纳入"解释库"的考量当中。此外，并非解释项的全部特征都必须被纳入科学解释的讨论范围，背景、问题和意向性语境因素将综合地对所有这些特征进行分类和筛选，并通过强化、

---

① Ruben D H. Explaining Explanation. London: Routledge, 1990: 430.

突出或弱化、淘汰等不同形式完成相关选择。①

### 3. 横断性特征

首先，科学解释理论经历了从"演绎－规律"模型、"演绎－统计"模型和"归纳－统计"模型到统计的相关性模型，从历史解释到目的论解释、从功能解释到解释语用学的历史演变。当代科学解释研究进一步深入混合层次解释、谱系解释等新的问题上，体现出从逻辑解释到语用解释、从理性解释到解释的多样性、从解释到释义、从解释到预测的方向性转折。在这一过程中，正是语境分析给定了科学解释语形、语义和语用的边界，确定了科学理论意义存在的条件；澄清了科学解释的价值取向，揭示了科学理论的意义；勾画出科学解释的进步条件及其历史连续性，使其对可能世界的说明成为现实；构设了科学解释的语境平台，使不同派别和观念得以平等对话、交叉与融合，鲜明地凸显出了科学解释所具有的语境横断性特征。其次，科学解释的语境横断性特征突出体现在科学解释理论以下几方面的变化中：从注重结构转向注重过程，从注重部分转向注重整体，从注重实验科学转向注重认知科学，从注重构建转向注重网络模型，从注重真理转向注重对最终探索的客观性的最大限度的描述。这种转向的一个最大特征就是更明确地突出了从对象客体到结构关系的框架性转变，从而更突显了在科学解释中把握意义的语境基底的横断性。事实上，科学解释的概念框架或表征模式正是这种语境横断性的实现。最后，科学解释的语境横断性还体现在其从自然科学领域向社会科学领域的不断渗透、拓展和扩张中。一种统一的科学解释理论应当具有很强的包容性，既包括自然科学解释，也涵盖社会科学解释。自然科学与社会科学尽管在学科性质方面存在较大区别，但这种区别并不意味着二者必然具有完全不同的解释模型。例如，在生物学解释与社会学解释之间就存在共同的语境特征，在这一限度内自然科学与社会科学之间的传统鸿沟弥合了。以语境论为基础的科学解释观为自然科学与

---

① Ruben D H. Explaining Explanation. London：Routledge，1990：169.

社会科学研究在方法论上的融合提供了重要的桥梁。①

科学解释行为作为一种科学认知过程，是一个在两种意义上对原有知识加以修正的行为。首先，解释作为一种完善知识体系和理论的行为，导向了对世界现存知识的丰富；其次，在科学解释的结果中，我们了解到为什么之前的理论知识没有成功地解释存在问题的现象，解释导致元理论知识的丰富。知识修正的认知语境赋予某些认知过程以解释性意义，使其成为解释行为而非描述行为或确证行为。正是在这一过程中，科学解释呈现出鲜明的语境开放性、系统性和横断性特征。因此，我们认为，科学解释不能离开特定语境而进行，科学解释的合理性、可获得性与可接受性中必然蕴涵着语境因素和语境变量的决定性作用，只有语境分析能够澄清科学解释的本质特征及其运作机制。

## 四、结束语

科学解释具有强的语境依赖性和语境敏感性，其本质是在语境化的动态过程中得以展开和实现的。科学解释的语境本质即其语境结构和语境要素的有机结合，即其语形基础、语义规则、语用边界的结构性统一和解释问题、背景、主体及其意向性等语境要素的融合。正是从语境结构和要素的综合作用中才产生出解释规则、过程、标准及其模型的多样性、多重性和多元化。因此，语境论思想能够进一步增进科学解释理论的包容性和开放性，导向一种更广义的科学理论与方法论的多元观念，从而包容各种不同科学解释思想内在的统一性和共同的价值。

---

① Gonzalez W J. Explanation, prediction, and confirmation in the social sciences. Journal of the General Philosophy of Science, 2010, (41): 390-391.

## 科学争论的语境论解释[*]

科学争论伴随着科学的产生和革新，是科学发展历程中最具创造力和创新性的历史实在。它为科学和社会的对话搭建桥梁，为实验方法和思想理论的交流探讨提供载体，科学争论越激烈，越能推动科学和社会的整体进步，越能加速陈旧学说的淘汰和先进理论的产生，从而"在各种不同的科学概念、方法、解释和应用之间，创造了一种内在的、深远的必要张力"[①]。科学争论分为内部和外在两个层面：内部争论主要考察科学的逻辑性，即科学理论是否符合客观规律、能否正确反映自然现象和实验结果；外在争论主要涉及科学的修辞性和社会性问题，是以科学为出发点，对自身进行的多角度、全面性审视。库恩在其著作中从不同层次对科学的组织、结构和社会建制等方面展开研究，由此引发的讨论使我们重新反思科学，科学哲学界对科学的修辞性和社会性问题的关注

---

[*] 本文发表于《科学技术哲学研究》2015年第4期，作者郭贵春、张旭。
[①] 郭贵春.科学知识动力学.武汉：华中师范大学出版社，1992：183.

达到了新高度。然而，面对摆在新舞台上的旧问题，无论是科学修辞学的解释方法，还是引入其他相关领域的争论研究思路，各种尝试都无法针对科学争论问题给出一个较为满意的整体性解释。科学修辞学主要依靠修辞性策略与方法来完成具体问题的分析，在科学争论的案例研究方面做出了突出贡献，但它在理论综合上至今无法形成认识论层面的统一，长此以往的发展态势招致了学界对科学修辞学自身学科性的质疑。[1] 针对科学争论问题，如何修葺科学修辞学，从而既能保留它在案例研究中的成果，又能形成一种统一有效的整体解释，是迫在眉睫的任务。在语境论视野下，借助语境分析法与策略分析法衍生出的语境修辞分析法，构建语境交流平台，将科学争论的整体过程和具体案例统一于一系列的语境交流及转换过程中，为我们重新提供了解决科学争论问题的语境论解释方法。

## 一、科学争论研究的进路

科学争论是一项非常复杂的问题，但自从 20 世纪中叶以来，在某种意义上讲，存在着两个不可忽视的发展趋势。首先，科学争论研究的问题由内部层面主导走向外在层面主导。科学争论隐含着科学论证思想，科学论证可以视作是科学争论在传统意义语境下的特殊表现形式，这种预设了证明性过程并带有强力意旨性的研究视角逐渐局限于自然科学内部问题的研究范畴，与适应科学和社会高度结合的发展需求相脱节。与此对应的，科学争论不再局限于科学内核问题的分歧探讨，它所关注的主要问题也转向了外在争论层面。其次，科学争论的解释方法正在走向一种语境论的融合。针对科学争论的主要问题，包括科学修辞学家在内的各界研究者，先从科学内部出发，而后借鉴外部研究方式的各种解决尝试，并没有形成一种普遍、完整、统一和有效的解释。而科学争论的语境论解释在体现科学的修辞性和社会性的同时不会削弱科学的实在性

---

[1] Gaonkar D P. The idea of rhetoric in the rhetoric of science// Gross A G, Keith W. Rhetoric Hermeneutics. New York: State University of New York, 1997: 25-85.

和逻辑性,随着自然科学的进步和与科学相关的哲学思想、社会建制的不断完善,科学争论走向了一种在语境交流平台中寻求协调一致的解释过程。

### (一)科学争论研究的主要问题

现阶段科学争论研究的主要问题集中于外在层面,即科学的修辞性和社会性问题。从整体角度讲,就是如何证明理论的逻辑有效性,如何说明科学使人信服的过程;如何理解科学活动的修辞性以及与科学相关组织结构的社会性,从而最终回答科学如何可能的问题。具体来说,就是科学争论需要涉及哪些因素和条件,使用哪些策略和方法,经历怎样的修辞转化过程,会对社会产生什么影响和结果;在科学争论中如何规避科学的修辞性和社会性难题而确信科学,从而在争论中产生更具科学性的理论;如何保持争论后科学理论的长久有效性;构建怎样的研究平台才能使得科学的逻辑性、修辞性和社会性达到一致,并且将科学的逻辑价值取向和社会价值取向统一于这个平台之中。

科学争论问题的两个层面既不能混为一谈,也不能完全对立,内部问题和外在问题是在研究平台基底上的统一,逻辑性、修辞性和社会性是在科学整体语境中的一致。在内部争论问题的研究上,科学哲学家给出了有区别却各自有意义的解释,如逻辑经验主义的证实观点和历史主义的证伪理论,它们分别从不同角度对科学如何成立的问题进行了回答。而外在争论问题的研究起步较晚,直到库恩在《科学革命的结构》中提出一系列诘难后,科学的修辞性和社会性问题才得到了科学家和哲学家们前所未有的重视。这些问题是近代以来科学发展所必须面临的,实质是高速发展的科学与其他学科的交流障碍和理解困难。库恩的工作改变了之前科学争论按部就班式研究状态,他的研究揭开了"科学逻辑和社会制度之间的裂隙,科学修辞学正试图缝合这一缺口"[①],这就像是打开了潘多拉魔盒,将一些本来不在考虑范围内的问题摆到了我们面前——如何重新认识和理解科学,如何回答科学、知识和社会之间的一系列问题,

---

① Rehg W. Cogent Science in Context. Cambridge: The MIT Press, 2009: 33.

成为科学哲学的主流研究脉络。

这些问题的出现使我们醒悟到，科学自身不能完整地回答科学的问题，但是内部解决的不完备也并不意味着外部手段的有效。佩拉（M. Pera）等科学修辞学家对库恩的诘难做出了回应并努力在修辞学体系中构建解释方法，同时，哈贝马斯以及科学知识社会学等相关研究工作，从另一种视角对科学争论研究做出了一定启发。但是，从科学问题入手的纯内在的解释没有形成共识，以社会性问题为突破口的太外在的研究思路也不能很好地应用于科学争论中，目前为止，尚没有一种理论能对科学争论问题进行全面和完整地解决。

### （二）科学修辞学的回应

科学修辞学被看作是最有可能解决科学争论问题的方式之一，多方面因素促成了它在科学争论研究中的地位。首先，鉴于科学修辞学在具体案例分析中发挥的高效作用和取得的卓越成绩，它已经成为解释科学的最主要方法之一。其次，科学的争论过程即交流的过程，而修辞在准备阶段和结果阶段仍然起到至关重要的作用，很多时候，科学修辞学的解释范围和效力大过科学理论内核，因此它可以很好地囊括科学争论研究。此外，随着新修辞学理论的兴起和科学哲学的"修辞学转向"，越来越多的学者尝试用修辞方法解决科学研究领域出现的问题。

科学修辞学家将科学哲学思想与新修辞学理论结合，针对具体争论问题相关的科学案例进行修辞性分析并取得了较为丰硕的成果，但这些理论都有各自的侧重点，自圆其说的同时又带来了新的困扰，难以在总体上形成统一的解释路径。佩拉在尝试解决库恩所揭示的科学与社会间的问题时，是以一种逻辑思辨为主的研究方式进行的，他同意库恩对修辞的理解，认为科学解释不能仅限于演绎和归纳等推理论证手段，有时也应采用修辞的劝服方式。[①] 佩拉的分析指出，科学争论中理论确信的关

---

① Pera M, Shea W R. Persuading Science: The Art of Scientific Rhetoric. New York: Science History Publications, 1991: 35.

键在于，共同体在相当的时间内，经过一系列讨论后对理论强度的认可：科学争论中的理论选择或抛弃不取决于双方论据合理性程度的大小，而更倾向取决于这些论据背后理论劝服力的强弱。他采取了一种实用主义解决姿态，将科学的确信问题化解为科学组织对科学的采纳程度。普莱利（L. Prelli）通过分析社会因素和性质以扩展科学争论的认识维度，他的研究比佩拉更具修辞代表性。他对修辞受众的探讨加深了我们对修辞过程中社会心理层面的认识，但是普莱利的研究过于轻视科学在当代社会文化中思想层面的潜能。① 佩拉与普莱利的解释理论从逻辑思辨角度和社会心理角度来讨论和理解科学劝服过程，在他们的理论中，科学的社会性仍然仅限于科学的公共文化层面，这些修辞研究在社会制度和社会语境角度未能深入建制层面，不能很好地适应当代科学争论的需要。拉图尔（B. Latour）将科学放入广阔的社会语境中进行研究，他的修辞观点涉及科学的相关制度、组织和科学家等社会建制方面，但问题在于，拉图尔的分析与其修辞方法并不契合，而且他的策略方法缺乏规范性和一致有效性。②

以上的科学修辞学家对库恩问题的解决尝试都不够完整，同时，每一种方案又为后来的研究带来了不同程度的困扰，传统科学修辞学的研究思路要么因缺乏修辞的策略性和科学的社会性而导致解决问题的尝试局限于传统哲学的逻辑层面，要么相反，过于强调修辞性而将这些解释尝试沦为对科学问题的纯粹修辞性解读。总之，这些科学修辞学理论在回答科学争论问题上遇到的困难是由其对科学的修辞性和社会性认识的不彻底造成的。

### （三）哈贝马斯和 SSK 研究的启发

哈贝马斯对争论的研究立足于社会性探讨，这种思路应用到科学争论中能够产生不同于科学修辞学解释的功效，同时，他的研究还首次体

---

① Taylor C A. Defining Science. Madison：University of Wisconsin Press，1996：106.
② Rehg W. Cogent Science in Context. Cambridge：The MIT Press，2009：130.

现了语境在争论中的作用。哈贝马斯交往行为理论的解释效力不限于社会分析层面，他关于交流的理论同时也是一种关注科学调查和论证的学说，在回答科学的社会性问题时比从科学角度出发更有效。

在争论问题上，哈贝马斯交往行为理论中的修辞解释方法与传统策略性修辞解释方法有很大区别。首先，策略性修辞解释方法认为，争论是"一方"采用修辞策略试图影响"另一方"思想或行为的过程，这一过程会向着作为争论出发点的一方前进；而在交往行为理论中，哈贝马斯认为双方是为达成一致而进行交流的，这种状态下的"另一方"更加自由。其次，交往行为理论体现出新修辞学的特点，弱化了参与者在争论中的地位，更加适合科学争论的逻辑和实践经验。此外，哈贝马斯主要从逻辑、思辨和修辞三个层面展开争论研究并将它们放到社会语境中考察，他强调理论符合逻辑规范的同时也应当注重修辞以及与此相关的社会建制①，但哈贝马斯所谓的修辞层面缺乏实质的修辞性，由此产生了类似佩拉的问题，即缺乏修辞性的研究最终囿于传统哲学的逻辑层面。不过哈贝马斯认识到，当在两种具有竞争性的理论之间进行选择时，修辞的有效性要高于理性，或者要利用修辞策略在理性的基础上进行超越以保证我们进行选择或者干涉他人做出选择。在科学争论中，特别是当两种相对的解释在逻辑上并不存在根本的区别和矛盾时，修辞的作用要高于逻辑的作用，例如，海森堡的矩阵和薛定谔的波动方程在数学上被证明具有等同性，尽管矩阵说提出较早，但是波动方程一面世就在形式和应用上占据了上风，其原因就是波动方程的修辞简洁性。

哈贝马斯发现了语境在争论中的作用，但没有将语境完全纳入他的研究模式中。他在交流模式的研究中要求参与者具备高度的自觉性，强调一种"有效要求"（validity claim），其实质就是争论中的语境相通性，只不过哈贝马斯理解的"有效要求"更多适用于社会范畴内的交际行为。高度自觉本身并不是问题，但在哈贝马斯的交流模式中匮乏一种动力机制，这一块导致其理论动态性和完整性缺失的拼图恰恰就是语境。

---

① Rehg W. Cogent Science in Context. Cambridge: The MIT Press, 2009: 104.

哈贝马斯发掘出语境的价值却将其阻拦于外部，视其为遴选交流参与者的条件和保证讨论有效开展的前提，仅仅将其作为一种评价基础在理论的开始及结束时采用。①

另外，SSK 在科学、技术与社会的关系认识上存在一定偏差，这导致了他们将科学的社会性无限放大，从而把科学理解为由社会性主导的建构过程。技术是科学与社会之间的跳板，科学思想转化为技术支持才能作用于社会生产中，从而产生实际效益，纯理论的科学并不能对社会产生如此巨大和直接的影响。而 SSK 切断了科学与社会的联系，或者说他们将科学和技术混为一谈，这种将技术剥离于"科学－技术－社会"影响模式的行为，混淆了科学争论内部问题和外在问题，背离了科学本性，走向一种社会性认识的极端。同哈贝马斯一样，SSK 也认为科学应当放入社会语境中进行考察，但他们将科学视作由社会主导的思路势必导致一种科学的相对性、主观性走向，逐渐将科学推向一种混乱的、无标准的状态，这种理解方式无益于科学的发展，所以 SSK 的尝试在解决整体科学研究时力不从心。

总之，在争论的相关研究中，哈贝马斯打开了语境论解释的大门，却没有坚持这一道路；SSK 正确地认识到科学社会性的重要，却将其过分夸大。哈贝马斯的研究偏向于争论过程中的哲学和社会学分析，他发现了争论开始和结束时所需要的语境因素，但他没能将语境应用于争论的整体研究中，忽略了语境对全局尤其是争论进程中的动态影响，他将动态的争论理解为逻辑、思辨和修辞的静态层面分析，不符合科学发展的趋势，但哈贝马斯对修辞结果的评价机制研究有助于我们理解语境和修辞在科学争论中所发挥的作用。②SSK 与哈贝马斯有类似的出发点却走向偏激，将科学放入社会语境中进行研究并不意味着科学需要完全社会化，这种通过外部认识来粉碎内部矛盾的方式实质是对科学的消解，彻底社会化的科学等于没有科学，SSK 的这种理解既不符合逻辑规律也不能使人信服，更不能从根本上解决科学争论问题。

---

① Habermas J. Truth and Justification. Cambridge：The MIT Press，2003：106-107.
② Rehg W. Cogent Science in Context. Cambridge：The MIT Press，2009：138-139.

## 二、科学争论的语境论解释走向

科学哲学的历史主义、科学修辞学以及社会学的相关研究,从不同视角对科学争论问题进行了回答,但这些解决尝试都存在一定的不足,问题的根源就在于它们在解释时缺少统一和有效的整合型研究纲领和研究平台。当代科学理论和形式更加抽象和超验,科学争论的判决标准更为复杂,科学修辞学作为科学争论的有力增长点,满足当前局势下科学争论多域面、多层次的发展需求。科学修辞学在案例分析层面的发展程度超前于理论层面的研究,在回答有关具体科学争论的实践问题时能给出较为合理的解释。但由于各种修辞解释的零散性和非系统性,案例研究只有在特定的具体争论语境和内容中才有效,不同的争论研究没有形成一致的认识,这使得科学修辞学看似繁花似锦却没有统一的枝干,按照这种发展态势,科学修辞学太广泛的应用和太狭隘的理解都将降低其凝聚成独立性学术方向的能力并阻碍它作为一种科学解释方法的前进。更为严峻的是,案例研究透出的科学的修辞性并没有统一体现出整体科学的社会性,或者说,科学修辞学的案例研究将科学的社会性拆分为具体案例中的社会性,然而对这些被拆分社会性的整合工作却是困难的。所以即使取得了较多的研究成果,我们仍不能确定科学修辞学对于理解科学的社会性是否具有真实的推动作用。我们认为,单纯的内部或外在的说明不能反映和满足科学争论的整体面貌和需求,内部和外在层面的问题可以在一定语境下结合,科学争论需要符合科学修辞学规范的新认识论纲领,应当追求一种平台整合下的统一解释。

将语境论思想引入科学修辞学,在语境论视野下构建交流的平台,形成科学争论的语境论解释,是一种可行的研究思路。摆在我们面前的任务就是如何构建语境交流平台并在此基础上做出科学争论的语境论解释,如何改进科学修辞学才能规避对科学的社会性的拆分,或者在拆分之后能否借助一定研究方式完整地映射出统一的科学的社会性。具体来说,也就是我们应当如何处理科学的实在性、历史性、逻辑性、修辞性和社会性,需要一种什么样的解决方式才能更好地理解科学争论;如果在语境论中展开研究,那么如何超越传统科学修辞学解释,以具有语境论特色的方式解决科学争论问题。事实证明,语境论解释走向符合科学争论研究的前进方向,同时这也是科学修辞学所必须做出的选择。科学争论的语境论解释改变了以往的科学修辞学观点,它将语境分析法与策略分析法结合产生新的语境修辞分析法,将具体案例与理论研究综合,将科学的逻辑性、修辞性和社会性统一于语境论视野下和语境交流平台中,加深了我们对科学争论的理解并切实推动了科学进步。科学争论的语境论解释的可行性和优越性表现在以下几个方面。

其一,语境论解释顺应了科学争论研究的发展趋势。首先,语境论解释所关注的是有一致结果产生的过程,在这种研究模式下的科学争论是不断推动科学进步的,而其他的一些论证性过程在一定语境下隐含于争论过程中,受外力主导的争论也由于过度涉及主观性而被排除于科学争论的语境论解释范围。语境论视野下的科学争论不同于传统科学修辞学意义上的科学争论,它认为单纯论证性争论结局的劝服力是有限的,这种结局实质上是一种科学创造性活动的过程,属于科学争论过程的一部分或争论的事件发端;同时,它认为因外力中断的争论应当属于社会学的研究范畴,因为外部主导的因素过多包含了主观性和不可控性,在科学争论的模式中不能完全适用。其次,语境论解释既涉及科学认识和科学活动层面的内容,如科学理论的描述和选择、实验及测量工具的继承与创新,也涉及有关科学社会性层面的内容,如共同体的科学素养、社会政治干涉与制度建制、经济文化的驱动和导向等,这些内容继承并拓展了科学争论研究的域面,同时也极大地丰富了科学争论研究的内涵。

其二,科学争论的语境论解释效用要显著优于传统科学修辞学解释。传统的科学修辞学解释在分析科学争论问题时,关注到争论双方的独立性而忽略了争论主体之间的联系性,因此解释的落脚点往往是关乎某一方及其进行的自身超越,是一种"锦上添花型"修辞策略。而科学争论的语境论解释认为,争论双方在寻求一致性的过程中,通过语境交流平台的互补融合,最终形成一种共同接受的新理论,这样的过程能够保护新理论的成长,又保证争论力量的培育。同时,它还认为解释的最终立场应该是争论双方关系的语境分析，即使是以某一方为主要修辞对象，也应当是由该对象出发的、针对另一方面产生的两者关系的超越或为了后续发展而刻意的收敛，是一种"韬光养晦型"修辞策略，这通过修辞对象之间关系的分析而将争论双方统一于修辞过程中。举例来说明这两种解释的区别，达尔文深知他所宣扬的理论会受到来自科学内部和社会各方的阻力，所以从《物种起源》的第一版开始，他就在一些显要位置援引了当时被普遍认可的神学自然观和古典自然观名言，这种做法在传统的科学修辞学解释中被认为是通过增加权威的引用来增强自身观点的合理性和逻辑性，是"锦上添花型"修辞策略；而语境论解释认为，这种做法是为了减小新理论被反驳的几率而采取一定的修辞手段以缓和与旧势力的矛盾，最终为科学争论的展开和新理论的成长留足余地，是"韬光养晦型"修辞策略。显而易见，科学争论的语境论解释要比传统科学修辞学解释更深刻、更全面。

其三，语境论解释能够有效地解决科学修辞学和科学争论面临的问题，具体表现在如下两方面。首先，科学修辞学的问题在语境论认识中能够得到很好的解释。从较高的层面讲，科学修辞学面临的案例分析零散性与整体解释的缺失问题类似于真理认识的多面性与真理的唯一性之间的矛盾。在不同的语境下，科学真理的表象不同，产生的解释也不可能相同，无限接近真理的是在不同语境下所有合理解释的集合，这是语境、修辞在科学认识上体现出的独特魅力。例如，在量子力学解释中，我们不必关心传统哥本哈根解释的效用范围有多广，也不必纠结多世界解释和退相干理论在关于世界实在和其演化出的历史表象的一和多的问题争论上谁更具合理性，只需要了解在某个语境下哪种理论更有说服力、更能说明自然规律即可。这些解释都只是我们对科学真理的一种认识而不是真理本身，它们必然受到语境的制约。我们不否认科学真理的实在性和唯一性，但是我们必须首先认识到对科学真理多面理解的语境性。科学真理的多面性并不违背科学对自然规律简洁性的追求，在宴会上拉小提琴而赢得喝彩的爱因斯坦和在国际会议上令玻尔猝不及防地抛出"EPR 佯谬"的爱因斯坦是同一个人，多样的表达并没有妨碍我们对背后实在的人或事物的统一理解。语境论解释不是真理的相对主义解释，科学就像在不同场合下的缪斯女神，她每次的衣着和言谈举止皆不同，我们不能直接认识到她却能通过不同的景象拼凑出对她的完整印象。"讨论哪个是'真实'毫无意义。我们唯一能说的，是在某种观察方式确定的前提下，它呈现出什么样子来。"[①]语境论观点认为，相比较于抽象的科学概念，我们更应当关心在某种特定语境下体现出的具体科学的表现形式。与此类似，科学修辞学进行的案例分析并不是无意义的，我们只是缺少一种交流的平台来将这些零散的认识统一起来，在语境论视野下，科学争论的具体案例分析与理论研究能够得到渗透和融合。其次，科学争论的修辞解释困难能在语境中得到解决。语境论作为一种广泛应用的研究思路，在科学哲学领域特别是在具体科学问题的哲学研究中发挥了独特的作用。语境的边界是相对的、有条件的，但并不是相对主义的，[②]因为语境强调的是每个语境下独立的意义，而不是强调每个意义的差异性。科学修辞学缺失一种有别于修辞策略零散性的认识论纲领，致使在具体科学争论研究中形成的成果不能转化为理论层面的统一认识，而语境论解释可以直接回答为何案例研究如此不同却每一种解释都有意义，进而有助于将具体研究统一于整体的语境论视野中，在科学争论的范围内形成对科学的统一认识。

总之，科学争论的语境论解释本质上是科学修辞学性质的，它具有修辞解释性，顺应了科学修辞学和科学争论相关研究的发展趋势，同时超越了传统修辞学解释方法的局限性，而且，它与科学修辞学的具体案例研究不矛盾，增加了我们对科学的社会性的统一认识，它改变了传统科学修辞学的观点，具有解决科学修辞学研究和科学争论研究相关问题的潜质，是一种可行、有效和优越的解释方向。

### 三、科学争论的语境论解释特征

与科学争论的传统解释方法不同，语境论解释为科学修辞学注入了

---

① 曹天元.量子物理史话.沈阳：辽宁教育出版社，2008：173.
② 郭贵春.语境论的魅力及其历史意义.科学技术哲学研究.2011,(1)：1-4.

新活力,在对科学争论问题的认识上展现出新面貌,在研究问题的内容和形式上体现出复杂性与多样性,在分析过程中表现出语境依赖性与修辞基质性,同时还在整体上具有过程动态性与科学公开性等认识论特征。同时,它革新了科学修辞学的分析方法,将语境分析法与修辞学策略分析法相结合,既包含了科学争论的修辞学特点又融入了语境论特质,在对科学的逻辑结构、语言系统和价值取向等多方面的考察中,衍生出新的语境修辞分析法,具有语境相通性、语境转换性和语境整体性等方法论特征。

## (一)认识论特征

1. 对科学争论研究认识路径的转变,以及在研究问题的内容和形式上体现的复杂性与多样性特征

首先,语境论解释将科学争论研究的认识路径由"案例引出问题"的研究模式转变为"问题联结案例"的研究模式。传统科学修辞学解释以案例研究方式为主,倾向于从现实表象中探讨背后的问题,而语境论解释扩展了这种认识路径,提倡一种由问题主导的研究方式,走向从问题出发的多案例联结研究。语境论思想注重动态活动中真实发生的事件和过程,参与者处在事件和语境的构造过程中,语境反过来也影响参与者的行为,语境论将实体、事件和现象等具有实在特性的存在视为是在相互关联中表述的,是一种相互促动、关联的实在图景。[①]一方面,这种认识路径的转变彻底改变了探求科学争论问题解决的研究方式,由问题出发而联结案例的研究模式能将类似的科学案例进行并向分析,从而有利于发现多案例的共同性质,有助于归纳修辞策略从而最终产生统一的理论解释,在很大程度上解决了科学修辞学中各种案例研究之间、具体案例研究和理论综合研究之间的不协调问题。另一方面,语境论解释的认识路径使整个争论过程的主导权走向客观性。传统的研究模式针对

---

① 殷杰.语境主义世界观的特征.哲学研究,2006,(5):94.

单个案例引发不同问题的思考，在客观性上备受争议，这种认识路径要么是比较单一的要么是具有主观倾向的，而语境论解释从争论的问题入手，以多样的案例作为例证，将"一个案例多个问题"的对比关系颠覆成"一个问题多个案例"，更具有全面性和客观性，同时更具说服力。

其次，语境论解释在科学争论问题的研究内容和形式上表现出复杂性与多样性。科学争论的根本问题是内部问题和外在问题的结合，也就是"科学在争论中如何可能"的问题。具体说来，包括共同体内部关于科学的概念和指称、理论和认识、结构和推导、工具和方法等分歧；科学发现与理论发明之间的语义建构；科学传播中的社会环境、心理与认知因素；科学发展与社会建制的同步性问题等方面。科学争论的语境论解释有多种形态，既包含科学认识论层面的争论，也包含科学方法论层面的争论，以及由科学引导的外部争论。具体如科学的革命性争论，如大陆漂移说的提出引发了地学革命；社会性科学争论，如克隆技术应用对社会影响的争论；科学解释性争论，如对科学思想的不同认识或由科学争论所引发的理解性争论；科学本体论争论，如科学实在论之争；科学优先权争论等。总之，科学争论的语境论解释包含了自然科学内部关乎科学规律的争论，同时涉及科学与社会问题的争论，其问题复杂和多样程度集所有科学难题于一身。

2. 在要素和过程分析中体现出语境依赖性与修辞基质性

首先，科学争论的语境论解释将参与者纳入语境结构中，作为一种语境要素进行分析处理，杜绝了以参与者为主导的研究模式。传统的科学争论局限于简单的交互（图1），是对传统修辞学理论的应用，即从参与者出发的修辞策略研究，这种模式会导致一定的主观性和相对性。哈贝马斯采纳了新修辞学的思路，试图将参与者统一于一种双方互涉的状态，从而修补这种缺陷。这种做法通过促进交

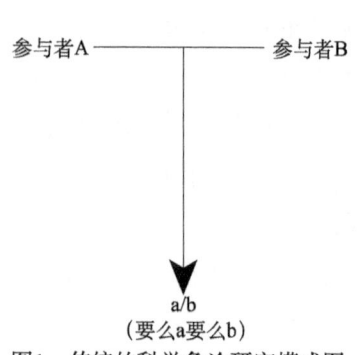

图1　传统的科学争论研究模式图

流而弱化了参与者的地位，但争论和交流仍过分依赖参与者的自觉性而不是整个争论系统的自觉性，所以哈贝马斯的解释没能从本质上脱离传统研究的诟病。由于科学不是个人或某些组织的独立活动，因此从语境论角度讲，科学争论只关心争论的结果是否对科学有益，而不关心结果由谁主导，因为即使一方的思想对结论产生了较高程度的影响也不能判定另一方的观点是完全错误的，我们认识到的只是当前语境下的某种更加合理的科学解释。此外，科学观念不会突兀地提出或孤立地存在，一定是限定于时间、场合和方式等条件下，包括科学家自身在内的多因素构成的复杂语境系统中的。争论过程中产生的变化受到语境的影响，同时争论的结果又会使得参与者所处的语境发生转变，争论中的个体或组织在辩护时会参照对方所处语境对自己的理解做出不同程度的修正，新的解释在双方共有语境的参与下才能完成。

其次，修辞性特征体现在整个争论过程中，而不仅仅是 SSK 理解的参与者与理论构建层面。科学争论是恰当的逻辑描述和有理由的修辞建构过程，语境论解释认为科学争论的实质是不同语义系统的修正和扬弃，争论双方要具备相通的语义结构以便在争论中理解对方并做出回应，若非如此，争论将演变为一种"公说公有理，婆说婆有理"的语言层面的不可通约状态。在争论过程中，相同的科学素养和相通的语义体系都始终存在于语境系统之中，这些必要的语境因素也是参与者必须具备的修辞要求。因此可以说，科学争论的语境论解释从一开始就是在限定的修辞条件下展开的，整个争论和解释过程体现了修辞基质性。

### 3. 科学争论过程的动态性与科学公开性

首先，语境论解释使科学争论成为高度自觉的互动模式。如果将传统的科学争论模式比作一场你死我活的战争，那么语境论视野下的科学争论更像是当今国际协议的交流过程，参与者 A 和 B 在交流基础上努力争取或者做出让步从而形成一致性，这种一致性不是"要么 a 要么 b"性质的论辩式结论，而是一种交互状态下问题解决机制的协调（图 2）：互动模式下的结果包含了原先参与双方的思想成分，因此它既是 a 又是 b，同时它们又不同于

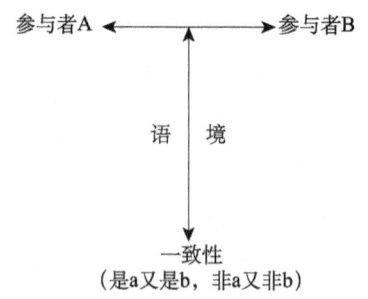

图2 语境论视野下的科学争论研究模式图

原来的理论,所以它既非a也非b。此外,由于理论自身一定是负载着参与者的价值取向,这种价值负载能够将争论活动置于一种动态的完善过程。无处不在的语境转换反映了整个科学争论过程的动态性,也是语境论解释区别于传统科学修辞学解释的重要标志。

其次,科学争论与科学理论和活动直接相关,具有高度的科学公开性。私密的学术沙龙、远远不足以形成规模化的科学争论,只有公开性的讨论才有可能上升到科学争论的层面,争论的双方以公开的形式为支持的理论进行解释和辩护,共同寻求一种问题的解决途径。科学争论可能由某些与科学不相关的人或事件引起,这些不具备科学性和公开性的一般讨论只能作为科学争论的前奏,例如,"两小儿辩日"并不足以引起日心说与地心说的争论,但是当人们对这种太阳距地远近问题的争执程度上升到由科学家参与并主导的过程时,一场科学争论也就正式拉开了帷幕。科学公开性要求参与者具备专业学术领域的规范要求,以便有针对地对观点进行辩护和反驳。近代以来,科学发现优先权争论愈演愈烈,例如,牛顿和莱布尼茨关于微积分发明先后的争论持续引发了乃至两国科学界的争论,科学对公开性的要求也更加明确和迫切。

## (二)方法论特征

语境论解释将语境分析法与策略分析法结合,衍生出超越修辞性质的语境修辞分析法,在语境交流平台的构建和科学争论的整体分析中表现出语境相通性、语境转换性和语境整体性等方法论特征。

(1)语境相通性是语境修辞分析法的最基本特征,它在语境论解释中发挥着重要作用,也是语境交流平台的基础,并在一定程度上改变了科学争论的判别标准。

在科学争论的语境论解释中,语境相通性主要有两方面的作用。首先，它是科学争论进行的基本条件，是科学解释产生的基础。语境相通性是语境中语形、语义和语用要求的结合，它包括相同或类似的逻辑结构，相通的概念与指称、符号系统，相近的语法和语义表达机制。科学争论的发端和开展、知识的产生和传播都需要相通的语境。其次，语境相通性是不同争论进行交流的必要条件，也是区分科学共同体的标志。语境论解释不单是要研究科学争论的内部过程，还要求对争论外部和不同争论之间进行研究，在广阔的语境系统中，相通性是维系不同争论同步研究的基石。对于科学共同体而言，相通的内部语境是科学争论中区别异己的标准，同时争论结束后这种相通性程度的变化体现了共同体的分化和整合。

相通的语境是构建语境交流平台的前提，需要注意逻辑性、有效性和主动性三点要求。逻辑性要求科学争论所处的语境要符合科学本性、逻辑性和语义语法规则；有效性要求能够为争论参与者提供有效交流观点、交换意见和解决问题的论述途径；而主动性则是要求参与者和整个争论过程都具有自由的驱动力。语境相通性的形成是一种自觉的语境构建过程，学科大背景下问题的讨论是在相通语境中完成的，同时争论的结果也处在语境之中，不可能产出超越语境的结果。科学争论参与者的科学素养、理论和知识背景以及其他社会因素都是语境相通性的组成部分，同时，语境相通性为科学争论中各要素提供了一个可交流的基础，最终促使形成一种互反馈关系。

语境相通性超越了逻辑限制，改变了科学争论的判别标准，体现出科学语境与社会语境的适应。科学哲学在不同角度的研究表明，科学争论是一种依赖"有理由"大于"合理性"的分析活动，正如佩拉所指出的，争论中理论的选择在于论据背后的劝说强度而不是理论的逻辑强度。所以，依靠逻辑判决科学争论的传统方式已经不适用于科学和社会的发展，例如，神创论基本符合当时历史的逻辑标准和哲学需求，同时它对生物演变的解释并没有完全败于进化论，但这种观点已经不能与社会语境产生更好的交互作用，而进化论的观点明显更能顺应资本主义社会的发展态势和精神面貌，所以神创论不可能阻止和扼杀进化论的发展。也就是说，当逻辑不能判别时，"有理由"才是争论解决的有利条件。科学争论的语境论解释否认不可交流性、范式的不可通约性，主张在相通的语境角度对问题提供一种协调解决方式。

（2）语境转换性表现为平行转换、层次转换和上升转换，是语境修辞分析法的最突出特征。

语境转换性体现在四个方面：科学争论过程中不同层次语境的转换、参与者所处具体语境的转换、语境和各要素之间的转换、争论开始和结束时语境的重建型转换（即再语境化）。在科学争论语境中，要素之间和语境之间的转换会有平行的和层次的区别，而再语境化则是一种上升转换。语境论解释过程就是语境不停转换的过程，科学争论的开启和发展以及结果都受到语境转换的影响，同时，语境转换也是判定和评价科学争论的重要标准。

语境转换贯穿整个科学争论过程，起到多方面的作用。第一，语境转换标志着科学争论的开启。一种理论或观点能否达到引发科学争论的程度取决于其是否引起足够程度的语境转换，当科学共同体认为一种学说具有争议性和争论意义时，更多的科学工作者参与到讨论中，此时的讨论语境才上升到争论的层面。第二，在争论过程中，双方进行的交互作用也是一种语境转换。语境转换能够发现新的理论增长点并生成新的解释域面。第三，争论结果带来的新语境较之引发争论时的语境不同，语境产生的变化动摇旧理论的同时又会对参与者产生影响，这种语境转换标志着科学争论的完成。第四，语境转换也体现在科学发展和成果应用中。在不同的语境中，同一概念符号所表达的意义和用法会有差异，例如，在相对论语境条件下，经典力学的一些概念可以通过一定条件相互关联而再次焕发生机，这是通过语境转换达到的不同语境下同一概念的新解释。所以语境的边界是可变化的，这既适用于宏观语境，也适用于具体的、微观的语境[①]，语境转换的方法在整个科学争论过程之中产生作用，这体现在语境相通性的构建中、参与双方对问题的交流讨论中、争论结果与其他理论的相互反馈中，可以说，语境的转换性是科学争论活动进行的推动力。第五，语境转换是

---

① 郭贵春.语境论的魅力及其历史意义.科学技术哲学研究.2011,（1）：1-4.

判定和评价科学争论的重要标准。争论结束时语境的变化标志着新科学认识的诞生，科学争论的成功不仅仅取决于相关理论逻辑的完备，而更取决于相关语境的整体价值取向及其选择。

科学进步是对旧理论的扬弃和新理论的创造过程，语境论解释认为这种过程是在科学争论中通过再语境化实现的。语境论科学哲学思想主张把语境作为阐述问题的基底，科学理论是一定语境条件下的产物，在一个语境中为真的科学认识，在更高层次的语境中有可能会被修正或扬弃，这是在再语境化的基础上进行的。没有无条件普适和久适的科学理论，当一种理论面对难题，无法解决新问题时，通过再语境化能够使旧理论推陈出新，同时再语境化有可能产生新的科学解释。再语境化过程类似拉卡托斯所言的科学研究纲领方法论，但区别在于，拉卡托斯指的是一种理论修正，而再语境化是一种理论重建，它能给特定的科学表征增加新的内容，使原有的解释语境在运动的过程中得到不断的改造与重建。

（3）语境的整体性是语境修辞分析法的最主要特征，深刻体现于语境结构的整体性和语境交流平台的整合性。

语境是多层级、多元素、立体的结构，语境论强调解释的整体性。语境是有层级化区别的，相同级别的语境会有细微变化，不同级别的语境也有差别，在当前语境下进行的解释在更高级的语境中不一定成立，反之亦然。语境由多元素构成，这些元素不但是最初争论语境所必备的条件，还是争论进行的推动力之一。语境是立体的结构，错综复杂的语境是一种发散而有序的立体型组织，整体性是语境本能的生动体现。同时，语境整体性是构建语境交流平台的基本要求，而在语境交流平台中做出的语境论解释也遵循这种整体性，语境论解释能够在科学争论中形成整体、全面的分析也都得益于此。

平台的整合性遵循了语境整体性的要求，体现在语境的纳入、排斥和借鉴作用中。高级或广阔的语境会将那些完全符合自身的语境、要素等纳入自身范围内，从而形成更广泛有效的解释；或者，它通过排斥异己从而划定自身的界限，曲线达到整合的目的；再者，语境会吸收和扬弃一定的成分，从而改进自身的理论解释及工具方法。在语境交流平台之中，科学争论能够较好地将内部矛盾和外在问题相渗透，使具体的案例研究统一于一种认识论和方法论要求中，并对形成统一的解释理论做出指导。同时，语境交流平台能够整合科学的逻辑性、修辞性与社会性，促进科学争论的内部问题与外在问题的融合，有利于在统一的平台中形成一致认识。例如，量子力学的建立并不意味传统经典力学体系的土崩瓦解，而是在一定语境下，将经典力学解释为量子力学的一种特殊形式。

可见，语境论解释的认识论特征和方法论特征实质上就是语境本质的体现，这些特征将科学争论的语境论解释显明地区别于其他解释方法。语境性将科学争论的逻辑性、修辞性和社会性连接起来，统一于语境论解释之中，从而对科学争论问题做出全面完整地说明。

## 四、科学争论的语境论解释意义

语境论解释从新的视角重塑了科学争论的科学性和逻辑性，同时又体现出修辞和语境的特质。它丰富了科学争论问题的解释方法，更新了人们对科学活动的认识；既保全了语境下新思想的产生和发展，又加速了新旧理论的碰撞，催生出更具开创性的实验方法和测量工具；强化和规范了科学共同体的组织结构，对社会政策产生积极而有效的影响，推动了与科学相关社会建制和整体社会环境的不断调整和完善，具体表现在以下几个方面。

其一，拓新科学争论的考察视角。语境论为科学修辞学和科学认识提供了重新审视自身发展的基础，语境论解释是科学争论研究经过科学哲学的历史主义和科学修辞学的解释路径后所面临的最佳选择，它将社会语境和修辞语境融合于语境交流平台中，能够较好地对科学活动进行评价和解释。社会语境的目的要通过修辞语境的具体化来完成和展开，修辞语境在很大程度上是语用分析的情景化、具体化和现实化，它是以特定语形语境和社会语境的背景为基础的，所以，没有社会语境就没有科学的评价，而没有修辞语境就没有科学的发明。① 同时，科学争论的语境论解释对参与者、争论运行机制和结果评价等方面的研究都提供了不同以往的认识。

其二，科学争论是科学理性迸发的现实表现，语境论解释为理性的进步铺平道路。科学理性的进步总是伴随科学的发展和知识的不断增长，新学说更容易在科学争论的土壤中滋生，同时科学争论能激化新旧理论体系的矛盾，推动不同科学方法的产生和对抗。在不断追求科学真理性的道路上，语境论解释筛选出更适合科学发展的争论研究方式，最能检验理论和方法的有效性，有助于科学实验理论及测量工具的革新。科学争论的高级形态是激烈的科学论战，而科学论战又是更高级语境下科学革命的导火索，科学争论或更新了人们对旧理论的认识，或引起科学革命从而开辟科学研究的新领域，使争论后的科学语境焕然一新。此外，语境论解释强化了科学民主观，科学真理的判别标准逐渐挣脱权威的束缚，对科学价值的认同趋向于对科学争论结果的信服，相互批评的自觉性和争论的常态化促进了科学民主化进程。

其三，科学争论的语境论解释增进了科学与社会的关系，促进社会整体环境和科学的社会建制的不断调整和完善。随着近代自然科学的蓬勃发展，科学作为一种独立的社会建制逐渐得到确立，这既是科学进步的体现，又是社会语境的需求。科学争论强化了共同体内部的认同感，巩固了共同体的学说基础，协调内部矛盾以应对外部挑战，促进了科学共同体的组织化发展。科学争论的语境论解释有助于社会的发展，社会的进步又为争论的解释夯实基础，语境论解释方法及评判标准深刻影响到社会决策的制定，并对现实生活中的科学理解产生决定性影响。科学技术的发展及工业化带来的各种社会问题所引发的科学争论是科学内部对发展中遇到问题的审视，这种争论深刻影响到当今社会中环境保护思想、可持续发展理念的产生和推广，以及全球语境下相关决策的制定。②

---

① 郭贵春.科学修辞学的本质特征.哲学研究，2000，(7)：24.
② Myanna L. Technocracy, democracy, and U. S. climate politics: the need for demarcations. Science, Technology, and Human Values, 2005, (30): 137-169.

总之，科学争论的语境论解释是在新平台、新高度对科学争论问题的整合，是科学修辞学和语境论思想的进一步完善和具体应用。语境论解释从"修辞学转向"中厚积薄发，汲取了新修辞学研究成果的同时避免了修辞学解释带来的零散性混乱，重新把握修辞学的发展方向。语境论解释符合科学修辞学的客观要求，又能很好地协调科学争论中具体案例研究，从而为理论层面的统一做努力。在语境论中展开的科学争论注重科学的社会语境，它对范式之间的争论以及科学革命的过程有独特的见解，化解了激烈科学革命所带来的认识论难题，内含着绝对性和必然性的语境论能够避开SSK和范式不可通约性的歧路，能够加速科学争论整体研究模式的形成，从而更好地认识科学理性和进步。在科学领域对相关语境的研究已经常态化，现实社会和历史的研究已经证明了语境对重大科学发现的相关贡献和作用[①]，总而言之，我们可以肯定，走向语境论解释是解决科学争论问题的最有前途的研究进路。

---

① Rehg W. Cogent Science in Context. Cambridge: The MIT Press, 2009: 149.

# 科学研究中的意义建构问题＊

科学研究建构出意义世界，科学哲学对该意义世界的生成与建构进行再反思。迄今为止，科学哲学研究的本质功能之一，就是在科学解释或说明的过程中实现对科学理论意义的建构。[①] 失去了这一点，科学哲学

---

＊ 本文发表于《中国社会科学》2016年第2期，作者郭贵春。

① 从广义上讲，科学理论的解释与说明在本质上一致，都是对科学理论的某种阐释，如果没有特别说明，本文中使用的"科学解释或说明"主要就是在这种较宽泛的意义上使用，仅仅在强调形式的逻辑意义或研究对象的本质意义时，才会区别对待。但必须指出的是，这两个概念从狭义角度看的确存在一些重要区别。"解释"侧重原理或规律，是对研究对象本质意义进行分析，在解释学意义上也作"阐释""诠释"或"释义"，与"翻译"和"理解"等概念密切相关，其基本含义与主要任务体现为一种语言转换，即从陌生的不可理解与表达的语言世界转换到我们自己可理解的语言世界（参见：伽达默尔.真理与方法（下卷）.洪汉鼎译.上海：上海译文出版社，1999：708，714）。"说明"侧重原因或根据，主要是对科学体系的形式进行逻辑学意义上的阐释，就特定的科学说明而言，"说明"常用来指科学理论研究中的一个基本内容，科学关注的问题不仅存在于那些将要发生的领域，而且需要追问那些已发生事件的原因和理由。例如，科学的理论性定律就旨在说明经验现象如何发生及其发生的条件。常见的科学说明有：有关自然定律的说明、因果性说明、心理学说明、精神分析说明和功能说明等。另外，科学说明与科学推理密切相关，因此科学说明的特征也直接影响着科学推理，进而影响着以此为基础的科学知识主张的力度。尽管通常看来科学说明存在着一定的"主观"或"客观"倾向，但为了避免以这种特征描述影响到对科学推理等方面的类似评价，伯德（A. Bird）提出，较之主观性与客观性来说，科学说明的特征最好称之为"认知的"与"非认知的（或形而上学部分）"，前者强调所获得相关信息的种类导致的说明的差异，而后者强调关于自然定律的说明、因果性说明（甚至心理学说明）中存在的一些定律（参见：Bird A. Philosophy of Science. London：Routledge，1998：41-44）。

就丧失了它存在的合理性。然而，如何实现科学理论意义建构的途径或方式，并且探讨科学研究中意义建构的过程及其内在结构，则恰恰是当代科学哲学研究所面临的重要难题。在这一点上，我们认为立足于语境基底上的意义建构思想，将是比较有前途的科学哲学研究的方法论之一。为此，本文将探讨意义建构的必然走向、内在结构、语境化特征及其发展的计算化趋势。

## 一、意义建构的走向

一个多世纪以来，科学哲学研究的方法论演变与整个分析哲学的发展相关，他们之间有着密不可分的本质联系。而意义建构的思想，恰是在这个过程中呈现出不断地被提出、深化、完善，并逐渐达到成熟的趋势，显现了这一思想发展的历史必然性。

首先，20世纪哲学发展中的"语言学转向"给出了意义建构的分析基础。大多数哲学家认为，"语言学转向"的根本目的就在于：第一，哲学的目的一方面是对概念系统的结构和表征进行理解，另一方面是对哲学的难题进行求解。第二，哲学的初始方法就是对语词使用的模糊性等难题进行检验，以拨清概念的混乱。第三，哲学既不是对客观实在的直接认识，也不存在优越于科学知识的认知水平，而是对一种极富特色的人类理解方式的贡献。[1] 由此可见，"语言学转向"的根本目的就是要给出一种富有特色的关于理解的方法论。所以，这既不是要把逻辑的价值推向极端，也不是要把语言的意义抽象到极致，只是要给出一种理解的方法论。

其次，在"语言学转向"的哲学进程中，内在的"分析学转向"预设了未来"语义学转向"的走势，强化了意义建构的分析方法。从19世纪和20世纪之交产生的分析哲学来看，其是要在否弃传统唯心主义的语境中，拓展解构化的概念分析方法，即强化被称作为"解构的分析概念语境"。这是一个什么样的语境呢？摩尔、罗素和早期维特根斯坦都走向

---

[1] Hacker P. Analytic philosophy: Beyond the linguistic turn and back again// Beaney M. The Analytic Turn: Analysis in Early Analytic Philosophy and Phenomenology. London: Routledge, 2007: 133.

了一个"缩小"了的逻辑表征形式的语境分析，即逻辑原子论。但这种表征形式的语境分析方法，其本质在于赋予理论对象以可变换的或可解释的概念特征。[①] 正是因为这个变化，我们把它视为奠定了 20 世纪"语言学转向"的"分析学转向"。早在"分析学转向"的时代，罗素和弗雷格就意识到了不同语境存在着不同限制，或者说不同概念框架可以给出不同语境趋向。而且，在一个特定语境下，每一个命题都有一个最具优势的表征形式，它由语境的本质价值取向所给定。语义分析的本质就是要给出一个最佳的赋有语境本质价值取向的命题表征形式，把握了它，就把握了给定语境下一个命题的本质意义。

再次，超越"语言学转向"并回归语义分析，是当代具有分析本性的科学哲学探究意义建构的必然选择之一。因为，我们所要建立的方法论就是语境基底上的语义分析论。在这里，对"语言学转向"的超越和对语义分析的回归，恰恰理性地体现了语境论语义分析方法的本质特征及其历史渊源。这种语义分析使我们对当下语境进行历史的、现行的及未来发展的理解、评价和预测成为可能。语义分析成为我们解读语境对象的方法论工具。所以，这种起源于分析学派的语义分析方法，需要我们随着历史的演进不断地进行新的提升和重构。因为，就分析学派的起源来讲，达米特曾对其本质的特征或核心观念给出过一个较好的说明：只有弗雷格最终建立了哲学的适当对象，即哲学的目标是对思想结构的分析，分析思想的唯一适当的方法存在于对语言的分析之中。尽管达米特的这个看法仍存在着很多异议，但是他给出了分析学派某些最基本的特征则是不言而喻的。我们需要看到的是，汲取分析方法的本质精髓，避免其僵化和绝对的框架，在分析过程中探究意义建构的趋向，则是科学哲学发展的必然。

最后，科学哲学对意义建构的探究，促使其在自身发展的进程中自然地提出了一个基于语境的新的"语义学转向"。这个"语义学转向"较之逻辑实证主义时期的"语言学转向"有着它自身更加清晰的特征：第一，它的分析基底是语境实在论的本体论立场，而不是非实在论的纯演

---

[①] Beaney M. The analytic turn in early twentieth-century philosophy//Beaney M. The Analytic Turn: Analysis in Early Analytic Philosophy and Phenomenology. London: Routledge, 2007: 133.

算的方法论基底；它的出发点是语境论的整体性基础，而不是单纯语句真值的考量。因此，语境的建构是具有相关价值取向的意义建构的前提，它实现了科学哲学分析方法的逻辑前提的变换。第二，"语义学转向"不是一种分析方法对另一种分析方法的单纯排斥或"自我评价"，而是建构一个各种分析立场和价值取向相互交融、相互渗透、相互借鉴及相互促进的"语境平台"。在这个平台上，任何一种取向都不具有唯一的优越性，而是在科学理性的法庭上平权的。第三，"语义学转向"既面对着其科学理论日益远离经验的形式体系更加完备，对象意义更加鲜明的进步；同时又面向着其相关技术的现实意义更加突出，现实特征又更加确定的发展。在这里，科学的技术化与技术的科学化的统一，形成了意义建构不可忽视的背景要素。第四，"语义学转向"启迪了科学创造和科学发展的选择模型，使科研主体在给定语境下进行语义分析和意义建构的过程中，具有更积极的自主性和能动性，有了更多选择语境创新的权利和机会，从而使科学哲学所研究的意义建构这一难题，具有了更鲜明的模型化的语境重建，形成了意义建构研究的新趋势。

"语义学转向"是当代科学哲学面向21世纪发展的选择之一。"语义学转向"的本质就是要在科学哲学的理论解释中重建意义建构的分析方法，而这一分析方法的内核则是语境基底上的模型分析。模型分析是意义的语境分析的一个类型。在模型的建构和说明中，表征系统指谓了隐含的指称对象的给定特征，从历史和现实、形式和内容、显性和隐性相结合的结构中表达了特定模型的意义。由此，意义建构的分析过程才能在现实世界和可能世界之间架一座桥梁，从而给出特定可能世界的意义或价值取向。①所以，我们认为"意义是被建构的"，而不是"被发现的"；建构的过程是形成意义的过程，建构的价值就是意义的价值。因此，科学解释或说明的过程就是意义建构的过程，解释或说明建构就是揭示意义。可见，语义分析是建构或揭示在给定模型中形式表征已被规定的意义。这便是我们对意义建构的理解。

---

① Garcia-Carpintero M, Macia J. Introduction// Garcia-Carpintero M, Macia J. Two-Dimensional Semantics. New York: Oxford University Press, 2006: 1.

## 二、意义建构的内在结构

不言而喻，科学理论意义的可建构性建立在它的可分析的内在结构基础之上。从这个角度讲，语境的结构有两种类型：一种是被自然地建构的，如一个给定的交流场景；另一种是被逻辑地建构的，如一个完备的逻辑表征形式体系。相应地，语义分析也分为两种：一种是定性的自然语言的意义分析；另一种是定量的形式语言的意义分析。当然，这两种语境和意义分析并非截然分开，而是相互渗透、相互交融地存在于一个统一的内在结构之中。

从科学理论的一般概念上讲，意义分析必须把握语义学所要求的三个最基本的结构特征：第一，存在于语句中的概念关联可以在事实的基础上进行说明，而这些事实是被断定构成了相关语句的意义。第二，对给定语句的意义进行解释，可以是在理论上已被赋予相关特征的各个部分的意义上，以及这些部分是如何被关联在一起的逻辑基础上，去予以展开。第三，给定语句赋有确定意义的事实，可由某种真值理论的规则予以确证；比如相关语句或者特有的真值，或者给定的真值条件，甚或二者在特定可能世界中的真的一致性。由此可见，这些结构特征就是要求给出如下的具体设定：①设定语句的结构；②给出语句中合成语词的意义连接，即意义的构成；③确立详细说明意义的规则。一句话，意义分析必须理性地给出意义建构的结构性要素或条件。

从对科学理论的理解过程来讲，意义分析总是存在着一个"形式伴随功能"的原则。也正是在这点上，意义分析成了一种对表征对象进行概念化设计的方法论系统。因为通过这种系统功能的展开，人们对科学理论的意义赋予了更本质的理解。换句话说，使科学理论获得更充分的理解恰是意义分析或意义建构的功能。[1] 这样，我们便可赋予"意义"如下几个新的特征：①意义是一种理论结构化的空间，一种可选择主体价

---

[1] Knippendorff K. The Semantic Turn: A New Foundation for Design. Boca Raton: Taylor, Francis Group, 2006: i.

值取向的网络，或者说一种把握对象实在给定发展取向的集合。②意义是嵌入科学解释或科学说明过程中的理性建构，或者说是科学交流中的思想建构。③意义是在科学语言使用中生成的，是在人的头脑与对象实体相互作用的创造性的语境中存在的。④意义不是一成不变的，它是由概念的开放性而赋予确定性的，是在语境的更迭中不断演化的。⑤意义是通过科学认识过程而实现的，所以，它蕴含着不可避免的主体认识结构系统所给定的意向性。

从对科学理论的层次构成来讲，意义分析必然是理论表征的形式化建构、理论价值的取向性建构以及理论使用的合理性建构的统一，也即是语形分析、语义分析和语用分析三个层次的意义建构。当然，与此相适应，它们分别依赖于形式语境、语义语境以及语用语境的基底，并在此基底上展现它们层次构成的丰富性。

第一，意义建构的形式规范性。在意义建构的层次结构中，形式规范是意义建构的规范性的前提。离开了形式规范性，意义的建构是无从谈起。尽管表征意义的语法形式是描述的，但产生意义的科学行为本身是规范的；也就是说，语词的形式意谓是在相关语境下被规定了的。所以，在语法形式的表征上，"意义语法是规范的"①。这就从形式规范的要求上，为我们提出了当代科学哲学研究中意义建构理论不可回避的"引导性难题"：①必须回应意义的消除论；②意义与形而上学的关系；③意义与可分析性的关系；④意义与怀疑论的界限；⑤意义与逻辑的内在统一性；⑥意义、真理与指称的一致性；⑦意义、认知科学与语言学的整体关联性。②对这些"引导性难题"回答的根本目的，是要走向意义建构的语义分析方法本身的规范性，而这种规范性的本质恰是不断完备的形式化系统的结构性重建。

第二，意义建构的语义特性。在意义建构的层次结构中，形式表征

---

① Lance M N, O'leary-Hawthorne J. The Grammar of Meaning: Normativity and Semantic Discourse. Cambridge: Cambridge University Press, 2008: 2.
② Lance M N, O'leary-Hawthorne J. The Grammar of Meaning: Normativity and Semantic Discourse. Cambridge: Cambridge University Press, 2008: 4-7.

的语义特性是意义建构的本质。当我们对意义建构进行哲学追问时，我们必然会看到对逻辑语言的内在分析是一个充分必要的条件。因为，逻辑语言由语形学和语义学的术语所确定，并且逻辑语言的语义本质确定了相关陈述为真的语形学的规则。所以，在意义建构的过程中，对赋予语义特性的探究与对逻辑语言的把握是统一的和必然的要求。在这里，我们也要至少回答如下几个"引导性难题"：①是否存在关于意义的证据？②是否存在与意义相关的那些实体？③如果存在，那么是哪些种类的实体？④如果存在，那么是些什么样的证据？这些证据能否被检验？⑤关于意义的主张如何被分析？⑥根据什么语词和句子存在它们所被赋予的意义？而且如何确定语义证据和非语义证据之间的关联？[①]对这些问题的回答，都必须通过对语义特性的把握才能得到。所以，对所有形式表征的语义特性的把握就是意义建构的本质。

第三，意义建构的语用实现。在意义建构的层次结构中，语用分析方法的具体展开是意义建构的实现。事实上，维特根斯坦很早就在语用分析功能的基础上，提出了"意义就是使用"的论断。这一论断不仅体现了语义分析的语用延伸，而且表明了语义分析和语用分析在意义建构的内在结构中的关联性。因为在语用分析中或语用行为中，体现了语义分析的可选择性、结构性及其必然性，使得语词使用展现了意义、揭示了意义，从而使意义获得了更本质的内在实现。进一步讲，"意义就是使用"隐含着"使用就是分析"的基本观念，使得意义建构由语义分析走向语用分析，由形式分析层面走向更具体的行为分析层面，最终实现"意义"建构的意义；同时，它也构成了又一个我们需要求解的意义建构的"引导性难题"。

从对科学理论本质的揭示来讲，意义建构强化了语义分析的内在结构与科学解释之间的统一性。在给定理论系统的情况下，由相关形式体系所表达的对象（如个体、集合及关系等）之间的任何关联，对于所描述的世界图景来说都是确定的；因为这些对象本身及其关联的确定性是

---

[①] Lance M N, O'leary-Hawthorne J. The Grammar of Meaning: Normativity and Semantic Discourse. Cambridge: Cambridge University Press, 2008: 241-242.

逻辑地可证明的。由此，它构成了科学解释的内在合理性和可接受性。

此外，当下流行的"二维语义分析"实际上就是特定语境下意义建构的一种形式。因为，二维语义学要解决的难题就是在科学解释中给定语境下可能世界与真值条件之间的关联。正是在这个意义上，"语境集合"就是"世界集合"；从表征语言变换的视角看，这个"世界集合"是与一系列相关语境中表征主体所假定或预设的对象描述相一致的。由于在科学的论争和进步中，科学理论的解释语境总是处于不断"再语境化"的过程之中，所以，任一科学论断的意义都奠基于与给定"语境集合"相关的"可能世界的集合"[①]。"二维语义分析"恰恰是在方法论的结构性上保证了科学解释与意义建构的统一性和有效性。

从科学理论的语义分析与解释模型的关系来讲，意义建构的关键在于语义内容的构成与语境条件的逻辑匹配。通过不同的形式系统或叙述域来说明科学解释语境的变化，需要相关解释模型和资料收集程序的"集存库"（arsenal），实际上就是相关语境集合的"背景知识库"；因为语境虽然是不同的，但解释它们的背景知识却是同一的或可通约的，否则就易于导致知识背景的断裂及理论解释的相对主义。

因而，语义内容的构成与语境条件之间的逻辑关联就显得极其重要。我们必须注意的是：第一，语义内容是构成性地被决定的，同时相关语句语义值中的每一个要素也必然在语形上被关联；在相关语句的语形中，各种要素确立了它们之间的结构性关联。这实际上是关于语义内容的一个逻辑定义。第二，在语句的表面句法形式中，相关语形要素是否都能被清晰地表达，并且这个定义保持了它的中立性。第三，关于语义内容是否是相关命题给出的，并且这个命题仍然保持它的中立性。它们可能是"亚命题的对象"（sub-propositional objects）。第四，意义建构的语义分析方法与科学解释之间的关系，就在于解释模型的不同是相关语境不同的结果。因为语境的价值取向不同，解释模型就不同，也就是说它们的语义值不同。所以，科学哲学家们所概括的各种科学解释的语义模型

---

[①] Garcia-Carpintero M, Macia J. Introduction//Garcia-Carpintero M, Macia J. Two-Dimensional Semantics. New York: Oxford University Press, 2006: 16.

和语用模型,都是各种不同的语境分析或语境解释的模板。① 要真正把握科学理论解释的本质意义,就必须在意义建构的过程中,逻辑地将结构性的难题去进行结构性的分析和结构性的理解。

进一步讲,从科学理论解释的语形分析、语义分析及语用分析的一致性上看,意义建构就是在特定语用中给定命题表征与语义转移的结构性统一过程。不言而喻,一个理论求解难题的表征命题的丰富性是展现其理论意义的重要方面;但这种丰富性是在特定语境中,由表征概念的"语义转移"或整个表征语句的"语义转移"所形成的。当然,这种转移是潜在的,它只能在具体的语用过程中才能得以实现。同时,这种"语义转移"也是特定语境整体价值取向和整体功能结构性变化的一种表现形式。因而,命题的丰富性不是一成不变的,而是动态的。由此可以看出,整体的意义建构依赖于相关理论表征命题的语境意义及其相互之间构成的方式,并由此构成了特定语用过程中整体语境的价值取向。这就是意义建构的内在结构的动态展现,也是某种被称之为科学理论解释的"温和的语境论"的核心。②

## 三、意义建构的语境化特征

不言而喻,探索科学理论解释的意义建构问题,不能离开语境意义及其结构性的变化而谈。科学解释的意义建构过程,就是其自身语境化的过程,这是一个问题的不可分割的两个方面。那么,究竟意义建构的语境化特征如何产生并展示其内在功能呢?对此,我们必须给予更清晰的回答,否则,"意义"建构的意义就是不完备的。

---

① Cappelen H. Semantics and pragmatics: Some central issues//Preyer G, Peter G. Context Sensitivity and Semantic Minimalism: New Essays on Semantics and Pragmatics. New York: Oxford University Press, 2007: 7.

② Pagin P, Pelletier F J. Content, context, and composition//Preyer G, Peter G. Context-Sensitivity and Semantic Minimalism: New Essays on Semantics and Pragmatics. New York: Oxford University Press, 2007: 57.

## 1. 意义建构的语境化趋向受到当代解释学发展的重要影响

解释学从另一个视角给出了把握理论意义的途径。首先，解释学的释义方法在现实世界和可能世界之间构建了一座理解和说明的桥梁；通过这座桥梁，我们可以把握所要解释的可能世界的意义以及确定有前途的价值选择。其次，这座桥梁本质上是一个重建的语境分析平台，在这个平台上，语形、语义和语用分析的方法才能得以展开和实现。而且，在语境平台的重建中不断地再现理论对象的意义，也使得解释学能够作为一个普遍的方法论基础而存在。在此意义上，对影响科学解释的意义建构来说，解释学的传统与分析哲学的传统异曲同工。

在基于语境的意义建构中，分析的本质就是解释，而解释的手段就是分析，二者在语境的重建中获得了意义建构的统一。甚至在伽达默尔自己看来，语义分析与释义理解的一致性就在于：①形式化的语言表征形式是它们的共同起点；②不同的语言域是它们研究的共同对象；③探索普遍的方法论前景是它们的共同目标。而两者之间的区别，仅仅在于前者主要是从外在的意义上，后者主要是从内在的意义上，去求解语言符号的意义或者语言符号与相关世界之间的关联。他之所以欣赏语义分析方法，是因为在他看来语义分析有如下几个优点：①对语词符号的意义分析更为精确；②更鲜明地体现了逻辑形式体系潜在价值取向的可选择性；③更注重了意义的整体性的价值。① 可见，探索一个语义分析与释义理解能共同展示其方法论价值的语境平台，是远见卓识的。

传统的科学主义虽然并不等于分析哲学，但却更多地渗透了分析哲学的方法，而人文主义则更多地借鉴了解释学的方法。然而，在同一个意义建构的语境平台上，欧洲大陆哲学与英美哲学能够相互渗透，科学主义与人文主义可以彼此对话与交融，这已成为当代哲学研究的一个显著特征。比如，让·格朗丹（Jean Grondin）曾注意到，尼采的视角主义和泛解释学主义对现代解释学和整个人文主义哲学产生了重要影响，而

---

① Gadamer H G. Philosophical Hermeneutics. Los Angeles：University of California Press，1977：82-83.

且预示了当代解释学与实用主义的结合。① 哈贝马斯、阿佩尔和罗蒂的解释学思想正是这一结合的体现,由此构成了当代欧洲大陆哲学与英美哲学对话的一个重要平台。在这一相互结合的过程中,一方面,分析哲学借鉴了解释学方法的定性的本质分析;另一方面,解释学借鉴了分析哲学定量的分析方法。无疑,在科学哲学的解释中,这种在给定语境下的相互借鉴与融合非常必要。

需指出的是,这里在借鉴解释学的理论方法来研究科学理论解释的意义建构问题时,有可能避免解释学常受到的"相对主义"倾向的质疑。因为意义建构的过程基于特定的语境,对于解释学方法的借鉴与运用也受到给定语境集合中各种要素和条件的约束,而相对主义本身并不能满足给定语境下的约束性条件,因此在科学解释的意义建构及其自身的语境化过程中,它会由于其局限性而被排除。另外,尽管解释学理论常常受到有关"相对主义"的质疑,但我们应避免仅仅从相对性和多样性的视角来解读这种解释学方法,而要将它置于自身理论传统和演变过程中来整体把握其特征,并将其与意义建构的语境化趋向相关联。由此可知,相对主义立场不能满足语境的特定要求。具体来讲,这一非相对主义特征主要体现在以下几方面。

首先,作为借鉴对象的当代哲学解释学的理论本身就具有非相对主义的性质。尽管与传统的规范解释学相比,哲学解释学认可单一文本可以获得不同意义的多元论观点,解释学也由对一种意义开放而转变为对多元意义开放,但并不意味着这种多元论就会导致相对主义。伽达默尔曾针对这类质疑而为其观点作出辩护。在他看来,事实上并不存在绝对的相对主义,因为我们不可能对某一主题坚持所有的意见都同样好,总会存在使我们坚持或放弃某一观点的理由。而且,这种相对主义质疑中也包含着对解释学观点的误解,伽达默尔等人力图澄清的是,相对主义问题之所以有意义,是因为它以一种预定的绝对主义观点为前提;也就是说,相对主义问题如若成立,则其中已经内在地蕴含了一种绝对主义标准或绝对真理的尺度。

---

① 让•格朗丹.哲学解释学导论.何卫平译.北京:商务印书馆,2009:26-29.

然而，按照解释学的观点，这种绝对主义标准首先就是要摈弃的。结合科学理论解释的意义建构来看，科学理论的意义标准必定是语境化的，它的求解需借助语境化的整体论思想，因此绝对主义的意义标准已经失去了其存在的根基，更不要说以这种绝对主义标准为前提的相对主义了。

其次，哲学解释学与科学理论解释的意义建构过程都是基于一种有限性的探讨和研究。①一般来讲，哲学解释学主张一种后形而上学的哲学，因为形而上学体现的是否定有限性的存在并走向超越时间的领域，这实质上也是对绝对主义的一种追寻。因此，当解释学将有限性看作其讨论的基础时，也就相当于拒斥了绝对主义，从而也不会面临相对主义的困境。正如伯恩斯坦（R. J. Bernstein）所指出的，一旦我们揭露出这种主客二分思维模式的弊端，"我们也就对相对主义的可理解性产生疑问了"①。②在科学解释的意义建构中，这种基于有限性的探讨突出地体现为划分语境的边界并确立其意义的过程，对于特定的科学解释语境而言，这主要包括语形边界、语义边界和语用边界的确定。需要强调的是，意义建构对于语境的依赖性以及语境的边界问题确实在某种程度上体现了一种相对性，但它并不等于相对主义，因为前者是对于有限性的肯定，而后者更多地体现了无边界性。当我们基于某一科学解释语境进行问题求解时，研究的方法和过程只有在有限的边界内才能保证其有效性与可靠性，而不会被无限地或无边界性地扩张。

解释学的释义理解对意义建构的语境化影响，投射到对科学解释的语义建构与语境建构的统一之中。特别是伴随着后现代科学哲学的演进，无论是实在论还是反实在论者都自觉或不自觉地将科学理论的意义标准看作是语境化的，并探索由语境化的整体论的方法论去求解理论难题。总体上讲，有三大类关于"非充分决定论"的主要分析。

第一类是从经验证实或证据证实的角度去理解，认为在观察的意义上，之所以给定测量对象依据"非充分决定性"会表现出不同理论陈述之间的相互冲突，其根源就在于有缺陷的方法论的建构说明；因为从本

---

① Bernstein R J. Beyond Objectivism and Relativism: Science, Hermeneutics, and Praxis. Philadelphia: University of Pennsylvania Press, 1983: 166-167.

质上讲，在经验上任何"非充分决定性"的冲突都以对特定证实的理论说明为条件。这也就是意义建构过程中语义确定性的语境化问题。

第二类是从形式表征的意义上去理解，那么语义分析就是建立在这样一种观念基础之上，即基于背景理论的相关测量观察的"非充分决定性"的根源，完全依赖于我们对事实的概念表征。换句话说，对事实的概念表征，就是我们将事实语境化的过程；而且这种语境化的必然性，正是我们表征世界的特定方式。正因为如此，那些相互冲突的理论术语和形式表征才具有了强烈的"非充分决定性"。这也就是意义建构过程中语形确定性的语境化问题。

第三类是从整体化的分析方面去理解，主要强调了科学理论的整体性的价值取向。一方面，它从科学理论价值的心理趋向出发，去说明经验的"非充分决定性"；另一方面，它从科学理论对对象世界的整体系统分析中，或者从科学理论对对象世界解释的权威性中，去发现"非充分决定性"对意义建构的影响。这也就是意义建构过程中语用确定性的语境化问题。①

从意义建构的语境化趋向看，以传统经验分析的纯粹证据性去理解科学理论，那么"非充分决定性"观念的出现是必然的。因为：①任何理论都不存在唯一绝对性的意义标准；②任何单纯的经验标准都是狭隘的；③任何一种意义标准都需要具有普遍可接受的理论竞争力的有效解释。所以，由传统经验分析所导致的理解矛盾，必须由科学理论解释的语境化的整体论方法来予以解决。也就是说，意义的标准是语境化的，需要语境化的整体论方法来进行求解。事实上，以上三大类关于"非充分决定性"的分析均有其合理的因素，将其放在语境化的整体理解框架中或者语境平台上，是可交流、可相容及可互补的，是在一个确定的整体语境边界内存在一致性的。能否做到这种统一，就是一种有边界的语境化的理论解释与无边界的经验性的理论说明之间的本质区别，就是语境化意义建构的整体性理解与经验性意义表征的形式化分析之间的根本不同。

---

① Bonk T. Underdetermination: An Essay on Evidence and the Limits of Natural Knowledge. Dortrecht: Springer, 2008: 38-44.

## 2. 意义建构的语境化趋向具有鲜明的意向规定性

在科学理论的进步过程中，任何一种现象都允许多理论的解释。而且很多情况下，对特定现象的测量、检验与解释，都存在着可观察意义上等价的竞争理论。然而，最终何种理论是学术共同体普遍地可接受的，则取决于给定语境系统的价值取向。更本质地讲，对科学理论的语境化的选择就是对相关语境的价值取向的选择，而对价值取向的选择则是相关语境所具有的意向规定性的集中体现。

意义建构语境的意向规定性并不是空洞的，它是语形、语义及语用分析在特定语境理解中有机统一的功能表现；从更高的层次上讲，它又是逻辑的理性规则与认识论的价值取向在给定语境中的统一。一般而言，科学理论的意义建构包含了对现实世界和可能世界的认识以及二者之间逻辑的函项关系，即现实性与可能性之间的关系。逻辑的可能性指向了可能世界，而经验的可能性指向了现实世界。所以，可能性既包含了"经验的层次"（经验指称），也包含了"逻辑层次"（逻辑指称）。当然，我们只有在给定的语境中来看待可能世界的集合，这两方面的统一才是有意义的。一句话，理论意义的建构是嵌入语境的。由此可以看出，在特定的语境空间中，给定理论的"意义"及其存在的"理由"之间的关系，绝不是纯逻辑的，它包含着认识论的价值取向在内。逻辑的理性分析与认识论的价值判断是互补的；它们在方法论上，既具有相互独立性，又具有相互融合性；而且，它们的统一构成了科学理论理解的一种特有的"认识模态"，并由此确立了相关语境的意向规定性。这种语境的意向规定性体现了科学解释的逻辑性与认识论的统一性，展示了科学理论解释在不同语境下进行理论选择的可能空间。①

毋庸置疑，意义建构语境的意向规定性绝不会是单调的，它有着内在的结构复杂性和自身演化的历史性。与给定语境相关的任何理论解释要素的特性，都是相关语境赋予的特性；离开了相关语境特性的意向规定性，理论解

---

① Chalmers D J. The foundations of two-dimensional semantics//Garcia-Carpintero M, Macia J. Two-Dimensional Semantics. Oxford: Oxford University Press, 2006: 138.

释的价值取向就发生相应的变化。所以，任何理论解释要素的特性，都是相关语境结构性地给定的。在这里，"语境"是指具有意向规定性的一个存在对象；"语境性"是指这个存在对象的结构整体性；"语境特性"是指这个结构整体性给定的价值取向，它决定了各个理论解释要素之间的内在关联。因而，语境的变换或不断地"再语境化"的过程，不是不可通约的"格式塔变换"，而是以各种语境要素的变化为前提的、有着强烈"背景关联"的结构性变换。可见，任何语境都是特定背景下的语境，是"背景关联"趋向的集中体现；并且，语境建构的价值取向以既定"背景关联"为基础。

任何科学解释的意义建构都不只是概念、形式、结构或模态的集合，而首先必须是具有特定意向规定性的语境建构。无论是当代计算主义对意义的形式体系的建构，还是自然主义对意义的理解模型的建构，都首先是不同表达结构的语境建构。所以，在意义建构的语境性上，语境的定义对任何人来讲都是逻辑上等价的；但这种语境定义的逻辑等价性，恰恰由语境特性的意向规定性的各异性予以补充，并由此显示了科学理论解释的复杂性和丰富性。从科学实在论的视角看，意义建构首先是对理论对象及其相互关联的"实在特性"的语境建构，否则，理论系统与实在对象之间的关联就不存在了。这也正是当代科学实在论在构建科学解释的语境性时，赋予相关语境特性必有的意向规定性的前提。

其次，科学理论解释的各个要素及其与给定语境意向规定性之间的一致性，具有不可忽视的历史的"背景关联"。从某种角度上讲，历史的"背景关联"是语境关联的基础；语境的结构整体性及其意向规定性的存在，恰是以历史的"背景关联"为前提的；特定语境的建构正是为了求解历史的"背景关联"所引出的理论难题而生成的，是"背景关联"某种趋向性要求的展现形态。因而，在一定条件下，它的趋向性的要求转化成了相关语境意向规定性的内在要素。当然，任何语境的历史的"背景关联"并非都是线性的和确定的，而是非模式化的、多元的，甚或是非理性的；因此，它们的作用就必然要在一个历史地重建的语境中，被给定语境的意向规定性予以约束并确立其理性功能得以实现的边界。所以，科学理论解释的语境建构过程，是偶然性与必然性、自然性与逻辑性、历史性与现实性、理性与非理性高度统一的历史演化过程。由此，我们也会更加明确地理解意义建构的"语境化"和"再语境化"的本质。

### 3. 意义建构的语境化趋向是一个内在的语义生成过程

意义建构语境的确立，是要使与该语境给定的所有形式表征的符号、术语或概念获得一致性的语义重建，从而使相关理论的整体意义能够得以实现。所以，语义的生成过程也就是语义的重建过程；而这个过程能够得以展开的重要原因之一，就是在给定了意向规定性的语境结构中，存在着逻辑的可能世界。也正是可能世界范畴的存在，决定了语义生成空间范畴的存在。之所以如此，是因为可能世界范畴具有如下几个重要特征：①可能世界是为进行特定理论语言的逻辑语义研究而引入的概念范畴，具有给定语境的规定性。②可能世界同时又具有鲜明的直观背景，是现实世界的历史过程、可能状态或非真实状态的一种逻辑抽象；因而，现实世界是实现了的可能世界。③可能世界的范畴是开放的，在特定的语境或"再语境化"的过程中，它可以被相应地予以拓展，从而有着更为广阔的语义空间。总之，可能世界是语义生成的逻辑演化空间，而语义生成则是可能世界的逻辑演化结果，二者在意义建构的语境化过程中获得了有机的统一。

但是，在这个过程中，我们必须注意如下两个问题：其一，一个理论语句的断言可以还原到相关的语境集合，以消除这个断言所依赖的语义世界。[①] 换句话说，任何一个可能世界的存在都是以相关的语境集合为基础的，它直接确定了给定世界的语义空间及其表征意义。从理论上讲，在给定的语境集合中，相关的可能世界是多样的、具体的和可表征的；但真正有意义的世界仅是二者之间广阔语义空间中具有逻辑关联的必然性和可接受性的世界。这是一个非常重要的思想，我们将其称为"语境还原"思想。其二，从另一方面讲，理论语词指称的给定特性总是与表征形式体系所存在的语境世界及其不断的"再语境化"相关的。这表明，理论语词是通过在语境变换中"语义上升"或"语义下降"的语义空间

---

① Breheny R. Pragmatic analyses of anaphoric pronouns：Do things look better in 2-D?//Garcia-Carpintero M, Macia J. Two-Dimensional Semantics. Oxford：Oxford University Press，2006：33.

变化，来逻辑地实现其指称意义的；所以，在语词表征的形式特征与指称对象的空间特征之间存在着必然的逻辑关联。在这种逻辑关联中，生成了最抽象的形式符号与最具体的指称对象之间的语义相关性。

在这种逻辑空间中来把握意义建构中语义生成的过程，我们还必须重视对隐喻问题的探讨。因为，隐喻是为了更精确、更富有创造性地表达对对象实在的表征和理解，所以它成了语义生成最重要的一种方式；而恰恰又是可能世界的语义生成空间的存在，使隐喻的语义生成方式能够得以实现。隐喻的语义生成方式之所以是一个过程，这就在于：①隐喻是在两个逻辑地相互独立的对象域之间相交的。其中一个是作为我们的背景经验或背景知识域而存在的"资源域"，另一个是作为我们理解和重构的对象域而存在的"目标域"。它们之间的相互关联和映射，使隐喻成为可能。②隐喻的有效使用预设了这两个域之间具有某种结构性的相似性，因为它们共享了不同对象实体的存在及其之间的相互作用和交流。③隐喻传导了相关语境要求的给定语义，这构成了某种特定的理解模型或解释模型，成为意义建构中不可或缺的认识方式。④隐喻以一种创造性的模式，一种超越简单逻辑程式的途径，重建了使用者的知识和认识结构，重组了使用者的经验和理性思维的方式，使理论对象的意义得到升华和提高。⑤隐喻在不断地重复使用中会自动地消失，但它所导致的语义认同却会作为特定理论实体或关联的规范性范畴得以存在。因为，隐喻作为一个过程虽然完结了，但隐喻语词的意义却被重建的认识过程自然化了，并获得了新的理论解释或说明。①总之，从隐喻的展开到它完结的整个过程，充分体现了意义建构中语义生成的生动魅力，展示了意义建构的创造性功能。

**4. 意义建构的语境化趋向，具体地要求了语形语境、语义语境和语用语境的统一性原则**

从意义建构的语境性上来讲，这三者之间的一致性不言而喻；但这

---

① Knippendorff K. The Semantic Turn: A New Foundation for Design. Boca Raton: Taylor, Francis Group, 2006: 166-168.

种一致性的存在分别以语形语境、语义语境和语用语境各自内在的统一性原则为基础。

首先,语形语境要求了形式表征系统中部分与整体的统一性原则。在一个形式表征系统中,单一表征的"语境值"是一个由下而上的语义上升过程,从而生成了更高层次的语境意义;所以,单一表征的语境意义的集合构成了复杂的整体语境意义。当然,这个过程不是一个简单的集合,而是通过形式表征系统中部分与整体的不可分割的统一性的实现,来达到的意义本质的飞跃与升华。

其次,语义语境要求了理论语词的指称对象与表征形式之间经验与理性的统一性原则。从本体论的意义上讲,只有在相应的语境中,理论语词的"所予"才能和对它的表征及理解结合起来。也就是说,在语境化的视域中,解决意义建构本体论性的实在论取向,就是把对指称对象的经验建构与对表征形式的理性建构之间的统一性关联规范化,从而使经验的建构不能脱离理性建构的约束,而理性建构无法失去经验建构的基础。这一点恰是后现代科学实在论的本质特征之一。

最后,语用语境要求了在科学理论解释中"证实的语境"与"发现的语境"的统一性原则。从科学解释的语境性上来看,"证实的语境"与"发现的语境"有着各自不同的特性。所以,在狭义语境的边界内,二者的区分是鲜明的;倘若没有这种区分,它们各自的语境特性也就不存在了。但是在广义语境的边界内,它们又是统一的;因为没有这种语境性的整体统一,它们就不可能建构相关的语境意义。它们各自"特性"的显现是狭义语境的价值取向,而它们共有"意义"的整合则是广义语境的意向规定;前者是后者的"彰显",后者是前者的"基础",从而满足了语用语境的统一性;同时又自然地展现了语用语境的魅力。①

### 5. 意义建构的语境化趋向,更有效地提升了语境功能的实现

意义建构的语境性问题,归根到底就是提升语境功能实现的问题,

---

① Norris C. Philosophy of Language and the Challenge to Scientific Realism. London:Routledge,2004:3.

而这一问题的解决不可避免地又集中到了表征语境与解释语境之间动态的对应关联。正是在这一对应关联中，语义语境和语用语境得以具体化，从而决定了语境功能的实现。这也是为什么"二维语境论"的核心，就是强调语境的概念包括了表征语境与解释语境两个方面以及二者之间内在关联的本质。①

从本质上讲，表征语境是静态的，一旦形成就在形式上脱离了主体的意向性约束；而解释语境是动态的，它始终渗透着主体的意向性及其背景因素的制约。没有表征语境，就没有解释语境；而解释语境使表征语境获得了它在给定时空条件下的特殊意义。所以，相对于不同的解释语境来说，一个形式语句可以表征不同的内容，显示其不同的意义；但一个解释语境则是它整个相关语境集合中的一个要素，只有在这个语境集合中才能展示其与其他要素之间的相互关联及其动态的演化过程，从而获得它自身进步的意义。换句话说，对任何一个表征语境来讲，都有一个由相关解释语境所建构的意义的"分布域"。而由各种背景要素所决定的主体意向性或价值取向，则确定了解释语境相关"分布域"的域宽或域面。这就是解释语境为什么具有可选择性的理由，以及会在语形、语义及语用相统一的基础上建构理论意义的根据。可见，探讨从表征语境到解释语境的对应性，阐释从解释语境到表征语境所展现的意义，就是把握语境功能实现的过程。

我们必须强调的是，在语境功能实现的过程中，语境意义有着两个重要的建构性作用：其一，在任何一个语境中，语境意义总是起着一种趋向性的协调与整合的作用。它协调并整合着关于特定研究对象的主体的意向和行为，同时也规范着它们之间知性与理性的关联和取向。这种语境意义的协调和整合作用的发挥过程，恰是所有的结构要素都在语境意义的协调和整合下构成一个相关系统整体的过程，是语境系统的系统价值及其系统目标功能性地实现的过程。这一点是语境功能之所以能够存在和得以实现的建构性前提。

---

① Cappelen H. The creative interpreter: Content relativism and assertion//Hawthorne J. Philosophical Perspectives. vol. 22. Philosophy of Language. Malden, Oxford: Wiley-Blackwell, 2008: 33.

其二，在任何一个语境中，语境意义既与特定指称相关联，又超越于指称之上，形成了"意义大于指称"的作用。当我们考察了摹状词指称论、因果指称论和意向指称论之后就会发现，只有将语境作为一个理论视域去进行意义建构，才能避免各种单纯指称论的局限性。因为，语境不仅全面地包容了语形、语义和语用的结构形态，包容了话语主体对象所有行为的有序与无序、必然与偶然的各种可能因素，更重要的是语境"将外在的指称关联与内在的意向关联统一了起来"[1]。因此，它的优越性不仅克服了传统指称"直指论"的僵化性，同时也超越了指称"语义相对论"的局限性，从而把指称论与意义整体论统一了起来，实现了"意义大于指称"的语境功能。这一点是语境功能之所以能够存在和得以实现的建构性方式。

## 四、意义建构的计算化趋势

在科学理论解释的意义建构过程中，我们看到在给定语境下，可以用对可能世界的描述方式将现实世界的表征模型化，因而这些表征方式的形式化命题的真值，便可由二者之间的统一来决定。在这样一种矩阵关系中，从可能世界到命题的函项，或者反过来说从可能世界到真值的函项，是等价的。由此，我们可以得出三个结论：第一，一个语境是包含多重世界的，也就是说，现实世界以及对它的表征和可能世界以及对它的描述是统一的。第二，语境可以是一个语境集合，在这个集合中，静态的特定语境可以转化成连续动态的系统语境。第三，语境的模型化可以是一个语境集合的模型化，从而使对单个模型的演算转化成对一个语境集合的逻辑演算。总之，语境的意义不是静态地存在的，而是一个生成、变化和发展的逻辑演算过程。在这个逻辑演算的过程中，语境意义的丰富性、多样性及连续性获得了统一。

不言而喻，语境的模型化是有条件的。这其中，语义预设是与语境模型化相关的必要条件。在这一点上，存在着两种不同流派：其一，将语境预设看作是一种关于语境更迭或信息态的预设条件；其二，将语境预设看

---

[1] 郭贵春.科学实在论的方法论辩护.北京：科学出版社，2004：66.

作是一种命题，它由语形决定并依赖于语用要素的变化。但无论如何，语义预设都存在于特定的语义语境之中，在与它相关的语境集合中，所给定的"语义值"与可能的"语境决定域"逻辑地联系在一起。前者的要求是语句的预设必须符合语境的价值取向，而后者要求的是主体的表征必须是无矛盾的和一致的。当这二者在一个给定的语境中获得统一之时，"语境集合"与"世界集合"的一致性预设才是可接受的，并保持"语义值"的一致性延续。正是这种一致性，决定了对语境模型进行逻辑演算的可能性和必要性。也就是说，理论意义建构的过程就是对相关模型进行逻辑演算的过程。因而，有学者将这种探究称为"语境动力学"的研究。[①]

从一定意义上讲，语境的模型化和语境模型的逻辑演算，奠定了科学理论解释的意义建构在某种程度上走向计算化趋势的基础。尽管这是一个充满了挑战和论争的方向，但它不能不受到当代科学哲学家们的极大关注。因为，在当代以"大数据"和"云计算"为背景的技术进步中，与科学理论解释相关的任何特定语境内的所有要素以及语境与语境之间的关联，都具有了可形式化计算的技术支撑；而且这种计算化，会促进科学理论解释创造性的功能发挥。换句话说，"语境的计算化"或"计算化的语境"体现了科学理性思维的进步，因此，科学理论解释的意义建构将迈进"计算语境的时代"[②]。面对这样一个"时代难题"的挑战，科学哲学家必须予以回答、应对和解读，因为这是他们不可回避的历史责任。

狭义地讲，所谓"计算语境"就是指在科学理论解释中，意义建构的语境分析方法的模型化、形式化和可计算化，从而，在一个新的视

---

[①] von Fintel K. What is presupposition accommodation, again?// Hawthorne J. Philosophical Perspectives. vol. 22. Philosophy of Language. Malden, Oxford: Wiley-Blackwell, 2008: 143.

[②] 我们在此所讲的"计算语境"是一个基于逻辑语义模型分析的科学理性思维的哲学概念。它既有分析哲学形式化模型分析的传统，又具有当代人工智能、信息应用技术及认知语言学等发展成果的启迪和支撑。同时，我们更需敏锐地意识到，目前德国在全世界率先提出的"工业4.0"计划，就是一个可将远距离"人-机"对话和"机-机"对话的全球网络化生产模式推向"计算化语境时代"的标志。因为，它深刻地全面反映了科学技术化和理性思维模型可计算化的新模式。这个标志着"计算化语境时代"即将到来的"工业4.0"计划，从技术进步革命性变革的角度，呼唤着科学哲学家从方法论的理论层面上，将科学理性思维的语境模型计算化，从而推动科学理论"意义建构"的各种要素及其结构系统，在可计算的语境模型中实现人类理性思维进步的新目标。

域下，将科学哲学研究的方法论提升到一个新层次。我们必须意识到：①在"计算语境"中，有意义的语境信息均被形式化、规范化和逻辑化，使其被整合并成为语境系统中必不可少的要素，从而发挥它们的信息功能。否则，它们可能是碎片化的、非系统的和缺乏功能的。更重要的是，这会更大限度地避免信息被扭曲和误读，使特定信息的价值意义最大化。②主体的心理意向或语境的价值取向，会充分地体现在语境模型前提条件的预设中，以及语境边界的划定上。然而，一旦主体确立了这些条件预设和边界划定，语境内在的演化就将成为一个自然的逻辑演算过程。所以，在特定语境下，给定系统的价值取向的自主选择性与给定边界条件下逻辑演算的确定性之间的统一，就是科学理论解释的意义建构过程中主客观之间的统一。③"计算语境"的优势在于，它易于把必然性和偶然性、选择性和可能性以及已知性和未知性的有关要素逻辑地统一起来，促进人们最优化地去寻求理解和分析解释对象的方式与途径。特别是在科学理论的进步过程中，经典的理论结论要面对可能世界的新选择，这一优势就显得尤为珍贵。④还必须强调的是，"计算语境"是将"关系的存在"（规则）与"实体的存在"（要素）逻辑地统一起来的可演算的结构系统。这种新的统一的实在性，可以有效地消解传统科学实在论在科学理论解释时，在对本体论说明中逻辑上的无限后退。

我们不能不说，"计算语境"是语境生成、存在及其发挥功能的新形式、新结构和新系统。在当下"科学的技术化"与"技术的科学化"的时代，科学理论解释的意义建构与信息技术进步的一体化及一致性也是必然的。所以，意义建构的计算化趋势不仅强化了原本意义建构的所有内在本质，而且突出了意义建构计算化趋势的新特征：其一，科学理论解释在特定语境下意义建构的计算化，是伴随"大数据"和"云计算"时代的出现而内生的科学哲学研究方法论的提升，是科学理性进步的一个重要表现。其二，意义建构的计算化是形式化的定量分析与理性判断的定性分析不可分割的统一。也就是说，量化分析的定性化与定性分析的定量化是一致的，它们在科学理论解释的"计算语境"中，不存在不可逾越的界限。其三，"计算语境"是价值理性与形式理性的统一。在这里，价值理性的形式化与形式化的价值理性之统一并非是任意的，必然要受到科学理性进步的严格拷问。因此，在"计算语境"中，具体的数据计算过程与可选择的价值取向的约束和要求，在给定的形式系统中获得了同一性。其四，"计算语境"不单纯是静态的演算模式或演算模型，而是动态的、有创新需求和创新能力的整体意义建构体系中的一个不可或缺的组成部分。所以，通过不断的"再语境化"，它将有力地推动科学理性创新性的进步与发展。意义建构的计算化趋势是科学理论解释的方法论进步和发展中的一个重要方向，而不是全部。

## 五、结语

一种新的科学理论解释的趋势，就是"解释（说明）并释放科学"[①]。这就意味着，要把科学的本质从形式体系的表征中，通过意义建构的过程将其"释放"出来，就必须有合理的解释或说明。而一旦这种科学的本质被释放出来，它与人文精神的本质就是一致的和统一的了；这就是嵌入在科学理性中的形式理性与价值理性的统一。所以，到目前为止，科学哲学研究的本质功能，始终是在科学研究中进行着解释或说明，实现对科学理论的意义建构，也即是理性的重建；如果失去了这一点，科学哲学的存在就丧失了它的合理性。然而，如何提升和创新科学理论意义建构的途径或方式，恰恰是当代科学哲学研究所面对的最重要的难题。在这一点上，我们认为立足于语境论基底上的意义建构，是有前途的科学理论解释的方法论之一；也正是本文所要揭示的"意义"建构的意义。

---

① Bhaskar R. Reclaiming Reality: A Critical Introduction to Contemporary Philosophy. New York: Routledge, 2011: 89.

# 科学修辞学的语境论转向及其特征[*]

科学修辞学作为一种具有元分析特征的科学方法论，逐渐渗透于科学发明和科学论述的修辞策略研究中，成为后现代科学哲学中有前途的重要研究方向。它是对传统修辞批评模式的继承，也是对科学对象、修辞策略和语境三者关系的重新梳理，并为科学主义和人文主义、理性主义和非理性主义的对立提供了一种融合的研究平台。在修辞语境基础上统一的语形、语义和语用分析法，促使科学修辞学走向了一种语境论转向，并表现出明显的语境特征。

## 一、科学修辞学对修辞批评模式的继承

随着20世纪语言哲学、新修辞学的发展，修辞作为一种方法论工具扩展到其他研究领域。尤其是在科学研究中，修辞策略分析名价日重。

---

[*] 本文发表于《自然辩证法通讯》2016年第3期，作者郭贵春、张旭。

维切恩斯（H. A. Wichelns）关于修辞批评中语境模式的研究，在早期科学修辞学中占据重要地位。基于对其观点理解的分野，科学修辞学产生了不同的研究趋向。

1. 修辞辩证法的语境模式

在"语言学转向"和"解释学转向"中，修辞被重新采纳为科学研究的工具，逐渐形成了关于科学的修辞解释（rhetorical explanation of science）。而从工具论的角度讲，修辞不具备高于其他解释工具的地位，所以早期修辞分析总是伴随着文学的、统计的、历史的和社会的等其他解释工具出现，作为一种辅助性质的方法工具参与到科学研究和论争过程。例如，针对伽利略思想中数学模型应用的修辞分析，就必须考虑到历史与政治环境、社会背景与宗教信仰、文学语言等方面的因素。这种理解对科学研究中的语境做了狭隘的限制：将修辞视作单纯的解释工具时，就要求只考虑进入对象意识中并与解释语境有相关作用的因素，而由于需要同时涉及其他工具层面，这些因素并不能直接地与修辞策略相关。[1]简言之，使用修辞工具就需要对"受众"（audience）和"场合"（occasion）等做出严格限定。由于没有形成将这些因素统一于整体语境层面的认识，这导致了，科学修辞学的早期研究模式更倾向于一种文学修辞批评的继承，或者说，是在科学研究领域中对新亚里士多德主义（neo-Aristotelian）和新工具论的移植。

维切恩斯在研究修辞辩证法（rhetorical dialectic）时，提出了文本内部语境（internal context）研究模式，给早期科学修辞学研究带来了很大启发。需要指出的是，维切恩斯所言的并不是一般哲学意义上的辩证法，而是指在言语行为中，参与者阐明观点时所使用的话语逻辑，即修辞行为的内在张力或依赖条件。这种对修辞的理解，在比彻尔（L. Bitzer）的修辞情景论中表现为情急事态（exigence）和约束项（constraints），在维

---

[1] Jasinski J. Instrumentalism, contextualism, and interpretation in rhetorical criticism//Gross A G, William M K. Rhetorical Hermeneutics: Invention and Interpretation in the Age of Science. New York: State University of New York Press, 1997: 207.

切恩斯思想中表现为文本内部语境的辩证法。

对于维切恩斯语境模式，需要注意两点。首先，他区分了修辞批评与传统论辩修辞，并对传统修辞要素进行扩展。例如，他拓宽了修辞要素中时间的广度，以时间段概念"时期"来替代时间点概念"日期"，将修辞学研究维度从单纯时间点上的文本修辞扩展为一定时期范围内的对象修辞和关系修辞，这极大地增强了修辞与语境的关联性。其次，维切恩斯强调修辞批评中文本和语境的关系问题。他认为，其他因素实际上是作为一种内化的语境因素存在于主体和客体之间，而正是这种内化体现了修辞研究的特点。①

维切恩斯的工作促使修辞批评更加关注修辞对象的相关语境分析，使得语境问题成了修辞研究的基本问题。之后，在修辞的"场合"要素中，语境由一种实体概念扩展为包含精神或意识的②，而且修辞批评开始关注研究对象的经济、政治、文学、宗教和伦理等社会背景的重构过程。③

对维切恩斯思想的不同解读，延伸出两种相对的观点。一方面，像新历史主义那样，时态的编织情节（temporal emplotment）以及比喻意象（figurative imagery）可以产生一种关于语境的有限的、截短的观念理解（narrow and truncated sense）。观点的提倡者和文本被象征性地束缚在语境中，而语境又内化于受众、场合和时间等修辞要素中，在需要时被限定、部分地提取出来。如同量子测量中"观察者效应"（observer effect）一样，这使得修辞被认为是一种语境条件下的限定和释放过程。这过度强调了研究对象、语境的修辞性和特殊性，在一定程度上偏离了科学修辞学的科学性本质，进而滑向了修辞目的论和特殊论。另一方面，这种时态的编织情节和比喻意象又从另一个角度构建关于语境的广阔的、

---

① Wichelns H A. The literar criticism of oratory//Drummond A M. Studies in Rhetoric and Public Speaking in Honor of James Alert Winans. New York：Russell and Russell，1925：181-216.

② Nichols M H. The criticism of rhetoric//Hochmuth M. A History and Criticism of American Public Address，Vol. 3. New York：Longmans，1955：11.

③ Baird A C，Thonssen L. Methodology in the criticism of public address. Quarterly Journal of Speech，1947，(33)：137.

有机的观念理解（broader and organic sense）。个体行为是公共整体的片段化呈现，同时也必须在整体的语境中被理解、被接纳。与此对应，文本是语境的产物，语境并不仅是包裹在文本之外，而是"浸入"文本中的。① 这种理解弱化了修辞的地位，将修辞这一概念语境化地内含于修辞过程的诸要素中、作为科学研究的根隐喻和基本属性，走向一种修辞功能论。正是在这种功能论的基础上，逐渐突显出语境的重要作用，并开启了科学修辞学的语境论转向。

2. 修辞目的论和特殊论

以维特根斯坦后期思想为代表的语言哲学，将世界、对象理解为一种语言分析和构造，行为表述和理论传播无法脱离语言。在科学研究中，这表现为对科学理论、科学语言的重视。加之前述的对维切恩斯语境模式的第一方面理解，导致了一种带有明显片面性的科学修辞学研究趋向：科学是以修辞为主要方式和目的的构建过程。

一些研究体现了这种修辞目的论。例如，较其前期研究而言，坎贝尔（J. A. Campbell）后期对达尔文进化论思想的修辞分析，带有一定的目的性。可以从两种角度理解他后期研究的变化：第一，视其为一种理论和概念的新发明。后期解读策略的变化实际是解释理论标准和概念的调整，这种再概念化（reconceptualization）过程，复原了达尔文的文本及其修辞策略。第二，可以将这种变化视为坎贝尔对其"文化语法"（cultural grammar）的应用和扩展，是他对达尔文文本与社会语境的再思考与再语境化（recontextualization）。不论哪种理解，坎贝尔依赖前期研究的积累，挖掘出隐含于达尔文思想中不易被发觉的修辞因素，并在对这些因素的再语境化过程中决定了其修辞研究的走向。② 这类似于，在

---

① Jasinski J. Instrumentalism, contextualism, and interpretation in rhetorical criticism//Gross A G, William M K. Rhetorical Hermeneutics: Invention and Interpretation in the Age of Science. New York: State University of New York Press, 1997: 199-200.

② Jasinski J. Instrumentalism, contextualism, and interpretation in rhetorical criticism//Gross A G, William M K. Rhetorical Hermeneutics: Invention and Interpretation in the Age of Science. New York: State University of New York Press, 1997: 216-217.

科学实验中，只关注和保留与预想结果一致的数据，不能真实和客观地反映实验过程。或者说，类似于 SSK 思想中，对科学的社会建构层面的研究结论。巧合的是，这部分思想正是科学修辞学初期发展的重要理论来源。所以不难理解，拉图尔（B. Latour）和伍尔加（S. Woolgar）在《实验室生活：科学事实的社会建构》（*Laboratory Life: the Social Construction of Scientific Facts*）中，将科学活动归结为共同体内部协商、理论构建的过程。

此外，伴随着修辞目的论认识，科学修辞学家习惯于将语境理解为修辞要素的特殊表现，进而发展为一种语境模式的特殊论（particularism in mode of contextualization）。例如，布莱克（E. Black）认为，修辞和语境分析都是有针对性的，即使后续分析能够给出与作者一致的解释，也会受到包括特殊场合、受众等语境条件的制约。换种角度讲，这种高度制约的语境可以理解为，修辞解释针对特殊场合和受众而有意设计的一种反馈。[1] 布莱克试图在这种特殊论立场上侧重语境模式的研究，也就是对"文本语境"或者后来卢卡斯（S. E. Lucas）思想中的"语言语境"的关注："每一个修辞文本都处于特殊的语言语境中，具有它独特的词汇、规定、习语和方言等。尚未理解语言在特定时间和社会中的作用时，我们不可能探求文本的意义或描述其内在张力。"[2] 文本并不是简单地束缚于语境之中，语境也不是仅仅包裹并限制文本的，经过精细化、特殊化处理的语境状态渗透进文本之中，它们是同质一体的（consubstantial），或者说一种互文隐喻（intertextual metaphor）和密不可分的交织状态（inextricably interwoven）。

修辞目的论和特殊论在一定程度上推动了人们对科学研究中修辞地位、价值的认识，尤其是使得语境作用逐渐显现出来[3]，但是，这种思路在逻辑和现实表现上都存在弊端。第一，在科学研究中，预想结果应当是双

---

[1] Black E. Rhetorical Criticism: A Study in Method. Madison: University of Wisconsin Press, 1965: 39-41.

[2] Lucas S E. The renaissance of American public address: Text and context in rhetorical criticism. Quarterly Journal of Speech, 1988,(74): 248.

[3] Campbell J A. Scientific revolution and the grammar of culture: The case of Darwin's origins. Quarterly Journal of Speech, 1986,(72): 351-376.

向或多向的，而不是前定的，其证明或反驳预设的几率不一定严格对半，但至少都是存在的。我们可以预设基本语境参量（contextual parameters），但并不能由参量间关系而推知并预设作者目的，否则就打破了科学研究结果趋向的平衡性。例如，为了回答以太存在问题而进行的迈克耳孙－莫雷实验（Michelson-Morley Experiment），如果怀着以太确实存在的目的性去完成实验，将会对数据有主观选择性，并最终干涉甚至否认实验结果。第二，不能因为语言和修辞的重要性而否认逻辑基础，即科学研究所依赖的理性和必然性。修辞可以加速科学解释过程，引导其社会价值和意义影响，但不能在本质上改变科学的逻辑真值。第三，对修辞目的性的过度关注导致了修辞解释行为的偏离。正如冈卡（D. P. Gaonkar）所言，修辞目的论将维切恩斯发掘的文本和语境辩证法，潜移默化地预设在解释者的意愿和设计中[①]，这就是说，只有通过修辞目的的调节，语境才能在解释过程中显现并产生作用。结果导致，一旦确定了修辞目的，目的就会引导修辞过程，而语境因素和语境模式却隐藏于背景当中。[②] 这使得我们不能清晰地分辨语境中解释行为的客观性和解释者目的的主观性，例如，我们无法分辨坎贝尔的修辞分析，到底是达尔文本身的修辞目的，还是坎贝尔对达尔文思想的目的性重构造成的。总之，修辞目的论和特殊论过度关注修辞策略、修辞解释者的设计和目的性，曲解了文本与语境的关系，导致了对修辞地位的过度推崇，反而削弱了修辞解释效力。

## 二、科学修辞学的语境论转向

科学修辞学家逐渐意识到，修辞目的论要么将科学修辞学限制于狭窄的研究域面，要么将其放任于零散研究之中。这使得科学修辞学在理论综合上难以统一，长此以往的态势招致了学界对科学修辞学自身学科

---

① Gaonkar D P. The oratorical text: The enigma of arrival//Leff M C, Kauffeld F J. Texts in Context: Critical Dialogues on Significant Episodes in American Political Rhetoric. Davis: Hermagoras, 1989: 49.
② Jasinski J. Instrumentalism, contextualism, and interpretation in rhetorical criticism//Gross A G, William M K. Rhetorical Hermeneutics: Invention and Interpretation in the Age of Science. New York: State University of New York Press, 1997: 206.

性的质疑，并引发了关于科学修辞学发展方向与前景、学科性质与定位等一系列争论。① 这次争论达成了一定共识，使得科学修辞学转向一种温和、理性的修辞功能论，即将修辞内化为科学的基本属性和功能，将科学修辞学的研究对象从科学活动中的修辞现象转变为带有修辞色彩的科学对象。在此基础上，探讨科学修辞学与语境论的结合研究成为可能。

### 1. 修辞功能论

上世纪末关于科学修辞学的争论中，格罗斯（A. G. Gross）、冈卡、勒夫（M. C. Leff）和富勒（S. Fuller）等科学修辞学家开始寻求元理论角度的科学修辞学研究，基本达成几点共识：①当今科学修辞学面临的问题，在微观上表现为过于宽泛的修辞应用而产生的在具体研究中难以协调的独立性和零散性，在宏观上表现为缺乏统一的研究纲领，没有形成具有自身特色的研究体系。②需要重新挖掘修辞批评的价值，逐步提高修辞学在科学研究及科学解释中的作用。③修辞是科学研究的内在属性，它通过人类参与的科学理论构建和发明、科学争论和交流等形式表现出来，具有解释科学的功能。②

在修辞功能论之前，科学修辞学的研究模式可以概括为：通过具有修辞性质的分析方式，研究科学对象表现出的修辞特征，从而证明对象本身具备的修辞性。这些工作最终指向了一点：科学的构建、传播、解释和影响等，都不是单纯逻辑化和公式化的，它们都在一定程度上与修辞相关。③ 修辞功能论认为，修辞性是科学活动必备的属性，由此，截断了看似成果丰硕但实际上对科学修辞学学科建设并没有实质意义的部分研究模式，为新研究模式的确立和发展扫清障碍。

---

① Gaonkar D P. The idea of rhetoric in the rhetoric of science//Gross A G, William M K. Rhetorical Hermeneutics: Invention and Interpretation in the Age of Science. New York: State University of New York Press, 1997: 25-85.

② Gross A G, William M K. Introduction// Gross A G, William M K. Rhetorical Hermeneutics: Invention and Interpretation in the Age of Science, New York: State University of New York Press, 1997: 1-22.

③ Herrick J A. The History and Theory of Rhetoric: An Introduction. Boston: Allyn and Bacon, 1997: 195-196.

在此基础上，科学修辞学研究要么是对科学研究的元理论修辞分析，逐渐演变为修辞诠释学（rhetorical hermeneutics）；要么是在具体对象中，探讨如何使用修辞策略的案例分析（case study）。然而，由于修辞已经内化为科学的基本属性和功能，这就在一定程度上消解了修辞与科学间原本的关联，使得科学修辞学要么是模糊的，要么是零散的。这也是为何佩拉（M. Pera）和普莱利（L. J. Prelli）等人能够构建完整的科学修辞学理论，却难以在其具体分析中应用和体现。也就是说，修辞功能论将科学修辞学拉回理性层面，却从目的论极端走向一种模糊性和复杂性。

20世纪最后十年，是科学修辞学发展最蓬勃，也是最迷茫的时期。对传统修辞批评中修辞尊崇地位的推翻，带来的是修辞情景性的缺失，而不是重拾维切恩斯修辞辩证法的语境模式。[①]文本分析和案例研究的兴盛，使得科学修辞学内部的抽象化概念争论向具体案例转移。同时，形式和内容、内在和外在、文本和语境等关系，继续在元修辞学层面讨论，却仍包含特殊论的影响。[②]修辞功能论为科学修辞学繁荣做出了巨大贡献，而面对新问题，我们需要重新并且慎重地思考语境和文本之间的关系，从而加深对修辞解释的理解。科学修辞学急需一种纲领性研究思路，来构建一种基底和平台，协调元理论角度的科学修辞解释，并统领其零散于具体案例分析中的修辞性，形成一种新视野下的研究进路。科学修辞学的这种内在需求，最终在与语境论思想结合研究的过程中实现。

2. 科学修辞学与语境论结合研究

科学修辞学应当是一种再语境化过程，而不单是对象的重构或现象的修辞重述（rhetorical redescription）过程。后者借助还原"作者语境"而给出修辞解释，不可避免地伴随主观色彩和偶然性，无法给予科学足够的解释效力。我们认为，科学修辞学的研究模式应当是在给定语境条件下，对修辞对象在内因素的重新组合、发明和构建，通过语境方式重

---

① Leff M C, Sachs A. Words the most like things: Iconicity and the rhetorical text. Western Journal of Speech Communication, 1990,（54）: 252-273.
② Warnick B. Leff in context: What is the critic's role. Quarterly Journal of Speech, 1992,（78）: 232-237.

构科学对象的表述语境,从而在不改变逻辑基础和真值的前提下,加速理解和解释的进程。

  语境因素在科学修辞学研究中的作用应被重新认识和评估。传统修辞批评、修辞目的论和功能论,均没有恰当处理科学、修辞和语境之间的关系,不能使修辞解释具备复原能力和可检验性。科学修辞学的发展和创新,仍依赖于对现象学、诠释学、符号互动论、戏剧主义、结构主义和解构主义等学说的新理论、概念及模型的引入,却忽视了自身最为根本的语境性研究。近年来,语境论思想得到了长足进展,尤其是在自然科学的哲学问题中,语境模式、语境论解释和语境分析法均体现出独特优势和学术价值。这种趋向表明,从元理论角度对科学修辞学与语境论结合研究是可行的,科学修辞学问题在语境论视野下能够得到很好的解释。①

  我们认为,科学修辞学接下来的发展应当注意:①不能轻视语境在整个修辞解释过程中的作用,应当合理并协调地处理语境与科学、修辞的互动关系;②在科学修辞学中,修辞并不是强力核心,或者说不能脱离语境而作为独立的核心要素;③科学修辞学要回归本质并形成统一的研究模式,需要一种新的研究视角、研究纲领和研究基底。

  实际上,科学修辞学表现出明显的语境特征。在本质上,语形、语义和语用相统一的语境基底预设了关系的存在,它演变成多重认知背景间的黏合剂。研究者只有将研究对象置于这种多重语境因素交织的立体网络中,才能全面而系统地揭示其内在本质和意义。②科学修辞学的语境特征,正是表现在修辞解释的语形基础、语义规范以及与语用学关联上的。

## 三、科学修辞学的语境特征

### 1. 修辞解释的语形基础

  亨普尔(C. G. Hempel)和奥本海默(P. Oppenheim)提出的"演

---

① 郭贵春,张旭.科学争论的语境论解释.科学技术哲学研究,2015,(4):5.
② 成素梅,郭贵春.论科学解释语境与语境分析法.自然辩证法通讯,2002,(2):28.

绎-规律"模型（Deductive-Nomological Model，D-N 模型），从标准一阶逻辑出发，对科学解释语言进行了语形规定，数学、物理学等学科公式化程度较高，其解释语境的语形边界就越清晰。然而，由于人类日常语言系统及解释表述系统的复杂性与模糊性，有学者试图将日常语言转换为逻辑语言，从而在单纯逻辑基础上解决人类思想和其他语言问题的思路是困难的。这在科学解释中主要表现为相同表述在不同语境和修辞条件下的差异性。正如图尔明（S. Toulmin）所言，文体与内容是科学知识紧密相连的，既没有任何一种交流实践可以独立于其表征模式，也不存在一种语言在逻辑上清晰的同时又无涉于修辞。因此，科学修辞学中的解释行为，需要在逻辑基础和修辞策略前提下，注重解释语境对语形表述的指称及其对应关系和意义的限定。

譬如符号表征的语境限定。在弗雷格（G. Frege）、皮尔士（C. S. Peirce）等人的思想中，语词、符号需要在特定语境中才具备意义。同样，科学修辞学对具体公式、模型思想等展开分析时，首先要阐明符号表征及其指称意义的语境限定。在这其中，符号牵涉两个层次的意义：一方面是其最初使用时所指称的对象，其映射模式为一对一；另一方面是其在解释活动中，根据语境条件的不同限定而表现出的特殊意义，其映射模式为一对多。并且，科学修辞学中的公式化表达，单个符号所映射的对象以及符号间关系，并不是单纯的逻辑作用。同样的符号，在经典物理学和量子力学中所指代的量就有所差别，在其不同的语境限定下表现出各自的作用和意义。例如，在标准图灵计算模式和量子计算模式中，基于语形表征背后原理的不同，即使我们给出相同的二进制逻辑运算的语形符号，其意义仍有很大区别。也就是由于量子力学的态叠加原理，量子位可以处于"0"或者"1"的状态，还可以处于两种状态的叠加态。

又如，科学解释的模型化过程并不是单纯演绎和归纳等经典逻辑形式，而是在逻辑基础上通过修辞等一系列行为建构而成。我们通过观测数据并模拟出一定的对应关系，进而在逻辑上给出其表达公式和解释模型，此过程并不能完全依赖公式化和量化结果。因为，首先，将数据转化为具有普遍代表性的符号和公式之前已经包含了一个意义的归纳过程。

其次，符号演算规则本质上即符号背后所指事物之间可能存在的对应关系，同样也包含了某种程度的意义归纳。由此可以说，在给出任何语形表述行为之前，总是存在多个意义归纳过程，因此该过程及在此基础上展开的修辞分析必然受到其前置条件和语境的限定。

所以，科学对象的修辞研究超越了静态的科学逻辑范畴，其语形表述总是受到语境条件的限定。这种语境限定性实际上是在语形表征的基础上对其构建、转换和运作的规定，同时也是保证语形表述符合科学理性范围内可交流、可表达的基础。

### 2. 修辞解释的语义规范

任何科学理论及其解释，都是逻辑和语义关联的结构系统。科学修辞学的符号语形是修辞解释的载体，还需要语义学层面的进一步表达和规范，在统一的语义模型中语境化地完成分析。在科学哲学史上，逻辑实证主义用精确的概念代替模糊概念，在解释和待解释物之间确立明晰的关联，从而认识科学的本质并推动哲学进步。这种将哲学任务归结为对科学语言的逻辑分析、用科学的逻辑代替哲学的方法，带有极大的片面性。卡尔纳普（R. Carnap）、亨普尔等人后来走向逻辑经验主义的修正，就是因为他们认识到，逻辑表述与指称意义之间、现实表象与本质内涵之间存在差异性和不对称性，需要在科学理论及其解释中强化语义分析方法，使得归纳逻辑和演绎逻辑在语义分析中走向历史的、必然的统一。

在科学修辞学中，解释行为需要解释者和被解释者的能动性参与。这要求解释者对研究对象有符合逻辑规范的合理的理解，同时这种理解对被解释者具有一定的说服效力。这两种行为都是在语义学范围内展开的。

首先，修辞解释者对研究对象的语义分析受到语境条件的限制。解释者在构建最初理论过程中，要对测量和观测对象、使用工具和方法、现象描述等给出一个系统的、结构的说明，这涉及科学研究中对象指称与意义的关联、现象与理论的关联、可观测与可表达的关联、可重复性与或然性关联。解释者需要在逻辑形式及其推演规则的基础上，把握整体语境上研究对象的值域和语义范围,并在给定语境条件下指出其可理解的意义、解释功能以及与现象的关联。

其次,修辞解释的效力很大程度上取决于解释者给出的解释对被解释者的劝服,即二者之间语义的转换和传递性。从整体上讲,对科学理论和研究对象的解释,除了公理化形式体系的内在特性之外,也存在确定这些理论模型中意向性的外在特性。这种内在与外在特性的一致才能使得理论的意义得到完整说明,从而将理论的创造和建构过程与理论的解释过程统一起来。① 在具体操作上,实际就是使解释者和被解释者在给定语境条件下,其意向性特征达到某种程度的一致。这一劝服目标正是通过修辞策略的作用以及语义学角度的"语义上升"和"语义下降"来实现的。

语义规范使得语形表征的语词和命题与指称对象之间产生必要的联系,赋予修辞解释以语义学意义。同时,语义规范与语形基础共同对修辞解释的形式化模式做出了普遍的、可复原的陈述,使得科学修辞解释能在共同体内部被验证,并且对于解决零散案例研究的统一进程做出贡献。

### 3. 科学修辞学与语用学的关联

传统科学解释理论致力于通过语形、语义分析构建一种体系化模型,忽略了语用分析维度。这使得解释本身成为科学对象、理论知识的某种形式的重述,难以完整和全面地呈现科学解释的结构和本质。例如,前面提到的 D-N 模型将关于事实的描述还原为逻辑推理关系,从而能够通过检验逻辑真值来确定科学解释的正确性。后续对此模型的不断修正和补充,在语形和语义的基础上为科学解释的检验提供了一种系统、统一和模型化的方法。然而,对客观世界中普遍性的逻辑转化,限制了语义分析的表达方式和效果,不能完整映射预测与事实之间关系的语用多样性。并且,语义分析法的还原论倾向试图将科学概念和理论转换为感官经验层面的命题,并依赖经验确证。这种判定却不能仅限于经验的表现

---

① 郭贵春.语义分析方法与科学实在论的进步.中国社会科学,2008,(5):56.

形式，还应重视其逻辑真值、语言表述和经验现象构成的整体语境。例如，"三角形内角和大于180°"这样的命题，需要给出黎曼几何的限定语境，才能使得其语形和语义得到完整表达。

从"语用学转向"到"修辞学转向"，语用分析的优势逐渐显现出来，科学修辞学真正将语用维度运用到极致。首先，限定语境下的语用关联是给出科学解释确定意义的前提。在一个完整的修辞解释中，符号运算、模型运作机制等，都需要在限定的语境范围内执行和理解。例如，在缺乏语境限定的条件下，我们就无法确定量子空间维度的实际模型应当是3维还是$3N$维。其次，语用效果是修辞解释效力的主要衡量因素。科学解释往往使用理论的正确性来评判解释效力，即通过逻辑正确性来检验事实。这预设了解释对实在具有符合或者正确表达的可能性，预设了语言和命题表述与现实表象、实在本质之间的同构性。然而，单纯逻辑形式和语义规范并不是充分的，这种思路忽略了解释行为、解释者和被解释者之间的能动关系。科学修辞学超越了传统意义上的理论建构过程，打破了单纯的主客体模式，强调在语境中符合逻辑、语言等规则条件下参与者的共性特征和对话交流，在科学解释的逻辑价值判断基础上渗透入人的价值取向和主体意向性。

从另一个角度讲，语用特征在科学修辞学中表现为一定的零散性问题。由于方法论和研究视角的差异性，科学解释逐渐走向多元化，在整体上呈现出一种多解释并存的局面。在科学修辞学内部，这种微观的差异性导致了零散性问题，使得在具体案例中构建的修辞解释与现象的关联替代了理论和事实之间的语境性和动态性，仅仅是存在于特殊案例的理论和事实之间的单一联系不具备普遍性。这促进了科学修辞学研究的多样性和复杂性，也在一定程度上使科学修辞学表现出语用性，同时又缺失了统一特质和普遍方法。

我们认为，能够在多样化语用维度的基础上，构建统一的科学修辞学研究基底和研究纲领。语境是解释的出发点，并对解释过程起到持续的作用力。进行科学修辞解释的标准是：①解释自身和解释要素之间，具备逻辑上为真的可能性（逻辑和语形标准）；②解释要素与给定语境有某种可确定的指向性和关联性（意义和语义标准）；③解释要素所构建的理论，要比其他要素以及另外的表达方式更具有说服力（修辞和语用标准）。这种更广阔范围的语境限定，使得修辞解释在表现出语用特征的同时，体现出科学修辞学所依赖的语境性特质。

语境分析法作为一种横断研究的方法论，逐渐渗透和扩张于自然科学和社会科学研究领域中，科学修辞学的语境论转向是这种背景下本能的、必然的过程。通过语形、语义和语用分析方法在语境基底上的统一，使得本体论与认识论、现实世界与可能世界、直观经验与模型重建、指称概念与实在意义，在语言分析的过程中内在地联成一体，形成把握科学世界观和方法论的新视角。[①] 科学修辞学中的科学表征、科学评价和科学发明等问题，总是伴随着形式语境、社会语境和修辞语境的参与。语形基础、语义规范和语用关联等语境特征，正是科学修辞学与语境论结合研究的表现。虽然尚未彻底解决零散性等具体问题，但是不可否认，当今科学修辞学、修辞解释与语境论和语境分析法的结合，将是一种必然的、有前途的趋势。

---

① 殷杰.论"语用学转向"及其意义.中国社会科学，2003,（3）：64.

# 非经典逻辑的本质及其意义[*]

人工智能之所以在智能化的进程中进展缓慢，其原因就在于计算机缺乏自主学习的能力，不能依据自身的经验数据和知识扩展其知识系统。因此，机器知识系统的构建成为计算机智能化进程的关键路径。如果科学家想要在机器之上构建知识系统，那么知识系统必须能够被形式化推理和表征。而现代逻辑是对思维过程的形式化表征，因此现代逻辑无疑成为机器智能化进程中最有效的方法。现代逻辑作为一种推理工具，"描绘了人类思维和人类表达的一些最基本形式，提供给我们有效推理的最基本工具，告诉我们什么样的陈述是许可的或不许可的"[①]。通过一个强推理能力的现代逻辑系统，我们可以获取大量有用的知识，而一个弱推理能力的逻辑系统会限制对知识的表征和推理能力。与经典逻辑系统相比，非经典逻辑具有更强的表征与推理能力。因而，通过对该逻辑系统的特

---

[*] 本文发表于《江海学刊》2016年第3期，作者郭贵春、崔帅。
[①] Sher G. Is logic in the mind or in the world? Synthese, 2011: 181, 354.

征分析能够较为全面地、合理地和客观地反映该逻辑系统的表征力和推理能力,因此对非经典逻辑系统的发展动因、特征分析以及意义阐释的研究是很有必要的。

## 一、非经典逻辑发展的基础及其动因

目前,非经典逻辑被广泛应用于人工智能领域的研究,其目的在于通过非经典逻辑构造不同的逻辑真值与逻辑结果,以期丰富计算机的表征力,但这并不表明非经典逻辑脱离于经典逻辑。事实上,非经典逻辑与经典逻辑具有密切的关系,因为非经典逻辑是在经典逻辑基础上通过扩展与修正的方式发展而来。虽然凭借该方式构造的逻辑存在一些不同于经典逻辑的规律,然而非经典逻辑依然继承了经典逻辑的许多特征与性质。因此,经典逻辑被视为是非经典逻辑的基础,并推动了非经典逻辑的发展。通常情形下,经典逻辑系统指代命题逻辑和一阶谓词逻辑,经典逻辑因独特的形式化特征成为逻辑学研究的主要对象。经典逻辑素来就重视形式化推理,它以人工语言为基础,利用人工符号制定了经典逻辑演绎系统的初始符号、推演规则以及定理,从而形成了一套完整的形式系统。尽管经典逻辑的形式化可能无法完全表示心理因素,但是其符号化的形式演绎系统因其严格性和精确性显示了经典逻辑系统形式化的优越性。

此外,经典逻辑严格地区分了逻辑系统内的对象语言和元语言。对象语言是指在逻辑系统中利用人工符号对命题真值关系的表示,而元语言是利用自然语言对人工符号表达的真值关系进行阐述,它的研究对象是对象语言。因此,对象语言与元语言是逻辑系统完全不同的两种语言,但是二者之间却密不可分。例如,以表达式 $((p \lor q) \to r) \to (p \to r)$ 为例。当我们假设该表达式为假,由假言推理可知 $(p \lor q) \to r$ 为真, $(p \to r)$ 为假;如果 $(p \to r)$ 为假,那么 $p$ 真 $r$ 假;而由前提 $(p \lor q) \to r$ 为真、$r$ 假,可知要使 $(p \lor q) \to r$ 为真,$p \lor q$ 必须为假,但是上述推理已经得出 $p$ 真,因此 $p \lor q$ 必然为真;所以 $((p \lor q) \to r) \to (p \to r)$

必定为重言式。通过上述例子的分析可以得知，元语言的分析不仅能推理出人工符号表示的真值关系，同时我们也能对对象语言进行解释与分析，甚至可以检验对象语言的逻辑合理性。

通过对经典逻辑的简单介绍可知，该系统更注重推理的形式化，它以人工符号的形式表征为基础，摒弃了日常语言的歧义性和模糊性，避免了因元语言与对象语言的混淆而引发逻辑内容的贫乏，提升了对精确问题的解决能力。但也因此，经典逻辑具有一些特征且该特征存在以下不足之处。

1. 二值性

在经典逻辑中，一个具有真值的事件描述只能存在两种状态，即"真"与"假"，这标志着"经典逻辑是二值逻辑，因此一个命题或者是真或者是假，它不允许一个命题同时部分为真部分为假"①。经典逻辑的二值性就如同电源开关，只能允许其处于开或关的状态，而不允许电源处于既通电又断电的状态，由此设计的逻辑门电路可以执行经典逻辑的"或""与""非""或非""与非"等逻辑运算，促进了计算机科学与人工智能的自动推演系统、知识表征等的发展。在某种程度上，经典逻辑的二值性已经充分地表征了知识，但是由于现实世界的复杂性与多样性，"经典逻辑已经不足以获取所有人类可以做的自然推理"②，因此其在模拟人类认知与推理能力上的不适用性便凸显出来。为了能够尽可能地表征现实世界信息，克服经典逻辑的真值局限性就显得刻不容缓。

2. 经典逻辑在给定语境边界之后，命题真值表现出单一性

在经典逻辑系统中，如果一个命题为真（或假），那么该命题在其所处的语境边界之内真值保持不变。简单以命题 $p$（太阳从东边升起）为

---

① da Silva Filho J I, Lambert-Torres G, Abe J M. Uncertainty Treatment Using Paraconsistent Logic. Amsterdam: IOS Press, 2010: 8.
② D'Avila A S, Lamb L C, Gabby D M. Neural-Symbolic Cognitive Reasoning. Heidelberg: Springer, 2009: 18.

例，因为太阳每天从东边升起是现实事实，因此在现实世界之中，命题 $p$ 的真值只能为真。现在我们以命题 $q$（鸟会飞）为例分析，如果我们假设命题 $q$ 在现实世界中为真，那么就意味着"鸟会飞"该命题为真，但是我们都熟知鸵鸟并不会飞，因此可知该命题在现实语境边界下为假；但是当我们假设该命题为假时，很明显该命题也不正确，事实上大多数鸟都是会飞的。面对命题 $q$ 在经典逻辑系统中的矛盾，可知经典逻辑系统的真值单一性受到了挑战。而相比之下，克里普克在可能世界语义学中，提出一个命题的真假是与其所处的可能世界相关的。以前文中的命题 $q$ 为例，如果命题 $q$ 为真，那么至少存在一个可能世界 $W_0$（剔除所有不会飞的鸟）使得命题 $q$ 为真。由此可见，可能世界语义学避免了经典逻辑中真值因单一性而引发的矛盾，指出了经典逻辑亟待解决的问题。

### 3. 经典逻辑的实质蕴涵特性

实质蕴涵最早是由斐洛（Philo）提出的，他认识到条件命题 $A \to B$，只有 $A$ 真 $B$ 假时，该命题才为假。因而他指出一个真条件命题不应该是以一个真前提开始而以一个假结论结束，那么依据斐洛的观点，他认同 $A \to (B \to A)$（真命题被任一命题所蕴涵）与 $\neg A \to (A \to B)$（假命题蕴涵任一命题）这样的定理。而许多逻辑学家却认为上述定理"不符合日常思维中的逻辑推理关系，违反人们的直觉和常识"[1]，因此把它们称为"实质蕴涵怪论"。为了解决实质蕴涵的问题，逻辑学家提出了新的蕴涵规则，最具代表性的当属刘易斯（C. I. Lewis）。刘易斯认为，应该加强实质蕴涵的真值蕴涵条件，因此他积极致力于严格蕴涵的构造，最终构造了模态逻辑系统。严格蕴涵则要求前件真不可能蕴涵着后件假，因而严格蕴涵强化了实质蕴涵，回避了实质蕴涵怪论。

与传统逻辑相比，经典逻辑更注重逻辑的形式化表征，而其形式化的特征也为人类思维的形式化表征与模拟提供了一种研究模式，且取得了较为显著的成果；这意味着通过利用经典逻辑的特征，人类的认知行为在某

---

[1] 陈波. 逻辑哲学导论. 北京：中国人民大学出版社，1999：97-98.

种程度上可以被计算机模拟。虽然经典逻辑促进了机器模拟人类智能的进程,但是经典逻辑特征的局限性也限制了人类思维与推理的形式化表征。

综上所述,尽管经典逻辑的形式化与公理化方法进展迅速,并且也促进了其他学科的形式化与演绎化发展,但是通过对经典逻辑的特征分析,表明了其并不能表征世界的所有状态以及人类自然推理的能力。因此,强而有力的人类自然推理能力以及多样的现实世界状态暗含了一个具有丰富表达力的逻辑的现实需求。经典逻辑需要解决的问题主要表现在两方面:其一,经典逻辑的二值性向多值性地扩展,以期丰富逻辑的表征能力;其二,经典语义学的修正,因为经典逻辑语义学是依据现实世界而提出的,它的命题只是相对于现实世界而谈论真假,因此命题解释相对比较单一,也容易产生矛盾,故而需要对经典语义学进行修正与完善。而这两个问题的解决也成了非经典逻辑发展不可或缺的动力。除此之外,另一个促使非经典逻辑发展的主要原因是作为数学分支的数论、代数和拓扑学等分支学科的发展与完善。

## 二、非经典逻辑的本质特征

人工智能的目的是模拟人类的智能行为,即学习、抉择和推理等。而大量实验表明,人类智能分析所依赖的信息变量基本呈现出非线性、不精确性以及不一致性等特点。这些因素直接影响了非经典逻辑的产生。尽管"存在许多值得研究非经典逻辑的理由,但是最主要的原因来自一种信念:经典逻辑是错误的——经典逻辑并没有充分地提供逻辑真值与逻辑结果"[1]。而事实已经表明,并不是所有的真实世界情形都仅仅被视为真与假两种状态,因此非经典逻辑的提出与发展势在必行。

类似于经典逻辑,非经典逻辑也秉承了经典逻辑的形式化特征,并依此建立严格的演绎系统,但是它的不同之处在于其更强调自然语言与非形式推理的形式研究。因此,非经典逻辑在重视事实形式化表征的同

---

[1] Sider T. Logic for Philosophy. NewYork: Oxford University Press, 2010: 72.

时，也不忽视命题的意义所指。这并非将非经典逻辑由经典逻辑的符号形式语言退化为自然语言，而是在新的视角上赋予该逻辑系统特殊的意义，该理念的提出标志着逻辑系统语形与语义的结合，同时也在一定程度上体现了逻辑系统的语用实用性。由于非经典逻辑独特的构建模式，因而其在逻辑真值数、逻辑真值确立过程以及逻辑系统推理过程中分别呈现出多值性、不确定性以及非单调性。

## （一）多值性

经典逻辑系统自构建之初，逻辑学家已经意识到了"非此即彼"的狭隘性，都曾尝试突破"二值"的局限性，但因各种原因都没有成功。随着数理逻辑学家对该约束的察觉，他们才尝试打破常规，建立超越"0""1"解释的有限值逻辑与无限制逻辑。自此非经典逻辑相继出现。

### 1. 有限值逻辑

首先，我们来分析两个命题

命题 $p$："这句话是假的"。首先，我们假设命题 $p$ 为真，那么由命题 $p$ 自身的意义可推出命题是假的，因此与假设矛盾；而假设命题 $p$ 为假时也可以推出该命题自相矛盾。因此，无论该命题从什么角度分析，命题 $p$ 都是既真又假。

命题 $q$："拥有 5 万美元的 Mary 是富有的。"假设 Bob 有 1 万美元，那么 Mary 与 Bob 相比，Mary 确实是富有的；但是当 Mary 与拥有 50 万美元的 Jack 相比，Mary 并不富有。因此，命题 $q$ 很难被归类为真命题或者是假命题。而通过对命题 $q$ 的分析可知该命题的真值会因比较对象的差异性而引发真值的多样性。

通过两个命题的分析可知，逻辑系统有必要在已有的真、假二值上添加第三个真值，#。波兰逻辑学家 Jan Łukasiewicz 意识到该问题时，便积极尝试并最终构建了三值逻辑系统，他利用第三个真值（#）表征命题既不真也不假的情形或者其他命题状态。而逻辑系统内第三值的添加，标志着逻辑系统推翻了命题真值的互斥性原则，开始接纳真值不确定的命题。

## 2. 无限值逻辑（infinitely-valued logic）

多值逻辑除了有限值逻辑之外，还有一类逻辑的真值数是无穷的，模糊逻辑就是其中之一。模糊逻辑的提出是为了解决思维中的模糊性问题，其强调的是命题真值并不是绝对的真与假，而是在某种程度上接近于真值。比如，复合命题"太阳是橘黄的而又不是橘黄的"，当被形式化为 s∧¬s，命题显然恒定为假。因为在每一种解释之下，直觉上我们都会认为命题"太阳是橘黄的"与命题"太阳不是橘黄的"应该是一对矛盾的命题。但是复合命题只是"试图传达一种信息，那就是该复合命题的真值不同于0与1，而是在某种程度上为真"①。由此可见，模糊逻辑的真值超越了0、1，并将0与1只是视为命题真值的两个极端，而命题的真值可以是[0，1]区间上无穷值中的任一真值，因此模糊逻辑蕴含着谓词可以非绝对化应用于物体的现象描述，只是存在一个特定的程度。然而，从语义上来说，模糊逻辑真值区间[0，1]上的取值其实是对命题语义边界的划分，也是对知识的一种精确地表征和解释。

对有限值和无限值逻辑的简单分析，表明了非经典逻辑系统可以处理一些更切合现实世界状态的复杂问题。而有必要指出的是非经典逻辑多值性的提出同时也引发了一系列值得思考的问题。例如，从哲学、逻辑学上如何解释各个真值的意义所指，多值逻辑系统推理过程中真值的确立以及经典逻辑中某些定律的失效等问题。但是就其应用而言，非经典逻辑的多值性为解释与表征世界状态、知识分类以及人类智能都起到了至关重要的作用。

### （二）不确定性

毋庸置疑，确定性一直都是计算机形式系统的主要特点。计算机凭借经典逻辑的精确化推理来确保知识推理结果的确定性，但是由于大数据的冲击，确定性成了计算机形式发展的弊端所在，计算机数据在更多情况下呈现的是不确定性。而"不确定性不仅是一个不可避免的和普遍

---

① Fermuller C G. Dialogue games for many-valued logics—an overview. Studia Logica，2008：90，51.

存在的现象，也是一个基本的科学原则"[1]。作为基本的科学原则，不确定性的重要性在逻辑学内的许多研究中都有所体现，特别是非经典逻辑的研究。与经典逻辑真值的确定性不同，非经典逻辑的真值在确立过程中是不确定的，其不确定性主要体现在命题真值对语境的依赖性。而命题真值对语境的依赖主要表现在以下几方面：

（1）真值对可观察主题与客观内容相关性的依赖。狭义上，语境强调的是"可观察主题与客观内容的不可分离性"[2]，而当"语境被用于表征知识块时，这些知识块都基本处于动态地改进、混合和复制等状态"[3]，因此语境表明客观世界状态与所谈论的主题是相关联的。不同的语境主题限定了谈论内容的不同意义，因而当分析命题时，我们不能脱离了命题所处的语境主题而单独谈论其真值性，否则会误解命题的意义。

我们以"连通器"为例来讨论命题 a∧b 对语境的依赖性；命题 a："连通器左侧的水多于 10 升"，命题 b："连通器右侧的水多于 10 升"。[4] 首先，我们向连通器注入 20 升水，当单独从连通器左侧抽取水时，会得到 20 升水，因此命题 a 为真；同样，我们单独从连通器右侧抽水，也会得到 20 升水，因此命题 b 也为真；所以命题 a∧b 为真。但是，当我们同时从连通器两侧抽取水时，连通器两侧分别会得到 10 升水；那么由此得到的命题 a、b 同时为假，所以 a∧b 为假。同样的连通器与水，而命题 a∧b 之所以得到不同的真值是由于我们混淆了命题的语境。实验所讨论的复合命题 a∧b 的真值是指连通器两侧的水要同时多余 10 升，而在第一次实验中，因为我们混淆了命题的语境而造成了命题错误的真值。

上述实验的分析表明了命题的真值将不再是单一不变的。命题的真值会与其所处的语境主题形成一个不可分割的整体，相互依赖。如果忽

---

[1] Mundici D. Foreword. Logics of uncertainty. Journal of Logic, Language and Information, 2000: 9, 1.

[2] Heelan P A. Complementarity, context dependence, and quantum logic. Foundation of Physics, 1970, 1(2): 109.

[3] Nossum R, Serafini L. Artificial Intelligence, Automated Reasoning, and Symbolic Computation. Heidelberg: Springer, 2002: 90.

[4] Aets D, D'Hondt E, Gabora L. Why the disjunction in quantum logic is not classical. Foundation of Physics, 2000, 30(9): 1478.

略了语境主题谈论命题,命题将没有准确的真值,也无法精确地表达其所承载的意义。因此,语境主题赋予了命题准确的真值与特定的内容,而命题也承载了语境主题的意义。

(2)真值对情境的依赖性。弗雷格将句子的所指视为非真即假,并在《论意义和意谓》一书中指出,所有的真句子具有相同的意谓,所有的假句子也具有相同的意谓[①]。然而,自然语言中的句子并非如同弗雷格所想,一分为二地划分为真与假,它们可能会随着情境的变化而表现出不同的真值。例如,两种非常相似的蘑菇,分别长于山峰的左右两侧,左侧的蘑菇无毒,而右侧的蘑菇有毒。当我们用命题"山峰的蘑菇可食用"来描述山峰左侧的蘑菇时,命题为真;但是该命题并不适用于描述右侧的蘑菇。由此可见,情境也是命题真值所依赖的关键因素。

特别是在可能世界语义学中,一个命题的真值要依赖于其所处的可能世界。当一个命题 $A$ 必然为真($\Box A$)时,意味着 $A$ 在一个可能世界($W_1$)以及可及于 $W_1$ 的所有可能世界中为真(图1),其中方框内的所有黑点都为可能世界,而圆内的黑点是可及于 $W_1$ 的可能世界。而当我们考虑命题 $\Box A$ 必然为真($\Box\Box A$)时,$\Box\Box A$ 表明存在一个可能世界($W_1'$)以及可及于 $W_1'$ 的所有可能世界为真(图2)。但是"一个不包含内定理4($\Box A \rightarrow \Box\Box A$)的模态逻辑系统(如系统T)将认为 $\Box A$ 与 $\Box\Box A$ 存在着区别"[②],这意味着 $W_1$ 与 $W_1'$ 是不同的世界,$W_1'$ 是不可及于 $W_1$,因此 $\Box A \rightarrow \Box\Box A$ 并不为真。但是在定理4成立的系统(模态系统 $S_5$)中,所有可及于 $W_1'$ 的可能世界与所有可及于 $W_1$ 的可能世界是可以互相可及的,因而 $\Box A$ 与 $\Box\Box A$ 之间是不存在区别的,因此 $\Box A \rightarrow \Box\Box A$ 为真。由此可见,当命题处于不同特征的可能世界时,真值是不同的;也就是说,命题会因不同的情境而呈现出真值的差异。

(3)真值对时间的依赖性。时间是我们感觉经验的重要组成部分,也是我们交谈中所依赖的因素。而来自日常生活的许多句子会因时间的差异而表现出不同的真值。如果我们避开时间而谈论命题的真值,那么

---

① 张建军.当代逻辑哲学前沿问题研究.北京:人民出版社,2014:129.
② Smith R S. Modal logic. Artificial Intelligence Review,1991,5:8.

大量命题会丧失本意。因此，非经典逻辑中的许多命题的真值需要依赖于时间而确立。比如，一辆正在加速行驶的汽车，其速度（$V_t$）会随时间（$t$）而变化；当我们谈论行驶中的某一速度（$V_{ti}$）时，必须考虑速度$V_{ti}$是$ti$时刻的速度，否则速度$V_{ti}$将不具有任何意义。为了表征命题对时间的依赖性，逻辑学家们建立了时序逻辑，用于表示过去某个时刻、现在以及将来该命题的真值关系。

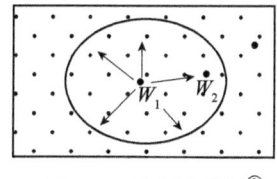　　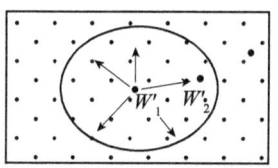

图1　$W_1$的可及世界[①]　　图2　$W_1'$的可及世界

（4）真值对认识主体的依赖性。命题真值除了依赖上述因素外，同时也对认识主体存在依赖。一个事实的结果会因为认识主体对该事实的认识差异而产生截然不同的结果。当认识主体对该事实的背景知识了解时，该认识主体会依赖背景知识而推断事实的结果；但是一个不了解背景知识的认识主体，只能依据常识推断事实结果。例如，在投掷硬币的游戏中，存在一枚正常的硬币和一枚重心偏离的硬币（正面朝上的概率为2/3），而在A、B两名游戏者中，A知道该事实（哪枚硬币重心偏离），而B对该事实全然不知。在游戏中，A会根据背景知识选取对自己有利的硬币（重心偏离的硬币），那么该硬币正面朝上的概率为2/3；但是，B在毫不知情的情况下，选择的硬币正面朝上的概率只有1/2。由上述实例可见，命题的真值还会因认识主体的差异而呈现不同的真值，当不同的认识主体看待同一命题时，因其对命题的背景知识了解的差异，其得到的结论也因人而异。

（5）真值对主体心理意向性的依赖。意向性是指人的意识指向某个对象并以该对象为目标，体现的是人的心理行为与对象之间的关系。在现实世界中，许多事实结果的真值是受主体心理意向性所影响的，即使

---

[①] Smith R S. Modal logic. Artificial Intelligence Review, 1991, 5: 8.

认识的对象是同一事实，不同的主体也会因主观的信念以及愿望而做出不同的抉择。比如，在观察同一事实时（事实 $p$："80 千克的小明是胖的"），当主体甲（体重 100 千克）、乙（体重 60 千克）分别以自身体重为标准而分析命题 $p$ 时，主体甲得到的结论是假的，而主体乙得到的结论却是真的。因此，在命题真值确立过程中，主体心理意向性也是其不可或缺的因素。正是主体心理意向性给命题赋予了特殊的、生动的意义，并扩展了命题的真值空间。

基于对命题与语境不同要素之间的关系分析，我们可知非经典逻辑的命题真值选择不再是单一的，它会因不同的语境要素而呈现不同的真值结果；非经典逻辑的命题分析不只是在语形上表现出不同的真值，它在语义上也因不同的语境而赋有不同的意义与内涵。反过来说，语境不仅影响了命题的真值结果，也赋予了命题独特的意义，这表明非经典逻辑正在尝试实现命题形式与意义相结合的分析。

### （三）非单调性

经典逻辑的推理是一个以一致的、不出现矛盾的系统为基础进行的推理。当有新的事实加入系统中时，得出的结论绝不会因新事实的增加而丧失，也就是当 $\Gamma \to s$，$\Gamma \cup \Delta \to s$ 也必然会成立，这被称为推理的单调性。经典逻辑系统和许多哲学逻辑都是只研究单调推理，也就意味着，这些逻辑只允许前提蕴涵着结论的推导，结论并未超出前提蕴涵的知识。但是众所周知，很多日常推理与决策并不是在完全确定的知识条件下进行的，因此其推理过程往往不具有单调性。而针对经典逻辑系统的不足，非经典逻辑目前更倾向于非单调推理。非单调推理是一种不完全知识的推理，意味着当有新知识加入系统时，可能推翻原来的推理结果；其可表示为：$\Gamma \to s$，不必然有 $\Gamma \cup \Delta \to s$，可能会产生 $\Gamma \cup \Delta \to \neg s$。从非单调推理形式来看，其主要用于对知识表征的误差与错误进行检验和修正。当发现一个知识系统中新、旧知识之间存在误差甚至矛盾时，非单调推理会依据新知识对知识系统中的知识实施修正（添加或删除知识），实现对知识的动态研究。非经典逻辑的非单调性推理主要表现在两方面：一方面是逻辑的扩展和高阶逻辑的引入；另一方面是通过代数、微积分和拓扑学等数学分支的引入而形成。

经典逻辑强调形式化，但经典逻辑的形式化语言并不具有具体的含义，因为经典逻辑只是侧重于对思维进行语形表征。而非经典逻辑却不同，它不仅重视在语形上分析人类的思维方式，而且也不忽略在语义甚至语用上探究人类的逻辑思维模式。但是，这并不意味着非经典逻辑退化为非形式的研究方法，而是因为非经典逻辑对命题真值的分析过程是依赖语境的，因此每一个命题的真值都是在相应的语境下被确立的，因而命题也就赋有了该语境所特有的含义。

综上所述，非经典逻辑以经典逻辑为基础，通过对真值的扩展来刻画多样性的知识与事实，这意味着非经典逻辑更适宜于表征复杂的现实世界。这种适应性主要表现在两方面：其一，非经典逻辑命题的真值将依赖于其所处的语境；其二，非经典逻辑命题的推理过程更注重非单调推理，该推理方式会依据新的知识与事实而调整或修正知识库信息。但是需要强调的是，非经典逻辑的特征是针对非经典逻辑这一整体所体现的特征，而并非是非经典逻辑中某一逻辑系统所呈现的特征。事实上，非经典逻辑在不断完善该学科的理论发展之余，也因其独特的研究意义而体现了其被研究的价值。

## 三、非经典逻辑研究的意义

非经典逻辑因自身的多值性、不确定性以及非单调性特征成了人工智能研究中最具潜力的工具，并且该逻辑将致力于模拟和表征人类一系列不确定的、动态的思维推理能力。尽管非经典逻辑在表征人类智能行为中依然存在许多问题需要解决，然而该逻辑确实推动了对人类认知、智能推理的研究，并在该过程中呈现出丰富的研究价值与意义。具体来看，非经典逻辑的研究意义表现在以下几方面。

其一，研究内容上，非经典逻辑超越了经典逻辑对确定性内容的研究，转向了复杂与多变的推理研究。这主要体现在两方面问题的研究。

首先是非经典逻辑对复杂的常识性推理的研究。常识性推理"是利用某一情节中确定的信息以及常识知识，推理出另一情节中的其他信息"[①]。它允许我们利用已有的知识，去推理和构建另一情节下遗失的知识，以便于指出已经发生的事实和预测将会发生的事实，填补我们缺失的知识。尽管常识性推理对人类来说很自然也很简单，但是常识性推理却是一个复杂的过程，其中涉及时间、空间以及其他不确定因素。而经典逻辑却遵循一种必然性推理，对于不确定的、或然的常识推理，经典逻辑便表现出自身的不适宜性。然而，现实中的常识推理往往是偶然与必然并存，因而并不存在确定的规律可循。为了实现对复杂的常识性推理的研究，非经典逻辑将利用其不确定性推理的特征，结合已有的信息和知识，将推理过程化繁为简，进而推理和预测一些符合人类认识的思维过程。非经典逻辑对常识性推理的计算化表征与形式演绎，体现了该逻辑系统对简单性与复杂性推理问题的整体性研究。其次是非经典逻辑对自然语言的形式化研究。自然语言是一种与人类活动交织在一起的交流工具，它具有多义性与模糊性特点，因而它的内容与意义可能会随着情景而变化，即我们在一个场景中交流的语言所赋有的该场景的意义也许并不适用于另一场景。因此，在研究自然语言时，如果仅仅停留在语言的抽象形式，那么我们会忽视语境所赋予自然语言的特殊内涵；而如果我们单独从自然语言的意义视角分析语言，那么语言又缺乏严格的应用边界，无法保证语言的精确性与单义性。而非经典逻辑作为一种形式分析与语义分析相结合的分析方法，除了在形式上对自然语言进行抽象研究以保证语言的精确性之外，也尝试从不同语境上对自然语言的意义进行解释，以消除自然语言的多义性、歧义性与模糊性问题，并试图实现对自然语言的形式、意义以及使用范围的综合分析与研究，作为对自然语言语用分析的补充。非经典逻辑对常识性推理以及自然语言两方面问题的研究，表明了该逻辑系统的研究方向开始由简单转向复杂、由精确转向模糊、由确定转向不确定，同时非经典逻辑也为经典逻辑解决不了的问题提供了

---

① Mueller E T. Commonsense Reasoning. San Francisco：Morgan Kaufmann Publishers，2006：2.

新的解决路径。

其二，在研究方法上，非经典逻辑可以被视为是一种依赖语境的分析方法。在当代科学哲学发展中，许多问题的研究都是与语境紧密联系在一起的，同样非经典逻辑的分析也不例外。在非经典逻辑演绎过程中，每一次推理都是在特定条件下的推理。而给定了推理的前提条件，就意味着给定了非经典逻辑推理的语境。因此，给定条件下的推理结果，就是该命题在该前提语境下的意义所指。可见，非经典逻辑的形式表征与推理是与语境相一致的。如果离开了特定的语境约束，非经典逻辑的演算将无法准确的表征结果，这鲜明地刻画了语境分析方法与逻辑分析的融合。此外，非经典逻辑的形式化表征也是语境形式化与可计算化的一种体现。目前，语境分析方法基本上还是以语言分析为主，而如果语境分析方法想被广泛应用于自然科学甚至计算机科学的研究中，其归根结底要实现形式化的表征与演算。在这方面，非经典逻辑是一种值得借鉴的研究模式。因为，非经典逻辑的分析过程是一种基于语境的形式化推理过程，因而该方法在对问题进行内涵意义解释的同时，也形式化地表征了问题的分析过程。总之，无论是非经典逻辑的形式化推理过程，还是该逻辑对命题的内涵意义解释，都表明该逻辑方法是一种依赖语境的分析方法。但是该方法并未形成成熟的研究体系，这也是逻辑学未来需要解决的问题。

其三，在研究形式上，非经典逻辑在考虑对命题进行语形研究的同时，也注重对命题进行语义分析。经典逻辑被认为是一种符号与符号之间的形式关系的研究（即语形研究），却忽略了对符号与指示对象、前提与结论之间的意义解释（语义研究①）。然而，逻辑形式与意义之间却存在着本质的联系，因为意义分析直接涉及逻辑形式的真值关系。而非经典逻辑却扩展了经典逻辑的演绎范围，弥补了经典逻辑的不足，因为它是一种基于语境的逻辑分析方法，所以它的逻辑演绎过程都是在一定的语境范围内进行的，因此，非经典逻辑的演绎推理都富有了该语境所特有

---

① 虽然经典逻辑存在形式语义的分析，但是也只是局限于对表达式的外延层面的分析，并没有对命题的内涵意义进行解释。

的意义。除此之外，可能世界语义学被广泛地应用于非经典逻辑的语义解释，也为该逻辑系统提供了一定程度的语义分析。虽然非经典逻辑并没有完美地描绘表达式的语形与语义关系，但是其对逻辑的形式推理过程进行了语形分析与语义分析相结合的尝试，这表明了非经典逻辑在推理过程中既静态地分析了逻辑的推理形式，又动态地解释了符号与符号、前提与结论之间的意义关系。

其四，非经典逻辑试图实现科学理性与人文理性的统一。从认识论的角度来说，科学理性是人类认识对象与世界的一种能力，它依据各种科技手段来观察现象世界，通过对现象的逻辑推理以期实现对对象世界的本质以及规律的形式化表征。因而，科学理性追求的是事物发展的本质规律与属性，是脱离了人类意识的客观世界；并且科学理性以严格的推理证明作为其根本准则，进而构建完整的形式演绎系统。而人文理性关注的是人类对外在世界的内在认识，是一种超越了事物本质与规律的内在意识的体现，探寻的是现实世界本质、属性与规律背后的意义，因而人文理性是一种不可形式化和演绎的表征。但非经典逻辑的产生使得人文理性的形式化表征成为一种可能，因为非经典逻辑是一种语境可计算化的逻辑，它将逻辑真值推理视为一种依赖于语境的真值推理。因此，非经典逻辑不仅对自然科学进行了抽象表达，也试图体现人类对科学理论的内在认识，是对科学理性与人文理性统一化的尝试。虽然非经典逻辑并没有完满地刻画二者的统一关系，但是它为二者之间的关系描述提供了一种方法。

综上所述，当代非经典逻辑的发展既受到经典逻辑的影响，又受到人工智能、认知科学以及语言学的推动。通过对非经典逻辑的动因以及特征分析可知，经典逻辑因自身的特征限定了其应用的范围，而非经典逻辑却因其更适用于对现实世界的表征而备受青睐。但是在逻辑演绎系统之中，经典逻辑和非经典逻辑之间存在密不可分的关系，因为非经典逻辑是基于经典逻辑的扩充与改进。然而，非经典逻辑却因自身是一种语境可演绎化的分析方法而凸显出来，从而被广泛地应用于人工智能的不同领域，如知识表征、常识推理、自然语言分析以及逻辑编程等；而随着大数据时代的到来，数据的多样性在丰富了非经典逻辑研究内容的同时，也对其提出了更高的要求。一是要求非经典逻辑能与不同的数学学科结合起来，或者是将不同的数学思想应用于非经典逻辑的研究中，使其具有更丰富的表征力；二是要求非经典逻辑更侧重于语用推理的研究，即把非经典逻辑的推理放在具体的语言使用环境中进行分析，以便于揭示逻辑推理与语境要素之间的关系。但是需要指出的是，非经典逻辑亦存在不足与缺陷，需要我们在以后的研究中不断改进与完善。